JANA SMEJKALOVÁ—DAGMAR SMRČINOVÁ
KATARÍNA HERRMANNOVÁ—KAREL HAIS

ENGLISH-SLOVAK
AND
SLOVAK-ENGLISH
POCKET DICTIONARY

SLOVAK PEDAGOGICAL PUBLISHERS

JANA SMEJKALOVÁ—DAGMAR SMRČINOVÁ
KATARÍNA HERRMANNOVÁ—KAREL HAIS

ANGLICKO-SLOVENSKÝ
A
SLOVENSKO-ANGLICKÝ
VRECKOVÝ SLOVNÍK

SLOVENSKÉ PEDAGOGICKÉ NAKLADATEĽSTVO

Autori © 1. časť: PhDr. Jana Smejkalová, PhDr. Dagmar
Smrčinová, Katarína Herrmannová, PhDr. Karel Hais
2. časť: PhDr. Jana Smejkalová, PhDr. Dagmar Smrčinová,
Katarína Herrmannová
Lektorovali: PhDr. Lýdia Lenhartová, Eva Jassingerová

Sedemnáste vydanie (2003)

ISBN 80-10-00146-5

ISBN 80-08-03322-3 (16.vyd.)

ÚVOD

Tento vreckový slovník obsahuje v anglicko-slovenskej a slovensko-anglickej časti zhruba 25 000 hesiel základného slovného hovorového fondu a literárneho jazyka, niektoré zemepisné názvy ako aj bežné amerikanizmy. Cieľom anglicko-slovenskej verzie je informovať o obsahu anglických prejavov z každodenného praktického hovoru. Slovensko-anglická časť je obšírnejšia, aby umožnila používateľovi preložiť jednoduchý text zo slovenčiny do angličtiny.

Heslá sú zaradené v abecednom poriadku. Niekedy patrí heslo k rôznym slovným druhom, vtedy sú tieto slovné druhy označené skratkou (p. zoznam skratiek) a od seba oddelené bodkočiarkou. Odlišné významy hesla sú vyznačené arabskými číslicami. Významové odtiene sú oddelené bodkočiarkou. Frazeológia je označená znakom ●.

Nepravidelné slovesá sú v obidvoch častiach slovníka označené hviezdičkou. Ich tvary sú uvedené v zozname nepravidelných slovies v gramatickej časti slovníka. Tvary zložených nepravidelných slovies treba v zozname hľadať pri základných slovesách (napr. *foretell* pri *tell* atď.).

Zdvojenie písmen v guľatej zátvorke za slovesom znamená, že pri slovese v príčastiach, prípadne pri slabých slovesách aj v minulom čase, sa koncová spoluhláska zdvojuje.

Výslovnosť sa sústavne uvádza iba v anglicko-slovenskej časti, v slovensko-anglickej časti iba tam, kde sa predpokladá, že by výslovnosť robila používateľovi ťažkosti. Na označenie výslovnosti sa používa zjednodušená forma medzinárodnej fonetickej transkripcie v hranatej zátvorke. Pritom sa používajú tieto zvláštne znaky:

[æ] pre otvorené ä: *man* [mæn]
[ə] pre temnú neurčitú samohlásku: *sister* [sistə]
[ŋ] pre nosovú spoluhlásku: *song* [soŋ]
[θ] pre neznelú medzizubnú spoluhlásku: *thick* [θik]
[ð] pre znelú medzizubnú spoluhlásku: *mother* [maðə]
[w] pre polosamohlásku uə: *what* [wot]

Dĺžka sa označuje dvojbodkou za samohláskou: *first* [fə:st], *small* [smo:l]. Hlavný prízvuk slova sa označuje rovnou kolmou čiarkou hore, vedľajší rovnakou čiarkou dole: *nationality* [ˌnæšəˈnæliti]. Prepis výslovnosti je podľa anglického fonetického slovníka *An English Pronouncing Dictionary by D. Jones,* 13. vydanie, r. 1967.

Slovník obsahuje stručný prehľad gramatiky a zoznam nepravidelných slovies ako aj konverzačnú časť. V tejto sú spracované elementárne vety z tematických okruhov, ktoré v každodennom živote najčastejšie potrebujeme.

Slovník obsahuje stručný prehľad gramatiky a zoznam nepravidelných slovies ako aj konverzačnú časť. V nej sú spracované elementárne vety z tematických okruhov, ktoré v každodennom živote najčastejšie potrebujeme.

Zoznam skratiek

al. alebo
amer. amerikanizmus
anat. termín z anatómie
ap. a podobne, a podobný
archit. termín v architektúre
astron. termín v astronómii
bot. termín v botanike
cit. citoslovce
div. divadelný termín
elektr. elektrotechnický termín
fot. termín vo fotografii
fyz. termín vo fyzike
geol. termín v geológii
geom. termín v geometrii
gram. gramatický termín
hovor. hovorový výraz
iron. ironický výraz
j. č. jednotné číslo
kart. kartársky výraz
lek. lekársky termín
log. termín v logike
mat. matematický termín
mn. č. množné číslo
motor. motoristický termín

napr. napríklad
obraz. obrazne
odb. odborný termín
o. s. oneself
p. pozri
podst. podstatné meno
polit. politický termín
predl. predložka
pren. prenesený význam
príd. prídavné meno
prísl. príslovka
sl. sloveso
slang. slangový výraz
spoj. spojka
s.o. someone
s.t. something
šach. termín zo šachovej hry
šport. športový výraz
tech. technický termín
tel. termín v telovýchove
voj. vojenský termín
zám. zámeno
zool. termín v zoológii

ANGLICKO-SLOVENSKÁ
ČASŤ

A

a, an [ə, ən] *gram.* neurčitý člen

abandon [əˈbændən] **1.** opustiť **2.** *s. t.* vzdať sa čoho **3.** *o. s. to s. t.* oddávať sa čomu

abandoned [əˈbændənd] **1.** opustený **2.** zhýralý

abbey [ˈæbi] opátstvo

abbreviate [əˈbriːvieit] skrátiť

abbreviation [əˈbriːviˈeišn] skratka

ABC [ˈeiˈbiːˈsi] **1.** abeceda **2.** základy

abdicate [ˈæbdikeit] *s.t.* vzdať sa čoho

abdomen [ˈæbdəmen] *odb.* brucho

abhor [əbˈhoː] *(-rr-)* nenávidieť

ability [əˈbiliti] schopnosť, zručnosť

able [eibl] schopný; *be a.* môcť, byť schopný

able-bodied [ˈeiblˌbodid] silný, telesne schopný

abnormal [æbˈnoːməl] abnormálny; výnimočný

aboard [əˈboːd] na palube, na palubu

abolish [əˈboliš] zrušiť

abolition [ˌæbəˈlišn] zrušenie

abolitionist [ˌæbəˈlišənist] prívrženec zrušenia otroctva

abominable [əˈbominəbl] ohavný, mrzký

aborigines [ˌæbəˈridžiniːz] *mn. č.* domorodci

abortion [əˈboːšən] potrat

abound [əˈbaund] *in, with s.t.* oplývať čím

about [əˈbaut] *predl.* **1.** o **2.** okolo; *prísl.* asi ● *be a. to* chystať sa

above [əˈbav] *predl.* nad; viac ako; *prísl.* hore, nahor

abreast [əˈbrest] na rovnakej úrovni ● *keep a. of the times* ísť s duchom času

abridge [əˈbridž] *(o texte)* skrátiť

abroad [əˈbro:d] v cudzine, do cudziny

abrupt [əˈbrapt] 1. náhly 2. strmý 3. britký

abscess [ˈæbsis] nádor, vred

absence [ˈæbsns] 1. neprítomnosť, absencia 2. nedostatok

absent [ˈæbsnt] *príd.* neprítomný; *sl.* [əbˈsent] *o.s.* vzdialiť sa

absenteeism [ˌæbsnˈti:izm] absentérstvo

absent-minded [ˈæbsntˈmaindid] roztržitý

absolute [ˈæbsəlju:t] absolútny; úplný

absorb [əbˈso:b] 1. pohltiť; cicať; vstrebať 2. zaujať *(myseľ)*

absorption [əbˈso:pšn] 1. pohltenie; vstrebanie 2. *in* zaujatie

abstain [əbˈstein] *from s.t.* zdržať sa čoho

abstention [əbˈstenšn] zdržanlivosť; zdržanie sa hlasovania

abstract [ˈæbstrækt] abstraktný

absurd [əbˈsə:d] absurdný, nezmyselný

absurdity [əbˈsə:diti] nezmyselnosť

abundance [əˈbandəns] hojnosť; nadbytok

abundant [əˈbandənt] *in s.t.* hojný v čom

abuse [əˈbju:s] *podst.* 1. zneužitie 2. nadávka; *sl.* [əˈbju:z] 1. zneužiť 2. osočovať

abyss [əˈbis] priepasť

academic [ˌækəˈdemik] akademický; univerzitný

academician [əˌkædəˈmišn] člen akadémie, akademik

academy [əˈkædəmi] akadémia

accede [əkˈsi:d] *to s.t.* 1. pristúpiť, pripojiť sa k čomu 2. *(o funkcii)* nastúpiť

accelerate [ækˈseləreit] zrýchliť (sa)

acceleration [ækˌseləˈreišn] zrýchlenie

accelerator [ækˈseləreitə] **1.** zrýchľovač **2.** pedál na plyn

accent [ˈæksnt] **1.** prízvuk **2.** výslovnosť

accept [əkˈsept] prijať

acceptable [əkˈseptəbl] prijateľný

acceptance [əkˈseptns] prijatie; súhlas

access [ˈækses] prístup

accessible [əkˈsesibl] prístupný

accession [ækˈsešn] nastúpenie na trón; prijatie za člena strany

accessories [ækˈsesəriz] *mn. č.* príslušenstvo; doplnky *(módne)*

accident [ˈæksidənt] **1.** náhoda; *by a.* náhodou **2.** nehoda

accidental [ˌæksiˈdentl] náhodný

acclaim [əˈkleim] volať na slávu; voliť aklamáciou

accommodate [əˈkomədeit] **1.** ubytovať **2.** vyhovieť **3.** prispôsobiť

accommodation [əˌkomə-ˈdeišn] **1.** ubytovanie **2.** prispôsobenie

accompany [əˈkampni] sprevádzať, odprevadiť

accomplice [əˈkamplis] spolupáchateľ

accomplish [əˈkampliš] vykonať; dokázať; dokončiť

accomplished [əˈkamplišt] dokonalý

accord [əˈko:d] *podst.* súhlas; zhoda; *sl.* dať súhlas

accordance [əˈko:dns] zhoda; *in a. with* v zhode s, podľa

according [əˈko:diŋ] *to s. t.* podľa čoho

accordingly [əˈko:diŋli] preto

accordion [əˈko:djən] harmonika

account [əˈkaunt] *podst.* **1.** účet **2.** počítanie **3.** zisk **4.** správa o chovaní **5.** popis **6.** odhad; *on a. of* pre; *take into a.* vziať do úvahy; *sl.* **1.** považovať za **2.** *for* vysvetliť

accountant [əˈkauntənt] účtovník

accumulate [əˈkju:mju-leit] hromadiť (sa), nahromadiť (sa)

accumulation [əˌkju:-mjuˈleišn] akumulácia

accuracy [ˈækjurəsi] presnosť

accurate [ˈækjurit] presný

accusation [ˌækju(:)ˈzeišn] obvinenie

accusative [əˈkju:zətiv] akuzatív, 4. pád

accuse [əˈkju:z] obviniť

accustom [əˈkastəm] zvyknúť (si)

accustomed [əˈkastəmd] obvyklý; *get a. to s.t.* zvyknúť si na čo

ace [eis] **1.** *kart.* eso **2.** *pren.* vynikajúci človek

ache [eik] *podst.* bolesť; *sl.* **1.** bolieť **2.** *for* túžiť

achieve [əˈči:v] dosiahnuť

achievement [əˈči:vmənt] **1.** dosiahnutie; výkon **2.** *(veľký)* čin

acid [ˈæsid] *príd.* kyslý; *podst.* kyselina

acknowledge [əkˈnolidž] **1.** uznať, pripustiť **2.** po-

tvrdiť príjem **3.** opätovať pozdrav

acknowledgement [əkˈnolidžmənt] **1.** uznanie **2.** potvrdenie príjmu

acorn [ˈeiko:n] *bot.* žaluď

acoustic [əˈku:stik] akustický

acoustics [əˈku:stiks] *mn. č.* akustika

acquaint [əˈkweint] zoznámiť (sa)

acquaintance [əˈkweintns] **1.** zoznámenie **2.** *(o osobe)* známy

acquire [əˈkwaiə] získať

acquisition [ˌækwiˈzišn] **1.** nadobudnutie **2.** prírastok

acquit [əˈkwit] *(-tt-) s.t.* zbaviť sa čoho; oslobodiť

acre [ˈeikə] jutro; lán

acreage [ˈeikridž] výmera

acrid [ˈækrid] štipľavý

across [əˈkros] *predl.* cez; *prísl.* na druhú stranu, na druhej strane

act [ækt] *podst.* **1.** čin, skutok **2.** zákon **3.** dejstvo; *sl.* **1.** konať, fungovať **2.** *div.* hrať

action [ˈækšn] **1.** dej **2.** čin, činnosť **3.** akcia **4.** súd, súdny proces **5.** *voj.* boj, bitka

active [ˈæktiv] aktívny, činný

activity [ækˈtiviti] činnosť, pôsobnosť

actor [ˈæktə] herec

actress [ˈæktris] herečka

actual [ˈæktjuəl] skutočný; terajší

actuality [ˌæktjuˈæliti] skutočnosť

actually [ˈæktjuəli] **1.** skutočne **2.** ba, dokonca

acute [əˈkju:t] **1.** ostrý **2.** akútny, náhly

adapt [əˈdæpt] **1.** prispôsobiť **2.** upraviť

adaptation [ˌædæpˈteišn] úprava, adaptácia; *(o knihe)* prepracovanie

add [æd] **1.** pridať **2.** prirátať **3.** *up* zrátať

addition [əˈdišn] **1.** dodatok **2.** súčet **3.** zrátanie: *in a. to* ako aj

additional [əˈdišənəl] **1.** dodatočný **2.** ďalší

address [əˈdres] *podst.* **1.** adresa; oslovenie **2.** prejav; *sl.* adresovať; osloviť; *a. o.s. to* venovať sa

adequate [ˈædikwit] primeraný, dostatočný

adhere [ədˈhiə] *to s.o. (s.t.)* lipnúť na; pridržiavať sa koho (čoho)

adherence [ədˈhiərəns] *to s.t.* lipnutie na čom; príchylnosť k čomu

adherent [ədˈhiərənt] prívrženec

adieu [əˈdju:] zbohom

adjacent [əˈdžeisnt] priľahlý, susedný

adjective [ˈædžiktiv] *gram.* prídavné meno

adjoining [əˈdžoiniŋ] susedný

adjourn [əˈdžə:n] odložiť, odročiť

adjust [əˈdžast] **1.** upraviť, prispôsobiť **2.** *(o spore)* urovnať

adjustment [əˈdžastmənt] úprava

administer [ədˈministə] **1.** riadiť, spravovať **2.** udeľovať **3.** poskytnúť, podať

administration [ədˌmi-nisˈtreišn] **1.** *adm.* správa **2.** vláda

admirable [ˈædmərəbl] obdivuhodný

admiralty [ˈædmərəlti] **1.** ministerstvo námorníctva **2.** vrchné velenie loďstva

admiration [ˌædməˈreišn] obdiv

admire [ədˈmaiə] obdivovať

admission [ədˈmišn] **1.** prístup **2.** vstupné **3.** priznanie

admit [ədˈmit] *(-tt-)* **1.** vpustiť **2.** pripustiť, uznať

admittance [ədˈmitəns] vstup ● *no a.* vstup zakázaný

ado [əˈdu:] krik, rozčúlenie ● *much a. about nothing* mnoho kriku pre nič

adolescent [ˌædolesnt] *príd.* dospievajúci; *podst.* mladík

adopt [əˈdopt] **1.** adoptovať **2.** prijať, prevziať

adoption [əˈdopšn] prijatie, prevzatie

adore [əˈdo:] zbožňovať

adorn [əˈdo:n] ozdobiť

adornment [əˈdo:nmənt] ozdoba

adult [ˈædalt] dospelý

adulterate [əˈdaltəreit] falšovať

adultery [əˈdaltri] cudzoložstvo

advance [ədˈva:ns] *podst.* **1.** postup **2.** pokrok; postup **3.** záloha ● *in a.* dopredu, vopred; *sl.* **1.** postúpiť **2.** posunúť dopredu **3.** dať zálohu

advanced [ədˈva:nst] pokročilý

advantage [ədˈva:ntidž] výhoda

advantageous *to* [ˌædvənˈteidžəs] výhodný

adventure [ədˈvenčə] dobrodružstvo

adventurer [ədˈvenčərə] dobrodruh

adventurous [ədˈvenčrəs] dobrodružný

adverb [ˈædvə:b] *gram.* príslovka

adversary [ˈædvəsəri] protivník; nepriateľ

adverse [ˈædvəːs] nepriaznivý; nepriateľský
adversity [ədˈvəːsiti] nešťastie
advertise [ˈædvətaiz] **1.** inzerovať **2.** robiť reklamu
advertisement [ədˈvəːtismənt] **1.** inzerát **2.** reklama
advice [ədˈvais] **1.** rada **2.** správa
advisable [ədˈvaizəbl] **1.** odporúčania hodný **2.** vhodný
advise [ədˈvaiz] **1.** radiť **2.** oznámiť
adviser [ədˈvaizə] poradca
advocate [ˈædvəkeit, -it] *podst.* zástanca, obhajca, advokát; *sl.* [ˈædvəkeit] hlásať; podporovať
aerial [ˈeəriəl] *podst.* anténa; *príd.* vzdušný; letecký
aerodrome [ˈeərədrəum] letisko
aeroplane [ˈeərəplein] lietadlo
aesthetic [iːsˈθetik] estetický
aesthetics [iːsˈθetiks] estetika

afar [əˈfaː] v diaľke, ďaleko
affair [əˈfeə] záležitosť; vec; aféra
affect [əˈfekt] **1.** pôsobiť; dojať **2.** postihnúť
affectation [ˌæfekˈteišn] pretvárka
affection [əˈfekšn] **1.** náklonnosť, láska **2.** ochorenie
affectionate [əˈfekšnit] láskyplný; milujúci
affirm [əˈfəːm] tvrdiť
affirmative [əˈfəːmətiv] kladný
affix [ˈæfiks] *podst. gram.* predpona, prípona; *sl.* [əˈfiks] pripojiť; prilepiť
afflict [əˈflikt] **1.** súžiť (sa) **2.** *with* postihnúť čím
affluence [ˈæfluəns] hojnosť, nadbytok
afford [əˈfoːd] **1.** poskytnúť **2.** dopriať si, dovoliť si
affront [əˈfrant] *podst.* urážka; *sl.* uraziť
afloat [əˈfləut] plávajúci; nad vodou
afraid [əˈfreid]: *be a. of s.t.* báť sa čoho

afresh [ə'freš] znova

Africa ['æfrikə] Afrika

after ['a:ftə] predl. po, za; podľa; prísl. neskôr; spoj. potom

after-care ['a:ftə keə] doliečenie

afternoon [ˌa:ftə'nu:n] popoludnie

afterwards ['a:ftəwədz] neskôr, potom

again [ə'gein] opäť, znova, zase

against [ə'geinst] proti, oproti ● the rain was beating a. the windows dážď bil do okien; I've hit my head a. the wall udrel som si hlavu o múr

age [eidž] podst. vek; staroba; sl. starnúť

aged [eidžd] starý

agency ['eidžənsi] 1. zastupiteľstvo 2. pôsobenie, vplyv 3. agentúra, kancelária

agenda [ə'džendə] program, priebeh konania

agent ['eidžənt] 1. činiteľ 2. zástupca

aggravate ['ægrəveit] zhoršiť

aggresion [ə'grešən] útok, agresia

agile ['ædžail] čulý, živý; agilný

agitate ['ædžiteit] 1. zmietať (sa) 2. vzrušiť, pobúriť 3. for agitovať

agitation [ˌædži'teišn] 1. vzrušenie 2. agitácia

ago [ə'gəu] (o čase) pred; two days a. pred dvoma dňami; long a. dávno

agony ['ægəni] muky; agónia

agrarian [ə'greəriən] poľnohospodársky, agrárny

agree [ə'gri:] 1. súhlasiť 2. with slúžiť (zdraviu)

agreeable [ə'gri:əbl] 1. príjemný 2. to ochotný

agreement [ə'gri:mənt] súhlas; zhoda; dohoda, zmluva

agricultural [ˌægri'kalčərəl] poľnohospodársky

ahead [ə'hed] 1. vpredu 2. dopredu, vpred

aid [eid] podst. pomoc; sl. pomáhať

ailing [eiliŋ] chorľavý, neduživý
ailment [eilmənt] choroba
aim [eim] *podst.* **1.** cieľ **2.** účel; *sl.* **1.** *(at)* mieriť, cieliť (na) **2.** usilovať sa (o)
air [eə] *podst.* **1.** vzduch **2.** vzhľad **3.** nápev; *sl.* vetrať
air-base [ˈeəbeis] letecká základňa
air-bed [ˈeəbed] nafukovací matrac
aircraft [ˈeəˌkra:ft] lietadlo
aircraft-carrier [ˈeəˌkra:ftkæriə] materská lietadlová loď; dopravné lietadlo
Air-Force [ˈeəfo:s] vojnové letectvo
airline [ˈeəlain] letecká linka
airmail [ˈeəmeil] letecká pošta
airman [ˈeəmən] letec
airplane [ˈeəplein] lietadlo
airport [ˈeəpo:t] letisko
airtight [ˈeətait] vzduchotesný

air raid [ˈeəreid] letecký útok, nálet
airy [ˈeəri] **1.** vzdušný **2.** ľahkomyseľný **3.** povrchný
aisle [ail] ulička *(medzi lavicami)*
ajar [əˈdža:] pootvorený
akin [əˈkin] *to* príbuzný; podobný
alarm [əˈla:m] *podst.* poplach; *sl.* znepokojiť, naľakať
alarm-clock [əˈla:mklok] budík
alas [əˈla:s] beda, bohužiaľ
album [ˈælbəm] album
alcohol [ˈælkəhol] alkohol, lieh
ale [eil] pivo
alehouse [ˈeilhaus] krčma
alert [əˈlə:t] *príd.* ostražitý; čulý; *podst.* letecká výstraha
alien [ˈeiliən] *príd.* **1.** cudzí **2.** *from* odlišný, opačný; *podst.* cudzinec
alight [əˈlait] *príd.* osvetlený; *sl.* **1.** *(z vlaku)* vystúpiť **2.** pristáť, zniesť sa dole

alike [ə'laik] *príd.* podobný, rovnaký; *prísl.* rovnako, tak isto

alimony ['æliməni] alimenty

alive [ə'laiv] nažive

all [o:l] *príd.* celý, všetok; *podst.* všetko, všetci; *prísl.* celkom; *a. of us* my všetci; *above a.* predovšetkým; *at a.* vôbec; *not at a.* vôbec nie, prosím *(odpoveď na ďakujem); once for a.* raz navždy; *a. the better* tým lepšie; *a. right* správne; *a. the same* predsa len; *a.-round* všestranný

allege [ə'ledž] tvrdiť

allegiance [ə'li:džns] vernosť, oddanosť

alley ['æli] ulička

alliance [ə'laiəns] **1.** spojenie **2.** spojenectvo

allocate ['ælokeit] prideliť

allot [ə'lot] *(-tt-)* prideliť

allow [ə'lau] **1.** dovoliť, povoliť **2.** umožniť **3.** *a. for* počítať s; *be a-ed to* smieť

allowance [ə'lauəns] **1.** príspevok **2.** zľava **3.** renta ● *make a.(s) for* vziať do úvahy

alloy ['æloi] zliatina

allude [ə'lju:d] *to* narážať na čo; zmieniť sa o

allure [ə'ljuə] vábiť, zvábiť

allusion [ə'lju:žn] narážka; zmienka

ally [ə'lai] spojenec

almighty [o:l'maiti] všemohúci

almond ['a:mənd] mandľa; *shelled a.-s* lúpané mandle

almost ['o:lməust] skoro, temer

alms [a:mz] almužna

alone [ə'ləun] sám, jediný; *let me a.* daj mi pokoj

along [ə'loŋ] pozdĺž; *a. the street* po ulici; *a. with* spolu s; *come a.* poď so mnou

alongside [ə'loŋ'said] po boku

aloof [ə'lu:f] **1.** vzdialený **2.** povznesený; *keep a. from* vyhýbať sa čomu

aloud [ə'laud] nahlas, hlasno

alphabet ['ælfəbit] abeceda

Alps ['ælps] **the** Alpy

already [o:l'redi] už

also [o:lsəu] tiež

alter [o:ltə] **1.** meniť (sa) **2.** prešiť

alteration [ˌo:ltə'reišn] zmena, premena

alternate [o:l'tə:nit] *príd.* striedavý; *sl.* ['o:ltə:neit] striedať (sa), meniť (sa)

alternating ['o:ltə:neitiŋ] striedavý; *a. current* striedavý prúd

alternative [o:l'tə:nətiv] **1.** výber z dvoch **2.** možnosť

although [o:l'ðəu] hoci

altitude ['æltitju:d] nadmorská výška

altogether ['o:ltə'geðə] celkom, úplne

always ['o:lwəz, -weiz] vždy, stále

am [æm] som

a. m. ['ei'em] *(ante meridiem)* ráno; dopoludnia

amalgamate [ə'mælgəmeit] spojiť (sa), zlúčiť (sa)

amass [ə'mæs] hromadiť

amateur ['æmətə:] amatér; ochotník

amaze [ə'meiz] udiviť, prekvapiť

amazement *at* [ə'meizmənt] úžas, prekvapenie

ambassador [æm'bæsədə] veľvyslanec

amber ['æmbə] *podst.* jantár; *príd.* jantárový

ambiguity [ˌæmbi'gjuiti] dvojzmyselnosť

ambiguous [æm'bigjuəs] dvojzmyselný; neistý

ambition [æm'bišn] ctižiadosť, úsilie

ambitious [æm'bišəs] ctižiadostivý, snaživý

amble ['æmbl] pomaly kráčať

ambulance ['æmbjuləns] sanitné auto

amend [ə'mend] polepšiť (sa)

amendment [ə'mendmənt] doplnok zákona, predpisu

amends [ə'mends] náhrada, kompenzácia

America [ə'merikə] Amerika

amiable ['eimjəbl] roztomilý

amicable [ˈæmikəbl] pria-teľský

amidst [əˈmidst] upro-stred

amiss [əˈmis] chybne; *is anything a.?* stalo sa niečo?; *take a.* zazlievať

amity [ˈæmiti] priateľ-stvo

ammonia [əˈməunjə] čpa-vok

ammunition [ˌæmjuˈnišn] strelivo

among [əˈmaŋ] medzi *(viacerými ako dvoma)*

amount [əˈmaunt] **1.** čiastka **2.** množstvo **3.** hodnota

amphibian [æmˈfibiən] obojživelník

amphitheatre [ˈæmfiθiətə] amfiteáter

ample [ˈæmpl] hojný

amplify [ˈæmplifai] roz-šíriť, zväčšiť; zosilniť

amuse [ˈəmjuːz] baviť, zabávať

amusement [əˈmjuːzmənt] zábava; *a. park, grounds* lunapark

amusing [əˈmjuːziŋ] zá-bavný

an [æn, ən] *gram.* ne-určitý člen *(pred samo-hláskou)*

anaemia [əˈniːmiə] málo-krvnosť

anaesthesia [ˌæniːsˈθiːziə] umŕtvenie; narkóza

analogy [əˈnælədži] ana-lógia, obdoba

analyse [ˈænəlaiz] analy-zovať, rozoberať

anarchy [ˈænəki] anar-chia

ancestor [ˈænsistə] pre-dok, praotec

anchor [ˈæŋkə] kotva

ancient [ˈeinšnt] staro-bylý

and [ænd, ənd] a; *bread a. butter* chlieb s mas-lom

anew [əˈnjuː] znova

angel [ˈeindžl] anjel

anger [ˈæŋgə] *podst.* hnev; *sl.* nahnevať

angle [ˈæŋgl] *podst.* uhol; *sl.* loviť na udicu

angry [ˈæŋgri] nahneva-ný; *be a.* hnevať sa

anguish [ˈæŋgwiš] úzkosť; muky

angular [ˈæŋgjulə] hra-natý

animal [ˈæniməl] *podst.* zviera; *príd.* živočíšny

animate [ˈænimeit] oživiť

animated cartoon [ˈænimeitid ka:tu:n] kreslený film

animosity [ˌæniˈmositi] nepriateľstvo

ankle [ˈæŋkl] členok

annals [ˈænlz] *mn. č.* kronika

annex [ˈæneks] *podst.* prístavok; *sl.* [əˈneks] pripojiť

annexation [ˌænekˈseišən] pripojenie, anexia

annihilate [əˈnaihileit] zničiť

anniversary [ˌæniˈvə:səri] výročie

announce [əˈnauns] oznámiť

announcement [əˈnaunsmənt] oznámenie

announcer [əˈnaunsə] hlásateľ

annoy [əˈnoi] trápiť; obťažovať, hnevať

annoyance [əˈnoiəns] obtiaž; mrzutosť

annoying [əˈnoiiŋ] mrzutý; *how a.* aké nepríjemné!

annual [ˈænjuəl] **1.** ročný **2.** výročný **3.** každoročný

annul [əˈnal] *(-ll-)* anulovať, zrušiť

anomalous [əˈnomələs] nepravidelný

anonimous [əˈnoniməs] anonymný

another [əˈnaðə] iný; ešte jeden; ďalší ● *he may be another Edison* môže byť z neho druhý Edison

answer [ˈa:nsə] *podst.* odpoveď; *sl.* odpovedať

ant [ænt] mravec

ant-hill [ænt hil] mravenisko

antenna [ænˈtenə] **1.** tykadlo **2.** anténa

anthem [ˈænθəm]: *national a.* hymna

anti-aircraft [ˈæntiˈeəkra:ft] protilietadlový

antibody [ˈæntibodi] protilátky

anticipate [ænˈtisipeit] **1.** urobiť vopred **2.** predvídať

anticipation [ænˈtisiˈpeišn] **1.** predtucha **2.** očakávanie antics [ˈæntiks] *mn. č.* šantenie

antidote [ˈæntidəut] protijed

anti-fascist [ˈæntiˈfæšist] protifašistický

antifreeze [ˈæntifri:z] protimrazová zmes

antipathy [ænˈtipəθi] antipatia

antipodes [ænˈtipədi:z] protinožci

antiquary [ˈæntikwəri] starožitník

antiquated [ˈæntikweitid] zastaralý

antique [ænˈti:k] *podst.* starožitnosť; *príd.* 1. antický 2. starobylý

antiquity [ænˈtikwiti] 1. starovek 2. starobylosť

antlers [ˈæntləz] parohy

anus [einəs] konečník

anvil [ænvil] nákova

anxiety [æŋgˈzaiəti] úzkosť

anxious [ˈæŋkšəs] 1. úzkostlivý 2. *for* dychtivý po

any [ˈeni] 1. akýkoľvek, ktorýkoľvek 2. *(v otázke)* nejaký, niektorý 3. *(po zápore)* žiadny

anybody [ˈenibodi] ktokoľvek; niekto; nikto

anyhow [ˈenihau] 1. akokoľvek 2. rozhodne

anyone [ˈeniwan] ktokoľvek; každý; niekto; nikto

anything [ˈeniθiŋ] niečo; čokoľvek, hocičo

anyway [ˈeniwei] 1. akokoľvek 2. rozhodne

anywhere [ˈeniweə] kdekoľvek; kamkoľvek; niekde, niekam; nikde, nikam

apart [əˈpa:t] 1. stranou 2. oddelene; *a. from* nehľadiac na; *take a.* rozobrať

apartheid [əˈpa:theit] politika rasovej segregácie

apartment [əˈpa:tmənt] byt

apartmenthouse [əˈpa:tmənthaus] *amer. hovor.* činžiak

ape [eip] opica *(bez chvosta)*

apiece [əˈpi:s] za kus

apologize [əˈpolədžaiz] ospravedlniť sa

apology [əˈpolədži] ospravedlnenie

apoplexy [ˈæpəpleksi] mŕtvica

apostle [əˈposl] apoštol

appal [əˈpo:l] *(-ll-)* podesiť, nastrašiť

appalling [əˈpo:liŋ] hrozný

apparatus [ˌæpəˈreitəs] aparát, prístroj

apparent [əˈpærənt] **1.** zrejmý **2.** zdanlivý

apparently [əˈpærəntli] očividne

apparition [ˌæpəˈrišən] strašidlo, zjavenie

appeal [əˈpi:l] *podst.* **1.** žiadosť, prosba; výzva **2.** *(súdne)* odvolanie; *sl. to* apelovať, obrátiť sa na *(napr. svedka);* pôsobiť *(na cit)*

appealing [əˈpi:liŋ] pôsobivý; súcitný

appear [əˈpiə] **1.** objaviť sa **2.** zdať sa

appearance [əˈpiərəns] **1.** zjav **2.** zdanie

appease [əˈpi:z] **1.** uspokojiť **2.** zmierniť; upokojiť

appendix [əˈpendiks] **1.** prívesok; dodatok **2.** prívesok slepého čreva

appetite [ˈæpitait] chuť *(do jedla)*

applaud [əˈplo:d] **1.** tlieskať **2.** schvaľovať

applause [əˈplo:z] **1.** potlesk **2.** pochvala

apple [ˈæpl] jablko

appliance [əˈplaiəns] zariadenie; *electrical a.* elektrický spotrebič

applicant [ˈæplikənt] žiadateľ

application [ˌæpliˈkeišən] **1.** *for* žiadosť o **2.** použitie, upotrebenie; *a. form* formulár *(žiadosť)*

apply [əˈplai] **1.** priložiť **2.** hodiť sa **3.** *for* žiadať o **4.** *to* obrátiť sa na **5.** použiť

appoint [əˈpoint] stanoviť, určiť; vymenovať

appointment [əˈpointmənt] **1.** ustanovenie **2.** zamestnanie **3.** schôdzka

appraise [əˈpreiz] odhadnúť; oceniť

appreciate [əˈpri:šieit] **1.** oceniť, vážiť si **2.** uznávať

apprehension [ˌæpriˈhenšən] **1.** chápanie ● *quick*

(slow) of a. rýchly (pomalý) v chápaní **2.** strach *(z budúcnosti)* **3.** lapenie *(zlodeja)*

apprentice [əˈprentis] učeň

apprenticeship [əˈprentisšip] učenie

approach [əˈprəuč] *podst.* priblíženie; prístup; *sl.* priblížiť sa

approbation [ˌæprəˈbeišən] schválenie; súhlas

appropriate [əˈprəupriit] *príd.* vhodný; primeraný; *sl.* [əˈprəuprieit] privlastniť si

approval [əˈpruːvəl] súhlas

approve [əˈpruːv] *of* **1.** súhlasiť **2.** schvaľovať

approved school [əˈpruːvd skuːl] nápravný domov mládeže

approximate [əˈproksimit] približný

apricot [ˈeiprikot] marhuľa

April [ˈeiprəl] *podst.* apríl; *príd.* aprílový

apron [ˈeiprən] zástera

apt [æpt] schopný, vhod-

ný; náchylný; *we are a. to forget* radi zabúdame

aptitude [ˈæptitjuːd] schopnosť

arable [ˈærəbl] orný

arbitrary [ˈaːbitrəri] ľubovoľný

arc [aːk] *mat.* oblúk

arch [aːč] *archit.* oblúk

archaic [aːˈkeiik] archaický, zastaraný

archbishop [ˈaːčˈbišəp] arcibiskup

architect [ˈaːkitekt] architekt

architecture [ˈaːkitekčə] architektúra

archives [ˈaːkaivz] *mn. č.* archív

arctic [ˈaːktik] arktický, polárny

ardent [ˈaːdənt] **1.** horúci **2.** horlivý

ardour [ˈaːdə] zanietenie

arduous [ˈaːdjuəs] namáhavý

are [aː] sme, ste, sú

area [ˈeəriə] **1.** plocha **2.** rozsah **3.** oblasť

argue [ˈaːgjuː] **1.** hádať sa **2.** dokazovať

argument [a:gjumənt] **1.**
dôkaz **2.** debata
arid [ˈærid] vyprahnutý,
suchý
*arise [əˈraiz] vzniknúť
arisen *p.* ***arise**
aristocracy [ˌærisˈtokrəsi]
šľachta
arithmetic [əˈriθmətik]
aritmetika, počty
arm [a:m] *podst.* **1.** ple-
ce **2.** zbraň *(obyčaj-
ne mn. č.* **arms**); *sl.*
ozbrojiť (sa)
armament [ˈa:məmənt] **1.**
výzbroj **2.** zbrojenie
armchair [ˈa:mˈčeə] kres-
lo
armistice [ˈa:mistis] prí-
merie
armour [ˈa:mə] pancier
armoured car [a:məd ka:]
pancierový voz
armoury [ˈa:məri] zbroj-
nica; *amer.* zbrojovka
armpit [ˈa:mpit] podpa-
zušie
army [ˈa:mi] armáda
arose *p.* ***arise**
around [əˈraund] okolo;
dookola
arouse [əˈrauz] **1.** zobu-
diť **2.** vyburcovať

arrange [əˈreindž] **1.** u-
sporiadať **2.** zariadiť **3.**
upraviť
arrangement [əˈreindž-
mənt] **1.** úprava **2.** do-
hoda, ujednanie **3.** *(oby-
čajne mn. č.)* plány
arreas [əˈriəz] *mn. č.* ne-
doplatky; nedokončená
práca
arrest [əˈrest] *podst.* za-
tknutie; väzba; *sl.* za-
tknúť
arrival [əˈraivəl] príchod
arrive [əˈraiv] prísť *(do-
pravným prostriedkom)*
arrogance [ˈærəgəns] aro-
gancia, povýšenosť
arrow [ˈærəu] šíp
arsenal [ˈa:sənl] **1.** zbroj-
nica **2.** zbrojovka
arson [ˈa:sn] podpaľač-
stvo
art [a:t] **1.** umenie **2.**
lesť, trik
artery [ˈa:təri] *anat., ob-
raz.* tepna
article [ˈa:tikl] **1.** bod
zmluvy **2.** článok **3.**
predmet; druh tovaru
4. *gram.* člen
artificial [ˌa:tiˈfišl] umelý

artillery [a:'tiləri] delo-strelectvo

artisan [ˌa:ti'zæn] reme-selník

artist ['a:tist] umelec

artiste [a:'ti:st] artista

artistic [a:'tistik] umelec-ký

as [æz, əz] *prísl.* tak; ako; *spoj.* 1. keď 2. pretože; *a. to, a. for* pokiaľ ide o; *a. far a. (miestne)* až do; *a. well* tak isto; *a. well a.* prá-ve tak ako, a tiež; *a. long* pokiaľ; *a. soon a.* len čo; *a. if* ako by

asbestos [æz'bestos] az-best

ascend [ə'send] stúpať, nastúpiť *(na trón)*

ascent [ə'sent] výstup

ascertain [ˌæsə'tein] zis-tiť

ascetic [ə'setik] asketický

ascribe [əs'kraib] *to s.o.* pripisovať komu

ash [æš] 1. *bot.* jaseň 2. popol

ashamed [ə'šeimd] zahan-bený; *be a.* hanbiť sa

ashes [æšiz] *mn. č.* po-pol, telesné pozostatky

ashore [ə'šo:] na breh, na brehu

ash-tray ['æšˌtrei] popol-ník

Asia ['eišə] Ázia

Asiatic [ˌeiši'ætik] ázij-ský

aside [ə'said] bokom; *put a.* odložiť

ask [a:sk] 1. žiadať, pro-siť 2. pýtať sa 3. po-zvať

aslant [ə'sla:nt] šikmo, naprieč; nakrivo

asleep [ə'sli:p] spiaci; *be a.* spať; *fall a.* zaspať

asparagus [əs'pærəgəs] špargľa

aspect ['æspekt] 1. vzhľad 2. ohľad, zreteľ

aspen ['æspən] *bot.* osika

asphalt ['æsfælt] asfalt

aspiration [ˌæspi'reišən] snaha; nárok

aspire [əs'paiə] *to, after* usilovať sa o

ass [æs] somár

assail [ə'seil] napadnúť

assassin [ə'sæsin] vrah

assassinate [ə'sæsineit] zavraždiť

assassination [əˌsæsi-'neišən] vražda

assault [ə'so:lt] *podst.*
útok; prepadnutie; *sl.*
prepadnúť
assemble [ə'sembl] **1.**
zhromaždiť (sa) **2.** montovať
assembly [ə'sembli] zhromaždenie
assent [ə'sent] *podst.* súhlas; *sl.* to s.t. súhlasiť
s čím
assert [ə'sə:t] tvrdiť
assertion [ə'sə:šn] tvrdenie
assess [ə'ses] odhadnúť,
oceniť
assets ['æsets] *mn. č.*
aktíva
assign [ə'sain] prideliť;
určiť
assignment [ə'sainmənt]
úloha, úkol
assimilate [ə'simileit] *to,
with* asimilovať; prispôsobiť (sa)
assist [ə'sist] pomôcť
assistance [ə'sistəns] pomoc
assistant [ə'sistənt] pomocník
associate [ə'səušiit] *podst.*
spoločník, *sl.* [ə'səušieit]
spojiť (sa), združiť (sa)

association [ə,səusi'eišən]
združenie
assorted [ə'so:tid] zmiešaný, rôznorodý ● *a
pound of a. toffees* funt
miešaných cukríkov;
a well a. couple k sebe
sa hodiaci pár
assortment [ə'so:tmənt]
kolekcia tovaru
assume [ə'sju:m] **1.** domnievať sa; predpokladať **2.** prevziať
assumption [ə'sampšən]
domnienka; predpoklad
assurance [ə'šuərəns] **1.**
uistenie **2.** sebadôvera
assure [ə'šuə] uistiť
astonish [əs'toniš] udiviť,
prekvapiť
astonishment [əs'tonišmənt] úžas
astray [əs'trei] *go a.* zablúdiť, zísť na scestie
astride [əs'traid] rozkročmo
astronaut ['æstrəno:t]
astronaut, kozmonaut
astronomer [əs'tronəmə]
astronóm
astronomy [əs'tronəmi]
astronómia

asylum [əˈsailəm] **1.** azyl, útulok **2.** ústav

at [æt, ət] u; v; na; pri; *a. home* doma; *a. night* v noci; *a. least* aspoň; *a. last* konečne; *not a. all* vôbec nie; *a. two o'clock* o druhej

ate *p.* *eat

atheist [ˈeiθiist] ateista

athlete [ˈæθliːt] atlét, športovec

athletics [æθˈletiks] *mn. č.* atletika

Atlantic [ətˈlæntik] *príd.* atlantický; **the A.** Atlantický oceán

atmosphere [ˈætməsfiə] ovzdušie

atom [ˈætəm] atóm

atomic [əˈtomik] atómový; *a. bomb* atómová bomba

atrocious [əˈtrəušəs] ohavný

atrocity [əˈtrositi] ukrutnosť; zverstvo

attach [əˈtæč] pripojiť, prilepiť; *a. importance* pripisovať dôležitosť

attaché [əˈtæšei] pridelenec

attaché case [əˈtəšikeis] aktovka

attachment [əˈtæčmənt] **1.** pripojenie **2.** oddanosť

attack [əˈtæk] *podst.* útok; *sl.* napadnúť; útočiť

attain [əˈtein] dosiahnuť

attempt [əˈtempt] *podst.* pokus; *sl.* pokúsiť sa

attend [əˈtend] **1.** dávať pozor **2.** *(školu)* navštevovať **3.** ošetrovať, obsluhovať

attendance [əˈtendəns] **1.** návšteva školy **2.** ošetrenie; obsluha

attendant [əˈtendənt] **1.** sluha, zriadenec **2.** sprievod

attention [əˈtenšən] pozornosť

attentive [əˈtentiv] pozorný

attic [ˈætik] podkrovná miestnosť, manzardka

attitude [ˈætitjuːd] postoj, pomer k; stanovisko

attorney [əˈtəːni] **1.** splnomocnenec **2.** *amer.* právnik; *power of a.* plná moc

attract [əˈtrækt] priťaho-
vať, vábiť
attraction [əˈtrækšn] prí-
ťažlivosť, pôvab
attractive [əˈtræktiv] prí-
ťažlivý, pôvabný
attribute [ˈætribjuːt]
podst. 1. vlastnosť 2.
príznak; *sl.* [əˈtribjuːt]
prisudzovať
auburn [ˈoːbən] červeno-
hnedý, gaštanový
auction [ˈoːkšn] dražba
audacious [oːˈdeišəs] od-
vážny
audacity [oːˈdæsiti] od-
vaha
audible [ˈoːdəbl] počuteľ-
ný
audience [ˈoːdjəns] poslu-
cháčstvo, obecenstvo
audit [ˈoːdit] revidovať
účty
auditor [ˈoːditə] 1. po-
slucháč 2. revízor účtov
auger [ˈoːgə] nebožiec,
vrták
August [ˈoːgəst] *podst.*
august; *príd.* augusto-
vý
aunt [aːnt] teta

aurora [oːˈroːrə] 1. zore
2. polárna žiara
austere [oːsˈtiə] 1. prísny
2. prostý
Australia [oːsˈtreiljə]
Austrália
Austria [ˈoːstriə] Rakús-
ko
authentic [oːˈθentik] vie-
rohodný, pravý
author [ˈoːθə] spisovateľ,
autor; pôvodca
authoritative [oːˈθoritei-
tiv] autoritatívny; zá-
važný
authority [oːˈθoriti] 1.
moc; autorita 2. *obyč.*
mn. č. úrad
authorize [ˈoːθəraiz]
zmocniť, oprávniť
authorship [ˈoːθəšip] au-
torstvo
autobahn [oːˈtəubaːn] au-
tostráda
autobiography [ˌoːto-
baiˈogrəfi] autobiogra-
fia, vlastný životopis
autograph [ˈoːtəgraːf]
autogram
automatic [ˌoːtəˈmætik]
automatický, samočin-
ný

automaton [oːˈtomətən] človek-automat

automobile [ˌoːtəˈməubiːl] *amer.* auto

autonomous [oːˈtonəməs] autonómny, samosprávny

autonomy [oːˈtonəmi] autonómia, samospráva

autopsy [ˈoːtopsi] pitva

autumn [ˈoːtəm] *podst.* jeseň; *príd.* jesenný

auxiliary [oːgˈziljəri] pomocný

avail [əˈveil] *o.s. of s.t.* použiť čo

available [əˈveiləbl] **1.** prístupný **2.** platný **3.** k dispozícii; na sklade

avalanche [ˈævəlaːnš] lavína

avarice [ˈævəris] lakomstvo

avenge [əˈvendž] pomstiť

avenue [ˈævənjuː] **1.** alej **2.** trieda *(v meste)*

average [ˈævəridž] *podst.* priemer; *príd.* priemerný; *sl.* **1.** zistiť priemer **2.** priemerne obsahovať

aversion [əˈvəːšən] *to* odpor k

avert [əˈvəːt] odvrátiť

aviation [ˌeiviˈeišən] letectvo

avoid [əˈvoid] vyhnúť sa; vyvarovať sa

await [əˈweit] očakávať

***awake** [əˈweik] zobudiť (sa)

award [əˈwoːd] *podst.* **1.** rozhodnutie poroty **2.** udelená cena; *sl.* prisúdiť, udeliť

aware [əˈweə] *be a. of* byť si vedomý čoho

away [əˈwei] preč; *far a.* ďaleko

awe [oː] bázeň, úzkosť

awful [ˈoːful] strašný, hrozný

awkward [ˈoːkwəd] **1.** nemotorný; zle navrhnutý **2.** trápny

awl [oːl] *(obuvnícke)* šidlo

awoke *p.* ***awake**

axe [æks] sekera

axis [ˈæksiːz] os

axle [ˈæksl] náprava voza

azure [ˈæžə] *podst.* blankyt; *príd.* blankytný

B

babble [bæbl] bľabotať

baby [ˈbeibi] nemluvňa, dojča

bachelor [ˈbæčələ] **1.** starý mládenec **2.** *(akad. titul)* bakalár; *b. flat* garsónka

back [bæk] *podst.* **1.** chrbát **2.** operadlo **3.** *šport.* obranca **4.** zadná strana; *prísl.* späť, nazad; *sl.* **1.** podporovať **2.** cúvať; *príd.* zadný; oneskorený

backbone [ˈbækbəun] chrbtica

background [ˈbækgraund] pozadie

backward [ˈbækwəd] *prísl.* späť, nazad; *príd.* zaostalý; nesmelý

backwards [ˈbækwədz] späť, nazad

bacon [ˈbeikn] slanina

bad [bæd] **1.** zlý, nepríjemný **2.** skazený **3.** škodlivý

bade *p.* *bid

badge [bædž] odznak

badger [ˈbædžə] *podst.* jazvec; *sl.* štvať, sužovať

bag [bæg] vak, taška, kabela

baggage [ˈbægidž] *amer.* batožina

bagpipe(s) [ˈbægpaip(z)] gajdy

bail [beil] kaucia

bailey [ˈbeili] vonkajší múr hradu; vnútorný dvor hradu; *Old B.* súdny dvor v Londýne

bailiff [ˈbeilif] **1.** súdny sluha **2.** šafár

bait [beit] vnadidlo

bake [beik] piecť (sa); vypaľovať *(hlinu)*

baker [ˈbeikə] pekár

baking-powder [ˈbeikiŋ paudə] prášok do pečiva

balance [ˈbæləns] *podst.* **1.** váha; rovnováha **2.** súvaha, bilancia **3.** zostatok; *sl.* **1.** (u)vážiť, porovnávať **2.** vyrovnať; vyvážiť **3.** robiť bilanciu

balcony [ˈbælkəni] balkón

bald [boːld] plešivý; holohlavý, holý

bale [beil] žoch

ball [boːl] 1. lopta; klbko 2. guľka 3. ples

ballad [ˈbæləd] balada

ballast [ˈbæləst] príťaž

ballet [ˈbælei] balet

ballistic [bəˈlistik] balistický

balloon [bəˈluːn] balón

ballot [ˈbælət] 1. tajné hlasovanie 2. hlasovací lístok

ball-pen [boːl pen] večné pero

balm [baːm] balzam

bamboo [bæmˈbuː] bambus

bamboozle [bæmˈbuːzl] *hovor.* dobehnúť, dostať koho

ban [bæn] *sl. (-nn-)* zakázať; *podst.* kliatba; zákaz

banana [bəˈnaːnə] banán

band [bænd] 1. páska; remeň 2. tlupa 3. kapela

bandage [bændidž] *podst.* obväz; *sl.* obviazať

bang [bæŋ] *sl.* buchnúť, tresnúť; *cit.* pác, tresk

banish [ˈbæniš] vyhostiť

banisters [ˈbænistəz] *mn. č.* zábradlie

bank [bæŋk] 1. breh rieky 2. banka

banker [ˈbæŋkə] bankár

bank-note [ˈbæŋknəut] bankovka

bankrupt [ˈbæŋkrapt] *príd.* neschopný platiť; *make b.* urobiť úpadok; *podst.* bankrotár

bankruptcy [ˈbæŋkrəpsi] úpadok, bankrot

banner [ˈbænə] koruhva; transparent

banns [bænz] *mn. č.* ohlášky

banquet [ˈbæŋkwit] banket; hostina

baptism [ˈbæptizm] krst

baptize [bæpˈtaiz] krstiť

bar [baː] *podst.* 1. tyč 2. *hud.* takt 3. závora 4. výčap 5. *the B.* súd 6. *obraz.* prekážka; *sl. (-rr-)* prehradiť; zatarasiť; zakázať

barbecue [ˈbaːbikjuː] ražeň

barbed wire [ˈbaːbd waiə] ostnatý drôt
barber [ˈbaːbə] holič
bare [beə] **1.** nahý, holý **2.** prostý, číry; *b. of* prázdny
barefoot [ˈbeəfut] bosý
bare-headed [ˈbeəˈhedid] *(bez klobúka)* holohlavý
barely [ˈbeəli] sotva; iba
bargain [ˈbaːgin] *podst.* **1.** obchod **2.** výhodná kúpa; *sl.* jednať sa
barge [baːdž] riečny čln
bark [baːk] *podst. bot.* kôra; *sl.* brechať
barley [ˈbaːli] *bot.* jačmeň
barn [baːn] stodola
barometer [bəˈromitə] tlakomer
baroque [bəˈrok] *podst.* barok; *príd.* barokový
barracks [ˈbærəks] *mn. č.* kasárne
barrage [ˈbæraːž] **1.** *(riečna)* priehrada **2.** *voj.* paľba **3.** bariéra
barrel [ˈbærəl] **1.** sud **2.** hlaveň
barrel-organ [ˈbærəlˌoː-gən] verklík
barren [ˈbærən] neplodný, neúrodný

barricade [ˌbæriˈkeid] barikáda
barrier [ˈbæriə] priehrada, bariéra
barrister [ˈbæristə] advokát
barrow [ˈbærəu] **1.** tragač, táčky **2.** dvojkolesový vozík
barter [ˈbaːtə] výmenný obchod
base [beis] *príd.* nízky, podlý; *podst.* základňa; *sl.* zakladať
basement [ˈbeismənt] suterén
bashful [ˈbæšful] ostýchavý, plachý
basic [ˈbeisik] základný
basin [ˈbeisn] **1.** nádrž, bazén **2.** umývadlo
basis [ˈbeisis] základ, základňa
bask [baːsk] opaľovať sa
basket [ˈbaːskit] kôš
bass [beis] *podst.* bas; *príd.* basový
bastard [ˈbæstəd] *podst.* pankhart; *príd.* **1.** nemanželský **2.** zvrhlý
bastion [ˈbæstiən] bašta
bat [bæt] **1.** netopier **2.** kriketová pálka

bath [ba:θ] **1.** kúpeľ; *take a b.* vykúpať sa **2.** *b. tub* vaňa
bathe [beið] kúpať sa
bathroom [ˈbaːθrum] kúpeľňa
baths [ba:ðz] *mn. č.* kúpele *(v meste)*
battery [ˈbætəri] *voj.* batéria
battle [bætl] *voj.* bitka
battledress [ˈbætldres] poľná uniforma
battlefield [ˈbætlfi:ld] bojisko
battleship [ˈbætlšip] vojnová loď
bawl [bo:l] revať, hulákať
bay 1. [bei] vavrín **2.** záliv **3.** výklenok
bayonet [ˈbeiənit] bodák
BBC [bi:bi:si:] = *British Broadcasting Corporation* Britská rozhlasová spoločnosť
**be [bi:] byť, existovať
beach [bi:č] pláž
beacon [ˈbi:kən] **1.** signál **2.** pobrežný maják
bead [bi:d] **1.** guľôčka **2.** korálka
beak [bi:k] zobák

beam [bi:m] *podst.* **1.** trám **2.** lúč; *sl.* žiariť
bean [bi:n] bôb
bear¹ [beə] medveď
bear² [beə] **1. nosiť, znášať, strpieť **2.** rodiť
beard [biəd] *(mužská)* brada
bearer [beərə] nositeľ, doručiteľ
bearing [ˈbeəriŋ] **1.** chovanie **2.** ložisko **3.** *mn. č.* smer
beast [bi:st] zviera; šelma
beat¹ [bi:t] **1. tĺcť, biť, šľahať **2.** poraziť koho
beat² [bi:t] **1.** tlkot; tep; takt **2.** obchôdzka
beaten *p.* **beat
beautiful [ˈbju:tifl] krásny
beauty [ˈbju:ti] **1.** krása **2.** krásavica; *b. parlour* kozmetický salón
beaver [ˈbi:və] bobor
beaver-rat [ˈbi:vəræt] ondatra
became *p.* **become
because [biˈkoz] pretože, lebo; *b. of* kvôli, pre
become [biˈkam] **1. stať sa **2.** pristať, slušať

bed [bed] **1.** posteľ; *go to b.* ísť spať **2.** záhon **3.** riečište

bedclothes [bedkləuðz] posteľná bielizeň

bedroom [bedrum] spálňa

bedside table [bedsaid teibl] nočný stolík

bee [bi:] včela

beehive [bi:haiv] úľ

beech [bi:č] *bot.* buk

beechen ['bi:čən] bukový

beef [bi:f] hovädzie mäso

beefsteak ['bi:fsteik] biftek

been *p.* *be

beer [biə] pivo

beet [bi:t] repa

beetle [bi:tl] chrobák

beetroot [bi:tru:t] cukrová repa

*befall [bi:'fo:l] *(iba 3. os.)* postihnúť koho, prihodiť sa

before [bi'fo:] *prísl.* skôr, predtým; *predl.* pred; *spoj.* (skôr) ako

beforehand [bi'fo:hænd] vopred, dopredu

beg [beg] *(-gg-)* **1.** prosiť **2.** žobrať

began *p.* *begin

beggar ['begə] žobrák

*begin [bi'gin] *(-nn-)* začať

beginner [bi'ginə] začiatočník

beginning [bi'giniŋ] začiatok

begun *p.* *begin

behalf [bi'ha:f] *on b. of* pre, za

behave [bi'heiv] chovať sa; *b. o.s.* chovať sa slušne; fungovať

behaviour [bi'heivjə] chovanie

beheld *p.* *behold

behind [bi'haind] *predl.* za; *prísl.* vzadu, pozadu

being ['bi:iŋ] **1.** bytie **2.** bytosť, tvor

belated [bi'leitid] oneskorený

belch [belč] **1.** vyvrhovať **2.** grgať

belief [bi'li:f] viera

believe [bi'li:v] **1.** veriť **2.** myslieť, domnievať sa

belittle [bi'litl] podceňovať

bell [bel] **1.** zvon, zvonec **2.** spiežovec

belligerent [bi'lidžərənt] *podst.* vojnová strana; *príd.* vedúci vojnu

bellow [ˈbeləu] bučať
bellows [ˈbeləuz] *mn. č.* mechy
belly [ˈbeli] *hovor.* brucho
belong [biˈloŋ] prináležať, patriť
belongings [biˈloŋiŋz] *mn. č.* majetok
beloved [biˈlavd] milovaný
below [biˈləu] *predl.* pod; *prísl.* dole
belt [belt] **1.** pás, opasok **2.** pásmo
bench [benč] **1.** lavica, lavička **2.** súd
*bend¹ [bend] ohnúť (sa)
bend² [bend] ohyb; oblúk
beneath [biˈni:θ] *predl.* pod; *prísl.* dole
beneficial [ˌbeniˈfišl] užitočný; blahodarný
benefit [ˈbenifit] úžitok, prospech; *unemployment b.* podpora v nezamestnanosti; *sickness b.* nemocenské dávky
benevolence [biˈnevələns] blahovôľa
bent¹ [bent] náchylný
bent² *p.* ***bend**

beret [ˈberei] baretka
berry [ˈberi] bobuľa
berth [bə:θ] **1.** kajuta **2.** lôžko v kabíne
beside [biˈsaid] vedľa, pri
besides [biˈsaidz] okrem toho, mimo
besiege [biˈsi:dž] obliehať
besom [ˈbi:zəm] prútená metla
best [best] *príd.* najlepší; *prísl.* najlepšie
bet [bet] *(-tt-) sl.* staviť sa; *podst.* stávka
betray [biˈtrei] zradiť
betrayal [biˈtreiəl] zrada
better [betə] *príd.* lepší; *prísl.* lepšie; *he is b.* je mu lepšie; *I am getting better* darí sa mi lepšie; *sl.* zlepšiť
between [biˈtwi:n] medzi *(dvoma)*
beverage [ˈbevəridž] nápoj
beware [biˈweə] *of* daj si pozor na
bewilder [biˈwildə] zmiasť
bewilderment [biˈwildəmənt] zmätok
bewitch [biˈwič] očariť, očarovať

beyond [bi'jond] *prísl.* na druhej strane; *predl.* za, nad

bias ['baiəs] predpojatosť

biased ['baiəst] predpojatý, zaujatý

bib [bib] podbradník

Bible ['baibl] biblia

bicycle ['baisikl] *podst.* bicykel; *sl. ride a b.* ísť na bicykli

*bid [bid] *(-dd-)* 1. prikázať 2. ponúknuť cenu

big [big] *(-gg-)* veľký; *b. power* veľmoc

bike [baik] *podst. hovor.* bicykel; *sl.* ísť na bicykli

bilberry ['bilbəri] čučoriedka

bile [bail] žlč

bill¹ [bil] zobák

bill² [bil] 1. plagát 2. účet 3. zmenka 4. predloha zákona 5. *amer.* bankovka

biliards ['biljədz] *mn. č.* biliard

billion ['biljən] 1. bilión 2. *amer.* miliarda

billy-goat ['biliˌgəut] cap

*bind [baind] viazať, spojiť; spútať; zaviazať; obrúbiť

binding ['baindiŋ] záväzný

biography [bai'ogrəfi] životopis

biology [bai'olədži] biológia

birch [bə:č] *bot.* breza

bird [bə:d] vták

birth [bə:θ] 1. narodenie 2. vznik, pôvod

birthday [bə:θdei] narodeniny

birth-mark ['bə:θma:k] materské znamienko

birth-place ['bə:θpleis] rodisko

birth-rate ['bə:θreit] pôrodnosť

biscuit ['biskit] keks, suchár

bishop ['bišəp] 1. biskup 2. *šach.* strelec

bit¹ [bit] 1. kúsok 2. udidlo

bite² *p.* ***bite**

bitch [bič] suka

*bite¹ [bait] hrýzť; štípať

bite² [bait] 1. pohryznutie 2. kúsok

bitten *p.* ***bite**

bitter [bitə] **1.** horký
2. krutý
black [blæk] *príd.* čierny; *podst.* **1.** čerň **2.**
černoch
blackberry [ˈblækbəri]
černica
blackbird [ˈblækbə:d]
zool. drozd
blackboard [ˈblækbo:d]
(školská) tabuľa
blacken [ˈblækən] **1.** černieť **2.** očierniť
blackguard [ˈblæga:d] darebák
blacking [ˈblækiŋ] čierna
pasta na topánky
blackleg [ˈblækleg] **1.**
štrajkokaz **2.** *amer. hovor.* falošný hráč
blackmail [ˈblækmeil]
podst. vydieračstvo; *sl.*
vydierať
blackout [ˈblækaut]
podst. zatemnenie; *sl.*
zatemniť
blacksmith [ˈblæksmiθ]
kováč
bladder [ˈblædə] mechúr
blade [bleid] **1.** steblo
2. čepeľ, žiletka
blame [bleim] *podst.* **1.**

hana **2.** vina; *sl.* **1.** hanobiť **2.** viniť
blank [blæŋk] *príd.* prázdny; nepopísaný; *podst.*
prázdnota; medzera
blanket [ˈblæŋkit] pokrývka
blare [bleə] vrieskať, vytrubovať
blast [bla:st] *podst.* **1.**
náraz vetra **2.** ťah pece;
sl. vyhodiť do povetria
blast-furnace [ˈbla:st-ˈfə:nis] vysoká pec
blaze [bleiz] *podst.* žiar;
požiar; *sl.* plápolať; žiariť
bleach [bli:č] bieliť
bleak [bli:k] pustý, ponurý, chmúrny
bleat [bli:t] bľačať
bled *p.* *bleed
*****bleed** [bli:d] krvácať
blemish [ˈblemiš] *podst.*
1. chyba **2.** škvrna; *sl.*
1. poškvrniť **2.** zohyzdiť
blend [blend] *podst.*
zmes; *sl.* miešať
bless [bles] žehnať; velebiť
blessed [ˈblesid] **1.** požehnaný **2.** blahoslavený

blessing [ˈblesiŋ] požehnanie; milosť
blew p. *blow
blind [blaind] príd. slepý; podst. roleta; sl. oslepiť
blindfold [ˈblaindfəuld] so zaviazanými očami
blink [bliŋk] **1.** blikať **2.** žmurkať
bliss [blis] dokonalé šťastie, veľká radosť
blister [ˈblistə] pľuzgier
blizzard [ˈblizəd] snehová búrka, metelica
block [blok] podst. **1.** klát **2.** kladka **3.** blok domov; b. of flats činžiak; sl. zatarasiť, blokovať
blockade [bloˈkeid] podst. blokáda; sl. blokovať
blockhead [ˈblokhed] hlupák
blond(e) [blond] plavý, svetlý, blond
blood [blad] krv; in cold b. chladnokrvne
bloodshed [bladšed] krviprelievanie
bloodthirsty [ˈbladˌθəːsti] krvilačný

blood-vessel [ˈbladˌvesl] cieva
bloody [ˈbladi] **1.** krvavý **2.** (hrešenie) prekliaty
bloom [bluːm] podst. kvet; sl. kvitnúť
blossom [ˈblosəm] podst. kvet, kvety na strome; sl. kvitnúť
blot [blot] podst. škvrna, machuľa; sl. (-tt-) poškvrniť, pošpiniť; b. out vymazať
blotting-paper [ˈblotiŋˌpeipə] pijak
blouse [blauz] blúza
blow¹ [bləu] rana, úder
*blow² [bləu] duť, fúkať; b. one's nose vysiakať sa; b. out sfúknuť, zahasiť; b. up vyhodiť do povetria
blown p. *blow
blue [bluː] **1.** modrý **2.** skľúčený
blunder [ˈblandə] podst. (hrubý) omyl, chyba; sl. tápať, chybiť
blunt [blant] **1.** tupý **2.** neokrôchaný
blur [bləː] podst. škvrna; sl. (-rr-) rozmazať

blush [blaš] *podst.* rumeň, rumenec; *sl.* červenať sa; hanbiť sa
boar [bo:] diviak; brav
board [bo:d] *podst.* **1.** doska **2.** lepenka **3.** strava **4.** výbor, rada; *sl.* stravovať (sa)
boarder [bo:də] stravník
boarding-house [ˈbo:diŋhaus] penzión
boarding-school [ˈbo:diŋsku:l] internátna škola
boast [bəust] *podst.* pýcha; *sl.* pýšiť sa
boat [bəut] **1.** čln, loď **2.** miska
bob [bob] **1.** trhnutie; úklon **2.** krátky účes **3.** *slang.* šiling; *sl. (-bb-)* **1.** poskakovať **2.** nakrátko ostrihať
bob-sled, b. sleigh [ˈbobsled, -slei] boby
bodice [ˈbodis] živôtik; *laced b.* šnurovačka
body [ˈbodi] **1.** telo **2.** teleso **3.** zbor
bog [bog] bahno; močarina
boil [boil] **1.** variť (sa) **2.** vrieť
boiler [boilə] kotol

boisterous [ˈboistərəs] búrlivý; hlučne veselý
bold [bəuld] **1.** odvážny, smelý **2.** bezočivý
Bolshevik [ˈbolšəvik] *podst.* boľševik; *príd.* boľševický
bolster [ˈbəulstə] *podst.* podhlavnica; *sl.* podopierať
bolt [bəult] *podst.* **1.** závora **2.** skrutka s maticou; *sl.* **1.** zavrieť na závoru **2.** utiecť **3.** zhltnúť *(rýchlo)*
bomb [bom] *podst.* bomba, puma; *A-b.* atómová bomba; *sl.* bombardovať
bomber [ˈbomə] bombardér
bond [bond] *podst.* **1.** puto **2.** dlhopis; *sl.* zaistiť úpisom
bondage [ˈbondidž] **1.** poddanstvo, otroctvo **2.** zajatie
bonds [bondz] **1.** putá **2.** obligácia; cenné papiere
bone [bəun] kosť
bonfire [ˈbonˌfaiə] vatra

bonnet [bonit] **1.** čepiec **2.** *motor.* kapota

bonus [bəunəs] prémia

bony [bəuni] kostnatý

boo [bu:] prejaviť nesúhlas hučaním

booby [ˈbu:bi] neogabanec, hlupák

book [buk] *podst.* **1.** kniha **2.** zošit; *sl.* **1.** zapísať do knihy **2.** účtovať **3.** rezervovať (si); objednať

bookbinder [ˈbukˌbaində] kníhár

book-case [ˈbukkeis] knižnica

booking-office [ˈbukiŋˌofis] *(staničná)* pokladnica

book-keeper [ˈbukˌki:pə] účtovník

book-keeping [ˈbukˌki:piŋ] účtovníctvo

booklet [ˈbuklit] brožúra

bookseller [ˈbukˌselə] kníhkupec

book-shop [ˈbukšop] kníhkupectvo

book-stall [ˈbuksto:l] stánok, kiosk

boom [bu:m] *podst.* **1.** trám **2.** konjunktúra; *sl.* dunieť

boot [bu:t] *(vysoká)* topánka

booth [bu:ð] búdka; kabína

boot-lace [ˈbu:tleis] šnúrka do topánok

boots [bu:ts] hotelový sluha

booty [ˈbu:ti] korisť

booze [bu:z] *hovor.* slopať

boozy [ˈbu:zi] opitý

border [ˈbo:də] *podst.* **1.** okraj **2.** pohraničie; *sl.* obrúbiť; ohraničiť

bore[1] [bo:] *podst.* **1.** nebožiec **2.** nudný človek; *sl.* **1.** vŕtať **2.** nudiť sa

bore[2] *p.* *bear

born[1] [bo:n] narodený

born[2] *p.* *bear

borrow [borəu] požičať si

bosom [ˈbuzəm] prsia

bosom-fried [ˈbuzəmfrend] dôverný priateľ

boss [bos] šéf, pán

botany [ˈbotəni] botanika

both [bəuθ] obaja; *b. and* aj — aj

bother [boðə] *podst.* ťažkosť; *sl.* obťažovať; trápiť

bottle [botl] fľaša

bottom [ˈbotəm] dno; spodok

bottommost [ˈbotəmməust] najspodnejší

bough [bau] konár

bought *p.* *buy

boulder [bəuldə] balvan

bounce [bauns] odraziť (sa); odskočiť; *b. into* vbehnúť do

bound¹ [baund] *podst.* skok; *sl.* 1. skočiť 2. ohraničiť

bound² *p.* *bind

boundary [ˈbaundəri] hranica

boundless [ˈbaundlis] nekonečný

bounteous [ˈbauntiəs] štedrý

bounty [ˈbaunti] štedrosť

bouquet [ˈbukei] kytica

bourgeois [ˈbuəžwa:] *podst.* buržuj, meštiak; *príd.* buržoázny, meštiacky

bourgeoisie [ˈbuəžwa:ˈzi:] buržoázia

bow¹ [bau] *podst.* 1. poklona, úklon 2. predok lode; *sl.*1. zohnúť (sa) 2. pokloniť sa

bow² [bəu] 1. luk 2. sláčik 3. oblúk 4. stuha

bowels [bauəlz] *mn. č.* črevá; vnútornosti

bowl [bəul] 1. misa 2. čaša

box [boks] *podst.* 1. *bot.* zimozeleň 2. škatuľa, debna 3. *div.* lóža 4. búdka 5. úder; *sl.* 1. *b. s.o.'s ear(s)* dať zaucho 2. boxovať

boxing [ˈboksiŋ] box

Boxing-day [ˈboksiŋdei] druhý vianočný sviatok

box-office [ˈboksˈofis] *(divadelná)* pokladnica

boy [boi] chlapec

bra [bra:] *hovor.* podprsenka

bracelet [ˈbreislit] náramok

bracelets [ˈbreislits] *mn. č. hovor.* putá

braces [ˈbreisiz] *mn. č.* traky

bracket [ˈbrækit] *podst.* 1. podpora, konzola 2.

zátvorka; *sl.* dať do zátvorky

brag [bræg] *(-gg-)* chvastať sa

braid [breid] *sl.* zapletať vlasy; *podst.* vrkoč

brain [brein] **1.** mozog **2.** rozum

brains [breinz] *mn. č. hovor.* inteligencia

brake [breik] *podst.* brzda; *sl.* brzdiť

bramble [bræmbl] černica

bran [bræn] otruby

branch [bra:nč] **1.** vetva **2.** pobočka, filiálka

brand [brænd] *podst.* **1.** *(vypálené)* znamenie **2.** značka tovaru, druh tovaru; *sl.* **1.** vypáliť znamenie **2.** *pren.* označiť

brandy [ˈbrændi] koňak

brass [bra:s] *podst.* mosadz; *príd.* mosadzný

brass-band [ˈbra:sˈbænd] dychový orchester

brave [breiv] *príd.* statočný; *sl.* vzdorovať čomu

bravery [ˈbreivəri] statočnosť

brawl [bro:l] ruvačka

brawny [ˈbro:ni] silný, svalnatý

brazen [breizn] **1.** mosadzný **2.** bezočivý

breach [bri:č] **1.** prielom, trhlina **2.** porušenie, nedodržanie **3.** prerušenie

bread [bred] chlieb; *b. and butter* chlieb s maslom

breadth [bredθ] šírka

bread-winner [ˈbredˌwinə] živiteľ rodiny

break¹ [breik] prestávka

*break² [breik] **1.** zlomiť (sa), rozbiť (sa), pretrhnúť (sa) **2.** porušiť, nedodržať **3.** prerušiť **4.** prekonať rekord **5.** šetrne oznámiť správu **6.** skrotiť; *b. down* zrútiť sa; *b. off* prerušiť; *b. out* vypuknúť; *b. up* **1.** *(o schôdzi)* rozísť sa **2.** *(o škole)* končiť sa **3.** *(o počasí)* meniť sa

break-down [ˈbreikdaun] zrútenie

breakfast [ˈbrekfəst] raňajky

break-neck [ˈbreiknek] krkolomný, nebezpečný

breast [brest] prsia, hruď

breath [breθ] dych, dýchanie

breathe [bri:ð] dýchať

breathing [ˈbri:ðiŋ] dýchanie

breathless [ˈbreθlis] bez dychu, zadychčaný

bred *p.* *****breed**

breeches [ˈbri:čiz] *mn. č.* krátke nohavice

breed[1] [bri:d] **1.** plemeno **2.** rasa **3.** druh

*****breed**[2] [bri:d] **1.** plodiť, rodiť **2.** pestovať **3.** vychovať

breeding [ˈbri:diŋ] **1.** plodenie **2.** výchova **3.** chov zvierat

breeze [bri:z] vánok

brevity [ˈbreviti] stručnosť

brew [bru:] variť pivo

brewery [ˈbru:əri] pivovar

bribe [braib] *podst.* úplatok; *sl.* podplácať

bribery [ˈbraibəri] úplatnosť

brick [brik] tehla

bricklayer [ˈbrikˌleiə] murár

bride [braid] nevesta

bridegroom [ˈbraidgru:m] ženích

bridesmaid [ˈbraidsmeid] družička

bridge [bridž] **1.** most, mostík **2.** *kart.* bridž

bridge-head [ˈbridžhed] predmostie

bridle [braidl] uzda

brief [bri:f] *príd.* krátky, stručný; *sl.* informovať; dať inštrukcie

brief-case [ˈbri:fkeis] aktovka

brigade [briˈgeid] *voj.* brigáda

bright [brait] **1.** jasný **2.** veselý **3.** bystrý **4.** pestrý, živý

brighten [braitn] vyjasniť (sa)

brilliant [ˈbriljənt] *príd.* skvelý, žiarivý; *podst.* briliant

brim [brim] okraj

*****bring** [briŋ] priniesť, priviesť; *b. about* spôsobiť; *b. to an end* ukončiť; *b. up* vychovať

brink [briŋk] okraj priepasti

brisk [brisk] živý, čulý

bristle [brisl] *podst.* štetina; *sl.* ježiť sa
Britain [ˈbritn] Británia
British [ˈbritiš] britský
brittle [britl] krehký
broach [brouč] 1. naraziť sud 2. dať na pretras 3. zaviesť reč na
broad [broud] široký
broadcast [ˈbro:dka:st] *sl.* vysielať rozhlasom; *podst.* 1. rozhlas 2. vysielanie
broadcasting [ˈbro:dka:stiŋ] vysielanie
broke *p.* ***break**
broken[1] [brəuken] 1. rozbitý, zlomený 2. *(o jazyku)* lámaný
broken[2] *p.* ***break**
broker [brəukə] komisionár, sprostredkovateľ; vedúci dražby
bronze [bronz] *podst.* bronz; *príd.* bronzový
brooch [brəuč] brošňa
brood [bru:d] 1. sedieť na vajciach 2. dumať
brook [bruk] potok
broom [brum] metla
broth [broθ] polievka, mäsový vývar
brother [ˈbraðə] brat

brotherhood [ˈbraðəhud] bratstvo
brother-in-law [ˈbraðərinlo:] švagor
brought *p.* ***bring**
brow [brau] 1. obočie 2. *poet.* čelo
brown [braun] hnedý
brown-bread [ˈbraunbred] čierny chlieb
brown-paper [ˈbraunpeipə] baliaci papier
bruise [bru:z] *podst.* sinka, hrča; *sl.* udrieť, potĺcť
brush [braš] *podst.* 1. kefa 2. štetec, štetka; *sl.* 1. kefovať 2. natrieť ● *b. up* upraviť sa; zdokonaliť *(reč)*
brutal [ˈbru:tl] brutálny, surový
brutality [bru:ˈtæliti] surovosť
brute [bru:t] zviera, hovädo
bubble [babl] *podst.* bublina; *sl.* bublať
buck [bak] 1. samec *(antilopy, zajaca, jeleňa a pod.)* 2. *amer. slang.* dolár
bucket [bakit] vedro

buckle [bakl] sponka, pracka
buckskin [ˈbakskin] jelenica
bud [bad] *podst.* **1.** púpä, púčok **2.** zárodok; *sl. (-dd-)* **1.** pučať, klíčiť **2.** *bot.* očkovať
budge [badž] hýbať sa
budget [badžit] rozpočet
buffalo [ˈbafələu] byvol
buffer [bafə] nárazník
buffet [ˈbufei] bufet; *b. supper* studený bufet *(pre hostí)*
bug [bag] **1.** ploštica **2.** *amer.* chrobák; *big b.* dôležitá osoba
bugle [bju:gl] **1.** poľovnícky roh **2.** poľnica
***build** [ˈbild] stavať; *b. up* vybudovať
builder [ˈbildə] staviteľ
building [ˈbildiŋ] **1.** budova **2.** stavba
built *p.* ***build**
bulb [balb] **1.** hľuza **2.** žiarovka
Bulgaria [balˈgeəriə] Bulharsko
bulk [balk] **1.** lodný náklad **2.** množstvo, väčšina čoho **3.** objem

bulky [balki] objemný
bull [bul] býk, bujak
bullet [ˈbulit] guľka, strela
bulletin [ˈbulitin] správa, buletin
bully [ˈbuli] *podst.* **1.** tyran **2.** *šport.* vhadzovanie; *sl.* zastrašovať, tyranizovať
bullwork [ˈbulwək] **1.** bašta, val **2.** záštita
bumble-bee [ˈbamblbi:] čmeliak
bump [bamp] *podst.* **1.** rana, náraz **2.** hrča; *sl.* naraziť
bumper [ˈbampə] *amer.* nárazník
bun [ban] hrozienkový bochníček
bunch [banč] **1.** zväzok, chumáč **2.** kytica
bundle [bandl] **1.** batôžtek; noša **2.** otiepka
bungalow [ˈbaŋgələu] **1.** chata **2.** rodinný domček
bunny [bani] zajačik
buoy [boi] **1.** bója **2.** záchranný pás
burden [bə:dn] *podst.*

bremeno; *sl.* **1.** zaťažiť **2.** naložiť

bureau [bjuəˈrəu] úrad; byro

bureaucracy [ˌbjuəˈrokrəsi] byrokracia

burglar [ˈbəːglə] zlodej, vlamač

burglary [ˈbəːgləri] vlámanie

burial [ˈberiəl] pohreb

burn [bəːn] *sl.* **1.** horieť **2.** páliť **3.** popáliť; *podst.* popálenina

burnt *p.* ***burn**

burst [bəːst] prasknúť, puknúť

bury [ˈberi] **1.** pochovať **2.** zakopať

bus [bas] autobus

bush [buš] ker, krík

bushel [bušl] dutá miera (36,3 l)

business [ˈbiznis] **1.** zamestnanie **2.** záležitosť **3.** povinnosť **4.** obchod

businessman [ˈbiznismən] obchodník

bust [bast] poprsie, busta

bustle [basl] *podst.* ruch; *sl.* **1.** pobiehať **2.** usilovať sa, snažiť sa

busy [ˈbizi] **1.** zamestnaný; *be b.* mať veľa práce **2.** živý, čulý, rušný **3.** *amer. (telefón)* obsadený

but [bat] *spoj.* ale, však; *prísl.* len; *predl.* okrem; *b. all* skoro, takmer; *b. for* bez ● *last b. one* predposledný

butcher [ˈbučə] mäsiar

butler [ˈbatlə] lokaj

butt [bat] **1.** terč **2.** *voj.* pažba

butter [ˈbatə] maslo

butter-cup [ˈbatəkap] *bot.* blyštek

butterfly [ˈbatəflai] motýľ

buttock [ˈbatək] zadok

button [batn] *podst.* gombík; *sl. b. up* zapnúť (sa), pozapínať

***buy** [bai] kúpiť

buyer [baiə] kupec

buzz [baz] *podst.* bzukot; *sl.* bzučať

buzzard [ˈbazəd] *zool.* kaňa, jastrab

by [bai] *prísl.* vedľa; *predl.* pri, okolo, do, podľa, pomocou; *b.*

and b. onedlho; b. *day* vo dne; *one* b. *one* jeden po druhom; b. *the way* mimochodom; b. *land* po zemi; b. *now* doposiaľ

by-election [ˈbaiiˌlekšn] doplňovacie voľby
by-product [ˈbaiˌprodəkt] vedľajší produkt
by-way [ˈbaiwei] postranná, vedľajšia cesta

C

cab [kæb] taxík
cabbage [ˈkæbidž] hlávková kapusta; kel
cabin [ˈkæbin] 1. chatrč, chalúpka 2. kajuta, kabína
cabinet [ˈkæbinit] 1. izbička, kabinet 2. kabinet, vláda 3. skrinka, vitrína
cable [ˈkeibl] *podst.* 1. lano 2. kábel 3. telegram; *sl.* kábelovať, telegrafovať
cabman [ˈkæbmən] taxikár
cacao [kəˈkaːəu] kakaovník
cackle [ˈkækl] gagot, kotkodákanie; chichot
cad [kæd] grobian

cadre [kaːdə] káder
café [ˈkæfei] kaviareň
cafeteria [ˌkæfiˈtiəriə] automat; *amer.* bufet
cage [keidž] *podst.* klietka; *sl.* zatvoriť do klietky
cake [keik] 1. koláč, buchta, torta 2. kus *(mydla),* tabuľka *(čokolády)*
calamity [kəˈlæmiti] pohroma
calculate [ˈkælkjuleit] počítať, vypočítať; *c. on* spoliehať sa
calculation [ˌkælkjuˈleišn] výpočet
calendar [ˈkælində] kalendár
calf [kaːf] 1. teľa 2. lýtko

call [ko:l] *podst.* 1. volanie 2. telefónny hovor 3. návšteva; *sl.* 1. volať 2. navštíviť 3. kričať 4. nazývať; *c. attention to* upozorniť na; *c. for* 1. vyžadovať 2. zastaviť sa po; *c. off* odvolať; *c. on* navštíviť; *c. up* 1. povolať na vojnu 2. telefonovať

caller [ˈko:lə] návštevník

calling [ˈko:liŋ] 1. volanie 2. povolanie, zamestnanie

callous [ˈkæləs] necitný; človek s hrošou kožou

callow [ˈkæləu] neoperený

calm [ka:m] *príd.* tichý, pokojný; *podst.* ticho, pokoj; *sl.* upokojiť (sa), *c. down* utíšiť sa

calorie [ˈkæləri] kalória

calumny [ˈkæləmni] ohováranie

came *p.* *come

camel [ˈkæməl] ťava

camera [ˈkæmərə] fotografický aparát, kamera

camouflage [ˈkæmufla:ž] *podst.* kamufláž, maskovanie; *sl.* zamaskovať

camp [kæmp] *podst.* tábor; *sl.* táboriť

campaign [kæmˈpein] 1. vojenské ťaženie 2. kampaň

camp-fire [ˈkæmpfaiə] táborák

*can¹ [kæn, kən] 1. *I can* môžem 2. viem

can² [kæn] *podst.* 1. plechovka 2. *amer.* konzerva; *sl.* (-nn-) konzervovať

Canada [ˈkænədə] Kanada

canal [kəˈnæl] *(umelý)* kanál, prieplav

canary [kəˈneəri] kanárik

cancel [ˈkænsəl] (-ll-) prečiarknuť, zrušiť; odvolať

cancer [ˈkænsə] rakovina

candid [ˈkændid] úprimný

candidate [ˈkændidit] kandidát

candle [ˈkændl] sviečka

candy [ˈkændi] *amer.* cukrík

cane [kein] 1. trstina 2. palica 3. trstenica

cannibal [ˈkænibəl] ľudožrút

cannon [ˈkænən] delo
cannot [ˈkænot] *I* c. nemôžem
canoe [kəˈnuː] kanoe
cant [kænt] pokrytectvo
canteen [kænˈtiːn] kantína, závodná jedáleň
canvas [ˈkænvəs] **1.** maliarske plátno **2.** lodná plachta
canvass [ˈkænvəs] agitovať
canyon [ˈkænjən] kaňon
cap [kæp] **1.** čiapka **2.** viečko
capability [ˌkeipəˈbiliti] schopnosť
capable [ˈkeipəbl] schopný
capacity [kəˈpæsiti] **1.** kapacita **2.** *(o množstve)* obsah **3.** funkcia; *in the c. of* ako, vo funkcii
cape [keip] **1.** kapucňa **2.** mys
caper [ˈkeipə] veselo poskakovať
capital [ˈkæpitl] *podst.* **1.** hlavné mesto **2.** kapitál; *príd.* **1.** hlavný; hrdelný; *c. letter* **2.** veľké písmeno

capitalism [ˈkæpitəlizəm] kapitalizmus
capitalist [ˈkæpitəlist] *podst.* kapitalista; *príd.* kapitalistický
capitulate [kəˈpitjuleit] kapitulovať, vzdať sa
capitulation [kəˌpitjuˈleišn] kapitulácia
capricious [kəˈprišəs] vrtošivý
Capricorn [ˈkæprikoːn] *astron.* Kozorožec
capsize [kæpˈsaiz] prevrhnúť (sa)
captain [ˈkæptin] kapitán
caption [ˈkæpšən] filmový titulok
captivate [ˈkæptiveit] upútať
captive [ˈkæptiv] *podst.* zajatec; *príd.* zajatý
captivity [kæpˈtiviti] zajatie
capture [ˈkæpčə] *podst.* **1.** zajatie **2.** dobytie; *sl.* **1.** chytiť, zajať **2.** upútať *(pozornosť)*
car [kaː] **1.** voz **2.** auto **3.** *amer.* vagón
caravan [ˌkærəˈvæn] **1.** karavána **2.** obytný voz
caraway [ˈkærəwei] rasca

carbon [ˈkaːbən] uhlík
carbon-paper [ˈkaːbən-ˈpeipə] uhlový papier
carburettor [ˈkaːbjuretə] karburátor
card [kaːd] 1. karta 2. vizitka 3. *post-c. (korešpondenčný)* lístok; *identity c.* legitimácia
cardboard [ˈkaːdbɔːd] lepenka
cardigan [ˈkaːdigən] pletená vesta
cardinal [ˈkaːdinl] základný; najdôležitejší
cardinal points [ˈkaːdinl ˈpoints] svetové strany
care [keə] *podst.* starosť; starostlivosť; *c. of* na adresu; *take c. of* dávať pozor na; *sl.* starať sa, dbať; *I don't c.* nedbám, je mi to jedno
career [kəˈriə] kariéra, životná dráha
careful [ˈkeəful] 1. starostlivý 2. opatrný
careless [ˈkeəlis] 1. bezstarostný 2. nedbanlivý
caress [kəˈres] *podst.* pohladkanie; *sl.* hladkať, maznať sa

care-taker [ˈkeəˌteikə] 1. domovník 2. strážca
carfare [kaːfeə] *amer.* cestovné
cargo [ˈkaːgəu] lodný náklad
caricature [ˈkærikəˈtjuə] *podst.* karikatúra; *sl.* karikovať
carnation [kaːˈneišən] *bot.* klinček
carnival [ˈkaːnivəl] karneval
carnivorous [kaːˈnivərəs] mäsožravý
carol [ˈkærəl] koleda
Carolina [ˌkærəˈlainə] štát v USA
carp [kaːp] kapor
carpenter [ˈkaːpintə] tesár
carpet [ˈkaːpit] koberec; *c. beater* pracháč
carriage [ˈkæridž] 1. voz, koč 2. železničný vozeň 3. doprava 4. dopravné 5. držanie tela, chovanie
carriage free [ˈkæridž ˈfriː] vyplatené
carrier [ˈkæriə] 1. nosič; nositeľ 2. dopravca

carrot [ˈkærət] mrkva
carry [ˈkæri] nosiť; *c. on* pokračovať; *c. out* uskutočňovať, vykonávať
cart [ka:t] kára, vozík
cart-load [ˈka:tləud] náklad, fúra
cartoon [ka:ˈtu:n] karikatúra; *film.* groteska
cartridge [ˈka:tridž] náboj
carve [ka:v] **1.** krájať **2.** vyrezávať
carver [ˈka:və] rezbár
case [keis] **1.** prípad; *in c.* ak; *in any c.* v každom prípade **2.** súdny spor **3.** *gram.* pád **4.** puzdro **5.** škatuľa, debna
cash [kæš] *podst.* hotové peniaze, hotovosť; *sl.* **1.** preplatiť **2.** inkasovať
cashier [kæˈšiə] pokladník
cask [ka:sk] sud
casket [ˈka:skit] **1.** kazeta **2.** *amer.* truhla
*****cast**[1] [ka:st] **1.** hádzať **2.** hodiť **3.** odliať
cast[2] [ka:st] odliatok

castaway [ˈka:stəˌwei] stroskotanec
caste [ka:st] kasta
cast iron [ˈka:stairən] liatina
castle [ˈka:sl] **1.** hrad, zámok **2.** *šach.* veža
casual [ˈkæžjuəl] náhodný
casualty [ˈkæžjuəlti] zranený človek
casualties [ˈkæžjuəltiz] *mn. č.* straty na životoch vo vojne
cat [kæt] mačka
catarrh [kəˈta:] katar
catastrophe [kəˈtæstrəfi] katastrofa
*****catch**[1] [kæč] **1.** chytiť; stihnúť **2.** pochopiť; *c. fire* vznietiť sa, vzplanúť; *c. cold* prechladnúť
catch[2] [kæč] úlovok, korisť
category [ˈkætigəri] kategória
cater [ˈkeitə] **1.** zásobovať potravinami **2.** *obraz.* starať sa
caterpillar [ˈkætəpilə] húsenica
caterpillar tractor [ˈkætəpiləˈtræktə] pásový traktor

cathedral [kəˈθiːdrəl] katedrála
cathode [ˈkæθəud] katóda
catholic [ˈkæθəlic] katolík
cattle [ˈkætl] dobytok
Caucasus [ˈkoːkəsəs] the Kaukaz
caught p. *catch
cauldron [ˈkoːldrən] kotol
cauliflower [ˈkoliflauə] karfiol
cause [koːz] podst. 1. príčina 2. dôvod 3. súdny spor; sl. 1. spôsobiť 2. zapríčiniť
caution [ˈkoːšən] 1. opatrnosť 2. výstraha
cautious [ˈkoːšəs] opatrný, obozretný
cavalry [ˈkævəlri] kavaléria, jazda
cave [keiv] jaskyňa
cavern [ˈkævən] veľká jaskyňa
cavity [ˈkæviti] dutina
cease [siːz] 1. prestať 2. zastaviť
ceaseless [ˈsiːslis] neustály
cede [siːd] odstúpiť, prenechať

ceiling [ˈsiːliŋ] povala
celebrate [ˈselibreit] oslavovať
celebrated [ˈselibreitid] slávny
celebration [ˌseliˈbreišən] oslava
celebrity [siˈlebriti] 1. sláva 2. celebrita
celery [ˈseləri] zeler
celestial [siˈlestiəl] nebeský; c. bodies nebeské telesá
cell [sel] 1. cela 2. bunka
cellar [ˈselə] pivnica
cellular [ˈseljulə] bunečný
cellulose [ˈseljuləus] celulóza
cemetery [ˈsemitri] cintorín
censorship [ˈsensəšip] cenzúra
censure [ˈsenšə] podst. 1. hana 2. výčitka, kritika; sl. 1. haniť; karhať 2. odsudzovať
census [ˈsensəs] sčítanie ľudu
cent [sent] stotina dolára (minca)
centenary [senˈtiːnəri] storočnica

centipede [ˈsentipi:d] sto-
nožka
central [ˈsentrəl] **1.** stred-
ný **2.** ústredný
centre [ˈsentə] **1.** stred
2. stredisko **3.** ústredie
century [ˈsenčəri] storo-
čie
ceramic [siˈræmik] kera-
mický
cereals [ˈsiəriəlz] *mn. č.*
obilie, obilniny
ceremonial [ˌseriˈməunjəl]
obradný
ceremony [ˌseriməni] ob-
rad, ceremónia
certain [ˈsə:tn] **1.** istý **2.**
určitý; *be c.* byť pre-
svedčený; *for. c.* určite
certainly [ˈsə:tnli] iste,
zaiste
certainty [ˈsə:tnti] istota
certificate [səˈtifikeit] **1.**
vysvedčenie, osvedčenie
2. potvrdenie
certify [ˈsə:tifai] potvrdiť
certitude [ˈsə:titju:d] is-
tota
cessation [seˈseišən] za-
stavenie
cession [ˈsešən] odstúpe-
nie
chaff [ča:f] plevy

chaffinch [ˈčæfinč] *zool.*
pinka
chain [čein] *podst.* reťaz;
sl. spútať
chair [čeə] **1.** stolička
2. katedra **3.** predsed-
níctvo
chairman [ˈčeəmən] pred-
seda
chalet [ˈšælei] horská cha-
ta
chalice [ˈčælis] kalich
chalk [čo:k] krieda
challenge [ˈčælindž] *podst.*
výzva; *sl.* **1.** vyzvať
2. vzdorovať **3.** popie-
rať
chamber-maid [ˈčeimbə-
ˈmeid] chyžná
chamois [ˈšæmwa:] kam-
zík
champion [ˈčæmpjən] **1.**
preborník, šampión **2.**
zástanca **3.** *of* bojovník
za
championship [ˈčæmp-
jənšip] majstrovstvo
chance [ča:ns] *podst.* **1.**
náhoda; *by ch.* nátho-
dou **2.** šťastie **3.** príle-
žitosť, možnosť; *príd.*
náhodný

chancellor [ˈčaːnsələ] kancelár

chandelier [ˌšændiˈliə] luster

change [čeindž] *podst.* 1. zmena, premena 2. výmena 3. drobné; *sl.* 1. meniť (sa) 2. vymeniť (si) 3. *amer.* prezliecť sa 4. prestúpiť

changeable [ˈčeindžəbl] premenlivý

channel [ˈčænl] 1. *(prírodný)* prieplav, kanál 2. riečisko

chaos [ˈkeiəs] zmätok, chaos

chap [čæp] *hovor.* chlapík

chapel [ˈčæpəl] kaplnka, kostolík

chapter [ˈčæptə] kapitola

char [čaː] *(-rr-)* zuhoľnatieť

character [ˈkæriktə] 1. charakter, povaha 2. značka, písmeno 3. *(v hre)* postava

characteristic [ˌkæriktəˈristik] *príd.* charakteristický, typický; *podst.* vlastnosť

charcoal [ˈčaːkəul] drevené uhlie

charge [čaːdž] *podst.* 1. náboj, nálož 2. poplatok 3. úkol 4. dozor 5. obvinenie; *be in ch. of* mať na starosti; *free of ch.* zadarmo; *sl.* 1. *(pušku)* nabiť 2. poveriť 3. obviniť 4. účtovať, počítať cenu 5. *amer.* tvrdiť

charitable [ˈčæritəbl] dobročinný

charity [ˈčæriti] 1. láska k blížnemu 2. dobročinnosť

charm [čaːm] *podst.* 1. kúzlo, čaro 2. pôvab; *sl.* okúzliť, očariť

charming [ˈčaːmiŋ] pôvabný, roztomilý

chart [čaːt] 1. lodná mapa 2. diagram

charter [ˈčaːtə] *podst.* charta; *sl.* najať loď

charwoman [ˈčaːˌwumən] upratovačka

chaise [čeis] *podst.* poľovačka; *sl.* 1. poľovať 2. *c. out* vyhrať

chaste [čeist] cudný

chastise [čæsˈtaiz] trestať

chastity [ˈčæstiti] cudnosť

chat [čæt] *(-tt-)* *sl.* hovoriť, rozprávať (sa); *podst. hovor.* rozprávanie
chatter [ˈčætə] tárať
cheap [či:p] *príd.* lacný; *prísl.* lacno
cheat [či:t] *podst.* **1.** podvod **2.** podvodník; *sl.* podviesť, *hovor.* napáliť
check [ček] *podst.* **1.** kontrola **2.** zadržanie **3.** šach **4.** *amer.* šek; *sl.* **1.** kontrolovať **2.** zadržať **3.** dať šach **4.** zatrhnúť
checked [čekt] kockovaný, károvaný
cheek [či:k] **1.** tvár, líce **2.** *hovor.* bezočivosť
cheekbone [ˈči:kbəun] lícna kosť
cheeky [ˈči:ki] *hovor.* drzý
cheer [čiə] *podst.* **1.** nálada **2.** ovácie, volanie na slávu; *three ch-s for!* nech žije!; *sl.* **1.** naplniť radosťou **2.** *on* povzbudiť, povzbudzovať **3.** rozveseliť sa
cheerful [ˈčiəful] radostný, veselý

cheerio [ˈčiəriˈəu] **1.** *hovor.* servus **2.** prípitok na zdravie
cheese [či:z] syr
cheesemonger [ˈči:zmaŋgə] obchodník s mliečnymi výrobkami
chemise [šiˈmi:z] *(dámska)* košeľa
chemist [ˈkemist] **1.** chemik **2.** lekárnik
chemistry [ˈkemistri] chémia
cheque [ček] šek
chequered [čekəd] kockovaný
cherish [ˈčeriš] zachovať *(pamiatku, nádej)*
cherry [ˈčeri] čerešňa
chess [čes] šach
chess-board [ˈčesbo:d] šachovnica
chest [čest] **1.** debna, truhla **2.** prsia, hruď; *ch. of drawers* bielizník
chestnut [ˈčesnat] *podst.* **1.** gaštan **2.** *obraz.* starý vtip; *príd.* gaštanový
chew [ču:] žuvať
chewing-gum [ču:iŋ gam] žuvacia guma
Chicago [šiˈka:gəu] mesto v USA

chicken [ˈčikin] kurča
chicken-pox [ˈčikinˈpoks]
ovčie kiahne
chief [čiːf] podst. náčelník, veliteľ, šéf; príd.
hlavný
chiefly [ˈčiːfli] hlavne
chieftain [ˈčiːftən] náčelník
child [čaild] mn. č.
children dieťa
childbirth [ˈčaildbəːθ] pôrod
child-hood [ˈčaildhud]
detstvo
childish [ˈčaildiš] 1. detský 2. detinský
childlike [ˈčaildlaik] detský, ako dieťa
children mn. č. od child
chill [čil] podst. 1. chlad,
zima 2. prechladnutie;
príd. chladný; sl. ochladiť, schladiť
chilly [ˈčili] chladný, studený
chime [čaim] 1. zvonková hra 2. časové znamenie v rádiu
chimney [ˈčimni] komín
chimneysweep [ˈčimni-
swiːp] kominár

chimpanzee [ˌčimpənˈziː]
šimpanz
chin [čin] brada
China [ˈčainə] Čína
china [ˈčainə] podst. porcelán; príd. porcelánový
chink [ˈčiŋk] štrbina
chip [čip] podst. trieska;
črepina; sl. (-pp-) narúbať triesky
chips [čips] mn. č. hovor.
pražené zemiaky
chirp [čəːp] čvirikať
chisel [ˈčizl] dláto
chivalrous [ˈšivəlrəs] rytiersky, gavaliersky
chlorine [ˈkloriːn] chlór
chocolate [ˈčokəlit] čokoláda
choice [čois] podst. voľba, výber; príd. vybraný
choir [ˈkwaiə] 1. spevácky zbor 2. chór
choke [čəuk] 1. dusiť
(sa) 2. škrtiť
*choose [čuːz] vybrať si,
zvoliť si
chop [čop] podst. kotleta; sl. (-pp-) sekať,
štiepať

chord [ko:d] **1.** struna **2.** *mat.* tetiva **3.** akord; *spinal ch. anat.* miecha; *vocal ch-s mn. č.* hlasivky

chore [čo:] drobná práca

chorus [ˈko:rəs] **1.** spevácky zbor **2.** refrén

chose *p.* **choose**

christen [ˈkrisn] (po)krstiť

Christianity [ˌkristiˈæniti] krestanstvo

Christmas [ˈkrisməs] Vianoce

Christmas-Day [ˈkrisməs-ˈdei] prvý sviatok vianočný

Christmas Eve [ˈkrisməs-ˈi:v] Štedrý večer

chromium-plated [ˈkrəumjəm ˈpleitid] pochrómovaný

chronic [ˈkronik] chronický

chronicle [ˈkronikl] kronika

chronological [ˌkronəˈlodžikl] chronologický

chubby [ˈčabi] bucľatý

chuckle [ˈčakl] smiať sa pod fúzy

chum [čam] dobrý priateľ

chunk [čaŋk] kus

church [čə:č] **1.** kostol **2.** cirkev

churchyard [ˈčə:čˈja:d] cintorín

cider [ˈsaidə] mušt

cigar [siˈga:] cigara

cigarette [ˌsigəˈret] cigareta

cinder [ˈsində] troska, škvara

cinema [ˈsinimə] kino

cinamon [ˈsinəmən] škorica

cipher [ˈsaifə] *podst.* **1.** nula **2.** šifra; *sl.* **1.** počítať **2.** šifrovať

circle [ˈsə:kl] *podst.* kruh, krúžok; *sl.* krúžiť

circuit [ˈsə:kit] obeh, kruh; *short c.* krátke spojenie

circular [ˈsə:kjulə] *príd.* **1.** kruhový **2.** okružný; *podst.* obežník

circulate [ˈsə:kjuleit] obiehať

circulation [ˌsə:kjuˈleišən] **1.** obeh **2.** *(o novinách)* náklad

circumference [sə'kam-fərəns] obvod kruhu
circumstance ['sə:kəmstəns] okolnosť
circumstantial [ˌsə :kəm-'stænšəl] podrobný, rozvláčny
circus ['sə:kəs] 1. cirkus 2. kruhové námestie
cistern ['sistən] cisterna
cite [sait] citovať
citizen ['sitizn] občan; mešťan
city ['siti] mesto, veľkomesto
civic ['sivik] občiansky
civil ['sivil] 1. občiansky, civilný 2. zdvorilý
Civil Service ['sivil'sə:vis] štátna služba, správa
civilian [si'viljən] civilista
civility [si'viliti] zdvorilosť
civilization [ˌsivilai'zeišn] civilizácia
clad [klæd] oblečený
claim [kleim] sl. 1. požadovať 2. tvrdiť 3. potrebovať; zasluhovať; podst. 1. požiadavka 2. nárok 3. tvrdenie
clamour ['klæmə] krik, hluk

clan [klæn] rod
clandestine [klæn'destin] tajný, utajený
clang [klæŋ] podst. zvonivý zvuk; sl. znieť
clap [klæp] podst. úder, rana; sl. (-pp-) klopať, tlieskať
clarify ['klærifai] vyjasniť, vyčistiť
clash [klæš] podst. 1. štrngot 2. zrážka; sl. 1. štrngať, cvendžať 2. zraziť sa
clasp [kla:sp] podst. háčik, sponka; sl. upevniť, zovrieť
class [kla:s] podst. 1. trieda; working c. robotnícka trieda 2. ročník; príd. triedny; sl. triediť, zaradiť
class-consciousness ['kla:s'konšəsnis] triedne uvedomenie
class-struggle [kla:s stragl] triedny boj
classic ['klæsik] príd. klasický, vzorný; podst. klasik
classical ['klæsikəl] klasický (na rozdiel od moderného)

classification [ˈklæsifi-
ˈkeišən] klasifikácia,
triedenie
classify [ˈklæsifai] klasi-
fikovať, triediť
clatter [ˈklætə] *podst.*
dupot, rinčanie; *sl.*
klopkať, dupať, rinčať
clause [klo:z] **1.** klauzula
2. vedľajšia veta
claw [klo:] *podst.* pazúr;
sl. škriabať, driapať
clay [klei] hlina, íl
clean [kli:n] *príd.* čistý;
prísl. celkom, úplne; *sl.*
čistiť; *c. up* vyčistiť
cleanliness [ˈklenlinis]
čistota
cleanly [kli:nli] čisto;
[ˈklenli] čistotný
clear [kli:ə] *príd.* **1.** jasný
2. zreteľný **3.** netto;
sl. **1.** vyčistiť, vyjasniť
2. *away* odstrániť
cleave [kli:v] rozštiepiť
(sa)
clemency [ˈklemənsi] lás-
kavosť, miernosť
clench [klenč] **1.** zovrieť
2. vyjasniť (sa)
clergy [ˈklə:dži] ducho-
venstvo

clergyman [ˈklə:džimən]
duchovný, kňaz
clerk [kla:k] úradník
clever [ˈklevə] **1.** múdry
2. obratný
client [ˈklaiənt] klient,
zákazník
cliff [klif] útes
climate [ˈklaimit] podne-
bie
climatic [klaiˈmætik] kli-
matický
climax [ˈklaimæks] **1.**
klimax **2.** vyvrcholenie
climb [klaim] **1.** šplhať
sa **2.** stúpať; *down*
liezť dolu
*cling [kliŋ] lipnúť
clink [kliŋk] štrngať
clip [klip] skoba; sponka
cloak [kləuk] **1.** plášť
2. *obraz.* pláštik
cloak-room [ˈkləukˈrum]
šatňa
clock [klok] hodiny
close [kləus] *príd.* **1.**
uzatvorený **2.** tesný
3. dusný; *prísl.* blízko,
tesne pri; *podst.* koniec,
záver; *sl.* [kləuz] za-
tvoriť; ukončiť
closet [klozit] **1.** komôr-

ka, skriňa v stene **2.** záchod

clot [klot] chumáč
cloth [kloθ] **1.** látka, súkno **2.** obrus **3.** plátno
clothe [kləuð] **1.** obliecť, obliekať **2.** pokryť
clothes [kləuðz] *mn. č.* **1.** šaty **2.** bielizeň
cloud [klaud] *podst.* mrak, oblak; *sl. (o mrakoch)* zatiahnuť sa, zamračiť sa
cloud-burst [ˈklaudbə:st] prietrž mračien
cloudless [ˈklaudlis] bezoblačný
cloudy [ˈklaudi] zamračený
clove [kləuv] *(korenie)* klinček
clover [ˈkləuvə] ďatelina
clown [klaun] šašo, klaun
club [klab] **1.** kyjak, palica **2.** klub
clue [klu:] **1.** stopa k záhade **2.** niť deja
clumsy [ˈklamzi] neohrabaný, nemotorný
clung *p.* *cling
cluster [ˈklastə] *podst.* strapec; *sl.* hromadiť sa

clutch [klač] *motor.* spojka
Co. [kəu] *(Company) (obchodná)* spoločnosť
c/o [si:əu] *(care of)* na adresu
coach [kəuč] *podst.* **1.** koč **2.** vagón **3.** autokar **4.** tréner; *sl.* trénovať
coal [kəul] uhlie
coal-field [ˈkəulfi:ld] uhoľná oblasť
coal-mine [ˈkəulmain] uhoľná baňa
coal-pit [ˈkəulpit] *(povrchová)* uhoľná baňa
coarse [ko:s] hrubý, drsný
coast [kəust] *(morský)* breh, pobrežie
coat [kəut] *podst.* **1.** kabát **2.** náter; *sl.* natrieť
coat of arms [ˈkəut əv ˈa:mz] erb
coax [kəuks] **1.** lichotiť **2.** prehovárať
cobbler [ˈkoblə] príštipkár
cobweb [ˈkobweb] pavučina

cock [kok] *podst.* **1.** kohút **2.** kohútik; *sl.* postaviť

cock-eyed [ˈkokaid] škuľavý; *amer.* opitý na mol

cockney [ˈkokni] **1.** rodený Londýnčan **2.** londýnske nárečie

cockroach [ˈkokrəuč] *zool.* šváb

cocktail [ˈkokteil] koktail

cocoa [ˈkəukəu] kakao

coconut [ˈkəukənət] kokosový orech

c. o. d. [si:ˈəu di:] *(cash on delivery)* na dobierku

cod [kod] treska; *codliver oil* rybí tuk

code [kəud] *podst.* **1.** zákonník **2.** predpisy; *sl.* šifrovať

coerce [kəuˈə:s] donútiť

coercion [kəuˈə:šən] donútenie

coffee [ˈkofi] káva

coffee-beans [ˈkofiˈbi:nz] *mn. č.* zrnká kávy

coffin [ˈkofin] rakva, truhla

cogwheel [ˈkogwi:l] ozubené koleso

coherence [kəuˈhi:ərəns] súvislosť; súdržnosť

coherent [kəuˈhiərənt] súvislý

coil [koil] *podst.* **1.** kotúč, závit **2.** cievka; *sl.* skrútiť sa, stočiť (sa)

coin [koin] *podst.* peniaz, minca; *sl.* raziť

coincide [ˌkəuinˈsaid] zhodovať sa

coincidence [kəuˈinsidəns] zhoda

coke [kəuk] koks

cold [kəuld] *príd.* studený, chladný; *I am c.* je mi zima; *podst.* **1.** chlad, zima **2.** prechladnutie, nádcha; *I have a c.* som prechladnutý

collaboration [kəˌlæbəˈreišən] spolupráca

collapse [kəˈlæps] *podst.* zrútenie; *sl.* zrútiť sa

collar [ˈkolə] **1.** golier **2.** obojok

collar-bone [ˈkoləbəun] kľúčna kosť

colleague [ˈkoli:g] kolega

collect [kəˈlekt] **1.** zbierať; zhromaždiť **2.** inkasovať collection [kəˈlekšən] **1.** zbierka **2.** kolekcia **3.** inkaso

collective [kəˈlektiv] kolektívny, hromadný

college [ˈkolidž] vysoká škola, fakulta; kolégium

collide [kəˈlaid] zraziť sa

collier [ˈkoliə] baník

colliery [ˈkoljəri] uhoľná baňa

collision [kəˈližən] zrážka

colloquial [kəˈləukwiəl] hovorový

colon [ˈkəulən] dvojbodka

colonel [ˈkə:nl] plukovník

colonial [kəˈləunjəl] koloniálny

colonization [kolənaiˈzeišən] kolonizácia

colony [ˈkoləni] kolónia

Colorado-beetle [koləˈra:dəu bi:tl] *zool.* pásavka zemiaková

colossal [kəˈlosl] obrovský, kolosálny

colour [ˈkalə] *podst.* farba; *sl.* farbiť

colours [ˈkaləz] *mn. č.* zástava

colt [kəult] žriebä

Columbia [kəˈlambiə] štát v USA

column [ˈkoləm] **1.** stĺp **2.** stĺpec **3.** kolóna

comb [kəum] *podst.* hrebeň; *sl.* česať (sa)

combination [ˌkombiˈneišən] spojenie, kombinácia

combinations [ˌkombiˈneišənz] *mn. č.* kombiné

combine [ˈkombain] *podst.* **1.** kombinát **2.** kombajn; *sl.* [kəmˈbain] spojiť (sa)

combustible [kəmˈbastibl] horľavina

combustion [kəmˈbasčən] spaľovanie

combustion-engine [kəmˈbasčən ˈendžin] spaľovací motor

*come [kam] prísť; pricestovať; *c. about* stať sa; *c. along* ponáhľať sa; *c. by* prísť k niečomu, nadobudnúť niečo; *c. in* vstúpiť; *c. out* vyjsť; *c. round* prísť na návštevu; *c. to an end* skončiť (sa); *c. true* vyplniť sa

comedian [kəˈmi:diən] komik

comedy [ˈkomidi] komédia

comely [ˈkamli] pôvabný, pekný

comet [ˈkomit] kométa

comfort [ˈkamfət] *podst.* 1. pohodlie 2. útecha; *sl.* utešiť

comfortable [ˈkamfətəbl] pohodlný

comic [ˈkomik] komický, smiešny

comma [ˈkomə] čiarka

command [kəˈma:nd] *podst.* 1. rozkaz 2. velenie 3. ovládanie, znalosť; *sl.* 1. rozkazovať 2. veliť 3. ovládať 4. disponovať

commander [kəˈma:ndə] veliteľ

commandment [kəˈma:ndmənt] prikázanie

commemorate [kəˈmeməreit] *(pamiatku)* pripomínať

commence [kəˈmens] začať

commencement [kəˈmensmənt] začiatok

commend [kəˈmend] odporúčať

commendable [kəˈmendəbl] odporúčania hodný

comment [ˈkoment] *podst.* poznámka; komentár; *sl.* komentovať

commentator [ˈkomenteitə] komentátor

commerce [ˈkomə(:)s] obchod

commercial [kəˈmə:šəl] obchodný

commission [kəˈmišən] *podst.* 1. úloha; poverenie 2. komisia 3. provízia; *sl.* poveriť

commissioner [kəˈmišənə] komisár

commit [kəˈmit] *(-tt-)* 1. *to* odovzdať, zveriť 2. spáchať

commitment [kəˈmitmənt] záväzok

committee [kəˈmiti] výbor; komisia

commodity [kəˈmoditi] tovar; užitočný predmet

common [ˈkomən] 1. obecný 2. obyčajný; bežný 3. spoločný; *c. sense* zdravý rozum

commonplace [ˈkomən-pleis] *podst.* fráza, banálnosť; *príd.* všedný, otrepaný

commons [ˈkomənz] *mn. č.* obyčajní ľudia; *the House of C.* dolná snemovňa

commonwealth [ˈkomən-welθ] štáty; *the C.* britské spoločenstvo národov

commotion [kəˈməušən] otras; zmätok

commune [ˈkomju:n] **1.** obec **2.** komúna

communicate [kəˈmju:ni-keit] **1.** povedať, oznámiť **2.** byť v spojení

communication [kəˌmju:-niˈkeišən] **2.** komunikácia

communism [ˈkomju(:)-nizəm] komunizmus

communist [ˈkomju(:)-nist] *podst.* komunista; *príd.* komunistický

community [kəˈmju:niti] **1.** spoločenstvo **2.** obec **3.** verejnosť

commute [kəˈmju:t] zmeniť, zameniť

compact [ˈkompækt] pevný

companion [kəmˈpænjən] **1.** druh, spoločník **2.** sprievodca *(kniha)*

company [ˈkampəni] spoločnosť

comparable [ˈkompərəbl] porovnateľný

comparative [kəmˈpærə-tiv] *podst. gram.* druhý stupeň príd. mien; *príd.* **1.** pomerný **2.** porovnávací

compare [kəmˈpeə] *with* porovnávať; *to* prirovnávať

comparison [kəmˈpærisn] **1.** prirovnanie; *in c. with* v porovnaní s **2.** *gram.* stupňovanie

compartment [kəmˈpa:t-mənt] oddelenie

compass [ˈkampəs] **1.** objem, obvod **2.** kompas

compasses [ˈkampəsiz] *mn. č.* kružidlo

compassion [kəmˈpæšən] súcit

compassionate [kəmˈpæ-šənit] súcitný

compatible [kəmˈpætəbl] zlučiteľný

compatriot [kəm'pætriət] krajan

compel [kəm'pel] *(-ll-)* prinútiť, donútiť

compendium [kəm'pendiəm] stručný výťah, resumé

compensate ['kompenseit] nahradiť, odškodniť

compensation [ˌkompen'seišən] odškodné, náhrada

compete [kəm'pi:t] súťažiť, konkurovať

competence ['kompitəns] **1.** kompetencia, príslušnosť **2.** schopnosť, kvalifikácia

competent ['kompitənt] **1.** kompetentný, príslušný **2.** schopný, kvalifikovaný

competition [ˌkompi'tišən] súťaž, konkurencia

competitor [kəm'petitə] **1.** konkurent, súťažiaci **2.** pretekár

compile [kəm'pail] skladať, zozbierať

complacency [kəm'pleisnsi] samoľúbosť

complain [kəm'plein] ponosovať sa

complaint [kəm'pleint] **1.** sťažnosť **2.** žaloba **3.** choroba

complement ['komplimənt] *gram.* doplnok

complete [kəm'pli:t] *príd.* úplný; *sl.* **1.** doplniť **2.** dokončiť

completely [kəm'pli:tli] úplne, celkom

complition [kəm'plišən] **1.** doplnenie **2.** dokončenie

complex ['kompleks] zložitý

complexion [kəm'plekšən] pleť

compliance [kəm'plaiəns] *in c. with* v súhlase s, podľa

complicated ['komplikeitid] zložitý

compliment ['komplimənt] *podst.* **1.** poklona **2.** pochvala; *sl.* blahoželať

complimentary [ˌkompli'mentəri] zdvorilostný

comply [kəm'plai] **1.** prispôsobiť sa, poddať sa **2.** vyhovieť

component [kəmˈpəu-
nənt] zložka
compose [kəmˈpəuz] 1.
skladať 2. komponovať
3. urovnať spor 4. *c. o.s.*
upokojiť sa
composed [kəmˈpəuzd]
pokojný
composer [kəmˈpəuzə]
skladateľ
composition [ˌkompəˈzi-
šən] 1. skladba 2. zlo-
ženie 3. kompozícia
compositor [kəmˈpozitə]
sadzač
composure [kəmˈpəužə]
pokojná myseľ
compound [ˈkompaund]
sl. miešať; *podst.* zlože-
nina; zmes; *príd.* zlo-
žený
comprehend [ˌkompri-
ˈhend] 1. pochopiť 2.
zahrnúť
comprehensible [ˈkompri-
ˌhensəbl] pochopiteľný,
zrozumiteľný
comprehensive [ˌkompri-
ˈhensiv] súhrnný; chá-
pavý
compress [kəmˈpres]
podst. obklad; *sl.* stlačiť

comprise [kəmˈpraiz] ob-
sahovať; skladať sa z
compromise [ˈkomprə-
maiz] *podst.* kompro-
mis, vyrovnanie; *sl.* 1.
dohodnúť sa, urovnať
2. kompromitovať
compulsion [kəmˈpalšən]
nátlak
compulsory [kəmˈpalsəri]
povinný
compunction [kəmˈpaŋk-
šən] výčitky svedomia
compute [kəmˈpju:t] po-
čítať, vypočítať
computer [kəmˈpju:tə]
počítací stroj
comrade [ˈkomrid] (sú-)
druh
concave [ˈkonˈkeiv] dutý
conceal [kənˈsi:l] skryť,
zatajiť
concede [kənˈsi:d] 1.
priznať 2. pripustiť;
zaručiť
conceit [kənˈsi:t] namys-
lenosť
conceited [kənˈsi:tid] na-
myslený
conceive [kənˈsi:v] 1. po-
čať dieťa 2. predstaviť
si

concentrate [ˈkonsentreit] sústrediť (sa); koncentrovať

concentration [ˈkonsentreišn] sústredenie, koncentrácia; zhustenie

concentration camp [ˈkonsenˈtreišnˈkæmp] koncentračný tábor

concept [ˈkonsept] pojem

conception [kənˈsepšən] 1. poňatie 2. počatie

concern [kənˈsə:n] *podst.* 1. záujem 2. záležitosť, vec 3. účasť 4. koncern; *sl.* 1. týkať sa 2. zaujímať sa o

concerning [kənˈsə:niŋ] vzhľadom na

concertina [ˌkonsəˈti:nə] ťahacia harmonika

concession [kənˈsešən] ústupok

conciliate [kənˈsilieit] zmieriť

conciliatory [kənˈsiliətəri] zmierlivý

concise [kənˈsais] stručný

conclude [kənˈklu:d] 1. skončiť (sa) 2. uzavrieť

conclusion [kənˈklu:žn] 1. záver, koniec 2. uzavretie

concord [ˈkoŋko:d] zhoda, harmónia

concrete [ˈkonkri:t] *podst.* betón; *príd.* 1. konkrétny 2. betónový

concur [kənˈkə:] *(-rr-)* 1. zbehnúť sa 2. súhlasiť

concussion [kənˈkašn] otras

condemn [kənˈdem] 1. odsúdiť; posúdiť 2. zhabať

condemnation [ˌkondemˈneišn] odsúdenie

condensation [ˌkondenˈseišn] zhustenie

condense [kənˈdens] zhustiť, kondenzovať

condescend [ˌkondiˈsend] zmížiť sa

condescending [ˌkondiˈsendiŋ] blahosklonný

condition [kənˈdišn] 1. podmienka; *on c. that* iba ak; *on no c.* v žiadnom prípade 2. stav

conditioning [kənˈdišəniŋ] klimatizácia

condolence [kənˈdəuləns] sústrasť ● *please accept my c-s* prijmite moju sústrasť

condone [kənˈdəun] odpustiť; nahradiť

conduct [ˈkondəkt] *podst.* chovanie; správanie sa; *sl.* [kənˈdakt] **1.** viesť **2.** dirigovať

conductor [kənˈdaktə] **1.** (sprie)vodca **2.** dirigent

cone [kəun] **1.** kužeľ **2.** *bot.* šuška

confection [konˈfekšən] **1.** sladkosti **2.** konfekcia *(pre ženy)*

confectioner [kənˈfekšənə] cukrár

confer [kənˈfə:] *(-rr-)* **1.** udeliť **2.** radiť sa, diskutovať

conference [ˈkonfərəns] konferencia, porada ● *be in c.* byť na porade

confess [kənˈfes] **1.** priznať **2.** spovedať sa

confession [kənˈfešn] **1.** priznanie **2.** spoveď

confide [kənˈfaid] **1.** *in* dôverovať **2.** *to (o tajomstve)* zveriť

confidence [ˈkonfidəns] **1.** dôvera **2.** dôvernosť

confident [ˈkonfidənt] presvedčený

confidential [ˌkonfiˈdenšl] dôverný

confine [kənˈfain] **1.** obmedziť **2.** uväzniť **3.** *be c-d* rodiť

confinement [kənˈfainmənt] **1.** obmedzenie **2.** uväznenie **3.** pôrod

confirm [kənˈfə:m] potvrdiť

confirmation [ˌkonfəˈmeišn] potvrdenie

confiscate [ˈkonfiskeit] zabaviť, zhabať

conflagration [ˌkonfləˈgreišn] požiar

conflict [ˈkonflikt] *podst.* **1.** spor **2.** rozpor; *sl.* [kənˈflikt] byť v rozpore; odporovať si

confluence [ˈkonfluəns] sútok *(riek)*

conform [kənˈfo:m] *to* prispôsobiť

conformity [kənˈfo:miti] zhoda, súhlas; *in c. with* v súhlase s

confront [kənˈfrant] **1.** konfrontovať **2.** čeliť

confuse [kənˈfju:z] zmiasť, popliesť

confusion [kənˈfju:žn] zmätok

congenial [kən'dži:niəl]
1. spriaznený **2.** príjemný
congenital [kən'dženitl]
vrodený *(o chorobách)*
congratulate [kən'grætjuleit] blahoželať
congratulation [kəngrætju'leišn] *on* blahoželanie k
congress ['koŋgres] **1.** kongres; zjazd **2.** *C. amer.* parlament
congressman ['koŋgrəsmən] *amer.* poslanec
conifer ['kəunifə] ihličnatý
conjecture [kən'džekčə] *podst.* dohad; *sl.* domnievať sa, dohadovať sa
conjugal ['kondžugəl] manželský
conjugate ['kondžugeit] *gram.* časovať
conjunction [kən'džaŋkšn] **1.** spojenie **2.** *gram.* spojka
conjure ['kəndžuə] **1.** zaprisahať **2.** ['kandžə] čarovať
connect [kə'nekt] spájať

connection [kə'nekšən]
1. spojenie; styk **2.** *(vlakový)* prípoj
connivance [kə'naivəns] zhovievavosť
connive [kə'naiv] *at* prižmúriť oči nad; mlčky schvaľovať
connoisseur [ˌkoni'sə:] znalec
conquer ['koŋkə] dobyť; premôcť, zvíťaziť
conqueror ['koŋkərə] víťaz, dobyvateľ
conquest ['koŋkwest] dobytie, výdobytok; víťazstvo ● *make a c. (of)* získať náklonnosť
conscience ['konšəns] svedomie
conscientious [ˌkonši'enšəs] svedomitý
conscious ['konšəs] **1.** vedomý **2.** pri vedomí
consciousness ['konšəsnis] vedomie
conscription [kən'skripšn] **1.** odvody **2.** konfiškát
consecrate ['konsikreit] zasvätiť
consent [kən'sent] *podst.* súhlas; *sl.* súhlasiť

consequence [ˈkonsi-kwəns] 1. následok; in c. of následkom čoho 2. dôležitosť

consequently [ˈkonsi-kwəntli] preto, teda

conservation [ˌkonsəˈvei-šn] zachovanie

conservative [kənˈsə:vtiv] príd. konzervatívny; podst. konzervatívec, prívrženec konzervatívnej strany

conservatory [kənˈsə:vətri] 1. skleník 2. konzervatórium

conserve [kənˈsə:v] zachovať, konzervovať

consider [kənˈsidə] 1. uvažovať 2. považovať za

considerable [kənˈsidə-rəbl] značný

considerate [kənˈsidərit] ohľaduplný

consideration [kənˌside-ˈreišn] 1. úvaha; take into c. vziať do úvahy 2. ohľad

consign [kənˈsain] 1. odovzdať; doručiť 2. odoslať

consignment [kənˈsain-mənt] 1. zásielka 2. doručenie

consist [kənˈsist] 1. of skladať sa z 2. in spočívať v 3. with byť v súlade s

consistence [kənˈsistəns] hustota

consistent [kənˈsistənt] dôsledný

consolation [ˌkonsəˈleišn] útecha

console [kənˈsəul] (po)-tešiť (sa)

consolidate [kənˈsolideit] 1. upevniť (sa) 2. konsolidovať

consonant [ˈkonsənənt] spoluhláska

conspicuous [kənˈspikjəs] nápadný, zrejmý

conspiracy [kənˈspirəsi] sprisahanie

conspirator [kənˈspirətə] sprisahanec

conspire [kənˈspaiə] sprisahať sa

constable [ˈkanstəbl] strážnik, policajt

constancy [ˈkonstənsi] stálosť, vernosť

constant [ˈkonstənt] stály, verný

constellation [ˌkonstəˈleišn] súhvezdie

consternation [ˌkonstəˈneišn] ohromenie, zdesenie

constipation [ˌkonstiˈpeišn] *lek.* zápcha

constituency [kənˈstitjuənsi] 1. voliči; volebný obvod

constituent [kənˈstitjuənt] 1. ústavodarný 2. podstatný

constitute [ˈkonstitju:t] zriadiť, ustanoviť

constitution [ˌkonstiˈtju:šn] 1. ústava 2. konštitúcia

constitutional [ˈkonstiˈtju:šnəl] 1. ústavodarný 2. vrodený

construct [kənˈstrakt] stavať; zostrojiť

construction [kənˈstrakšn] konštrukcia, stavba

consul [ˈkonsəl] konzul

consular [ˈkonsjulə] konzulárny

consulate [ˈkonsjulit] konzulát

consult [kənˈsalt] *with* radiť sa, poradiť sa s

consume [kənˈsju:m] spotrebovať, minúť; zničiť

consumer [kənˈsju:mə] spotrebiteľ

consumption [kənˈsampšn] 1. spotreba 2. tuberkulóza

contact [ˈkontækt] styk

contagious [kənˈteidžəs] nákazlivý

contain [kənˈtein] obsahovať

contaminate [kənˈtæmineit] nakaziť

contemplate [ˈkontempleit] 1. zamýšľať 2. uvažovať

contemporary [kənˈtempərəri] *podst.* rovesník; *príd.* súčasný

contempt [kənˈtempt] pohŕdanie, opovrhnutie

contemptuous [kənˈtemptjuəs] pohŕdavý

contend [kənˈtend] 1. zápasiť 2. škriepiť sa 3. tvrdiť

content [kənˈtent] *príd.* spokojný; *sl.* uspokojiť; *podst.* spokojnosť; [ˈkontent] obsah

contention [kən'tenšn] **1.** spor **2.** tvrdenie

contents ['kontents] *mn. č.* obsah; *table of c.* obsah *(knihy)*

contest ['kontest] *podst.* zápas, preteky; *sl.* [kən'test] **1.** zápasiť **2.** vadiť sa

continence ['kontinəns] zdržanlivosť

continent ['kontinənt] pevnina; svetadiel

continual [ˌkən'tinjuəl] nepretržitý

continuation [kənˌtinju'eišn] pokračovanie

continue [kən'tinju:] pokračovať

continuity [ˌkonti'nju:iti] súvislosť

continuous [kən'tinjuəs] nepretržitý, súvislý

contract ['kontrækt] zmluva

contraction ['kən'trækšn] **1.** skrátenie **2.** *lek.* sťah

contradict [ˌkontrə'dikt] **1.** popierať **2.** odporovať (si), protirečiť

contradiction [kontrə'dikšn] protirečenie

contrary ['kontrəri] *príd.* opačný; *podst.* opak; *on the c.* naopak

contrast ['kontræst, -a:-] *podst.* opak, protiklad; *sl.* [kon'træst, -a:-] **1.** kontrastovať **2.** líšiť sa

contribute [kən'tribju:t] prispievať

contribution [ˌkontri'bju:šn] príspevok

contrivance [kən'traivəns] vynález

contrive [kən'traiv] **1.** vynájsť, vymyslieť **2.** dokázať

control [kən'trəul] *podst.* **1.** dozor **2.** kontrola; *sl.* **1.** viesť **2.** ovládať **3.** kontrolovať

controversy ['kontrəvə:si] spor

convalescence [ˌkonvə'lesns] rekonvalescencia, uzdravovanie

convene [kən'vi:n] **1.** *(schôdzku)* zvolať, konať **2.** zhromaždiť (sa)

convenience [kən'vi:njəns] **1.** vhodnosť **2.** pohodlie; vymoženosť

convenient [kən'vi:njənt] vhodný, pohodlný

convention [kən'venšn]
1. schôdza, zhromaždenie 2. dohoda 3. obyčaj
conventional [kən'venšənəl] obvyklý
converge [kən'və:dž] zbiehať sa
conversation [ˌkonvə'seišn] rozhovor, konverzácia
converse[1] [kən'və:s] *on, about* konverzovať, rozprávať (sa) o
converse[2] ['konvə:s] obrátený, striedavý
convert [kən'və:t] 1. premeniť 2. *(na vieru)* obrátiť
convex ['kon'veks] vypuklý
convey [kən'vei] 1. dopravovať 2. *(teplo a i.)* rozvádzať 3. vyjadrovať
conveyance [kən'veiəns] 1. doprava 2. dopravný prostriedok
convict ['konvikt] *podst.* trestanec; *sl.* [kən'vikt] usvedčiť
conviction [kən'vikšn] 1. presvedčenie 2. *(zo zločinu)* usvedčenie

convince [kən'vins] presvedčiť
convulsion [kən'valšn] kŕč
cook [kuk] *podst.* kuchár, kuchárka; *sl.* variť
cooker ['kukə] varič
cool [ku:l] *príd.* 1. chladný 2. chladnokrvný; *sl.* ochladiť (sa)
cooper ['ku:pə] debnár
co-operate [kəu'opəreit] spolupracovať
co-operation [kəu'opə'reišn] spolupráca
co-operative [kəu'opərətiv] *podst.* družstvo; *príd.* družstevný
co-ordinate [kəu'o:dnit] *podst.* súradnica; *príd.* súradný; *sl.* [kəu'o:dineit] koordinovať
copious ['kəupjəs] hojný, rozvláčny
copper ['kopə] 1. meď 2. medený peniaz 3. *slang.* policajt
copy ['kopi] *podst.* 1. opis, kópia 2. výtlačok, exemplár; *sl.* 1. opísať, kopírovať 2. napodobniť

copyright [ˈkopirait] autorské právo
coral [ˈkorəl] *zool.* koral
cord [ko:d] šnúra, motúz
cordial [ˈko:diəl] srdečný; srdcový
corduroy [ˈko:dəroi] *(látka)* manchester
corduroys [ˈko:dəroiz] *mn. č.* manchestrové nohavice
core [ko:] **1.** jadro **2.** ohryzok
cork [ko:k] *podst.* **1.** korok **2.** zátka; *sl. up* zazátkovať
cork-screw [ˈko:kskru:] vývrtka
corn [ko:n] *podst.* **1.** zrno **2.** obilie **3.** *amer.* kukurica **4.** kurie oko; *sl.* nasoliť *(mäso)*
corner [ˈko:nə] **1.** roh **2.** kút
corn-flower [ˈko:nˈflauə] nevädza
coronation [ˌkorəˈneišn] korunovácia
coroner [ˈkorənə] ohliadač mŕtvol
corporal [ˈko:pərəl] *podst.* desiatnik:
corporeal [ko:ˈpo:riəl] telesný

corporation [ˌko:pəˈreišn] **1.** združenie **2.** *amer.* obchodná spoločnosť
corps [ko:] *voj.* zbor
corpse [ko:ps] mŕtvola
corpuscle [ˈko:pasl] **1.** teliesko; *blood c.* krvinka **2.** elektrón **3.** atóm
corral [koˈra:l] *amer.* ohrada pre dobytok
correct [kəˈrekt] *príd.* správny; *sl.* opraviť
correction [kəˈrekšn] oprava
correspond [ˌkorisˈpond] **1.** zhodovať sa **2.** písať si
corridor [ˈkorido:] chodba
corroborate [kəˈrobərəit] potvrdiť; dosvedčiť
corrode [kəˈrəud] rozožierať, rozleptávať
corrosion [kəˈrəužn] *(chemicky)* rozožieranie
corrupt [kəˈrapt] *sl.* **1.** skaziť (sa) **2.** podplatiť; *príd.* **1.** skazený **2.** úplatný
corruption [koˈrapšn] **1.** úpadok, skazenosť **2.** úplatnosť
cortex [ˈko:teks] *bot.* kôra
cosmic [ˈkosmik] kozmický

cosmonaut ['kosməuno:t] astronaut, kozmonaut

cost¹ [kost] cena, náklad

*cost² [kost] stáť, mať cenu

costly ['kostli] drahý; drahocenný

costs [kosts] *mn. č.* útraty

costume ['kostju:m] kostým; kroj

cosy ['kəuzi] útulný

cot [kot] 1. postieľka 2. koterec pre zvieratá

cottage ['kotidž] 1. chalupa 2. chata, vilka 3. *amer.* weekendový dom

cotton [kotn] *podst.* 1. bavlna 2. bavlnená látka; *príd.* bavlnený

cottonwool [kotnwu:l] vata

couch [kauč] pohovka

cough [kof] *podst.* kašeľ; *sl.* kašlať

could *p.* *can

council ['kaunsl] poradné zhromaždenie

counsel ['kaunsəl] 1. (po)rada 2. advokát

counsellor ['kaunsələ] poradca

count [kaunt] *podst.* 1. počet 2. gróf; *sl.* počítať

countenance ['kauntinəns] 1. *(duševná)* rovnováha 2. podpora, súhlas

counter ['kauntə] pult

counteract [ˌkauntə'rækt] mariť; paralyzovať

counter-attack ['kauntərəˌtæk] protiútok

counterfoil ['kauntəfoil] ústrižok, kupón

countermand ['kauntə-'ma:nd] zrušiť; *(objednávku)* odvolať

counter-revolution ['kauntərevəˌlu:šn] kontrarevolúcia

countess ['kauntis] grófka

countless ['kauntlis] nespočítateľný

country ['kantri] 1. krajina 2. kraj 3. vidiek; *in the c.* na vidieku

countryman ['kantrimən] 1. vidiečan 2. krajan

couple [kapl] pár, dvojica; *a c. of hovor.* niekoľko

courage ['karidž] odvaha

courageous [kə'reidžəs] odvážny, statočný

course [ko:s] 1. beh;

chod; *of c.* samozrejme
2. dráha **3.** kurz **4.** *(pri
jedle)* chod
court [ko:t] *podst.* **1.**
dvor **2.** súd **3.** ihrisko;
sl. dvoriť
courteous [ˈkə:tiəs] zdvo-
rilý
courtesy [ˈkə:tisi] zdvori-
losť
court-marshal [ˈko:tˈma:-
šəl] vojenský súd
courtship [ˈko:tšip] dvore-
nie
courtyard [ˈko:tˈja:d]
dvor
cousin [kazn] bratranec,
sesternica
cover [ˈkavə] *podst.* **1.**
pokrývka **2.** viečko **3.**
obal **4.** úhrada **5.**
úkryt; *sl.* **1.** (pri)kryť,
zakryť **2.** zaujať **3.**
hradiť
covet [ˈkavit] dychtiť
covetous [ˈkavitəs] chtivý
cow [kau] krava
coward [ˈkauəd] zbabe-
lec
cowardess [ˈkauədis] zba-
belosť
cower [ˈkauə] krčiť sa,
učupiť sa

cowl [kaul] **1.** kapucňa
2. komínový nástavec
cowhouse [ˈkauhaus] kra-
vín
coy [koi] cudný, nesmelý
C. P. [si:pi:] *(Communist
Party)* komunistická
strana
crab [kræb] **1.** krab **2.**
plané jablko
crabbed [ˈkræbid] mrzutý
crack [kræk] *podst.* **1.**
trhlina **2.** rana, výstrel;
sl. prasknúť, puknúť
cracker [ˈkrækə] **1.** lus-
káčik **2.** suchár **3.**
amer. keks
cradle [kreidl] kolíska
craft [kra:ft] **1.** zručnosť
2. remeslo **3.** plavidlo
craftsman [ˈkra:ftsmən]
remeselník
crag [kræg] skala, útes
cragsman [ˈkrægzmən]
horolezec
cram [kræm] *(-mm-)* **1.**
napchávať (sa) **2.** *ho-
vor.* šprtať sa
cramp [kræmp] **1.** kŕč
2. skoba
cranberry [ˈkrænbəri]
brusnica

crane [krein] *tech., zool.* žeriav

crank [kræŋk] **1.** kľuka **2.** pomätenec

crash [kræš] *podst.* **1.** *(o vláde, lietadle)* pád **2.** rachot; *sl.* **1.** zrútiť sa **2.** naraziť **3.** *hovor.* skrachovať

crater [ˡkreitə] jama, kráter

crave [kreiv] *for* túžiť po

crawfish [ˡkro:fiš] rak

crawl [kro:l] **1.** plaziť sa **2.** hemžiť sa

craze [kreiz] *for, about* blázniť sa za

crazy [ˡkreizi] *about, on* bláznivý, poblznený za

creak [kri:k] škrípať

cream [kri:m] *podst.* smotana; krém; *príd.* krémový

cream cheese [ˡkri:mˡči:z] smotanový syr

crease [kri:s] *podst.* záhyb; *sl. (o látke)* krčiť sa

create [kriˡeit] vytvoriť

creation [kriˡeišn] **1.** stvorenie, tvorba **2.** výtvor

creative [kriˡeitiv] tvorivý

creature [ˡkri:čə] tvor

crèche [kreiš] detské jasle

credentials [kriˡdenšəlz] *mn. č.* poverovacie listiny; doklady

credit [ˡkredit] *podst.* **1.** viera; dôvera **2.** česť **3.** úver; *sl.* **1.** veriť, dôverovať **2.** pripísať k dobru

creditor [ˡkreditə] veriteľ

credulity [kriˡdju:liti] dôverčivosť

credulous [ˡkredjuləs] dôverčivý

creek [kri:k] zátoka; *amer.* potok

*creep [kri:p] liezť, plaziť sa, plížiť sa

cremate [kriˡmeit] spopolniť

crept *p.* *creep

crescent [ˡkresnt] pribúdajúci; *c. moon* narastajúci mesiac

cress [kres] *bot.* žerucha

crest [krest] **1.** hrebienok, chochol **2.** horský hrebeň

crevice [ˡkrevis] puklina, štrbina

crew [kru:] posádka, mužstvo

crib [krib] **1.** detská posteľ **2.** jasle
cricket [ˈkrikit] **1.** svrček **2.** *šport.* kriket
crime [kraim] zločin
criminal [ˈkriminəl] *podst.* zločinec; *príd.* zločinný, trestný
crimson [krimzn] *podst.* karmín; *príd.* karmínový
cringe [krindž] **1.** plaziť sa, učupiť sa **2.** podlizovať sa
cripple [kripl] *podst.* mrzák; *sl.* zmrzačiť
crisis [ˈkraisis] kríza
crisp [krisp] **1.** kučeravý **2.** krehký, sypký **3.** rázny
criticism [ˈkritisizm] kritika
croak [krəuk] krákoriť
crochet [krəušei] háčkovanie
crockery [ˈkrokəri] porcelánový riad
crook [kruk] **1.** hák, háčik **2.** podvodník
crooked [ˈkrukid] **1.** zahnutý, krivý **2.** nepoctivý
crop [krop] *podst.* žatva,

úroda **2.** hrvoľ; *sl.* (*-pp-*) **1.** pásť, spásť **2.** pristrihnúť **3.** osiať; zožať
cross [kros] *podst.* kríž; *sl.* **1.** krížiť **2.** prečiarknuť **3.** prejsť, prekročiť **4.** *out* vyčiarknuť; *príd.* namrzený; *be c. with* hnevať sa na
crossing [ˈkrosiŋ] **1.** preprava **2.** križovatka
cross-word (puzzle) [ˈkroswə:dˈpazl] krížovka
crouch [krauč] krčiť sa
crow [krəu] vrana
crowd [kraud] *podst.* zástup, tlačenica; *sl.* zhromaždiť sa
crowded [ˈkraudid] preplnený
crown [kraun] *podst.* **1.** koruna **2.** veniec **3.** vrch(ol); *sl.* **1.** korunovať **2.** dovŕšiť
crucial [ˈkru:šiəl] rozhodujúci, kritický
crude [kru:d] **1.** surový **2.** hrubý
cruel [ˈkruəl] krutý
cruelty [ˈkruəlti] ukrutnosť

cruiser [ˈkru:zə] krížnik
crumb [kram] omrvinka
crumple [krampl] krčiť
(sa); *this cloth c-s very
easily* tá látka sa veľmi
krčí
crush [kraš] *podst.* tla-
čenica; *sl.* rozmačkať,
rozdrviť
crust [krast] kôra, kôrka
crutch [krač] barla
cry [krai] *podst.* **1.** krik;
pokrik **2.** volanie **3.**
plač; *sl.* **1.** kričať **2.**
plakať **3.** volať
crystalline [ˈkristəlain] **1.**
krištáľový; kryštálový,
kryštalický **2.** jasný,
priehľadný
cub [kab] mláďa
cube [kju:b] **1.** kocka **2.**
tretia mocnina
cuckoo [ˈkuku:] kukučka
cucumber [ˈkju:kəmbə]
uhorka ● *as cool as a c.*
chladnokrvný
cuff [kaf] **1.** manžeta
2. facka
cuff-links [ˈkafliŋks] man-
žetové gombíky
culminate [ˈkalmineit]
vrcholiť

culprit [ˈkalprit] pácha-
teľ, vinník
cult [kalt] kult
cultivate [ˈkaltiveit] **1.**
obrábať **2.** pestovať
cultivator [ˈkaltiveitə]
pestovateľ
culture [ˈkalčə] kultúra
cultured [ˈkalčəd] vzde-
laný, kultivovaný
cumulation [ˌkju:mju-
ˈleišn] hromadenie
cunning [ˈkaniŋ] *podst.*
chytráckosť; *príd.* pre-
fíkaný
cup [kap] **1.** šálka **2.**
pohár
cupboard [ˈkabəd] kre-
denc
curb [kə:b] *podst.* **1.**
uzda **2.** okraj chodní-
ka; *sl.* držať na uzde,
brzdiť
curdle [kə:dl] *(o mlieku)*
zraziť sa
curds [kə:dz] *mn. č.* tva-
roh
cure [kju:ə] *podst.* **1.**
liečenie **2.** liek; *sl.* **1.**
liečiť **2.** konzervovať
curiosity [ˌkjuəriˈositi] **1.**
zvedavosť **2.** zvláštnosť

curious [ˈkjuəriəs] **1.** zvedavý **2.** podivný, zvláštny
curl [kə:l] *podst.* kader; *sl.* kaderiť (sa), vlniť (sa)
curly [ˈkə:li] vlnitý, kučeravý
currant [ˈkarənt] **1.** hrozienka **2.** ríbezle
currency [ˈkarənsi] **1.** obeh **2.** obeživo; mena
current [ˈkarənt] *podst.* **1.** prúd **2.** smer; *príd.* **1.** bežný **2.** obvyklý
curse [kə:s] *podst.* kliatba; *sl.* preklínať
curtail [kə:ˈteil] skrátiť
curtain [kə:tn] **1.** záclona **2.** opona
curve [kə:v] *podst.* krivka; zákruta; *sl.* kriviť (sa)
cushion [ˈkušən] vankúš
custard [ˈkastəd] vaječný krém
custody [ˈkastədi] **1.** opatrovanie, úschova **2.** väzenie
custom [ˈkastəm] **1.** zvyk **2.** zákazníctvo
customary [ˈkastəməri] obvyklý

customer [ˈkastəmə] zákazník
custom-house [ˈkastəmhaus] colnica
custom-made [ˈkastəmˈmeid] zákazkový
customs [kastəmz] *mn. č.* clo
*cut¹ [kat] *(-tt-)* **1.** rezať, krájať **2.** sekať **3.** strihať **4.** *(cenu)* znížiť
cut² [kat] **1.** rez, seknutie **2.** rana, škrabnutie **3.** zníženie cien
cute [kju:t] bystrý; *amer. hovor.* rozkošný, chutný
cut glass [ˈkat gla:s] brúsené sklo
cutlery [ˈkatləri] príbor
cutlet [ˈkatlit] kotleta, rezeň
cutting [ˈkatiŋ] výstrižok
cyclist [ˈsaiklist] cyklista
cyclop(a)edia [ˌsaikləˈpi:diə] náučný slovník
cylinder [ˈsilində] valec
Czech [ček] **1.** Čech **2.** čeština
Czechia [čekia] Česko
Czechoslovakia [čekəusləuˈvækiə] Československo

D

dab [dæb] *podst.* **1.** škvrnka **2.** ťuknutie, nanesenie; *sl.* (-bb-) **1.** ľahko sa dotknúť, ťuknúť **2.** *(púder, farbu)* naniesť

dabble [dæbl] **1.** postriekať, namočiť **2.** *in* zaoberať sa niečím *(neodborne)*

dad, daddy [dæd, ˈdædi] *hovor.* otec, otecko

daffodil [ˈdæfədil] žltý narcis

dagger [ˈdægə] dýka

daily [ˈdeili] *podst. (noviny)* denník; *príd.* denný, každodenný; *prísl.* denne

dainty [ˈdeinti] **1.** chutný **2.** vyberaný; výberový

dairy [ˈdeəri] mliekáreň

daisy [ˈdeizi] *bot.* sedmokráska, stokráska

dale [deil] údolie

dam [dæm] *podst.* hrádza, priehrada; *sl.* (-mm-) prehradiť

damage [ˈdæmidž] *podst.* škoda; *sl.* poškodiť

damages [ˈdæmidžiz] *mn. č.* odškodné, náhrada

damn [dæm] zatratiť, preklínať

damned [dæmd] prekliaty

damp [dæmp] *podst.* vlhkosť; *príd.* vlhký; *sl.* navlhčiť

dance [da:ns] *podst.* tanec; *sl.* tancovať

dancer [ˈda:nsə] tanečník, tanečnica

dandelion [ˈdændilaiən] púpava

dandruff [ˈdændrəf] šupiny, lupiny

dandy [ˈdændi] švihák

danger [ˈdeindžə] nebezpečenstvo

dangerous [ˈdeindžrəs] nebezpečný

dangle [dæŋgl] **1.** hojdať (sa); *(nohami)* klátiť **2.** *after, round, about* obšmietať sa

Danube [ˈdænju:b] **the** Dunaj

dappled [ˈdæpld] škvrnitý

dare [deə] **1.** odvážiť sa

2. vyzvať; *I d. say* najskôr *(asi)*

daring [ˈdeəriŋ] smelý, odvážny

dark [da:k] *podst.* tma; *príd.* tmavý, temný

darkness [ˈda:knis] **1.** tma **2.** nevedomosť

darling [ˈda:liŋ] miláčik

darn [da:n] plátať

dart [da:t] *podst.* **1.** rýchly pohyb **2.** šíp *(dnes najmä v hre darts); sl.* hodiť, mrštiť, rýchlo bežať

dash [dæš] *podst.* **1.** rýchly beh **2.** pomlčka; *sl.* **1.** mrštiť, vrhnúť **2.** zmariť *(nádej)* **3.** *off* rýchlo napísať

dash-board [ˈdæšbo:d] prístrojová doska *(auta)*

data *p.* **datum**

date [deit] *podst.* **1.** dátum **2.** obdobie **3.** *hovor.* schôdzka **4.** datľa; *sl.* **1.** datovať (sa), pochádzať **2.** *have a d. hovor.* mať rande; vychádzať z módy

dated [deitid] nemoderný

datum [ˈdeitəm] *mn. č. data* údaj, údaje

daughter [ˈdo:tə] dcéra

daughter-in-law [ˈdo:tər inlo:] nevesta

dauntless [ˈdo:ntlis] nebojazlivý

dawn [do:n] *podst.* úsvit; *sl.* rozodnievať sa, brieždiť sa

day [dei] deň; *by d.* vo dne; *from d. to d.* zo dňa na deň; *the other d.* minule; *d. and night* vo dne v noci; *the d. before yesterday* predvčerom; *the d. after tomorrow* pozajtra; *some d.* raz, v budúcnosti

day-break [ˈdeibreik] svitanie

daylight [ˈdeilait] denné svetlo, biely deň

daze [deiz] omámiť

dazzle [dæzl] oslniť, *(leskom)* oslepiť

dead [ded] mŕtvy, neživý; *d. certain* celkom istý

deaden [ˈdedn] tlmiť *(bolesť, krik)*

dead letter [ˈdedˈletə] nedoručiteľný list

deadlock [ˈdedlok]: *come*

to a d. dostať sa do slepej uličky

deadly [ˈdedli] vražedný, smrteľný

deaf [def] hluchý

deaf-and-dumb [ˈdefən-ˈdam] hluchonemý

deaffen [defn] ohlušiť

*deal¹ [di:l] **1.** rozdeliť, *(karty)* rozdať **2.** *(úder)* zasadiť **3.** konať, vyjednávať **4.** *in* obchodovať s čím **5.** *with* pojednávať o; zaobchádzať s

deal² [di:l] časť, množstvo; *a good d., a great d.* mnoho

dealer [ˈdi:lə] obchodník

dealings [ˈdi:liŋz] *mn. č.* rokovanie, pokonávky, obchody

dealt *p.* ***deal**

dean [di:n] dekan

dear [diə] drahý, milý; *dear me!* preboha!

death [deθ] smrť; *put to d.* popraviť

death-duties [deθˈdju:tiz] *mn. č.* dedičská daň

death-rate [ˈdeθreit] úmrtnosť

death-warrant [ˈdeθˌworənt] rozsudok smrti

debarcation [ˌdi:ba:ˈkeišn] vylodenie

debase [diˈbeis] znehodnotiť

debate [diˈbeit] *podst.* debata; *sl.* debatovať

debit [ˈdebit] *podst.* dlžoba; *sl.* pripísať na ťarchu

debt [det] dlh

debtor [ˈdetə] dlžník

decade [ˈdekeid] desaťročie

decay [diˈkei] *podst.* rozpad, rozklad, úpadok; *sl.* **1.** rozkladať sa, kaziť sa **2.** rozpadávať sa, upadať

decease [diˈsi:s] zomrieť

deceased [diˈsi:st] zosnulý

deceit [diˈsi:t] klam, podvod

deceive [diˈsi:v] klamať, podvádzať

December [diˈsembə] *podst.* december; *príd.* decembrový

decency [ˈdi:snsi] slušnosť, mravnosť

decent [ˈdi:snt] slušný, mravný; skromný

deception [diˈsepšn] podvod, klam

deceptive [di'septiv]
klamný ● *appearances
are often d.* zdanie často
klame
decide [di'said] rozhod-
núť (sa)
decimal ['desiməl] desa-
tinný; *the d. system* de-
satinná sústava
decipher [di'saifə] rozlúš-
tiť
decision [di'sižn] 1. roz-
hodnutie 2. rozhodnosť
decisive [di'saisiv] roz-
hodný; rozhodujúci
deck [dek] paluba
deck-chair ['dek'čeə] le-
žadlo
declaim [di'kleim] 1.
against napadnúť *(slo-
vami)* 2. recitovať
declaration [ˌdeklə'reišn]
vyhlásenie
declare [di'kleə] 1. vyhlá-
siť 2. precliť, vycliť
declension [di'klenšən]
gram. skloňovanie
declination [ˌdekli'neišən]
odchýlka *(v kompase)*
decline [di'klain] *podst.*
úpadok; *sl.* 1. odmiet-
nuť 2. upadať, chýliť
sa ku koncu 3. skloňovať

decode [di:'kəud] dešif-
rovať
decompose [dikəm'pəuz]
rozložiť
decorate ['dekəreit] 1.
ozdobiť 2. maľovať
(dom, izby) 3. vyzna-
menať *(radom)*
decoration [ˌdekə'reišn]
1. ozdoba 2. vyzname-
nanie, rad
decorator ['dekoreitə] de-
koratér; maliar izieb
decoy [di'koi] *podst.* vna-
didlo; *sl.* lákať
decrease [di'kri:s] *podst.*
úbytok; *sl.* zmenšiť (sa),
ubúdať
decree [di'kri:] *podst.*
dekrét, rozhodnutie; *sl.*
nariadiť, rozhodnúť
decrepit [di'krepit] zo-
starnutý, krehký
dedicate ['dedikeit] veno-
vať
dedication [ˌdedi'keišn]
venovanie
deduce [di'dju:s] vyvo-
dzovať
deduct [di'dakt] odpočí-
tať, zraziť
deduction [di'dakšn] fi-
nančná zrážka

deed [di:d] čin, skutok
deep [di:p] hlboký
deepen [ˈdi:pən] prehíbiť
deer [diə] **1.** jeleň **2.** vysoká zver
deer-stalking [ˈdiəˌsto:kiŋ] postriežka na vysokú zver
defeat [diˈfi:t] *podst.* porážka; *sl.* poraziť; zničiť
defect [diˈfekt] **1.** nedostatok **2.** chyba, závada
defective [diˈfektiv] chybný, závadný
defence [diˈfens] obrana
defenceless [diˈfenslis] bezbranný
defend [diˈfend] brániť (sa), hájiť (sa)
defendant [diˈfendənt] obžalovaný
defender [diˈfendə] obhajca; obranca
defensive [diˈfensiv] *podst.* obrana, defenzíva; *príd.* obranný, defenzívny
defer [diˈfə:] *(-rr-)* **1.** odložiť **2.** ustúpiť
deference [ˈdefərəns] úcta
deferential [ˌdefəˈrenšəl] úctivý
defiance [diˈfaiəns] vzdor

defiant [diˈfaiənt] vzdorovitý
deficiency [diˈfišənsi] **1.** nedostatok **2.** schodok, deficit
defile [diˈfail] znečisťovať *(odpad. látkami)*
define [diˈfain] vymedziť, definovať
definite [ˈdefinit] určitý, definitívny
deflect [diˈflekt] *(od priameho smeru) from* odvrátiť, odbočiť
deform [diˈfo:m] znetvoriť, deformovať
deformed [diˈfo:md] znetvorený, zmrzačený
defraud [diˈfro:d] oklamať
deft [deft] obratný, mrštný
defy [diˈfai] **1.** vyzvať **2.** vzdorovať, vzpierať sa
degenerate [diˈdženəreit] *príd.* degenerovaný; *sl.* degenerovať; *into* zvrhnúť sa na
degrade [diˈgreid] degradovať, znížiť
degree [diˈgri:] **1.** stupeň **2.** *(akademická)* hodnosť
deify [ˈdi:ifai] zbožňovať

deity [ˈdiːiti] božstvo
deject [diˈdžekt] skľúčiť
dejection [diˈdžekšn] skľúčenosť
delay [diˈlei] *podst.* odklad, zdržanie; *sl.* **1.** oneskoriť (sa); zdržať **2.** odkladať
delegate [ˈdeligit] *podst.* delegát, zástupca; *sl.* delegovať, vyslať
deleterious [ˌdeliˈtiəriəs] škodlivý
deliberate¹ [diˈlibəreit] radiť sa, uvažovať
deliberate² [diˈlibərit] zámerný
deliberately [diˈlibəritli] schválne
delicacy [ˈdelikəsi] **1.** jemnosť; delikátnosť **2.** lahôdka
delicate [ˈdelikit] **1.** jemný, delikátny **2.** chúlostivý **3.** chutný, lahodný
delicious [diˈlišəs] lahodný
delight [diˈlait] *podst.* potešenie, rozkoš; *sl.* tešiť (sa), mať radosť
delightful [diˈlaitful] rozkošný, príjemný

delirious [diˈliriəs] šialený, bez seba
deliver [diˈlivə] **1.** doručiť, dodať **2.** oslobodiť **3.** *(reč)* predniesť **4.** (odo)vzdať **5.** *(ranu)* dať
deliverance [diˈlivərəns] oslobodenie
delivery [diˈlivəri] **1.** dodanie, dodávka **2.** prednes
delude [diˈluːd] oklamať
deluge [ˈdeljuːdž] potopa; záplava
delusion [diˈluːžn] prelud, klamná predstava
demand [diˈmaːnd] *podst.* **1.** požiadavka **2.** *(hospodársky)* dopyt; *sl.* žiadať, vyžadovať
demeanour [diˈmiːnə] chovanie
demented [diˈmentid] šialený
demijohn [ˈdemidžon] demižón
demobilization [ˈdiːˌməubilaiˈzeišən] demobilizácia
democracy [diˈmokrəsi] demokracia;

democratic [ˌdeməˈkræ-tik] demokratický

demolish [diˈmoliš] zničiť, zrúcať

demonstrable [ˈdemons-træbl] *(logicky)* dokázateľný

demonstrate [ˌdeməns-treit] 1. dokázať 2. demonštrovať

demonstration [ˌdemons-ˈtreišn] 1. dôkaz; prejav 2. demonštrácia

demur [diˈmə:] *podst.* námietka; *sl. (-rr-) to, at* namietať proti

demure [diˈmjuə] skromný, zdráhavý

den [den] dúpä, brloh

denial [diˈnaiəl] 1. poprenie 2. odmietnutie

Denmark [denma:k] Dánsko

denomination [diˌnomɪ-ˈneišn] 1. pomenovanie 2. *(mince, známky)* hodnota

denominator [diˈnomineitə] *mat.* menovateľ

denote [diˈnəut] označiť, znamenať

denounce [diˈnauns] 1.

(policajne) udať 2. *(zmluvu)* vypovedať

dense [dens] 1. hustý 2. hlúpy

density [ˈdensiti] hustota

dental [dentl] zubný

dentist [ˈdentist] zubný lekár

denture [denčə] *(umelý)* chrup

denunciation [diˌnansi-ˈeišn] udavačstvo

deny [diˈnai] 1. poprieť 2. odoprieť

deodorize [di:ˈəudəraiz] zbaviť pachu

depart [diˈpa:t] 1. *from* odísť, odcestovať 2. odchýliť sa

department [diˈpa:tmənt] 1. oddelenie 2. *amer.* ministerstvo

departure [diˈpa:čə] 1. odchod, odjazd 2. odchýlka

depend [diˈpend] 1. *on, upon* závisieť od 2. spoliehať sa na

dependant [diˈpendənt] závislá osoba

dependence [diˈpendəns] závislosť, závislá osoba

dependent [di'pendənt]
závislý
depict [di'pikt] znázorniť,
vylíčiť
deplete [di'pli:t] vyprázdniť, vyčerpať
deplorable [di'plo:rəbl]
žalostný
deplore [di'plo:] žialiť nad
čím, ľutovať
deport [di'po:t] 1. deportovať 2. *o.s.* chovať sa
depose [di'pəuz] zosadiť
deposit [di'pozit] *podst.*
1. vklad 2. nános, naplavenina 3. *geol.* ložisko; *sl.* 1. položiť
2. *(peniaze)* uložiť, zložiť 3. naplaviť
depot [depəu] 1. skladisko 2. [di:pəu] *amer.*
železničná stanica
depraved [di'preivd]
mravne skazený
deprecate ['deprikeit] odsudzovať
depreciate [di'pri:šieit] 1.
klesnúť v cene 2. podceňovať
depress [di'pres] 1. stlačiť 2. skľúčiť
depression [di'prešn] 1.

depresia, kríza 2. priehlbina 3. tlaková níž
deprive [di'praiv] *of* zbaviť
depth [depθ] híbka
deputy ['depjuti] 1. poslanec 2. zástupca, námestník
derail [di'reil] vykoľajiť
derange [di'reindž] uviesť
do neporiadku; pomiasť
derelict ['derilikt] opustený
deride [di'raid] vysmievať
sa
derisive [di'raisiv] posmešný
derivation [deri'veišən]
pôvod
derive [di'raiv] 1. odvodzovať 2. pochádzať
derogate ['derogeit]
from poškodiť
derogatory [di'rogətəri]
utŕhačný
derrick ['derik] žeriav na
nakladanie tovaru
descend [di'send] 1. zostúpiť 2. *from* pochádzať od 3. *upon* napadnúť
descendent [di'sendənt]
potomok

descent [di'sent] **1.** zostup **2.** pôvod **3.** náhly útok

describe [dis'kraib] **1.** opísať **2.** vylíčiť, zobraziť

description [dis'kripšn] opis, líčenie

descriptive [dis'kriptiv] opisný

desert ['dezət] *podst.* **1.** púšť **2.** [di'zə:t] zásluha; ['dezət] *príd.* pustý; *sl.* **1.** opustiť **2.** dezertovať

deserve [di'zə:v] zasluhovať, zaslúžiť (si)

design [di'zain] *podst.* **1.** nárys, návrh, projekt **2.** vzor **3.** úmysel, zámer; *sl.* **1.** projektovať **2.** zamýšľať, plánovať **3.** *for* určiť

designate ['dezigneit] označiť, určiť; predurčiť

designation [,dezig'neišn] (pred)určenie

desirable [di'zaiərəbl] žiadúci

desire [di'zaiə] *podst.* túžba, želanie; *sl.* túžiť, želať si, žiadať

desk [desk] písací stôl; *(školská)* lavica

desolate ['desəlit] opustený; pustý

despair [dis'peə] *podst.* zúfalstvo; *sl. of* zúfať si nad

desperate ['despərit] zúfalý

desperation [,despə'reišn] zúfalstvo

despise [dis'paiz] opovrhovať

despite [dis'pait] *d. of, in d. of* napriek, navzdory

despondency [dis'pondənsi] malomyseľnosť

despot ['despot] tyran, despota

dessert [di'zə:t] *amer.* múčnik, dezert *(ovocie)*

destination [,desti'neišn] určenie, miesto určenia, cieľ

destiny ['destini] osud

destitute ['destitju:t] chudobný, núdzny

destroy [dis'troi] zničiť

destroyer [dis'troiə] torpédoborec

destruction [dis'trakšn] zničenie, skaza

destructive [dis'traktiv] ničivý

desultory ['desəltəri] prelietavý, nesystematický

detach [di'tæč] *from* oddeliť

detachment [di'tæčmənt] 1. odlúčenie 2. *voj.* oddiel

detail ['di:teil] *podst.* podrobnosť, detail; *sl.* podrobne vylíčiť

detain [di'tein] zadržať, zdržať

detect [di'tekt] odkryť, objaviť

detective [di'tektiv] detektív; *d. story* detektívka

deter [di'tə:] *(-rr-)* odstrašiť

detergent [di'tə:džənt] čistiaci, prací prostriedok

deteriorate [di'tiəriəreit] zhoršiť (sa)

determination [di,tə:mi-'neišn] rozhodnutie, odhodlanie

determine [di'tə:min] 1. určiť 2. rozhodnúť (sa) 3. presne zistiť

detest [di'test] hnusiť sa, nenávidieť

detestable [di'testəbl] ohavný, odporný

detonation [detəu'neišn] výbuch, detonácia

detour [dituə] obchôdzka, okľuka

detract [di'trækt] *from* uberať, zmenšovať

detrimental [,detri'mentl] škodlivý

deuce [dju:s] *to the d.!* *hovor.* do čerta!

devastate ['devəsteit] spustošiť

devastation [,devəs'teišn] spustošenie

develop [di'veləp] 1. vyvinúť (sa) 2. *fot.* vyvolávať 3. *amer.* odhaliť

development [di'veləpmənt] vývoj, rozvoj

deviation [,di:vi'eišn] odchýlka

device [di'vais] 1. plán, nápad 2. zariadenie; prístroj

devil [devl] diabol, čert

devise [di'vaiz] vymyslieť, navrhnúť

devoid [di'void] *of* zbavený čoho

devote [di'vəut] venovať sa, oddať sa

devoted [di'vəutid] oddaný

devotion [di'vəušn] oddanosť

devour [di'vauə] pohltiť

devout [di'vaut] zbožný; vrúcny

dew [dju:] rosa

dexterity [deks'teriti] obratnosť

diabetes [ˌdaiə'bi:ti:z] lek. cukrovka

dial ['daiəl] podst. ciferník; sl. (-ll-) vytočiť číslo

dialect ['daiəlekt] nárečie

dialectical ['daiəlektikəl] dialektický

dialectics [ˌdaiə'lektiks] mn. č. dialektika

dialogue ['daiəlog] rozhovor; dialóg

diameter [dai'æmitə] priemer

diamond ['daiəmənd] diamant

diaper ['daiəpə] amer. detská plienka

diaphragm [daiəfræm] **1.** bránica; **2.** tech. membrána

diary ['daiəri] **1.** denník **2.** vreckový kalendár

dice mn. č. [dais] (hra) kocky

dictate [dik'teit] diktovať

dictation [dik'teišn] diktát

dictatorship [dik'teitəšip] diktatúra; d. of the proletariat diktatúra proletariátu

dictionary ['dikšənri] slovník

did p. *do

die [dai] zomrieť; d. away odumrieť; dozrieť; d. out vymrieť

diet ['daiət] **1.** strava, jedlo **2.** diéta

differ ['difə] (-rr-) from líšiť sa od; nesúhlasiť

difference ['difrəns] rozdiel

different ['difrənt] odlišný, iný, rôzny

differentiate [ˌdifə'renšieit] rozlíšiť, rozlišovať

difficult ['difikəlt] ťažký, obťažný

difficulty ['difikəlti] obtiaž, ťažkosť

diffidence ['difidəns] nedôvera; ostýchavosť

diffident [ˈdifidənt] nedô-
verčivý, ostýchavý
diffuse [diˈfju:z] vysielať;
rozširovať; splývať
***dig** [dig] *(-gg-)* kopať,
ryť
digest [ˈdaidžest] *podst.*
výťah z knihy, zhuste-
nie; *sl.* **1.** [daiˈdžest]
tráviť, zažívať **2.** spra-
viť výťah, skrátiť
digit [didžit] číslica
dignified [ˈdignifaid] dô-
stojný
dignitary [ˈdignitəri] hod-
nostár
dignity [ˈdigniti] dôstoj-
nosť, hodnosť
digress [daiˈgres] *from* od-
bočiť, odchýliť sa
digression [daiˈgrešn] od-
bočenie, odbočka
dike [daik] hrádza
dilapidated [diˈlæpideitid]
(domy, nábytok) v roz-
klade
dilate [daiˈleit] (roz)šíriť
sa
dilemma [diˈlemə] ťažká
situácia
diligence [ˈdilidžəns] usi-
lovnosť

diligent [ˈdilidžənt] usi-
lovný
dill [dil] kôpor
dilute [daiˈlju:t] zriediť
dim [dim] *príd.* šerý,
kalný, nejasný; *sl.*
(-mm-) zakaliť, zahmliť
dime [daim] americká
minca
dimension [diˈmenšn] roz-
mer
diminish [diˈminiš] zmen-
šiť (sa)
diminutive [diˈminjutiv]
maličký, zdrobnený
dimple [dimpl] *(v tvári)*
jamôčka
din [din] hluk, hrmot
dine [dain] večerať
dingy [ˈdindži] špinavý,
ošúchaný
dining-car [ˈdainiŋka:] je-
dálny vozeň
dining-room [ˈdainiŋrum]
jedáleň
dinner [ˈdinə] hlavné jed-
lo dňa
dinner-jacket [ˈdinədžæ-
kit] smoking
dip [dip] *(-pp-) into* po-
noriť (sa), namočiť
diphtheria [difˈθiəriə] dif-
téria

diploma [di'pləumə] diplom

diplomacy [di'pləuməsi] diplomacia

dipper ['dipə] veľká naberačka; *the Big D. amer. astron.* Veľký voz

direct [di'rekt, dai'rekt] *príd.* priamy; *prísl.* priamo; *sl.* **1.** riadiť **2.** namieriť **3.** ukázať cestu **4.** adresovať **5.** nariadiť

direction [di'rekšn, dai'rekšn] **1.** smer **2.** riadenie, správa **3.** adresa

directly [di'rektli, dai'rektli] **1.** priamo **2.** ihneď

director [di'rektə, dai'rektə] **1.** riaditeľ **2.** režisér

directory [di'rektori] adresár; *telephone d.* telefónny zoznam

dirt [də:t] špina

dirt-cheap ['də:t'či:p] veľmi lacno, za babku, za facku

dirty ['də:ti] špinavý; oplzlý

disability [ˌdisə'biliti] neschopnosť; *d. pension* invalidný dôchodok

disabled [dis'eibld] telesne postihnutý

disadvantage ['disəd'va:ntidž] nevýhoda

disagree [ˌdisə'gri:] **1.** nesúhlasiť **2.** škodiť

disagreeable [ˌdisə'griəbl] nepríjemný

disagreement [ˌdisə'gri:mənt] nesúhlas, nezhoda

disappear [ˌdisə'piə] zmiznúť

disappoint [ˌdisə'point] sklamať

disappointment [ˌdisəpointmənt] sklamanie

disapproval [ˌdisə'pru:vəl] nesúhlas

disarm [dis'a:m] odzbrojiť

disarmament [ˌdis'a:məmənt] odzbrojenie

disarrange ['disə'reindž] zmiasť, prehádzať

disaster [di'za:stə] nešťastie, katastrofa

disastrous [di'za:strəs] zhubný; katastrofálny

disband [dis'bænd] roz-
pustiť armádu
disbelieve ['disbi'li:v] *in*
neveriť
disc [disk] kotúč, platňa
discard [dis'ka:d] odho-
diť, odložiť; vzdať sa
niečoho
discern [di'sə:n] rozoznať,
rozlíšiť
discernible [di'sə:nəbl]
rozoznateľný
discharge [dis'ča:dž]
podst. **1.** výbuch **2.**
elektrický výboj **3.** vý-
tok; *sl.* **1.** vyložiť ná-
klad **2.** prepustiť **3.** vy-
liať **4.** vystreliť **5.** za-
platiť **6.** vykonávať *(po-
vinnosť)*
disciple [di'saipl] žiak
discipline ['disiplin] dis-
ciplína
disclose [dis'kləuz] pre-
zradiť, odhaliť
discolo(u)r [dis'kalə] od-
farbiť (sa), prefarbiť
discomfort [dis'kamfət]
nepohodlie
discompose [diskəm-
pəuz] znepokojiť
disconcert [diskən'sə:t]
vyviesť z konceptu

disconnect [diskə'nekt]
(spojenie) prerušiť, vy-
pnúť
disconsolate [dis'konsəlit]
bezútešný
discontent [diskən'tent]
nespokojnosť
discontinue [diskən'tin-
ju:] prerušiť, prestať
discord ['disko:d] nezho-
da
discount ['diskaunt]
podst. skonto, zrážka,
zľava; *sl.* eskontovať;
znížiť cenu
discourage [dis'karidž]
zastrašiť, zbaviť odvahy
discouragement [dis-
'karidžmənt] zastrašenie
discourse [dis'ko:s] reč,
prednáška
discover [dis'kavə] obja-
viť, odkryť
discovery [dis'kavəri] ob-
jav; zistenie
discredit [dis'kredit]
podst. zlá povesť, po-
chybnosť; *sl.* poškodiť
dobrú povesť
discreet [dis'kri:t] **1.**
taktný **2.** diskrétny
discrepancy [dis'krepən-
si] nesúzvuk, nesúlad

discretion [disˈkrešən] **1.** diskrétnosť; takt **2.** voľnosť konania; *at your d.* podľa vášho želania

discriminate [disˈkrimineit] rozlišovať

discrimination [disˈkrimiˈneišən] **1.** rozlišovanie **2.** diskriminácia

discus [ˈdiskəs] disk

discuss [ˈdiskəs] hovoriť o, rokovať

discussion [disˈkašən] rozhovor; debata, diskusia

disdain [disˈdein] *podst.* pohŕdanie; *sl.* pohŕdať

disease [diˈzi:z] choroba

disembark [disimˈba:k] *from* vylodiť (sa); pristáť

disfigure [disˈfigə] znetvoriť

disgrace [disˈgreis] *podst.* **1.** nemilosť **2.** hanba; *sl.* potupiť

disgraceful [disˈgreisful] hanebný

disguise [disˈgaiz] *podst.* preoblečenie; zamaskovanie; *sl.* preobliecť sa, zamaskovať

disgust [disˈgast] *podst.* odpor, ošklivosť; *sl.* zhnusiť

disgusting [disˈgastiŋ] hnusný, odporný

dish [diš] **1.** misa **2.** chod jedla

dishearten [disˈha:tn] skľúčiť

dishevelled [diˈševəld] strapatý; neporiadny

dishonest [disˈonist] nepoctivý, nečestný

dishonour [disˈonə] *podst.* hanba; *sl.* **1.** zneuctiť **2.** nezaplatiť

dishonourable [disˈonərəbl] nečestný

disillusion [ˌdisiˈlu:žən] zbaviť ilúzií, rozčarovať

disillusionment [ˌdisiˈlu:žənmənt] vytriezvenie, rozčarovanie

disinclination [ˌdisinkliˈneišən] *for* nechuť k

disinfect [ˈdisinˈfekt] dezinfikovať

disinherit [ˈdisinˈherit] vydediť

disinterested [disˈintristid] **1.** bez záujmu **2.** nesebecký **3.** nezaujatý

disjoint [dis'džoint] rozobrať na kusy, rozpojiť
disk [disk] *p.* **disc**
dislike [dis'laik] *podst.* nechuť, neľúbosť, odpor; *sl.* nemať rád
dislocate ['dislokeit] **1.** *(napr. členok)* vytknúť **2.** narušiť
dislodge [dis'lodž] vypudiť, vyhnať
disloyal ['dis'loiəl] *to* neverný
dismal ['dizməl] ponurý, zasmušilý
dismantle [dis'mæntl] rozmontovať, rozobrať
dismay [dis'mei] *podst.* zdesenie, strach; *sl.* vydesiť
dismember [dis'membə] rozobrať; *obraz.* rozštvrtiť
dismiss [dis'mis] **1.** prepustiť **2.** rozpustiť **3.** vypustiť z hlavy
dismissal [dis'misəl] prepustenie
dismount ['dis'maunt] *from* zostúpiť z koňa
disobedience [ˌdiso'bi:-djəns] neposlušnosť

disobey ['diso'bei] neposlúchať
disorder [dis'o:də] neporiadok
disorderly [dis'o:dəli] neporiadny
disown [dis'əun] neuznať, odriecť sa
disparage [dis'pæridž] znevažovať
dispatch [dis'pæč] *podst.* **1.** vybavenie, odbavenie **2.** depeša; *sl.* **1.** odoslať **2.** rýchlo vybaviť **3.** zabiť
dispel [dis'pel] *(-ll-)* rozptýliť
dispensable [dis'pensəbl] postrádateľný
dispense [dis'pens] **1.** udeľovať **2.** *with* obísť sa bez
disperse [dis'pə:s] rozptýliť, roztrúsiť
dispirit [dis'pirit] skľúčiť
displace [dis'pleis] vytlačiť z miesta; premiestiť; *d-d person* človek bez domova
display [dis'plei] *podst.* **1.** výklad **2.** prejav **3.** nádhera; *sl.* **1.** vyložiť, vystaviť **2.** prejaviť

displease [dis'pli:z] znepáčiť sa; uraziť
displeasure [dis'pležə] neľúbosť, nespokojnosť
disposal [dis'pəuzəl] **1.** dispozícia **2.** kontrola, riadenie; *at your d.* vám k dispozícii
dispose [dis'pəuz] **1.** usporiadať **2.** použiť; disponovať **3.** *of* zbaviť sa
disposed [dis'pəuzd] disponovaný; ochotný; *d. towards* naklonený
disposition [,dispə'zišən] **1.** dispozícia **2.** povaha **3.** náklonnosť, sklon
disproof [,dis'pru:f] vyvrátenie
disprove [,dis'pru:v] vyvrátiť
dispute [dis'pju:t] *podst.* spor, hádka; *sl.* hádať sa
disquiet [dis'kwaiət] znepokojovať
disregard [,disri'ga:d] *podst. to* neúcta k; bezočivosť; *sl.* nevážiť si, nevšímať si
disrespect [,disris'pekt] neúcta

disrupt [dis'rapt] **1.** roztrhnúť **2.** rozvrátiť
dissatisfaction ['dis,sætis-'fækšən] nespokojnosť
dissection [di'sekšən] **1.** rozbor **2.** pitva
dissemble [di'sembl] pretvarovať sa, zatajiť
dissembler [di'semblə] pokrytec
disseminate [di'semineit] *(myšlienky)* šíriť
dissension [di'senšən] nezhoda, nesúhlas
dissent [di'sent] *podst.* nesúhlas; *sl. from* nesúhlasiť
dissimilar [,di'similə] nepodobný
dissipate ['disipeit] **1.** rozptýliť (sa) **2.** premárniť
dissolution [,disə'lu:šən] rozpúšťanie; rozlúčenie
dissolve [di'zolv] rozpustiť (sa), rozplynúť sa
dissuade [di'sweid] *from* odhovárať od
distance ['distəns] vzdialenosť; rozpätie
distant ['distənt] vzdialený

distaste [ˌdisˈteist] odpor, hnus

distasteful [disˈteistfl] odporný; nepríjemný

distemper [disˈtempə] *podst. (u zvierat)* choroba; *sl.* maľovať temperou

distillery [disˈtiləri] liehovar

distinct [disˈtiŋkt] **1.** zreteľný **2.** odlišný

distinction [disˈtiŋkšən] **1.** rozlišovanie; rozdiel **2.** vyznamenanie

distinctive [disˈtiŋktiv] zreteľný

distinguish [disˈtiŋgwiš] **1.** rozlišovať; rozoznávať **2.** vyznamenať sa

distinguished [disˈtiŋgwišt] významný, vynikajúci

distort [disˈto:t] skrútiť, prekrútiť; skriviť

distortion [disˈto:šən] skrivenie; prekrútenie

distract [disˈtrækt] *from* odvrátiť pozornosť

distracted [disˈtræktid] zmätený

distraction [disˈtrækšən] rozptýlenie

distress [disˈtres] **1.** úzkosť; tieseň **2.** núdza, bieda

distribute [disˈtribju(:)t] rozdeľovať; rozložiť, rozmiestniť

distribution [ˌdistriˈbju:šən] rozdeľovanie; distribúcia

district [ˈdistrikt] okres, obvod, oblasť

distrust [disˈtrast] *podst.* nedôvera; *sl.* nedôverovať

disturb [disˈtə:b] rušiť, vyrušovať

disturbance [disˈtə:bəns] výtržnosť

ditch [dič] priekopa, jarok

dive [daiv] *podst. (skok do vody)* hlavička; *sl.* **1.** potopiť sa, ponoriť sa **2.** letieť nadol

diver [ˈdaivə] potápač

diverge [daiˈvə:dž] *from* rozbiehať sa, rozchádzať sa

divers [daiˈvə:s] rozmanitý, rôzny

diversion [daiˈvə:šən] **1.** odvrátenie od **2.** rozptýlenie

divert [dai'və:t] **1.** odviesť *(napr. tok rieky)* **2.** baviť; rozptýliť
divide [di'vaid] deliť (sa); rozdeliť sa
divine [di'vain] *podst.* duchovný; *príd.* božský; *sl.* veštiť, hádať; tušiť
division [di'vižn] **1.** delenie; rozdelenie **2.** divízia **3.** *(v parlamente)* hlasovanie
divorce [di'vo:s] *podst.* rozvod; *sl.* rozsobášiť
dizzy ['dizi] závratný; *be d.* mať závrat
*****do** [du:, du] **1.** robiť, činiť **2.** stačiť **3.** mať úspech **4.** upraviť; *do harm* uškodiť; *do a kindness* preukázať láskavosť; *do one's duty* konať svoju povinnosť; *how do you do* dobrý deň; *do away with* skoncovať s; *do up* zapnúť, zaviazať; *do with* uspokojiť sa s; *do without* obísť sa bez
docile [dəusail] učenlivý, poddajný

dock [dok] **1.** dok, lodenica **2.** lavica obžalovaných
docker [dokə] robotník v dokoch
doctor ['doktə] **1.** lekár **2.** doktor
dock-yard ['dokja:d] lodenica
doctrine ['doktrin] náuka, doktrína
document ['dokjumənt] listina, doklad
dodge [dodž] vyhnúť sa; vytáčať sa
doe [dəu] **1.** laň **2.** samica zajaca, králika
does *p.* *****do
dog [dog] pes
dog-days ['dogdeiz] *hovor.* kanikuly
dogged ['dogid] zaťatý, tvrdošijný
dole [dəul] **1.** darček **2.** podpora v nezamestnanosti
doll [dol] bábika
dollar ['dolə] dolár
dolphin ['dolfin] delfín
dome [dəum] kupola
domestic [də'mestik] domáci

domicile [ˈdomisail] bydlisko

dominant [ˈdominənt] prevládajúci; prevyšujúci

dominate [ˈdomineit] **1.** prevládať **2.** *over* ovládať

dominion [dəˈminjən] **1.** nadvláda **2.** domínium

done *p.* *do

donkey [ˈdoŋki] somár

donor [ˈdəunə] darca

doom [du:m] **1.** osud **2.** záhuba **3.** posledný súd

doomed [du:md] určený k záhube, odsúdený

door [do:] dvere

doorman [do:mən] *amer.* vrátnik

dope [dəup] **1.** pasta, lak **2.** narkotikum; *hovor.* ópium

dormitory [ˈdo:mitri] nocľaháreň

dose [dəus] dávka

dot [dot] bodka

double [ˈdabl] *podst.* dvojnásobok, dvojník; *sl.* zdvojiť; *príd.* dvojitý, dvojnásobný; *prísl.* dva razy, dvojmo; *d.*

bedded dvojposteľový; *d. breasted (oblek)* dvojradový; *d. decker hovor.* poschodový autobus

doubt [daut] *podst.* pochybnosť; *sl.* pochybovať

doubtful [ˈdautful] pochybný

doubtless [ˈdautlis] bezpochyby

dough [dəu] cesto

dough-nut [ˈdəunat] pampúch

dove [dav] holub

dowdy [ˈdaudi] ošumelý, ošúchaný

down [daun] *prísl.* dole, nadol; *predl.* dolu, po; *podst.* páperie

downright [ˈdaunrait] *príd.* priamy, vyložený; *prísl.* rovno, priamo

downstairs [ˈdaunˈsteəz] dolu, dolu po schodoch

downstream [ˈdaunˈstri:m] po prúde rieky

doze [dəuz] driemať

dozen [ˈdazn] tucet

drab [dræb] jednotvárny, nevýrazný

draft [dra:ft] *podst.* **1.** zmenka **2.** *voj.* záloha

3. koncept; *sl.* **1.** koncipovať **2.** povolať do zbrane

drag [dræg] *(-gg-)* tiahnuť, vliecť

dragon [ˈdrægən] drak

dragon-fly [ˈdrægənflai] *zool.* vážka

drain [drein] *podst.* odtok; odvodňovacia stoka; *sl.* **1.** odvodniť **2.** vysušiť **3.** vyprázdniť

drake [dreik] gunár

dramatic [drəˈmætik] dramatický, divadelný

dramatist [ˈdræmətist] dramatik

drank *p.* *drink

draper [dreipə] obchodník s textilom

drastic [ˈdræstik] drastický

draught [dra:ft] **1.** ťah **2.** dúšok **3.** prievan **4.** skica

draughtsman [ˈdra:ftsmən] kreslič

*draw¹ [dro:] **1.** ťahať **2.** kresliť **3.** losovať **4.** vybrať peniaze z banky **5.** čapovať **6.** *on* vydať zmenku

draw² [dro:] nerozhodná hra, remíza

drawback [ˈdro:bæk] tienistá stránka, nevýhoda

drawbridge [ˈdro:bridž] padací most

drawer [dro:(ə)] zásuvka

drawers [dro:(ə)z] *mn. č.* dlhé spodky

drawing [ˈdro:iŋ] kresba

drawn *p.* *draw

dread [dred] *podst.* strach; *sl.* báť sa

dreadful [ˈdredful] *hovor.* hrozný, strašný

*dream¹ [dri:m] **1.** mať sen **2.** snívať

dream² [dri:m] sen; spánok

dreamt *p.* *dream

dreary [ˈdriəri] pustý, smutný

dregs [dregs] *mn. č.* usadenina, kal

drench [drenč] zmáčať, premáčať

dress [dres] *podst.* odev, šaty; *sl.* **1.** obliecť (sa) **2.** upraviť **3.** ošetriť

dresscircle [ˈdressə:kl] prvý balkón

dressmaker [ˈdresˌmeikə] krajčírka

dressrehearsal [dres'ri-hə:sl] generálka

drew *p.* ***draw**

dried [draid] sušený

drift [drift] *podst.* závej; *sl.* **1.** hnať **2.** hromadiť (sa)

drill [dril] *podst.* **1.** výcvik **2.** sejačka **3.** nebožiec; *sl.* **1.** vŕtať **2.** podrobiť výcviku

*drink¹ [driŋk] piť

drink² [driŋk] nápoj; *have a d.* napiť sa

drip [drip] *(-pp-)* kvapkať

*drive¹ [draiv] **1.** hnať **2.** riadiť **3.** jazdiť **4.** poháňať

drive² [draiv] **1.** jazda, vychádzka *(autom)* **2.** cesta, vozovka

driver ['draivə] vodič, šofér

drizzle ['drizl] mrholiť

drone [drəun] **1.** trúd **2.** leňoch **3.** bzukot

droop [dru:p] **1.** klesať **2.** spustiť

drop [drop] *podst.* **1.** kvapka **2.** pokles; *sl.* *(-pp-)* **1.** padať **2.** upustiť **3.** prestať **4.** utrú-

siť poznámku **5.** napísať pár riadkov **6.** *in* navštíviť, zaskočiť

drought [draut] sucho

drove *p.* ***drive**

drown [draun] utopiť sa; *get d-ed* utopiť sa

drowse [drauz] driemať

drowsy [drauzi] ospalý

drudge [dradž] *podst.* otrok; *sl.* drieť sa

drug [drag] liek, droga

drum [dram] *podst.* bubon; *sl.* *(-mm-)* bubnovať

drunk¹ *p.* ***drink**

drunk² [draŋk] opitý

drunkard ['draŋkəd] opilec, pijan

drunkenness ['draŋkənnis] opilstvo

dry [drai] *príd.* suchý; *sl.* **1.** sušiť **2.** schnúť

dryness ['drainis] sucho

dubious ['dju:biəs] pochybný

duchess ['dačis] vojvodkyňa

duck [dak] *podst.* kačica; *sl.* zohnúť sa

duckling ['dakliŋ] kačiatko

due [dju:] *príd.* **1.** splat-

ný **2.** riadny, náležitý
3. povinný; *prísl.* pres-
ne; *d. to* spôsobený
čím; *the train is d. at*
vlak príde podľa cestov-
ného poriadku o
dues [dju:z] *mn. č.* po-
platky
dug *p.* *dig
duke [dju:k] vojvoda
dull [dal] **1.** tupý **2.**
nudný
dumb [dam] nemý
dumbell [ˈdambel] činka
dummy [dami] atrapa
dump [damp] *podst.* sme-
tisko; *sl.* **1.** odložiť na
smetisko **2.** predávať
v cudzine pod cenu
dumpling [ˈdampliŋ]
knedľa
dun [dan] *(-nn-)* upomí-
nať
dunce [dans] hlupák
dung [daŋ] hnoj
dungeon [ˈdandžən] žalár,
temnica
dupe [dju:p] *podst.* hlu-
pák; *sl.* nachytať, okla-
mať
duplicate [ˈdju:plikeit]
duplikát, odpis; *in d.*
dvojmo

durability [ˌdjuərəˈbiliti]
trvanlivosť
durable [ˈdjuərəbl] trvan-
livý
during [ˈdju:əriŋ] počas,
v priebehu, za *(o čase)*
dusk [dask] šero
dust [dast] *podst.* prach;
sl. **1.** poprášiť **2.** vyprá-
šiť
dust-bin [ˈdastbin] nádo-
ba na odpadky
duster [ˈdastə] prachovka
dustman [ˈdastmən]
smetiar
dusty [dasti] zaprášený
Dutch [dač] holandský
dutiable [ˈdju:tiəbl] pod-
liehajúci clu
dutiful [ˈdju:tiful] posluš-
ný, oddaný
duty [ˈdju:ti] **1.** povin-
nosť **2.** služba **3.** po-
platok; clo
duty-free [ˈdju:tiˈfri:] bez
cla
dwarf [dwo:f] trpaslík
dwarfish [ˈdwo:fiš] zakr-
patený
***dwell** [dwel] **1.** zdržia-
vať sa, ostávať **2.** bývať

dwelling [ˈdweliŋ] obydlie
dwelt p. *dwell
dwindle [ˈdwindl] zmen-
šovať sa, strácať sa
dye [dai] podst. farba;
sl. farbiť
dye-stuff [ˈdaistaf] farbi-
vo

dynamic [daiˈnæmik] dy-
namický
dynamite [ˈdainəmait]
dynamit
dynamo [ˈdainəməu] dy-
namo
dysentery [ˈdisntri] úpla-
vica, dyzentéria

E

each [i:č] každý; e. other
jeden druhého, vzájom-
ne
eager [ˈi:gə] for, after,
about dychtivý, horli-
vý
eagerness [ˈi:gənis] dych-
tivosť, horlivosť
eagle [i:gl] orol
ear [i:ə] 1. ucho 2. sluch
3. klas
ear-ache [i:əreik] bolesť
ucha
ear-drum [i:ədram] ušný
bubienok
earl [ə:l] gróf
early [ˈə:li] príd. 1. včas-
ný, skorý 2. ranný;
prísl. zavčasu, skoro

earn [ə:n] zarobiť si; za-
slúžiť si
earnest [ˈə:nist] vážny;
in e. vážne, naozaj
earnings [ˈə:niŋz] mn. č.
zárobok
ear-phone [ˈi:əfəun] slú-
chadlo
ear-ring [ˈiəriŋ] náušnica
earth [ə:θ] podst. 1. zem,
pevnina 2. hlina 3. svet;
sl. uzemniť
earthen [ˈə:θən] hlinený
earthen-ware [ˈə:θənweə]
hlinený riad, hrnčiarsky
tovar
earthly [ˈə:θli] pozemský
● no e. use hovor. ne-
užitočný

earthquake [ˈə:θkweik] zemetrasenie

earthworm [ˈə:θwə:m] dážďovka

earthy [ˈə:θi] zemitý

ease [i:z] *podst.* pohodlie; pokoj; *stand at e. voj.* pohov; *ill at e.* nesvoj; *sl. from, of* uľaviť, uľahčiť si; rozšíriť odev

easel [i:zl] maliarsky podstavec

east [i:st] *podst.* východ; *príd.* východný; *prísl.* na východ

Easter [ˈi:stə] Veľká noc

eastern [ˈi:stən] východný

eastward [ˈi:stwəd] na východ, smerom k východu

easy [ˈi:zi] 1. ľahký 2. nenútený 3. pohodlný; *take it e.!* nerobte si starosti

easy-chair [ˈi:ziˈčeə] kreslo

*eat [i:t] 1. jesť 2. zožierať

eatables [ˈi:təblz] *mn. č.* požívatiny

eaten *p.* ***eat**

eaves [i:vz] *mn. č.* odkvap

eavesdrop [i:vzdrop] tajne odpočúvať súkromné hovory

ebb [eb] *podst.* odliv; *sl.* ubúdať

eccentric [ikˈsentrik] výstredný

echo [ekəu] *podst.* ozvena; *sl.* 1. (*o zvuku*) odrážať sa 2. (*bez rozmýšľania*) opakovať

eclipse [iˈklips] *podst. astron.* zatmenie; *sl.* zatieniť

economic [ˌi:kəˈnomik] hospodársky

economical [ˈi:kəˈnomikəl] hospodárny, šetrný

economics [ˌi:kəˈnomiks] *mn. č.* národné hospodárstvo, ekonómia

economist [iˈkonəmist] národohospodár; hospodárny (*človek*)

economize [iˈkonəmaiz] šetrne hospodáriť

economy [iˈkonəmi] 1. hospodárenie 2. hospodárstvo, ekonómia; *the socialist system of e.*

socialistický systém hospodárenia

eddy [ˈedi] *podst.* vír, krútňava; *sl.* víriť

edge [edž] **1.** ostrie **2.** hrana, okraj; *be on e.* byť nervózny; *sl.* **1.** olemovať **2.** nabrúsiť **3.** pohybovať sa vpred *(cez dav)*

edible [ˈedibl] jedlý

edifice [ˈedifis] budova *(veľká)*

edit [ˈedit] redigovať

edition [iˈdišn] vydanie

editor [ˈeditə] redaktor

editorial [ˌediˈtoːriəl] *podst.* úvodník; *príd.* redakčný; *e. office* redakcia

educate [ˈedjukeit] vychovávať, vzdelávať

education [ˌedjuˈkeišn] výchova, vzdelanie; *Board of E.* ministerstvo školstva

educational [ˌedjuˈkeišnəl] výchovný, učebný

educator [ˈedjukeitə] vychovávateľ

eel [iːl] *zool.* úhor

efface [iˈfeis] **1.** zotrieť; vyhladiť **2.** utiahnuť sa

effect [iˈfekt] *podst.* **1.** výsledok, účinok; následok **2.** dojem; *sl.* vykonať, previesť, uskutočniť

effective [iˈfektiv] účinný; skutočný; *e. date* dátum splatnosti

effects [iˈfekts] *mn. č.* hnuteľný majetok; zvršky

effectual [iˈfektjuəl] účinný, mocný *(o veciach)*

effeminate [iˈfeminit] zoženštený

efficiency [iˈfišənsi] výkonnosť; zdatnosť

efficient [iˈfišnt] výkonný, zdatný

effort [ˈefət] úsilie, námaha

e. g. [ˈiːˈdžiː] *(for example)* napr. *(napríklad)*

egg [eg] vajce; *scrambled e-s* praženica; *fried e-s* volské oká

egg-shell [ˈegšel] škrupina z vajca

egoism [ˈegəuizəm] sebectvo

egoistic(al) [egəuˈistik(əl)] sebecký

egotism [egəutizm] samoľúbosť
Egypt [ˈiːdžipt] Egypt
eider-down [ˈaidədaun] páperová deka
eight [eit] osem
eighteen [ˈeiˈtiːn] osemnásť
eighteenth [ˈeiˈtiːnθ] osemnásty
eighth [eitθ] ôsmy
eightieth [ˈeitiiθ] osemdesiaty
eighty [ˈeiti] osemdesiat
either [ˈaiðə] **1.** obaja **2.** jeden alebo druhý *(z dvoch);* ani; *e. — or* buď alebo
eject [ˈiːdžekt] vypudiť, vyhnať; vytrysknúť
eeke [iːk] *out* doplniť
elaborate [iˈlæbərit] vypracovaný, komplikovaný
elapse [iˈlæps] uplynúť *(čas)*
elastic [iːˈlæstik] *podst.* guma *(do bielizne); príd.* pružný
elasticity [ˌelæsˈtisiti] pružnosť
elated [iˈleitid] hrdý, oduševnený

Elbe [elb] the Labe
elbow [ˈelbəu] **1.** lakeť **2.** koleno *(rúry)*
elder [ˈeldə] *podst.* **1.** staršina **2.** *bot.* baza; *príd.* starší *(člen rodiny)*
elderly [ˈeldəli] obstarný
elect [iˈlekt] **1.** zvoliť **2.** rozhodnúť sa
election [iˈlekšn] voľba; *general e.* všeobecné voľby
elective [iˈlektiv] volený, volebný; *amer.* voliteľný
elector [iˈlektə] volič
electric [iˈlektrik] elektrický
electrical engineering [iˈlektrikəl endžiˈniəriŋ] elektroinžinierstvo
electricity [ilekˈtrisiti] elektrina
electrification [iˌlektrifiˈkeišn] elektrifikácia
electrocution [iˌlektrəˈkjuːšn] poprava na elektrickom kresle
electromagnet [iˈlektrəuˈmægnit] elektromagnet
electron [iˈlektron] elektrón
electron-ray tube [iˈlek-

tronreitju:b] magické
oko
elegance [ˈeligəns] elegan-
cia, uhladenosť, vkus-
nosť
elegant [ˈeligənt] elegant-
ný, vkusný
element [ˈelimənt] prvok
elementary [eliˈmentəri]
základný
elements [ˈelimənts] *mn.
č.* základy *(napr. vedy)*
elephant [ˈelifənt] slon
elevate [ˈeliveit] zdvih-
núť, povýšiť
elevation [ˌeliˈveišn] **1.**
povýšenie **2.** výšina
elevator [ˈeliveitə] **1.** ele-
vátor **2.** sýpka **3.** *amer.*
výťah
eleven [iˈlevn] jedenásť
eleventh [iˈlevnθ] jede-
násty ● *at the e. hour*
v poslednom okamihu,
v hodine dvanástej
elf [elf] víla, škriatok
elicit [iˈlisit] vylákať
eligible [ˈelidžəbl] **1.** vo-
liteľný **2.** *for* vhodný
eliminate [iˈlimineit] vy-
lúčiť
elk [elk] *zool.* los
ellipse [iˈlips] *mat.* elipsa

elm [elm] *bot.* brest
elongate [ˈiːloŋgeit] pre-
dĺžiť
eloquence [elokwəns] vý-
rečnosť
else [els] iný, inde, inam,
inak, ešte; *who e.?* kto
iný?, kto ešte?; *what e.?*
čo ešte?; *where e.?* kde
inde?, kam inam?; *how
e.?* ako inak?
elsewhere [ˈelsˈweə] *(nie-
kde)* inde, *(niekam)*
inam
elucidate [iˈluːsideit] vy-
svetliť
elude [iˈl(j)uːd] uniknúť,
vyhnúť sa
elusive [iˈl(j)uːziv] uni-
kajúci; prchavý
emaciated [iˈmeišietid]
vyziabnutý, vychudnu-
tý
embalm [imˈbaːm] balza-
movať
embankment [imˈbæŋk-
mənt] **1.** hrádza **2.** ná-
brežie
embark [imˈbaːk] **1.** nalo-
diť (sa) **2.** *(up)on pren.*
pustiť sa do
embarrass [imˈbærəs] **1.**

priviesť do rozpakov, zmiasť **2.** prekážať

embarrassment [im-ˈbærəsmənt] rozpaky

embassy [ˈembəsi] vyslanectvo

embellish [imˈbeliš] okrášliť

embers [ˈembəz] *mn. č.* pahreba, žeravé uhlíky

embezzle [imˈbezl] spreneveriť

embitter [imˈbitə] roztrpčiť

emblem [ˈembləm] symbol, znak

embody [imˈbodi] **1.** stelesniť **2.** obsahovať

embrace [imˈbreis] *podst.* objatie; *sl.* **1.** objímať (sa) **2.** zahrnovať, obsahovať

embroider [imˈbroidə] vyšívať

embroidery [imˈbroidəri] výšivka

embryo [ˈembriəu] zárodok

emerald [ˈemərəld] smaragd

emerge [iˈmə:dž] vynoriť sa; objaviť sa

emergency [iˈmə:džənsi] núdza; *e. brake* záchranná brzda; *e. exit* núdzový východ

emigrant [ˈemigrənt] vysťahovalec, emigrant

emigrate [ˈemigreit] vysťahovať (sa)

eminent [ˈeminənt] vynikajúci

emission [iˈmišn] **1.** vysielanie **2.** vyžarovanie

emit [iˈmit] *(-tt-)* **1.** vysielať **2.** chrliť

emotion [iˈməušn] dojatie; cit

emotional [iˈməušnəl] citový

emperor [ˈempərə] cisár

emphasis [ˈemfəsis] dôraz

emphasize [ˈemfəsaiz] zdôrazniť

emphatic [imˈfætik] dôrazný

empire [ˈempaiə] cisárstvo, ríša, impérium

employ [imˈploi] **1.** zamestnať **2.** použiť

employee [ˌemploiˈi:] zamestnanec

employer [imˈploiə] zamestnávateľ

employment [imˈploimənt] zamestnanie; *out of e.* bez zamestnania; *e. exchange* úrad práce

empower [imˈpauə] splnomocniť

empty [ˈempti] *príd.* prázdny; *sl.* vyprázdniť

emulation [ˌemjuˈleišn] súťaženie; *socialist e.* socialistické súťaženie

enable [iˈneibl] **1.** dať možnosť **2.** urobiť schopným

enact [iˈnækt] uzákoniť, ustanoviť

enamel [iˈnæməl] **1.** smalt; *e. ware* smaltovaný riad **2.** sklovina

enchant [inˈčaːnt] okúzliť

enchantment [inˈčaːntmənt] okúzlenie; pôvab

encircle [inˈsəːkl] obkľúčiť

enclose [inˈkləuz] **1.** ohradiť **2.** zatvoriť **3.** priložiť

enclosure [inˈkləužə] **1.** ohrada **2.** príloha

encounter [inˈkauntə] *podst.* **1.** stretnutie **2.** zrážka; *sl.* **1.** stretnúť sa **2.** naraziť na

encourage [inˈkaridž] povzbudzovať, posmeľovať

encouragement [inˈkaridžmənt] povzbudzovanie; podpora

encroach [inˈkrəuč] *upon* zasahovať do

encumber [inˈkambə] zaťažiť, prekážať

encyclopaedia [enˌsaikloˈpiːdiə] náučný slovník

end [end] *podst.* koniec; *sl.* končiť (sa); *no e. of* veľa, veľké množstvo; *in the e.* nakoniec; *on e.* vzpriamený

endanger [inˈdeindžə] ohroziť

endeavour [inˈdevə] *podst.* snaha; *sl.* snažiť sa

ending [ˈendiŋ] **1.** koniec **2.** *gram.* koncovka

endless [ˈendlis] nekonečný

endorse [inˈdoːs] **1.** podpísať na rube **2.** potvrdiť, súhlasiť

endowment [inˈdaumənt] **1.** základina **2.** nadanie

endurance [inˈdjuərəns] trvanie; vytrvalosť

endure [in'dju:ə] vydržať, zniesť; trvať
enemy ['enimi] nepriateľ
energetic [ˌenə'džetik] energický, rázny
energy ['enədži] energia, sila
enfold [in'fəuld] *in, with* zahaliť, objať
enforce [in'fo:s] 1. vynútiť 2. uplatniť; *e. the laws* uviesť zákon do platnosti
engage [in'geidž] 1. zamestnať 2. zaviazať sa 3. zasnúbiť
engaged [in'geidžd] 1. zamestnaný 2. zasnúbený
engagement [in'geidžmənt] 1. záväzok 2. zasnúbenie 3. dohovor, schôdzka 4. stretnutie
engine ['endžin] 1. stroj, motor 2. lokomotíva, rušeň
engine-driver ['endžin-ˌdraivə] strojvodca, rušňovodič
engineer [ˌendži'niə] inžinier, technik
engineering [ˌendži-'niəriŋ] strojárstvo

England [ˌiŋglənd] Anglicko
English ['iŋgliš] *podst.* 1. *the* Angličania 2. angličtina; *in E.* po anglicky; *príd.* anglický
Englishman ['iŋglišmən] Angličan
Englishwoman ['iŋgliš-ˌwumən] Angličanka
engrave [in'greiv] *on, upon* vyryť; vyrezať
engulf [in'galf] pohltiť
enhance [in'ha:ns] zvýšiť, zväčšiť
enigmatic(al) [ˌenig-'mætik(əl)] záhadný
enjoy [in'džoi] 1. mať potešenie z čoho 2. tešiť sa 3. *o.s.* mať sa dobre; *how did you e. the book?* ako sa vám páčila kniha?
enjoyment [in'džoimənt] potešenie, radosť
enlarge [in'la:dž] 1. zväčšiť 2. *upon* šíriť (sa) o
enlighten [in'laitn] osvietiť; poučiť
enlightenment [in'laitnmənt] osvietenstvo

enlist [in'list] **1.** odviesť na vojnu **2.** odísť na vojnu **3.** získať pomoc koho

enliven [in'laivn] oživiť

enmity ['enmiti] nepriateľstvo

enormous [i'no:məs] obrovský

enough [i'naf] dosť

enquire *p.* **inquire**

enrage [in'reidž] rozzúriť

enrich [in'rič] obohatiť; zlepšiť

enrol [in'rəul] *(-ll-)* zapísať *(do zoznamu)*

ensilage [in'sailidž] siláž

enslave [in'sleiv] zotročiť

ensuing [in'sju:iŋ] nasledujúci

ensure [in'šuə] *against, from* zaistiť, zaručiť

entangle [in'tæŋgl] zapliesť, zamotať

enter ['entə] **1.** vstúpiť **2.** zapísať sa **3.** *into* zúčastniť sa

enterprise ['entəpraiz] **1.** podnik, závod **2.** podnikavosť

enterprising ['entəpraiziŋ] podnikavý

entertain [ˌentə'tein] **1.** hostiť **2.** baviť **3.** mať *(napr. nádej)*

entertainment [ˌentə'teinmənt] zábava

enthusiasm [in'θju:ziæzm] nadšenie

enthusiastic [in'θju:zi'æstik] nadšený

entire [in'taiə] všetok, celý, úplný

entirely [in'taiəli] celkom, úplne

entitle [in'taitl] **1.** nazvať **2.** oprávniť

entrails ['entreilz] *mn. č.* vnútornosti

entrance ['entrəns] vchod; *e. fee* vstupné

entreat [in'tri:t] zaprisahať, prosiť

entreaty [in'tri:ti] prosba

entrust [in'trast] **1.** zveriť **2.** poveriť

entry ['entri] **1.** vchod **2.** zápis **3.** položka

enumerate [i'nju:məreit] vypočítavať

envelop [in'veləp] zaobaliť

envelope ['enviləup] obálka

envious [ˈenviəs] závist-
livý
environment [inˈvaiərən-
mənt] prostredie, okolie
environs [ˈenvirənz] *mn.
č.* okolie *(mesta)*
envisage [inˈvizidž] **1.**
čeliť *(nebezpečiu, fak-
tom)* **2.** predstaviť si
envoy [ˈenvoi] **1.** vysla-
nec **2.** posol
envy [ˈenvi] *podst.* zá-
visť; *sl.* závidieť
epoch [ˈiːpok] epocha,
obdobie
epoch-making [ˈiːpokˈmei-
kiŋ] významný, raziaci
novú cestu; *e. victory*
historické víťazstvo
equal [ˈiːkwəl] *príd.* rov-
ný, rovnaký; *sl. (-ll-)*
rovnať sa
equality [iːˈkwoliti] rov-
nosť
equation [iˈkweišn] **1.**
mat. rovnica **2.** vyrov-
nanie
equator [iˈkweitə] rovník
equestrian [iˈkwestriən]
jazdec *(na koni)*
equilibrium [iːkwiˈlibri-
əm] rovnováha

equinox [ˈiːkwinoks] rov-
nodennosť
equip [iˈkwip] *(-pp-)* vy-
baviť, vystrojiť
equipment [iˈkwipmənt]
vybavenie, výstroj; vý-
zbroj
equivalent [iˈkwivələnt]
rovnocenný
era [ˈiərə] éra, vek
eradicate [iˈrædikeit] vy-
koreniť, vyhubiť
erase [iˈreiz] **1.** vymazať,
gumovať **2.** vyhladiť
eraser [iˈreizə] guma *(na
gumovanie)*
erect [iˈrekt] *príd.* vzpria-
mený, vztýčený; *sl.* **1.**
vztýčiť **2.** vystavať, vy-
budovať
ermine [ˈəːmin] **1.** *zool.*
hranostaj **2.** hermelín
err [əː] mýliť sa, chybiť
errand-boy [ˈerəndboi]
poslíček
erroneous [iˈrəunjes] myl-
ný
error [ˈerə] chyba, omyl
eruption [iˈrapšən] **1.** vý-
buch **2.** *lek.* vyrážka
escalator [eˈskəleitə] po-
hyblivé schody
escape [iˈskeip] *podst.*

únik, útek; *a narrow e.*
únik o vlások; *sl.* unik-
núť, ujsť; vyhnúť sa
escort ['esko:t] *podst.*
(ozbrojený) sprievod;
sl. [is'ko:t] sprevádzať,
eskortovať
especial [is'pešəl] ob-
zvláštny
especially [is'pešli] ob-
zvlášť, najmä
espionage [ˌespiə'na:ž]
špionáž
espresso [es'presəu] bar,
espresso
esquire [is'kwaiə] *Esq.* za
priezviskom namiesto
Mr. pred menom
essay ['esei] **1.** esej **2.**
písomná práca
essence ['esns] **1.** podsta-
ta **2.** výťažok
essential [i'senšəl] pod-
statný, hlavný, dôležitý
establish [is'tæbliš] zalo-
žiť; zriadiť
establishment [is'tæbliš-
mənt] **1.** založenie **2.**
ústav **3.** závod
estate [is'teit] majetok;
real e. hnuteľnosti; *per-*
sonal e. nehnuteľnosti;
e. car dodávka *(auto)*

esteem [is'ti:m] *podst.*
vážnosť, úcta; *sl.* vážiť
si, ctiť
estimate ['estimit] *podst.*
odhad; *sl.* ['estimeit]
odhadnúť, oceniť
estrange [is'treindž] *from*
odcudziť sa
estuary ['estjuəri] ústie
rieky *(do mora)*
etc. = *et cetera* [it'setrə]
atď.
etch [eč] leptať
etching ['ečiŋ] lept(ací)
eternal [i:'tə:nəl] večný
eternity [i:'tə:niti] več-
nosť
ether ['i:θə] éter
Europe ['ju:rəp] Európa
European [ˌjuərə'pi:ən]
podst. Európan; *príd.*
európsky
evacuate [i'vækjueit] vy-
sťahovať; evakuovať;
vyprázdniť *(žalúdok)*
evade [i'veid] vyhnúť sa;
uniknúť
evaluate [i'væljueit] hod-
notiť, oceniť
evaporate [i'væpəreit] vy-
pariť (sa)
evasive [i'veisiv] vyhýba-
vý

eve [i:v] predvečer; *on the e. of* v predvečer

even [ˈi:vən] *príd.* **1.** rovný, hladký **2.** pravidelný **3.** rovnaký **4.** párny; *prísl.* **1.** dokonca **2.** ešte; *not e.* ani; *e. though, e. if* aj keď

even-handed [ˈi:vnˈhændid] nestranný

evening [ˈi:vniŋ] večer; *e. dress* večerný úbor, frak; *e. meal* večera; *e. paper* večerník

event [iˈvent] **1.** udalosť **2.** prípad; *at all e-s* v každom prípade **3.** *šport.* disciplína

even-tempered [ˈi:vntempəd] vyrovnaný

eventful [iˈventfl] rušný, bohatý na udalosti

eventual [iˈventjuəl] **1.** možný **2.** konečný, výsledný

eventually [iˈventjuəli] konečne, nakoniec

ever [ˈevə] *(vôbec)* kedy; *for e.* navždy ● *thank you e. so much* veľmi pekne vám ďakujem; *yours e.* Váš, Tvoj *(za-*

končenie neformálneho listu)

every [ˈevri] každý; *e. other day* každý druhý deň; *e. now and then* kedy-tedy

everybody [ˈevribodi] každý *(človek)*

everyday [ˈevridei] každodenný

everyone [ˈevriwan] každý *(človek)*

everything [ˈevriθiŋ] všetko

everywhere [ˈevriweə] všade

evict [i:ˈvikt] *(súdne)* vysťahovať

evidence [ˈevidəns] **1.** dôkaz **2.** svedectvo

evident [ˈevidənt] zrejmý, jasný

evil [i:vl] *podst.* zlo; *príd.* zlý

evoke [iˈvəuk] vyvolať

evolution [ivəˈlu:šn] vývoj

evolutionary [ˌi:vəˈlu:šnri] evolučný, vývojový

evolve [iˈvolv] vyvinúť sa

ewe [ju:] ovca, bahnica

exact [igˈzækt] *príd.* pres-

ný; *sl.* vyžadovať, vy-
máhať
exacting [ig'zæktiŋ] ná-
ročný
exaction [ig'zækšn] **1.**
vymáhanie **2.** požiadav-
ka
exaggerate [ig'zædžəreit]
preháňať, zveličovať
exalt [ig'zo:lt] **1.** pový-
šiť **2.** vychvaľovať
exam [ig'zæm] *(hovor.)*
= **examination**
examination [igˌzæmi-
'neišn] **1.** *škol.* skúška
2. vyšetrenie
examine [ig'zæmin] **1.**
skúšať **2.** vyšetrovať,
prezerať
example [ig'za:mpl] prí-
klad; *for e.* napríklad
exasperation [igˌza:spə-
'reišn] **1.** podráždenie
2. zhoršenie
excavate ['ekskəveit] vy-
hĺbiť, vykopať
excavation [ˌekskə'veišn]
vykopávka, jama
excavator ['ekskəveitə]
exkavátor, bager
exceed [ik'si:d] prekro-
čiť, prevýšiť

exceedingly [ik'si:diŋli]
krajne, nesmierne
excel [ik'sel] *(-ll-)* vyni-
kať; prevyšovať
excellent ['eksələnt] vý-
borný, vynikajúci
except [ik'sept] *sl.* vyňať;
predl. for okrem, mimo
exception [ik'sepšn] vý-
nimka
exceptional [ik'sepšənəl]
výnimočný
excess [ik'ses] krajnosť
excessive [ik'sesiv] nad-
merný, prílišný
exchange [iks'čeindž]
podst. **1.** výmena: *bill
of e.* zmenka; *rate of e.*
kurz *(burzový); foreign
e.* valuty **2.** burza **3.**
telefónna ústredňa; *sl.*
vymeniť
exchequer [iks'čekə] štát-
na pokladnica; *Chancel-
lor of the E. (britský)*
minister financií
excite [ik'sait] vzrušiť;
rozčúliť
excitement [ik'saitmənt]
vzrušenie; rozčúlenie
exclaim [iks'kleim] zvo-
lať, vykríknuť

exclamation [ˌeksklə-ˈmeišn] zvolanie; *e. mark* výkričník (!)

exclude [iksˈklu:d] *from* vylúčiť

exclusive [iksˈklu:siv] výlučný, výhradný

excrement [ˈekskrimənt] výkaly, stolica

excursion [iksˈkə:šn] výlet; exkurzia

excuse [iksˈkju:z] *sl.* ospravedlniť, prepáčiť; *podst.* [iksˈkju:s] ospravedlnenie

execute [ˈeksikju:t] 1. vykonať, uskutočniť 2. popraviť

execution [ˌeksiˈkju:šn] 1. vykonanie, uskutočnenie 2. poprava

executioner [ˌeksiˈkju:šnə] kat

executive [igˈzekjutiv] výkonný

exemplary [igˈzempləri] príkladný

exempt [igˈzempt] *from* oslobodený od

exercise [ˈeksəsaiz] *podst.* 1. cvičenie 2. písomná úloha 3. pohyb; *graduating e-s* promočná

ceremónia; *sl.* 1. cvičiť 2. uplatňovať

exert [igˈzə:t] 1. vykonávať 2. *o.s.* namáhať sa

exertion [igˈzə:šn] námaha

exhaust [igˈzo:st] vyčerpať

exhaustion [igˈzo:sčn] vyčerpanie; únava

exhibit [igˈzibit] *podst.* exponát; *sl.* 1. ukázať; preukázať 2. vystaviť

exhibition [ˌeksiˈbišn] výstava

exile [ˈeksail] *podst.* vyhnanstvo, exil; *sl.* poslať do vyhnanstva

exist [igˈzist] existovať, byť, trvať

existence [igˈzistəns] bytie, trvanie, existencia

exit [ˈeksit] východ *(dvere)*

exorbitant [igˈzo:bitənt] premrštený, prehnaný

expand [iksˈpænd] rozšíriť (sa), rozpínať (sa)

expansion [iksˈpænšn] 1. rozpätie 2. rozpínavosť, expanzia

expatriate [eksˈpætrieit] odísť z vlasti

expect [iksˈpekt] **1.** očakávať **2.** domnievať sa

expectation [ˌekspekˈteišn] očakávanie

expedite [ˈekspidait] urýchliť

expedition [ˌekspiˈdišn] **1.** výprava, expedícia **2.** rýchlosť

expel [iksˈpel] *(-ll-)* vyhnať; vylúčiť; vypudiť

expenditure [iksˈpendičə] výdavky, vydanie

expense [iksˈpens] výdavok, útrata; *at my e.* na môj účet

expensive [iksˈpensiv] drahý, nákladný

experience [iksˈpiəriəns] *podst.* **1.** skúsenosť **2.** zážitok; *sl.* **1.** skúsiť **2.** zažiť

experienced [iksˈpiəriənst] skúsený

experiment [iksˈperimənt] *podst.* pokus; *sl.* [iksˌperiˈment] robiť pokusy

experimental [eksˌperiˈmentl] pokusný, experimentálny

expert [ˈekspəːt] *podst.* odborník, znalec; *príd.* zručný, skúsený

expiration [ekspiˈreišn] **1.** ukončenie, uplynutie **2.** výdych

expire [iksˈpaiə] **1.** vydýchnuť **2.** *(o lehote)* uplynúť

explain [iksˈplein] vysvetliť

explanation [ˌekspləˈneišn] vysvetlenie, objasnenie

explicit [iksˈplisit] jasný, podrobný

explode [iksˈpləud] vybuchnúť

exploit [ˈeksploit] *podst.* hrdinský čin; *sl.* [iksˈploit] **1.** využiť **2.** vykorisťovať

exploitation [ˌeksploiˈteišn] vykorisťovanie

explore [iksˈploː] preskúmať, prebádať

explorer [iksˈploːrə] bádateľ

explosion [iksˈpləužn] výbuch, explózia

explosive [iksˈpləusiv] *podst.* výbušnina; *príd.* výbušný

export [eks'po:t] *sl.* vy-
vážať; *podst.* ['ekspo:t]
vývoz
expose [iks'pəuz] **1.** vy-
staviť **2.** odhaliť **3.** ex-
ponovať *(film)*
exposition [ˌekspə'zišn]
1. výklad **2.** výstava
exposure [iks'pəužə] **1.**
vystavenie *(poveternost-
ným účinkom)* **2.** odha-
lenie
expound [iks'paund] vy-
svetliť, vyložiť
express [iks'pres] *podst.*
rýchlik, expres; *sl.* **1.**
vyjadriť **2.** vytlačiť;
príd. **1.** výslovný **2.**
rýchly
expression [iks'prešn] vý-
raz
expressive [iks'presiv] **1.**
výrazný **2.** vyjadrujúci
expropriate [eks'prəu-
prieit] vyvlastniť
expulsion [iks'palšn] vy-
pudenie, vylúčenie
exquisite ['ekskwizit] vy-
braný, skvelý
ex-serviceman ['eks'sə:-
vismən] bývalý vojak
extend [iks'tend] natiah-
nuť, roztiahnuť

extension [iks'tenšn] **1.**
predĺženie **2.** roztiahnu-
tie, rozšírenie **3.** klapka
(telefónna)
extensive [iks'tensiv] roz-
siahly
extent [iks'tent] rozloha,
rozsah; *to a great e.*
značne, veľmi
extenuate [eks'tenjueit]
zmierniť, oslabiť; *e-ing
circumstances* poľahču-
júce okolnosti
exterior [eks'tiəriə] *podst.*
vonkajšok; *príd.* von-
kajší
exterminate [eks'tə:-
mineit] vyhubiť
external [eks'tə:nəl] von-
kajší
extinct [iks'tiŋkt] **1.** vy-
hasnutý **2.** vyhynulý
extinction [iks'tiŋkšn] zá-
nik
extinguish [iks'tiŋgwiš]
vyhasiť, zahasiť
extort [iks'to:t] vydierať
extortion [iks'to:šn] vy-
dieranie
extra ['ekstrə] *podst.*
osobitná vec; *príd.*
zvláštny, ďalší; *prísl.*
zvlášť

extract [ˈekstrækt] *podst.*
výťažok; *sl.* [iksˈtrækt]
vytiahnuť, vybrať
extraction [iksˈtrækšn] **1.**
vytiahnutie **2.** výťažok
3. pôvod
extramural [ˈekstrəˈmjuə-
rəl] **1.** mimo mesta **2.**
e. studies diaľkové štú-
dium
extraordinary [iksˈtro:-
dnri] mimoriadny,
zvláštny
extravagant [iksˈtrævə-
gənt] **1.** výstredný **2.**
prehnaný
extreme [iksˈtri:m] *podst.*
krajnosť; *príd.* krajný

extremities [iksˈtremitiz]
mn. č. končatiny
extremity [iksˈtremiti] **1.**
krajnosť **2.** vrcholná
núdza
exult [igˈzalt] jasať
eye [ai] *podst.* **1.** oko **2.**
očko **3.** ucho ihly; *sl.*
dívať sa, zvedavo pozo-
rovať
eyeball [ˈaibo:l] bulva
eyebrow [ˈaibrau] obočie
eyeglasses [ˈaigla:siz] *mn.
č.* okuliare
eyelashes [ˈailæšiz] *mn. č.*
mihalnice
eyelid [ˈailid] očné viečko
eye-witness [ˈaiˌwitnis]
očitý svedok

F

fable [ˈfeibl] bájka
fabric [ˈfæbrik] **1.** tka-
nina **2.** štruktúra
fabricate [ˈfæbrikeit] **1.**
falšovať **2.** vyrábať
face [feis] *podst.* **1.** tvár;
to my f. mne do očí; *f.*

to f. tvárou v tvár **2.**
líce, predná strana; *on
the f. of it* na prvý po-
hľad; *sl.* **1.** dívať sa
tvárou v tvár; *f-ing the
engine* v smere jazdy
2. čeliť čomu **3.** *with*
pokryť vrstvou

facetious [fəˈsiːšəs] žartovný
facilitate [fəˈsiliteit] uľahčiť
facility [fəˈsiliti] 1. ľahkosť 2. zručnosť 3. možnosť, príležitosť
fact [fækt] skutočnosť, fakt; *in f.* naozaj; vlastne
faction [ˈfækšn] 1. strana, klika 2. straníctvo
factor [ˈfæktə] činiteľ, faktor
factory [ˈfæktəri] továreň; *F. Acts* zákon o ochrane a bezpečnosti pri práci
faculty [ˈfækəlti] 1. schopnosť 2. fakulta
fade [feid] 1. vädnúť 2. strácať farbu, blednúť 3. strácať sa, miznúť
fag [fæg] *(-gg-)* ťažko pracovať; unavovať
fail [feil] 1. chýbať 2. nedostávať sa, nestačiť 3. zlyhať 4. nemať úspech 5. zabudnúť 6. prepadnúť
failure [ˈfeiljə] 1. zlyhanie 2. nezdar, neúspech

faint [feint] *príd.* slabý, mdlý; *sl.* zamdlieť
fair [ˈfeə] *podst.* trh, veľtrh; *príd.* 1. spravodlivý, slušný 2. priemerný 3. pekný *(o počasí)* 4. dostačujúci, hojný 5. svetlý, bledý *(o koži, vlasoch)* 6. čistý; *f. copy of a letter* čistopis
fairly [ˈfeəli] dosť, celkom
fairy [ˈfeəri] víla; *f. tale* rozprávka
faith [feiθ] viera, dôvera
faithful [ˈfeiθful] verný
faithless [ˈfeiθlis] neverný, falošný
fake [feik] falšovať
falcon [ˈfoːlkən] *zool.* sokol
*fall¹ [foːl] *sl.* 1. padať, klesať 2. upadať 3. pripadnúť 4. vlievať sa 5. padnúť, zahynúť 6. *(o noci)* nastať 7. *(o vetre)* utíšiť sa; *f. asleep* zaspať; *f. in love* zaľúbiť sa; *f. out with s.o.* rozhnevať sa s
fall² 1. pád 2. *amer.* jeseň ● *f. out* popol z rádioaktívneho mraku

fallacy [ˈfæləsi] chybný záver; klam

fallen p. *fall

fallow [ˈfæləu] ležiaci ladom

falls [ˈfoːlz] mn. č. vodopád

false [foːls] **1.** nesprávny, klamný **2.** neverný, falošný

falsehood [ˈfoːlshud] faloš, klam

falsify [ˈfoːlsifai] falšovať

falsity [ˈfoːlsiti] lživosť

falter [ˈfoːltə] **1.** neisto sa pohybovať **2.** (o reči, hlase) kolísať, váhať

fame [feim] **1.** povesť **2.** sláva

familiar [fəˈmiljə] **1.** to dobre známy, dôverný **2.** with oboznámený s

familiarity [fəˌmiliˈæriti] dôvernosť

family [ˈfæmili] rodina; čeľaď

famine [ˈfæmin] **1.** hlad **2.** nedostatok

famish [ˈfæmiš] **1.** hladovať **2.** vyhladovať

famous [ˈfeiməs] slávny

fan [fæn] podst. **1.** vejár

2. ventilátor **3.** (hovor.) skalný, nadšenec; sl. (-nn-) ovievať

fanatic [fəˈnætik] podst. fanatik; príd. fanatický

fancy [ˈfænsi] podst. **1.** fantázia, obrazotvornosť **2.** predstava **3.** záľuba; príd. módny, prepychový; f. dress maškarný kostým; sl. predstaviť si, pomyslieť si

fang [fæŋ] tesák; jedovatý zub (hadí)

fantastic [fænˈtæstik] **1.** fantastický **2.** rozprávkový

far [faː] prísl. ďaleko; as f. as až (o mieste); so f. až doposiaľ; príd. ďaleký, vzdialený

fare [feə] **1.** cestovné **2.** strava; bill of f. jedálny lístok

farewell [ˈfeəˈwel] zbohom

farm [faːm] podst. hospodárstvo, majetok, gazdovstvo, farma; sl. obrábať

farmer [ˈfaːmə] farmár, poľnohospodár

far-sighted [ˈfaːˈsaitid] ďalekozraký

farther [ˈfaːðə] *prísl.* ďalej; *príd.* vzdialenejší

fascinate [ˈfæsineit] okúzliť, fascinovať

fascination [ˌfæsiˈneišən] okúzlenie

fascism [ˈfæšizəm] fašizmus

fascist [ˈfæšist] *príd.* fašistický; *podst.* fašista

fashion [ˈfæšn] móda

fashionable [ˈfæšnəbl] módny; moderný; elegantný

fast [faːst] *sl.* postiť sa; *podst.* pôst; *príd.* 1. pevný, stály 2. rýchly; *prísl.* 1. pevne, tvrdo 2. rýchlo

fasten [ˈfaːsn] 1. upevniť, pripevniť 2. zatvárať

fastidious [fæsˈtidiəs] vyberavý

fat [fæt] *príd.* 1. tlstý, tučný 2. úrodný; *podst.* tuk, masť

fatal [ˈfeitl] osudný

fate [feit] 1. osud 2. zánik, záhuba

father [ˈfaːðə] otec

father-in-law [ˈfaːðərin-loː] svokor

fathom [ˈfæðəm] siaha *(= 1,829 m)*

fatique [fəˈtiːg] *podst.* únava; *sl.* unaviť

fatten [ˈfætn] 1. vykŕmiť 2. stlstnúť

faucet [ˈfoːsit] *amer.* kohútik *(napr. vodovodu)*

fault [foːlt] 1. chyba 2. vina

faultless [ˈfoːltlis] bezchybný

favour [ˈfeivə] *podst.* 1. priazeň 2. láskavosť; *do me a f.* preukážte mi láskavosť 3. preukázaná služba 4. prospech; *in f. of* v prospech; *sl.* 1. poctiť 2. favorizovať

favourable [ˈfeivərəbl] priaznivý

favourite [ˈfeivərit] obľúbený

fear [fiə] *podst.* strach; *sl.* báť sa

fearful [ˈfiəfl] bojazlivý

fearless [ˈfiəlis] nebojácny

feast [fiːst] *podst.* 1. slávnosť 2. hody; *sl.* hodovať

feat [fiːt] *(hrdinský)* čin

feather [ˈfeðə] pero, perie
feather-bed [ˈfeðəbed] perina
feature [ˈfiːčə] **1.** črta, charakteristická stránka **2.** *f-s mn. č.* črty tváre
February [ˈfebruəri] február
fed *p.* *feed
federal [ˈfedərəl] spolkový, federálny
fee [fiː] **1.** honorár **2.** poplatok
feeble [ˈfiːbl] slabý
*feed [fiːd] **1.** kŕmiť, živiť **2.** pásť sa **3.** zásobovať *(stroj palivom)*
*feel [fiːl] **1.** cítiť sa **2.** skúsiť **3.** mať súcit **4.** mať pocit, dojem
feeling [ˈfiːliŋ] pocit, cítenie
feet [fiːt] *mn. č. od* **foot**
feign [fein] predstierať
felicitate [fiˈlisiteit] blahoželať
felicitation [fiˌlisiˈteišən] blahoprianie
fell¹ [fel] poraziť, rúbať
fell² *p.* *fall
fellow [ˈfeləu] **1.** druh, kamarát **2.** človek **3.** člen učenej spoločnosti

fellow-citizen [ˈfeləuˈsitizən] spoluobčan
fellowship [ˈfeləušip] **1.** družnosť **2.** členstvo
fellow traveller [ˈfeləu ˈtrævlə] spolucestujúci
fellow worker [ˈfeləuˈwə:kə] spolupracovník
felt¹ [felt] plsť
felt² *p.* *feel
female [ˈfiːmeil] *podst.* žena, samička; *príd.* ženský, samičí
feminine [ˈfeminin] ženský
fence¹ [fens] *podst.* plot; *sl.* oplotiť
fence² [fens] *podst.* šerm; *sl.* šermovať
fender [ˈfendə] **1.** ochranná mriežka **2.** predný nárazník *(električky)*
ferment [ˈfə:ment] *podst.* kvas, kvasenie; [fə(:)ˈment] *sl.* kvasiť
fermentation [ˈfə:menˈteišən] kvasenie
fern [fə:n] *bot.* papraď
ferocious [fəˈrəušəs] divoký; krutý
ferocity [fəˈrositi] divokosť; krutosť

ferro-concrete [ˈferəu-ˈkoŋkri:t] železobetón

ferry [ˈferi] *podst.* prevoz; *sl.* previezť sa

fertile [ˈfə:tail] úrodný, plodný

fertility [ˈfə:tiliti] úrodnosť, plodnosť

fertilization [ˈfə:tilaiˈzeišən] hnojenie

fertilizer [ˈfə:tilaizə] umelé hnojivo

fervour [ˈfə:və] žiar, vrúcnosť

fester [ˈfestə] hnisať

festival [ˈfestəvəl] 1. sviatok 2. festival, slávnosť

festive [ˈfestiv] 1. slávnostný 2. radostný

fetch [feč] 1. ísť po niečo, priniesť 2. vdýchnuť, nabrať dych

fetter [ˈfetə] puto

feud [fju:d] spor

feudal [fju:dl] feudálny

feudalism [ˈfju:dəlizəm] feudalizmus

fever [ˈfi:və] horúčka

feverish [ˈfi:vəriš] horúčkovitý

few [fju:] málo; *a f.* niekoľko

fiancé [fiˈa:nsei] snúbenec, ženích

fiancée [fiˈa:nsei] snúbenica, nevesta

fibre [ˈfaibə] vlákno

fiction [ˈfikšən] 1. výmysel 2. beletria

fictitious [fikˈtišəs] vymyslený

fiddle [ˈfidl] husle ● *as fit as a f.* ako rybička

fidelity [fiˈdeliti] 1. vernosť 2. presnosť

fidget [ˈfidžit] vrtieť sa

field [fi:ld] 1. pole: *f. work* práca v teréne 2. oblasť, sféra

field-glasses [ˈfi:ldgla:siz] *mn. č.* ďalekohľad, triéder

fierce [fiəs] prudký, divoký

fiery [ˈfaiəri] ohnivý

fife [faif] píšťala

fifteen [ˈfifˈti:n] pätnásť

fifteenth [ˈfifˈti:nθ] pätnásty

fifth [fifθ] piaty

fiftieth [ˈfiftiiθ] päťdesiaty

fifty [ˈfifti] päťdesiat

fig [fig] figa

fight[1] [fait] zápas, boj

fight² [fait] bojovať, zápasiť

fighter [ˈfaitə] **1.** zápasník, bojovník **2.** stíhačka

figure [ˈfigə] *podst.* **1.** číslica (0—9) **2.** počty **3.** cena **4.** obrazec, diagram **5.** postava; *sl.* **1.** znázorniť **2.** *out* vypočítať **3.** predstaviť si

file [fail] *podst.* **1.** pilník **2.** navliekacia šnúra, drôt **3.** zoznam, kartotéka **4.** šík; *sl.* **1.** píliť **2.** zaradiť do kartotéky, zaradiť do registratúry **3.** pochodovať v šíku, defilovať

fill [fil] **1.** naplniť **2.** *in* vyplniť

filling-station [ˈfiliŋ steišən] *amer.* benzínová pumpa

film [film] *podst.* **1.** tenký povlak **2.** film; *sl.* filmovať

filter [ˈfiltə] *podst.* filter; *sl.* filtrovať

filth [filθ] špina

filthy [ˈfilθi] **1.** špinavý **2.** necudný

fin [fin] plutva

final [ˈfainl] *príd.* konečný, záverečný; *podst.* finále

finally [ˈfainəli] konečne, nakoniec

finance [fiˈnæns] *podst.* financie; *sl.* financovať

financial [fiˈnænšəl] finančný, peňažný

finch [finč] pinka

*****find** [faind] nájsť, nachádzať; *I f. it difficult* zdá sa mi to ťažké; *f. o.s.* ocitnúť sa; *f. out* zistiť, objaviť

fine¹ [fain] *podst.* pokuta; *sl.* pokutovať

fine² [fain] **1.** jemný **2.** skvelý, pekný **3.** vybraný, uhladený

finger [ˈfiŋgə] prst

finger-print [ˈfiŋgə print] odtlačok prsta

finish [ˈfiniš] *podst.* **1.** koniec, záver **2.** posledná úprava; *sl.* dokončiť

Finland [ˈfinlənd] Fínsko

fir [fə:] jedľa

fir-cone [ˈfə:kəun] *(jedľová)* šuška

fire [ˈfaiə] *podst.* **1.** oheň **2.** požiar **3.** streľba; *sl.* **1.** (pod)páliť **2.** vy-

paľovať *(hlinu)* **3.** (vy)-
streliť **4.** *hovor.* prepus-
tiť z miesta
fireman [ˈfaiəmən] **1.**
požiarnik **2.** kurič
fireplace [ˈfaiəpleis] ko-
zub
fire-proof [ˈfaiəpru:f] oh-
ňovzdorný
firewood [ˈfaiəwud] pali-
vové drevo
fireworks [ˈfaiəwə:ks]
mn. č. ohňostroj
firm [fə:m] *podst.* firma,
podnik; *príd.* pevný
first [fə:st] *príd.* prvý;
prísl. najprv; *at f.* naj-
prv, spočiatku; *f. of
all* predovšetkým
first-class [ˈfə:stˈkla:s]
prvotriedny
first-rate [ˈfə:stˈreit] pr-
votriedny
fiscal [ˈfiskl] finančný,
daňový
fish [fiš] *podst.* ryba,
ryby; *sl.* rybáriť, chytať
ryby
fisherman [ˈfišəmən] ry-
bár
fishmonger [ˈfišˌmaŋgə]
obchodník s rybami; *f.'s*
obchod s rybami

fishy [ˈfiši] **1.** rybí **2.**
pochybný; *hovor.* podo-
zrivý
fission [ˈfišən] štiepenie
fist [fist] päsť
fit [fit] *podst.* **1.** záchvat
2. fazóna; *príd.* vhodný,
schopný; *sl. (-tt-)* **1.** ho-
diť sa; padnúť **2.** pri-
spôsobiť, upraviť
fitter [fitə] **1.** strihač **2.**
montér
fitting [fitiŋ] **1.** skúška
u krajčíra **2.** *(obyčajne
mn. č.)* plynové a elek-
trické zariadenie; *office
f.-s* zariadenie úradu
(nábytok)
five [faiv] päť
fix [fiks] **1.** upevniť **2.**
upútať **3.** fixovať **4.**
stanoviť **5.** *amer.* upra-
viť **6.** *up* zariadiť, dať
do poriadku, zorganizo-
vať
flabby [ˈflæbi] ochab-
nutý; slabý
flag [flæg] **1.** vlajka, zá-
stava **2.** dlaždica
flagrant [ˈfleigrənt] krik-
ľavý, ohavný
flair [fleə] cit pre niečo
flake [fleik] vločka

flame [fleim] *podst.* plameň; *sl.* plápolať
flank [flæŋk] **1.** *(u zvierat)* slabina **2.** *voj.* bok **3.** bok *(budovy, hory)*
flannel [ˈflænl] flanel
flannels [flænlz] *mn. č.* spodná bielizeň; letné nohavice
flap [flæp] *podst.* **1.** plesknutie **2.** klapka; *sl. (-pp-)* mávať, trepotať (sa)
flare [fleə] *podst.* **1.** trepotavé svetlo **2.** svetelný signál, svetelná raketa; *sl.* plápolať; *f. up* vzplanúť
flash [flæš] *podst.* **1.** zablysnutie **2.** *in a f.* okamžite; *sl.* **1.** zablysnúť sa, sršať **2.** vyžarovať **3.** objaviť sa ako blesk **4.** oznámiť rozhlasom
flash-lamp [ˈflæšlæmp] baterka
flashlight [ˈflæšlait] bleskové svetlo; *amer.* baterka
flask [flaːsk] fľaša s úzkym hrdlom

flat [flæt] *podst.* **1.** byt **2.** plocha, rovina; *príd.* plochý, rovný
flat-iron [ˈflætˈaiən] hladidlo, žehlička
flatter [ˈflætə] lichotiť
flattery [ˈflætəri] lichotenie
flattering [ˈflætəriŋ] lichotivý
flavour [ˈfleivə] *podst.* chuť; *sl.* okoreniť
flaw [floː] chyba, kaz
flawless [ˈfloːlis] bezchybný
flax [flæks] ľan
flea [fliː] blcha
fled *p.* ***flee**
*flee [fliː] *from* utiecť, ujsť
fleece [fliːs] ovčia vlna
fleet [fliːt] loďstvo, flotila
flesh [fleš] **1.** živé mäso **2.** telo; zmysly **3.** dužina
flew *p.* ***fly**
flex [fleks] prívodná šnúra, kábel
flexible [ˈfleksəbl] ohybný, pružný
flicker [ˈflikə] blikať
flier [ˈflaiə] letec
flight [flait] **1.** let **2.** *f.*

of stairs rad schodov **3.** útek; *take(to) f.* dať sa na útek

flimsy [ˈflimzi] *podst.* prieklepový papier; *príd.* tenký, krehký

*fling [fliŋ] hodiť; vrhnúť *(pohľad)*

flint [flint] pazúrik *(kameň)*

flippant [ˈflipənt] prostoreký

flirt [fləːt] koketovať

float [fləut] *podst.* **1.** plavák **2.** plť; *sl.* vznášať sa, plávať

flock [flok] *podst.* stádo; *sl.* zhluknúť sa

flog [flog] *(-gg-)* bičovať

flood [flad] *podst.* **1.** príliv **2.** záplava, povodeň; *sl.* zaplaviť

floor [floː] **1.** dlážka **2.** poschodie ● *take the f., have the f.* ujať sa slova

florist's [ˈflorists] kvetinárstvo

flour [ˈflauə] múka

flourish [ˈflariš] *podst.* **1.** ozdoba **2.** fanfáry; *sl.* **1.** kvitnúť, prosperovať **2.** mávať

flout [flaut] bagatelizovať

flow [fləu] *podst.* tok, prúd; *sl.* tiecť; visieť

flower [ˈflauə] *podst.* kvet, kvetina; *sl.* kvitnúť

flower-bed [ˈflauəbed] kvetinový záhon

flowery [ˈflauəri] kvetnatý

flown *p.* ***fly**

flu [fluː] *hovor.* chrípka

fluctuate [ˈflaktjueit] **1.** kolísať **2.** fluktuovať

fluctuation [ˌflaktjuˈeišən] **1.** kolísanie **2.** fluktuácia

fluent [ˈflu(ː)ənt] plynulý

fluff [flaf] páper

fluid [ˈflu(ː)id] *podst.* tekutina; *príd.* tekutý

flung *p.* ***fling**

flush [flaš] *podst.* **1.** príval **2.** začervenanie; *sl.* začervenať sa

flute [fluːt] flauta

flutter [ˈflatə] *podst.* vzrušenie; *sl.* trepotať krídlami

flux [flaks] (vý)tok

fly¹ [flai] **1.** mucha **2.** *f. over* nadjazd

*fly² [flai] **1.** letieť **2.** utiecť

foal [fəul] žriebä
foam [fəum] pena
foam-rubber [ˈfəumrabə] penová guma
f. o. b. (free on board) [friːən boːd] franko paluba, vyplatené až na palubu
focus [fəukəs] ohnisko, *mn. č. foci* [fousai]
fodder [fodə] suché krmivo
foe [fəu] *(poeticky)* nepriateľ
fog [fog] hmla
foggy [fogi] hmlistý
fold [fəuld] *podst.* 1. záhyb 2. košiar; *sl.* zložiť
foliage [fəuliidž] lístie
folk [fəuk] národ, ľud
folk-song [ˈfəuksoŋ] ľudová pieseň
folks [foːks] *mn. č.* ľudia, ľud
follow [ˈfoləu] 1. nasledovať, ísť za 2. sledovať čo, riadiť sa čím 3. vyplývať 4. chápať, rozumieť
follower [ˈfoləuə] stúpenec, prívrženec
following [ˈfoləuiŋ] nasledujúci, ďalší

folly [ˈfoli] bláznovstvo, pochabosť
fond [fond] láskavý, nežný ● *be f. of* mať rád; *be f. of doing* rád robiť
food [fuːd] jedlo, potrava
food-stuffs [ˈfuːdstafs] *mn. č.* potraviny
fool [fuːl] *podst.* 1. pochábeľ, hlupák, blázon 2. šašo; *make a f. of o.s.* robiť sa smiešnym; *play the f.* robiť hlúpeho, robiť hlúposti; *sl.* 1. žartovať 2. ošudiť
foolish [ˈfuːliš] pochabý
foot [fut] 1. noha, chodidlo; *on f.* pešo 2. stopa (asi 30,5 cm) 3. úpätie 4. pechota
football [ˈfutboːl] 1. kopacia lopta 2. futbal
foot-lights [ˈfutlaits] svetlá na rampách
foot-note [futnəut] poznámka pod čiarou
footstep [ˈfutstep] 1. krok 2. šľapaj
footwear [ˈfutweə] obuv
for [foː] *predl.* 1. pre 2. za *(čo)* 3. *(smerom)* do 4. čo sa týka 5. po

(dobu) **6.** *(účel)* na;
spoj. lebo; hoci
forbade *p.* ***forbid**
*forbear [fo:ˈbeə] zdržať
sa čoho
*forbid [fəˈbid] zakázať
forbore *p.* ***forbear**
force [fo:s] *podst.* sila,
moc; *armed f-s* ozbro-
jené sily; *sl.* nútiť
forced [fo:st] nútený
forcible [ˈfo:səbl] **1.** nú-
tený **2.** účinný
ford [fo:d] *podst.* brod;
sl. prebrodiť
forearm [ˈfo:ra:m] pred-
laktie
foreboding [fo:ˈbəudiŋ]
predtucha
forecast [ˈfo:ka:st] *podst.*
predpoveď; *sl.* predpo-
vedať
foreground [ˈfo:graund]
popredie
forehead [ˈforid] *anat.* če-
lo
foreign [ˈforin] cudzí, za-
hraničný
Foreign Office [ˈforin
ˈofis] *(britské)* minister-
stvo zahraničia
foreigner [ˈforinə] cudzi-
nec

foreman [ˈfo:mən] dielo-
vedúci; majster
foremost [fo:məust] *príd.*
najprednejší; *prísl.* naj-
prv, napred
forenoon [ˈfo:nu:n] pred-
poludnie
forerunner [fo:ˈranə]
predchodca
foresaw *p.* ***foresee**
*foresee [fo:ˈsi:] predví-
dať
foresight [ˈfo:sait] pred-
vídavosť, opatrnosť
forest [ˈforist] les
forestry [ˈforistri] lesníc-
tvo
*foretell [fo:ˈtel] predpo-
vedať
foreword [ˈfo:wə:d] pred-
hovor
forfeit [ˈfo:fit] **1.** pokuta
2. *(pri hre)* záloha
forgave *p.* ***forgive**
forge [fo:dž] *podst.* ko-
váčska dielňa; *sl.* **1.**
kovať **2.** falšovať
forgery [ˈfo:džəri] falzifi-
kát
*forget [fəˈget] zabudnúť
forgetful [fəˈgetfl] zá-
budlivý

forget-me-not [fəˈgetmi-not] nezábudka
*forgive [fəˈgiv] odpustiť
forgiveness [fəˈgivnis] odpustenie
forgot *p.* ***forget**
fork [fo:k] *podst.* **1.** vidly **2.** vidlička **3.** rázsocha, rozvetvenie; *sl.* **1.** rozvetvovať sa **2.** pracovať vidlami
forlorn [fəˈlo:n] opustený, zúfalý
form [fo:m] *podst.* **1.** tvar, forma **2.** trieda *(v škole)* **3.** formula **4.** formulár, blanket **5.** formalita **6.** spôsob, mrav; *sl.* **1.** tvoriť; formulovať **2.** utvárať sa
formal [ˈfo:məl] formálny
formality [foˈmæliti] formalita
formation [foˈmeišən] **1.** tvorenie, utvorenie **2.** útvar
former [ˈfo:mə] prvší, predošlý, onen
formerly [ˈfo:məli] prv; kedysi
formidable [ˈfo:midəbl] strašný, hrozný

formula [ˈfo:mjulə] formula, vzorec
formulate [ˈfo:mjuleit] formulovať
forsake [fəˈseik] opustiť
fort [fo:t] pevnosť
forth [fo:θ] vpred; *and so f.* atď.
forthcoming [ˈfo:θˈkamiŋ] pripravený, blížiaci sa
fortieth [ˈfo:tiiθ] štyridsiaty
fortifications [ˈfo:tifiˈkeišənz] *mn. č.* opevnenie
fortify [ˈfo:tifai] **1.** posilniť **2.** opevniť
fortitude [ˈfo:titju:d] statočnosť
fortnight [ˈfo:tnait] 14 dní
fortnightly [ˈfo:tnaitli] dvojtýždňový
fortress [ˈfo:tris] pevnosť
fortuitous [fo:ˈtjuitəs] náhodný
fortunate [ˈfo:čnit] šťastný
fortunately [ˈfo:čənitli] našťastie
fortune [ˈfo:čn] **1.** osud **2.** šťastie, šťastná náhoda **3.** majetok, bohatstvo

forty [ˈfoːti] štyridsať
forward [ˈfoːwəd] *príd.*
1. predný **2.** pokročilý
3. pokrokový; *prísl.* **1.**
vpredu **2.** vpred; *podst.*
útočník pri futbale; *sl.*
zaslať; zaslať za adresátom
forwards [ˈfoːwədz] **1.**
vpredu **2.** vpred
fossil [ˈfosl] **1.** fosílny
2. zaostalý
foster [ˈfostə] podporovať
foster-child [ˈfostəčaild]
adoptívne dieťa
fought *p.* *****fight**
foul [faul] **1.** odporný
2. špinavý **3.** skazený
4. nečistý, nepoctivý **5.**
hnusný
found¹ *p.* *****find**
found² [faund] založiť
foundation [faunˈdeišən]
základ
founder [ˈfaundə] **1.** zakladateľ **2.** zlievač
foundling [ˈfaundliŋ] najdúch
foundry [ˈfaundri] zlieváreň
fountain [ˈfauntin] prameň, žriedlo

fountain-pen [ˈfauntinpen] plniace pero
four [foː] štyri
fourteen [ˈfoːˈtiːn] štrnásť
fourteenth [ˈfoːˈtiːnθ] štrnásty
fourth [foːθ] štvrtý
fowl [faul] hydina
fox [foks] líška
fraction [ˈfrækšən] *mat.* zlomok
fracture [ˈfrækčə] zlomenina
fragile [ˈfrædžail] krehký, lámavý
fragment [ˈfrægmənt] **1.** zlomok **2.** úlomok
fragmentary [ˈfrægməntəri] zlomkovitý
fragrance [ˈfreigrəns] vôňa
fragrant [ˈfreigrənt] vonný
frail [freil] krehký, útly
frame [freim] *podst.* **1.** konštrukcia, stavba **2.** rad **3.** kostra, lešenie **4.** rám; *sl.* **1.** utvárať **2.** prispôsobiť **3.** falošne obviniť **4.** zarámovať
framework [ˈfreimwəːk] rámec

France [fra:ns] Francúz-
sko
franchise [ˈfrænčaiz] **1.**
volebné právo **2.** výsa-
da **3.** amer. licencia
frank [fræŋk] úprimný
frantic [ˈfræntik] šialený
čím
fraternal [frəˈtə:nl] brat-
ský
fraud [fro:d] **1.** podvod
2. podvodník
fraudulent [ˈfro:djulənt]
podvodný, nečestný
fraught [fro:t] **1.** obťaž-
ný **2.** with plný čoho
freak [fri:k] vrtoch
freakish [ˈfri:kiš] čudác-
ky
freckle [ˈfrekl] peha
freckled [ˈfrekld] pehavý
free [fri:] príd. **1.** slo-
bodný, voľný **2.** bez-
platný **3.** dobrovoľný;
sl. oslobodiť
freedom [ˈfri:dəm] slobo-
da
*****freeze** [fri:z] **1.** mrznúť,
zamrznúť **2.** zmraziť
freight [freit] **1.** náklad
2. doprava **3.** dopravné
French [frenč] fran-
cúzsky; francúzština

frenzy [ˈfrenzi] šialen-
stvo, zúrivosť
frequency [ˈfri:kwənsi]
časté opakovanie, frek-
vencia
frequent [ˈfri:kwənt] príd.
častý; sl. často navšte-
vovať
fresh [freš] **1.** čerstvý,
svieži **2.** nový **3.** amer.
drzý
freshwater [ˈfrešˌwo:tə]
sladkovodný
friction [ˈfrikšən] **1.** tre-
nie **2.** trenice
Friday [ˈfraidi] piatok
fridge [fridž] chladnička
friend [frend] **1.** priateľ
2. známy
friendly [ˈfrendli] priateľ-
ský
friendship [ˈfrendšip]
priateľstvo
fright [frait] zľaknutie,
ľak
frighten [ˈfraitn] naľakať
(sa)
frightful [ˈfraitfl] strašný
ný
frigid [ˈfridžid] studený
fringe [frindž] podst. **1.**
lemovanie, lemovka **2.**

okraj, obruba; *sl.* ole-
movať
frisk [frisk] *podst.* po-
skok; *sl.* poskakovať
fritter [ˈfritə] *podst.* šiš-
ka *(smažená); sl. (away)*
premárniť
frivolous [ˈfrivələs] ľah-
komyseľný, pochabý
fro [frəu]: **to and fro** sem
a tam
frock [frok] šaty *(detské,
dámske)*
frog [frog] žaba
from [from, frəm] od, z
front [frant] *podst.* **1.**
predná strana, priečelie
2. *voj.* front; *príd.* pred-
ný; *f.* **door** domové dve-
re; **in f.** vpredu; *predl.*
in f. of pred *(miestne)*
frontier [ˈfrantjə] hranice
frost [frost] mráz
frostbite [ˈfrostbait] omrz-
lina
frostbitten [ˈfrostˌbitn]
omrznutý
frosty [ˈfrosti] mrazivý
froth [froθ] pena
frown [fraun] *podst.*
hnevlivý pohľad; *sl.*
mračiť sa
froze *p.* *****freeze**

fruit [fru:t] ovocie
fruitful [ˈfru:tfl] plodný
fruitless [ˈfru:tlis] neplod-
ný, márny
frustrate [frasˈtreit] zma-
riť, sklamať
fry [frai] smažiť (sa)
frying-pan [ˈfraiiŋ pæn]
panvica, pekáč
fuel [fjuəl] **1.** palivo **2.**
pohonná látka
fugitive [ˈfju:džitiv] *podst.*
utečenec; *príd.* povrch-
ný
fulfil [fulˈfil] *(-ll-)* splniť,
vykonať
full [ful] plný
fully [fuli] plne, úplne,
celkom
fume [fju:m] *podst.* dym,
výpar; *sl.* údiť
fun [fan] žart, zábava
● *make f. of* robiť si
z niekoho žarty; *for fun*
zo žartu
function [ˈfaŋkšən] *podst.*
1. funkcia **2.** činnosť
3. úrad; *sl.* fungovať
functionary [ˈfaŋkšnəri]
funkcionár
fund [fand] fond, zásoba
funds [fandz] *mn. č.* pe-
ňažné prostriedky

fundamental [ˈfandə-ˈment] základný

funeral [ˈfjuːnərəl] *podst.* pohreb; *príd.* pohrebný

funicular [fju(:)ˈnikjulə] lanová dráha

fun-fair [ˈfanfeə] lunapark

funnel [ˈfanl] 1. lievik 2. lodný komín

funny [ˈfani] 1. komický, zábavný 2. podivný

fur [fəː] kožušina

furious [ˈfjuəriəs] divý, zúrivý, rozzúrený

furlough [fəːləu] vojenská dovolenka

furnace [ˈfəːnis] pec

furnish [ˈfəːniš] 1. *with* opatriť niečím 2. zariadiť nábytkom

furniture [ˈfəːničə] nábytok

furrier [fariə] kožušník

furrow [farəu] brázda

further [ˈfəːðə] *prísl.* ďalej, okrem toho; *príd.* 1. ďalší 2. vzdialenejší; *sl.* podporovať

furtive [ˈfəːtiv] kradmý, tajný

fury [ˈfjuəri] zúrivosť, zbesilosť

fuse [fjuːz] *podst. elektr.* poistka; *sl.* 1. roztaviť *(sa)* 2. zlúčiť

fuss [fas] krik, zbytočný rozruch ● *make a f. over, about* robiť zbytočný rozruch

futile [ˈfjuːtail] márny, zbytočný

future [ˈfjuːčə] *podst.* budúcnosť; *príd.* budúci

G

gab [gæb] táranie; *the gift of the g.* dar reči

gabble [gæbl] tárať

gable [ˈgeibl] *(na dome)* štít

gad [gæd] *(-dd-)* túlať sa

gadfly [ˈgædflai] ovad

gadget [ˈgædžit] malé mechanické zariadenie

gag [gæg] *podst. amer.*

vtip; *sl. (-gg)* zapchať ústa

gage [geidž] záloha, záruka

gaiety [ˈgeiəti] veselosť, veselie

gaily [ˈgeili] veselo

gain [gein] *podst.* zisk; *sl.* 1. získať 2. vyhrať 3. *(o hodinách)* predbiehať 4. *(up)on* priblížiť sa

gainfully employed [ˈgeinfəli imˈploid] zárobkove činný

gains [geinz] *mn. č.* príjmy

gait [geit] chôdza; *amer.* krok

gale [geil] víchrica

gall [go:l] *podst.* žlč; *sl.* odrieť; dráždiť

gallant [ˈgælənt] 1. statočný, udatný 2. [gəˈlænt] zdvorilý, dvorný

gallantry [ˈgæləntri] 1. statočnosť 2. dvornosť, zdvorilosť

gallery [ˈgæləri] galéria

gallon [ˈgælən] galón (4,54 l)

gallop [ˈgæləp] cval

gallows [gæləuz] *mn. č.* šibenica

Gallup poll [ˈgæləp ˈpəul] Gallupov test *(čiastočné zisťovanie verejnej mienky)*

gamble [ˈgæmbl] *podst.* hazard; *sl.* hrať o šťastie; hazardovať

gambler [ˈgæmblə] hazardný hráč

game [geim] 1. hra *(podľa pravidiel)* 2. zverina

gander [ˈgændə] gunár

gang [gæŋ] 1. oddiel; skupina 2. banda

gangway [ˈgæŋwei] chodba, priechod; most na loď

gaol [džeil] väzenie

gap [gæp] 1. otvor 2. medzera

gape [geip] 1. zívať; široko otvárať 2. gániť

garbage [ˈga:bidž] odpadky

garden [ˈga:dn] záhrada

gardener [ˈga:dnə] záhradník

gargle [ˈga:gl] kloktať

garland [ˈga:lənd] veniec, girlanda

garlic [ˈga:lik] cesnak

garment [ˈgaːmənt] kus odevu

garments [ˈgaːmənts] *mn. č.* šaty

garret [ˈgærət] 1. pôjd 2. podkrovná miestnosť, manzarda

garrison [ˈgærisn] posádka

garter [ˈgaːtə] podväzok

gas [gæs] plyn

gas-jet [ˈgæsdžet] plynový horák

gas-fittings [ˈgæsˌfitiŋz] *mn. č.* plynové zariadenie

gas-meter [ˈgæsˌmiːtə] plynomer

gasolene [ˈgæsəliːn] *amer.* benzín

gasp [gaːsp] oddychovať; lapať dych

gas-stove [gæs stəuv] plynová pec

gas-works [ˈgæswəːks] *mn. č.* plynáreň

gate [geit] brána, vráta

gather [ˈgæðə] 1. zhromaždiť (sa), zbierať 2. rozumieť

gauge [geidž] 1. miera, norma 2. rozchod koľají

gaunt [goːnt] chudý, vyziabnutý

gauntlet [ˈgoːntlit] rukavica *(pre šoféra)*

gauze [goːz] gáza

gave *p.* *give

gay [gei] veselý; roztopašný

gaze [geiz] *sl.* uprene, pozorne hľadieť *(at, on)* na; *podst.* pohľad

gear [giə] 1. prístroj 2. súkolie 3. chod *(stroja)* ● *in g.* v chode, zapnutý; *out of g.* vypnutý 4. *g. box* rýchlostná skriňa

geese *mn. č. od* goose

gem [džem] drahokam

gender [ˈdžendə] gramatický rod

general [ˈdženərəl] *podst.* generál; *príd.* 1. všeobecný 2. obyčajný 3. hlavný ● *in general* obyčajne; všeobecne povedané

generally [ˈdženərəli] všeobecne

generation [ˌdženəˈreišən] generácia, pokolenie

generosity [ˌdženəˈrositi] 1. ušľachtilosť 2. štedrosť

generous [ˈdženərəs] **1.**
ušľachtilý **2.** štedrý
Geneva [džiˈni:və] Ženeva
genial [ˈdži:njəl] žoviál-
ny, spoločenský, veselý
genitive [ˈdženitiv] geni-
tív, 2. pád
genius [ˈdži:njəs] **1.** na-
danie **2.** génius
genteel [dženˈti:l] jemný,
elegantný
gentle [ˈdžentl] mierny,
jemný; láskavý
gentleman [ˈdžentlmən]
1. pán **2.** vzdelanec
genuine [ˈdženjuin] pra-
vý, nefalšovaný
geography [džiˈogrəfi] ze-
mepis
geology [džiˈolədži] geo-
lógia
geometry [džiˈomitri] geo-
metria
George [džo:dž] Juraj
Georgia [ˈdžo:džiə] **1.**
Georgia, štát v USA
2. Gruzínsko
Georgian [ˈdžo:džiən]
podst. **1.** rodák z Geor-
gie **2.** Gruzín; *príd.*
1. georgijský **2.** gruzín-
sky

geranium [džiˈreinjəm]
muškát
germ [džə:m] **1.** zárodok
2. mikrób
German [ˈdžə:mən]
podst. **1.** Nemec **2.** nem-
čina; *in G.* po nemecky;
príd. nemecký
Germanic [džə:ˈmænik]
germánsky
Germany [ˈdžə:məni] Ne-
mecko
gerrymander [ˈdžeri-
mændə] prekrúcať *(fak-
ty)*
gesture [ˈdžesčə] gesto,
pohyb
*get [get] *(-tt-)* **1.** dostať,
získať, obstarať (si) **2.**
stať sa **3.** dostať (sa) ●
have got mať; *have got
to* musieť; *g. s. o. to
do s.t.* prinútiť niekoho
urobiť niečo; *g. s.t. done*
dať (si) niečo urobiť; *g.
in* dostať sa dnu; *g. on*
dariť sa, mať sa, mať
úspech; *g. out* vystú-
piť, odísť; *g. rid of* zba-
viť sa čoho; *g. up*
vstať; *g. well* uzdraviť
sa
geyser [gaizə,-i:-] **1.** gejzír

2. prietokový zohrievač vody

ghastly ['gɑːstli] strašný, hrozný, príšerný

ghost [gəust] duch, strašidlo

giant ['džaiənt] *podst.* obor; *príd.* obrovský

gibber ['džibə] drmoliť

gibbet ['džibit] *podst.* šibenica; *sl.* obesiť

giblets ['džiblits] droby

giddy ['gidi]: *I am g.* mám závrat, točí sa mi hlava

gift [gift] **1.** dar **2.** nadanie, talent

gifted ['giftid] nadaný

giggle ['gigl] chichotať sa

gild [gild] pozlátiť

gills [gilz] *mn. č.* žiabre

gilt [gilt] pozlátka

gimlet ['gimlit] nebožiec

ginger ['džindžə] *bot.* zázvor

gipsy ['džipsi] cigán, cigánka

girder ['gəːdə] nosník, traverza

girdle ['gəːdl] pás

girl [gəːl] dievča

gist [džist] jadro, podstata

*give [giv] dať, podať, udeliť, venovať; *g. a cry* vykríknuť; *g. back* vrátiť; *g. in* ustúpiť; *g. rise to* dať vznik čomu; *g. up* vzdať sa čoho; *g. way* ustúpiť, povoliť

given *p.* ***give**

glacier ['glæsjə] ľadovec

glad [glæd] **1.** potešený **2.** potešujúci ● *I am g. of it* mám z toho radosť; *I am g. to hear it* to rád počujem

glade [gleid] čistina, rúbanisko

glamour ['glæmə] kúzlo, pôvab

glamorous ['glæmərəs] čarovný

glance [glɑːns] *podst. (rýchly)* pohľad; *sl.* zbežne pozrieť *(at, over, through)*

gland [glænd] žľaza

glare [gleə] *podst.* prenikavé svetlo; *sl.* civieť

Glasgow ['glɑːsgəu] mesto v Škótsku

glass [glɑːs] **1.** sklo **2.** pohár **3.** zrkadlo **4.** tlakomer **5.** ďalekohľad

glasses [gla:siz] *mn. č.* okuliare

glaze [gleiz] zaskliť

glazier [ˈgleiziə] sklenár

gleam [gli:m] *podst.* lesk; *sl.* lesknúť sa

glean [gli:n] **1.** zbierať *(klasy, fakty)* **2.** paberkovať

glee [gli:] radosť, veselosť; viachlasný spev

glen [glen] úzke údolie

glide [glaid] **1.** kĺzať sa **2.** plachtiť

glider [glaidə] klzák

glimpse [glimps] záblesk ● *get a g. of, catch a g. of* letmo zazrieť

glisten [ˈglisn] lesknúť sa

glitter [ˈglitə] *podst.* lesk; *sl.* trblietať sa, lesknúť sa

globe [gləub] **1.** guľa **2.** zemeguľa

gloom [glu:m] **1.** šero, tma **2.** melanchólia

gloomy [ˈglu:mi] **1.** temný **2.** ponurý, chmúrny **3.** skľúčený

glorious [ˈglo:riəs] **1.** slávny **2.** nádherný

glory [ˈglo:ri] **1.** sláva **2.** nádhera

glossary [ˈglosəri] glosár

glossy [ˈglosi] lesklý

glove [glav] rukavica

glow [gləu] *podst.* žiara; *sl.* **1.** sálať **2.** žhaviť

glue [glu:] *podst.* glej; *sl.* glejiť

glutton [ˈglatn] nenásytník, hladoš

gnat [næt] komár

gnaw [no:] hrýzť, hlodať

*go [gəu] **1.** ísť, chodiť **2.** viesť sa **3.** cestovať **4.** odísť, odcestovať **5.** vmestiť sa **6.** povoliť, zrútiť sa ● *g. blind* oslepnúť; *g. bad* pokaziť sa; *g. in for* pestovať; *g. on* pokračovať; *g. out* **1.** ísť von **2.** zhasnúť

goal [gəul] **1.** cieľ **2.** bránka; gól

goal-keeper [ˈgəulˈki:pə] brankár

goat [gəut] koza

gobble [gobl] pažravo hltať; *(o moriakovi)* hudrovať

goblet [ˈgoblit] vínový pohár

god [god] boh

god-child [ˈgodčaild] krstňa

god-father [ˈgodˌfɑːðə] krstný otec

god-mother [ˈgodˌmaðə] krstná mať

goggle [ˈgogl] vyvaľovať oči

goggles [goglz] *mn. č.:* *(a pair of)* g. ochranné okuliare

gold [gəuld] *podst.* zlato; *príd.* zlatý

golden [gəuldn] zlatý

gone *p.* *go

good [gud] *podst.* prospech; dobro ● *for g.* celkom, navždy; *príd.* 1. dobrý 2. poslušný 3. láskavý

good-bye [gudˈbai] zbohom

good-for-nothing [ˈgudfəˌnaθiŋ] darmošľap, darmožráč

good-humoured [ˈgudhjuːməd] 1. dobromyseľný 2. v dobrej nálade

good-looking [ˈgudˈlukiŋ] pekný

good-natured [gudˈneičəd] dobromyseľný

goodness [ˈgudnis] dobrota, láskavosť ● *my g.!* preboha!

goods [gudz] *mn. č.* tovar, majetok

goose, *mn. č.* **geese** [guːs, giːs] hus

gooseberry [ˈguzberi] egreš

goose-flesh [ˈguːsfleš] husia koža, zimomriavky

goose-pimples [ˈguːspimplz] *mn. č. amer.* husia koža

gorgeous [goːdžəs] nádherný, oslnivý

gospel [ˈgospəl] evanjelium

gossamer [ˈgosəmə] babie leto

gossip [ˈgosip] *podst.* 1. klebetnica 2. klebety; reči; *sl.* klebetiť

got *p.* *get

gourd [guəd] tekvica

gout [gaut] lámka

govern [ˈgavən] 1. vládnuť 2. riadiť 3. ovládať

government [ˈgavənmənt] vláda

governor [ˈgavənə] guvernér

gown [gaun] 1. šaty

(najmä ženské) **2.** talár

grab [græb] *(-bb-)* uchopiť, uchmatnúť

grace [greis] **1.** pôvab **2.** milosť **3.** ľúbeznosť

graceful [ˈgreisfl] pôvabný

gracious [ˈgreišəs] milostivý

grade [greid] *podst.* **1.** stupeň **2.** *amer.* trieda; *sl.* triediť; odstupňovať

gradual [ˈgrædjuəl] postupný

gradually [ˈgrædjuəli] postupne

graduate [ˈgrædjuit] *podst.* absolvent univerzity; *sl.* [ˈgrædjueit] byť promovaný

graduation [grædjuˈeišn] promócia

graft [gra:ft] *podst.* **1.** štep **2.** *amer.* úplatky; *sl.* **1.** štepiť **2.** transplantovať

grain [grein] **1.** zrno **2.** obilie **3.** letá *(v dreve)*

grammar-school [ˈgræməsku:l] gymnázium, *amer.* stredná škola

granary [ˈgrænəri] sýpka; obilnica

grand [grænd] **1.** veľký, veľkolepý **2.** skvelý; *hovor.* ohromný

grandchild [ˈgrændčaild] vnuk, vnučka

grand-daughter [ˈgrænddo:tə] vnučka

grandeur [ˈgrændžə] veľkosť, ušľachtilosť, vznešenosť

grandfather [ˈgrændfa:ðə] starý otec

grandmother [ˈgrændmaðə] stará matka

grandson [ˈgrændsan] vnuk

granite [ˈgrænit] žula

granny [ˈgræni] *hovor.* stará matka

grant [gra:nt] *podst.* dotácia; *sl.* **1.** vyhovieť **2.** udeliť, poskytnúť; *take for g-ed* považovať za samozrejmé

grape [greip] zrnko hrozna; *bunch of g-s* strapec hrozna

grape-fruit [ˈgreipfru:t] druh citrusu

graphic [ˈgræfik] grafický

grasp [gra:sp] *podst.* **1.** uchopenie **2.** *(o predmete)* ovládanie; *sl.* **1.**

uchopiť **2.** zovrieť **3.** pochopiť

grass [gra:s] tráva; *g. widow* slamená vdova

grasshopper [ˈgra:sˌhopə] kobylka

grate [greit] *podst.* rošt; *sl.* **1.** strúhať **2.** škrípať

grateful [ˈgreitfl] vďačný

grater [ˈgreitə] strúhadlo

gratitude [ˈgrætitju:d] vďačnosť

gratuity [grəˈtjuiti] dar, odmena; prepitné

grave [greiv] *podst.* hrob; *príd.* vážny, dôstojný

gravel [ˈgrævəl] štrk; hrubý piesok

gravitation [ˌgræviˈteišən] gravitácia

gravity [ˈgræviti] **1.** vážnosť, závažnosť **2.** váha, ťažoba

gravy [ˈgreivi] šťava z mäsa, omáčka

gray *p.* **grey**

graze [greiz] **1.** pásť (sa) **2.** *against* zľahka sa otrieť o **3.** škrabnúť

grease [gri:s] *podst.* **1.** masť, tuk **2.** mazadlo; *sl.* [gri:z] namazať

greasy [ˈgri:zi] mastný

great [greit] **1.** veľký **2.** dôležitý, významný ● *a g. deal* veľmi mnoho

greatcoat [ˈgreitkəut] zimník

greatly [ˈgreitli] veľmi

greatness [ˈgreitnis] veľkosť

Greece [gri:s] Grécko

greedy [ˈgri:di] nenásytný, hladný, pažravý

Greek [gri:k] *podst.* **1.** Grék **2.** gréčtina; *príd.* grécky

green [gri:n] zelený

greenback [ˈgri:nbæk] *amer.* dolárová bankovka

greengrocer [gri:nˌgrəusə] zeleninár

green-horn [ˈgri:nho:n] zelenáč

greenhouse [ˈgri:nhaus] skleník

Greenland [ˈgri:nlənd] Grónsko

greet [gri:t] pozdraviť

greeting [ˈgri:tiŋ] pozdrav

grew *p.* ***grow**

grey [grei] *podst.* šeď; *príd.* šedý, šedivý

grid [grid] **1.** rozvodná sieť; elektrická alebo železničná sieť **2.** ražeň; mriežka

grief [gri:f] zármutok, žiaľ

grievance ['gri:vəns] sťažnosť; mrzutosť

grieve [gri:v] **1.** zapríčiniť bolesť **2.** rmútiť sa

grill [gril] *podst.* ražeň; *sl.* opekať na ražni

grillroom ['grilrum] gril *(reštaurácia)*

grim [grim] zúrivý, krutý; odpudivý

grime [graim] špina

grimy ['graimi] špinavý

grin [grin] *podst.* úškľabok; *sl. (-nn-)* ceriť zuby; škeriť sa, škľabiť sa

***grind** [graind] **1.** mlieť **2.** brúsiť **3.** drieť na skúšku; ● *g. one's teeth* škrípať zubami

grip [grip] *podst.* uchopenie, stisnutie; *sl. (-pp-)* zovrieť

grisly ['grizli] strašný, desivý

grizzly ['grizli] *podst.* medveď; *príd.* šedivý

groan [grəun] *podst.* ston, úpenie; *sl.* stonať

grocer ['grəusə] obchodník s potravinami

grocery ['grəusəri] obchod s potravinami

groggy ['grogi] kolísavý, slabý, neistý

groin [groin] *anat.* slabina

groove [gru:v] žliabok, drážka

grope [grəup] *for, about* tápať po

gross [grəus] *podst.* **1.** celok **2.** veľtucet; *príd.* **1.** tučný **2.** hrubý

ground *p.* ***grind**

ground [graund] **1.** pôda, zem **2.** dno **3.** dôvod

grounds [graundz] *mn. č.* **1.** zvyšky, usadenina **2.** pozemky

ground-floor ['graundˌflo:] prízemie

group [gru:p] *podst.* skupina; *sl.* zoskupiť (sa)

grove [grəuv] háj

grovel ['grovl] *(-ll-)* plaziť sa; *fig.* podlizovať sa

***grow** [grəu] **1.** rásť **2.** stať sa **3.** pestovať ● *g. old* zostarnúť

growl [graul] *podst.* zavrčanie; *sl.* vrčať
grown *p.* *grow
grown-up [grəunap] dospelý človek
growth [grəuθ] **1.** rast **2.** výrastok
grub [grab] larva
grudge [gradž] *podst.* odpor, zlá vôľa; *sl.* nežičiť, závidieť
grumble [ˈgrambl] reptať, nadávať
grunt [grant] *podst.* zachrochtanie; *sl.* chrochtať
guarantee [ˌgærənˈtiː] *podst.* **1.** ručiteľ **2.** záruka, zábezpeka **3.** ručenie; *sl.* ručiť
guard [gaːd] *podst.* **1.** stráž, hliadka **2.** garda **3.** sprievodca *(vlaku)* **4.** dozorca väzňov; *sl.* strážiť
guardian [ˈgaːdjən] **1.** tútor, poručník **2.** dozorca
guerilla [gəˈrilə] **1.** partizán **2.** partizánska vojna
guess [ges] *podst.* dohad, odhad; *sl.* **1.** há-

dať, uhádnuť **2.** tušiť **3.** *amer.* myslieť
guesswork [ˈgeswəːk] dohady
guest [gest] hosť
guide [gaid] *podst.* **1.** vodca, sprievodca **2.** vodidlo **3.** sprievodca *(kniha)*; *sl.* viesť, riadiť
guide-book [ˈgaidbuk] sprievodca *(kniha)*
guide-post [gaidpəust] ukazovateľ cesty
guild [gild] cech, spoločenstvo
guilt [gilt] vina
guilty [gilti] vinný
guinea [ˈgini] guinea *(21 šilingov v starej mene)*
guinea-pig [ˈginipig] morča
guitar [giˈtaː] gitara
gulf [galf] zátoka, priepasť, medzera, krútňava
gull [gal] čajka
gullet [ˈgalit] pažerák
gulp [galp] *podst.* hlt; *sl.* hltať
gum [gam] *podst.* **1.** ďasno **2.** guma; *sl. (-mm-)* gumovať, prilepiť
gums [gamz] *mn. č. amer.* gumená obuv

gun [gan] strelná zbraň; delo; puška; *amer.* revolver

gun-powder [ˈganpaudə] pušný prach

gurgle [ˈgəːgl] 1. bublať 2. kloktať

gust [gast] závan vetra

gut [gat] *(-tt-)* vypitvať, vybrať

guts [gats] *mn. č.* vnútornosti, črevá; *hovor.* odvaha

gutter [ˈgatə] 1. odkvap 2. struha, stružka

gutter-snipe [ˈgatəsnaip] uličník

guy [gai] *podst.* 1. lano 2. *amer.* chlap, chlapík; *sl.* zosmiešniť

guzzle [ˈgazl] *podst.* flám; *sl.* žrať, slopať

gymnasium [džimˈneizjəm] telocvičňa

gymnastics [džimˈnæstiks] *mn. č.* gymnastika, telocvik

H

haberdasher [ˈhæbədæšə] obchodník so strižným tovarom

haberdashery [ˈhæbədæšəri] galantéria

habit [ˈhæbit] zvyk

habitable [ˈhæbitəbl] obývateľný

habitation [ˌhæbiˈteišən] byt, bydlisko

habitual [həˈbitjuəl] obvyklý, navyknutý

hackneyed [ˈhæknid] otrepaný

had *p.* *have

haddock [ˈhædək] druh tresky

hag [hæg] baba; čarodejnica

haggard [ˈhægəd] chudý, vyziabnutý

hail [heil] *podst.* ľadovec; *it h-s* padá ľadovec; *sl.* pozdraviť

hair [heə] **1.** vlas, chlp
2. vlasy; srsť
hairdresser [ˈheəˌdresə]
kaderník
hairy [ˈheəri] vlasatý
hale [heil] zdravý, svieži,
zdatný
half [ha:f] *podst.* polo-
vica; *príd.* polovičný;
prísl. napoly
half a crown [ˈha:fə-
ˈkraun] pol koruny *(2 a
pol šilinga v starej mene)*
half-hearted [ˈha:fˈha:tid]
ľahostajný
half-moon [ˈha:fˈmu:n]
polmesiac
halfpenny [ˈheipəni]
polpeny, polpenca
half-time [ˈha:fˈtaim] pol-
čas
hall [ho:l] **1.** sála, sieň
2. predizba, hala
hallmark [ˈho:lma:k]
punc
hallo [həˈləu] servus
halo [ˈheiləu] **1.** kruh
okolo mesiaca **2.** sväto-
žiara
halt [ho:lt] *podst.* za-
stávka; *sl.* **1.** zastaviť
(sa) **2.** váhať
ham [hæm] šunka

hamlet [ˈhæmlit] dedinka
hammer [ˈhæmə] *podst.*
kladivo; *sl.* tĺcť kladi-
vom, búšiť
hamster [ˈhæmstə] škre-
ček
hamper [ˈhæmpə] preká-
žať, brániť *(v niečom)*
hand [hænd] *podst.* **1.**
ruka; *h-s off* ruky preč!
nedotýkať sa **2.** ručička
3. rukopis **4.** pracovná
sila; *sl.* podať
hand-bag [ˈhændbæg] ka-
belka
handbook [ˈhændbuk]
príručka
handful [ˈhændful] hrsť,
hŕstka
handicap [ˈhændikæp]
podst. **1.** nevýhoda **2.**
obraz. prekážka; *sl.*
(-pp-) poškodiť
handicraft [ˈhændikra:ft]
remeslo
handkerchief [ˈhæŋkəčif]
vreckovka
handle [ˈhændl] *podst.*
držadlo, rukoväť; *sl.* **1.**
dotýkať sa čoho **2.** ma-
nipulovať s niečím **3.**
zaobchádzať s niečím
4. obchodovať s niečím

handsome [ˈhænsəm] pekný

handy [ˈhændi] *príd.* **1.** pohodlný **2.** vhodný **3.** obratný; *prísl.* poruke; vhod; *come in h.* prísť vhod

*hang¹ [hæŋ] **1.** zavesiť **2.** visieť

hang² [hæŋ], **-ed** obesiť

hangar [ˈhæŋə] hangár

hanger [ˈhæŋə] vešiak

hangman [ˈhæŋmən] kat

haphazard [ˈhæpˈhæzəd] náhodilý

happen [ˈhæpən] stať sa, prihodiť sa

happiness [ˈhæpinis] šťastie

happy [ˈhæpi] šťastný

harass [ˈhærəs] sužovať, trápiť

harbour [ˈhaːbə] *podst.* prístav; *sl.* **1.** kotviť v prístave **2.** prechovávať

hard [haːd] *príd.* **1.** tvrdý **2.** prísny, krutý **3.** ťažký, namáhavý; *prísl.* **1.** tvrdo, ťažko **2.** usilovne, namáhavo

harden [ˈhaːdn] **1.** stvrdnúť **2.** otužiť sa

hardly [haːdli] sotva, ťažko

hardship [ˈhaːdšip] **1.** tvrdosť **2.** strádanie, ťažkosti

hardware [ˈhaːdweə] železiarsky tovar

hardy [ˈhaːdi] otužilý

hare [heə] zajac

harm [haːm] *podst.* škoda; *sl.* poškodiť, uškodiť

harmful [ˈhaːmful] škodlivý

harmless [ˈhaːmlis] neškodný

harness [ˈhaːnis] *podst.* postroj; *sl.* zapriahnuť

harp [haːp] harfa

harpoon [haːˈpuːn] harpúna

harrow [ˈhærəu] *(poľnohospodárske)* brány

harsh [haːš] drsný, príkry

hart [haːt] jeleň

harvest [ˈhaːvist] *podst.* žatva; *sl.* dostať úrodu pod strechu

harvester [ˈhaːvistə] **1.** žnec **2.** žací stroj, kombajn

has *p.* ***have**

haste [heist] *podst.* chvat ● *make h.* ponáhľaj sa!; *sl.* ponáhľať sa

hasten [¹heisn] **1.** ponáhľať sa **2.** posúriť

hastily [¹heistili] rýchlo, súrne, chvatne

hasty [¹heisti] chvatný, prenáhlený

hat [hæt] klobúk

hatch [hæč] vysedieť vtáčatá

hatchet [¹hæčit] sekera

hate [heit] nenávidieť

hateful [¹heitfl] nenávidený, odporný

hatred [¹heitrid] nenávisť

hatter [¹hætə] klobučník

haughty [¹ho:ti] povýšený, pyšný

haul [ho:l] tiahnuť, vliecť

haulage [¹ho:lidž] diaľková motorová doprava

haunt [ho:nt] **1.** často navštevovať **2.** prenasledovať **3.** strašiť; *the house is h-ed* v dome straší

*have [hæv] **1.** mať **2.** dostať **3.** vziať si; *h. to* musieť; *h. a walk* prejsť sa; *h. s. t. done* dať si niečo urobiť; *h. a good time* mať sa dobre; *you had better do it* mali by ste to radšej urobiť

haven [¹heivn] prístav; útočište

hawk [ho:k] jastrab

hay [hei] seno

haystack [¹heistæk] kopa sena

hazard [¹hæzəd] *podst.* **1.** náhoda **2.** riziko; *sl.* riskovať, odvážiť sa

haze [heiz] hmla, para

hazel [¹heizl] *podst.* lieska; *príd.* orieškovohnedý

hazy [¹heizi] hmlistý, nejasný

he [hi:] on

head [hed] *podst.* **1.** hlava **2.** čelo; *at the h. of* na čele čoho **3.** riaditeľ, prednosta ● *h. over heels* hore nohami; *sl.* stáť na čele, viesť

headache [¹hedeik] bolesť hlavy

heading [¹hediŋ] záhlavie; nadpis

headlight [¹hedlait] predné svetlo

headline [¹hedlain] titulok v novinách

headlong [ˈhedloŋ] *prísl.*
po hlave; strmhlav;
príd. prenáhlený

headmaster [ˈhedmaːstə]
riaditeľ školy

headquarters [ˈhedɪkwotəz] **1.** hlavný stan **2.**
ústredie, centrála

heal [hiːl] **1.** liečiť **2.**
zahojiť sa

health [helθ] zdravie

healthresort [ˈhelθriˈzoːt]
kúpele

healthy [ˈhelθi] zdravý

heap [hiːp] *podst.* kopa,
hŕba; *sl.* nahromadiť

*****hear** [hiə] **1.** počuť **2.**
načúvať **3.** dozvedieť sa
4. *from* dostať správu od

hearer [ˈhiərə] poslucháč

hearing [ˈhiəriŋ] **1.** sluch
2. výsluch, vypočúvanie

heard *p.* *****hear**

hearsay [ˈhiəsei] počutie,
povesť

heart [haːt] srdce ● *by
h.* naspamäť

heart-breaking [ˈhaːt
ˌbreikiŋ] srdcervúci

heart-failure [ˈhaːtˈfeiljə]
zlyhanie srdca

hearth [haːθ] kozub

heartless [ˈhaːtlis] bez
srdca, krutý

hearty [ˈhaːti] **1.** srdečný
2. riadny, dôkladný **3.**
(o jedle) výdatný

heat [hiːt] *podst.* horúčava, teplo, žiar; *sl.* **1.**
kúriť **2.** rozohriať

heath [hiːθ] **1.** *bot.* vres
2. vresovisko

heathen [ˈhiːðən] *podst.*
pohan; *príd.* pohanský

heather [ˈheðə] *bot.* vres

heating [ˈhiːtiŋ] kúrenie

*****heave** [hiːv] dvíhať
(s námahou)

heaven [ˈhevn] nebo

heavy [ˈhevi] **1.** ťažký
2. ťažkopádny

heckle [ˈhekl] klásť trápne otázky vo verejnosti;
dobiedzať

hectare [ˈhektaː] hektár

hedge [hedž] živý plot

hedgehog [ˈhedžhog] jež

heed [hiːd] starať sa, dbať

heedless [ˈhiːdlis] nepozorný

heel [hiːl] **1.** päta **2.**
opätok, podpätok,
amer. slang. lump

height [hait] výška

heighten [ˈhaitn] zvýšiť

heinous [ˈheinəs] hnusný, odporný
heir [eə] dedič
heiress [ˈeəris] dedička
held p. *hold
helicopter [ˈhelikoptə] vrtuľník
hell [hel] peklo
helm [helm] kormidlo
helmet [ˈhelmit] helma
help [help] sl. **1.** pomôcť, pomáhať **2.** poslúžiť ● h. yourself poslúžte si, vezmite si; podst. pomoc
helpful [ˈhelpful] nápomocný, osožný
helping [helpiŋ] porcia, dávka
helpless [ˈhelplis] bezmocný
helpmate [ˈhelpmeit] pomocník
hem [hem] podst. lem; sl. (-mm-) olemovať
hemp [hemp] konope
hen [hen] sliepka
hence [hens] **1.** odtiaľ **2.** teda
henceforth [ˈhensfo:θ] odteraz, naďalej
henceforward [ˈhensˌfo:wəd] odteraz, naďalej

henpecked [ˈhenpekt] pod papučou
her [hə:] **1.** ju **2.** jej
herald [ˈherəld] podst. herold, posol; sl. hlásiť, zvestovať
herb [hə:b] bylina
herd [hə:d] stádo
here [hiə] **1.** tu **2.** sem
hereby [ˈhiəˈbai] zároveň s týmto
hereafter [hiərˈa:ftə] príd. budúci; podst. budúcnosť
hereditary [hiˈreditəri] dedičný
heredity [hiˈrediti] dedičnosť
herein [ˈhiərˈin] v tom(to), tu
heresy [ˈherəsi] kacírstvo
heretical [hiˈretikəl] kacírsky
herewith [ˈhiəwið] týmto
heritage [ˈheritidž] dedičstvo, odkaz
hermit [ˈhəˈmit] pustovník
hero [ˈhiərəu] hrdina
heroic [hiˈrəuik] hrdinský
heroine [ˈherəuin] hrdinka

heroism [ˈherəuizm] hrdinstvo

heron [ˈherən] volavka

herring [heriŋ] sleď

herself [həːˈself] **1.** (ona) sama **2.** sa

hesitate [ˈheziteit] váhať, zdráhať sa

hesitation [ˌheziˈteišən] váhanie

*hew [hjuː] **1.** sekať **2.** tesať

hiccup [ˈhikap] čkanie

hid, hidden p. ***hide**

*hide¹ [haid] skryť (sa); zatajiť

hide² *(surová)* koža

hide-and-seek [ˈhaidənˈsiːk] hra na schovávačku

hideous [ˈhidiəs] odporný, ohavný

hiding-place [ˈhaidiŋpleis] úkryt

high [hai] *príd.* **1.** vysoký **2.** vznešený; *prísl.* vysoko

high-brow [haibrau] intelektuál *(s náročným vkusom a záujmami)*

highlands [ˈhailəndz] vysočina

highly [haili] vysoko, veľmi

high school [hai skuːl] *amer.* stredná škola

highway [ˈhaiwei] hradská

hike [haik] robiť turistické výlety

hilarity [hiˈlæriti] hlučná veselosť, smiech

hill [hil] kopec, vrch

hilly [ˈhili] kopcovitý

him [him] ho, jeho; jemu

himself [himˈself] **1.** (on) sám **2.** sa

hind [haind] zadný

hinder [ˈhində] prekážať, zavadzať

hindrance [ˈhindrəns] prekážka

Hindoo [ˈhinˈduː] Hind

hinge [hindž] veraj; pánt

hint [hint] *podst.* pokyn; narážka; *sl.* **1.** narážať **2.** naznačovať

hip [hip] bok, bedro

hippopotamus [ˌhipəˈpotəməs] hroch

hire [ˈhaiə] *podst.* nájom; *sl.* prenajať si

his [hiz] jeho

hiss [his] *podst.* syčanie, sykot; *sl.* syčať

historian [his'to:riən] historik, dejepisec

history ['histəri] história, dejepis

*hit¹ [hit] sl. (-tt-) 1. udrieť 2. zasiahnuť, trafiť

hit² [hit] podst. 1. úder 2. zásah

hitch [hič] 1. trhnutie 2. (námornícky) uzol 3. (prechodné) zastavenie

hitch-hike ['hičhaik] ísť autostopom

hitherto ['hiðə'tu:] až doteraz

hive [haiv] úľ

hoard [ho:d] podst. zásoba; sl. hromadiť

hoarfrost ['ho:frost] inovať, srieň

hoarse [ho:s] chrapľavý, zachrípnutý

hoary [ho:ri] šedivý; úctyhodný

hobble ['hobl] krívať

hobby ['hobi] koníček, záľuba

hockey ['hoki] hokej

hod [hod] korýtko (na maltu)

hoe [həu] podst. motyka; sl. okopávať

hog [hog] sviňa, prasa

hogmanay ['hogmənei] Silvester v Škótsku

hoist [hoist] zdvihnúť

*hold¹ [həuld] 1. držať 2. pojať 3. zachovávať, sláviť 4. zadržať, zastaviť 5. out vydržať 6. up zastaviť; prepadnúť

hold² [həuld] lodný priestor

holder ['həuldə] 1. držiteľ 2. držadlo 3. špička (na cigarety)

holding ['həuldiŋ] (poľnohospodárska) usadlosť

hole [həul] diera, otvor

holiday ['holədi] 1. deň pracovného pokoja 2. dovolenka 3. sviatok

holidays [holədiz] mn. č. prázdniny

hollow [holəu] príd. dutý; podst. dutina; sl. vyhĺbiť

holly [holi] bot. cezmína

holy [həuli] svätý

homage [homidž] pocta

home [həum] podst. 1. domov 2. domovina, vlasť; príd. 1. domáci, domovský **2.** vnútorný *(nie zahraničný)*, vnútrozemský

homesick ['həumsik]: *I am h.* cnie sa mi po domove

homespun ['həumspan] *(doma pradená)* hrubá vlnená látka

homicide ['homisaid] **1.** zabitie, vražda **2.** vrah

honest ['onist] počestný, čestný, poctivý

honesty ['onisti] poctivosť

honey [hani] **1.** med **2.** miláčik

honeycomb ['hanikəum] *(včelí)* plást

honeymoon ['hanimu:n] svadobná cesta, medové týždne

honorary ['onərəri] čestný (= *neplatený*)

honour ['onə] *podst.* **1.** česť **2.** pocta; *sl.* **1.** ctiť **2.** poctiť ● *h. the bill* preplatiť zmenku

honourable ['onərəbl] **1.** ctihodný **2.** čestný

honours ['onəz] *mn. č.* vyznamenanie

hood [hud] **1.** kapucňa **2.** *amer.* kapota

hoof [hu:f] kopyto

hook [huk] *podst.* hák, háčik; *sl.* **1.** zahákovať **2.** zopäť, zopnúť

hooligan ['hu:ligən] chuligán

hoop [hu:p] obruč

hooping-cough ['hu:piŋkaf] čierny kašeľ

hoot [hu:t] húkať, trúbiť

hop [hop] *podst.* **1.** chmeľ *(rastlina)* **2.** poskok; *sl. (-pp-)* poskakovať

hops [hops] chmeľ *(plody)*

hope [həup] *podst.* nádej; *sl.* dúfať

hopeful ['həupfl] **1.** plný nádeje **2.** nádejný

hopeless ['həuplis] **1.** beznádejný **2.** zúfalý

horizon [ho'raizn] horizont, obzor

horn [ho:n] **1.** roh **2.** rohovina

horrible ['horəbl] strašný, hrozný

horror ['horə] hrôza

horse [ho:s] kôň

horseback ['ho:sbæk]: *on h.* na koni

horse-chestnut [ˈhoːsˈčes-nat] divý gaštan
horsehair [ˈhoːsheə] konská srsť
horseman [ˈhoːsmən] jazdec
horse-radish [ˈhoːsˌrædiš] chren
horseshoe [ˈhoːsšuː] podkova
hose [həuz] **1.** hadica **2.** pančucha
hosiery [ˈhəužəri] trikotový tovar
hospitable [ˈhospitəbl] pohostinný
hospital [ˈhospitl] nemocnica
hospitality [ˌhospiˈtæliti] pohostinnosť
host [həust] **1.** hostiteľ **2.** zástup
hostage [ˈhostidž] rukojemník
hostel [ˈhostəl] **1.** študentský domov **2.** nocľaháreň
hostess [həustis] hostiteľka; *air h.* stewardka
hostile [ˈhostail] nepriateľský
hostility [hosˈtiliti] nepriateľstvo

hot [hot] horúci ● *h. dogs amer.* párky
hotbed [ˈhotbed] parenisko
hotel [həuˈtel] hotel
hothouse [hothaus] skleník
hour [ˈauə] hodina; *office h-s* úradné hodiny
house [haus] *podst.* **1.** dom **2.** snemovňa ● *H. of Commons* Dolná snemovňa *(britská)* **3.** rod, dynastia; *sl.* [hauz] **1.** ubytovať (sa) **2.** bývať
household [ˈhaushəuld] domácnosť
housekeeper [ˈhausˌkiːpə] gazdiná
housemaid [ˈhausmeid] slúžka, pomocnica v domácnosti
housewife [ˈhauswaif] gazdiná
housing [hauziŋ] **1.** bývanie **2.** bytová kultúra
hover [ˈhovə] vznášať sa
how [hau] ako?; *h. much (many)?* koľko?
however [hauˈevə] **1.** akokoľvek **2.** ale, predsa len

howl [haul] *sl.* vyť, za-
výjať; *podst.* vytie
hue [hju:] farba, odtieň
hug [hag] *sl. (-gg-)* ob-
jať; maznať sa; *podst.*
objatie
huge [hju:dž] obrovský,
ozrutný
hull [hal] trup lode
hum [ham] *(-mm-)* **1.**
bzučať **2.** mrmlať
human [ˈhju:mən] ľud-
ský
humane [hjuˈmein] hu-
mánny
humanity [hjuˈmæniti] **1.**
ľudstvo **2.** ľudskosť
humble [ˈhambl] **1.** poní-
žený **2.** skromný
humbug [ˈhambag] **1.**
podvod **2.** nezmysel
3. podvodník
humid [ˈhju:mid] vlhký,
mokrý
humidity [hju:ˈmiditi]
vlhkosť
humiliate [hjuˈmilieit] po-
nížiť, pokoriť
humorous [ˈhju:mərəs]
humorný, žartovný
humour [ˈhju:mə] **1.** ná-
lada ● *out of h.* v zlej

nálade **2.** humor; *sense
of h.* zmysel pre humor
hump [hamp] hrb
hunchback [ˈhančbæk]
hrbatý človek, hrbáč
hundred [ˈhandrəd] sto
hundredth [ˈhandrədθ]
stý
hundredweight [ˈhand-
rədweit] anglický cent
(50,802 kg)
hung *p* *hang
Hungarian [hangeəriən]
príd. maďarský; *podst.*
1. Maďar **2.** maďarčina
Hungary [ˈhangəri] Ma-
ďarsko
hunger [ˈhaŋgə] *podst.*
hlad; *sl.* hladovať
hungry [ˈhaŋgri] hladný
● *be h., feel h.* byť hlad-
ný
hunt [hant] *sl.* **1.** poľovať
2. *for* zháňať sa po;
podst. poľovačka
hunter [ˈhantə] poľovník
hurdle [ˈhə:dl] *(pretekár-
ska)* prekážka
hurl [hə:l] vrhať
hurrah [huˈra:] hurá!
hurricane [ˈharikən] ura-
gán, víchrica

hurry [ˈhari] chvat; *in a h.* chvatne; *be in a h.* ponáhľať sa; *h. up* ponáhľaj sa!
*hurt [hə:t] **1.** poraniť **2.** ublížiť
husband [ˈhazbənd] manžel ● *h. and wife* manželia
hush [haš] **1.** požiadať o ticho; umlčať; *h. up* ututlať **2.** zmĺknuť, utíchnuť
hustle [ˈhasl] strkať, sácať; rýchlo jednať
hut [hat] **1.** chatrč, búda **2.** vojenský barak, chata

hydraulics [haiˈdro:liks] hydraulika
hydrogen [ˈhaidridžən] vodík
hygienic [haiˈdži:nik] hygienický
hymn [him] hymnus, cirkevná pieseň
hyphen [ˈhaifən] spojovacie, rozdeľovacie znamienko
hypocrisy [hiˈpokrisi] pokrytectvo
hypocrite [ˈhipəkrit] pokrytec
hysterical [hisˈterikəl] hysterický

I

I [ai] ja
ice [ais] **1.** ľad **2.** zmrzlina
iceberg [ˈaisbə:g] ľadovec, kryha
icecream [ˈaisˈkri:m] zmrzlina
Iceland [ˈaislənd] Island
Icelander [ˈaisləndə] Islanďan

icicle [ˈaisikl] cencúľ
icing [aisiŋ] cukrová poleva
icy [ˈaisi] ľadový
Idaho [ˈaidəhəu] štát v USA
idea [aiˈdiə] **1.** pojem **2.** idea, myšlienka, nápad **3.** predstava

ideal [ai'diəl] *príd.* ideálny; *podst.* ideál
identical [ai'dentikəl] totožný
identify [ai'dentifai] stotožniť; *i. oneself with* stotožniť sa s
identity [ai'dentiti] totožnosť; *i. card* občiansky preukaz
idiom ['idjəm] jazyková zvláštnosť
idle ['aidl] **1.** lenivý **2.** nečinný **3.** neúčinný
idleness ['aidlnis] nečinnosť, lenivosť
idler ['aidlə] leňoch, povaľač
idol ['aidl] modla
i. e. ['ai'i:] *(= that is)* t. j. *(to jest)*
if [if] **1.** ak **2.** či **3.** keby; *as if* akoby
ignition [ig'nišən] zapálenie; *motor.* zapaľovanie
ignoble [ig'nəubl] neurodzený; prostý, nízky; hanebný
ignominious [ignə'miniəs] potupný
ignorance ['ignərəns] **1.** nevedomosť **2.** neznalosť

ignorant ['ignərənt] **1.** nevedomý **2.** *of* neoboznámený s
ignore [ig'no:] ignorovať
ill [il] **1.** zlý **2.** chorý; *fall i.* ochorieť
illegal [i'li:gəl] nezákonný, ilegálny
illegible [i'ledžəbl] nečitateľný
illicit [i'lisit] nezákonný, zakázaný
Illinois [ili'nəi] štát v USA
illiterate [i'litərit] negramotný
illness ['ilnis] choroba
illuminate [i'lju:mineit] **1.** osvetliť **2.** objasniť
illusion [i'lu:žən] ilúzia
illustrate ['iləstreit] ilustrovať, objasniť
illustrious [i'lastriəs] slávny
image ['imidž] **1.** obraz **2.** prirovnanie
imagination [imædži'neišən] predstavivosť, obrazotvornosť
imagine [i'mædžin] predstaviť si
imitate ['imiteit] napodobiť

immediate [iˈmiːdjət] **1.** bezprostredný **2.** okamžitý

immediately [iˈmiːdjətli] ihneď, okamžite

immense [iˈmens] nesmierny

immerse [iˈməːs] ponoriť

immigrant [ˈimigrənt] prisťahovalec

immigrate [ˈimigreit] prisťahovať sa

imminent [ˈiminənt] hroziaci

immoral [iˈmorəl] nemravný

immortal [iˈmoːtl] nesmrteľný

immortality [ˌimoːˈtæliti] nesmrteľnosť

immune [iˈmjuːn] imúnny

immunity [iˈmjuːniti] imunita

impact [ˈimpækt] náraz

impair [imˈpeə] poškodiť

impart [imˈpaːt] oznámiť

impartial [imˈpaːšəl] nestranný

impartiality [ˈimˌpaːšiˈæliti] nestrannosť

impatience [imˈpeišəns] netrpezlivosť

impatient [imˈpeišənt] netrpezlivý

impediment [imˈpedimənt] prekážka

impel [imˈpel] *(-ll-)* hnať, pobádať k niečomu

impenetrable [imˈpenitrəbl] nepreniknuteľný

imperative [imˈperətiv] *príd.* **1.** *gram.* rozkazovací **2.** naliehavý, nevyhnutný; *podst. gram.* rozkazovací spôsob

imperfect [imˈpəːfikt] nedokonalý

imperfection [ˌimpəˈfekšən] nedokonalosť

imperial [imˈpiəriəl] cisársky

imperialism [imˈpiəriəlizm] imperializmus

imperialist [imˈpiəriəlist] imperialista

imperil [imˈperil] *(-ll-)* ohroziť

impermeable [imˈpəːmjəbl] nepremokavý

impersonal [imˈpəːsənl] neosobný

impertinence [imˈpəːtinəns] bezočivosť

impertinent [imˈpəːtinənt] bezočivý

imperturbable [ˌimpə(:)-
ˈtə:bəbl] pokojný, neo-
chvejný
implement [ˈimplimənt]
nástroj
implore [imˈplo:] prosiť
imply [imˈplai] 1. navr-
hovať 2. zahrnovať 3.
obsahovať
impolite [impoˈlait] ne-
zdvorilý
import [imˈpo:t] sl. do-
vážať, importovať;
podst. [ˈimpo:t] dovoz,
import
importance [imˈpo:təns]
dôležitosť; význam
important [imˈpo:tənt]
dôležitý; významný
importer [imˈpo:tə] do-
vozca, importér
importune [imˈpo:tju:n]
naliehavo žiadať
importunity [ˌimpo:ˈtju:-
niti] dotieravosť
impose [imˈpəuz] 1. ulo-
žiť 2. oklamať
imposing [imˈpəuziŋ] im-
pozantný
impossibility [imˌposəˈbi-
liti] nemožnosť
impossible [imˈposəbl]
nemožný

impostor [imˈpostə] pod-
vodník
impotence [ˈimpotəns] 1.
neschopnosť 2. impo-
tencia
impoverish [imˈpovəriš]
ochudobniť
impracticable [imˈpræk-
tikəbl] neuskutočniteľný
impregnable [imˈprə-
gnəbl] (o pevnosti) ne-
dobytný
impregnate [imˈpregneit]
1. zúrodniť 2. impreg-
novať
impress [ˈimpres] 1. vtla-
čiť, vtisnúť 2. urobiť
dojem; imponovať
impression [imˈprešən] 1.
výtlačok 2. dojem
impressive [imˈpresiv] pô-
sobivý
imprison [imˈprizn] uväz-
niť
imprisonment [imˈprizn-
mənt] uväznenie
improbability [imˌprobə-
ˈbiliti] nepravdepodob-
nosť
improbable [imˈprobəbl]
nepravdepodobný
improper [imˈpropə] ne-
vhodný; neslušný

improve [im'pru:v] zlepšiť (sa), zdokonaliť (sa)

improvement [im'pru:vmənt] zlepšenie, zdokonalenie

impudence ['impjudəns] nehanblivosť, drzosť

impudent ['impjudənt] nehanblivý, drzý

impulse ['impals] podnet, impulz

impunity [im'pju:niti] beztrestnosť; *with i.* beztrestne

impure [im'pjuə] nečistý

impurity [im'pjuəriti] nečistota

in [in] *predl.* v; do; počas; za; *prísl.* dnu; *in order to (that)* aby; *in accordance with* podľa; *in addition to* okrem; *in conformity with* podľa; *in front of* pred; *in front* vpredu

inability [inə'biliti] neschopnosť

inaccessible [inæk'sesəbl] neprístupný

inaccurate [i'nækjurit] nepresný

inadequate [in'ædikwit]

neprimeraný, nedostatočný

inalienable [in'eiljənəbl] neodcudziteľný

inane [i'nein] hlúpy, nezmyselný

inanimate [in'ænimit] bezduchý, neživý

inaudible [in'o:dəbl] nečujný, tichý

inaugurate [i'no:gjureit] zasvätiť, uviesť do

inauguration [ino:gju'reišn] zasvätenie, uvedenie

inborn [in'bo:n] vrodený

incapable [in'keipəbl] neschopný *of (čoho)*

incapability [inkeipə'biliti] neschopnosť

incendiary [in'sendjəri] **1.** podpaľačský **2.** zápalný

incentive [in'sentiv] pohnútka, motív

incessant [in'sesnt] neprestajný, nepretržitý

inch [inč] palec, cól *(2,54 cm)*

incident ['insidənt] udalosť, príhoda; prípad

incidental [insi'dentl] náhodilý

incidentally [ˌinsiˈdentəli] mimochodom, náhodou

incite [inˈsait] podnecovať

incivility [insiˈviliti] neslušnosť

inclination [ˌinkliˈneišn] **1.** sklon **2.** náklonnosť

incline [inˈklain] skloniť (sa), nakloniť (sa)

include [inˈklu:d] zahrnúť; obsahovať

including [inˈklu:diŋ] včítane

inclusive [inˈklu:siv] zahrnujúci v sebe, včítane

incoherent [ˌinkəuˈhiərənt] nesúvislý

income [ˈinkəm] príjem, plat

income-tax [ˈinkəmtæks] daň z príjmu

incomparable [inˈkompərəbl] neporovnateľný

incompatible [ˈinkəmˈpætəbl] nezlučiteľný; neznesiteľný

incompetence [inˈkompitəns] neschopnosť

incompetent [inˈkompitənt] neschopný

incomplete [ˌinkəmˈpli:t] neúplný

incomprehensible [inˌkompriˈhensəbl] nezrozumiteľný, nepochopiteľný

inconceivable [ˌinkənˈsi:vəbl] nepredstaviteľný

inconsiderate [ˌinkənˈsidərit] nepremyslený, bezohľadný

inconsistent [ˌinkənˈsistənt] nedôsledný; protirečivý

inconsolable [ˌinkənˈsəuləbl] bezútešný

inconspicuous [ˌinkənˈspikjuəs] nenápadný

inconvenient [ˌinkənˈvi:njənt] **1.** nevhodný **2.** nevýhodný

incorrect [ˌinkəˈrekt] nesprávny

increase *sl.* [inˈkri:s] zväčšiť (sa); zvýšiť (sa); rásť; *podst.* [ˈinkri:s] zväčšenie, zvýšenie; prírastok

incredible [inˈkredəbl] neuveriteľný

incumbent [inˈkambənt]: *it is i. on you* je vašou povinnosťou (to urobiť)

incurable [inˈkjuərəbl] nevyliečiteľný

indebted [in'detid] **1.** za-
dĺžený **2.** *to* zaviazaný
komu

indecent [in'di:snt] ne-
slušný

indecision [ˌindi'sižn] ne-
rozhodnosť

indeed [in'di:d] naozaj,
vskutku

indefatigable [ˌindi'fæti-
gəbl] neúnavný

indefinite [in'definit] ne-
určitý

indemnify [in'demnifai]
from, against **1.** zabez-
pečiť **2.** *for* odškodniť

indemnity [in'demniti]
odškodné, náhrada ško-
dy

independence [ˌindi'pen-
dəns] nezávislosť, samo-
statnosť

independent ['indi'pen-
dənt] nezávislý, samo-
statný

index ['indeks] **1.** *(prst)*
ukazovák **2.** ukazova-
teľ, zoznam

India rubber ['indjəˌrabə]
guma

Indian ['indjən] *príd.* **1.**
indický **2.** indiánsky;
podst. **1.** Ind **2.** Indián

Indian summer ['indjən
ˌsamə] babie leto

indicate ['indikeit] uká-
zať; označiť

indicative [in'dikətiv]
gram. oznamovací spôsob

indict [in'dait] obviniť

indictment [in'daitmənt]
obvinenie

indifference [in'difrəns]
ľahostajnosť

indifferent [in'difrənt] **1.**
ľahostajný **2.** obyčajný

indigestion [ˌindi'džesčn]
pokazený žalúdok

indignant [in'dignənt]
rozhorčený

indignation [ˌindig'neišn]
rozhorčenie

indirect [ˌindi'rekt] ne-
priamy

indiscreet [ˌindis'kri:t] in-
diskrétny

indiscretion [ˌindis'krešn]
indiskrétnosť

indispensable [ˌindis'pen-
səbl] nepostrádateľný

indisposed [indis'pəuzd]
chorý, chorľavý, indis-
ponovaný

indisposition [ˌindispə-
'zišn] **1.** chorľavosť **2.**
nechuť, odpor

indistinct [ˌindisˈtinkt] nezreteľný

individual [ˈindiˈvidjuəl] *príd.* **1.** jednotlivý **2.** zvláštny; *podst.* jednotlivec

indivisible [ˌindiˈvizəbl] nedeliteľný

indolence [ˈindoləns] ľahostajnosť

indolent [ˈindolənt] lenivý; ľahostajný

indoors [ˈinˈdo:z] doma, v dome

indubitable [inˈdju:bitəbl] nepochybný

induce [inˈdju:s] **1.** donútiť **2.** indukovať

indulge [inˈdaldž] hovieť si, dožičiť si *(niečo)*

indulgence [inˈdaldžəns] **1.** zhovievavosť **2.** *in* záľuba v; slabosť

industrial [inˈdastriəl] priemyselný

industrious [inˈdastriəs] usilovný

industry [ˈindastri] **1.** usilovnosť **2.** priemysel

inedible [inˈedibl] nepožívateľný

ineffective [ˌiniˈfektiv] neúčinný

inefficient [ˌiniˈfišənt] **1.** nevýkonný **2.** nečinný

inept [iˈnept] absurdný; nevhodný

inertia [iˈnə:šiə] **1.** nečinnosť **2.** zotrvačnosť

inevitable [inˈevitəbl] nevyhnutný

inexhaustible [ˌinigˈzo:stəbl] nevyčerpateľný

inexorable [inˈeksərəbl] neúprosný

inexperienced [ˌiniksˈpiəriənst] neskúsený

inexplicable [inˈeksplikəbl] nevysvetliteľný

infallible [inˈfæləbl] neomylný

infamous [ˈinfəməs] hanebný; vykričaný

infamy [ˈinfəmi] hanba; ohavnosť

infancy [ˈinfənsi] detstvo

infant [ˈinfənt] dojča, dieťa

infantry [ˈinfəntri] pechota

infatuate [inˈfætjueit] poblázniť; zaslepiť

infatuation [inˌfætjuˈeišn] zaslepenosť

infect [inˈfekt] nakaziť

infection [inˈfekšn] nákaza

infectious [inˈfekšəs] nákazlivý

infer [inˈfə:] *(-rr-)* odvodzovať, usudzovať

inferior [inˈfiəriə] *príd.* 1. nižší; spodný 2. horší; podradný; *podst.* podriadený

infernal [inˈfə:nəl] pekelný

infertile [inˈfə:tail] neúrodný

infest [inˈfest] zamoriť; mučiť, trápiť

infidelity [ˌinfiˈdeliti] nevernosť

infinite [ˈinfinit] nekonečný

infinitive [inˈfinitiv] *gram.* infinitív, neurčitý spôsob

infirm [inˈfə:m] nepevný, slabý, vetchý

infirmity [inˈfə:miti] neduh, slabosť; telesná chyba

inflammation [ˌinfləˈmeišn] 1. zapálenie 2. *lek.* zápal

inflate [inˈfleit] nafúknuť, napumpovať *(dušu)*

inflation [inˈfleišn] inflácia

inflexible [inˈfleksəbl] 1. neohybný 2. *gram.* nesklonný

inflict [inˈflikt] *(trest)* uložiť, uvaliť

influence [ˈinfluəns] vplyv

influential [ˌinfluˈenšəl] vplyvný

influenza [ˈinfluˈenzə] chrípka

influx [ˈinflaks] *obraz.* príliv

inform [inˈfo:m] 1. oznámiť, informovať 2. *against* udať koho

informal [inˈfo:məl] neúradný, neformálny

information [ˌinfəˈmeišn] informácia, poznatok

informer [inˈfo:mə] udavač

infrequent [inˈfri:kwənt] zriedkavý, vzácny

infringe [inˈfrindž] porušiť, prestúpiť *(napr. zákon)*

infuse [inˈfju:z] 1. naliať 2. namočiť

infusion [inˈfju:žn] infúzia; vtok

ingenious [inˈdži:njəs] dômyselný

ingenuity [ˌindžiˈnju:iti] duchaplnosť, dômyselnosť

ingenuous [in'dženjuəs] priamy, úprimný

ingot ['iŋgət] prút *(zlata)*

ingrained [,in'greind] zakorenený *(napr. zvyk)*

ingratitude [in'grætitju:d] nevďak, nevďačnosť

ingredient [in'gri:diənt] prísada

inhabit [in'hæbit] obývať

inhabitant [in'hæbitənt] obyvateľ

inherent [in'hiərənt] vrodený, prirodzený

inherit [in'herit] zdediť

inheritance [in'heritəns] dedičstvo

inhibit [in'hibit] prekaziť, zakázať

inhuman [in'hju:mən] neľudský

inimical [i'nimikəl] nepriateľský

inimitable [i'nimitəbl] nenapodobiteľný

iniquity [i'nikwiti] neprávosť, nespravodlivosť

initial [i'nišəl] počiatočný

initials [i'nišəlz] *mn. č.* monogram

initiate [i'nišieit] **1.** začať **2.** *into* zasvätiť do

initiative [i'nišiətiv] iniciatívny

inject ['indžekt] dať injekciu

injure ['indžə] **1.** ublížiť **2.** poškodiť

injury ['indžəri] **1.** bezprávnosť, krivda **2.** škoda, poškodenie

injustice [in'džastis] bezprávie, nespravodlivosť

ink [iŋk] atrament

ink-pot ['iŋkpot] kalamár

inkstand ['iŋkstænd] kalamár

inland ['inlənd] *podst.* vnútrozemie; *príd.* vnútrozemský, domáci

inmate ['inmeit] spolubývajúci *(v hoteli, nemocnici)*

inn [in] hostinec

innate ['ineit] vrodený

inner ['inə] vnútorný

innkeeper [in,ki:pə] krčmár

innocence ['inosns] nevinnosť, prostota

innocent ['inosnt] nevinný

innocuous [i'nokjuəs] neškodný

innovation [,ino'veišn] novota

innovator [inəuveitə] novotár, novátor, zlepšovateľ

innumerable [i'nju:mərəbl] nespočetný

inoculation [iˌnokju'leišn] *against* očkovanie, štepenie

inoffensive [ˌinə'fensiv] neškodný

inoperative [in'opərətiv] neúčinný

inquest ['inkwest] *súdne)* vyšetrovanie

inquire [in'kwaiə] pýtať sa, informovať sa *(about, after* na, o)

inquiry [in'kwaiəri] dotaz, informácia *(about after* na)

inquisition [ˌinkwi'zišn] **1.** vyšetrenie **2.** inkvizícia

inquisitive [in'kwizitiv] zvedavý

insane [in'sein] šialený

inscription [in'skripšn] nápis

insect ['insekt] hmyz

insecure [ˌinsi'kjuə] neistý

insensible [in'sensəbl] bezcitný

insensitive [in'sensitiv] necitlivý

inseparable [in'sepərəbl] neodlučiteľný; neoddeliteľný

insert [in'sə:t] vložiť, vsunúť

inside ['in'said] *podst.* vnútro; *príd.* vnútorný; *prísl.* vnútri, dovnútra

insidious [in'sidiəs] úskočný

insignificant [ˌinsig'nifikənt] bezvýznamný

insincere [ˌinsin'siə] neúprimný

insinuate [in'sinjueit] naznačiť

insipid [in'sipid] bez chuti

insist [in'sist] naliehať, trvať *(on* na)

insolent ['insələnt] drzý

insoluble [in'soljubl] nerozpustný

insomnia [in'somniə] nespavosť

inspect [in'spekt] **1.** prezerať, dozerať na **2.** kontrolovať

inspection [in'spekšn] **1.** dozor **2.** prehliadka

inspector [in'spektə] dozorca, inšpektor

inspire [in'spaiə] nad-
chnúť, inšpirovať
install [in'sto:l] **1.** nasto-
liť, uviesť *(do úradu)*
2. umiestniť, inštalovať
instalment [in'sto:lmənt]
splátka
instance ['instəns] **1.** prí-
klad; *for i.* napríklad
2. prípad
instant ['instənt] okamih;
in an i. okamžite, hneď
instantaneous [͵instən-
'teinjəs] okamžitý
instead [ins'ted] namies-
to, miesto toho; *i. of*
miesto koho, miesto aby
instep ['instep] priehla-
vok *(časť chodidla)*
instigate ['instigeit] na-
vádzať, štvať
instigator ['instigeitə]
štváč
instinct ['instiŋkt] pud,
inštinkt
instinctive [in'stiŋktiv] pu-
dový, inštinktívny
institute ['institju:t] *sl.*
zriadiť, založiť; *podst.*
ústav
institution [͵insti'tju:šn]
1. založenie, zriadenie
2. inštitúcia

instruct [in'strakt] učiť,
poučiť; inštruovať; dať
pokyn
instruction [in'strakšn]
pokyn, inštrukcia
instructor [in'straktə]
cvičiteľ, inštruktor
instrument ['instrumənt]
nástroj
insufferable [in'safərəbl]
neznesiteľný
insufficient [͵insə'fišənt]
nedostatočný
insular ['insjulə] ostrovný
insulate ['insjuleit] odlú-
čiť, izolovať
insult *podst.* ['insalt]
urážka; *sl.* [in'salt]
uraziť *(koho)*
insuportable [͵insə'po:tə-
bl] neznesiteľný
insurance [in'šuərəns] po-
istenie; *i. policy* poist-
ka *(= poistné)*
insure [in'šuə] poistiť
insurgent [in'sə:džənt]
povstalec, vzbúrenec
insurrection [͵insə'rekšn]
vzbura, povstanie
intact [in'tækt] nedotknu-
tý, neporušený, úplný
integrity [in'tegriti] **1.** ce-
listvosť **2.** bezúhonnosť

intellectual [ˌintiˈlektjuəl]
príd. 1. rozumový 2. intelektuálny; *podst.* intelektuál
intelligence [inˈtelidžəns]
1. inteligencia 2. správa, informácia; *I. Service* tajná polícia
intelligent [inˈtelidžənt] inteligentný, múdry
inteligentsia [inˌteliˈdžentsiə] inteligencia *(spoločenská vrstva)*
intelligible [inˈtelidžəbl] zrozumiteľný
intend [inˈtend] zamýšľať, mať v úmysle
intense [inˈtens] prudký, silný, intenzívny
intensify [inˈtensifai] zosilniť (sa)
intensity [inˈtensiti] sila, prudkosť, intenzita
intention [inˈtenšn] zámer, účel, úmysel
intercept [ˌintəˈsept] zachytiť
interchange *sl.* [ˌintəˈčeindž] 1. vymeniť 2. zameniť; *podst.* [ˌintəˈčeindž] 1. výmena 2. zámena

intercourse [ˈintəkoːs] styk
interest [ˈintrist] *podst.* 1. záujem 2. úroky; *sl.* zaujímať; *be i-ed* zaujímať sa *(in* o)
interesting [ˈintristiŋ] zaujímavý
interfere [ˌintəˈfiə] zasahovať *(in* do); prekážať *(in something* čomu)
interference [ˌintəˈfiərəns] 1. zásah, zasahovanie 2. rušenie
interim [ˈintərim] medzitým
interior [inˈtiəriə] *príd.* vnútorný; *podst.* 1. vnútrajšok 2. vnútrozemie 3. vnútro
interjection [ˌintəˈdžekšn] *gram.* citoslovce
intermediary [ˌintəˈmiːdiəri] *príd.* sprostredkovací; *podst.* prostredník, sprostredkovateľ
interminable [inˈtəːminəbl] nekonečný
internal [inˈtəːnəl] vnútorný, vnútrozemský
international [ˌintəˈnæšnəl] medzinárodný

internationalism [ˌintə-ˈnæšnəlizm] internacionalizmus

interplanetary [ˌintəˈplænitəri] medziplanetárny

interpret [inˈtə:prit] **1.** vykladať, vysvetľovať **2.** tlmočiť

interpretation [inˌtə:priˈteišn] výklad

interpreter [inˈtə:pritə] prekladateľ, tlmočník

interrogate [inˈterogeit] opytovať sa, vypočúvať

interrupt [ˌintəˈrapt] prerušiť

interruption [ˌintəˈrapšn] prerušenie

interval [ˈintəvəl] **1.** medzera; interval **2.** prestávka

intervene [ˌintəˈvi:n] zakročiť, intervenovať

intervention [ˌintə:ˈvenšn] **1.** zákrok; intervencia **2.** prostredníctvo

interview [ˈintəvju:] *podst.* **1.** schôdzka **2.** interview; *sl.* interviewovať

intestines [inˈtestinz] *mn. č.* vnútornosti

intimacy [ˈintiməsi] dôvernosť; dôverný styk

intimate [ˈintimit] dôverný, intímny

intimidate [inˈtimideit] zastrašiť

intimidation [inˌtimiˈdeišn] zastrašovanie

into [ˈintu] do

intolerable [inˈtolərəbl] neznesiteľný

intolerant [inˈtolərənt] neznášanlivý

intoxicate [inˈtoksikeit] opojiť; opiť

intoxication [inˌtoksiˈkeišn] **1.** opojenie **2.** otrava alkoholom

intrepid [inˈtrepid] neohrozený

intricate [ˈintrikit] spletitý

intrigue [inˈtri:g] intriga, pletka

introduce [ˌintrəˈdju:s] **1.** uviesť, zaviesť **2.** predstaviť

introduction [ˌintrəˈdakšn] **1.** uvedenie **2.** úvod **3.** predstavenie *(niekomu)*

intrude [inˈtru:d] votrieť sa

intuition [ˌintju:ˈišn] intuícia

inundate [ˈinandeit] zaplaviť

invade [inˈveid] **1.** vpadnúť **2.** postihnúť

invader [inˈveidə] útočník, votrelec

invalid *príd.* [inˈvælid] neplatný; *podst.* [ˈinvəliːd] invalid

invaluable [inˈvæljuəbl] neoceniteľný

invariable [inˈveəriəbl] nepremenný

invasion [inˈveižn] vpád, invázia

invent [inˈvent] vynájsť

invention [inˈvenšn] vynález

inventor [inˈventə] vynálezca

inventory [ˈinvəntri] **1.** inventár **2.** inventúra

inverse [ˈinˈvəːs] obrátený

invert [inˈvəːt] obrátiť

invest [inˈvest] investovať

investigate [inˈvestigeit] pátrať, vyšetrovať

investigation [inˌvestiˈgeišn] pátranie, vyšetrovanie

investment [inˈvestmənt] investícia

inveterate [inˈvetərit] zastaralý, vžitý, úporný

invidious [inˈvidiəs] závideniahodný

invincible [inˈvinsəbl] nepremožiteľný

invisible [inˈvizəbl] neviditeľný

invitation [ˌinviˈteišn] pozvanie

invite [inˈvait] **1.** pozvať **2.** vyzvať

invoice [ˈinvois] účet za tovar, faktúra

invoke [inˈvəuk] vzývať

involuntary [inˈvoləntəri] nedobrovoľný; mimovoľný

involve [inˈvolv] **1.** vyžadovať **2.** zapliesť (sa) **3.** zahrnovať, obsahovať; *i-d in debt* zadĺžený

invulnerable [inˈvalnərəbl] nezraniteľný

inward [ˈinwəd] vnútorný

iodine [ˈaiədiːn] jód

Ireland [ˈaiələnd] Írsko

iris [ˈaiəris] dúhovka

Irish [ˈaiəriš] *príd.* írsky; *podst.* írčina; *the I.* Írovia

Irishman [ˈaiərišmən] Ír

irksome [ˈə:ksəm] únavný, mrzutý

iron [ˈaiən] *podst.* **1.** železo **2.** žehlička; *príd.* železný; pevný; *sl.* žehliť

ironclad [ˈaiənklæd] pancierový

ironical [aiˈronikəl] ironický

ironmonger [ˈaiənˌmaŋgə] obchodník so železom

ironmongery [ˈaiənˌmaŋgəri] železiarstvo

irons [ˈaiənz] *mn. č.* železá, putá

irony [ˈaiərəni] irónia

irradiate [iˈreidieit] ožarovať; osvietiť; žiariť

irregular [iˈregjulə] nepravidelný

irregularity [iˌregjuˈlæriti] nepravidelnosť

irrelevant [iˈrelivənt] nezávažný, bezvýznamný

irremediable [ˌiriˈmi:diəbl] nevyliečiteľný; nenahraditeľný

irreparable [iˌrepərəbl] nenapraviteľný

irresistible [ˌiriˈzistəbl] neodolateľný

irresolute [iˈrezəlu:t] nerozhodný

irrespective [ˌirisˈpektiv] *(of)* bez ohľadu na

irresponsible [ˌirisˈponsəbl] nezodpovedný

irresponsibility [ˈirisˌponsəˈbiliti] nezodpovednosť

irrevocable [iˈrevəkəbl] neodvolateľný

irrigate [ˈirigeit] zavodniť

irrigation [ˌiriˈgeišn] zavodňovanie

irritable [ˈiritəbl] popudlivý

irritate [ˈiriteit] dráždiť

irritation [ˌiriˈteišn] dráždenie

is *p.* ***be**

island [ˈailənd] ostrov

isle [ail] ostrov

isolate [ˈaisəleit] **1.** odlúčiť **2.** izolovať

issue [ˈisju:] *podst.* **1.** výtok **2.** *(o rieke)* ústie **3.** výsledok, záver **4.** potomstvo **5.** sporná otázka **6.** vydanie, číslo *(novín); sl.* **1.** *(o nariadení)* vyjsť **2.** pochádzať **3.** *(o knihe)* vydať

isthmus [ˈismǝs] úžina, zemská šija
it [it] 1. to 2. ono
Italian [iˈtæljǝn] *príd.* taliansky; *podst.* 1. Talian 2. taliančina
italics [iˈtæliks] kurzíva
Italy [ˈitǝli] Taliansko
itch [ič] *podst.* svrbenie; *sl.* svrbieť
item [ˈaitem] 1. položka

2. bod 3. článok 4. *(koncertné)* číslo
itinerary [aiˈtinǝrǝri] plán, popis cesty
its [its] jeho
itself [itˈself] 1. *(ono)* samo 2. sa
ivory [ˈaivǝri] slonovina
ivy [ˈaivi] brečtan
ivy-clad [ˈaiviklæd], ivy-hidden [ˈaivihidn] porastený brečtanom

J

jab [džæb] *podst.* bodnutie; *sl.* *(-bb-)* bodnúť
jack [džæk] zdvíhadlo, hever
jackal [ˈdžæko:l] šakal
jackdaw [ˈdžækdo:] kavka
jacket [ˈdžækit] 1. kabát, sako 2. šupka ● *potatoes with their j-s on* zemiaky v šupke
jaguar [ˈdžægjuǝ] jaguár
jail [džeil] žalár
jam [džæm] *sl.* *(-mm-)* 1. vtlačiť 2. zapchať 3.

rozgniaviť; *podst.* 1. zaváranina, lekvár 2. tlačenica, stisk
James [džeimz] Jakub
January [džænjuǝri] *podst.* január; *príd.* januárový
japan [džǝˈpæn] 1. japan *(druh papiera)* 2. šelak
Japan [džǝˈpæn] Japonsko
Japanese [ˌdžæpǝˈni:z] *príd.* japonský; *podst.* 1. Japonec, Japonka 2. japončina
jar [dža:] *podst.* krčah;

pohár *(na zaváranie);*
sl. (-rr-) vŕzgať, škrípať
jaundice [ˈdžoːndis] žltač-
ka
javelin [ˈdžævlin] oštep
jaw [džoː] ďasno; čeľusť
jaw-bone [ˈdžoːbəun] če-
ľustná kosť
jazz [džæz] džez
jay [džei] sojka
jealous [ˈdželəs] žiarlivý
jealousy [ˈdželəsi] žiarli-
vosť
jean [džiːn] silná bavlne-
ná látka; *j. overalls*
pracovné nohavice; *blue
j-s* texasky
Jean [džiːn] Jana
jeer [džiə] *sl. at* posmie-
vať sa; *podst.* posmech
jelly [ˈdželi] rôsol, želé
jeopardize [ˈdžepədaiz]
riskovať
jerk [džəːk] *podst.* trh-
nutie, myknutie; *sl.*
trhnúť, myknúť (sa)
jest [džest] *podst.* žart;
sl. žartovať
jester [ˈdžestə] šašo
jet [džet] **1.** čierny jantár
2. prúd *(vody)* **3.** dýza
jet-black [ˈdžetˈblæk]
čierny ako uhoľ

jet-propelled [ˈdžetprə-
ˈpeld] prúdový
Jew [džuː] žid
jewel [ˈdžuːəl] klenot,
šperk
jeweller [ˈdžuːələ] klenot-
ník
Jewess [ˈdžuːis] židovka
Jewish [ˈdžuːiš] židovský
jingle [ˈdžiŋgl] *podst.* cen-
got; *sl.* cengať
job [džob] **1.** práca **2.**
úloha
jocose [džəˈkəus] žartov-
ný, veselý
Joe [džəu] *(dôverne na-
miesto Joseph)* Jožko
jog [džog] *(-gg-)* drgnúť;
klusať
John [ˈdžon] Ján
join [džoin] **1.** spojiť
(sa), **2.** pripojiť sa k;
vstúpiť do
joiner [ˈdžoinə] stolár
joint [džoint] *prísl.* spo-
ločný; *podst.* **1.** kĺb **2.**
(u zvierat) stehno
joint stock [ˈdžointstok]
účastinný kapitál; *j. s.
company* účastinná spo-
ločnosť
joke [džəuk] *podst.* žart,
vtip; *sl.* žartovať

jolly [džoli] veselý; milý; *hovor.* pekný

jolt [džəult] hádzať, hegať

Joseph [ˈdžəuzif] Jozef

jostle [džosl] sotiť

journal [ˈdžə:nəl] **1.** denník **2.** noviny

journalist [ˈdžə:nəlist] novinár

journey [ˈdžə:ni] cesta

joy [džoi] radosť

joyful [ˈdžoiful] radostný, veselý

joyous [ˈdžoiəs] radostný, veselý

jubilee [ˈdžu:bili:] jubileum, výročie

judge [džadž] *podst.* **1.** sudca **2.** rozhodca; *sl.* **1.** súdiť **2.** posudzovať

judgment [ˈdžadžmənt] **1.** rozsudok **2.** úsudok

judicial [džu:ˈdišəl] súdny

judicious [džu:ˈdišəs] rozumný, bystrý

jug [džag] krčah

juggler [ˈdžaglə] žonglér

juice [džu:s] šťava

juicy [ˈdžu:si] šťavnatý

July [džu:ˈlai] *podst.* júl; *príd.* júlový

jumble [ˈdžambl] zmiešať

jump [džamp] *sl.* skočiť, skákať; *podst.* skok

jumper [ˈdžampə] **1.** skokan **2.** pulóver, blúzka

jumpy [ˈdžampi] nervózny

junction [džankšn] **1.** *(železničná)* križovatka **2.** spojenie

June [džu:n] *podst.* jún; *príd.* júnový

jungle [džaŋgl] džungľa

junior [ˈdžu:njə] mladší

jurisdiction [ˌdžuərisˈdikšn] súdnictvo

juror [ˈdžuərə] porotca

jury [ˈdžuəri] porota

just [džast] *príd.* spravodlivý; *prísl.* **1.** práve **2.** len; *j. now* **1.** práve teraz **2.** pred chvíľou

justice [ˈdžastis] **1.** spravodlivosť **2.** právo **3.** súdne konanie **4.** sudca; *Mr. Justice* oslovenie sudcu

justify [ˈdžastifai] ospravedlniť, oprávniť

jute [džu:t] juta

juvenile [ˈdžu:vinail] *príd.* mladý, mladistvý; *podst.* mladík

K

kale, kail [keil] kel *(zelenina)*

kangaroo [ˌkæŋgəˈruː] kengura

Kansas [ˈkænzəs] štát v USA

keel [kiːl] kýl, základ lodnej kostry

keen [kiːn] **1.** ostrý **2.** silný, intenzívny **3.** *on* dychtivý

*keep [kiːp] **1.** zachovávať **2.** držať **3.** udržiavať **4.** podporovať, vydržovať **5.** viesť, riadiť **6.** nechať si **7.** *for k-s amer.* navždy

keeper [ˈkiːpə] strážca, opatrovník, dozorca

keepsake [ˈkiːpseik] dar na pamiatku

keg [keg] súdok

kennel [kenl] psia búda

Kentucky [kenˈtaki] štát v USA

kept *p.* ***keep**

kerbstone [ˈkəːbstəun] okraj chodníka

kerchief [ˈkəːčiːf] šatka

kernel [ˈkəːnəl] zrnko, jadro

kerosene [ˈkerosiːn] petrolej *(na svietenie); amer.* parafín; *k.-lamp* petrolejová lampa

kettle [ketl] kotlík, *(kovová)* kanvica

key [kiː] **1.** kľúč **2.** kláves

keyboard [ˈkiːboːd] klávesnica, klaviatúra

keyhole [ˈkiːhəul] kľúčová dierka

key-note [ˈkiːnəut] základný rys, črta *(schôdze, rokovania)*

khaki [ˈkaːki] zelenohnedý, kaki

kick [kik] *sl.* kopnúť, *(nohou)* kopať; *podst.* kopnutie, kopanec

kid [kid] **1.** kozliatko **2.** *hovor.* dieťa

kidnap [ˈkidnæp] *(-pp-)* uniesť *(človeka)*

kidney [ˈkidni] oblička

kill [kil] zabiť

kilt [kilt] škótska sukňa

kin [kin] príbuzenstvo

kind [kaind] *podst.* **1.** druh, rod **2.** akosť; *príd.* láskavý, priateľský

kindergarten [ˈkindəgaːtn] škôlka

kind-hearted [ˈkaindˈhaːtid] dobrosrdečný

kindle [ˈkindl] zapáliť, vznietiť

kindling [ˈkindliŋ] triesky

kindly [ˈkaindli] *príd.* láskavý; mierny; *prísl.* láskavo

kindred [ˈkindrid] *príd.* príbuzný; *podst.* príbuzenstvo, rodina

kinetic [kiˈnetik] kinetický

king [kiŋ] kráľ

kingdom [ˈkiŋdəm] kráľovstvo

kink [kiŋk] **1.** slučka **2.** vrtoch

kinship [ˈkinšip] príbuzenstvo

kipper [ˈkipə] údený sleď

kiss [kis] *podst.* bozk; *sl.* bozkať, pobozkať

kit [kit] *(remeselnícke)* náradie

kitchen [ˈkičin] kuchyňa

kite [kait] papierový drak

kitten [kitn] mačiatko

knack [næk] zručnosť

knapsack [ˈnæpsæk] batoh

knave [neiv] darebák

knead [niːd] miesiť, *(o ceste)* vaľkať

knee [niː] koleno

*kneel [niːl] kľaknúť si

knell [nel] umieráčik

knelt *p.* *kneel

knew *p.* *know

knickerbockers [ˈnikəbokəz] *mn. č.* pumpky

knife [naif] *mn. č.* knives nôž

knight [nait] **1.** rytier **2.** šach. kôň

knit [nit] *(-tt-) (ihlicami)* pliesť

knitting-machine [ˈnitiŋməˌšiːn] pletací stroj

knob [nob] gombík *(na zásuvke, na dverách);* tuning k. gombík na rádiu

knock [nok] *podst.* zaklopanie, rana, úder; *sl.* klopať, zaklopať; k. down zraziť; k. out poraziť, knokautovať

knot [not] *podst.* uzol; *sl. (-tt-)* zauzliť (sa)

*know [nəu] **1.** vedieť, poznať **2.** rozoznať **3.** dozvedieť sa; *k. by name, by sight* poznať podľa mena, z videnia

knowledge [ˈnolidž] znalosť, vedomosti

known *p.* ***know**

knuckle [nakl] kĺb *(na prste)*

kohlrabi [ˈkəulraːbi] kaleráb

kolkhoz [kolˈhoːz] kolchoz

Korean [koˈriːən] *príd.* kórejský; *podst.* Kórejec

Ku-Klux-Klan [ˈkjuː-ˈklaks-klæn] tajná protičernošská organizácia na juhu USA

L

label [leibl] *podst.* nálepka, vineta; *sl. (-ll-)* označiť nálepkou

laboratory [ləˈborətəri] laboratórium

laborious [ləˈboːriəs] pracovitý

labour [ˈleibə] *podst.* **1.** práca, námaha; *hard l.* nútená práca; *L. Exchange* pracovný úrad; *l. hours* pracovný čas **2.** robotníctvo; *L. Party* robotnícka strana; *sl.* pracovať, namáhať sa

lace [leis] **1.** šnúrka **2.** čipky

lack [læk] *podst.* nedostatok; *sl.* postrádať, nemať

lackey [ˈlæki] lokaj

lacquer [ˈlækə] lak

lad [læd] mládenec, chlapec

ladder [ˈlædə] **1.** rebrík **2.** očko na pančuche

laden [leidn] naložený, zaťažený

lading [ˈleidiŋ] náklad

ladle [leidl] *podst.* nabe-
račka; *sl.* naberať
lady [leidi] dáma, pani
lady-bird [ˈleidibə:d]
zool. lienka
lag [læg] *(-gg-)* **1.** za-
ostávať; váhať **2.** izolo-
vať *(proti teplu, chladu)*
lager [ˈla:gə] ležiak, svet-
lé pivo
lagoon [ləˈgu:n] lagúna
laid *p.* *lay
lain *p.* *lie
lake [leik] jazero
lamb [læm] jahňa, baran-
ček
lame [leim] **1.** chromý,
krivý; *he is l.
in the left leg* je chromý
na ľavú nohu **2.** ne-
presvedčivý, biedny; *l.
excuse* biedna výhovor-
ka
lament [ləˈment] *podst.*
bedákanie; *sl.* bedákať
lamp [læmp] lampa
lampoon [læmˈpu:n] ha-
nopis
lamp-shade [ˈlæmpšeid]
tienidlo
land [lænd] *podst.* **1.**
zem, pôda **2.** pevnina
3. kraj, štát; *sl.* pristáť

landlady [ˈlænˌleidi] **1.**
domáca pani **2.** stat-
kárka **3.** hostinská
land-lord [ˈlænlo:d] **1.**
statkár **2.** hostinský
landowner [ˈlændəunə]
statkár; majiteľ pôdy
landscape [ˈlændskeip]
kraj; krajina
lane [lein] **1.** poľná cesta
2. ulička **3.** pruh vozov-
ky
language [ˈlæŋgwidž] ja-
zyk, reč; *bad l.* nadávky
languid [ˈlæŋgwid] mdlý,
malátny, chabý
languish [ˈlæŋgwiš] **1.**
chradnúť **2.** túžiť
lank [læŋk] štíhly, rovný
lantern [ˈlæntən] lampáš
lap [læp] lono
lapse [læps] poklesok,
úpadok; plynutie
larch [la:č] červený smrek
lard [la:d] bravčová masť
larder [ˈla:də] komora
large [la:dž] veľký, ob-
jemný; *at l.* **1.** na slo-
bode **2.** podrobne
largely [ˈla:džli] veľmi,
značne; najmä
lark [la:k] **1.** škovránok
2. žart, zábava

lash [læš] *sl.* bičovať, švihnúť; *podst.* **1.** bič **2.** švihnutie

lass; lassie [læs; ˡlæsi] dievča

last [la:st] *príd.* **1.** posledný **2.** minulý; *príd.* posledný raz; *sl.* **1.** trvať **2.** vystačiť; *at l.* konečne; ● *l. but not least* posledný, nie však menej dôležitý

lasting [ˡla:stiŋ] trvalý

lastly [ˡla:stli] nakoniec, konečne

latch [læč] závora *(na dverách);* patentná zámka

latch-key [ˡlæčki:] *(patentný)* domový kľúč

late [leit] *príd.* **1.** oneskorený **2.** neskorý **3.** zosnulý **4.** bývalý; *prísl.* neskoro; *be l.* prísť neskoro, oneskoriť sa

lately [ˡleitli] nedávno; v poslednom čase

latent [ˡleitənt] skrytý, utajený

later [ˡleitə] *príd.* neskorší; *prísl.* neskôr, neskoršie

lateral [ˡlætərəl] postranný, vedľajší

lath [la:θ] latka

lathe [leið] točovka, sústruh

lather [ˡla:ðə] *podst.* mydlová pena; *sl.* mydliť; peniť sa

Latin [ˡlætin] *podst.* latinčina; *príd.* latinský

latitude [ˡlætitju:d] *(zemepisná)* šírka

latter [ˡlætə] **1.** novší; neskorší **2.** *(z dvoch)* druhý

lattice [ˡlætis] mreža

Latvia [ˡlætviə] Lotyšsko

Latvian [ˡlætviən] lotyšský

laudable [ˡlo:dəbl] chválitebný

laugh [la:f] *sl.* **1.** smiať sa; *at* vysmievať sa **2.** *podst.* smiech

laughable [ˡla:fəbl] smiešny

laughter [ˡla:ftə] smiech

launch [lo:nč] **1.** spustiť na vodu **2.** *(prudko)* hodiť; vypustiť

laundry [ˡlo:ndri] **1.** práčovňa **2.** bielizeň do práčovne

laurel [ˈlorəl] vavrín
lav [læv] = lavatory
lava [ˈlaːvə] láva
lavatory [ˈlævətəri] 1. umyváreň 2. záchod
lavender [ˈlævində] levanduľa
lavish [ˈlæviš] štedrý, plytvajúci čím
law [loː] zákon
law-court [ˈloːkoːt] súd
lawn [loːn] trávnik; l. party amer. = garden-party
lawsuit [ˈloːsjuːt] súdny spor
lawyer [ˈloːjə] právnik; právny zástupca; advokát
lax [læks] príd. voľný, nespútaný; podst. hnačka
lay¹ p. *lie
lay² [lei] krátka epická báseň; príd. laický, neodborný
*lay³ [lei] klásť, položiť
layer [leiə] vrstva
lazy [ˈleizi] lenivý
lead¹ [liːd] 1. vedenie 2. šnúra elektrického vedenia 3. [led] olovo
*lead² [liːd] viesť

leader [ˈliːdə] 1. vodca 2. úvodník
leadership [ˈliːdəšip] vodcovstvo; vedenie
leaf [liːf] mn. č. leaves bot. list
leaflet [ˈliːflit] leták
leafy [liːfi] listnatý
league [liːg] liga
leak [liːk] podst. puklina, štrbina; sl. tiecť; prepúšťať vodu
lean¹ [liːn] chudý
*lean² [liːn] 1. nakláňať sa 2. opierať sa 3. spoliehať sa
leant p. *lean
leap¹ [liːp] skok
*leap² [liːp] skákať
leap-year [ˈliːpjəː] priestupný rok
*learn [ləːn] 1. učiť sa 2. dozvedieť sa
learned [ˈləːnid] učený
learning [ˈləːniŋ] učenie sa; učenosť; vedomosti
learnt p. *learn
lease [liːs] podst. nájom, prenájom; sl. prenajať
leash [liːš] remeň na psa
least [liːst] príd. najmenší; prísl. najmenej; at l. prinajmenšom, as-

poň; *not in the l.* vôbec
nie; ani najmenej
leather [ˈleðə] *podst.* ko-
ža; *príd.* kožený
leatherette [ˌleðəˈret] ko-
ženka, imitácia kože
leave¹ [li:v] **1.** dovolenie
2. dovolenka **3.** rozlú-
čenie; *take l. of* rozlúčiť
sa
*leave² [li:v] **1.** nechať
2. zanechať **3.** opustiť
4. odísť, odcestovať **5.**
amer. dovoliť **6.** *alone*
nechať na pokoji **7.** *out*
vynechať
leaven [ˈlevn] kvasnice
lecture [ˈlekčə] *podst.*
prednáška; *sl.* predná-
šať
lecturer [ˈlekčərə] pred-
nášateľ, docent
led *p.* ***lead**
ledger [ˈledžə] hlavná kni-
ha
leech [li:č] pijavica
leek [li:k] *bot.* pór
left¹ *p.* ***leave**
left² [left] *príd.* ľavý;
prísl. vľavo, naľavo
left-handed [ˈleftˈhændid]
ľavoruký

leg [leg] *(celá)* noha;
noha stola
legacy [ˈlegəsi] dedičstvo,
odkaz
legal [ˈli:gəl] **1.** zákoni-
tý, zákonný **2.** právny
legation [liˈgeišn] vysla-
nectvo
legend [ˈledžənd] legenda
legendary [ˈledžəndəri] le-
gendárny
legible [ˈledžəbl] čitateľ-
ný
legion [ˈli:džən] légia
legislation [ˌledžisˈleišn]
zákonodarstvo
legislature [ˈledžisleičə]
zákonodarný zbor
legitimate [liˈdžitimit] zá-
konitý
leguminous [leˈgju:-
minəs]: *l. plants* struko-
viny
leisure [ˈležə] voľný čas,
voľno
leisurely [ˈležəli] nenútene
lemon [ˈlemən] citrón
lemonade [ˌleməˈneid] li-
monáda, citronáda
*lend [lend] požičať
length [leŋθ] dĺžka; *at l.*
1. konečne **2.** obšírne,
podrobne

lengthen [leŋθn] predĺžiť
(sa)
lenient [ˈliːnjənt] zhovie-
vavý
lens [lenz] *fyz.* šošovka
lent *p.* ***lend**
lentil [ˈlentil] šošovica
leopard [ˈlepəd] leopard
less [les] *príd.* menší;
prísl. menej; *predl.* bez
lessen [ˈlesn] zmenšiť sa
lesser [ˈlesə] menší; malý
lesson [ˈlesn] lekcia; vy-
učovacia hodina; úloha
lest [lest] aby nie
*let [let] *(-tt-)* **1.** nechať
2. dovoliť **3.** prenajať;
l. us go poďme! *l. alone*
opustiť; nechať na po-
koji; *l. someone know*
oznámiť niekomu; *l. in*
vpustiť; *l. off* odpáliť;
amer. prestať
letter [ˈletə] **1.** písmeno
2. list
lettuce [ˈletis] hlávkový
šalát
levee [ˈlevi] vodná hrá-
dza
level [ˈlevl] *podst.* **1.** ro-
vina **2.** úroveň; *príd.*
rovný, rovnomerný; *sl.*
(-ll-) **1.** zrovnať, vyrov-

nať **2.** namieriť *(at* na);
on the l. hovor. otvore-
ný, úprimný
lever [ˈliːvə] páka
levy [ˈlevi] vyberať *(napr.*
dane)
lewd [luːd] oplzlý
lexical [ˈleksikəl] lexikál-
ny; slovníkový
liability [ˌlaiəˈbiliti] **1.**
zodpovednosť **2.** záväz-
nosť **3.** záväzok
liable [ˈlaiəbl] **1.** zodpo-
vedný **2.** podrobený **3.**
vystavený
liar [ˈlaiə] luhár
libel [ˈlaibl] *podst.* oho-
váranie; urážka na cti;
sl. (-ll-) ohovárať
liberal [ˈlibərəl] *príd.*
1. štedrý **2.** liberálny;
podst. liberál
liberate [ˈlibəreit] oslobo-
diť
libertine [ˈlibəːtain]
spustlík, samopašník
liberty [ˈlibəti] sloboda
librarian [laiˈbreəriən]
knihovník
library [ˈlaibrəri] knižni-
ca
lice *mn. č.* od **louse**

licence [ˈlaisəns] *podst.* dovolenie, povolenie; koncesia; *driving l.* vodičský preukaz; *sl.* povoliť

lick [lik] **1.** lízať **2.** zbiť

licking [ˈlikiŋ] výprask

lid [lid] viečko, pokrývka

lie¹ [lai] *podst.* lož; *sl.* luhať

*lie² [lai] ležať; *l. down* ľahnúť si

lieutenant [lefˈtenənt] poručík

life [laif] život

life-boat [laifbəut] záchranný čln

lifelong [ˈlaifloŋ] celoživotný, doživotný

lifetime [ˈlaiftaim] celý život

lift [lift] *sl.* zodvihnúť (sa); *podst.* výťah ● *give someone a l.* odviezť niekoho autom

light¹ [lait] svetlo; *príd.* **1.** svetlý **2.** ľahký

*light² **1.** rozsvietiť **2.** zakúriť **3.** osvetľovať **4.** *up* rozjasniť sa

lighter [ˈlaitə] zapaľovač

lighthouse [ˈlaithaus] maják

lightning [ˈlaitniŋ] blesk; *l. conductor* hromozvod

like [laik] *príd.* podobný; *prísl.* ako; *sl.* mať rád; *I l. it* páči sa mi to

likelihood [ˈlaiklihud] pravdepodobnosť

likely [ˈlaikli] pravdepodobný; *he is l. to come* pravdepodobne príde

likeness [ˈlaiknis] podobnosť

likewise [ˈlaikwaiz] taktiež, podobne, rovnako

liking [ˈlaikiŋ] záľuba

lilac [ˈlailək] orgován

lily [ˈlili] ľalia; *l. of the valley* konvalinka

limb [lim] úd

lime [laim] **1.** vápno **2.** citrusový plod; *l. tree* lipa

limit [ˈlimit] *podst.* hranica, medza; *sl.* obmedziť

limitation [ˌlimiˈteišn] obmedzenie

limp [limp] *sl.* krívať; *príd.* spľasknutý, mdlý

limpid [ˈlimpid] priezračný

line [lain] *podst.* **1.** povraz, šnúra **2.** čiara,

priamka **3.** rad; *stand in l. amer.* stáť v rade **4.** šík **5.** trať, linka **6.** odbor; *sl.* **1.** linajkovať **2.** obložiť; podšiť **3.** *up* zoradiť

linen [ˈlinin] **1.** plátno **2.** bielizeň

liner [ˈlainə] parník; dopravné lietadlo

linger [ˈliŋgə] zotrvávať, otáľať

lingo [liŋgəu] žargón

linguistics [liŋˈgwistiks] *mn. č.* jazykoveda

lining [ˈlainiŋ] podšívka

link [liŋk] *podst. (spojovací)* článok; *sl.* spojiť (sa)

linnet [ˈlinit] konôpka

linoleum [liˈnəuljəm] linoleum

linseed [ˈlinsi:d] ľanové semienko

lion [ˈlaiən] lev

lip [lip] pera

lipstick [ˈlipstik] rúž

liquid [ˈlikwid] *príd.* tekutý; *podst.* tekutina

liquor [ˈlikə] liehovina

lisp [lisp] šušlať

list [list] *podst.* zoznam; *sl.* spísať, zapísať do zoznamu

listen [lisn] *to* počúvať koho, čo, načúvať

listener [ˈlisənə] poslucháč

lit *p.* ***light**

literal [ˈlitərəl] doslovný

literary [ˈlitərəri] literárny

literate [ˈlitərit] gramotný

literature [ˈlitəričə] literatúra

Lithuania [ˌliθjuːˈeinjə] Litva

Lithuanian [ˌliθjuːˈeinjən] *príd.* litovský; *podst.* Litovec

litre [ˈliːtə] liter

litter [ˈlitə] **1.** nosidlá **2.** smeti **3.** vrh *(mláďat)*

little [litl] *príd.* malý; *prísl.* málo; *podst. a l.* trocha

live [liv] **1.** žiť **2.** bývať; *príd.* [laiv] **1.** živý **2.** *elektr.* nabitý

livelihood [ˈlaivlihud] živobytie

lively [ˈlaivli] plný života; veselý

liver [ˈlivə] pečeň
livery [ˈlivəri] livrej
livestock [ˈlaivstok] živý inventár; dobytok
living [ˈliviŋ] *podst.* živobytie; *príd.* živý, žijúci
lizard [ˈlizəd] jašterica
load [ləud] *podst.* náklad, bremeno; *sl.* **1.** naložiť **2.** *(o zbrani)* nabiť
loaf [ləuf] *podst.* bochník; *sl.* povaľovať sa
loafer [ləufə] povaľač
loam [ləum] íl, hlina
loan [ləun] pôžička
loathe [ləuð] nenávidieť
loath-some [ləuθsəm] hnusný, odporný; nenávidený
lobby [ˈlobi] **1.** vstupná hala; chodba **2.** v dolnej snemovni hala, kde sa voliči stretávajú s poslancami
lobe [ləub] lalok
lobster [ˈlobstə] morský rak, krab
local [ˈləukəl] miestny
locality [ləuˈkæliti] miesto, poloha
locate [ləuˈkeit] **1.** umiestiť **2.** lokalizovať

lock [lok] *podst.* **1.** kader **2.** zámka **3.** stavidlo, splav; *sl.* zamknúť
locksmith [ˈloksmiθ] zámočník
locomotive [ˈləukəˈməutiv] rušeň
locust [ləukəst] *zool.* kobylka
lodger [ˈlodžə] podnájomník
lodgings [ˈlodžiŋz] *mn. č.* podnájom
loft [loft] povala, podkrovie
lofty [ˈlofti] **1.** vysoký **2.** povýšený, povznesený
log [log] poleno, klada
log-book [ˈlogbuk] lodný denník
log-cabin [ˈlogˈkæbin] zrub
loggerhead [ˈlogəhed]; ● *to be at l. with* poškriepiť sa s niekým
logic [ˈlodžik] logika
logical [ˈlodžikəl] logický
loin [loin] bedrá
loiter [ˈloitə] ponevierať sa
loll [lol] opierať sa; vystierať sa
lollipop [ˈlolipop] lízanka

Londoner [ˈlandənə] Londýnčan

lonely [ˈləunli] osamelý

long [loŋ] *príd.* dlhý; *sl.* túžiť; *prísl.* dlho; *l. ago* dávno; *before l.* zanedlho, skoro; *as l. as* pokiaľ, kým

longing [ˈloŋiŋ] túha, túžba

longitude [ˈlondžitjuːd] *(zemepisná)* dĺžka

look¹ [luk] pohľad

look² [luk] *sl.* **1.** dívať sa, pozerať sa *(at* na) **2.** vyzerať **3.** *after* starať sa o **4.** *for* hľadať **5.** *up to* hľadieť s úctou **6.** *up* vyhľadať **7.** *out* pozerať sa von; dávať pozor **8.** *on* prihliadať **9.** *into* preskúmať, uvážiť **10.** *forward to* tešiť sa na

looking-glass [ˈlukiŋglaːs] zrkadlo

looks [luks] vzhľad

loom [luːm] *podst.* tkácsky stav; *sl.* rysovať sa na obzore alebo v šere

loop [luːp] slučka

loop-hole [ˈluːphəul] **1.** otvor **2.** zadné dvierka

loose [luːs] **1.** voľný, uvoľnený **2.** prostopašný

loosen [luːsn] uvoľniť (sa), rozviazať

loot [luːt] *podst.* ulúpená vec, korisť; *sl.* lúpiť

łop [lop] *(-pp-)* okliesniť, orúbať

loquacious [loˈkweišəs] zhovorčivý

lord [loːd] pán; lord; *L. Mayor* primátor

lorry [ˈlori] nákladné auto

***lose** [luːz] **1.** stratiť **2.** prehrať **3.** *l. one's way* zablúdiť

loss [los] **1.** strata **2.** škoda; *at a l.* v rozpakoch

lost¹ *p.* *lose

lost² [lost] stratený; prehraný

lot [lot] **1.** lós **2.** osud **3.** podiel **4.** množstvo **5.** *amer.* parcela; *a l. of* mnoho, veľa

lottery [ˈlotəri] lotéria

lotion [ləušn] roztok na umývanie

loud [laud] *príd.* **1.** hlasný **2.** krikľavý; *prísl.* hlasno, nahlas

loudspeaker [ˈlaudˈspi:kə] amplión, reproduktor

lounge [laundž] **1.** promenáda **2.** klubovka **3.** hala, foyer

louse [laus], *mn. č.* **lice** voš

love [lav] *podst.* láska ● *for the l. of* z lásky k; *give him my l.* pozdravuj ho odo mňa; *make l. to* dvoriť; *in l. with* zaľúbený do; *sl.* milovať

lovely [ˈlavli] rozkošný, pôvabný

lover [ˈlavə] milovník, milenec

low [ləu] *sl.* bučať; *príd.* **1.** nízky **2.** *(o zvuku)* tichý **3.** sklesklý; *prísl.* nízko

lower [ˈləuə] *príd.* **1.** nižší **2.** tichší; *prísl.* nižšie; *sl.* znížiť (sa)

loyal [ˈloiəl] lojálny, verný, oddaný

loyalty [ˈloiəlti] vernosť, oddanosť

lubricant [ˈlu:brikənt] mazadlo

lubricate [ˈlu:brikeit] mazať *(stroj)*

lucid [ˈlu:sid] jasný; svetlý

luck [lak] náhoda, osud; *good l.* šťastie; *bad l.* smola, neúspech

luckily [ˈlakili] našťastie

lucky [laki] šťastný

ludicrous [ˈlu:dikrəs] smiešny

luggage [ˈlagidž] batožina

lukewarm [ˈlu:kwo:m] vlažný

lull [lal] *sl.* uspať; *podst.* pokoj, oddych

lullaby [ˈlaləbai] uspávanka

lumbago [lamˈbeigəu] *lek.* úsad

lumber [ˈlambə] drevo

luminous [ˈlu:minəs] svetielkujúci; žiarivý

lump [lamp] **1.** kus, hruda **2.** kocka *(napr. cukru)* ● *in the l.* brať paušálne

lunatic [ˈlu:nətik] šialený

lunch [lanč] studený obed

luncheon [lančn] = **lunch**

lungs [laŋgz] *mn. č.* pľúca

lurch [lə:č] tackať sa ● *to leave in the l.* nechať v úzkych

lure [ljuə] lákať, vábiť

lurid [ˈljuərid] chmúrny

lurk [lə:k] striehnuť

luscious [ˈlašəs] sladučký; mdlý

lust [last] chtivosť, chlipnosť

lustre [ˈlastə] **1.** lesk **2.** sláva

luxurious [lagˈzjuəriəs] prepychový

luxury [ˈlakšəri] prepych, luxus

lynch [linč] lynčovať

lynx [liŋks] *zool.* rys

lyre [ˈlaiə] lýra

lyrics [ˈliriks] *mn. č.* lyrika

lyrical [ˈlirikəl] lyrický

M

M. A. [emei] = *Master of Arts (akademická hodnosť)* magister umení

mac [mæk] = **mackintosh**

mace [meis] palcát; žezlo

machine [məˈši:n] stroj

machine-gun [məˈši:ngan] guľomet

machinery [məˈši:nəri] **1.** stroje *(sústava strojov)* **2.** mašinéria

mackerel [ˈmækrəl] *zool.* makrela

mackintosh [ˈmækintoš] pršiplášť, nepremokavý plášť

mad [mæd] **1.** šialený, bláznivý **-2.** zúrivý **3.** pobláznený *(about, on do)*

madam [ˈmædəm] *(v oslovení)* pani, slečna

made *p.* *****make**

madhouse [ˈmædhaus] *hovor.* blázinec

magazine [ˌmægəˈzi:n] **1.** *(vojenské)* skladisko **2.** *(zábavný, obrázkový)* časopis

magic [ˈmædžik] *podst.* kúzlo; *príd.* kúzelný

magician [məˈdžišn] kúzelník

magistrate [ˈmædžistrit] *(policajný)* sudca

magnanimous [mægˈnæniməs] veľkodušný

magnet [ˈmægnit] magnet

magnetic [mægˈnetik] **1.** magnetický **2.** príťažlivý

magnetism [ˈmægnitizm] **1.** magnetizmus **2.** príťažlivosť

magnificient [mægˈnifisnt] skvelý

magnify [ˈmægnifai] zväčšovať

magnifying glass [ˈmægnifaiŋglaːs] zväčšovacie sklo, lupa

magnitude [ˈmægnitjuːd] veľkosť; stupeň dôležitosti

magpie [ˈmægpai] straka

mahogany [məˈhogəni] mahagón

maid [meid] **1.** dievča **2.** slúžka

maiden [meidn] nevydatá mladá žena, dievča; *m. name* dievčenské meno

mail [meil] *podst.* pošta; *sl.* poslať poštou; *air m.*

letecká pošta; **mailman** [meilmən] *amer.* poštár

maim [meim] dokaličiť

main [mein] hlavný

mainland [ˈmeinlənd] pevnina

mainly [ˈmeinli] najmä

maintain [meinˈtein] **1.** udržovať **2.** vydržiavať, podporovať **3.** tvrdiť

maintenance [ˈmeintinəns] **1.** podpora **2.** údržba

maize [meiz] kukurica

majesty [ˈmædžisti] majestátnosť; veličenstvo

major [ˈmeidžə] *príd.* **1.** väčší **2.** dôležitejší **3.** *(v hudbe)* dur; *podst.* major

majority [məˈdžoriti] **1.** väčšina **2.** plnoletosť

*make¹ [meik] **1.** robiť **2.** vyrábať **3.** prinútiť; *m. the bed* ustlať; *m. the fire* zakúriť; *m. hay* sušiť seno; *m. tea* variť čaj; *m. friends* priateliť sa; *m. money* zarábať; *m. one's living* zarábať na živobytie; *m. war* viesť vojnu; *m. progress* robiť pokroky;

m. him go prinúť ho, aby išiel **4.** doplniť **5.** nahradiť **6.** zostaviť, zostrojiť **7.** namaľovať sa; *m. up one's mind* rozhodnúť sa

make² [meik] *up* **1.** výmysel **2.** *(o tvári)* namaľovanie

malaria [məˈleəriə] malária

male [meil] *príd.* mužský; samčí; *podst.* muž; samec

malediction [ˌmæliˈdikšn] preklínanie, kliatba

malevolent [məˈlevələnt] zlomyseľný

malice [ˈmælis] zlomyseľnosť

malicious [məˈlišəs] zlomyseľný

malignant [məˈlignənt] **1.** nenávistný; zlovoľný **2.** zhubný

malingerer [məˈliŋgərə] simulant

malnutrition [ˈmælnju(:)ˈtrišən] podvýživa

malodorous [mæˈləudərəs] páchnúci, smradľavý

malt [mo:lt] slad

maltreat [mælˈtri:t] týrať

mammal [ˈmæml] cicavec

mammoth [ˈmæməθ] *podst.* mamut; *príd.* obrovský

man [mæn] *mn. č.* **men** *podst.* **1.** muž **2.** človek **3.** zamestnanec; *sl. (-nn-)* osadiť mužstvom; *m. oneself* vzmužiť sa

manage [ˈmænidž] **1.** riadiť, spravovať niečo **2.** zariadiť **3.** zvládnuť **4.** vedieť si poradiť

management [ˈmænidžmənt] vedenie, správa

manager [ˈmænidžə] riaditeľ, správca

mandate [ˈmændeit] mandát, poverenie

mane [mein] hriva

manful [ˈmænfl] smelý, rozhodný

manger [ˈmeindžə] jasle; koryto

manhood [ˈmænhud] mužný vek; mužnosť

mania [ˈmeiniə] mánia, posadnutosť

manicure [ˈmænikjuə] manikúra

manifest [ˈmænifest]

príd. zrejmý; *sl.* **1.** prejaviť **2.** ukázať sa
manifesto [ˈmæniˈfestəu] manifest
manifold [ˈmænifəuld] mnohonásobný
manipulate [məˈnipjuleit] **1.** narábať, manipulovať **2.** falšovať
mankind [mænˈkaind] ľudstvo
manly [ˈmænli] mužný
manner [ˈmænə] spôsob; *in this m.* takto
manners [ˈmænəz] *mn. č.* chovanie, spôsoby
manoeuvre [məˈnuːvə] *podst.* manéver; *sl.* manévrovať
manor [ˈmænə] veľkostatok, panstvo
man-power [ˈmænˌpauə] pracovná sila
mansion [ˈmænšn] rezidencia
manslaughter [ˈmænˌsloːtə] zabitie, vražda
mantelpiece [ˈmæntlpiːs] rímsa nad kozubom
mantle [mæntl] **1.** plášť **2.** kryt
manual [ˈmænjuəl] *príd.*

ručný; telesný; *podst.* príručka
manufacture [ˌmænjuˈfækčə] *podst.* výroba; *sl.* **1.** vyrábať **2.** vymyslieť
manufacturer [ˌmænjuˈfækčərə] výrobca
manure [məˈnjuə] *podst.* hnojivo; *sl.* hnojiť
manuscript [ˈmænjuskript] rukopis
many [ˈmeni] *príd.* mnohý, početný; *prísl.* mnoho; *how m.?* koľko?; *a great m.* veľmi veľa
map [mæp] mapa
maple [ˈmeipl] javor
mar [maː] *(-rr-)* kaziť
marble [ˈmaːbl] mramor
March [maːč] *podst.* marec; *príd.* marcový
march [maːč] *sl.* pochodovať; *podst.* pochod
mare [meə] kobyla
margarine [ˌmaːdžəˈriːn] margarín, umelý tuk
margin [ˈmaːdžin] **1.** okraj **2.** *(cenové)* rozpätie **3.** prebytok, zisk
marine [məˈriːn] *príd.* morský; námorný; *podst.* loďstvo; *mercan-*

tile m. obchodné loďstvo

mariner [ˈmærinə] námorník

marital [məˈraitl] manželský

maritime [ˈmæritaim] **1.** prímorský **2.** námorný

marjoram [ˈma:džərəm] *bot.* majorán

mark [ma:k] *podst.* **1.** znak, značka, škvrna **2.** cieľ, terč **3.** *(hodnotiaca)* známka; *sl.* **1.** označiť **2.** vyznačiť **3.** dávať pozor na

market [ˈma:kit] trh

marmalade [ˈma:məleid] pomarančový džem

maroon [məˈru:n] tmavogaštanový

marriage [ˈmæridž] **1.** manželstvo **2.** sobáš

marrow [ˈmærəu] špik

marry [ˈmæri] **1.** oženiť (sa) **2.** vydať (sa)

marsh [ma:š] močiar

marshal [ˈma:šəl] *podst.* maršal; *sl. (-ll-)* zoradiť

marten [ˈma:tin] kuna

martial [ˈma:šəl] vojenský; *m. law* stanné prá-

vo; *court m.* vojenský súd

martin [ˈma:tin] *zool.* jurička

martyr [ˈma:tə] *podst.* mučeník; *sl.* umučiť

marvel [ˈma:vəl] *podst.* div; zázrak; *sl. (-ll-)* diviť sa

marvelous [ˈma:viləs] úžasný

Mary [ˈmeəri] Mária

Marxian [ˈma:ksiən] *príd.* marxistický; *podst.* marxista

Marxism [ˈma:ksizm] marxizmus

Marxist [ˈma:ksist] *podst.* marxista; *príd.* marxistický

masculine [ˈma:skjulin] **1.** mužský **2.** *gram.* mužského rodu

mash [mæš] *podst.* miešanina; *sl.* rozdrviť; *m-ed potatoes* zemiaková kaša

mask [ma:sk] maska

mason [meisn] **1.** kamenár **2.** murár

masquerade [ˌmæskəˈreid] maškaráda

mass [mæs] *podst.* **1.** hmota **2.** masa **3.** omša; *sl.* hromadiť (sa); *m. meeting* masové zhromaždenie; *m. media* masové prostriedky *(najmä rozhlas a televízia); m. production* masová výroba

massacre [ˈmæsəkə] masakra

masses [ˈmæsiz] ľud, ľudové masy

massive [ˈmæsiv] masívny, solídny

mast [maːst] stožiar; žrď

master [ˈmaːstə] *podst.* **1.** pán **2.** učiteľ **3.** kapitán lode **4.** majster **5.** *M.* mladý pán *(pred vlastným menom); sl.* zvládnuť, ovládať

masterful [ˈmaːstəfl] veliteľský, pánovitý

masterly [ˈmaːstəli] majstrovský

masterpiece [ˈmaːstəpiːs] majstrovské dielo

mat [mæt] rohožka; podložka

match [mæč] *podst.* **1.** zápalka **2.** športový zápas **3.** súper, partner; *be a m. for* byť súperom pre **4.** partia; *make a good m.* dobre sa oženiť *(vydať); sl.* **1.** pristať; *a tie to m. the suit* viazanka, ktorá pristane k obleku **2.** súperiť

mate [meit] *podst.* **1.** druh, kolega **2.** lodný dôstojník; *sl.* páriť sa

material [məˈtiəriəl] *príd.* **1.** hmotný **2.** závažný; *podst.* látka, materiál; *raw m.* surovina

materialism [məˈtiəriəlizm] materializmus

materialist [məˈtiəriəlist] materialista

materialistic [məˌtiəriəˈlistik] materialistický

maternal [məˈtəːnəl] materský

maternity [məˈtəːniti] materstvo; *m. hospital* pôrodnica

mathematics [ˌmæθəˈmætiks] *mn. č.* matematika

matriculation [məˌtrikjuˈleišən] imatrikulácia

matrimony [ˈmætriməni] manželstvo

matrix [ˈmeitriks] matica, matrica

matter [ˈmætə] *podst.* **1.** hmota **2.** záležitosť **3.** vec; *printed m.* tlačivo; *in the m. of* čo sa toho týka; *a m. of course* samozrejmosť; *as a m. of fact* v skutočnosti, vlastne; *no m. who* nezáleží na tom, kto; *what is the m. with you?* čo ti je?; *sl.* mať význam, dôležitosť; *it does not m.* na tom nezáleží; *what does it m.?* čo na tom *(záleží)?*

mattock [ˈmætək] krompáč

mattress [ˈmætris] matrac

mature [məˈtjuə] *príd.* zrelý; *sl.* dozrieť

mauve [məuv] svetlofialová farba

maw [mo:] žalúdok *(u zvierat);* pažerák

maxim [ˈmæksim] zásada

maximum [ˈmæksiməm] *podst.* maximum; *príd.* maximálny

May [mei] *podst.* máj; *príd.* májový

***may** [mei] smieť; môcť; *you m. be right* možno máte pravdu

maybe [ˈmeibi:] možno, snáď, azda

May-Day [meidei] Prvý máj

mayor [meə] starosta

maze [meiz] bludisko

me [mi:] mňa, mne, mi

meadow [medəu] lúka

meagre [mi:gə] chudý

meal [mi:l] *(denné)* jedlo

mean [mi:n] *príd.* **1.** nízky, hanebný **2.** skúpy **3.** stredný, priemerný; *podst.* stred, priemer; ***sl.* **1.** znamenať **2.** mieniť **3.** zamýšľať

meaning [ˈmi:niŋ] význam

meaningless [ˈmi:niŋlis] nezmyselný, bezdôvodný

means [mi:nz] *mn. č.* prostriedok; *by m. of* pomocou; *by all m.* rozhodne; *by no m.* rozhodne nie; *mn. č.* finančné prostriedky; *a man of m.* zámožný človek

meant *p.* ***mean**

meantime [ˈmi:nˈtaim] *in the m.* zatiaľ

meanwhile [ˈmi:nˈwail] zatiaľ

measles [ˈmi:zlz] osýpky
measure [ˈmežə] *podst.*
1. miera **2.** rytmus **3.**
opatrenie; *sl.* merať
measurement [ˈmežə-
mənt] miera; meranie
measurements [ˈmežə-
mənts] *mn. č.* rozmery
meat [mi:t] mäso
mechanic [miˈkænik]
podst. strojník, mecha-
nik; *príd.* mechanický
mechanical [miˈkænikəl]
mechanický, strojový
mechanics [miˈkæniks]
mn. č. mechanika
mechanism [ˈmekənizm]
mechanizmus
mechanize [ˈmekənaiz]
mechanizovať
medal [medl] medaila
meddle [medl] *in with*
miešať sa do
medial [ˈmi:djəl] stredný;
priemerný
mediate [ˈmi:dieit] spro-
stredkovať
mediation [ˌmi:diˈeišn]
sprostredkovanie
medical [ˈmedikəl] lekár-
sky; *m. student* medik
medicine [ˈmedsin] **1.** liek
2. lekárstvo

medieval [ˌmediˈi:vəl]
stredoveký
mediocre [ˈmi:diəukə]
priemerný
meditate [ˈmediteit] uva-
žovať, premýšľať
meditation [ˌmediˈteišn]
premýšľanie, uvažova-
nie
Mediterranean (Sea)
[meditəˈreinjən (si:)]
Stredozemné more
medium [ˈmi:diəm] *podst.*
1. prostriedok **2.** stred;
priemer **3.** prostredie;
sprostredkovateľ **4.** mé-
dium; *príd.* stredný
medley [ˈmedli] zmes
meek [mi:k] poddajný,
mierny, krotký, trpezlivý
*meet** [mi:t] **1.** stretnúť
(sa) **2.** zísť sa **3.** zozná-
miť sa s **4.** uspokojiť
5. vyrovnať *(účet)*
meeting [ˈmi:tiŋ] **1.** schô-
dza **2.** stretnutie
melancholy [ˈmelənkəli]
podst. melanchólia;
príd. melancholický
mellow [ˈmeləu] zrelý,
sladký, mäkký
melodious [miˈləudjəs]
melodický

melody ['melədi] melódia
melon ['melən] melón
*melt [melt] 1. taviť 2.
topiť (sa), rozpúšťať sa
member ['membə] člen
membership ['membəšip]
1. členstvo 2. členovia
memorable ['memərəbl]
pamätný
memorial [mə'mo:riəl] 1.
pamätník 2. pomník
memorize ['meməraiz]
učiť sa naspamäť
memory ['meməri] 1. pa-
mäť 2. spomienka
men mn. č. od man
menace ['menəs] podst.
hrozba; sl. by, with
hroziť, ohroziť
mend [mend] opraviť,
spraviť, zlepšiť
mendacious [men'deišəs]
lživý
mental ['mentl] duševný;
m. home ústav pre du-
ševne chorých
mention ['menšn] sl.
zmieniť sa o; don't m. it
niet za čo (odpoveď na
„ďakujem"); podst.
zmienka
menu ['menju:] jedálny
lístok

mercantile ['mə:kəntail]
obchodný
mercenary ['mə:sənəri]
príd. námezdný; podst.
žoldnier
mercer ['mə:sə] obchod-
ník so strižným tovarom
merchandise ['mə:čən-
daiz] tovar
merchant ['mə:čənt] veľ-
koobchodník, obchodník
merchantman ['mə:čənt-
mən] obchodná loď
merciful ['mə:siful] milo-
srdný
mercury ['mə:kjuri] ortuť
mercy ['mə:si] súcit, mi-
losrdenstvo
mere [miə] púhy
merely ['miəli] iba
merge [mə:dž] 1. splynúť
2. spojiť
meridian [mə'ridiən] po-
ludník
merit ['merit] podst. 1.
zásluha 2. dobrá vlast-
nosť; sl. zaslúžiť
mermaid ['mə:meid] mor-
ská panna
merriment ['merimənt]
veselosť
merry ['meri] veselý;
make m. zabávať sa

merry-go-round [ˈmeri-gəuˌraund] kolotoč

merry-making [ˈmeriˌmei-kiŋ] veselica

mesh [meš] *(na sieti)* oko, slučka

mess [mes] 1. neporiadok, zmätok 2. *(vojenská, námornícka)* kantína

message [ˈmesidž] správa, odkaz

messenger [ˈmesindžə] posol, poslíček

metal [metl] kov

metallic [miˈtælik] kovový

metallurgical [ˌmetəˈlə:-džikəl] hutnícky

metallurgy [meˈtælədži] hutníctvo

metaphor [ˈmetəfə] prirovnanie

meteor [ˈmi:tjə] meteor, povetroň

meteorite [ˈmi:tjərait] meteorit

meter [ˈmi:tə] meradlo; *gas-m.* plynomer; *water-m.* vodomer

method [ˈmeθəd] metóda, spôsob, postup

meticulous [miˈtikjuləs] úzkostlivý

metre [ˈmi:tə] 1. meter 2. metrum

metropolis [miˈtropəlis] metropola

mew [mju:] 1. čajka 2. mňaukanie

mews [mju:z] stajňa

mica [ˈmaikə] sľuda

mice *mn. č.* od mouse

Michaelmas [ˈmiklməs] 29. september

microbe [ˈmaikrəub] mikrób

microscopic(al) [ˌmai-krəsˈkopik(əl)] mikroskopický

midday [ˈmiddei] *podst.* poludnie; *príd.* poludňajší

middle [midl] *príd.* stredný, prostredný; *podst.* stred

middle-aged [ˈmidlˈeidžd] stredného veku

Middle Ages [ˈmidleidžiz] the stredovek

middle class [ˈmidlklɑ:s] stredná trieda, buržoázia

midnight [ˈmidnait] polnoc

midwife [ˈmidwaif] pôrodná asistentka

might¹ [mait] *p.* **may;** *I m.* mohol by som

might² [mait] moc, sila

mighty [maiti] mocný; mohutný

migrate [maiˈgreit] sťahovať sa

milage [ˈmailidž] vzdialenosť v míľach

mild [maild] **1.** mierny **2.** lahodný

mildew [ˈmildju:] pleseň

mile [mail] míľa (1609,3 metrov)

militancy [ˈmilitənsi] bojovnosť

militant [ˈmilitənt] bojovný

military [ˈmilitəri] vojenský

militia [miˈlišə] milícia

milk [milk] *podst.* mlieko; *sl.* dojiť

milk-bar [ˈmilkba:] mliečny bar

milk-tooth [ˈmilktu:θ] mliečny zub

milky [ˈmilki] mliečny

mill [mil] **1.** mlyn **2.** továreň

miller [ˈmilə] mlynár

milliard [ˈmilja:d] miliarda

millimetre [ˈmiliˌmi:tə] milimeter

milliner [ˈmilinə] modistka

million [ˈmiljən] milión

millionaire [ˌmiljəˈneə] milionár

milt [milt] mlieč

mince [mins] sekať na drobno

mind [maind] *podst.* **1.** myseľ, pamäť **2.** zmýšľanie ● *bear, have in m.* mať na mysli; *to my m.* podľa môjho názoru; *sl.* **1.** dbať na, o; starať sa **2.** namietať proti ● *m. the step.* pozor na schod; *never m.* to nič, na tom nezáleží; *m. your own business* starajte sa o svoje veci

mine [main] *zám.* môj; *podst.* **1.** baňa **2.** mína; *sl.* **1.** dolovať **2.** podmínovať

miner [ˈmainə] baník

mineral [ˈminərəl] *príd.* nerastný; *podst.* nerast, hornina

mingle [ˈmiŋgl] miešať (sa)

miniature [ˈminjəčə]
podst. miniatúra; *príd.*
miniatúrny

minimum [ˈminiməm]
podst. minimum; *príd.*
minimálny

minister [ˈministə] **1.**
minister **2.** vyslanec **3.**
(protestantský) duchovný

ministerial [ˌminisˈtiəriəl]
ministerský

ministry [ˈministri] ministerstvo

mink [miŋk] norka

minor [ˈmainə] *príd.* **1.**
menší **2.** podradný;
podst. neplnoletá osoba

minority [maiˈnoriti]
menšina

mint [mint] *podst.* **1.** *bot.*
mäta **2.** mincovňa; *sl.*
raziť mince

minus [ˈmainəs] bez; mínus

minute¹ [ˈminit] minúta;
to the m. presne

minute² [maiˈnju:t] **1.**
drobný **2.** presný, podrobný

minutes [ˈminits] *mn. č.*
protokol, zápis

miracle [ˈmirəkl] div, zázrak

miraculous [miˈrækjuləs]
zázračný

mirage [ˈmira:ž] fatamorgána

mire [ˈmaiə] bahno, blato

mirror [ˈmirə] zrkadlo

mirth [mə:θ] veselie

misadventure [ˌmisədˈvenčə] nehoda, nešťastná náhoda

mis- [mis] *predpona;* zle,
nesprávne

miscellaneous [ˌmisiˈleinjəs] rozmanitý, rôznorodý

mischief [ˈmisčif] **1.** darebáctvo **2.** nezbednosť
3. zlá vôľa

mischievous [ˈmisčivəs] **1.**
škodlivý **2.** nezbedný

miser [ˈmaizə] lakomec

miserable [ˈmizərəbl] **1.**
nešťastný **2.** biedny,
úbohý

misery [ˈmizəri] bieda

misfortune [misˈfo:čn] nešťastie

misgiving [misˈgiviŋ]
obava, pochybnosť

mishap [ˈmishæp] nehoda, nešťastie

mislaid *p.* ***mislay**
*mislay [mis'lei] *(niekam)* založiť
*mislead [mis'li:d] *(na zlú cestu)* zaviesť
misled *p.* ***mislead**
misplace ['mis'pleis] *(niekam)* založiť, položiť na nesprávne miesto
misprint [mis'print] tlačová chyba
miss [mis] **1.** minúť; netrafiť **2.** zmeškať **3.** postrádať **4.** *out* vynechať; *we shall m. you* bude nám za tebou smutno
Miss [mis] *(pred menom)* slečna
missile ['misail] strela; *guided m.* riaditeľná strela
missing ['misiŋ] **1.** chýbajúci **2.** postrádaný
mission ['mišn] **1.** poslanie **2.** posolstvo, misia
mist [mist] hmla, opar
mistake¹ [mis'teik] omyl, chyba
*mistake² *for* omylom považovať za; *be m-n* byť na omyle, mýliť sa

Mister ['mistə] = *Mr.* pán *(pred menom)*
mistletoe ['misltəu] imelo
mistook *p.* ***mistake**
mistress ['mistris] **1.** pani **2.** učiteľka **3.** milenka
mistrust [mis'trast] *sl.* nedôverovať; *podst.* nedôvera
misty ['misti] hmlistý, zahmlený
*misunderstand ['misandə'stænd] nechápať, nerozumieť
misunderstanding ['misandə'stændiŋ] nedorozumenie
misunderstood *p.* ***misunderstand**
mitigate ['mitigeit] zmierniť
mittens [mitnz] palčiaky *(rukavice)*
mix [miks] miešať (sa); *m. up* premiešať
mixture ['miksčə] zmes
moan [məun] *podst.* ston; *sl.* stonať
mob [mob] *podst.* dav, luza; *sl. (-bb-)* obkľopiť, obliehať
mobile ['məubail] pohyblivý

mobilization [ˈməubilai-ˈzeišn] mobilizácia
mobilize [ˈməubilaiz] mobilizovať
mock [mok] *sl.* posmievať sa, uškierať sa; *príd.* falošný, nepravý, strojený, naoko
mockery [ˈmokəri] výsmech
modal [məudl] *gram.* modálny, spôsobový
mode [məud] spôsob
model [ˈmodl] *podst.* vzor, model; *príd.* vzorný; *sl.* modelovať
moderate [ˈmodərit] umiernený; stredný
moderation [ˌmodəˈreišn] umiernenosť
modern [ˈmodən] moderný
modest [ˈmodist] 1. skromný 2. mierny
modesty [ˈmodisti] skromnosť
modify [ˈmodifai] upraviť, prispôsobiť
moist [moist] vlhký
moisten [moisn] navlhčiť
moisture [ˈmoisčə] vlhkosť

molar [məulə] zadný zub, stolička
molasses [məˈlæsiz] melasa
mole [məul] 1. krt 2. mólo 3. materské znamienko
molecular [məulekjulə] molekulárny
molecule [ˈmolikju:l] molekula
molest [moˈlest] obťažovať
molestation [məulesˈteišn] obťažovanie
moment [ˈməumənt] 1. okamih 2. závažnosť, dôležitosť
monarch [ˈmonək] panovník
monarchy [ˈmonəki] monarchia
monastery [ˈmonəstri] kláštor
Monday [ˈmandi] pondelok
monetary [ˈmanitəri] peňažný
money [ˈmani] peniaze
money-order [ˈmaniˌo:də] poštová poukážka
Mongol [ˈmoŋgol] *príd.* mongolský; *podst.* Mongol

mongreal [ˈmaŋgrəl] krí-
ženec

monk [maŋk] mních

monkey [ˈmaŋki] opica

monkey-wrench [ˈmanki-
renč] univerzálny, fran-
cúzsky kľúč

monograph [ˈmonəgra:f]
monografia

monopoly [məˈnopəli]
monopol

monotonous [məˈnotənəs]
jednotvárny

monotony [məˈnotəni]
jednotvárnosť

monsoon [monˈsu:n] mon-
zún

monster [ˈmonstə] netvor,
obluda

monstrous [ˈmonstrəs]
hrozný, strašný; ozrut-
ný

month [manθ] *(kalendár-
ny)* mesiac

monthly [ˈmanθli] *príd.*
mesačný; *podst.* mesač-
ník; *prísl.* mesačne

monument [ˈmonjumənt]
pamätník; pomník

monumental [ˌmonju-
ˈmentl] monumentálny

mood [mu:d] **1.** *gram.*
spôsob **2.** nálada

moon [mu:n] mesiac *(na
oblohe)*

moor [muə] slatina

moral [ˈmorəl] *príd.*
mravný; *podst.* mravné
ponaučenie

morale [moˈra:l] morálka
(duševný stav, nálada)

morals [ˈmorəlz] *mn. č.*
morálka, mravnosť

Moravia [məˈreivjə] Mo-
rava

Moravian [məˈreivjən]
príd. moravský; *podst.*
Moravan

morbid [ˈmo:bid] chorob-
ný

more [mo:] viacej

moreover [mo:ˈrəuvə]
okrem toho

morning [ˈmo:niŋ] **1.** rá-
no **2.** dopoludnie

morose [məˈrəus] mrzu-
tý, nevľúdny

morsel [ˈmo:səl] kúsok,
sústo

mortal [mo:tl] *príd.* smr-
teľný; *podst.* smrteľ-
ník

mortality [mo:ˈtæliti] **1.**
smrteľnosť **2.** úmrtnosť

mortar [ˈmo:tə] malta

mortgage [ˈmoːgidž] *podst.* hypotéka; *sl.* zaťažiť majetok; zadĺžiť

mortify [ˈmoːtifai] umŕtviť

mortuary [ˈmoːtjuəri] márnica

mosquito [məsˈkiːtəu] moskyt

moss [mos] mach

most [məust] *príd.* najväčší; väčšina; *príd.* najviacej

mostly [ˈməustli] väčšinou

moth [moθ] 1. moľ 2. mora

mother [ˈmaðə] matka; *the m. country* 1. vlasť 2. materská zem *(V. Británia)*

motherhood [ˈmaðəhud] materstvo

mother-in-law [ˈmaðərinloː] svokra

motion [məušn] 1. pohyb 2. *(na schôdzi)* návrh

motionless [məušənlis] nehybný

motion picture [ˈməušn ˈpikčə] *amer.* film

motive [məutiv] *príd.* hybný; *podst.* pohnútka, motív

motley [motli] pestrý, strakatý

motor [məutə] motor

motor-car [ˈməutəkaː] auto

mould [məuld] 1. forma 2. pleseň

moulder [məuldə] práchnivieť

mouldy [məuldi] plesnivý

mount [maunt] *podst.* hora *(pri mene hôr); sl.* stúpať, vystupovať na

mountain [ˈmauntin] vrch, hora

mountaineer [ˈmauntiˈniə] horal, horolezec

mountainous [ˈmauntinəs] hornatý

mourn [moːn] smútiť, trúchliť

mourning [ˈmoːniŋ] smútok; smútočné šaty

mouse [maus] *mn. č.* **mice** myš

moustache [məsˈtaːš] fúzy

mouth [mauθ] 1. ústa 2. ústie

mouthful [mauθful] sústo
mouth-organ [ˈmauθ-ˈo:gən] fúkacia harmonika
move [mu:v] **1.** hýbať (sa), pohybovať (sa) **2.** sťahovať (sa) **3.** dojať
movement [ˈmu:vmənt] **1.** pohyb **2.** vyprázdňovanie čriev
movies [mu:viz] *mn. č. hovor.* kino
moving [ˈmu:viŋ] dojemný
mow [məu] kosiť, žať
M. P. [empí] = **1.** *Member of Parliament (britský)* poslanec **2.** *Military Police* vojenská polícia
Mr [ˈmistə] *(= Mister)* pán *(pred menom)*
Mrs [ˈmisiz] *(= Mistress)* pani *(pred menom)*
much [mač] **1.** mnoho, veľa **2.** oveľa; *how m.?* koľko?
muck [mak] **1.** špina, hnoj **2.** hlúposť
mud [mad] blato, bahno
mud-bath [ˈmadba:θ] bahenný kúpeľ
muddy [ˈmadi] zablatený, blatistý

mudguard [ˈmadga:d] blatník
muffin [ˈmafin] koláčik, pagáčik
mug [mag] hrnček; korbeľ
mulberry [ˈmalbəri] moruša
mule [mju:l] *zool.* mul(ica)
multiple [ˈmaltipl] mnohonásobný
multiplication [ˈmaltipli-ˈkeišn] násobenie; *m. table* násobilka
multiply [ˈmaltiplai] násobiť
multitude [ˈmaltitju:d] **1.** množstvo **2.** dav
mumble [ˈmambl] mumlať
mummy [ˈmami] **1.** mamička **2.** múmia
mumps [mamps] *mn. č.* príušnice
mundane [ˈmandein] svetský, svetácky
municipal [mju:ˈnisipəl] komunálny
munitions [mju:ˈnišnz] *mn. č.* výzbroj, munícia
murder [ˈmə:də] *podst.* vražda; *sl.* vraždiť

murderer ['mə:dərə] vrah
murderous ['mə:dərəs]
vražedný
murky ['mə:ki] tmavý,
temný
murmur ['mə:mə] *podst.*
1. šum **2.** šepot; *sl.*
1. šumieť **2.** šepkať **3.**
reptať
muscle [masl] sval
muse [mju:z] *podst.* mú-
za; *sl.* uvažovať
museum [mju:'ziəm] mú-
zeum
mushroom ['mašru:m]
huba, hríb
music ['mju:zik] **1.** hud-
ba **2.** noty
musical ['mju:zikəl] hu-
dobný
music-hall ['mju:zikho:l]
kabaret; *amer.* hudobná
sieň
musician [mju:'zišn] hu-
dobník
mussel [masl] mušľa
must [mast]: *I. m.* mu-
sím; *he m. be mad* isto
sa zbláznil; *you m. have
heard of it* isto si o tom
počul

mustard ['mastəd] horči-
ca
muster ['mastə] prehliad-
ka; *pass m.* obstáť
musty ['masti] plesnivý
mutation [mju:'teišn] pre-
mena, mutácia
mute [mju:t] **1.** tichý
2. nemý **3.** nezvučný
mutilate ['mju:tileit] do-
kaličiť
mutiny ['mju:tini] *sl.*
vzbúriť sa; *podst.* vzbu-
ra
mutter ['matə] mumlať,
reptať
mutton [matn] baranie
mäso
mutual ['mju:tjuəl] vzá-
jomný
muzzle [mazl] *podst.* ná-
hubok; *sl.* umlčať
my [mai] môj
myself [mai'self] **1.** ja
sám **2.** sa
mysterious [mis'tiəriəs]
tajomný
mystery ['mistəri] tajom-
stvo, záhada
mystical ['mistikl] mys-
tický, tajuplný
myth [miθ] mýtus

N

nab [næb] *(-bb-)* pristihnúť

nacre [ˈneikə] perleť

nag [næg] *(-gg-)* vadiť sa; *n. at* rýpať do

nail [neil] *podst.* **1.** necht **2.** klinec; *sl.* pribiť

naive [naːˈiːv] naivný

naked [ˈneikid] nahý; holý ● *with the n. eye* púhym okom

name [neim] *podst.* **1.** meno, názov **2.** *(dobrá)* povesť; *sl.* menovať, pomenovať

namely [ˈneimli] totiž

nanny-goat [ˈnænigəut] koza

nap [næp]: *take a n.* zdriemnuť si

nape [neip] šija, zátylok

napkin [ˈnæpkin] **1.** servítka **2.** plienka

narcotic [naːˈkotik] *príd.* narkotický; *podst.* narkotikum

narrate [næˈreit] rozprávať

narrative [ˈnærətiv] rozprávanie, poviedka

narrow [ˈnærəu] úzky

narrow-minded [ˈnærəuˈmaindid] úzkoprsý

nasal [ˈneizəl] nosový

nasty [ˈnaːsti] **1.** odporný **2.** protivný

nation [ˈneišn] národ

national [ˈnæšənl] národný

nationality [ˌnæšəˈnæliti] **1.** národnosť **2.** štátna príslušnosť

nationalization [ˈnæšnəlaiˈzeišn] znárodnenie

nationalize [ˈnæšnəlaiz] znárodniť

native [ˈneitiv] *príd.* **1.** rodný **2.** domorodý; *podst.* domorodec

natural [ˈnæčrəl] **1.** prírodný **2.** prirodzený

naturally [ˈnæčrəli] prirodzene, samozrejme

nature [ˈneičə] **1.** príroda **2.** povaha, prirodzenosť

naught [noːt] nula

naughty [ˈnoːti] nevychovaný; neposlušný

naval [ˈneivəl] námorný

navel [ˈneivəl] pupok

navigable [ˈnævigəbl] splavný

navigation [ˌnæviˈgeišn] **1.** plavba **2.** moreplavectvo

navigator [ˈnævigeitə] navigátor

navvy [ˈnævi] nekvalifikovaný *(pri pozemných prácach)* robotník

navy [ˈneivi] vojnové loďstvo

near [niə] *príd.* blízky; *prísl., predl.* blízo; *sl.* blížiť sa

nearly [ˈniəli] skoro, takmer

neat [niːt] **1.** čistý **2.** úhľadný **3.** múdry

nebula [ˈnebjulə] hmlovina

necessary [nesisəri] nutný; potrebný

necessitate [niˈsesiteit] vyžadovať

necessity [niˈsesiti] **1.** nutnosť **2.** potreba

neck [nek] hrdlo, šija

necklace [ˈneklis] náhrdelník

neck-tie [ˈnektai] viazanka, kravata

need [niːd] *podst.* potreba; núdza; *be in n. of, have a n. of* potrebovať; *sl.* potrebovať

needful [ˈniːdfl] potrebný

needle [ˈniːdl] ihla

needless [ˈniːdlis] nepotrebný, zbytočný

needy [ˈniːdi] núdzny, chudobný

negation [niˈgeišn] zápor

negative [ˈnegətiv] *príd.* záporný; *podst.* **1.** záporka **2.** negatív

neglect [niˈglekt] zanedbávať, nedbať

negligence [neglidžəns] nedbalosť, zanedbávanie

negligent [ˈneglidžənt] nedbanlivý

negotiable [niˈgəušiəbl] speňažiteľný; prevoditeľný

negotiate [niˈgəušieit] vyjednávať

negotiation [niˌgəušieišn] vyjednávanie

Negro [niːgrəu] *podst.* černoch; *príd.* černošský

neigh [nei] erdžať

neighbour [ˈneibə] sused

neighbourhood [ˈneibə-hud] susedstvo
neighbouring [ˈneibəriŋ] susedný
neither [ˈnaiðə] **1.** *(z dvoch)* žiaden **2.** *n . . . nor* ani . . . ani . . .
nephew [ˈnevju:] synovec
nepotism [ˈnepətizəm] rodinkárstvo
nerve [nə:v] nerv
nervous [ˈnə:vəs] nervózny
nest [nest] *podst.* hniezdo; *sl.* hniezdiť; vyberať hniezda
net [net] *podst.* **1.** sieť **2.** netto; *príd.* čistý; *sl.* **1.** chytať ryby do siete **2.** prikryť sieťou *(ovocné stromy)* **3.** *n. a river* stavať siete *(do rieky)*
nettle [ˈnetl] pŕhľava
network [ˈnetwə:k] sieť *(napr. železničná)*
neuter [ˈnju:tə] *gram.* stredného rodu
neutral [ˈnju:trəl] neutrálny
neutrality [nju:ˈtræliti] neutralita

never [ˈnevə] nikdy ● *on the n.-n.* na splátky
nevertheless [ˌnevəðəˈles] predsa
new [nju:] **1.** nový **2.** *n. to* neznámy
new-born [ˈnju:bo:n] novorodený, znovuzrodený
newly [nju:li] novo-; *n.-weds* novomanželia
news [nju:z] *j. č. i mn. č.* správa, správy
news-agent [ˈnju:z-eidžənt] predavač novín
news-boy [ˈnju:zboi] kamelot
newspaper [ˈnju:sˌpeipə] noviny
news-reel [ˈnju:zri:l] filmový týždenník
news-stand [ˈnju:zstænd] novinársky stánok
newsvendor [ˈnju:zˌvendo:] kamelot
newt [nju:t] mlok
New Years' Day [ˈnju:jəˌzdai] Nový rok; *N. Y.'s Eve* Silvester
next [nekst] *príd.* **1.** budúci; *n. time* nabudúce **2.** najbližší; *prísl.* **1.** na-

budúce **2.** hneď potom;
ďalej; *predl.* hneď ve-
dľa, pri
next-door [ˈnekstdo:] su-
sedný
nib [nib] pero *(špička)*
nice [nais] pekný; prí-
jemný; milý
nick [nik]: *in the n. of
time* v pravý čas
nickel [nikl] **1.** nikel **2.**
amer. päť centov
nickname [ˈnikneim] pre-
zývka
niece [ni:s] neter
niggard [ˈnigəd] lakomec
nigger [ˈnigə] *(nadávka)*
neger
night [nait] noc; večer;
in the n., at n., by n.
v noci; *day and n.* vo
dne v noci
night-club [ˈnaitklab] bar,
nočný podnik
night-gown [ˈnaitgaun]
nočná košeľa
nightingale [ˈnaitiŋgeil]
slávik
nightmare [ˈnaitmeə] zlý
sen
night-school [ˈnaitsku:l]
večerná škola

nil [nil] nič, nula; *3 : 0
(three—nil)* tri nula
nimble [nimbl] čulý, ši-
kovný
nine [nain] deväť
ninepins [ˈnainpinz] kol-
ky
nineteen [ˈnainˈti:n] de-
vätnásť
nineteenth [ˈnainˈti:nθ]
devätnásty
ninety [ˈnainti] deväťde-
siat
ninth [nainθ] deviaty
nip [nip] **1.** uštipnutie
2. ostrý mráz **3.** dúšok
(napr. pálenky)
nipple [nipl] prsná bra-
davka; cumeľ
nit [nit] hnida
nitrogen [ˈnaitridžən] du-
sík
no [nəu] nie; žiadny;
whether or no tak či
onak; *no better* o nič
lepší; *no more* už nie
noble [ˈnəubl] *príd.* **1.**
vznešený **2.** ušľachtilý,
šľachetný; *podst.* šľach-
tic
nobleman [ˈnəublmən]
šľachtic
nobody [ˈnəubədi] nikto

nod [nod] *sl.* *(-dd-)* **1.** kývať hlavou, prikývnuť **2.** driemať; *podst.* kývnutie, prikývnutie

noise [noiz] hluk

noiseless [ˈnoizlis] nehlučný

noisy [ˈnoizi] hlučný

nomad [ˈnoməd] *príd.* kočovný; *podst.* kočovník

nominate [ˈnomineit] menovať, ustanoviť

nomination [ˌnomiˈneišn] menovanie

nominative [ˈnominətiv] *gram.* prvý pád, nominatív

non-commissioned officer [ˈnonkəˈmišənd ˈofisə] poddôstojník

none [nan] *príd.* žiaden; *zám.* nikto; *prísl.* nijako

non-intervention [ˈnon intəˈvenšn] neintervencia, nezasahovanie

non-party [ˈnonˈpa:ti] bezpartajný, nestranícky

nonsense [ˈnonsəns] nezmysel

noodle [ˈnu:dl] rezanec

nook [nuk] kút, útulok

noon [nu:n] poludnie; *at n.* na poludnie

noose [nu:s] oprátka

nor [no:] ani; *neither . . . nor* ani . . . ani

norm [no:m] norma

normal [ˈno:məl] normálny, obyčajný

north [no:θ] *podst.* sever; *príd.* severný; *prísl.* na sever(e), severne

northern [ˈno:ðən] severný

Norwegian [no:ˈwi:džən] *príd.* nórsky; *podst.* **1.** Nór **2.** nórčina

nose [nəuz] nos

nostril [ˈnostril] nozdra, nosná dierka

nosy [ˈnəuzi] zvedavý

not [not] nie

notable [ˈnəutəbl] pozoruhodný

notary [ˈnəutəri] notár

notch [noč] zárez, vrub

note [nəut] *podst.* **1.** poznámka **2.** lístok, list **3.** bankovka **4.** tón **5.** nota **6.** značka; *sl.* **1.** konštatovať, brať na vedomie **2.** *down* poznamenať *(si);* *make (take) n-s of* robiť si poznámky, poznamenať si note-book [ˈnəutbuk] zápisník

note-paper [ˈnəutpeipə] listový papier

noteworthy [ˈnəutwə:ði] pozoruhodný

nothing [ˈnaθiŋ] nič

notice [ˈnəutis] *podst.* **1.** vyhláška; oznámenie **2.** výpoveď z miesta **3.** pozornosť; *sl.* všimnúť si; poznamenať

notify [ˈnəutifai] oznámiť niekomu niečo

notion [ˈnəušn] pojem; predstava; *n-s amer.* drobnosti

notorious [nəuˈto:riəs] známy; notorický

nought [no:t] nula; nič

noun [naun] *gram.* podstatné meno

nourish [ˈnariš] živiť

nourishing [ˈnarišiŋ] výživný

nourishment [ˈnarišmənt] **1.** potrava **2.** výživa

novel [novl] *príd.* nový; neobvyklý; *podst.* román

novelty [ˈnovəlti] novinka

November [nəuˈvembə] *podst.* november; *príd.* novembrový

now [nau] teraz; *till n.* dosiaľ, až doteraz; *n. and then* občas; *n. that* teraz keď; *n. then* tak teda, nuž

nowadays [ˈnauədeiz] v dnešnej dobe, dnes

nowhere [nəuweə] nikde; nikam

noxious [ˈnokšəs] škodlivý

nuclear [ˈnju:kliə] jadrový, nukleárny

nucleus [ˈnju:kliəs] *mn. č.*

nuclei [ˈnju:kliai] jadro

nude [nju:d] *príd.* nahý; *podst.* akt

nuisance [nju:sns] **1.** nepríjemnosť; *what a n.!* to je nepríjemné! **2.** nepríjemný človek

null [nal] bezvýznamný; bezvýrazný; neplatný; *n. and void* neplatný *(o zmluve)*

numb [nam] **1.** necitlivý **2.** ľahostajný

number [ˈnambə] *podst.* **1.** číslo **2.** počet **3.** množstvo, *(celý)* rad **4.**

mn. č. počty, aritmetika; *sl.* **1.** rátať **2.** počítať, zaraďovať **3.** číslovať

numeral [ˈnjuːmərəl] *gram.* číslovka

numerous [ˈnjuːmərəs] početný

nun [nan] mníška

nurse [nəːs] *podst.* **1.** pestúnka **2.** dojka; ošetrovateľka; sestra; *sl.* ošetrovať

nursery [ˈnəːsri] detská izba; *public n.* jasle

nurture [ˈnəːčə] vychovávať

nut [nat] orech

nut-crakers [ˈnatˌkrækəz] *mn. č.* luskáčik

nutritious [njuːˈtrišəs] výživný

nutshell [ˈnatšel] orechová škrupina ● *in a n.* stručne

O

oak [əuk] dub

oar [oː] veslo

oasis [əuˈeisis] oáza

oat [əut] ovos

oath [əuθ] prísaha

oatmeal [ˈəutmiːl] ovsená múka

obedience [əˈbiːdjəns] poslušnosť

obedient [əˈbiːdjənt] poslušný

obey [əˈbei] poslúchať

obituary [əˈbitjuəri] nekrológ

object [ˈobdžikt] *podst.* **1.** predmet **2.** cieľ **3.** *gram.* predmet; *sl.* [əbˈdžekt] *against* namietať *(to* proti); nesúhlasiť, protestovať

objection [əbˈdžekšn] námietka

objective [obˈdžektiv] *príd.* objektívny; *podst.* **1.** cieľ *(najmä vojenský)* **2.** objektív

object-glass [ˈobdžiktglaːs] objektív

obligation [ˌobliˈgeišn] 1. záväznosť 2. záväzok

obligatory [əˈbligətəri] povinný, záväzný

oblige [əˈblaidž] 1. prinútiť 2. zaviazať si *(koho)*

obliged [əˈblaidžd]: *be obliged* musieť

obliging [əˈblaidžiŋ] ochotný

oblique [oˈbli:k] šikmý

obliterate [oˈblitəreit] vymazať, zahladiť

oblivion [əˈbliviən] zabudnutie

oblong [ˈobloŋ] obdĺžnikový, podlhovastý

obscure [əbˈskjuə] *príd.* 1. temný, tmavý 2. nejasný; *sl.* zatemniť, zatieniť

observance [əbˈzə:vəns] 1. zvuk, obyčaj; 2. zachovávanie *(sviatku ap.)*

observation [ˌobzə:ˈveišn] 1. pozorovanie 2. poznámka

observatory [əbˈzə:vətri] hvezdáreň

observe [əbˈzə:v] 1. pozorovať 2. zachovávať 3. poznamenať

observer [əbˈzə:və] pozorovateľ

obsolete [ˈobsoli:t] zastaraný

obstacle [ˈobstəkl] prekážka

obstetrics [obˈstetriks] *mn. č.* pôrodníctvo

obstinate [ˈobstinit] tvrdohlavý, zanovitý

obstruct [əbˈstrakt] *(cestu)* zablokovať, zatarasiť; robiť prekážky

obtain [əbˈtein] získať, dostať

obvious [ˈobviəs] samozrejmý, jasný

occasion [əˈkeižn] 1. príležitosť 2. dôvod

occasional [əˈkeižənl] príležitostný

occasionally [əˈkeižənli] príležitostne, občas

occupation [ˌokjuˈpeišn] 1. zamestnanie 2. okupácia

occupy [ˈokjupai] 1. obývať 2. *voj.* obsadiť 3. zamestnať 4. *o. o. s. with* zaoberať sa čím

occur [əˈkə:] *(-rr-)* 1. stať sa, prihodiť sa 2. vyskytnúť sa 3. *to* na-

padnúť, prísť na myseľ
occurrence [əˈkarəns] **1.**
udalosť, prípad **2.** vý-
skyt
ocean [əušn] oceán
o'clock [ə klok]: *at one
o'c.* o jednej *(hodine)*
October [okˈtəubə] *podst.*
október; *príd.* októbro-
vý
octopus [ˈoktəpəs] cho-
botnica
oculist [ˈokjulist] očný
lekár
odd [od] **1.** nepárny **2.**
zvyšný, prebytočný; *for-
ty o.* vyše štyridsať **3.**
náhodný, príležitostný
4. čudný, zvláštny
odds [odz] *mn. č.* **1.** šan-
ce, pravdepodobnosť;
what's the o.? čo na tom
záleží? ● *o. and ends*
maličkosti, drobnosti
odious [əudiəs] hnusný,
odporný
odour [ˈəudə] **1.** pach;
vôňa **2.** povesť
of [ov] *predl.* **1.** od **2.**
tvorí druhý pád; *of
course* samozrejme
off [o(:)f] *prísl.* **1.** preč;
ďaleko **2.** zrušený **3.**

vypnutý; *predl.* s, so,
od; *be o.* odcestovať;
the engagement is o. zá-
väzok je zrušený; *the
light is o.* svetlo je vy-
pnuté; *he is well o.*
dobre sa mu vodí; *hands
o.!* ruky preč!; *take
a day o.* urobiť si voľný
deň; *o. the coast* pri
pobreží; *be o. duty*
nebyť v službe
offal [ˈofəl] **1.** odpad **2.**
droby
offence [əˈfens] **1.** uráž-
ka; *give o.* uraziť; *take
o.* uraziť sa **2.** priestu-
pok
offend [əˈfend] **1.** uraziť
koho **2.** previniť sa
offensive [əˈfensiv] *príd.*
1. urážlivý **2.** ofenzív-
ny; *podst.* ofenzíva
offer [ˈofə] *sl.* ponúkať;
podst. ponuka
office [ˈofis] **1.** úrad
2. úloha; funkcia **3.**
služba; *the Foreign O.*
ministerstvo zahraničia;
the Home O. minister-
stvo vnútra **4.** obrad
officer [ˈofisə] **1.** dôstoj-
ník; strážnik **2.** úradník

official [əˈfišəl] *príd.*
úradný; oficiálny; *podst.*
úradník

offspring [ˈofspriŋ] poto-
mok

often [o(:)fn] často

oh [əu] ach

oil [oil] *podst.* **1.** olej
2. nafta; *sl.* mazať, ole-
jovať

oilcloth [ˈoilkloθ] vosko-
vané plátno; linoleum

oil-field [ˈoilfi:ld] naftové
pole

oil-paint [ˈoilˈpeint] olejo-
vý náter

oil-painting [ˈoilˈpeintiŋ]
olejomaľba

ointment [ˈointmənt]
masť, mazadlo

O. K. [ˈəuˈkei] *amer. ho-
vor.* dobre, v poriadku

old [əuld] starý; *o. age*
staroba: *young and o.*
mladí i starí, kadekto

old-fashioned [ˈəuldˈfæ-
šənd] staromódny

olive [ˈoliv] *podst.* oliva;
príd. olivový

olive-oil [ˈolivˈoil] olivo-
vý olej

Olympiad [oˈlimpiæd]
olympiáda

Olympic [oˈlimpik] olym-
pijský; *the O. Games*
olympijské hry

ominous [ˈominəs] zlo-
vestný

omission [oˈmišn] **1.** vy-
nechanie **2.** obídenie

omit [oˈmit] *(-tt-)* **1.** vy-
nechať **2.** obísť

on [on] *predl.* na; *prísl.*
ďalej

once [wans] *prísl.* **1.**
raz; *o. more* ešte raz
2. kedysi; *at o.* ihneď;
spoj. len čo

one [wan] *čísl.* jeden;
zám. **1.** človek, neurč.
podmet **2.** zastupuje
podst. meno životné a
počítateľné; *an old
man and a young o.* sta-
rý človek a mladý; *o.
another* jeden druhého,
navzájom

oneself [wanˈself] **1.**
sa; *hurt o.* poraniť sa **2.**
sám; *one must do eve-
rything o.* človek musí
urobiť všetko sám

one-sided [ˈwanˈsaidid]
jednostranný

one-way [ˈwanˈwei] jedno-
smerný

onion [ˈanjən] cibuľa
onlooker [ˈɔnˌlukə] divák
only [ˈəunli] *príd.* jediný; *prísl.* 1. iba 2. ešte len
onward(s) [ˈɔnwəd(z)] vpred
ooze [u:z] *podst.* bahno; *sl.* presakovať, presiaknuť; vypúšťať
opaque [əuˈpeik] nepriezračný, nepriesvitný
open [ˈəupen] *príd.* 1. otvorený 2. prístupný; *sl.* otvoriť (sa)
opening [ˈəupniŋ] *podst.* 1. otvor 2. začiatok, otvorenie; *príd.* úvodný
openly [ˈəupənli] otvorene; úprimne
opera [ˈɔpərə] opera
opera-glasses [ˈɔpərəˌgla:siz] *mn. č.* divadelný ďalekohľad
opera-house [ˈɔpərəhaus] *(budova)* opera
operate [ˈɔpəreit] 1. fungovať, pracovať 2. *(o lieku)* účinkovať 3. operovať 4. *(stroj)* obsluhovať
operation [ˌɔpəˈreišn] 1. pôsobenie 2. platnosť 3. operácia

operator [ˈɔpəreitə] 1. operatér 2. telefonista, telefonistka
opinion [əˈpinjən] mienka, názor; *in my o.* podľa môjho názoru
opium [ˈəupjəm] ópium
opponent [əˈpəunənt] protivník, oponent
opportune [ˈɔpətju:n] príhodný
opportunity [ˌɔpəˈtju:niti] príležitosť; *seize an o.* využiť príležitosť
oppose [əˈpəuz] 1. postaviť proti sebe *s. t. to s. t.* 2. postaviť sa proti čomu
opposite [ˈɔpəzit] *príd.* 1. protivný, náprotivný 2. opačný; *podst.* opak, protiklad; *predl.* oproti
opposition [ˌɔpəˈzišn] 1. opozícia 2. odpor
oppress [əˈpres] utláčať
oppression [əˈprešn] útlak
oppressive [əˈpresiv] 1. tyranský 2. dusný
optical [ˈɔptikəl] optický
optician [ɔpˈtišn] optik
optics [ˈɔptiks] *mn. č. aj j. č.* optika

optional [ˈopšənl] voliteľ-
ný, dobrovoľný
opulence [ˈopjuləns] bo-
hatstvo, hojnosť
or [oː] **1.** lebo, alebo **2.**
či
oral [ˈoːrəl] ústny
orange [ˈorindž] *podst.*
pomaranč; *príd.* poma-
rančový
orator [ˈorətə] rečník
orbit [ˈoːbit] obežná drá-
ha planéty
orchard [ˈoːčəd] ovocná
záhrada, sad
orchestra [ˈoːkistrə] or-
chester
orchestral [oːˈkestrəl] or-
chestrálny
orchid [ˈoːkid] orchidea
ordain [oːˈdein] nariadiť,
ustanoviť
ordeal [oːˈdiːl] skúška
(napr. trpezlivosti)
order [ˈoːdə] *podst.* **1.**
rad **2.** poradie **3.** po-
riadok **4.** rozkaz, prí-
kaz **5.** objednávka ●
out of o. pokazený;
made to o. vyrobený na
objednávku; *sl.* **1.** na-
riadiť, rozkázať **2.** ob-
jednať

orderly [ˈoːdəli] poriadny
ordinal [ˈoːdinəl] *príd.*
radový; *podst. gram.* ra-
dová číslovka
ordinary [ˈoːdnri] obyčaj-
ný
ore [oː] ruda
organ [ˈoːgən] **1.** orgán,
ústroj **2.** organ
organic [oːˈgænik] orga-
nický
organize [ˈoːgənaiz] orga-
nizovať
organizer [ˈoːgənaizə] or-
ganizátor
oriental [ˌoːriˈentl] orien-
tálny
orientate [ˈoːrienteit]
(o. s.) orientovať (sa)
orientation [ˌoːrienˈteišn]
orientácia
orifice [ˈorifis] ústie, otvor
origin [ˈoridžin] **1.** pra-
meň **2.** pôvod, počiatok
original [əˈridžənəl] *príd.*
1. pôvodný; počiatočný
2. originálny; *podst.* ori-
ginál
originate [əˈridžineit]
vzniknúť
ornament [ˈoːnəmənt]
ozdoba
ornate [oːˈneit] ozdobný

orphan [ˈoːfən] *príd.* osirený; *podst.* sirota

orphanage [ˈoːfənidž] sirotinec

orthography [oːˈθogrəfi] pravopis

oscillate [ˈosileit] oscilovať, chvieť sa, kmitať

ostensible [osˈtensibl] predstieraný

ostrich [ˈostrič] pštros

other [ˈaðə] iný; *the o.* druhý; ostatný ● *the o. day* minule; *some time or o.* raz, niekedy; *on the o. hand* naproti tomu

otherwise [ˈaðəwaiz] **1.** ináč **2.** síce

otter [ˈotə] vydra

ought [oːt]: *you o. to go* mal by si ísť; *you o. to have gone* mal si ísť

ounce [auns] unca (= 28,35 g)

our [ˈauə] náš

ours [ˈauəz] náš

ourselves [ˌauəˈselvz] **1.** my sami **2.** sa

oust [aust] vypudiť

out [aut] **1.** von; vonku **2.** vylúčený *(z hry, z práce); out of* z, von z; *we are o. of sugar* minul sa nám cukor; *o. of date* zastaraný

outbalance [autˈbæləns] prevažovať, prevážiť

outbreak [ˈautbreik] vypuknutie, výbuch

outcast [ˈautkaːst] vyvrheľ

outcome [ˈautkam] výsledok

outcry [ˈautkrai] výkrik

*outdo [autˈduː] prekonať

outdoor [ˈautdoː] vonkajší, vonku vykonávaný

outdoors [autˈdoːz] vonku; v prírode

outer [ˈautə] vonkajší

outfit [ˈautfit] výstroj, *amer. slang.* organizácia

*outgrow [autˈgrəu] prerásť, vyrásť z

outing [ˈautiŋ] výlet

outlaw [ˈautloː] osoba postavená mimo zákon

outline [ˈautlain] *podst.* **1.** obrys **2.** nárys, náčrtok; *sl.* narysovať; načrtnúť

outlive [autˈliv] prežiť

outlook [ˈautluk] **1.** výhľad, vyhliadka **2.** rozhľad

outnumber [ˈautˈnambə]
prevyšovať počtom
out of doors [ˈautəvdo:z]
= *outdoors*
out-of-the-way [ˈautəvðə-
ˈwei] odľahlý
outpatient [ˈautˌpeišənt]
ambulantný pacient
outpost [ˈautpəust] pred-
sunutá stráž
output [ˈautput] výroba,
produkcia
outrage [ˈautreidž] **1.**
násilie **2.** urážka, zne-
uctenie
outrageous [autˈreidžəs]
urážlivý, hrubý; násil-
nícky
outright [autˈrait] rovno,
priamo
outset [ˈautset] začiatok
outside [autˈsaid] *podst.*
vonkajšok; *príd.* von-
kajší; *prísl.* vonku, von;
predl. mimo
outskirts [ˈautskə:ts] *mn.
č.* okraj mesta, periféria
outstanding [autˈstændiŋ]
vynikajúci
outvote [autˈvəut] prehla-
sovať
outward [ˈautwəd] von-
kajší

oval [ˈəuvəl] *príd.* ovál-
ny; *podst.* ovál
oven [avn] rúra *(v peci)*
over [ˈəuvə] *predl.* nad;
cez; po; na druhej stra-
ne, na druhú stranu;
o. there tamto; **be o.*
byť na konci, skončiť;
all o. celý; *think it o.*
rozmysli si to; *all o. the
world* na celom svete
overalls [ˈəuvəro:lz] *mn.
č.* montérky
overboard [ˈəuvəbo:d] cez
palubu
overburden [ˈəuvəbə:dn]
preťažiť
overcame *p.* **overcome*
overcast [ˈəuvəka:st] *(o
oblohe)* zatiahnutý, za-
chmúrený
overcoat [ˈəuvəkəut]
zvrchník; zimník
*overcome [ˌəuvəˈkam]
prekonať, premôcť
overcrowd [ˌəuvəˈkraud]
preplniť ľuďmi
*overdo [ˌəuvəˈdu:] pre-
háňať, zveličovať
overdue [ˌəuvəˈdju:] one-
skorený
overestimate [ˌəuvərˈesti-
meit] preceňovať

*overfeed [ˈəuvəˈfiːd] pre-krmovať

overflow [ˈəuvəˈfləu] pre-tekať, byť príliš plný

overhaul [ˈəuvəhoːl] ge-nerálna oprava

overhead [ˌəuvəˈhed] nad hlavou; *o. charges* režij-né náklady, réžia

*overhear [ˌəuvəˈhiə] za-čuť

overlap [ˌəuvəˈlæp] *(-pp-)* prekrývať (sa)

overleaf [ˌəuvəˈliːf] na druhej strane *(listu)*

*overleap [ˌəuvəˈliːp] pre-skočiť

overload [ˌəuvəˈləud] prí-liš naložiť, preťažiť

overlook [ˌəuvəˈluk] 1. *(nevšimnúť si)* prehliad-nuť 2. *(odpustiť)* pre-hliadnuť 3. vyčnievať nad

overnight [ˌəuvəˈnait] cez noc

over-production [ˈəuvə-prəˈdakšn] nadvýro-ba

*overrun [ˌəuvəˈran] za-plaviť

oversea(s) [ˈəuvəsiː(z)] *príd.* zámorský; *prísl.*

za more, za morom; v zámorí, do zámoria

overseer [ˈəuvəsiə] dozor-ca

overshadow [ˌəuvəˈšædəu] zatieniť

oversight [ˈəuvəsait] 1. dozor 2. omyl

oversize [ˈəuvəsaiz] nad-merná veľkosť *(napr. to-pánok)*

*oversleep [ˈəuvəˈsliːp] *(o. s.)* zaspať

overstep [ˈəuvəˈstep] *(-pp-)* prekročiť

overstrain [ˈəuvəˈstrein] *podst.* prepnutie síl; *sl.* prepínať *(sily)*

*overtake [ˌəuvəˈteik] 1. dobehnúť 2. zastihnúť

*overthrow¹ [ˈəuvəˈθrəu] 1. prevrátiť, prevaliť 2. zvrhnúť

overthrow² [ˈəuvəθrəu] prevrat

overtime [ˈəuvətaim] nadčas

overture [ˈəuvətjuə] pre-dohra

overturn [ˈəuvəˈtəːn] 1. prevrhnúť 2. zvrátiť

overwhelm [ˌəuvəˈwelm] 1. zaplaviť 2. ohromiť

overwhelming [ˈəuvə-welmiŋ] ohromujúci
overwork [ˈəuvəˈwəːk] práca nadčas
overwrought [ˈəuvəˈroːt] prepracovaný
owe [əu] **1.** byť dlžný, dlhovať **2.** vďačiť za
owing [ˈəuiŋ] *to* následkom čoho
owl [aul] sova
own [əun] *príd.* vlastný;

sl. **1.** vlastniť, mať **2.** pripustiť, priznať
owner [ˈəunə] majiteľ, vlastník
ownership [ˈəunəšip] vlastníctvo
ox [oks] vôl
oxen [oksən] *mn. č. od* **ox**
oxidize [ˈoksidaiz] okysličiť (sa)
oxygen [ˈoksidžən] kyslík
oyster [ˈoistə] ustrica

P

pace [peis] *podst.* **1.** krok **2.** rýchlosť, tempo; *sl.* kráčať
pacific [pəˈsifik] mierumilovný; *the P. (Ocean)* Tichý oceán
pack [pæk] *podst.* **1.** balík, náklad, batoh **2.** svorka; *sl.* **1.** baliť **2.** napchať **3.** *up* zabaliť
package [ˈpækidž] balík, balíček
packet [ˈpækit] balíček
packing [ˈpækiŋ] **1.** balenie **2.** obal

pact [pækt] pakt, dohoda
pad [pæd] *podst.* podložka, vložka; *sl.* *(-dd-)* vypchať, podložiť
padding [ˈpædiŋ] **1.** vypchávka **2.** *(literárna)* „vata"
paddle [pædl] *podst.* veslo, pádlo; *sl.* veslovať, pádlovať
padlock [ˈpædlok] visacia zámka
pagan [ˈpeigən] *podst.* pohan; *príd.* pohanský

page [peidž] 1. strana, stránka papiera 2. páža
paid p. *pay
pail [peil] vedro, džber
pain [pein] podst. bolesť; sl. bolieť
pains [peinz] mn. č. námaha; take p. snažiť sa
painful ['peinfl] 1. bolestivý 2. trápny
painless ['peinlis] bezbolestný
painstaking ['peinz‚teikiŋ] usilovný
paint [peint] podst. 1. farba 2. náter; sl. 1. maľovať 2. natierať 3. líčiť
painter ['peintə] maliar
painting ['peintiŋ] maľba (= obraz)
pair [peə] pár; a p. of trousers nohavice
pal [pæl] hovor. kolega, kamarát
palace ['pælis] palác
palatable ['pælətəbl] chutný
palate ['pælit] anat. podnebie
pale [peil] príd. bledý; sl. blednúť

pallet ['pælit] slamník, matrac
pallid ['pælid] bledý
pallor ['pælə] bledosť
palm [pa:m] 1. dlaň 2. palma
palpable ['pælpəbl] hmatateľný
palpitate ['pælpiteit] chvieť sa; tepať, pulzovať
palsy ['po:lzi] ochrnutie
paltry ['po:ltri] bezvýznamný
pamphlet ['pæmflit] pamflet, leták; brožúra
pan [pæn] panva, panvica
pancake ['pænkeik] palacinka
pane [pein] okenná tabuľa
pang [pæŋ] 1. prudká bolesť 2. the p-s of conscience výčitky svedomia
panic ['pænik] panika
pansy ['pænzi] bot. sirôtka
pant [pænt] dychčať
panther ['pænθə] pardál
panties ['pæntiz] mn. č. dámske nohavičky
pantomime ['pæntəmaim]

1. nemohra **2.** vianočná rozprávková hra
pantry [pæntri] komora
pants [pænts] *mn. č.* spodky; *amer.* nohavice
pap [pæp] kaša
paper [ˈpeipə] *podst.* **1.** papier **2.** noviny **3.** *p. money* bankovky **4.** test *(vytlačené skúšobné otázky)* **5.** *odb.* pojednanie; *sl.* vytapetovať
paper-mâché [ˈpæpjeiˈmaːšei] lepenka
papers [ˈpeipəz] *mn. č.* dokumenty
parable [ˈpærəbl] podobenstvo
parabolic(al) [ˌpærəˈbolik(əl)] parabolický
parachute [ˈpærəšuːt] padák
parachutist [ˈpærəšuːtist] parašutista
parade [pəˈreid] prehliadka; *a mannequin p.* módna prehliadka
paradise [ˈpærədais] raj
paragraph [ˈpærəgraːf] odstavec, odsek
parallel [ˈpærəlel] *príd.* rovnobežný; *podst.* rovnobežka; *p. bars* bradlá

paralyse [ˈpærəlaiz] ochromiť; paralyzovať
paralysis [pəˈrælisis] ochrnutie; paralýza
paraphernalia [ˌpærəfəˈneiljə] drobné zariadenie; výstroj
parasite [ˈpærəsait] príživník, parazit
parasitic [ˌpærəˈsitik] príživnícky
parasol [ˌpærəˈsol] slnečník
paratroops [ˈpærətruːps] výsadkárske oddiely
parcel [paːsl] balík, balíček
parch [paːč] vysušiť; vyprahnúť
parchment [ˈpaːčmənt] pergamen
pardon [paːdn] *podst.* odpustenie, prepáčenie; *(I) beg your p.* **1.** prepáčte **2.** prosím?; *sl.* prepáčiť, odpustiť
parents [ˈpeərənts] *mn. č.* rodičia
parenthesis [pəˈrenθisis] zátvorka
parings [ˈpeəriŋz] *mn. č.* kožky, šupky

parish [ˈpæriš] farnosť, obec
parity [ˈpæriti] rovnosť
park [pa:k] *podst.* **1.** park **2.** parkovisko; *sl.* parkovať
parliament [ˈpa:ləment] parlament
parliamentary [ˈpa:ləˈmentəri] parlamentárny
parlo(u)r [ˈpa:lə] obývacia izba, salón
parody [ˈpærədi] paródia
parquet [ˈpa:k(e)i] parketa
parrot [ˈpærət] papagáj
parsley [ˈpa:sli] petržlen
parson [ˈpa:sn] farár; duchovný
parsonage [ˈpa:sənidž] fara
part [pa:t] *podst.* **1.** časť **2.** súčasť, súčiastka **3.** účasť; *take p. in* zúčastniť sa **4.** úloha, rola; *for my p.* čo sa mňa týka; *sl.* **1.** *with* rozdeliť (sa) **2.** rozísť sa, rozlúčiť sa
***partake** [pa:ˈteik] mať podiel, zúčastniť sa

partial [ˈpa:šəl] **1.** čiastočný **2.** *to s.t.* naklonený čomu; zaujatý
partiality [ˌpa:šiˈæliti] zaujatosť, stráníckosť
participate [pa:ˈtisipeit] *in s.t.* zúčastniť sa na niečom
participation [pa:ˌtisiˈpeišn] účasť
participle [ˈpa:tisipl] *gram.* príčastie, particípium
particle [ˈpa:tikl] **1.** čiastočka **2.** *gram.* častica
particular [pəˈtikjulə] *príd.* **1.** zvláštny **2.** podrobný **3.** vyberavý; *podst.* podrobnosť; *in p.* obzvlášť, najmä
parting [ˈpa:tiŋ] **1.** rozlúčenie **2.** pútec
partisan [ˌpa:tiˈzæn] **1.** prívrženec **2.** partizán
partition [pa:ˈtišn] **1.** rozdelenie **2.** priehradka
partly [ˈpa:tli] čiastočne
partner [ˈpa:tnə] spoločník, partner
partook *p.* ***partake**
partridge [ˈpa:tridž] jarabica

parts [pa:ts] *mn. č.* končiny; *I am a stranger in these p.* som tu cudzí

party [ˈpa:ti] **1.** politická strana; *p. committee* stranícky výbor; *p. meeting* stranícka schôdza **2.** večierok, spoločnosť **3.** *(v úrade)* stránka **4.** účastník *(to s.t. čoho)*

pass [pa:s] *sl.* **1.** prejsť **2.** ísť okolo, minúť **3.** prekročiť **4.** *(o čase)* stráviť **5.** *away* zomrieť **6.** schváliť **7.** meniť sa, prechádzať **8.** podať **9.** zložiť *(skúšku); podst.* **1.** sprievodný list **2.** priesmyk

passable [ˈpa:səbl] **1.** zjazdný **2.** znesiteľný

passage [ˈpæsidž] **1.** prechod, (pre)plavba **2.** chodba **3.** ukážka, pasáž *(z textu)*

passenger [ˈpæsindžə] cestujúci, pasažier

passer-by [ˈpa:səˈbai] okoloidúci

passion [pæšn] **1.** vášeň **2.** nadšenie **3.** zlosť **4.** pašie

passionate [ˈpæšənit] vášnivý

passive [ˈpæsiv] pasívny; *gram.* trpný

passport [ˈpa:spo:t] cestovný pas

password [ˈpa:swə:d] heslo

past [pa:st] *príd.* minulý; *for some time p.* už nejaký čas; *podst.* minulosť; *predl.* po; *half p. two* pol tretej

paste [peist] *podst.* **1.** cesto **2.** paštéta **3.** lepidlo; *sl.* lepiť

pastel [ˈpæstəl] pastel *(obraz); p. shades* pastelové odtiene

pastime [ˈpa:staim] zábava

pastry [ˈpeistri] pečivo; zákusky

pastry-cook [ˈpeistrikuk] cukrár

pasture [ˈpa:sčə] krmivo, pasienok

pat [pæt] *(-tt-)* potľapkať; *p. on the shoulder* potľapkať po pleci

patch [pæč] *podst.* **1.** záplata **2.** príštipok **3.** náplasť; *sl.* zaplátať; *p. up hovor.* zosmoliť patent [ˈpeitənt] patentný; *p. leather shoes* lakové topánky

paternal [pəˈtə:nəl] otcovský

path [pa:θ] cesta; cestička

pathetic [pəˈθetik] dojemný

pathfinder [ˈpa:θ‚faində] priekopník; bádateľ

pathos [ˈpeiθos] dojatie

patience [ˈpeišns] trpezlivosť

patient [ˈpeišnt] *príd.* trpezlivý; *podst.* chorý človek, pacient

patriot [ˈpætriət] vlastenec

patriotic [‚pætriˈotik] vlastenecký

patriotism [ˈpætriətizm] vlastenectvo

patrol [pəˈtrəul] hliadka, patrola

patron [ˈpeitrən] 1. ochranca; patrón 2. zákazník

patronage [ˈpætrənidž] protekcia, ochrana

patronize [ˈpætrənaiz] 1. podporovať 2. chovať sa povýšene k niekomu

patronizing [ˈpætrəˈnaiziŋ] povýšený

pattern [ˈpætən] 1. vzor 2. vzorka

Paul [po:l] Pavel

pause [po:z] *podst.* prestávka, pauza; *sl.* zastaviť sa; urobiť pauzu

pave [peiv] dláždiť

pavement [ˈpeivmənt] 1. dláždenie 2. chodník

pavilion [pəˈviljən] pavilón

paw [po:] laba

pawn [po:n] *podst. šach.* pešiak; *sl.* zastaviť, dať do záložne

*pay¹ [pei] 1. platiť 2. vyplatiť (sa)

pay² [pei] plat, mzda

payable [ˈpeiəbl] splatný

payment [ˈpeimənt] 1. pláca 2. odmena

pea [pi:] hrach, hrášok

peace [pi:s] 1. mier; *p. movement* mierové hnutie; *p. treaty* mierová zmluva; *to struggle for p.* bojovať za mier 2. pokoj

peaceable [ˈpi:səbl] mierny, pokojný

peaceful [ˈpiːsful] tichý, pokojný, mierumilovný
peace-loving [ˈpiːsˌlaviŋ] mierumilovný
peach [piːč] broskyňa
peacock [ˈpiːkok] páv
peak [piːk] vrchol
peal [piːl] burácanie zvonov; *p. of thunder* dunenie hromu; *p. of laughter* búrka smiechu
peanut [ˈpiːnat] búrsky oriešok
pear [peə] hruška
pearl [pəːl] perla
pearl-oyster [ˈpəːlˌoistə] perlorodka
peasant [ˈpeznt] roľník, sedliak
peasantry [ˈpezntri] sedliactvo
peat [piːt] rašelina
peat-bog [ˈpiːtbog] rašelinisko
pebble [ˈpebl] plochý kremeň
peck [pek] ďobať
peculiar [piˈkjuːljə] 1. vlastný 2. *(charakteristický)*, zvláštny 3. podivný
peculiarity [piˌkjuːliˈæriti] zvláštnosť

pedagogy [ˈpedəgodži] pedagogika
pedal [ˈpedl] pedál
pedantic [piˈdæntik] pedantný
pedestrian [piˈdestriən] chodec
pedigree [ˈpedigriː] rodokmeň
pedlar [ˈpedlə] podomový obchodník
peel [piːl] *podst.* šupa; *sl.* šúpať, lúpať
peep [piːp] *sl.* nakuknúť *(into* do); *podst.* kradmý pohľad
peer [piə] 1. seberovný 2. pér *(člen britskej Hornej Snemovne)*
peevish [ˈpiːviš] mrzutý, nevrlý
peg [peg] kolík, vešiak
pelt [pelt] *podst.* stiahnutá koža *(zo zvieraťa); sl.* 1. *with* hádzať na 2. silne pršať
pen [pen] pero
penal [ˈpiːnl] trestný
penalty [ˈpenəlti] trest; pokuta
pence [pens] *mn. č.* od *penny*
pencil [pensl] ceruzka

pendulum [ˈpendjuləm] kyvadlo

penetrate [ˈpenitreit] vniknúť, preniknúť

penguin [ˈpeŋgwin] tučniak

penholder [ˈpenˈhəuldə] rúčka pera, pero

peninsula [piˈninsjulə] polostrov

penknife [ˈpennaif] vreckový nôž

penniless [ˈpenilis] bez haliera

penny [ˈpeni] *(angl. minca)* penca

pension [ˈpenšn] penzia

pensioner [ˈpenšənə] penzista, dôchodca

peony [ˈpiəni] pivonka

people [piːpl] *podst.* **1.** ľud; národ **2.** ľudia; *sl.* zaľudniť

pepper [ˈpepə] čierne korenie

per [pə:] **1.** za, na; *p. annum* za rok, ročne; *p. head* na jednotlivca **2.** cez, prostredníctvom; *p. post* poštou; *p. rail* železnicou; *p. cent* percento

perambulator [ˈpeˈræmbjuleitə] detský kočík

perceive [pəˈsiːv] **1.** postrehnúť **2.** pochopiť

perception [pəˈsepšn] **1.** vnímanie **2.** vnímavosť

perch [pə:č] *podst.* bidielko; *sl.* sedieť na bidielku

percussion [pə:ˈkašən]: *p. instruments* bicie nástroje

peremptory [pəˈremptəri] rázny; pánovitý

perfect [ˈpə:fikt] *príd.* dokonalý; *podst. gram.* perfektum; *sl.* zdokonaliť

perfection [pəˈfekšn] dokonalosť

perfidious [pə:ˈfidiəs] zradný, vierolomný

perform [pəˈfo:m] **1.** uskutočňovať, vykonávať **2.** vykonať **3.** *(úrad)* zastávať **4.** predvádzať; hrať

performance [pəˈfo:məns] **1.** vykonanie **2.** *(o hre)* predstavenie

perfume [ˈpə:fjuːm] *podst.* voňavka, parfum; vôňa; *sl.* [pəˈfjuːm] navoňať

perfunctory [pə'faŋktəri]
zbežný, povrchný
perhaps [pə'hæps] možno,
snáď
peril ['peril] nebezpečen-
stvo
perilous ['periləs] nebez-
pečný
period ['piəriəd] **1.** ob-
dobie, doba; vyučova-
cia hodina **2.** *amer.* bod-
ka *(= full stop)* **3.** pe-
rióda
periodical [ˌpiəri'odikəl]
príd. periodický; *podst.*
časopis
perish ['periš] zahynúť
perishable ['perišəbl] pod-
liehajúci skaze
periwig ['periwig] pa-
rochňa
perjure ['pə:džə] krivo
prisahať
perky ['pə:ki] bujný, ve-
selý
perm [pə:m] *hovor.* trvalá
ondulácia
permament ['pə:mənənt]
trvalý; *p. waves* trvalá
ondulácia
permission [pə'mišn] po-
volenie

permit [pə'mit] *sl. (-tt-)*
1. dovoliť **2.** pripustiť;
weather p. za priazni-
vého počasia; *podst.*
['pə:mit] **1.** *(úradné)* po-
volenie **2.** priepustka
pernicious [pə:'nišəs]
zhubný
peroxide [pə'roksaid] kys-
ličník vodičitý
perpendicular [ˌpə:pən-
'dikjulə] *príd.* **1.** kolmý
2. zvislý; *podst.* kolmica
perpetual [pə'petjuəl] ne-
ustály, večný
perplex [pə'pleks] zmiasť,
popliesť
persecute ['pə:sikju:t] po-
trestať, prenasledovať
persecution [ˌpə:si'kju:šn]
prenasledovanie
perseverance [ˌpə:si'viə-
rəns] vytrvalosť
Persian ['pə:šən] *príd.*
perzský; *podst.* **1.** Peržan
2. perzština
persist [pə'sist] **1.** trvať,
zotrvať **2.** nedať sa od-
radiť
persistent [pə'sistənt] vy-
trvalý
person [pə:sn] **1.** osoba
2. jednotlivec **3.** človek

personal [ˈpəːsnəl] osobný

personality [ˌpəːsəˈnæliti] osobnosť

personify [pəːˈsonifai] zosobniť

personnel [ˌpəːsəˈnel] personál

perspective [pəˈspektiv] perspektíva

perspicuous [pəˈspikjuəs] jasný, zreteľný

perspiration [ˌpəːspəˈreišn] pot

perspire [pəsˈpaiə] potiť sa

persuade [pəˈsweid] **1.** presvedčiť **2.** prehovoriť

persuasion [pəˈsweižn] **1.** presvečenie **2.** prehováranie

pertain [pəːˈtein] prináležať, patriť

pertinent [ˈpəːtinənt] týkajúci sa

peruke [pəˈruːk] parochňa *(dlhá)*

perverse [pəˈvəːs] zvrátený

pestilence [ˈpestiləns] mor

pet [pet] miláčik; *p. name* zdrobnelina

petal [petl] okvetný lístok

petition [piˈtišn] *podst.* žiadosť, petícia; *sl.* podať petíciu; poníženе žiadať

petrify [ˈpetrifai] skameniet

petrol [ˈpetrəl] benzín

petroleum [piˈtrəuljəm] nafta

petticoat [ˈpetikəut] spodnička

petty [ˈpeti] drobný; malicherný; *p. bourgeoisie* maloburžoázia

petulant [ˈpetjulənt] rozmarný, popudlivý

pharmacist [ˈfaːrməsist] lekárnik

pharmacy [ˈfaːməsi] **1.** farmácia **2.** lekáreň

phase [ˈfeiz] fáza

phesant [ˈfeznt] bažant

phenomenon [fiˈnominən] *(mn. č.* **-ena***)* zjav, jav

philologist [fiˈlolədžist] filológ

philology [fiˈlolədži] filológia

philosopher [fiˈlosəfə] filozof

philosophic(al) [ˌfiləˈsofik(əl)] filozofický

philosophy [fiˈlosəfi] filozofia

phone [fəun] *hovor. podst.* telefón; *sl.* telefonovať

phonetic [fəuˈnetik] fonetický

phonetics [fəuˈnetiks] *mn. č.* fonetika

photo [ˈfəutəu] fotografia

photograph [ˈfəutogra:f] *podst.* fotografia; *sl.* fotografovať

photographer [fəˈtogrəfə] fotograf

phrase [freiz] fráza

physical [ˈfizikl] 1. fyzikálny 2. fyzický; telesný

physician [fiˈzišn] lekár

physicist [ˈfizisist] fyzik

physics [ˈfiziks] *mn. č.* fyzika

pianist [ˈpjænist] klavirista

piano [ˈpjænəu] klavír, piano

pick [pik] *podst.* krompáč; *sl.* 1. rozkopať 2. rýpať (sa) 3. *up* zodvihnúť; pochytiť, osvojiť si 4. oberať 5. *out* vyberať si; zistiť *(význam)*

picket [ˈpikit] hliadka proti štrajkokazom

pickle [ˈpikl] *(do soli, octu)* naložiť

pickpocket [ˈpikˌpokit] vreckový zlodej

picnic [ˈpiknik] piknik, jedlo v prírode

picture [ˈpikčə] obraz

pictures [ˈpikčəz] *mn. č.* kino

picture-gallery [ˈpikčəˌgæləri] obrazáreň

picturesque [ˌpikčəˈresk] malebný

pie [pai] 1. paštéta 2. ovocný koláč, nákyp

piece [ˈpi:s] kus, kúsok

piece-goods [ˈpi:sgudz] *mn. č.* kusový tovar

piece-work [ˈpi:swə:k] práca na akord

pier [piə] 1. pilier 2. mólo; prístavná hrádza

pierce [piəs] 1. prepichnúť, prebodnúť 2. preraziť

pig [pig] prasa, sviňa

pigeon [ˈpidžin] holub

pigsty [ˈpigstai] prasačí chlievik

pike [paik] šťuka

pile [pail] *podst.* **1.** hŕba, kopa **2.** kôl, pilóta; *sl. up* hromadiť, navŕšiť

pilferage [ˈpilfəridž] drobná krádež

pilgrim [ˈpilgrim] pútnik

pill [pil] pilulka

pillar [ˈpilə] stĺp, pilier

pillar-box [ˈpiləboks] poštová schránka

pillion [ˈpiljən] tandem

pillory [ˈpiləri] pranier

pillow [ˈpiləu] vankúš

pillow-case [ˈpiləukeis] obliečka

pilot [ˈpailət] *podst.* **1.** lodivod **2.** pilot; *sl.* robiť lodivoda; *(o lietadle)* riadiť

pimple [ˈpimpl] vyrážka

pin [pin] *podst.* špendlík; *sl. (-nn-)* prišpendliť, pripäť

pinafore [ˈpinəfo:] detská zásterka

pincers [ˈpinsəz] *mn. č.* kliešte

pinch [pinč] *sl.* **1.** uštipnúť **2.** omínať **3.** *hovor.* ukradnúť; *podst.* štipka

pine [pain] *podst.* borovica, sosna, bôr; *sl.* túžiť *(for, after* po)

pine-apple [ˈpainˌæpl] ananás

pine-cone [ˈpainkəun] borovicová šuška

pink [piŋk] *podst.* karafiát, klinček; *príd.* ružový

pint [paint] pinta (0,57 l)

pioneer [ˌpaiəˈniə] pionier, priekopník

pious [ˈpaiəs] zbožný

pip [pip] **1.** zrnko *(citrónu, jablka)* **2.** časový signál v rádiu **3.** bod(ka) *(na domine, kocke)* **4.** hviezdička *(voj. odznak)*

pipe [paip] **1.** trúbka, rúra, trubica **2.** píšťala **3.** fajka

piping [ˈpaipiŋ] potrubie

pirate [ˈpaiərit] pirát

pistol [pistl] pištoľa

piston [ˈpistən] piest

pit [pit] **1.** jama **2.** šachta **3.** prízemie v divadle

pitch [pič] *podst.* **1.** smola **2.** výška tónu; *sl.* **1.** smoliť **2.** *(stanový tábor)* postaviť

pitch-dark [ˈpičˈda:k] tma ako vo vreci

pitcher [ˈpičə] *amer.* džbán
pitchfork [ˈpičfo:k] vidly
piteous [pitiəs] ľútostivý
pitfall [ˈpitfo:l] jama, pasca
pitiable [ˈpitiəbl] poľuto-
vaniahodný
pitiful [ˈpitiful] žalostný
pitiless [ˈpitilis] neľútost-
ný
pity [ˈpiti] *podst.* **1.** súcit,
ľútosť **2.** škoda; *what
a p.!* to je škoda; *sl.*
ľutovať
pivot [ˈpivət] čap; os
placard [ˈplæka:d] plagát
place [pleis] *podst.* **1.**
miesto; *take p.* konať sa
2. námestie; **sl.** umiest-
niť, dať *(niekam)*
placid [ˈplæsid] pokojný,
mierny
plague [pleig] **1.** pohroma
2. mor
plaid [plæd] pléd
plain [plein] *príd.* **1.** jasný
2. prostý, obyčajný **3.**
nepekný; *podst.* rovina,
planina
plaintiff [ˈpleintif] žalob-
ca
plait [plæt] vrkoč

plan [plæn] *podst.* plán;
sl. (-nn-) **1.** plánovať **2.**
amer. zamýšľať
plane [plein] *podst.* **1.** ro-
vina **2.** plocha **3.** úroveň
4. lietadlo **5.** hoblík; *sl.*
hobľovať
planet [ˈplænit] planéta,
obežnica
plank [plæŋk] doska
plant [pla:nt] *podst.* **1.**
rastlina **2.** závod, tová-
reň; *sl.* **1.** zasadiť **2.**
osídliť
plantation [plænˈteišn]
plantáž
plaster [ˈpla:stə] **1.** obklad
2. omietka; *p. of Paris*
sadra
plastic [ˈplæstik] plastický
plate [pleit] **1.** doska **2.**
tanier; *dental p.* umelý
chrup
plateau [ˈplætəu] náhorná
rovina
platform [ˈplætfo:m] **1.**
nástupište, nástupisko **2.**
tribúna **3.** stupienok
platinum [ˈplætinəm] pla-
tina
platitude [ˈplætitju:d] frá-
za

plausible [ˈploːzibl] prijateľný

play [plei] hra; *fair p.* poctivá hra, slušné jednanie; *sl.* hrať (sa)

playground [ˈpleigraund] ihrisko

playwright [ˈpleirait] dramatik

plea [pliː] 1. obhajoba 2. prosba

plead [pliːd] 1. obhajovať pred súdom 2. uvádzať na obranu alebo ospravedlnenie; *p. guilty* priznať sa 3. *p. for* prosiť za

pleasant [ˈpleznt] príjemný

pleasantry [ˈplezntri] žart

please [pliːz] 1. páčiť sa 2. uspokojiť; *be p-d with* mať radosť z; *as you p.* ako sa vám páči 3. prosím *(vás)*

pleasure [ˈpleʒə] radosť, potešenie

pleat [pliːt] záhyb; *p-ed skirt* skladaná sukňa

plebiscite [ˈplebisit] všeobecné hlasovanie

pledge [pledž] *podst.* 1. záloha 2. záväzok; *sl.* 1. dať do zálohy 2. zaviazať sa

plenary [ˈpliːnəri] plenárny

plentiful [ˈplentifl] hojný

plenty [ˈplenti] množstvo, hojnosť; *p. of* veľa

pliable [ˈplaiəbl] poddajný, pružný

pliers [ˈplaiəz] *mn. č.* kliešte

plight [plait] nepríjemná situácia

plod [plod] *(-dd-)* plahočiť sa

plot [plot] *podst.* 1. parcela 2. osnova deja, zápletka 3. sprisahanie; *sl. (-tt-)* sprisahať sa, kuť pikle

plough [plau] *podst.* pluh; *sl.* orať

ploughman [ˈplaumən] oráč

pluck [plak] *sl.* trhať, oberať; *podst. hovor.* odvaha, guráž

plucky [ˈplaki] odvážny, gurážny

plug [plag] *podst.* 1. zátka, čap 2. zástrčka; *sl. (-gg-)* zapchať

plum [plam] slivka
plumage [ˈpluːmidž] perie
plumb [plam] *podst.* olovnica; *sl.* merať olovnicou
plumber [ˈplamə] klampiar; inštalatér
plump [plamp] tučný, bucľatý
plunder [ˈplandə] *sl.* plieniť, koristiť; *podst.* plen, korisť
plunge [plandž] *sl.* ponoriť (sa); *podst.* ponorenie
plural [ˈpluərəl] *gram.* množné číslo
plus [plas] plus, a
plus-fours [ˈplasˈfoːz] *mn. č.* pumpky
plush [plaš] plyš
plywood [ˈplaiwud] preglejka
p.m. [ˈpiːˈem] (post meridiem) popoludnie, večer
pneumatic [njuːˈmætik] pneumatický
pneumonia [njuːˈməunjə] zápal pľúc
poach [pəuč] pytliačiť
poacher [ˈpəučə] pytliak
pocket [ˈpokit] *podst.* vrecko; *sl.* dať do vrecka

pocket-book [ˈpokitbuk] zápisník
poem [ˈpəuim] báseň
poet [ˈpəuit] básnik
poetry [ˈpəuitri] poézia
point [point] *podst.* **1.** bod **2.** bodka **3.** okamih **4.** vec **5.** svetová strana **6.** špička; *speak to the p.* hovoriť k veci; *his strong p.* jeho silná stránka; *in p. of* pokiaľ ide o; *sl.* ukázať; *p. out* poukázať; zdôrazniť
pointed [pointid] špicatý
poison [poizn] *podst.* jed; *sl.* otráviť
poisonous [ˈpoiznəs] otravný
poke [pəuk] prehrabávať; strkať; *p. one's nose into* strkať nos do
poker [ˈpəukə] kutáč
polar [ˈpəulə] polárny
Pole[1] [pəul] Poliak
pole[2] [pəul] **1.** tyč, kôl **2.** pól
police [pəˈliːs] polícia
policeman [pəˈliːsmən] strážnik, policajt
police-station [pəˈliːsˈsteišn] policajná stanica

policy [ˈpolisi] **1.** politika; politická línia **2.** *(pri poistení)* poistka

polio [ˈpoliəu] detská obrna

Polish[1] [ˈpəuliš] poľský

polish[2] [ˈpoliš] *sl.* leštiť; *podst.* **1.** lesk **2.** leštidlo **3.** uhladenosť

polite [pəˈlait] zdvorilý

political [pəˈlitikəl] politický

politician [ˌpoliˈtišn] **1.** politik **2.** *amer.* politikár

poll [pəul] *podst.* **1.** hlasovanie pri voľbách; *a heavy p.* veľká účasť pri voľbách **2.** voľba **3.** *p-ing station* volebná miestnosť; *sl.* **1.** zapísať do volebných zoznamov **2.** *for* hlasovať pre

pollen [ˈpolin] peľ

pollute [pəˈlju:t] znečistiť, zhanobiť

pomegranate [ˈpomgrænit] granátové jablko

pomp [pomp] pompa

pomposity [pomˈpositi] pompéznosť

pond [pond] rybník

ponder [ˈpondə] uvažovať, premýšľať

pony [ˈpəuni] poník

pool [pu:l] **1.** mláka **2.** kartel **3.** spoločný fond

poor [puə] **1.** chudobný **2.** biedny **3.** úbohý, poľutovaniahodný

popcorn [ˈpopko:n] *amer.* pukance

pope [pəup] pápež

poplar [poplə] topoľ

poplin [ˈpoplin] popelín

poppy [ˈpopi] mak *(kvet); p. seed* mak *(zrnká)*

popular [ˈpopjulə] **1.** ľudový **2.** obľúbený, populárny

popularity [ˌpopjuˈlæriti] populárnosť, obľuba

population [ˌpopjuˈleišn] **1.** obyvateľstvo **2.** počet obyvateľstva

populous [ˈpopjuləs] ľudnatý

porcelain [ˈpo:slin] porcelán

porch [po:č] krytý vchod, veranda

porcupine [ˈpo:kjupain] dikobraz

pore [po:] *podst. anat.* pór; *sl.* dôkladne pozerať

pork [po:k] bravčové mäso

porous [ˈpo:rəs] pórovitý, porézny

porridge [ˈporidž] ovsená kaša

port [po:t] prístav

portable [ˈpo:təbl] prenosný; kufríkový

porter [ˈpo:tə] **1.** vrátnik **2.** nosič

portion [po:šn] **1.** časť **2.** podiel, prídel

portrait [ˈpo:trit] portrét

portray [po:ˈtrei] **1.** portrétovať **2.** vylíčiť

Portuguese [ˌpo:tjuˈgi:z] *príd.* portugalský; *podst.* **1.** Portugalec **2.** portugalčina

pose [ˈpəuz] *sl.* **1.** *(otázku)* predložiť, postaviť **2.** zaujať postoj; *podst.* postoj, póza

position [pəˈzišn] **1.** postavenie; *be in a p. to* môcť **2.** poloha

positive [ˈpozitiv] *príd.* **1.** kladný **2.** nesporný **3.** pozitívny; *podst. gram.* prvý stupeň pri stupňovaní príd. mien

possess [pəˈzes] **1.** mať, vlastniť **2.** posadnúť

possession [pəˈzešn] majetok

possessions [pəˈzešnz] *mn. č.* državy

possessive [pəˈzesiv] **1.** majetkový **2.** *gram.* privlastňovací

possibility [ˌposiˈbiliti] možnosť

possible [ˈposibl] možný

post [pəust] *podst.* **1.** stĺp **2.** stráž **3.** pošta; *sl.* **1.** vyvesiť vyhlášku, vyhlásiť **2.** dať na poštu, poslať poštou

postage [ˈpəustidž] poštovné

postal [ˈpəustəl] poštový

postcard [ˈpəustka:d] korešpondenčný lístok, pohľadnica *(amer. iba pohľadnica)*

poster [ˈpəustə] plagát

posterity [posˈteriti] potomstvo

postman [ˈpəustmən] listár, poštár

postmaster [ˈpəustˈma:stə] poštmajster

postpone [pəustˈpəun] odložiť, odsunúť

post-war [ˈpəustˈwoː] po-vojnový

pot [pot] hrniec

potato [pəˈteitəu] zemiak

potter [ˈpotə] hrnčiar

pottery [ˈpotəri] hrnčiar-ske výrobky

pouch [pauč] **1.** mešec na tabak **2.** vak *(u zvierat)*

poultry [ˈpəultri] hydina

pound [paund] *podst.* libra *(jednotka hmot-nosti, 453,6 g, i meny);* *sl.* **1.** trieskať **2.** búšiť

pour [poː] *(-rr-)* liať sa; *p. out* **1.** vyliať **2.** naliať

poverty [ˈpovəti] chudoba

powder [ˈpaudə] *podst.* **1.** prach, prášok **2.** pú-der; *sl.* **1.** rozdrviť na prach **2.** pudrovať

power [ˈpauə] **1.** sila **2.** moc **3.** mocnosť **4.** *mat.* mocnina

powerful [ˈpauəful] moc-ný, mohutný

powerless [ˈpauəlis] bez-mocný

power-plant [ˈpauəplaːnt] elektráreň

power-station [ˈpauə-ˌsteišn] elektráreň

practicable [ˈpræktikəbl] uskutočniteľný, možný

practical [ˈpræktikəl] prak-tický

practically [ˈpræktikəli] takmer, skoro

practice [ˈpræktis] **1.** prax **2.** cvičenie

practise [ˈpræktis] **1.** praktizovať, vykonávať **2.** cvičiť

practitioner [prækˈtišənə] praktický lekár; *general p.* obvodný lekár

prairie [ˈpreəri] préria

praise [preiz] *sl.* chváliť, velebiť; *podst.* chvála, pochvala

praiseworthy [ˈpreizˌwəː-ði] chválymný

pram [præm] *hovor.* det-ský kočík

pray [prei] **1.** prosiť **2.** prosím vás **3.** modliť sa

prayer [preə] **1.** modlitba **2.** prosba

preach [priːč] kázať

preacher [ˈpriːčə] kazateľ

preamble [priːˈæmbl] pred-hovor

precarious [priˈkeəriəs] neistý, riskantný

precaution [priˈkoːšn] **1.**

opatrnosť 2. predbežné
opatrenie
precede [pri:ˈsi:d] pred-
chádzať
precedent [ˈpresidənt] pre-
cedens, predchádzajúci
prípad
preceding [pri:ˈsi:diŋ]
predchádzajúci
precious [ˈprešəs] draho-
cenný, drahý, vzácny
precipice [ˈpresipis] prie-
pasť
precise [priˈsais] presný,
správny
precision [priˈsižn] pres-
nosť; *p. engineering* pres-
né strojárstvo
precotious [priˈkəušəs]
predčasne vyspelý *(du-
ševne)*
precursor [pri:ˈkə:sə]
predchodca
predestine [pri(:)ˈdestin]
predurčiť
predicate [ˈpredikit] *gram.*
prísudok
predict [priˈdikt] predpo-
vedať
prediction [priˈdikšn] pred-
poveď
predominate [priˈdomi-
neit] prevládať

pre-fab [ˈpri:ˈfæb] prefab-
rikát
preface [ˈprefis] predho-
vor
prefer [priˈfə:] *(-rr-)* dá-
vať prednosť, mať radšej
preference [ˈprefərəns] zá-
ľuba; prednosť
prefix [ˈpri:fiks] *gram.*
predpona
pregnancy [ˈpregnənsi] ťar-
chavosť
pregnant [ˈpregnənt] ťar-
chavá; myšlienkovo bo-
hatý
prejudice [ˈpredžudis]
predsudok, zaujatosť
preliminary [priˈliminəri]
predbežný
premier [ˈpremjə] minis-
terský predseda
premises [ˈpremisiz] *mn.
č.* dom s príslušenstvom;
poručený majetok
premium [ˈpri:mjəm] pré-
mia, odmena; splátka
prepaid *p.* *prepay
preparation [ˌprepəˈreišn]
1. príprava 2. prípra-
vok
preparatory [priˈpærətəri]
prípravný

prepare [pri'peə] pripraviť sa

*prepay ['pri:'pei] predplatiť (si)

preponderance [pri'pondərəns] prevaha

preposition [‚prepə'zišn] *gram.* predložka

preposterous [pri'postərəs] zvrátený, nezmyselný

prescribe [pris'kraib] predpísať

prescription [pris'kripšn] predpis, recept

presence [prezns] prítomnosť

present ['preznt] *podst.* **1.** prítomnosť; *at p.* teraz, v súčasnej dobe; *for the p.* pre prítomnosť, zatiaľ **2.** dar; *príd.* **1.** prítomný **2.** terajší; *sl.* [pri'zent] **1.** predložiť **2.** predstaviť **3.** predvádzať **4.** darovať

present-day ['prezənt'dei] súčasný

present tense ['prezənt'tens] *gram.* prítomný čas

presentiment [pri'zentimənt] predtucha

presently ['prezntli] o chvíľu, skoro

preservation [‚prezə:'veišn] uchovanie, konzervácia; *in good p.* zachovalý

preserve [pri'zə:v] *sl.* **1.** uchovať **2.** konzervovať **3.** *(zver)* hájiť; *podst.* zaváranina

preserver [pri'zə:və] hájnik

preside [pri'zaid] *over s.t.* predsedať čomu

presidency ['prezidənsi] prezidentský úrad

president ['prezidənt] **1.** prezident **2.** predseda

press [pres] *sl.* **1.** tlačiť **2.** lisovať **3.** *(šaty)* žehliť; *podst.* **1.** lis **2.** tlač **3.** tlačiareň

press-agency ['pres‚eidžənsi] tlačová agentúra

pressing ['presiŋ] naliehavý

pressure ['prešə] **1.** tlak **2.** nátlak

pressure-cooker ['prešə'kukə] tlakový hrniec

prestige [presˈtiːž] prestíž

presume [priˈzjuːm] predpokladať

presumptuous [priˈzamtjuəs] trúfanlivý, drzý

pretence [priˈtens] zámienka

pretend [priˈtend] predstierať

pretension [priˈtenšən] **1.** nárok **2.** náročnosť

pretentious [priˈtenšəs] náročný

preterit(e) [ˈpretərit] *gram.* jednoduchý minulý čas

pretext [ˈpriːtekst] zámienka

pretty [ˈpriti] *príd.* pekný; *prísl.* pekne; dosť

prevail [priˈveil] prevládať; víťaziť; *p. upon* presvedčiť

prevalent [ˈprevələnt] prevládajúci, obvyklý

prevent [priˈvent] **1.** predchádzať čomu **2.** *s.o. from doing s.t.* zabrániť komu v čom

prevention [priˈvenšn] predchádzanie, prevencia

preventive [priˈventiv] preventívny

pre-view [ˈpriːvjuː] predpremiéra

previous [ˈpriːvjəs] *príd.* predchádzajúci, minulý; *prísl. p. to* pred

pre-war [ˈpriːwoː] predvojnový

prey [preil] *podst.* korisť; *beast of p.* dravec; *sl. upon* koristiť z

price [prais] cena, hodnota

priceless [ˈpraislis] neoceniteľný

prick [prik] pichnúť, bodnúť

prickle [ˈprikl] osteň; tŕň

pride [praid] *podst.* pýcha; *sl. o.s. on s.t.* pýšiť sa čím

priest [priːst] kňaz, kazateľ

primary [ˈpraiməri] prvotný; pôvodný; *p. school* národná škola; *p. colours* základné farby

prime [praim] *príd.* hlavný, základný; *P. Minister* ministerský predseda; *p. number* prvočíslo; *podst.* rozkvet, kvet; *in* *the p. of life* v najlepších rokoch života

primer [ˈpraimə] **1.** šlabikár **2.** základná učebnica

primeval [praiˈmiːvəl] praveký

primitive [ˈprimitiv] primitívny, prvotný

primrose [ˈprimrəuz] prvosienka

prince [prins] **1.** knieža **2.** princ

princess [prinˈses] princezná

principal [ˈprinsipəl] *príd.* hlavný; *podst.* šéf, predstavený

principality [ˌprinsiˈpæliti] kniežatstvo

principle [ˈprinsəpl] zásada, princíp; *on p.* zo zásady, zásadne

print [print] *podst.* **1.** výtlačok **2.** tlač; *out of p.* rozobraný *(o knihe)* **3.** tlačené písmo **4.** kópia negatívu **5.** imprimé; *sl.* tlačiť

printer [printə] tlačiar

prior [ˈpraiə]: *p. to* pred

priority [praiˈoriti] prednosť v poradí

prism [prizəm] hranol

prison [prizn] väzenie

prisoner [ˈprizənə] **1.** väzeň **2.** zajatec; *p. of war* vojnový zajatec

privacy [ˈpraivəsi] súkromie; *in strict p.* prísne v tajnosti

private [ˈpraivit] *príd.* súkromný; *podst.* obyčajný vojak

privation [praiˈveišn] strádanie

privilege [ˈprivilidž] výsada, privilégium

privileged [ˈprivilidžd] privilegovaný

prize [praiz] *podst.* **1.** cena, odmena **2.** výhra; *sl.* vážiť si, ceniť si

prize fighter [ˈpraizˌfaitə] profesionálny boxer

probability [ˌprobəˈbiliti] pravdepodobnosť

probable [ˈprobəbl] pravdepodobný

probation [prəuˈbeišən] skúšobná doba

probably [ˈprobəbli] pravdepodobne

probe [prəub] sonda

problem [ˈprobləm] problém

problematic(al) [ˌproblə-ˈmætik(əl)] problematický

procedure [prəˈsi:džə] postup

proceed [prəuˈsi:d] **1.** postupovať **2.** pokračovať **3.** *from* vychádzať z

preceeding [prəˈsi:diŋ] postup, jednanie

proceedings [prəˈsi:diŋz] *mn. č.* protokoly

proceeds [ˈprəusi:dz] *mn. č.* výťažok, výnos

process [ˈprəuses] proces

procession [prəˈsešn] sprievod

proclaim [prəˈkleim] vyhlásiť

proclamation [ˌproklə-ˈmeišn] vyhlásenie, proklamácia

procure [prəˈkjuə] obstarať, opatriť

prodigal [ˈprodigəl] márnotratný; hýrivý

prodigious [prəˈdidžəs] zázračný, ohromný

prodigy [ˈprodidži] zázrak, div; *infant p.* zázračné dieťa

produce [prəˈdju:s] *sl.* **1.** predložiť **2.** vyložiť **3.** predviesť **4.** vyrobiť; *podst.* [ˈprodju:s] **1.** výroba, produkcia **2.** poľnohospodárske výrobky

producer [prəˈdju:sə] výrobca

product [ˈprodəkt] **1.** výrobok **2.** súčin

production [prəˈdakšn] výroba, produkcia

productive [prəˈdaktiv] **1.** produktívny **2.** úrodný, výnosný

productivity [ˌprodakˈtiviti] produktivita

profess [prəˈfes] vyznať

profession [prəˈfešn] **1.** povolanie **2.** vyznanie

professional [prəˈfešənəl] *príd.* profesionálny; *podst.* profesionál

professor [prəˈfesə] profesor

proficiency [prəˈfišənsi] zdatnosť, dokonalosť

profile [ˈprəufi:l] profil

profit [ˈprofit] *podst.* **1.** úžitok **2.** zisk; *sl. p. by* získať z

profitable [ˈprofitəbl] **1.** prospešný, užitočný **2.** výnosný

profiteer [ˌprofiˈtiə] šmelinár

profound [prəˈfaund] hlboký

progeny [ˈprodžini] potomstvo

program(me) [ˈprəugræm] program

progress *podst.* [ˈprəugres] pokrok; *sl.* [prəˈgres] postupovať, pokračovať

progressive [prəˈgresiv] **1.** postupný **2.** pokrokový

prohibit [prəˈhibit] **1.** zakázať **2.** zabrániť

prohibition [ˈprəuiˈbišn] **1.** zákaz **2.** prohibícia

prohibitive [prəˈhibitiv] *(o cenách)* nedostupný

project *podst.* [ˈprodžekt] návrh, projekt; *sl.* [prədžekt] **1.** navrhovať, projektovať **2.** premietať **3.** vrhať

proletarian [ˈprəuleˈteariən] *príd.* proletársky; *podst.* proletár

proletariat(e) [ˈprəuleˈteəriát] proletariát

prolific [prəˈlifik] plodný

prologue [ˈprəulog] prológ

prolong [prəˈloŋ] predĺžiť

prolongation [ˈprəuloŋˈgeišn] predĺženie

promenade [ˌpromiˈna:d] promenáda

prominence [ˈprominəns] **1.** vynikajúce postavenie **2.** výbežok

prominent [ˈprominənt] vynikajúci, význačný

promise [ˈpromis] *podst.* sľub; *sl.* sľúbiť

promote [prəˈməut] **1.** povýšiť **2.** podporovať

promotion [prəˈməušn] **1.** povýšenie **2.** podpora

prompt [prompt] *príd.* okamžitý; *sl.* **1.** podnietiť **2.** našepkať

prompter [ˈpromptə] šepkár

promulgate [ˈproməlgeit] vyhlásiť

prone [prəun] naklonený

pronoun [ˈpronaun] *gram.* zámeno

pronounce [prəˈnauns] vyslovovať

pronounced [prəˈnaunst] jasný, zreteľný

pronunciation [prəˌnansiˈeišn] výslovnosť

proof [pru:f] *podst.* **1.**

dôkaz **2.** skúška **3.** obťah, korektúra; *príd. against* bezpečný pred

proof-reader [ˈpruːfˌriːdə] korektor

prop [prop] *podst.* opora; *sl.* *(-pp-)* podoprieť

propaganda [ˌpropəˈgændə] propaganda

propel [prəˈpel] *(-ll-)* poháňať

propeller [prəˈpelə] vrtuľa

proper [ˈpropə] **1.** vlastný; *p. name* vlastné meno **2.** riadny, poriadny, vhodný

properly [ˈpropəli] **1.** riadne **2.** správne

properties [ˈpropətiz] *mn. č.* rekvizity

property [ˈpropəti] **1.** majetok **2.** vlastnosť

prophecy *podst.* [ˈprofisi] proroctvo; *sl.* [ˈprofisai] prorokovať, veštiť

prophet [ˈprofit] prorok

prophetic [prəˈfetik] prorocký

proportion [prəˈpoːʃn] pomer; pomerový počet; proporcia

proportional [prəˈpoːʃnəl] pomerný

proposal [prəˈpəuzəl] **1.** návrh **2.** svadobná ponuka

propose [prəˈpəuz] **1.** navrhnúť **2.** *to* ponúknuť sobáš

proposition [ˌpropəˈziʃn] návrh; tvrdenie

proprietor [prəˈpraiətə] majiteľ, vlastník

propulsion [prəˈpalʃən] pohon; *jet p.* prúdový pohon

prorogue [preˈrəug] odročiť

prosaic [prəˈzeik] prozaický, nezaujímavý

prose [prəuz] próza

prosecute [ˈprosikjuːt] **1.** pokračovať v niečom **2.** stíhať; žalovať

prosecution [ˌprosiˈkjuːʃn] **1.** pokračovanie **2.** súdne stíhanie, žaloba

prosecuter [ˈprosikjuːtə] žalobca

prospect *podst.* [ˈprospekt] **1.** vyhliadka **2.** nádej; *sl.* [prəsˈpekt] hľadať *(rudnú žilu a pod.)*

prospective [prəsˈpektiv] budúci, prípadný

prospectus [prəs'pektəs] prospekt

prosper ['prospə] prosperovať, dariť sa

prosperity [pros'periti] blahobyt, prosperita

prosperous ['prospərəs] úspešný, prosperujúci

prostitution [ˌprosti-'tju:šn] prostitúcia; zapredanie

prostrate [pros'treit] 1. ležiaci 2. zdrvený, premožený *(citom)*

protect [prə'tekt] chrániť

protection [prə'tekšn] ochrana

protective [prə'tektiv] ochranný

protectorate [prə'tektərit] protektorát

protest *sl.* [prə'test] 1. *(slávnostne)* vyhlásiť 2. protestovať; *podst.* ['proutest] protest

Protestant ['protistənt] *podst.* protestant; *príd.* protestantský

protestation [ˌprəutes'teišn] 1. *(slávnostné)* vyhlásenie 2. protestovanie

protract [prə'trækt] preťahovať

protrude [prə'tru:d] vyčnievať

proud [praud] *of* pyšný, hrdý na

prove [pru:v] 1. dokázať 2. ukázať sa, osvedčiť sa ako 3. vyskúšať

proverb ['provəb] príslovie

proverbial [prə'və:biəl] príslovečný

provide [prə'vaid] 1. zadovážiť, obstarať 2. poskytovať

provided [prə'vaidid] *that* za predpokladu, že

providence ['providəns] prozreteľnosť

province ['provins] 1. provincia 2. vidiek

provincial [prə'vinšəl] *príd.* 1. provinčný 2. provinciálny, vidiecky; *podst.* vidiečan

provision [prə'vižn] 1. opatrenie, ustanovenie *(napr. zákona)* 2. zásoba

provisions [prə'vižnz] *mn. č.* potraviny

provisional [prə'vižənl] provizórny

provoke [prə'vəuk] vyvolať, provokovať

provoking [prə'vəukiŋ] provokatívny

prowl [praul] zakrádať sa

proximity [prok'simiti] blízkosť

prudent ['pru:dənt] prezieravý, opatrný

prune [pru:n] sušená slivka

psalm [sa:m] žalm

pseudonym ['sju:dəunim] pseudonym

psychic(al) ['saikik(l)] psychický

pub [pab] *hovor.* krčma

public ['pablik] *príd.* verejný; *podst. the p.* **1.** verejnosť **2.** obecenstvo

publication [„pabli'keišn] **1.** uverejnenie, vydanie **2.** publikácia

public-house ['pablik-haus] hostinec

publicity [pab'lisiti] **1.** verejnosť **2.** reklama

publish ['pabliš] **1.** uverejniť **2.** vydať

publisher ['pablišə] vydavateľ, nakladateľ

publishing house ['pabli-šiŋ haus] nakladateľstvo

puck [pak] puk

pudding ['pudiŋ] puding, nákyp

puddle [padl] mláka, kaluž(a)

puff [paf] *podst.* obláčik dymu, pary a pod.; *sl.* bafkať

puke [pju:k] zvracať

pull [pul] *sl.* **1.** ťahať **2.** *out* vytrhnúť; *podst.* ťah

pulley ['puli] kladka

pulmonary ['palmənəri] pľúcny

pulp [palp] **1.** dužina **2.** rozdrvená hmota, kaša

pulpit ['pulpit] kazateľnica

pulsate [pal'seit] pulzovať, tepať

pulse [pals] tep, pulz

pulverize ['palvəraiz] rozdrviť na prach

pump [pamp] *podst.* pumpa; *sl.* pumpovať

pumpkin ['pam(p)kin] tekvica

pun [pan] *podst.* slovná hra; *sl. (-nn-)* robiť slovné hry

punch [panč] *podst.* **1.**

punč **2.** úder; *sl.* **1.** udrieť **2.** prepichnúť, preštiknúť

punctual [ˈpaŋktjuəl] presný, dochvíľny

punctuality [ˌpanktjuæliti] presnosť, dochvíľnosť

punctuation [ˌpaŋktjuˈeišn] interpunkcia; *p. marks* interpunkčné znamienka

puncture [ˈpaŋkčə] prepichnutie *(pneumatiky)*; dierka

punish [ˈpaniš] potrestať

punishment [ˈpanišmənt] trest

punt [pant] kompa

pupil [pju:pl] **1.** žiak, žiačka **2.** zrenica

puppet [ˈpapit] bábka

puppy [ˈpapi] šteňa

purchase [ˈpə:čəs] *sl.* kúpiť; *podst.* nákup, kúpa

purchaser [ˈpə:čəsə] kupec *(kupujúci)*

pure [pjuə] čistý; rýdzi; číry

purgatory [ˈpə:gətəri] očistec

purge [pə:dž] *sl.* očistiť; *podst.* **1.** preháňadlo **2.** čistka

purity [ˈpjuəriti] čistota

purple [pə:pl] *podst.* nach, purpur; *príd.* fialový

purpose [ˈpə:pəs] účel, cieľ; *on p.* úmyselne, schválne; *to no p.* zbytočne

purposely [ˈpə:pəsli] schválne

purr [pə:] *(o mačke)* priasť

purse [pə:s] mešec; peňaženka; *the public p.* štátna pokladnica

pursue [pəˈsju:] **1.** sledovať **2.** prevádzať

pursuit [pəˈsju:t] **1.** prenasledovanie **2.** činnosť

pus [pas] hnis

push [puš] *sl.* tlačiť (sa), postrčiť; *podst.* postrk

push-bicycle [ˈpušˌbaisikl] *p.-bike* [-baik] bicykel

pushing [ˈpušiŋ] podnikavý

puss [pus] mačička

*put [put] **1.** dať *(niekam)*, položiť, postaviť **2.** *down* zapísať si **3.** *off* odložiť; vyzliecť; vyzuť **4.** *on* obliecť **5.** *out* dať von **6.** *up* ubytovať (sa) *(at a*

hotel v hoteli); *p. up with s.t.* uspokojiť sa s niečím
putrefy [ˈpjuːtrifai] hniť
putty [ˈpati] tmel *(sklenársky)*
puzzle [pazl] *podst.* **1.**

záhada **2.** hádanka; *sl.* zmiasť, popliesť
pygmy [ˈpigmi] trpaslík
pyjamas [pəˈdžaːməz] *mn. č.* pyžama
pyramid [ˈpirəmid] pyramída

Q

quack [kwæk] šarlatán
quadrangle [kwoˈdræŋgl] štvoruholník
quadruped [ˈkwodruped] štvornožec
quadruple [ˈkwodruːpl] *príd.* štvornásobný; *podst.* štvornásobok
quaint [kweint] podivný, zvláštny
quake [kweik] triasť sa
qualification [ˌkwolifiˈkeišn] **1.** kvalifikácia **2.** vymedzenie *(bližšími podmienkami)*
qualify [ˈkwolifai] **1.** kvalifikovať (sa) **2.** vymedziť *(bližšími podmienkami)*

qualitative [ˈkwoliteitiv] kvalitatívny
quality [ˈkwoliti] **1.** akosť **2.** vlastnosť
qualm [kwoːm] **1.** nevoľnosť **2.** pochybnosť
quantitative [ˈkwontitətiv] kvantitatívny
quantity [ˈkwontiti] množstvo
quarantine [ˈkworənti:n] karanténa
quarrel [ˈkworəl] *podst.* **1.** spor **2.** hádka; *sl. (-ll-)* vadiť sa, hádať sa
quarrelsome [ˈkworəlsəm] hádavý, hašterivý
quarry [ˈkwori] kameňolom

quart [kwo:t] štvrť galónu *(1,13 litra)*

quarter [ˈkwo:tə] *podst.* **1.** štvrť **2.** kvartál **3.** štvrťdolár **4.** dutá miera *(8 bušlov 2,9 hl): sl.* **1.** rozštvrtiť **2.** *voj.* ubytovať

quarterly [ˈkwo:təli] štvrťročne

quarters [ˈkwo:təz] *mn. č.* bydlisko

quartet(te) [kwo:ˈtet] kvarteto

quay [ki:] nábrežie

queen [kwi:n] kráľovná

queer [kwiə] čudný, podivný; *feel q.* nebyť vo svojej koži; homosexuálny

quench [kwenč] **1.** *(o smäde)* uhasiť **2.** *(náhle)* schladiť

querulous [ˈkweruləs] **1.** reptavý **2.** plačlivý

query [ˈkwiəri] otázka, dopyt

quest [kwest] hľadanie

question [kweščn] *podst.* otázka; *ask s.o. a q.* dať niekomu otázku; *it is out of the q.* je vylúčené; *sl.* **1.** dávať otázky, pý-

tať sa **2.** vypočúvať **3.** pochybovať

questionable [ˈkwesčənəbl] problematický

questionnaire [ˌkwestiəˈneə] dotazník

queue [kju:] *podst.* front *(rad); sl.* stáť v rade

quick [kwik] *príd.* rýchly, bystrý; *be q.* ponáhľaj sa!; *prísl.* rýchlo

quicken [ˈkwikən] **1.** oživiť **2.** zrýchliť

quickly [ˈkwikli] rýchlo

quicksilver [ˈkwikˌsilvə] ortuť

quiescence [kwaiˈesns] pokoj

quiet [ˈkwaiət] *podst.* ticho; *príd.* tichý, pokojný; *sl.* upokojiť; *q. down* upokojiť sa

quilt [kwilt] prešívaná pokrývka

quinine [kwiˈni:n] chinín

quintuple [ˈkwintjupl] päťnásobný

quisling [ˈkwizliŋ] kolaborant

quit [kwit] *(-tt-)* opustiť, vzdať sa čoho; *amer.* zastaviť ●*give notice to q.* dať výpoveď

quite [kwait] celkom, úplne
quiver ['kwivə] *sl.* chvieť sa; *podst.* chvenie
quiz [kwiz] *sl.* *(-zz-)* *amer.* vypytovať sa; *podst.* kvíz

quota [kwəutə] kvóta, kontingent
quotation [kwəu'teišn] **1.** citát **2.** cenový záznam
quote [kwəut] **1.** citovať **2.** udať cenu

R

rabbit ['ræbit] králik
rabble ['ræbl] zberba
rabid ['ræbid] zúrivý; besný
rabies ['reibi:z] besnota
race [reis] **1.** závod, preteky **2.** rasa
race-course ['reisko:s] pretekárska dráha
races ['reisiz] **the** *mn. č.* dostihy
racial ['reišəl] rasový
racialist ['reišəlist] rasista
rack [ræk] **1.** jasle **2.** vešiak, sieť na batožinu **3.** škripec ● *r. of bones* *amer. slang.* kosť a koža
racket ['rækit] **1.** hluk, lomoz **2.** *amer. hovor.*

vydieračstvo **3.** *(tenisová)* raketa
racketeer [ˌræki'tiə] vydierač
radar ['reida:] radar, rádiolokátor
radiance ['reidiəns] žiarenie
radiant ['reidiənt] žiariaci; skvelý; sálavý
radiate ['reidieit] žiariť; vyžarovať
radiation [ˌreidi'eišn] vyžarovanie
radiator ['reidieitə] **1.** radiátor **2.** chladič
radical ['rædikəl] *podst.* radikál **2.** *mat.* odmocnina; *príd.* **1.** základný **2.** radikálny

radio [ˈreidiəu] rádio, rozhlas

radioactive [ˈreidiəuˈæktiv] rádioaktívny

radioactivity [ˈreidiəuæktiviti] rádioaktivita

radiograph [ˈreidiəugræf] 1. rádiogram 2. röntgenová snímka

radiology [ˌreidiˈolədži] rádiológia, röntgenológia

radish [ˈrædiš] reďkovka; *horse r.* chren

radius [ˈreidiəs] *mn. č.* **radii** 1. polomer 2. rádius; dosah

raft [ra:ft] plť

rag [ræg] handra, zdrap

rage [reidž] *podst.* 1. zlosť, zúrivosť 2. posadlosť 3. veľmi módna vec; *sl.* zúriť

ragged [ˈrægid] otrhaný, ošúchaný; kostrbatý

rag-time [ˈrægtaim] synkopovaný tanečný rytmus

raid [reid] 1. vpád; nájazd 2. nálet 3. razia

rail [reil] 1. zábradlie; ohrada 2. koľajnice; *by r.* železnicou

railing [ˈreiliŋ] zábradlie, plot

railroad [ˈreilrəud] *amer.* železnica

railway [ˈreilwei] železnica

rain [rein] *podst.* dážď; *sl.* pršať

rainbow [ˈreinbəu] dúha

raincoat [reinkəut] nepremokavý plášť, *hovor.* pršiplášť

rainfall [ˈreinfo:l] vodné zrážky

rainy [ˈreini] daždivý

raise [reiz] 1. *up* zdvíhať 2. zvýšiť 3. vzbúriť 4. chovať, pestovať

raisin [reizn] hrozienko

rake [reik] *podst.* 1. hrable 2. spustlík; *sl.* hrabať

rally [ˈræli] *podst.* 1. zhromaždenie; nástup 2. zotavenie; *sl.* 1. zhromaždiť sa 2. zotaviť sa

ram [ræm] baran

ramble [ræmbl] *podst.* potulka; *sl.* túlať sa

ramify [ˈræmifai] rozvetvovať sa

ramp [ræmp] rampa; naklonená plocha

ran *p.* ***run***

ranch [ra:nč] *amer.* farma, gazdovstvo *(na chov dobytka)*

rancid [ˈrænsid] stuchnutý, skazený *(o masle, oleji)*

random [ˈrændom] náhodný; *at r.* naslepo

rang *p.* ***ring***

range [reindž] *podst.* **1.** rad, reťaz **2.** strelnica **3.** rozsah, dosah **4.** dostrel **5.** sporák, piecka; *sl.* **1.** zoradiť (sa) **2.** siahať, prestierať sa

rank [ræŋk] *podst.* **1.** rad, šík **2.** spoločenské postavenie; hodnosť; *r. and file* prostí vojaci; *sl.* radiť sa; *r. among* patriť medzi; *príd.* stuchnutý, skazený

rankle [ræŋkl] **1.** zožierať sa **2.** umárať sa

ransack [ˈrænsæk] prekutrať, poprehŕňať (sa)

ranson [ˈrænsəm] *podst.* výkupné; *sl.* vykúpiť, vyplatiť *(výkupné)*

rap [ræp] *(-pp-)* **1.** klopať, zaklopať **2.** *out* skríknuť

rapacious [rəˈpəišəs] chamtivý, dravý

rape [reip] *podst.* znásilnenie, únos; *sl.* znásilniť

rapid [ˈræpid] rýchly, prudký, bystrý

rapidity [rəˈpiditi] rýchlosť

rapids [ˈræpidz] *mn. č.* prúd

rapt [ræpt] *in* zaujatý čím

rapture [ˈræpčə] oduševnenie, nadšenie

rare [reə] **1.** neobvyklý, zriedkavý **2.** vzácny **3.** *hovor.* skvelý **4.** riedky *(vzduch)*

rarity [ˈreəriti] vzácnosť, zriedkavosť

rascal [ˈra:skəl] darebák

rash [ræš] *podst.* vyrážka; *príd.* prudký, prenáhlený

rasher [ˈræšə] rezeň opečenej slaniny

rasp [ra:sp] rašpľa, pilník

raspberry [ˈra:zbəri] malina

rat [ræt] potkan

rate [reit] *podst.* **1.** rýchlosť **2.** pomer, vzťah

3. sadzba **4.** dávka ●
at any r. v každom prípade; *sl.* hodnotiť
rather [ˈraːðə] **1.** radšej
2. dosť
ratification [ˌrætifiˈkeišn]
potvrdenie
ratify [ˈrætifai] potvrdiť,
schváliť
ratio [ˈreišiəu] pomer
ration [ræšn] prídel
rational [ˈræšnəl] rozumný; rozumový
ratten [rætn] sabotovať
rattle [rætl] *podst.* **1.**
štrngot, rachot **2.** hrkálka **3.** džavot; *sl.* **1.** štrngať **2.** džavotať
rattlesnake [ˈrætlsneik]
zool. štrkáč
raucous [ˈroːkəs] *(o zvuku)* chrapľavý
ravage [ˈrævidž] spustošiť
rave [reiv] blúzniť
raven [reivn] havran
ravenous [ˈrævinəs] veľmi hladný, pažravý
raw [roː] surový; *r. material* surovina
ray [rei] lúč
rayon [ˈreiən] umelý hodváb

razor [ˈreizə] britva;
safety r. holiaci strojček;
electric r. elektrický holiaci strojček
re [riː] vo veci; *re your
letter* vo veci Vášho listu
re- [ˈriː] *(predpona pri
slovesách, ktorá značí
opakovanie)* znova, opäť
reach [riːč] *podst.* dosah;
within easy r. dostupný,
na dosah ruky; *sl. out,
for* **1.** siahať, dosiahnuť
2. podať
react [riːˈækt] reagovať
reaction [riːˈækšn] reakcia
reactionary [riːˈækšənəri]
podst. spiatočník; *príd.*
spiatočnícky, reakčný
*read [riːd] čítať
reader [ˈriːdə] **1.** čitateľ
2. lektor **3.** čítanka
reading [ˈriːdiŋ] **1.** čítanie **2.** údaj *(prístroja)*
reading-room [ˈriːdiŋrum]
čitáreň
ready [ˈredi] **1.** pripravený, hotový **2.** ochotný **3.** pohotový; *make r.
for* pripraviť sa na; *r.
money* hotovosť *(peniaze)*

ready-made [ˈrediˈmeid] konfekčný, hotový

real [riəl] **1.** skutočný, pravý **2.** nehnuteľný; *r. estate* nehnuteľnosť

reality [riːˈæliti] skutočnosť

realization [ˌriəlaiˈzeišn] **1.** uskutočnenie **2.** uvedomenie si **3.** speňaženie

realize [ˈriəlaiz] **1.** uskutočniť **2.** uvedomiť si

really [ˈriəli] skutočne, naozaj

realm [relm] kráľovstvo, ríša

reap [riːp] žať, zožať

reaper [ˈriːpə] **1.** žnec **2.** žací stroj

rear [riə] *podst.* **1.** zadná časť **2.** pozadie **3.** zadný voj; *in the r.* vzadu; *sl.* **1.** vztýčiť sa **2.** pestovať

re-arm [ˈriːˈaːm] znovu vyzbrojiť

re-armament [ˈriːˈaːməmənt] znovuvyzbrojovanie

reason [riːzn] *podst.* **1.** dôvod, príčina **2.** rozum; *sl.* **1.** uvažovať **2.** presviedčať, odôvodňovať

reasonable [ˈriːzənəbl] **1.** rozumný **2.** *(o cene)* primeraný

reassure [ˌriːəˈšuə] znovu uistiť, upokojiť

rebel [rebl] *podst.* vzbúrenec, povstalec, burič; *sl.* [riˈbel] *(-ll-)* búriť sa, odporovať

rebellion [riˈbeljən] vzbura

rebuff [riˈbaf] odmrštiť; odmietnuť

rebuke [riˈbjuːk] *podst.* výčitka; *sl.* karhať, vyhrešiť

recall [riˈkoːl] *podst.* odvolanie; *sl.* **1.** odvolať **2.** pripomenúť (si) **3.** *(úver)* vypovedať

recapitulate [ˌriːkəˈpitjuleit] stručne zopakovať

recede [riːˈsiːd] odstúpiť

receipt [riˈsiːt] **1.** recept **2.** príjem **3.** potvrdenka

receive [riˈsiːv] **1.** dostať **2.** prijať

receiver [riˈsiːvə] **1.** prijímateľ **2.** prijímač **3.** slúchadlo

recent [ˈriːsnt] nedávny; nový, moderný

recently [ˈriːsntli] nedávno, v poslednom čase

reception [riˈsepšn] **1.** prijatie **2.** recepcia

recession [riˈsešn] odstúpenie

recipe [ˈresipi] recept

recipient [riˈsiːpient] príjemca

reciprocal [riˈsiprəkəl] vzájomný

recital [riˈsaitl] **1.** rozprávanie **2.** hudobný prednes

recite [riˈsait] **1.** recitovať, prednášať **2.** vymenúvať

reckless [ˈreklis] **1.** bezstarostný **2.** bezohľadný

reckon [ˈrekən] **1.** *up* počítať **2.** (pred)pokladať **3.** *upon* spoliehať sa **4.** *with* vziať do úvahy; zúčtovať s

recognition [ˌrekəgˈnišn] **1.** spoznanie **2.** uznanie

recognize [ˈrekəgnaiz] **1.** spoznať **2.** uznať

recollect [ˌrekəˈlekt] spomenúť (si), pripomenúť

recollection [ˌrekəˈlekšn] spomienka

recommend [ˌrekəˈmend] odporučiť; doporučiť

recompense [ˈrekəmpens] *podst.* odmena; *sl.* odmeniť

reconcile [ˈrekənsail] zmieriť

reconnaissance [riˈkonisəns] výzvedy; prieskum

reconstruct [ˈriːkənsˈtrakt] znovu vybudovať, rekonštruovať

record [riˈkoːd] *sl.* zaznamenať, zapísať; *podst.* [ˈrekoːd] **1.** záznam *(páska, film)*, zápis **2.** gramofónová platňa **3.** rekord; *off the r. amer.* neoficiálny

recount [riˈkaunt] rozprávať

re-count [ˈriːˈkaunt] znovu počítať

recover [riˈkavə] **1.** získať, dostať späť **2.** *from* zotaviť sa, uzdraviť sa

recovery [riˈkavəri] **1.** obnova **2.** opätovné získanie **3.** uzdravenie

recreation [ˌrekriˈeišn] rekreácia, osvieženie

recruit [riˈkru:t] *podst.* regrút, nováčik; *sl.* verbovať

rectangle [ˈrektæŋgl] obdĺžnik

rectangular [rekˈtæŋgjulə] pravouhlý

rectum [ˈrektəm] konečník

recumbent [riˈkambənt] ležiaci; ležatý

recur [riˈkə:] *(v myšlienkach)* vracať sa; opakovať sa

red [red] červený

redden [redn] **1.** načerveniť **2.** očervenieť

redeem [riˈdi:m] vykúpiť, oslobodiť

red-handed [ˈredˈhændid]: *be caught r.* pristihnúť pri čine

Red Indian [ˈredˈindjən] Indián

red-letter [ˈredˈletə]: *r. day* sviatočný, pamätný deň

redouble [riˈdabl] zdvojnásobiť

redskin [ˈredskin] Indián

reduce [riˈdju:s] **1.** zmenšiť, znížiť **2.** podrobiť **3.** prinútiť **4.** previesť, premeniť na

reduction [riˈdakšn] **1.** zníženie, zmenšenie **2.** zľava

redundant [riˈdandənt] prebytočný; hojný

reed [ri:d] trstina

reel [ri:l] *podst.* **1.** cievka **2.** filmový pás; *sl.* **1.** tackať sa, krútiť sa **2.** navíjať

refer [riˈfə:] *(-rr-)* **1.** prisudzovať **2.** *to* odvolávať sa **3.** poukazovať **4.** týkať sa, vzťahovať sa na

referee [ˌrefəˈri:] *šport.* rozhodca, sudca

reference [ˈrefrəns] **1.** vzťah; *in (with) r. to* čo sa týka, pokiaľ ide o **2.** zmienka **3.** odkaz *(na niečo); book of r.* príručka; *r. library* príručná knižnica

refine [riˈfain] rafinovať, čistiť

reflect [riˈflekt] **1.** odrážať, zrkadliť (sa) **2.** premýšľať

reflection [ri'flekšn] **1.** odraz **2.** premýšľanie; úvaha

reflexive [ri'fleksiv] *gram.* vzťažný

reflux ['ri:'flaks] odliv

reform [ri'fo:m] *podst.* reforma, zlepšenie; *sl.* reformovať, zlepšiť

reformation [ˌrefə'meišn] reforma, náprava; reformácia

refractory [ri'fræktəri] vzdorný, vzdorovitý

refrain [ri'frein] *from s.t.* zdržať sa čoho

refresh [ri'freš] osviežiť; občerstviť

refreshment [ri'frešmənt] osvieženie; občerstvenie; *r. room* bufet

refrigerator [ri'fridžəreitə] chladnička

refuge ['refju:dž] útočište

refugee [ˌrefju:'dži:] utečenec

refund [ri:'fand] nahradiť, vyplatiť náhradu

refusal [ri'fju:zəl] odmietnutie

refuse ['refju:s] *podst.* odpadky; *sl.* [ri'fju:z] odmietnuť

refute [ri'fju:t] vyvrátiť tvrdenie

regain [ri'gein] znovu získať; *r. consciousness* prísť k sebe; *r. one's health* uzdraviť sa

regal ['ri:gəl] kráľovský

regard [ri'ga:d] *podst.* **1.** ohľad, zreteľ; *in r. to* čo sa týka, pokiaľ ide o **2.** úcta **3.** *r-s mn. č.* pozdravy; *give him my kindest r-s* pozdravujte ho odo mňa; *sl.* **1.** považovať za **2.** dívať sa, pozerať sa **3.** dbať o niečo **4.** týkať sa

regardless [ri'ga:dlis] *of* bez ohľadu na

regenerate [ri'dženəreit] obrodiť (sa); obnoviť

regiment ['redžimənt] *voj.* pluk, batalión

region ['ri:džən] **1.** kraj **2.** oblasť

regional ['ri:džənəl] krajský

register ['redžistə] *podst.* zoznam, register; *sl.* zaznamenať, zapísať; *r-ed letter* doporučený list

regret [ri'gret] *podst.* ľútosť; *sl.* ľutovať

regretable [ri'gretəbl] poľutovaniahodný

regular ['regjulə] pravidelný; riadny

regularity [ˌregju'læriti] pravidelnosť

regulate ['regjuleit] **1.** regulovať **2.** prispôsobiť

regulation [ˌregju'leišn] **1.** regulácia, prispôsobenie **2.** r-s *mn. č.* predpisy

rehabilitation ['ri:əˌbili-'teišn] obnova; rehabilitácia

rehearsal [ri'hə:səl] *(divadelná)* skúška; *dress r.* generálka

rehearse [ri'hə:s] opakovať; skúšať *(v divadle)*

reign [rein] *podst.* vláda; *sl.* vládnuť

reimburse [ˌri:im'bə:s] nahradiť *(obnos)*

reindeer ['reindiə] *zool.* sob

reinforce [ˌri:in'fo:s] zosilniť; *r-d concrete* železobetón

reins [reinz] *mn. č.* uzda

reiterate [ri:'itəreit] stále opakovať

reject [ri'džekt] odmietnuť, zamietnuť

rejection [ri'džekšn] odmietnutie

rejoice [ri'džois] *over, at* radovať sa z

relapse [ri'læps] recidíva, opakovanie

relate [ri'leit] **1.** rozprávať **2.** *to* týkať sa

relation [ri'leišn] **1.** rozprávanie **2.** vzťah, pomer **3.** príbuzný

relationship [ri'leišnšip] príbuzenstvo

relative ['relətiv] *podst.* príbuzný; *príd.* **1.** pomerný **2.** vzájomný **3.** *gram.* vzťažný

relax [ri'læks] **1.** uvoľniť (sa) **2.** oddýchnuť si

relaxation [ˌri:læk'seišn] **1.** uvoľnenie **2.** odpočinok, zotavenie

relay [ri'lei] smena; *r. race šport.* štafetový beh

release [ri:'li:s] *podst.* **1.** uvoľnenie **2.** prepustenie **3.** rúčka, páčka; *sl.* **1.** uvoľniť **2.** prepustiť

relent [ri'lent] povoliť, popustiť, byť ústupnejší

relentless [ri'lentlis] nemilosrdný

relevance ['relivəns] závažnosť, dôležitosť

reliability [ri‚laiə'biliti] spoľahlivosť

reliable [ri'laiəbl] spoľahlivý

reliance [ri'laiəns] *on, in* **1.** spoľahnutie na **2.** dôvera

relic ['relik] **1.** pamiatka **2.** relikvia

relief [ri'li:f] **1.** úľava **2.** pomoc; podpora **3.** striedanie *(stráže)* **4.** reliéf

relieve [ri'li:v] **1.** uľaviť **2.** *of s.t.* zbaviť čoho **3.** vyslobodiť **4.** vystriedať *(stráž)*

religion [ri'lidžn] náboženstvo

relinquish [ri'liŋkwiš] opustiť, zanechať

relish ['reliš] *podst.* chuť; *hunger is the best r. for food* hlad je najlepší kuchár; *sl.* vychutnávať

reluctance [ri'laktəns] od-

por, neochota; *with r.* neochotne

reluctant [ri'laktənt] **1.** neochotný **2.** vzdorný

rely [ri'lai] *on, upon* spoľahnúť sa na

remain [ri'mein] zostať, zvýšiť

remainder [ri'meində] zvyšok

remark [ri'ma:k] *podst.* poznámka; *sl.* **1.** spozorovať **2.** poznamenať

remarkable [ri'ma:kəbl] pozoruhodný

remedy ['remidi] *podst.* **1.** liek **2.** náprava; *sl.* napraviť

remember [ri'membə] **1.** pamätať si **2.** spomenúť si; *r. me to your parents* pozdravuj odo mňa rodičov

remembrance [ri'membrəns] **1.** spomienka **2.** pamiatka

remind [ri'maind] pripomenúť

reminder [ri'maində] pripomienka

remit [ri'mit] **1.** prepáčiť, odpustiť **2.** poukázať *(peniaze)*

remittance [ri'mitəns] po-
ukázanie *(peňazí)*
remnant ['remnənt] zvy-
šok
remonstrate [ri'monstreit]
against protestovať, na-
mietať proti
remorse [ri'mo:s] výčitky
svedomia
remote [ri'məut] vzdiale-
ný, odľahlý
removal [ri'mu:vəl] **1.**
odstránenie **2.** presťa-
hovanie
remove [ri'mu:v] **1.** pre-
miestiť **2.** odstrániť **3.**
prepustiť **4.** presťahovať
(sa)
remuneration [ri'mju:nə-
'reišn] odmena, mzda
renascence [ri'næsns] ob-
rodenie
render ['rendə] **1.** vrátiť;
odplácať **2.** preukázať
službu **3.** predviesť *(úlo-
hu)*
renew [ri'nju:] obnoviť
renounce [ri'nauns] zriecť
sa
renovation [reno'veišn]
obnova
renowned [ri'naund] sláv-
ny

rent [rent] *podst.* **1.** štr-
bina, trhlina **2.** nájom-
né; *sl.* (pre)najať
repaid *p.* *repay
repair [ri'peə] *podst.*
oprava; *in good r.* v dob-
rom stave; *sl.* opraviť
repay [ri:'pei] splatiť,
oplatiť
repeal [ri'pi:l] *podst.*
zrušenie; odvolanie; *sl.*
zrušiť
repeat [ri'pit] opakovať
repeatedly [ri'pi:tidli]
opätovne
repel [ri'pel] *(-ll)* za-
hnať; odpudiť
repellent [ri'pelənt] od-
pudivý
repent [ri'pent] ľutovať
repentance [ri'pentəns]
ľútosť
repetition [repi'tišn] opa-
kovanie
replace [ri:'pleis] **1.** vrá-
tiť na miesto **2.** nahra-
diť
reply [ri'plai] *podst.* od-
poveď; *sl.* odpovedať
report [ri'po:t] *podst.* **1.**
povesť **2.** správa, zvesť
3. referát **4.** vysvedče-

nie; *sl.* **1.** hlásiť **2.** oznámiť **3.** referovať **4.** *to s.o.* hlásiť sa niekomu

repose [riˈpəuz] *podst.* odpočinok; *sl.* odpočívať

reprehend [ˌrepriˈhend] karhať, vyčítať

represent [ˌrepriˈzent] **1.** predstavovať **2.** vysvetliť **3.** zastupovať

representation [ˌreprizenˈteišn] **1.** znázornenie **2.** zastúpenie **3.** predstavenie

representative [ˌrepriˈzentətiv] *podst.* predstaviteľ, zástupca; *príd.* **1.** znázorňujúci **2.** typický

repression [riˈprešn] potlačenie; útlak

reprimand [ˈreprimaːnd] výčitka, pokarhanie

reproach [riˈprəuč] *podst.* výčitka; *sl.* vyčítať

reproachful [riˈprəučfl] vyčítavý

reproduce [ˌriːprəˈdjuːs] reprodukovať, (roz)množiť (sa)

reprove [riˈpruːv] pokarhať

reptile [ˈreptail] plaz

republic [riˈpablik] republika

repudiate [riˈpjuːˌdieit] **1.** zapudiť **2.** nehlásiť sa k

repugnance [riˈpagnəns] odpor

repulse [riˈpals] *podst.* odmietnutie; *sl.* **1.** odraziť *(nepriateľa)* **2.** odmietnuť

repulsion [riˈpalšn] odpor

repulsive [riˈpalsiv] odporný

reputation [ˌrepjuːˈteišn] dobrá povesť, vážnosť

request [riˈkwest] *podst.* žiadosť; *by r.* na požiadanie; *sl.* žiadať

require [riˈkwaiə] **1.** potrebovať **2.** požadovať, vyžadovať

requirement [riˈkwaiəmənt] požiadavka

rescue [reskjuː] *podst.* záchrana; *come to the r.* prísť na pomoc; *sl.* zachrániť

research [riˈsəːč] *podst.* bádanie, výskum; *sl.* bádať, skúmať

researcher [riˈsəːčə] výskumník, bádateľ

resemblance [riˈzembləns] podoba, podobnosť

resemble [riˈzembl] podobať sa, ponášať sa

resent [riˈzent] cítiť odpor k, neznášať

resentment [riˈzentmənt] odpor, nechuť

reservation [ˌrezəˈveišn] **1.** výhrada **2.** amer. rezervácia **3.** amer. rezervovanie izby

reserve [riˈzə:v] podst. **1.** záloha, rezerva **2.** výhrada **3.** rezervovanosť; sl. **1.** rezervovať (si) **2.** vyhradiť (si)

reserved [riˈzə:vd] **1.** zdržanlivý **2.** vyhradený

reside [riˈzaid] **1.** in, at bývať **2.** in spočívať v

residence [ˈrezidəns] bydlisko, sídlo

resident [ˈrezidənt] usadlý, (v mieste) žijúci

residue [ˈrezidju:] zvyšok, pozostatok

resign [riˈzain] **1.** vzdať sa čoho, odstúpiť, rezignovať **2.** o.s. to s.t. zmieriť sa s čím

resignation [ˌrezigˈneišn]

1. odstúpenie, rezignácia **2.** odovzdanosť

resigned [riˈzaind] odovzdaný, pokorný

resin [ˈrezin] živica, smola

resist [riˈzist] **1.** odolávať **2.** odporovať čomu

resistance [riˈzistəns] odpor; odolnosť

resolute [ˈrezəlju:t] odhodlaný, pevný

resolution [ˌrezəˈlju:šn] **1.** odhodlanie **2.** rezolúcia **3.** ráznosť

resolve [riˈzolv] **1.** rozhodnúť sa **2.** rozpustiť (sa) **3.** into rozkladať (sa)

resort [riˈzo:t] podst. útočište; health r. kúpele; sl. to uchýliť sa

resound [riˈzaund] zvučať, ozývať sa

resource [riˈso:s] **1.** r-s mn. č. prostriedky, zdroje **2.** zábava **3.** vynaliezavosť

resourceful [riˈso:sfl] vynaliezavý

respect [risˈpekt] podst. **1.** úcta, vážnosť **2.** zreteľ, ohľad; in r. of

čo sa týka; *in this r.*
v tomto ohľade; *sl.* **1.**
ctiť, vážiť si **2.** brať ohľad
na
respectable [ris'pektəbl]
1. vážený, slušný **2.** so-
lídny
respectful [ris'pektfl] úc-
tivý
respective [ris'pektiv] prí-
slušný, dotyčný
respiration ['respə'reišn]
dýchanie
respite ['respait] **1.** uvoľ-
nenie; prestávka **2.** od-
klad *(trestu)*
respond [ris'pond] **1.** od-
povedať **2.** *to* reagovať
na
response [ris'pons] **1.**
odpoveď **2.** reakcia;
odozva
responsibility [ris'ponsə-
'biliti] zodpovednosť
responsible [ris'ponsəbl]
zodpovedný
responsive [ris'ponsiv] *to*
vnímavý, citlivý na
rest [rest] *podst.* **1.** od-
počinok **2.** podpera,
opora **3.** *the r.* zvyšok;
ostatní; *sl.* **1.** odpočívať
2. oprieť (sa) **3.** zostať;

byť; spočívať; *r. assured*
buďte uistený
restaurant ['restəront]
reštaurácia
restless ['restlis] nepo-
kojný
restore [ris'to:] obnoviť,
reštaurovať
restrain [ris'trein] krotiť,
držať na uzde
restraint [ris'treint] **1.** ob-
medzenie **2.** zdržanli-
vosť
restrict [ris'trikt] obme-
dziť
restriction [ris'trikšn] ob-
medzenie
result [ri'zalt] *podst.* vý-
sledok; *sl.* vyplývať;
r. in mať za následok
resume [ri'zju:m] **1.** opäť
vziať, zaujať späť **2.**
opäť začať; pokračovať
3. zhrnúť
resurrection ['resə'rekšn]
vzkriesenie, zmŕtvych-
vstanie
retail ['ri:teil] *podst.* ob-
chod v malom; *sl.* pre-
dávať v malom
retailer [ri:'teilə] malo-
obchodník

retain [ri'tein] ponechať (si)

retaliation [ri'tæli'eišn] odplata

retard ['ri:ta:'d] oneskoriť, zdržať

retch [reč] dáviť

reticence ['retisəns] mlčanlivosť, zamĺknutosť, málovravnosť

retire [ri'taiə] 1. odísť *(na odpočinok)* 2. penzionovať

retired [ri'taiəd] 1. odľahlý 2. v penzii

retirement [ri'taiəmənt] 1. odchod 2. ústranie

retort [ri'to:t] odvrknúť

retreat [ri'tri:t] *podst.* ústup; *sl.* ustúpiť

retrieve [ri'tri:v] 1. aportovať 2. znovu nadobudnúť 3. napraviť

return [ri'tə:n] *podst.* 1. návrat 2. výnos *(napr. daní); in r. for* na odplatu za; *by r. of post* obratom pošty; *many happy r-s* všetko najlepšie *(napr. k narodeninám); sl.* 1. vrátiť sa 2. dať späť 3. opätovať 4. vyslať do parlamentu

reveal [ri'vi:l] odhaliť, prezradiť

revel [revl] *(-ll)* veseliť sa, hýriť

revelation ['revi'leišn] 1. zjavenie 2. odhalenie

revenge [ri'vendž] *podst.* pomsta; *sl. on* pomstiť (sa)

revenue ['revinju:] štátny dôchodok

reverence ['revərəns] úcta

reverse [ri'və:s] *podst.* 1. opak 2. neúspech; porážka 3. rub, opak; *príd.* opačný, obrátený; *sl.* 1. obrátiť 2. zrušiť, zvrátiť

revert [ri'və:t] vrátiť (sa), obrátiť

review [ri'vju:] *podst.* 1. prehliadka 2. prehľad 3. recenzia, referát *(o knihe)* 4. revue; *sl.* 1. prezerať 2. revidovať 3. recenzovať

revise [ri'vaiz] opraviť, zrevidovať

revision [ri'vižn] oprava, revízia

revival [ri'vaivəl] oživenie, obrodenie

revive [ri'vaiv] **1.** ožiť **2.** oživiť

revoke [ri'vəuk] odvolať

revolt [ri'vəult] *podst.* povstanie, vzbura; *sl.* vzbúriť sa

revolution [ˌrevə'lu:šn] **1.** obrátka **2.** revolúcia

revolutionary [ˌrevə'lu:-šənəri] *podst.* revolucionár; *príd.* revolučný

revolve [ri'volv] otáčať (sa), krútiť (sa)

revolver [ri'volvə] revolver

revue [ri'vju:] divadelná revue

reward [ri'wo:d] *podst.* odmena; *sl.* odmeniť

rhetorical [ri'torikəl] rečnícky

rheumatism [ˈru:mətizm] reuma, reumatizmus

rhinoceros [ˈrai'nosərəs] nosorožec

rhubarb [ˈru:ba:b] rebarbora

rhyme [raim]*podst.* rým; *sl.* rýmovať (sa)

rhythm [riðm] rytmus

rhythmic(al) [ˈriðmik(əl)] rytmický

rib [rib] rebro

ribald [ˈribəld] hrubý, neslušný

ribbon [ˈribən] stuha; páska

ribbons [ˈribənz] *mn. č.* opraty

rice [rais] ryža

rich [rič] **1.** bohatý **2.** hojný

riches [ˈričiz] *mn. č.* bohatstvo

rick [rik] stoh

rickets [ˈrikits] krivica

rickety [ˈrikiti] **1.** rachitický **2.** vratký

*rid [rid] *of s.t.* zbaviť čoho; *get r. of s.t.* zbaviť sa

ridden *p.* *ride

riddle [ridl] **1.** hádanka **2.** rešeto

*ride[1] [raid] ísť na koni, na bicykli, cestovať vlakom ap.

ride[2] [raid] jazda

rider [raidə] jazdec

ridge [ridž] hrebeň *(pohoria, strechy)*

ridicule [ˈridikju:l] *podst.* posmech; *sl.* zosmiešniť

ridiculous [ri'dikjuləs] smiešny

rifle [raifl] puška; *r. man* strelec

rift [rift] trhlina

rig [rig] 1. výstroj 2. výzor

right [rait] *podst.* 1. právo, nárok; *be in the r.* byť v práve 2. pravá strana; *on your r.* po tvojej pravici; *príd.* správny; pravý; *you are r.* máš pravdu; *on the r. side* vpravo; *all r.* dobre, v poriadku; *prísl.* 1. vpravo; *look r.* pozri sa vpravo 2. hneď, priamo; *r. behind you* hneď za tebou 3. správne; *serves him r.* dobre mu tak; *sl.* napraviť

righteous [ˈraičəs] poctivý, riadny

rigid [ˈridžid] strnulý; nehybný

rigorous [ˈrigərəs] prísny

rim [rim] lem, obruba; obruč

rind [raind] kôra; šupa

*rise¹ [riŋ] 1. zvoniť 2. znieť 3. *up* zatelefonovať

ring² [riŋ] 1. prsteň 2. okruh 3. kruh 4. *šport.*

ring 5. zvonenie, zazvonenie

rink [riŋk] klzisko

rinse [rins] vypláchnuť

riot [ˈraiət] 1. výtržnosť 2. hýrenie

riotous [ˈraiətəs] 1. výtržnícky 2. hýrivý

rip [rip] *(-pp-)* roztrhnúť, rozpárať

ripe [raip] zrelý

ripen [ˈraipən] zrieť, dozrievať

*rise¹ [raiz] 1. vstať 2. stúpať 3. vychádzať *(o slnku)* 4. prameniť *(o rieke)* 5. vznikať

rise² [raiz] 1. vyvýšenina 2. vzostup 3. stúpanie 4. zvýšenie 5. pôvod

risen *p.* *rise

rising [ˈraiziŋ] 1. stúpanie 2. východ *(slnka)* 3. povstanie

risk [risk] riziko, nebezpečenstvo; *run the r.* riskovať

risky [ˈriski] riskantný, nebezpečný

rival [ˈraivəl] *podst.* súper, sok; *sl.* súperiť

river [ˈrivə] rieka

river-bed [ˈrivəˈbed] riečište

rivet [ˈrivit] *podst.* nit, svoreň; *sl.* nitovať

rivulet [ˈrivjulit] potôčik

road [rəud] cesta

road-hog [ˈrəudhog] nedisciplinovaný vodič

roadway [ˈrəudwei] vozovka

roam [rəum] potulovať sa

roar [ro:] *podst.* **1.** rev **2.** búrka *(smiechu); sl.* revať

roast [rəust] *sl.* piecť (sa), opekať (sa); *príd.* pečený

rob [rob] *(-bb-)* olúpiť, vylúpiť

robber [ˈrobə] lupič

robbery [ˈrobəri] lúpež

robe [rəub] **1.** róba, dámske šaty **2.** rúcho

robin [robin] *zool.* červienka

robust [rəuˈbast] statný, robustný, zdravý

rock [rok] *podst.* kameň, skala; *sl.* kolísať (sa), hojdať sa

rocket [ˈrokit] raketa

rocky [ˈroki] kamenistý, skalnatý

rod [rod] prút

rode *p.* *ride

rodent [ˈrəudənt] hlodavec

roe [rəu] **1.** srna **2.** ikra

roebuck [ˈrəubak] srnec

rogue [rəug] darebák; šibal

roguery [ˈrəugəri] darebáctvo; šibalstvo

roll [rəul] *podst.* **1.** zvitok *(papiera)* **2.** zoznam **3.** valec **4.** žemľa **5.** dunenie; *sl.* **1.** valiť sa **2.** váľať (sa) **3.** kolísať sa **4.** vlniť sa **5.** duniet

roller [ˈrəulə] valec

roller-skates [ˈrəuləskeits] *mn.* č. korčule

rolling-mill [ˈrəuliŋ mil] valcovňa plechu

rolling-stock [ˈrəuliŋstok] vozňový park

romance [rəˈmæns] **1.** romanca **2.** dobrodružný román **3.** romantičnosť

romantic [roˈmæntik] *podst.* romantik; *príd.* romantický

romanticism [ro'mænti-sizm] romantizmus

romp [romp] šantiť, vyčíňať

roof [ru:f] *podst.* strecha; *sl.* pokryť *(strechou)*

rook [ruk] **1.** vrana **2.** podvodník **3.** *šach.* veža

room [rum, ru:m] *podst.* **1.** miesto, priestor **2.** miestnosť, izba; *sl. amer.* bývať *(v prenajatej izbe)*

roomer ['rumə] (pod)nájomník

room-mate ['rummeit] spolubývajúci

roomy ['rumi] priestranný

roost [ru:st] *podst.* žŕdka, kurín; *sl.* sedieť na žŕdke, ísť spať

rooster ['ru:stə] kohút

root [ru:t] *podst.* **1.** koreň; *take (strike) r.* uchytiť sa **2.** *mat.* odmocnina; *sl.* **1.** zakoreniť (sa) **2.** *out* vykoreniť, vykynožiť

rope [rəup] lano; povraz ● *to know the r-s* vyznať sa

rose[1] *p.* ***rise**

rose[2] [rəuz] ruža ● *under the r-s* dôverne, potajomky

rosemary ['rəuzməri] rozmarín

rosin ['rozin] živica, kolofónia

rostrum ['rostrəm] rečnícka tribúna

rosy ['rəuzi] ružový

rot [rot] *podst.* **1.** hniloba **2.** *hovor.* nezmysel; *sl. (-tt-)* hniť

rotation [rəu'teišn] **1.** otáčanie **2.** striedanie

rotten [rotn] **1.** hnilý **2.** hanebný

rouble [ru:bl] rubeľ

rouge [ru:ž] rúž

rough [raf] **1.** drsný; *r. sea* rozbúrené more **2.** hrubý **3.** neotesaný **4.** približný

round [raund] *podst.* **1.** kruh **2.** okruh **3.** rad; cyklus **4.** salva; dávka; *príd.* **1.** guľatý; okrúhly **2.** okružný; *prísl.* dookola; *predl.* okolo

rouse [rauz] budiť; zburcovať

rout [raut]: *put to r.* dokonale poraziť
route [ru:t] cesta, trať
routine [ru:'ti:n] rutina, mechanickosť
rove [rəuv] túlať sa
row¹ [rəu] *podst.* **1.** rad **2.** veslovanie; *sl.* veslovať
row² [rau] *podst.* ruvačka, zvada, výtržnosť; *sl.* vadiť sa
rowdy ['raudi] hlučný, hrubý
royal ['roiəl] kráľovský
royalty ['roiəlti] **1.** kráľovská rodina **2.** honorár
rub [rab] *podst.* ťažkosť, prekážka; *sl. (-bb-)* **1.** trieť (sa) **2.** drieť (sa); zodrať (sa)
rubber ['rabə] guma
rubbers ['rabəz] *mn. č.* prezuvky, galoše
rubbish ['rabiš] **1.** odpadky, smeti **2.** nezmysel
ruby ['ru:bi] rubín
rucksack ['ruksæk] batoh
rudder ['radə] kormidlo
rude [ru:d] hrubý; nevychovaný

rudiments ['ru:dimənts] *mn. č.* základy
rueful ['ru:ful] ľútostivý, kajúci
ruffian ['rafjən] darebák, lotor
ruffle [rafl] **1.** čeriť sa **2.** vystatovať sa, chvastať sa
rug [rag] **1.** vlnená prikrývka **2.** pokrovec
rugged ['ragid] drsný
ruin ['ruin] *podst.* skaza, zánik; *sl.* zničiť; skaziť
ruins ['ruinz] *mn. č.* zrúcaniny
rule [ru:l] *podst.* **1.** pravidlo; *as a r.* spravidla **2.** vláda; nadvláda; *sl.* **1.** vládnuť, ovládať **2.** linajkovať
ruler ['ru:lə] **1.** vládca **2.** lineár
rum [ram] rum; *amer.* liehovina
rumble [rambl] dunieť, hrmieť
rumour ['ru:mə] povesť
rump [ramp] zadok; zvyšok
rumple [rampl] pokrčiť

*run¹ [ran] **1.** bežať, utekať; *for two days r-ning* dva dni po sebe **2.** jazdiť, chodiť **3.** tiecť **4.** znieť **5.** viesť *(o ceste)* **6.** viesť *(podnik)*, riadiť

run² [ran] **1.** beh **2.** priebeh; *in the long r.* koniec koncov

rung¹ *p.* ***ring**

rung² [raŋ] priečka

runner [ˈranə] bežec

run way [ˈran wei] štartovacia a pristávacia dráha

rupture [ˈrapčə] **1.** prerušenie **2.** *lek.* prietrž

rural [ˈruərəl] vidiecky, dedinský

rush [raš] *podst.* **1.** ruch **2.** nával; *sl.* hnať (sa), rútiť sa

rush-hours [ˈrašˈauəz] *mn.*

č. hodiny zvýšenej premávky

rusk [rask] suchár

Russia [ˈrašə] Rusko

Russian [ˈrašən] *podst.* **1.** Rus **2.** ruština; *príd.* ruský

rust [rast] *podst.* hrdza; *príd.* hrdzavieť

rustic [ˈrastik] *podst.* vidiečan; *príd.* **1.** vidiecky **2.** prostý

rustle [ˈrasl] *podst.* šuchot; *sl.* šuchotať, šumieť

rustproof [ˈrastˈpruːf] nehrdzavejúci

rusty [ˈrasti] hrdzavý; hrdzavejúci

rut [rat] ruja; vychodená koľaj

ruthless [ˈruːθlis] neľútostný, nemilosrdný

rye [rai] žito, raž

S

sable [ˈseibl] soboľ

sabotage [ˈsæbotaːž] *podst.* sabotáž; *sl.* sabotovať

sabre [ˈseibə] šabľa

sack [sæk] *podst.* vrece ●*get the s.* byť prepustený; *sl.* **1.** prepustiť, *hovor.* vyhodiť **2.** rabovať

sacrament [¹sækrəmənt] sviatosť

sacred [¹seikrid] **1.** posvätný **2.** nedotknutý

sacrifice [¹sækrifais] *podst.* obeť; *sl.* obetovať

sad [sæd] smutný

sadden [¹sædn] zosmutnieť, rmútiť sa

saddle [¹sædl] *podst.* sedlo; *sl.* osedlať

safe [seif] *príd.* **1.** bezpečný **2.** neporušený; *podst.* bezpečnostná schránka

safeguard [¹seifga:d] *podst.* záruka; *sl.* **1.** zaistiť **2.** ochraňovať

safe-keeping [¹seif¹ki:piŋ] úschova

safety [¹seifti] bezpečnosť

safety-pin [¹seiftipin] zatvárací špendlík

safety-razor [¹seifti‚reizə] holiaci strojček

sag [sæg] *(-gg-)* **1.** prehýbať sa **2.** ovisnúť

sagacious [sə¹geišəs] prezieravý, múdry

sagacity [sə¹gæsiti] prezieravosť, múdrosť

sage [seidž] mudrc

said *p.* *say

sail [seil] *podst.* **1.** plachta **2.** loď **3.** plavba; *sl.* **1.** plaviť sa, plávať **2.** vyplávať **3.** plachtiť **4.** *in s.t.* pustiť sa do niečoho s veľkou energiou; *s. into s.o.* napadnúť, hrešiť niekoho

sailor [¹seilə] námorník

saint [seint] *podst.* svätec; *príd.* svätý

sake [seik]: *for the s. of* kvôli, pre; *for my s.* kvôli mne

salad [¹sæləd] šalát

salami [sə¹la:mi] saláma

salary [¹sæləri] plat

sale [seil] (vý)predaj

salesman [¹seilzmən] predavač

salient [¹seiljənt] vyčnievajúci; vynikajúci

saline [¹seilain] soľný, slaný

saliva [sə¹laivə] slina

sallow [¹sæləu] bledý; žltkavý *(o pleti)*

salmon [¹sæmən] losos

saloon [sə¹lu:n] spoločenská miestnosť; hotelová hala; *amer.* krčma

salt [so(:)lt] *podst.* soľ;
príd. slaný; *sl.* soliť,
nasoliť, osoliť
salt-cellar [ˈso:ltˌselə]
soľnička
salt-water [ˈso:ltˌwo:tə]
morský *(o rybách)*
salutation [ˌsælju(:)ˈtei-
šən] **1.** pozdrav **2.** oslo-
venie *(v liste)*
salute [səˈlu:t] *podst.* **1.**
pozdrav **2.** salutovanie
3. salva; *sl.* pozdraviť;
salutovať
salvage [ˈsælvidž] *podst.*
1. záchrana ohrozeného
majetku **2.** zber odpa-
dových surovín; *sl.* **1.**
ochrániť *(pred ohňom,
stratou)* **2.** zbierať od-
padové suroviny
same [seim]: *the s.* ten
istý; *at the s. time* sú-
časne; *all the s.* predsa,
rovnako
sample [ˈsa:mpl] *podst.*
vzorka
sanctimonious [ˌsæŋkti-
ˈməunjəs] svätuškársky,
pokrytecký
sanction [ˈsæŋkšn] *podst.*
1. sankcia **2.** povolenie;

sl. dať povolenie, sank-
cionovať
sand [sænd] piesok
sandal [ˈsændl] sandál
sandbag [ˈsændbæg] vre-
ce s pieskom
sandpaper [ˈsændpeipə]
sklený papier
sandstone [ˈsændstəun]
pieskovec
sandwich [ˈsændwidž] ob-
ložený chlieb, sendvič
sandy [ˈsændi] **1.** pies-
čitý **2.** pieskovej farby
sane [sein] *(duševne)*
zdravý, normálny; ro-
zumný
sang *p.* *sing
sanguinary [ˈsæŋgwinəri]
krvavý, krvilačný
sanitary [ˈsænitəri] zdra-
votnícky, hygienický
sanitation [ˌsæniˈteišən]
kanalizácia
sanity [ˈsæniti] zdravý
rozum, duševné zdravie
sank *p.* *sink
sap [sæp] *podst.* miazga;
sl. *(-pp-)* podkopať
sapphire [ˈsæfaiə] safír
sarcastic [sa:ˈkæstik] sar-
kastický

sardine [sa:ˈdi:n] sardinka

sash [sæš] šerpa

sash-window [ˈsæšwindəu] posunovacie okno

sat *p.* *sit

satchel [ˈsæčəl] taška

satellite [ˈsætəlait] **1.** družica **2.** satelit

satiate [ˈseišieit] nasýtiť

satin [ˈsətin] satén, atlas

satire [ˈsætaiə] satira

satirist [ˈsætərist] satirik

satisfaction [ˈsætisˈfækšən] uspokojenie; spokojnosť

satisfactory [ˈsætisˈfæktəri] uspokojivý

satisfy [ˈsætisfai] **1.** uspokojiť **2.** ukojiť ● *I am satisfied that* nepochybujem, že

saturate [ˈsæčəreit] nasýtiť, saturovať

Saturday [ˈsætədi] sobota

sauce [so:s] omáčka

saucepan [ˈso:spən] rajnica

saucer [ˈso:sə] tanierik

saucy [ˈso:si] bezočivý, prostoreký

sauerkraut [ˈsauəkraut] kyslá kapusta

saunter [ˈso:ntə] *podst.* prechádzka; *sl.* prechádzať sa; vliecť sa, ťahať sa

sausage [ˈsosidž] klobása

savage [ˈsævidž] *podst.* divoch; *príd.* **1.** divý, necivilizovaný **2.** surový, brutálny

save [seiv] **1.** zachrániť **2.** šetriť, sporiť **3.** našetriť

savings-bank [ˈseiviŋzbæŋk] sporiteľňa

saviour [ˈseivjə] záchranca; spasiteľ

savour [ˈseivə] príchuť, prísada

savoury [ˈseivəri] pikantný

saw¹ *p.* *see

saw² [so:] **1.** píla **2.** porekadlo

saw³ [so:] píliť

sawdust [ˈso:dast] piliny

sawmill [so:mil] píla *(podnik)*

sawn *p.* *saw

saxophone [ˈsæksəfəun] saxofón

***say** [sei] povedať

saying [ˈseiiŋ] úslovie, porekadlo

scab [skæb] **1.** chrasta **2.** štrajkokaz

scabies [ˈskeibii:z] svrab

scaffold [ˈskæfəld] **1.** lešenie **2.** popravisko

scaffolding [ˈskæfəldiŋ] lešenie; *tubular s.* rúrkové lešenie

scald [sko:ld] **1.** obariť **2.** variť mlieko

scale [skeil] **1.** šupina **2.** miska váh **3.** stupnica; škála **4.** mierka *(mapy)*

scales [skeilz] *mn. č.* váhy

scalp [skælp] koža na hlave; skalp

scan [skæn] *(-nn-)* **1.** letmo nahliadnuť **2.** kriticky preskúmať

scandal [ˈskændl] **1.** škandál **2.** ohováračka

scandalous [ˈskændələs] škandálny, hanebný

Scandinavia [ˌskændi-ˈneivjə] Škandinávia

scanty [ˈskænti] skromný, sotva dostačujúci

scape-goat [skeipgəut] *obraz.* obetný baránok

scar [ska:] jazva

scarce [skeəs] nedostačujúci, vzácny, zriedkavý

scarcely [skeəsli] sotva, ťažko

scarcity [skeəsiti] nedostatok, núdza

scare [skeə] *podst.* panika; *sl.* postrašiť, vystrašiť

scarecrow [skeədkrəu] strašiak

scarf [ska:f] šál

scarlet [ˈska:lit] *podst.* šarlát; *príd.* šarlátový

scarlet fever [ˈska:lit ˈfi:və] šarlach

scatter [ˈskætə] **1.** rozhadzovať; rozsypávať **2.** rozprášiť, rozohnať **3.** rozptýliť sa

scavenger [ˈskævindžə] **1.** zametač **2.** zviera, ktoré sa živí zdochlinami

scenario [siˈna:riəu] scenár

scene [si:n] **1.** scéna ● *make a s.* urobiť scénu **2.** dejisko **3.** javisková výprava ● *behind the s-s* za kulisami

scenery [ˈsi:nəri] **1.** javisková výprava **2.** scenéria; príroda

scent [sent] *podst.* **1.** pach
2. stopa **3.** čuch **4.** vo-
ňavka; *sl.* **1.** ňuchať, cítiť
2. navoňať
sceptic [ˈskeptik] skeptik
sceptre [ˈseptə] žezlo
schedule [ˈšedju:l] **1.**
plán, rozvrh, program
● *ahead of s.* pred ter-
mínom **2.** *amer.* [ˈsked-
ju:l] cestovný poriadok
schematic [skiˈmətik]
schematický
scheme [ski:m] *podst.*
schéma, plán; *sl.* kuť
plány, úklady
schism [ˈsizəm] rozkol
scholar [ˈskolə] učenec,
vedec
scholarship [ˈskoləšip] **1.**
učenosť **2.** štipendium
school [sku:l] škola
school-book [ˈsku:lbuk]
učebnica
schoolboy [ˈsku:lboi] ško-
lák
schoolfellow [ˈsku:lˌfeləu]
spolužiak
schoolgirl [ˈsku:lgə:l] ško-
láčka
schoolmaster [ˈsku:lˈma:s-
tə] učiteľ

schoolmate [ˈsku:lmeit]
spolužiak
schoolmistress [ˈsku:l-
ˈmistris] učiteľka
schoolroom [ˈsku:lrum]
trieda
sciatica [saiˈætikə] ischias
science [ˈsaiəns] veda ●
man of s. vedec, bádateľ
scientific [ˈsaiənˈtifik] ve-
decký
scientist [ˈsaiəntist] (prí-
rodo)vedec
scintillate [ˈsintileit] is-
kriť
scissors [ˈsisəz] *mn. č.*
nožnice
scoff [skof] *at s.t.* po-
smievať sa čomu
scold [skəuld] hrešiť nie-
koho, hádať sa s niekým
scoop [ˈsku:p] naberačka;
lopatka
scooter [ˈsku:tə] **1.** ko-
lobežka **2.** skúter
scope [ˈskəup] **1.** roz-
hľad; rozsah **2.** príleži-
tosť, východisko
scorch [sko:č] popáliť,
spáliť
score [sko:] *podst.* **1.**
zárez, vrub **2.** výsledok
zápasu, skóre **3.** dvad-

siatka **4.** partitúra; *sl.* **1.** urobiť zárezy **2.** nalinajkovať **3.** skórovať **4.** *a success* mať úspech **5.** *off s.o.* ponížiť niekoho

scorn [sko:n] *podst.* opovrhnutie; *sl.* opovrhovať čím, pohŕdať čím

scornful [ˈsko:nfl] opovržlivý, pohŕdavý

Scotland [ˈskotlənd] Škótsko

Scotsman [ˈskotsmən] Škót

scoundrel [ˈskaundrəl] darebák, naničhodník

scout [skaut] zved

scowl [skaul] mračiť sa

scramble [ˈskræmbl] liezť *(štvornožky);* ruvať sa ● *scrambled eggs* praženica

scrap [skræp] *podst.* **1.** kúsok **2.** zdrap **3.** staré železo **4.** *s-s mn. č.* zvyšky; *s. iron* železný šrot; *sl.* dať do starého železa

scrape [skreip] škrabať, pozbierať

scratch [skræč] *sl.* **1.**

škrabnúť, škrabať **2.** vzdať sa *(zápasu); podst.* škrabnutie

scrawl [skro:l] *sl.* čarbať, driapať; *podst.* čarbanina

scream [skri:m] *podst.* výkrik, jačanie; *sl.* jačať, pištať

screen [skri:n] *podst.* **1.** zástena, stena **2.** plátno *(premietacie)* **3.** clona; *sl.* **1.** cloniť, zacloniť **2.** chrániť, kryť **3.** premietať *(na plátno)*

screw [skru:] *podst.* skrutka; *sl.* skrutkovať

screw-driver [ˈskru:ˌdraivə] skrutkovač

scribble [ˈskribl] čarbať

scribbling-block [ˈskribliŋblok] zápisník

script [skript] scenár

scripture [ˈskripčə] biblia

scrub [skrab] *(-bb-)* drhnúť *(kefou)*

scruple [ˈskru:pl] *podst.* škrupuľa, pochybnosti; *sl.* váhať

scrupulous [ˈskru:pjuləs] ohľaduplný, škrupulózny

scrutiny [ˈskru:tini] podrobná prehliadka

scull [skal] veslo

scullery [ˈskaləri] umyváreň *(na riad)*

sculptor [ˈskalptə] sochár

sculpture [ˈskalpčə] **1.** sochárstvo **2.** skulptúra, plastika

scum [skam] pena, nečistota

scurf [skə:f] lupiny

scuttle [ˈskatl] uhliak

scythe [saið] kosa

sea [si:] more

sea-gull [ˈsi:gal] čajka

seal [si:l] podst. **1.** tuleň **2.** pečať **3.** plomba; sl. **1.** zapečatiť **2.** utesniť

sea-level [si:levl] morská hladina

seam [si:m] **1.** šev **2.** žila *(horniny)*

seaman [ˈsi:mən] námorník

seamstress [ˈsemstris] krajčírka

seaplane [ˈsi:plein] hydroplán

search [sə:č] podst. hľadanie, pátranie; sl. **1.** hľadať **2.** prezerať

searchlight [ˈsə:člait] reflektor

seashore [ˈsi:ˈšo:] morský breh

seasick [ˈsi:sik]: be s. mať morskú nemoc

seaside [ˈsi:ˈsaid] pobrežie *(morské); at the s.* pri mori

season [ˈsi:zn] podst. ročné obdobie, sezóna; sl. okoreniť

seasoning [ˈsi:zniŋ] korenie

season-ticket [ˈsi:znˈtikit] preukaz *(na vlak, električku)*

seat [si:t] podst. **1.** sedadlo **2.** sídlo **3.** miesto *(na sedenie)* ● *take a s.* sadnúť si; sl. **1.** sadnúť si; *s. o.s.* usadiť sa **2.** pojať

seaworthy [si:ˈwə:ði] schopný plavby

second [ˈsekənd] podst. sekunda; čísl. druhý

secondary [ˈsekəndəri] druhotný; *s. school* stredná škola

second-hand [ˈsekəndˈhænd] použitý; antikvárny; z druhej ruky

second-rate [ˈsekəndˈreit] podradný

secrecy [ˈsi:krisi] tajnosť; diskrétnosť

secret [ˈsi:krit] *príd.* tajný; *podst.* tajomstvo

secretary [ˈsekrətri] **1.** tajomník, tajomníčka, sekretár, sekretárka **2.** minister; *Home S.* minister vnútra; *Foreign S.* minister zahraničia

sect [sekt] sekta

section [ˈsekšn] úsek, oddiel, časť; sekcia, oddelenie

sector [ˈsektə] **1.** *mat.* výsek **2.** sektor

secular [ˈsekjulə] svetský

secure [siˈkju:ə] *príd.* **1.** istý **2.** zabezpečený; *sl.* **1.** zabezpečiť, zaistiť **2.** zadovážiť, zohnať

security [siˈkjuəriti] **1.** bezpečnosť, istota **2.** záruka

securities [siˈkjuəritiz] *mn. č.* cenné papiere

sedentary [ˈsedntəri] sedavý; *s. occupation* sedavé zamestnanie

sediment [ˈsedimənt] usadenina

sedition [siˈdišən] poburovanie

seduce [siˈdju:s] zviesť, zvádzať

***see** [si:] **1.** vidieť; *s. through* odhaliť *(zámery)* **2.** navštíviť **3.** chápať **4.** dozerať; *I s.* rozumiem, chápem; *s. to it* dozri na to, aby; *s. s. o. home* odprevadiť niekoho domov; *s. s. o. off* odprevadiť niekoho *(pri odcestovaní); s. out* vyprevadiť; *let me s.* ukážte; počkajte, pozriem sa

seed [si:d] semeno

seedy [ˈsi:di] *hovor.* nesvoj, chorý

***seek** [si:k] **1.** hľadať **2.** *for* usilovať sa o niečo, snažiť sa ● *much sought after* veľký dopyt po

seem [si:m] zdať sa

seeming [ˈsi:miŋ] zdanlivý

seen *p.* ***see**

seethe [si:ð] vrieť, kypieť

seize [si:z] **1.** uchopiť; pochopiť **2.** zmocniť sa niečoho, zabaviť

seizure [ˈsi:žə] **1.** konfiškácia **2.** záchvat porážky

seldom [ˈseldəm] zriedkakedy, zriedka

select [siˈlekt] *príd.* vybraný; *sl.* vybrať (si)

selection [siˈlekšən] výber

self [self] „ja"; ● *your better s.* tvoje lepšie ja; *(predpona)* samo-, seba-

self-complacence [selfkəmˈpleisns] samoľúbosť

self-confidence [selfˈkonfidəns] sebadôvera

self-conscious [selfˈkonšəs] ostýchavý, nesmelý

self-control [ˈselfkənˈtrəul] sebaovládanie

self-defence [ˈselfdiˈfens] sebaobrana

self-government [ˈselfˈgavəmənt] samospráva

selfish [ˈselfiš] sebecký

self-preservation [ˈselfˌprezəˈveišən] sebazáchova

self-respect [ˈselfrisˈpekt] sebaúcta

self-satisfaction [ˈselfˈsætisˈfækšən] samoľúbosť

*sell [sel] predávať, predať

seller [ˈselə] predávajúci ● *best s.* kniha, ktorá ide na dračku

semicircle [ˈsemiˌsə:kl] polkruh

semicolon [semiˈkəulen] bodkočiarka

semidetached [ˈsemidiˈtæčt] spojený jedným múrom; *s. house* dvojdom

seminar [ˈsemina:] seminár *(vysokoškolský)*

seminary [ˈseminəri] seminár *(kňazský)*

Semitic [siˈmitik] semitský

semolina [ˌseməˈli:nə] krupica; *s. pudding* krupičná kaša

senate [ˈsenit] senát

senator [ˈsenətə] senátor

*send [send] **1.** poslať **2.** vysielať *(rozhlasom)*

sender [ˈsendə] **1.** odosielateľ **2.** vysielač

senile [ˈsi:nail] senilný

senior [ˈsi:njə] **1.** *to* starší **2.** nadriadený

sensation [senˈseišən] **1.** pocit **2.** rozruch, senzácia

sensational [sen'seišnl] senzačný

sense [sens] **1.** zmysel **2.** zdravý rozum **3.** zmysel *(pre niečo); s. of humour* zmysel pre humor; *come to o.'s s-s* prísť k rozumu; *make s.* dávať zmysel

senseless ['senslis] **1.** nerozumný **2.** v bezvedomí

sensible ['sensəbl] **1.** rozumný **2.** citeľný

sensibility ['sensi'biliti] citlivosť *(emočná)*

sensitive ['sensitiv] citlivý

sensual ['sensuəl] **1.** zmyslový **2.** zmyselný

sensuality ['sensju'æliti] zmyselnosť

sent *p.* **send*

sentence ['sentəns] *podst.* **1.** veta **2.** rozsudok; *sl.* odsúdiť

sentiment ['sentimənt] cit

sentimental ['senti'mentl] sentimentálny

sentinel ['sentinl] stráž, hliadka

sentry ['sentri] stráž, hliadka

separate ['sepəreit] *sl.* **1.** oddeliť (sa) **3.** rozísť sa; *príd.* ['seprit] oddelený

separation ['sepə'reišən] **1.** oddelenie, rozdelenie **2.** rozchod, rozlúčka

September [səp'tembə] *podst.* september; *príd.* septembrový

sepulchre ['sepəlkə] náhrobok

sequel ['si:kwəl] **1.** pokračovanie **2.** následok

sequence ['si:kwəns] poradie, súslednosť

Serb [sə:b] Srb

serenade [,seri'neid] serenáda

serene [si'ri:n] jasný; pokojný

serenity [si'reniti] jasnosť, pokoj

serf [sə:f] nevoľník

serfdom [sə:fdəm] nevoľníctvo

sergeant ['sa:džənt] seržant

series ['siəri:z] rad; séria

serious ['siəriəs] vážny

sermon ['sə:mən] kázeň

serpent ['sə:pənt] had

serpentine ['sə:pəntain] kľukatý

servant [ˈsəːvənt] sluha; *public s.* verejný zamestnanec; *civil s.* štátny úradník
serve [səːv] **1.** slúžiť **2.** obslúžiť **3.** servírovať **4.** odsedieť si trest ● *it s-s you right* dobre ti tak
service [ˈsəːvis] **1.** služba **2.** obsluha **3.** podávanie jedla, servírovanie **4.** servis
servile [ˈsəːvail] servilný; otrocký
servitude [ˈsəːvitjuːd] otroctvo
session [ˈsešən] **1.** zasadanie **2.** školský rok na univerzite
set¹ [set] **1.** súprava **2.** sada **3.** skupina **4.** prístroj, aparát
*set² [set] **1.** dať niekde, položiť, postaviť **2.** dať *(úlohu, príklad)* **3.** nastaviť *(hodiny)* **4.** usadiť sa **5.** zapadnúť *(o slnci)* **6.** *out* vydať sa *(na cestu)*
setback [ˈsetˈbæk] neúspech, prekážka
settee [seˈtiː] pohovka, diván

setting [ˈsetiŋ] **1.** zasadenie **2.** prostredie
settle [ˈsetl] **1.** usadiť (sa) **2.** osídliť **3.** urovnať, vyriešiť **4.** zaplatiť, vyrovnať *(dlžobu)*
settlement [ˈsetlmənt] **1.** osada **2.** vyrovnanie **3.** úhrada
settler [ˈsetlə] osadník, usadlík
seven [ˈsevn] sedem
seventeen [ˈsevnˈtiːn] sedemnásť
seventeenth [ˈsevnˈtiːnθ] sedemnásty
seventieth [ˈsevntiiθ] sedemdesiaty
seventy [ˈsevnti] sedemdesiat
sever [ˈsevə] **1.** oddeliť **2.** prerušiť
several [ˈsevrəl] niekoľko
severe [siˈviə] **1.** prísny **2.** krutý, drsný
severity [siˈveriti] **1.** prísnosť **2.** krutosť, drsnosť
*sew [səu] šiť
sewn *p.* ***sew**
sewer [ˈsjuə] stoka
sewerage [ˈsjuəridž] kanalizácia

sewing-machine [ˈsəuiŋməˌši:n] šijací stroj

sex [seks] pohlavie

sexton [ˈsekstən] kostolík

sexual [ˈseksjuəl] pohlavný, sexuálny

shabby [ˈšæbi] ošarpaný, obnosený

shack [šæk] chata

shackle [ˈšækl] *podst.* puto; *sl.* spútať

shackles [ˈšæklz] okovy

shade [šeid] *podst.* 1. tieň 2. odtieň 3. tienidlo; *sl.* 1. zatieniť 2. odtieniť

shadow [ˈšædəu] *podst.* tieň *(vrhnutý, neskutočný); sl.* sledovať, špehovať

shady [ˈšeidi] 1. tienistý 2. podozrivý, pochybný

shaft [ša:ft] 1. držadlo 2. žrď 3. lúč 4. šachta 5. hriadeľ

*****shake**¹ [šeik] 1. potriasť, triasť (sa) ● *s. hands with s.o.* potriasť rukou niekomu 2. otriasť

shake² [šeik] otras, trasenie

shaken *p.* *****shake**

shaky [ˈšeiki] trasľavý, roztrasený; neistý

shall [šæl, šəl, šl, l] 1. pomocné sloveso na tvorenie budúceho času 2. spôsobové sloveso vyjadrujúce povinnosť

shallow [ˈšæləu] *príd.* plytký; *podst.* plytčina

sham [šæm] nepravý, predstieraný

shame [šeim] *podst.* 1. stud 2. hanba; *sl.* zahanbiť

shameful [ˈšeimfl] hanebný

shameless [ˈšeimlis] nehanebný

shampoo [šæmˈpu:] *podst.* šampón; *sl.* umývať hlavu

shape [šeip] *podst.* 1. útvar, forma 2. podoba; *sl.* utvárať, dať tvar

shapeless [ˈšeiplis] beztvárny

shapely [ˈšeipli] dobre stvárnený, urastený

share [šeə] *podst.* 1. podiel 2. akcia; *sl.* 1. rozdeliť si 2. podieľať sa na

shareholder [ˈšeəˈhəuldə] akcionár

shark [ša:k] žralok

sharp [ša:p] **1.** ostrý **2.** prenikavý, bystrý

sharpen [ˈša:pən] nabrúsiť, naostriť

shatter [ˈšætə] **1.** rozšíriť (sa) **2.** podlomiť *(zdravie)* **3.** rozbiť *(na malé kúsky)*

shave¹ [šeiv] holenie

*shave² [šeiv] holiť (sa)

shaven [ˈšeivn] oholený

shaving-brush [ˈšeiviŋbraš] štetka na holenie

shavings [šeiviŋz] *mn. č.* stružliny

shaving-stick [ˈšeiviŋstik] holiace mydlo

shawl [šo:l] šál

she [ši:, ši] ona

sheaf [ši:f] snop

*shear [šiə] strihať

shears [šiəz] *mn. č.* nožnice *(veľké, záhradné)*

sheath [ši:θ] pošva

shed¹ [šed] kôlňa

shed² [šed] *(-dd-)* **1.** zhadzovať *(napr. parohy)* **2.** roniť *(slzy)*

sheep [ši:p] ovca

sheep-dog [ˈši:pdog] ovčiarsky pes

sheer [šiə] číry, púhy

sheep-fold [ˈši:pfəuld] košiar

sheet [ši:t] **1.** plachta **2.** hárok papiera **3.** tabuľa *(skla, plechu)*

shelf [šelf] polica, regál

shell [šel] *podst.* **1.** škrupina **2.** lusk **3.** lastúra **4.** nábojnica **5.** šrapnel; *sl.* **1.** vylúpnuť **2.** bombardovať, ostreľovať

shelter [ˈšeltə] *podst.* kryt, úkryt; útočište ● *take s. from* ukryť sa; *sl.* chrániť, ukryť (sa)

shepherd [ˈšepəd] pastier

sheriff [ˈšerif] šerif

shield [ši:ld] *podst.* štít; *sl.* chrániť

shift [šift] *podst.* smena *(pracovná); sl.* posunovať (sa)

shilling [ˈšiliŋ] šiling

shimmer [ˈšimə] trblietať sa

shin [šin] holeň

shine¹ [šain] svit; lesk, žiara

*shine² [šain] svietiť; žiariť, lesknúť sa

shiny [ˈšaini] lesklý
ship [šip] *podst.* loď; *sl.*
(*-pp-*) **1.** nalodiť **2.** do-
praviť *(loďou)*, poslať
shipment [ˈšipmənt] **1.**
doprava loďou **2.** lodná
zásielka
shipwreck [ˈšiprek] *podst.*
vrak; *sl.* stroskotať
shipyard [ˈšipja:d] lode-
nica
shirk [šə:k] vyhýbať sa,
uhýbať niečomu
shirt [šə:t] košeľa
shiver [ˈšivə] *sl.* chvieť
sa, triasť sa; *podst.*
chvenie, mrazenie
shoal [šəul] **1.** plytčina
2. množstvo *(rýb)*
shock [šok] *podst.* **1.** rana
2. otras; *sl.* otriasť nie-
kým; pohoršiť
shocking [šokiŋ] odpor-
ný, hrozný
shod *p.* *shoe
shoe¹ [šu:] **1.** poltopán-
ka, topánka
***shoe²** [šu:] **1.** zaobuť **2.**
okovať
shoe-lace [ˈšu:leis] šnúr-
ka *(do topánok)*
shoe-maker [ˈšu:ˈmeikə]
obuvník

shone *p.* *shine
shook *p.* *shake
shoot¹ [šu:t] **1.** výstrel
2. výhonok
***shoot²** [šu:t] **1.** strieľať
2. zastreliť **3.** vyraziť
(o rastline) **4.** fotogra-
fovať, točiť *(film)*
shop [šop] *podst.* **1.** ob-
chod, predajňa ● *talk
s.* rozprávať o svojom
odbore **2.** dielňa; *sl.*
(*-pp-*) nakupovať; *go
s-ping* ísť nakupovať
shop-assistent [ˈšopə-
ˈsistənt] predavač
shopkeeper [ˈšopˈki:pə]
obchodník, majiteľ ob-
chodu
shop-steward [ˈšop-stjuəd]
vedúci závodného výbo-
ru
shop-window [ˈšopˈwin-
dəu] výkladná skriňa
shore [šo:] breh, pobre-
žie
shorn *p.* *shear
short [šo:t] **1.** krátky **2.**
malý *(o ľuďoch)* ● *be
s. of s.t.* mať nedostatok
niečoho
shortage [ˈšo:tidž] *of s.t.*
nedostatok niečoho

short circuit [ˈšo:t ˈsə:kit] krátke spojenie

shortcoming [šo:tˈkamiŋ] nedostatok, chyba

shorten [ˈšo:tn] skrátiť (sa)

shorthand [ˈšo:thænd] rýchlopis

shortly [ˈšo:tli] 1. krátko, stručne 2. zanedlho, skoro

shorts [šo:ts] *mn. č.* šortky, trenírky

shortsighted [ˈšo:tsaitid] krátkozraký

shot[1] *p.* *shoot

shot[2] [šot] 1. výstrel 2. brok 3. strelec 4. *film.* záber

should [šud] 1. pomocné sloveso na tvorenie prvej osoby kondicionálu 2. spôsobové sloveso vyjadrujúce mravnú záväznosť

shoulder [ˈšəuldə] *podst.* plece, rameno; *sl.* 1. vziať na plecia 2. prevziať 3. raziť si cestu

shoulder-blade [ˈšəuldəbleid] lopatka *(kosť)*

shout [šaut] *podst.* výkrik, krik, volanie; *sl.* volať, kričať

shove [šav]· strčiť, rypnúť

shovel [ˈšavl] lopata

show[1] [šəu] 1. prehliadka 2. výstava 3. divadelná revue

***show**[2] 1. preukázať, prejaviť 2. predvádzať 3. *in* uviesť *(dovnútra)* 4. *off* vychvaľovať sa 5. *round* previesť *(napr. po meste)*

shower [ˈšauə] *podst.* 1. sprška, prehánka, dážď 2. sprcha; *sl.* liať (sa)

shower-bath [ˈšauəba:θ] sprcha

shown *p.* *show

show-room [ˈšəurum] výstavná miestnosť

show-window [ˈšəuwindəu] výklad *(obchodu)*

showy [ˈšəui] veľkolepý

shred [šred] zdrap

shrew [šru:] zlá žena

shrewed [šru:d] bystrý, obozretný

shriek [šri:k] *podst.* výkrik; *sl.* vykríknuť

shrill [šril] prenikavý

shrimp [šrimp] morský rak

shrine [šrain] svätyňa

*shrink [šriŋk] **1.** zraziť sa, zbehnúť sa **2.** *from* uhýbať pred

shrivel [ˈšrivəl] *(-ll-)* zosychať

shroud [šraud] rubáš

shrub [šrab] ker

shrug [šrag]: *(-gg-)* s. *one's shoulders* pokrčiť plecami

shrunk *p.* ***shrink**

shudder [ˈšadə] *podst.* zachvenie; *sl.* otriasť sa *(hrôzou);* hroziť sa

shuffle [ˈšafl] **1.** posunúť **2.** miešať *(karty)*

shun [šan] *(-nn-)* vyhýbať sa, varovať sa

shunt [šant] **1.** výhybka **2.** *elektr.* prípojka

shunting station [šantiŋ steišn] zriaďovacie nádražie

*shut [šat] zatvoriť, zavrieť; *s. off* uzatvoriť, zastaviť (vodu); *s. out* vylúčiť; *s. up* zmĺknuť; *hovor.* ● *shut up* čuš!

shutter [ˈšatə] **1.** okenica, roleta **2.** *fot.* uzávierka

shuttle [ˈšatl] *(tkáčsky)* člnok

shy [šai] *príd.* plachý, nesmelý; *sl.* plašiť sa

Siam [saiˈæm] Siam

Siberia [saiˈbiəriə] Sibír

Sicily [ˈsisili] Sicília

sick [sik] chorý ● *I am s.* je mi zle *(od žalúdka); I am s. of it* už toho mám dosť

sicken [ˈsikn] chorľavieť

sickle [ˈsikl] kosák

sickly [ˈsikli] chorobný, nezdravý

sickness [ˈsiknis] **1.** choroba **2.** nevoľnosť *(od žalúdka)*

side [said] *podst.* **1.** strana ● *take s-s* rozhodnúť sa pre jednu stranu **2.** bok ● *s. by s.* bok po boku; *sl. with s.o.* držať niekomu stránku

side-walk [ˈsaidwo:k] *amer.* chodník

siege [si:dž] obliehanie

sieve [si:v] sito, rešeto

sift [sift] presiať, preosiať

sigh [sai] *podst.* vzdych; *sl.* vzdychať

sight [sait] *podst.* **1.** zrak **2.** pohľad ● *catch s. of* zazrieť; *at first s.*

na prvý pohľad; *see the s-s* prezrieť si pamätihodnosti *(mesta); sl.* uvidieť, zazrieť

sign [sain] *podst.* **1.** znak **2.** známka, značka **3.** vývesný štít, firma **4.** posunok; *sl.* podpísať

signal [ˈsignl] *podst.* signál, znamenie; *sl.* (-ll-) signalizovať

signature [ˈsigničə] podpis

sign-board [ˈsainboːd] vývesná tabuľa

significance [sigˈnifikəns] význam

signify [ˈsignifai] značiť, znamenať

silence [ˈsailəns] *podst.* mlčanie, ticho; *sl.* umlčať

silent [ˈsailənt] mlčiaci, tichý

silently [ˈsailəntli] mlčky

Silesia [saiˈliːziə] Sliezsko

silk [silk] hodváb

silkworm [ˈsilkwəːm] hodvábnik

silly [ˈsili] hlúpy, pochabý

silo [ˈsailəu] silo; silážna jama

silt [silt] naplavenina

silver [ˈsilvə] *podst.* striebro; *príd.* strieborný

similar [ˈsimilə] podobný

similarity [ˈsimiˈlæriti] podobnosť

simile [ˈsimili] prirovnanie

simmer [ˈsimə] bublať

simper [ˈsimpə] uškŕňať sa

simple [ˈsimpl] prostý, jednoduchý

simple-minded [ˈsimplˈmaindid] prostoduchý

simplicity [simˈplisiti] prostota, jednoduchosť

simplification [ˈsimplifiˈkeišən] zjednodušenie

simplify [ˈsimplifai] zjednodušiť

simulate [ˈsimjuleit] predstierať, simulovať

simultaneous [ˈsiməlˈteinjəs] súčasný

sin [sin] *podst.* hriech; *sl.* (-nn-) hrešiť, zhrešiť, prehrešiť sa

since [sins] *predl.* od *(o čase); spoj.* **1.** od toho času čo **2.** pretože; *prísl.* odvtedy

sincere [sin'siə] úprimný

sincerity [sin'seriti] úprimnosť

sinew ['sinju:] šľacha

sinewy ['sinju(:)i] šľachovitý, svalnatý

sinful ['sinful] hriešny

*****sing** [siŋ] **1.** spievať **2.** ospevovať

singe [sindž] opáliť, spáliť, obškvŕknuť

singer [siŋə] spevák

single [siŋgl] *príd.* **1.** jednotlivý; jednoduchý **2.** slobodný *(neženatý, nevydatá); podst. šport.* singel; *sl. out* vybrať *(a určiť pre niečo)*

single-handed ['siŋgl-'hændid] bez pomoci, sám

singly ['siŋgli] jeden po druhom, jednotlivo

singsong ['siŋsoŋ] **1.** spev v krúžku **2.** monotónny prednes

singular ['siŋgjulə] *príd.* výnimočný, mimoriad-

ny; *podst. gram.* jednotné číslo

sinister ['sinistə] zlovestný

*****sink¹** [siŋk] **1.** klesať **2.** potopiť (sa) **3.** zvesiť hlavu

sink² [siŋk] výlevka

sip [sip] *(-pp-)* sŕkať

sir [sə:] pane

sirloin ['sə:loin] sviečkovica

sister ['sistə] sestra

sister-in-law ['sistərinlo:] švagriná

*****sit** [sit] **1.** sedieť **2.** zasadať; *s. down* sadnúť si, posadiť sa; *s. up* zostať hore, nejsť spať

site [sait] **1.** poloha **2.** stavebné miesto, parcela

sitting [sitiŋ] zasadanie

sitting-room [sitiŋrum] obývacia izba

situated ['sitjueitid] položený, umiestený

situation [ˌsitju'eišən] **1.** situácia **2.** poloha **3.** miesto, zamestnanie

six [siks] šesť

sixpence ['sikspəns] *(minca)* šesť pencí

sixteen [ˈsiksˈtiːn] šest-
násť
sixteenth [ˈsiksˈtiːnθ]
šestnásty
sixth [siksθ] šiesty
sixtieth [ˈsikstiiθ] šesť-
desiaty
sixty [ˈsiksti] šesťdesiat
size [saiz] 1. veľkosť,
rozmer 2. číslo *(napr.
rukavíc)*
sizzle [ˈsizl] syčať *(ako
pri vysmážaní)*
skate [skeit] *podst.* kor-
čuľa; *sl.* korčuľovať (sa)
skating-rink [ˈskeitiŋriŋk]
klzisko
skeleton [ˈskelitn] kostra;
s. key pakľúč
sketch [skeč] *podst.* 1.
náčrtok, skica 2. skeč;
sl. načrtnúť, skicovať
ski [skiː] *podst.* lyže; *sl.*
lyžovať sa
ski-lift [ˈskiːlift] lyžiarsky
vlek
skid [skid] *(-dd-)* kĺzať,
šmýkať; dostať šmyk
skill [skil] zručnosť, ši-
kovnosť, obratnosť
skilled [skild] kvalifiko-
vaný; vyučený

skim [skim] *(-mm-)* zbe-
rať mlieko
skim-milk [ˈskimˈmilk]
odstredené mlieko
skin [skin] *podst.* 1. ko-
ža 2. šupka; *sl. (-nn-)*
stiahnuť *(zviera)*
skinny [ˈskini] vyziab-
nutý, chudý
skip [skip] *(-pp-)* 1. po-
skakovať 2. preskočiť,
vynechať
skipping-rope [skipiŋ-
ˈrəup] švihadlo
skirmish [ˈskəːmiš] šar-
vátka, potýčka
skirt [skəːt] sukňa
skull [skal] lebka
sky [skai] obloha, nebo
skylark [ˈskailaːk] ško-
vránok
sky-line [ˈskailain] silue-
ta, horizont
skyscraper [ˈskaiˈskreipə]
mrakodrap
slab [slæb] doska *(z ka-
meňa, kovu)*
slack [slæk] chabý, mdlý
slacks [slæks] *mn. č.* no-
havice *(široké, pracov-
né)*
slacken [ˈslækn] ochab-
núť, povoliť

slag [slæg] škvara
slam [slæm] *(-mm-)* tresknúť, buchnúť
slander [ˈslaːndə] *podst.* ohováračka; *sl.* ohovárať
slanderous [ˈslaːndərəs] ohováračský
slang [slæŋ] slang
slant [slaːnt] svah; *amer.* stanovisko
slanting [slaːntiŋ] šikmý
slap [slæp] *(-pp-)* udrieť *(dlaňou)*; potľapkať
slash [slæš] **1.** rozpárať **2.** bičovať **3.** odsudzovať
slate [sleit] *podst.* bridlica; *sl.* pokryť bridlicou
slaughter [ˈsloːtə] *podst.* **1.** porážka *(dobytka)* **2.** masaker, krviprelitie; *sl.* **1.** porážať *(zvieratá)* **2.** masakrovať
slaughter-house [ˈsloːtəhaus] bitúnok
Slav [slaːv] *podst.* Slovan; *príd.* slovanský
slave [sleiv] otrok
slavery [ˈsleivəri] otroctvo
slaw [sloː] šalát z kapusty

slay [slei] zabiť
sledge [sledž] *šport.* sánky
sleek [sliːk] **1.** ulízaný **2.** úlisný
sleep[1] [sliːp] spánok
***sleep**[2] [sliːp] spať
sleeper [sliːpə] **1.** spáč **2.** *amer.* spací vozeň **3.** podval
sleeping-bag [ˈsliːpiŋbæg] spací vak
sleeping-car [ˈsliːpiŋkaː] spací vozeň
sleeping-draught [ˈsliːpiŋdraːft] prášok na spanie
sleep-walker [ˈsliːpˈwoːkə] námesačník
sleepy [ˈsliːpi] ospalý
sleet [sliːt] sneh s dažďom
sleeve [sliːv] rukáv
sleigh [slei] sane *(s koňom)*
slender [ˈslendə] štíhly
slept *p.* ***sleep**
slice [slais] plátok; *a s. of bread* krajec chleba
slid *p.* ***slide**
***slide**[1] [slaid] kĺzať (sa), šmýkať sa
slide[2] [slaid] **1.** pokĺznutie, šmyknutie; šmýkačka **2.** diapozitív

slide-rule [ˈslaidruːl] logaritmické pravítko
slight [slait] **1.** drobný, krehký; nepatrný **2.** nezáväzný
slightly [slaitli] trocha, nepatrne
slim [slim] štíhly
slime [slaim] sliz, hlien
slimy [ˈslaimi] slizký; úlisný
sling[1] [sliŋ] **1.** prak **2.** slučka
***sling**[2] [sliŋ] mrštiť
slip [slip] *podst.* **1.** poklznutie, pošmyknutie **2.** omyl, prehliadnutie **3.** kombináčka **4.** obliečka na vankúš **5.** prúžok, kúsok; *s. of paper* kúsok papiera; *sl.* *(-pp-)* **1.** klzať **2.** pošmyknúť sa **3.** uniknúť **4.** zasunúť, nasadiť **5.** pomýliť sa
slipper [ˈslipə] papuča
slippery [ˈslipəri] klzký, šmykľavý
slipshod [ˈslipšod] nedbalý
***slit** [slit] *(-tt-)* rozpárať
slither [ˈsliðə] šmýkať sa
slobber [ˈslobə] slintať

slogan [ˈsləugən] heslo
slope [sləup] svah
slops [slops] *mn. č.* splašky
slot [slot] štrbina
sloth [sləuθ] lenivosť, nevšímavosť
slot-machine [ˈslotməšiːn] automat na mince
Slovak [ˈsləuvæk] *podst.* Slovák; *príd.* slovenský
Slovakia [sləuvækiə] Slovensko
slovenly [ˈslavnli] nedbalý, nečistý
slow [sləu] *príd.* **1.** pomalý ● *the watch is s.* hodinky meškajú **2.** ťažko chápavý **3.** nudný; *sl. s. (down)* spomaliť (sa)
sluggish [ˈslagiš] lenivý, pomalý
slum [slam] špinavá, preplnená štvrť chudoby, brloh
slumber [slambə] driemať
slump [slamp] klesnutie cien; kríza
slung *p.* ***sling**
slush [slaš] blato so snehom, čľapkanica
sly [slai] ľstivý, prefíkaný

smack [smæk] **1.** mľas-
kať **2.** plesknúť
small [smo:l] malý ● *s.
change* drobné *(penia-
ze); s. hours* skoré ráno
smallpox [ˈsmo:lpoks]
kiahne
small-talk [ˈsmo:lto:k]
spoločenská konverzá-
cia
smart [sma:t] **1.** ostrý
2. bystrý; bezohľadný
3. elegantný
smash [smæš] *podst.*
smeč; *sl.* **1.** rozbiť, roz-
trieštiť (sa) **2.** smečovať
smear [smiə] *podst.* škvr-
na; *sl.* zašpiniť, zamazať,
zafúľať
smell¹ [smel] **1.** čuch **2.**
pach, zápach
*****smell²** [smel] páchnuť,
zapáchať
smelt¹ *p.* *****smell**
smelt² [smelt] taviť
smile [smail] *podst.*
úsmev; *sl.* usmievať sa
smith [smiθ] kováč
smithy [ˈsmiði] kováčska
dielňa
smock [smok] pracovný
plášť

smoke [sməuk] *podst.*
dym; *sl.* **1.** fajčiť, kadiť;
2. údiť
smoker [sməukə] **1.** faj-
čiar **2.** fajčiarsky vozeň
hovor.
smoking-carriage [ˈsməu-
kiŋˈkæridž] fajčiarsky
vozeň
smoking-compartment
[ˈsməukiŋkəm ˌpa:tmənt]
oddelenie pre fajčiarov
smoky [ˈsməuki] zadyme-
ný
smooth [smu:ð] *príd.* **1.**
rovný, hladký **2.** mier-
ny; zmierlivý; *sl.* vy-
hladiť, vyrovnať
smother [smaðə] dusiť
(sa)
smoulder [ˈsməuldə] tlieť
(o ohni)
smudge [smadž] *podst.*
škvrna; *sl.* rozmazať
smuggle [ˈsmagl] pašovať
smuggler [ˈsmaglə] paše-
rák
smut [smat] sadza
snack [snæk] rýchle ob-
čerstvenie ● *mid-morn-
ing s.* desiata; *s-bar*
automat, bufet
snail [sneil] slimák

snake [sneik] had
snap [snæp] *(-pp-)* **1.** uchytiť, chňapnúť **2.** prasknúť, pretrhnúť (sa) **3.** cvaknúť **4.** *fot.* urobiť momentku **5.** *s. o.'s fingers at* lusknúť prstami na
snapshot [ˈsnæpšot] momentka
snare [sneə] oko *(na zver);* osídlo, nástraha
snarl [sna:l] *podst.* zavrčanie; *sl.* vrčať, ceriť zuby
snatch [snæč] chňapnúť
sneak [sni:k] prikrádať sa; donášať *(študentský žargón)*
sneer [sniə] *podst.* posmešok; výsmech; *sl. at* ironicky sa usmievať, robiť si posmešky
sneeze [sni:z] *podst.* kýchnutie; *sl.* kýchnuť, kýchať
sniff [snif] **1.** poťahovať nosom **2.** vdychovať nosom **3.** čuchať **4.** *s. at s.t.* ohŕňať nos nad niečím
sniper [snaipə] záškodník

snivel [ˈsnivl] *(-ll-)* fňukať
snob [snob] snob
snobbery [snobəri] snobstvo, snobizmus
snobbish [ˈsnobiš] snobský
snore [sno:] *podst.* chrápanie; *sl.* chrápať
snort [sno:t] fŕkať
snout [snaut] rypák
snow [snəu] *podst.* sneh; *sl. it s-s, it is s-ing* sneží
snowball [ˈsnəubo:l] snehová guľa
snow-drift [ˈsnəudrift] snehový závej
snowdrop [ˈsnəudrop] snežienka
snow-flake [ˈsnəufleik] snehová vločka
snowman [ˈsnəumæn] snehuliak
snow-shoe [ˈsnəušu:] snežnica
snowstorm [ˈsnəustə:m] fujavica
snuff [snaf] šnupavý tabak
snuffle [ˈsnafl] **1.** poťahovať nosom **2.** huhňať
snug [snag] pohodlný, útulný, teplučký

so [səu] tak; a tak; tak-to; *s. far* až dosiaľ; *I think s.* myslím, že áno; *an hour or s.* hodinu alebo tak nejako; *s. sorry* prepáčte; *s. to speak* aby som tak povedal; *s. long hovor.* do videnia

soak [səuk] namočiť, premočiť (sa), presiaknuť

so-and-so [ˈsəuənsəu] ten a ten

soap [səup] *podst.* mydlo; *sl.* mydliť

soap-suds [ˈsəupsadz] *mn. č.* mydliny

soar [so:] vyletieť do výšky

sop [sob] *podst.* vzlyk; *sl. (-bb-)* vzlykať

sober [ˈsəubə] triezvy

so-called [ˈsəuˈko:ld] takzvaný

sociable [ˈsəušəbl] spoločenský, družný

social [ˈsəušəl] 1. spoločenský 2. sociálny

socialism [ˈsəušəlizəm] socializmus

socialist [ˈsəušəlist] *príd.* socialistický; *podst.* socialista

society [səˈsaiəti] spoločnosť

sociology [ˌsəusiˈolədži] sociológia

sock [sok] ponožka

socket [ˈsokit] 1. *eye-s.* očná jamka 2. *elektr.* zásuvka

sod [sod] trávnik *(s koreňmi a hlinou),* mačina

soda [ˈsəudə] sóda; *s. water* sódovka, sifón

sofa [ˈsəufə] pohovka, diván

soft [soft] 1. mäkký 2. tlmený 3. tichý ● *a s. drink amer.* nealkoholický nápoj

soften [ˈsofn] zmäkčiť, zmäknúť

soil [soil] *podst.* pôda, prsť; *sl.* zašpiniť sa, zamazať sa

sojourn [ˈsodžə:n] *(in, at)* pobyt

solace [ˈsoləs] útecha

solar [ˈsəulə] slnečný

sold p. *sell

solder [ˈsəuldə] *podst.* pájka; *sl.* zvárať

soldier [ˈsəuldžə] vojak

sole [səul] *príd.* výhradný; jediný; *podst.* 1.

chodidlo **2.** podošva; *sl.* podraziť *(topánky)*

solemn [ˈsoləm] slávnostný

solicit [səˈlisit] vyžiadať si

solicitor [səˈlisitə] právny poradca

solicitous [səˈlisitəs] starostlivý

solicitude [səˈlisitjuːd] starostlivosť, starosť

solid [ˈsolid] *príd.* **1.** pevný **2.** masívny **3.** solídny **4.** spoľahlivý; *podst.* **1.** hmota **2.** teleso

solidarity [ˌsoliˈdæriti] solidarita

solitary [ˈsolitəri] osamelý, samotársky

solitude [ˈsolitjuːd] samota

soloist [ˈsəuləuist] sólista

solstice [ˈsolstis] slnovrat

soluble [ˈsoljuːbl] rozpustný

solution [səˈluːšən] **1.** riešenie **2.** roztok

solve [solv] riešiť; rozriešiť

sombre [ˈsombə] ponurý

some [sam] **1.** nejaký, niektorý **2.** niekoľko; trocha; *s. more* ešte trocha

somebody [ˈsambədi] niekto

somehow [ˈsamhau] nejako

someone [ˈsamwan] niekto

something [ˈsamθiŋ] niečo

sometimes [ˈsamtaimz] niekedy

somewhat [ˈsamwot] (tak) trocha

somewhere [ˈsamweə] niekde

son [san] syn

song [soŋ] pieseň ● *buy for a s.* lacno kúpiť

son-in-law [ˈsaninlo:] zať

sonny [ˈsani] synáčik

sonorous [səˈno:rəs] zvučný

soon [su:n] skoro ● *as s. as* hneď ako

soot [sut] sadze

soothe [su:ð] upokojiť, čičíkať, utíšiť

sophisticated [soˈfistikeitid] rafinovaný

soporific [ˈsopəˈrifik] uspávací

sorcerer [ˈsoːsərə] čarodejník, strigôň

sordid [ˈsoːdid] špinavý

sore [soː] *príd.* boľavý ● *I have a s. throat* bolí ma hrdlo; *podst.* boľačka

sorrow [ˈsorəu] **1.** žiaľ, zármutok **2.** ľútosť

sorowful [ˈsorəufl] žalostný, smutný

sorry [ˈsori]: *be s.* ľutovať ● *(I am) s.* prepáčte!

sort [soːt] *podst.* druh, akosť; *sl.* triediť, oddeliť

sought *p.* *****seek

Soudan [su(ː)ˈdæn] Sudán

soul [səul] duša; človek

sound [saund] *príd.* **1.** zdravý **2.** poriadny, riadny; *podst.* zvuk; *sl.* **1.** rozozvučať **2.** vysloviť **3.** sondovať

soundless [ˈsaundlis] tichý, nehlučný

sound-proof [ˈsaundpruːf] zvukotesný

sound-wave [ˈsaundweiv] zvuková vlna

soup [suːp] polievka; *clear s.* hnedá polievka; *thick s.* biela polievka

soup-plate [ˈsuːppleit] hlboký tanier

sour [ˈsauə] kyslý; trpký; *turn s.* skysnúť

source [soːs] **1.** prameň **2.** zdroj

south [sauθ] *podst.* juh; *príd.* južný; *prísl.* na juh, južne ● *north and s.* všade

southern [ˈsaðən] južný; z juhu

sovereign [ˈsovrin] **1.** panovník **2.** stará zlatá minca v hodnote jednej libry

sovereignty [ˈsovrinti] zvrchovanosť

soviet [ˈsəuviet] *podst.* soviet; *príd.* sovietsky; *the S. Union* Sovietsky zväz

*****sow¹** [səu] siať, rozsievať

sow² [sau] sviňa, ošípaná

sown *p.* *****sow

spa [spaː] kúpele

space [speis] **1.** priestor; *s. ship* loď, raketa do vesmíru **2.** obdobie, interval

spacious [ˈspeišəs] prie-
stranný, rozľahlý
spade [speid] rýľ
Spain [spein] Španielsko
span¹ [spæn] *podst.* roz-
pätie; *sl.* (-nn-) prekle-
núť
span² *p.* *spin
Spaniard [ˈspænjəd] Špa-
niel
Spanish [ˈspæniš] *príd.*
španielsky; *podst.* špa-
nielčina
spank [spæŋk] zbiť *(die-
ťa)*
spar [spa:] stožiar
spare [speə] *príd.* 1.
nadbytočný 2. rezerv-
ný; *s. parts* náhradné
súčiastky; *sl.* ušetriť ●
*can you s. me a mo-
ment?* môžete mi ve-
novať chvíľku?
spark [spa:k] *podst.* is-
kra; *sl.* iskriť
sparking-plug [ˈspa:kiŋ-
plag] zápalná sviečka
sparkle [ˈspa:kl] iskriť,
sršať
sparrow [ˈspærəu] vrabec
spasm [ˈspæzəm] kŕč
spat *p.* *spit

spatial [ˈspeišəl] priesto-
rový
spawn [spo:n] 1. ikry 2.
podhubie
*speak [spi:k] hovoriť,
rozprávať; *s. the truth*
hovoriť pravdu; *s. se-
veral languages* hovoriť
niekoľkými jazykmi
speaker [spi:kə] 1. tlmoč-
ník, zástupca 2. rečník
3. *the S.* predseda Dol-
nej snemovne
spear [spiə] oštep, kopija
special [ˈspešl] 1. zvlášt-
ny 2. špeciálny
specialist [ˈspešəlist] 1.
odborník, špecialista 2.
odborný lekár
specialize [ˈspešəlaiz] *in*
špecializovať sa
species [ˈspi:ši:z] *(v príro-
dovede)* druh
specific [spiˈsifik] 1. pres-
ný a podrobný 2. špe-
ciálny
specify [ˈspesifai] presne
určiť, vymedziť, špecifi-
kovať
specimen [ˈspesimin]
ukážka, vzorka
speck [spek] škvrnka,

smietka; *a s. of dust*
zrnko prachu
spectacle [ˈspektəkl] po-
hľad
spectacles [ˈspektəklz]
mn. č. okuliare
spectacular [spekˈtækju-
lə] veľkolepý
spectator [spekˈteitə] di-
vák
spectre [ˈspektə] strašidlo,
duch
speculate [ˈspekjuleit] 1.
premýšľať 2. špekulovať
speculation [ˈspekjuˈlei-
šən] 1. premýšľanie 2.
špekulácia
sped *p.* *speed
speech [spi:č] 1. reč 2.
prejav
speechless [ˈspi:člis] ne-
mý, neschopný slova
speed¹ [spi:d] rýchlosť;
at full s. plnou rých-
losťou
***speed²** [spi:d] uháňať,
ponáhľať sa; *s. up*
urýchliť, zrýchliť
speedometer [spi:ˈdomitə]
rýchlomer, tachometer
speedy [spi:di] súrny,
rýchly

spell¹ [spel] 1. kúzlo 2.
obdobie, doba
***spell²** [spel] 1. písať pra-
vopisne 2. hláskovať
spellbound [ˈspelbaund]
očarený, okúzlený
spelt *p.* *spell
***spend** 1. vydať, utratiť
(peniaze) 2. spotrebo-
vať 3. tráviť, stráviť *(čas)*
spendthrift [ˈspendθrift]
márnotratník
spent *p.* *spend
sphere [sfiə] 1. guľa 2.
oblasť, odbor pôsobnos-
ti, sféra 3. zemeguľa
spherical [ˈsferikəl] guľo-
vitý, sférický
sphinx [sfiŋks] sfinga
spice [spais] *podst.* ko-
renie; *sl.* koreniť
spick and span [ˈspikənd
ˈspæn] upravený, čistuč-
ký
spider [ˈspaidə] pavúk
spike [spaik] 1. špička,
bodec; tŕň; *s. heel* ihlič-
kový podpätok 2. klas
spill [spil] 1. rozliať (sa)
2. rozsypať (sa)
spilt *p.* *spill

*spin [spin] **1.** priasť, spriadať **2.** točiť (sa), víriť

spinach ['spinidž] špenát

spinal ['spainl] chrbtový; *s. column* chrbtová kosť; *s. cord* miecha

spindle ['spindl] vreteno

spin-drier ['spin¡draiə] žmýkačka, odstredivka

spine [spain] **1.** chrbtová kosť **2.** osteň

spinning-wheel ['spiniŋ-wi:l] kolovrat

spinster ['spinstə] nevydatá žena; stará panna

spiral ['spaiərəl] *podst.* špirála; *príd.* špirálovitý

spire ['spaiə] *(špicatá)* veža

spirit ['spirit] **1.** duch **2.** lieh, alkohol

spirits [spirits] *mn. č.* **1.** nálada, rozpoloženie ● *be in high (low, poor) s.* mať dobrú (zlú) náladu **2.** liehoviny

spirited ['spiritid] živý, duchaplný, ohnivý

spiritual ['spiritjuəl] *príd.* duchový, duchovný; *podst.* spirituál

*spit¹ [spit] *(-tt-)* **1.** pľuvať **2.** prskať, chrliť

spit² [spit] ražeň

spite [spait] *podst.: in s. of* napriek; *sl.* rozhnevať

spiteful [spaitfl] hnevlivý, nevraživý, potmehúdsky

spittoon [spi'tu:n] pľuvadlo

spiv [spiv] šmelinár

splash [splæš] *podst.* **1.** špliechanie; čľapot **2.** škvrna; *sl.* striekať, pošpliechať

spleen [spli:n] **1.** *anat.* slezina **2.** melanchólia

splendid ['splendid] skvelý, nádherný

splendour ['splendə] lesk, nádhera

splint [splint] dlaha

splinter ['splintə] črepina; trieska

split¹ [split] **1.** rozštiepenie **2.** trhlina **3.** rozkol

*split² [split] *(-tt-)* **1.** štiepať **2.** rozštiepiť

spoil [spoil] *sl.* **1.** kaziť, pokaziť **2.** rozmaznať, hýčkať; *podst.* korisť

spoke [spəuk] špica *(kolesa); priečka (rebríka)*
spoke p. ***speak**
spokesman [ˈspəuksmən] tlačový tajomník
spokeswoman [ˈspəuksˈwumən] tlačová tajomníčka
sponge [spandž] *podst.* špongia; *sl.* 1. umývať špongiou 2. žiť ako príživník *(on s.o.* na niekom)
sponge-cake [ˈspandžˈkeik] piškótový múčnik
spongy [ˈspandži] špongiový, pórovitý
sponsor [ˈspɔnsə] *podst.* 1. ručiteľ 2. kmotor; *sl.* podporovať
spontaneous [spɔnˈteinjəs] samovoľný, spontánny
spool [spu:l] cievka
spoon [spu:n] lyžica
spoonful [ˈspu:nful] lyžica *(niečoho)*
sport [spɔ:t] *podst.* 1. šport 2. zábava; *sl.* zabávať sa, hrať sa
sportsman [ˈspɔ:tsmən] športovec
sportsmanlike [ˈspɔ:ts-

mənlaik] športový, t. j. dôstojný športovca
spot [spɔt] 1. škvrna 2. miesto ● *on the spot* hneď
spotless [ˈspɔtlis] bez poškvrny
spotlight [ˈspɔtlait] svetlomet
spout [spaut] 1. hrdlo, výlevka, chrlič 2. trysk
sprain [sprein] vytknúť (si)
sprang p. ***spring**
sprawl [sprɔ:l] natiahnuť sa, rozvaľovať sa
spray [sprei] *podst.* 1. vetvička 2. postrek; *sl.* postrekovať
*spread¹ [spred] 1. rozťahovať; rozširovať 2. rozprestierať (sa) 3. potierať, mazať 4. rozostrieť, prestrieť 5. šíriť sa
spread² [spred] nátierka
*spring¹ [spring] 1. skákať; skočiť; vyskočiť; 2. *from* pochádzať
spring² [spriŋ] 1. jar 2. skok 3. prameň 4. pružnosť 5. pero, pružina

spring-bed [ˈspriŋbed] drôtená vložka

spring-board [ˈspriŋboːd] *tel.* odrazový mostík

sprinkle [ˈspriŋkl] postriekať, pokropiť, posypať

sprint [sprint] šprint

sprite [sprait] škriatok

sprout [spraut] *sl. up* pučať; *podst.* výhonok; *Brussels s-s* ružičkový kel

spruce [spruːs] **1.** smrek **2.** drevo ihličnatých stromov

sprung *p.* *spring

spun *p.* *spin

spur [spəː] *podst.* ostroha; *sl.* **1.** dať ostrohy **2.** poháňať, naháňať

spurious [ˈspjuəriəs] falošný, podvrhnutý

spurt [spəːt] *podst.* **1.** náhle vzplanutie **2.** zrýchlenie, špurt; *sl.* **1.** náhle vzplanúť; vytrysknúť **2.** zrýchliť, špurtovať

sputnik [ˈsputnik] umelý satelit

sputter [ˈspatə] prskať

spy [spai] *podst.* špeh,

špión; *sl.* špehovať; špicľovať

spy-glass [ˈspaiglaːs] ďalekohľad

squad [skwod] čata

squadron [ˈskwodrən] **1.** eskadróna **2.** eskadra

squalid [ˈskwolid] špinavý, zanedbaný

squalor [ˈskwolə] špina

squander [ˈskwondə] premrhať, premárniť

square [skweə] *príd.* **1.** štvorhranný **2.** pravouhlý **3.** poctivý, riadny; *podst.* **1.** štvorec **2.** *(štvorcové)* námestie **3.** druhá mocnina; kvadrát; *sl.* **1.** umocniť **2.** vyrovnať do pravého uhla **3.** uviesť do súladu

squash [skwoš] *sl.* rozpučiť, rozdrviť; *podst.* **1.** stisk **2.** ovocná šťava

squat [skwot] *(-tt-)* **1.** sedieť v drepe; drepieť **2.** nasťahovať sa niekde bezprávne

squeak [skwiːk] pískať, vŕzgať

squeamish [ˈskwiːmiš] chúlostivý, citlivý, precitlivený

squeeze [skwi:z] *podst.*
1. stisnutie **2.** tlačeni-
ca **3.** odtlačok; *sl.* **1.**
stlačiť **2.** zovrieť **3.** vy-
tlačiť **4.** pretlačiť (sa)
squint [skwint] *podst.*
škuľavosť, škúlenie; *sl.*
škúliť
squire [ˈskwaiə] statkár,
vidiecky šľachtic, „pán
gróf"
squirm [skwə:m] krútiť
sa *(v rozpakoch)*
squirrel [ˈskwirəl] veve-
rica
S. S. = steam ship [ˈeses
ˈsti:mšip] parník *(skrat-
ka pred menom lode)*
St. (= Saint) [sənt, sint,
snt] svätý *(skratka pred
vlastným menom)*
stab [stæb] *sl.* (-bb-)
bodnúť; *podst.* bodnu-
tie, *(bodná)* rana
stability [stəˈbiliti] stá-
losť, pevnosť, stabilnosť
stable [ˈsteibl] *príd.* stá-
ly, pevný, stabilný;
podst. stajňa
stack [stæk] *podst.* stoh,
kopa; *sl.* naskladať

stadium [ˈsteidiəm] šta-
dión
staff [sta:f] **1.** palica **2.**
štáb **3.** personál; osa-
denstvo; *(učiteľský)* zbor
stag [stæg] jeleň
stage [steidž] *podst.* **1.**
javisko ● *s. fright* tré-
ma **2.** štádium, obdo-
bie, etapa; *sl.* uviesť na
scénu; režírovať
stagger [ˈstægə] **1.** tac-
kať sa **2.** omráčiť, ohro-
miť **3.** rovnomerne roz-
deliť
stagnation [stægˈneišən]
stagnácia; viaznutie
stain [stein] *sl.* poškvr-
niť, pošpiniť; *podst.*
škvrna
stainless [ˈsteinlis] **1.** ne-
poškvrnený **2.** nehrdza-
vejúci; *s. steel* nehrdza-
vejúca oceľ
stair [steə] schod
staircase [ˈsteəkeis] scho-
disko
stake [steik] *podst.* **1.** kôl
2. čiastka vložená do
stávky ● *at s.* v stávke;
sl. staviť
stale [steil] starý, zvetra-

ný, uschnutý *(chlieb)*; opotrebovaný

stalemate [ˈsteilˈmeit] **1.** pat *(v šachu)* **2.** *obraz.* slepá ulička

stalk [stoːk] *podst.* stvol, byľ; *sl.* **1.** vkrádať sa **2.** vykračovať si

stall [stoːl] *podst.* **1.** stánok *(predavačský)* **2.** kreslo *(v divadle)*; *sl.* vynechať, prestať pracovať *(motor)*

stallion [ˈstæljən] žrebec

stamina [ˈstæminə] energia, sila

stammer [ˈstæmə] koktať

stamp [stæmp] *podst.* **1.** dupnutie **2.** pečiatka **3.** *(poštová)* známka **4.** kolok; *sl.* **1.** dupať **2.** drviť **3.** pečiatkovať **4.** nalepiť známku, frankovať **5.** *out* násilne potlačiť; zničiť

stamp-collector [ˈstæmpkəˈlektə] filatelista

*stand¹ [stænd] **1.** stáť **2.** postaviť **3.** vydržať, zniesť **4.** zaplatiť za niekoho; *come to a s.* zastaviť sa; *s. for* zna-

menať; *s. up* vstať; *s. up for s.t.* zastávať niečo

stand² [stænd] **1.** stanovisko **2.** stojan **3.** stánok **4.** zastávka; *bring to a s.* zastaviť

standard [ˈstændəd] *podst.* **1.** zástava, štandarda **2.** meradlo **3.** úroveň, štandard; *s. of living* životná úroveň; *príd.* štandardný

standpoint [ˈstændpoint] stanovisko

standstill [ˈstændstil]: *be at a s.* byť v kľude, byť na mŕtvom bode

stank *p.* *stink

staple [ˈsteipl] *podst.* **1.** skoba **2.** hlavná plodina; *príd.* hlavný, základný

star [staː] *podst.* hviezda; *sl. (-rr-)* hrať alebo uvádzať v hlavnej úlohe

starch [staːč] *podst.* škrob; *sl.* škrobiť

starchy [staːči] **1.** škrobový **2.** škrobený

stare [steə] *podst.* uprený pohľad; *sl.* uprene hľadieť, zízať

starling [ˈstaːliŋ] škorec

starry [ˈstaːri] hviezdnatý

start [staːt] *sl.* **1.** trhnúť sebou **2.** začať **3.** poplašiť **4.** vydať sa na cestu **5.** spustiť; odštartovať; prinútiť; *podst.* **1.** strhnutie **2.** začiatok **3.** štart

startingpoint [ˈstaːtiŋpoint] východisko

startle [ˈstaːtl] vystrašiť, vyplašiť

startling [ˈstaːtliŋ] prekvapujúci, znepokojujúci

starvation [staːˈveišən] hladovanie; smrť hladom; *s. wages* hladové mzdy

starve [staːv] **1.** hladovať, umierať hladom **2.** mučiť hladom, vyhladovať niekoho **3.** *for* túžiť po niečom

state [steit] *podst.* **1.** stav **2.** štát; *sl.* stanoviť, vyhlásiť, konštatovať

statecraft [ˈsteitkraːft] štátnické umenie

stately [ˈsteitli] majestátny

statesmanship [ˈsteitsmənšip] štátnické umenie

statement [steitmənt] vyhlásenie; výpoveď; *s. of account* výťah z účtu

statesman [ˈsteitsmən] štátnik

static [ˈstætik] statický

station [ˈsteišən] *podst.* **1.** stanica **2.** nádražie **3.** postavenie **4.** stanovisko; *sl.* prideliť niekoho niekde; poslať ako posádku

stationary [ˈsteišnəri] nehybný, stály

stationer [ˈsteišnə] papierník

stationery [ˈsteišnəri] **1.** papiernický tovar **2.** písacie potreby

station-master [ˈsteišənˌmaːstə] prednosta stanice, náčelník stanice

statistics [stəˈtistiks] *mn. č.* štatistika

statue [ˈstætjuː] socha

stature [ˈstæčə] postava, vzrast, výška

status [ˈsteitəs] postavenie

statute [ˈstætjuːt] **1.** zákon **2.** stanovy, štatút
staunch [stɔːnč] verný, oddaný, spoľahlivý
stave off [steiv of] odvrátiť, zmariť
stay [stei] *sl.* **1.** zostať **2.** zotrvávať, zdržiavať sa **3.** bývať *(at a hotel* v hoteli, *with s.o.* u niekoho) **4.** zaraziť, zastaviť **5.** podoprieť; *podst.* **1.** pobyt **2.** zastavenie **3.** opora, podpora
steadfast [ˈstedfaːst] stály, pevný, neochvejný
steady [ˈstedi] *príd.* **1.** pevný **2.** stály, neustály ● *s.!* pomaly!; *sl.* upevniť (sa), upokojiť (sa)
steak [steik] rezeň *(najmä hovädzí)*
*steal** [stiːl] **1.** kradnúť **2.** kradnúť sa, zakrádať sa
stealthily [stelθili] kradmo, tichučko
steam [stiːm] *podst.* para; *sl.* **1.** variť v pare **2.** vypúšťať paru, dymiť **3.** ísť plnou parou
steamer [stiːmə] parník

steamboat [ˈstiːmbəut] parná loď
steam-engine [ˈstiːmˈendžin] parný stroj
steam-roller [ˈstiːmˈrəulə] parný valec
steamship [ˈstiːmšip] parník
steel [stiːl] *podst.* oceľ; *príd.* oceľový
steel-works [ˈstiːlwəːks] oceliareň
steep [stiːp] príkry, strmý
steepen [ˈstiːpən] prudko sa zvažovať
steeple [ˈstiːpl] špicatá veža
steeplechase [stiːplčeis] prekážková dostihová jazda na koni
steer [stiə] kormidlovať; viesť
steerage [stiːridž] vedenie
steering-wheel [ˈstiəriŋwiːl] volant
steersman [stiəzmən] kormidelník
stellar [ˈstelə] hviezdny
stem [stem] *podst.* kmeň, peň, byľ, stonka; *sl.* *(-mm-)* zaraziť, zastaviť
stench [stenč] zápach

stencil [ˈstensl] maliarska šablóna; rozmnožovacia blana

stenographer [steˈnogrəfə] stenograf

step [step] *podst.* **1.** krok **2.** schod **3.** stupeň; *sl. (-pp-)* urobiť krok, kráčať; stúpiť

stepbrother [ˈstepˌbraðə] nevlastný brat

step-ladder [ˈstepˌlædə] dvojitý rebrík

stepmother [ˈstepˌmaðə] macocha

sterile [ˈsterail] neplodný, sterilný

sterilization [ˌsterilaiˈzeišən] sterilizácia

sterling [ˈstə:liŋ] rýdzi, pravý, spoľahlivý

stern [stə:n] *príd.* prísny, tvrdý, tuhý; *podst.* zadok *(lode)*

stevedore [ˈsti:vido:] dokár, prístavný robotník

stew [stju:] *sl.* dusiť *(pri varení); podst.* dusené mäso; *s-ed fruit* kompót

steward [stjuəd] **1.** steward **2.** správca *(hospodárstva),* šafár

stewardess [stjuədis] letuška, stewardka

stick[1] [stik] **1.** palica, tyčka **2.** tabuľka *(čokolády a pod.)* **3.** taktovka

*stick[2] [stik] **1.** prepichnúť **2.** strčiť **3.** prilepiť, nalepiť **4.** tkvieť, lipnúť, držať sa; *s. to s.t.* držať sa niečoho, byť niečomu verný; *s. together* držať spolu, stáť pri sebe; *s. out* vydržať

sticky [ˈstiki] lepkavý

stiff [stif] **1.** tuhý, neohybný **2.** meravý *(o časti tela)* **3.** odmeraný, upätý

stiffen [ˈstifn] stuhnúť; vystužiť

stifle [ˈstaifl] dusiť (sa), zadusiť (sa)

stifling [ˈstaifliŋ] dusný, nedýchateľný

stileto [stiˈletəu] malá dýka; *s. heels* ihličkové podpätky

still [stil] *príd.* nehybný; tichý, kľudný; *prísl.* **1.** ešte, ešte stále **2.** ale, jednako, predsa len; *sl.* **1.** upokojiť, utíšiť **2.** uspokojiť, ukojiť

still life [stil laif] zátišie
stilts [stilts] *mn. č.* chodúle
stimulant [ˈstimjulənt] *príd.* dráždivý, povzbudzujúci; *podst.* dráždidlo, povzbudzujúci prostriedok
stimulate [ˈstimjuleit] podráždiť, podnietiť; povzbudiť
stimulus [ˈstimjuləs] podnet, popud
sting¹ [stiŋ] pichnúť, pustiť žihadlo
sting² [stiŋ] 1. žihadlo 2. pichnutie, bodnutie
stingy [ˈstindži] lakomý
stink¹ [stiŋk] zápach
***stink²** [stiŋk] zapáchať, smrdieť
stint [stint] obmedzovať, žgrlošiť
stipulate [ˈstipjuleit] vymieniť si, stanoviť
stir [stə:] *sl. (-rr-)* 1. hýbať (sa); pohnúť (sa) 2. *up* miešať, pomiešať 3. pobúriť; *podst.* 1. pohyb 2. rozruch; *make a s.* budiť všeobecný záujem
stirrup [ˈstirəp] strmeň

stitch [stič] *podst.* 1. pichanie, bodavá bolesť 2. steh, šev; *sl.* stehovať, šiť
stock [stok] *podst.* 1. rod 2. zásoba; inventár 3. akciový kapitál 4. cenné papiere, akcie; *sl.* 1. zásobiť 2. mať na sklade
stockbroker [ˈstokˌbrəukə] dohodca, maklér
stock exchange [ˈstokiksˌčeindž] burza cenných papierov
stockfish [ˈstokfiš] sušená treska
stocking [ˈstokiŋ] pančucha
stock-keeper [ˈstokˌki:pə] skladník
stock-taking [ˈstokˌteikiŋ] inventúra
stodgy [stodži] *obraz.* nestráviteľný
stoker [stəukə] kurič
stole *p.* *steal
stolid [ˈstolid] tupý, neživý, bez života
stomach [ˈstamək] *podst.* žalúdok; *sl.* znášať

stone [stəun] *podst.* **1.** kameň, skala **2.** kôstka; *príd.* kamenný; *sl.* **1.** kameňovať **2.** vykôstkovať

stony [ˈstəuni] **1.** kamenistý **2.** tvrdý ako kameň

stood *p.* *stand

stool [stu:l] **1.** stolička **2.** stolica *(vyprázdňovanie čriev)*

stoop [stu:p] *sl.* **1.** zohnúť sa, zhrbiť sa **2.** znížiť sa, ponížiť sa; *podst.* zohnutý chrbát

stop [stop] *podst.* **1.** prestávka **2.** zastávka; *full s.* bodka; *sl.* *(-pp-)* **1.** zastaviť (sa) **2.** prestať **3.** zadržať **4.** upchať; zaplombovať *(zub)*

stoppage [ˈstopidž] upchanie

stopper [stopə] zátka

stop-watch [ˈstopwoč] stopky

storage [sto:ridž] skladovanie, uskladnenie

store [sto:] *podst.* **1.** zásoba **2.** sklad **3.** obchodný dom; *amer.* predajňa, obchod ● *set*

great s. *by* považovať za dôležité; *sl.* **1.** zásobiť **2.** uskladniť

store-house [ˈsto:haus] skladisko

store-keeper [ˈsto:ˌki:pə] skladník; *amer.* majiteľ obchodu

storey [ˈsto:ri] poschodie

stork [sto:k] bocian

storm [sto:m] *podst.* **1.** búrka **2.** útok, nápor; *sl.* **1.** búriť, burácať; zúriť **2.** vziať útokom

story [ˈsto:ri] **1.** história **2.** príbeh, historka **3.** rozprávanie, poviedka **4.** poschodie *(= storey)*

story-teller [ˈsto:riˌtelə] rozprávač

stout [staut] **1.** tlstý, korpulentný **2.** neohrozený, nepoddajný

stove [stəuv] kachle

stow [stəu] napchať

stowaway [ˈstəuəwei] čierny pasažier

straddle [ˈstrædl] stáť, sedieť rozkročmo

straight [streit] *príd.* **1.** rovný, priamy **2.** poctivý; *prísl.* rovno, priamo

straighten [ˈstreitn] na-
rovnať (sa)
straightforward [streit-
ˈfo:wəd] priamočiary,
úprimný, poctivý
strain [strein] *sl.* 1. *at*
napnúť, napínať 2. na-
máhať (sa); *podst.* ná-
maha, napätie, vypätie
strainer [ˈstreinə] cedidlo
strait [streit] 1. úžina
2. tieseň
strait-jacket [streit-
džækit] zvieracia kazaj-
ka
strand [strænd] prameň
(povrazu, lana)
stranded [strændid]
uviaznutý
strange [streindž] 1. cu-
dzí, neznámy 2. zvlášt-
ny, čudný, nezvyklý
stranger [streindžə] cu-
dzí človek, neznámy ●
he is a s. to this place
je tu cudzí
strangle [ˈstræŋgl] škrtiť,
zaškrtiť
strap [stræp] *podst.* re-
meň; *sl. (-pp-)* 1. zvia-
zať remeňom 2. zbiť
remeňom
strap-hanger [ˈstræp-

ˌhæŋə] cestujúci stojaci
v električke, autobuse
strategic [strəˈti:džik]
strategický
stratosphere [ˈstræitəus-
fiə] stratosféra
stratum [ˈstreitəm] vrst-
va *(kameňa atď.)*
straw [stro:] *podst.* 1.
slama 2. slamka; *príd.*
slamený
strawberry [ˈstro:bəri] ja-
hoda
stray [strei] *sl.* zatúlať
sa, zabehnúť sa; *príd.*
zatúlaný, zblúdený; *s.*
bullet zblúdená guľka
streak [ˈstri:k] 1. pruh,
prúžok 2. *of* stopa nie-
čoho
streaky [ˈstri:ki] pruho-
vaný
stream [stri:m] *podst.*
prúd; tok; *sl.* 1. prúdiť,
tiecť 2. viať
stream-line [ˈstri:mlain]
prúdnica
street [stri:t] ulica, cesta
● *the man in the s.* typic-
ký občan
strength [streŋθ] sila
strengthen [ˈstreŋθən] zo-
silniť, posilniť

strenuous [ˈstrenjuəs] namáhavý, energický

stress [stres] *podst.* 1. tlak 2. tieseň 3. dôraz; prízvuk 4. napätie; *sl.* 1. zdôrazniť 2. prízvukovať

stretch [streč] *sl.* 1. natiahnuť; roztiahnuť (sa); tiahnuť (sa), rozkladať (sa); *podst.* 1. roztiahnutie, natiahnutie 2. úsek

stretcher [strečə] nosidlá

strew [stru:] posypať, pokryť

striated [straiˈeitid] pruhovaný; ryhovaný

stricken [ˈstrikən] postihnutý; *terror s.* prestrašený

strict [strikt] 1. prísny 2. presný

***stride¹** [straid] vykračovať si; prekročiť *(priekopu)*

stride² dlhý krok

strident [ˈstraidnt] prenikavý, škrípavý *(zvuk)*

strife [straif] zvada, spor

strike¹ [straik] 1. udrieť 2. raziť *(mincu)* 3. naraziť na *(pri ceste)* 4.

prekvapiť 5. škrtnúť *(zápalku)* 6. biť *(o hodinách)* 7. štrajkovať

strike² [straik] štrajk; *go on s.* nastúpiť štrajk; *general s.* generálny štrajk

striker [straikə] štrajkujúci

strike-breaker [ˈstraikˌbreikə] štrajkokaz

string¹ [striŋ] 1. povrázok, motúzik 2. šnúra 3. struna 4. rad

string² [striŋ] 1. navliekať na šnúru 2. napnúť, natiahnuť 3. vypliesť *(raketu)* 4. vybičovať

strip [strip] (-pp-) *sl.* 1. olúpať 2. vyzliecť (sa); *podst.* pruh

stripe [straip] pruh, prúžok *(farebný)*

striped [straipt] pruhovaný, prúžkovaný

***strive** [straiv] 1. snažiť sa, usilovať 2. bojovať, zápasiť

striven *p.* ***strive**

strode *p.* ***stride**

stroke [strəuk] *podst.* 1. rana, úder 2. kúsok ● *a s. of luck* šťastná ná-

hoda **3.** tempo **4.** ťah
5. pohladenie; *sl.* po-
hladiť

stroll [strəul] *sl.* pre-
chádzať sa, ponevierať
sa; *podst.* prechádzka

strong [stroŋ] silný; *s.
drink* alkoholický nápoj

stronghold [ˈstroŋhəuld]
(nevojenská) pevnosť,
bašta

strove *p.* *strive

struck *p.* *strike

structure [ˈstrakčə] **1.**
štruktúra **2.** stavba;
konštrukcia

struggle [ˈstragl] *against,
with, for sl.* zápasiť,
bojovať; usilovať sa;
podst. zápas, boj

strung *p.* *string

strut [strat] *(-tt-)* vykra-
čovať si, vystatovať sa,
naparovať sa

stub [stab] **1.** kýpeť **2.**
ohorok

stubble [ˈstabl] strnisko

stubborn [ˈstabən] tvrdo-
šijný, tvrdohlavý; hú-
ževnatý, úporný

stuck *p.* *stick

stud [stad] kolík; gom-
bička

student [ˈstju:dənt] **1.**
študent; vysokoškolák
2. bádateľ, učenec

studio [ˈstju:diəu] **1.** ate-
liér **2.** *(rozhlasové)* štú-
dio

studious [ˈstju:djəs] sna-
živý

study [ˈstadi] *podst.* **1.**
štúdium **2.** predmet
štúdia **3.** *(maliarska)*
štúdia **4.** študovňa;
sl. **1.** študovať **2.** učiť
sa **3.** snažiť sa

stuff [staf] *podst.* mate-
riál, látka; *sl.* **1.** na-
pchať **2.** naplniť plnkou
(napr. kačicu) **3.** vy-
pchať

stuffing [ˈstafiŋ] **1.** plnka
2. vypchávka

stuffy [stafi] dusný

stumble [ˈstambl] po-
tknúť sa

stumbling-block [stambliŋ
blok] kameň úrazu

stump [stamp] **1.** peň **2.**
kýpeť

stun [stan] *(-nn-)* omrá-
čiť; otriasť

stung *p.* *sting

stunk *p.* **stink**

stunt¹ [stant] zastaviť vo vývine

stunt² [stant] šikovný kúsok; zvláštnosť; *s. flying* akrobacia

stunted [stantid] zakrpatený

stupefy [ˈstjuːpifai] otupiť, ohromiť

stupendous [stjuː)ˈpendəs] úžasný; obrovský

stupid [stjuːpid] hlúpy, sprostý

stupidity [stuː)ˈpiditi] hlúposť, sprostosť

sturdy [ˈstəːdi] silný, pevný, odolný

sturgeon [ˈstəːdžən] *zool.* vyza

stutter [ˈstatə] koktať

sty [stai] **1.** chliev *(pre svine)* **2.** jačmeň *(na oku)*

style [stail] **1.** sloh; štýl **2.** móda

suave [sweiv] prívetivý

subconscious [ˈsabˈkonšəs] podvedomý

subdue [səbˈdjuː] **1.** podrobiť, potlačiť **2.** zmierniť, stlmiť

subdued [ˈsəbdjuːd] tlmený

subheading [ˈsabˌhediŋ] podtitulok

subject [ˈsabdžikt] *príd.* **1.** poddaný **2.** podrobený, vystavený *(to s.t.* niečomu); náchylný; *podst.* **1.** občan **2.** predmet **3.** *gram.* podmet **4.** téma; *sl.* **1.** podrobiť **2.** vystaviť *(to s.t.* niečomu)

subjection [səbˈdžekšən] poddanstvo; podrobenie

subjective [sabˈdžektiv] subjektívny

subject-matter [ˈsabdžiktˈmætə] téma; látka

subjugate [ˈsabdžugeit] podrobiť

subjunctive [səbˈdžaŋktiv] *gram.* konjunktív

sublimated [ˈsablimeitid] sublimovaný

sublime [səˈblaim] vznešený, majestátny

submarine [ˈsabməriːn] *príd.* podmorský; *podst.* ponorka

submerge [səbˈməːdž] ponoriť (sa)

submersion [səb'mə:šən] ponorenie

submission [səb'mišən] podrobenie sa; pokora

submit [səb'mit] *(-tt-)* **1.** podrobiť sa **2.** predložiť

subordinate [sə'bo:dinit] podriadený

subpoena [səb'pi:nə] predvolanie *(k súdu)*

subscribe [səb'skraib] **1.** *to s.t.* prispieť na niečo **2.** *to s.t.* predplatiť si niečo **3.** súhlasiť *(to a view* s názorom*)*

subscriber [səb'skraibə] predplatiteľ

subscription [səb'skripšən] **1.** predplatné **2.** príspevok

subsequent ['sabsikwənt] nasledujúci

subsequently ['sabsikwentli] potom

subservience [səb'sə:viəns] podlízavosť, servilnosť

subservient [səb'sə:viənt] podlízavý, servilný

subside [səb'said] **1.** zosadať; opadať **2.** klesať

subsidiary [səb'sidjəri] *to* pomocný; dodatočný

subsidize ['sabsidaiz] subvencovať

subsist [səb'sist] *on* jestvovať, existovať; udržať sa nažive

subsistence [səb'sistəns] obživa; jestvovanie

substance ['sabstəns] **1.** podstata **2.** jadro **3.** imanie

substantial [səb'stænšəl] **1.** hmotný **2.** podstatný **3.** dôkladný, poriadny **4.** zámožný

substitute ['sabstitju:t] *podst.* **1.** náhradník **2.** náhradka; *sl.* zastúpiť *for* nahradiť

subtenant [səb'tenənt] podnájomník

subterranean [ˌsabtə'reinjən] podzemný

subtitle ['sab̩taitl] podtitul

subtle ['satl] **1.** jemný, subtílny **2.** prenikavý, bystrý **3.** zákerný

subtlety ['satlti] jemnosť, subtílnosť

subtract [səb'trækt] odčítať

subtraction [səb'trækšən] odčítanie

subtropical [ˈsabˈtropikəl] subtropický

suburb [ˈsabə:b] predmestie

suburban [səˈbə:bən] predmestský

subversive [sabˈvə:siv] podvratný

subvert [sabˈvə:t] podvracať, rozvracať

subway [ˈsabwei] 1. podchod 2. *amer.* podzemná dráha

succeed [səkˈsi:d] 1. nasledovať, nastúpiť *(s.o., to s.o.* po niekom) 2. *in* mať úspech ● *I s-ed* podarilo sa mi

success [səkˈses] úspech, zdar

successful [səkˈsesful] úspešný

succession [səkˈsešən] 1. nastúpenie *(po niekom)* 2. dedičstvo 3. *(celý)* rad, zástup

successive [səkˈsesiv] postupný

successor [səkˈsesə] nástupca

succour [ˈsakə] *sl.* prísť na pomoc; *podst.* pomoc *(v núdzi)*

succumb [səˈkam] *to* podľahnúť

such [sač] taký; *s. — as* taký — ako

suck [sak] cicať

suckle [ˈsakl] dojčiť

suckling [ˈsakliŋ] dojča

suction [ˈsakšən] cicanie, nasávanie

Sudan [su(:)ˈdæn] Sudán

sudden [ˈsadn] nepredvídaný, náhly; *all of a s.* znenazdajky, zrazu

suddenly [ˈsadnli] zrazu, naraz, náhle

suds [sadz] *mn. č.* mydliny

sue [sju:] žalovať *(niekoho na súde)*

suède [sweid] semiš

suet [sjuit] loj

suffer [ˈsafə] 1. trpieť *(from s.t.* niečím) 2. utrpieť 3. strpieť, dovoliť

suffering [ˈsafəriŋ] utrpenie

suffice [səˈfais] stačiť, postačiť

sufficient [səˈfišənt] dostatočný, postačujúci

suffix [ˈsafiks] *gram.* prípona

suffocate [ˈsafəkeit] **1.** udusiť, zadusiť, zahrdúsiť **2.** dusiť sa

suffrage [ˈsafridž] **1.** hlasovanie **2.** volebné právo; *universal s.* všeobecné volebné právo

sugar [ˈšugə] cukor

sugar-basin [ˈšugəˌbeisn] cukornička

sugar-beet [ˈšugəbi:t] cukrová repa

sugar-cane [ˈšugəkein] cukrová trstina

sugary [ˈšugəri] sladký

suggest [səˈdžest] **1.** podnietiť, dať podnet **2.** navrhovať **3.** poukazovať na

suggestion [səˈdžesčən] **1.** návrh, podnet **2.** náznak

suicide [ˈsjuisaid] **1.** samovražda; *commit s.* spáchať samovraždu **2.** samovrah

suit [sju:t] *podst.* **1.** oblek, šaty **2.** žiadosť, prosba **3.** uchádzanie sa o ruku **4.** súdny proces; *sl.* **1.** hodiť sa **2.** vyhovieť, vyhovovať **3.** prispôsobiť **4.** pristať

suitable [ˈsju:təbl] vhodný

suit-case [ˈsju:tkeis] *(príručný)* kufor

suite [swi:t] **1.** suita, sprievod **2.** súprava *(nábytku)*

sullen [ˈsalən] chmúrny

sulky [salki] namrzený, šomravý

sulphur [ˈsalfə] síra

sultana [səlˈta:nə] hrozienko *(určitý druh)*

sultry [ˈsaltri] dusný, horúci

sum [sam] *podst.* **1.** súčet **2.** čiastka, suma **3.** *počt.* úloha; *sl. (-mm-) up* **1.** spočítať **2.** zhrnúť

summarize [ˈsaməraiz] zhrnúť, rekapitulovať

summary [ˈsaməri] *príd.* súhrnný; *podst.* **1.** zhrnutie **2.** výťah

summer [ˈsamə] leto

summit [ˈsamit] vrchol, vŕšok; *s. talks* schôdzka na najvyššej úrovni

summon [ˈsamən] **1.** predvolať *(k súdu)* **2.** vyzvať **3.** zvolať zhromaždenie; *s. up courage* dodať si odvahy

summons [ˈsamənz] predvolanie

sumptuous [ˈsamptjuəs] nákladný; prepychový

sun [san] slnce

sun-bath [ˈsanbaːθ] slnečný kúpeľ

sun-bathe [ˈsanbeið] slniť sa

sun-beam [ˈsanbiːm] slnečný lúč

sun-blind [ˈsanblaind] roleta, žalúzia

sunburnt [ˈsanbəːnt] spálený *(od slnka)*

Sunday [ˈsandi] nedeľa

sun-dial [ˈsandaiəl] slnečné hodiny

sundown [sandaun] *amer.* západ slnka

sundry [ˈsandri] rozmanitý, rozličný, rôzny

sunflower [ˈsanˌflauə] slnečnica

sung *p.* *sing

sun-glasses [ˈsanˌglaːsiz] slnečné okuliare, okuliare proti slnku

sun-helmet [ˈsanˌhelmit] tropická prilba

sunk *p.* *sink

sun-lamp [ˈsanˌlæmp] horské slnko

sunlight [ˈsanlait] slnečné svetlo

sunny [ˈsani] **1.** slnečný **2.** radostný, veselý

sunrise [ˈsanraiz] východ slnka

sunset [ˈsanset] západ slnka

sunshade [ˈsanšeid] slnečník

sunshine [ˈsanšain] *podst.* slnečný svit; slnce; *prísl.* slnečno

sunstroke [ˈsanstrəuk] úpal

suntanned [ˈsanˈtænd] opálený *(od slnka)*

superannuation [ˌsjuːpəˈrænjuˈeišən] **1.** penzionovanie **2.** penzia

superb [sju(ː)ˈpəːb] nádherný, úžasný

supercillious [ˌsju(ː)pəˈsiliəs] povýšený, arogantný

superficial [ˌsju(ː)pəˈfišəl] **1.** povrchový **2.** povrchný

superficiality [ˌsjuːpəˌfišiˈæliti] povrchnosť

superfluous [sju(ː)ˈpəːfluəs] prebytočný, nadbytočný

superhuman [ˌsju:pəˈhju:-mən] nadľudský

superimpose [ˈsju:pər-imˈpəuz] *on* položiť, postaviť na seba; vrstviť

superintendent [ˌsju(:)-pərinˈtendənt] dozorca

superior [sju(:)ˈpiəriə] *príd.* **1.** vyšší **2.** lepší; *podst.* nadriadený; šéf

superiority [sju(:)ˌpiəri-ˈoriti] nadriadenosť

superlative [sju(:)ˈpə:lə-tiv] *gram.* superlatív, tretí stupeň

superman [ˈsju:pəmən] nadčlovek

supernatural [ˌsju:pə-ˈnæčrəl] nadprirodzený

supersede [ˌsju(:)pəˈsi:d] nahradiť

supersonic [ˌsju:pəˈsonik] nadzvukový

superstition [ˌsju(:)pə-ˈstišən] povera

superstitious [ˌsju(:)pə-ˈstišəs] poverčivý

superstructure [ˈsju(:)pə-ˈstrakčə] nadstavba

supervise [ˈsju:pəvaiz] dozerať na

supper [ˈsapə] večera

supplant [səˈpla:nt] nahradiť *(niekoho, niečo)*

supple [ˈsapl] ohybný, pružný, poddajný

supplement [ˈsaplimənt] *podst.* doplnok, dodatok; *sl.* [ˈsapliment] doplniť

supplementary [ˈsapli-ˈmentəri] dodatočný, dodatkový

supplicate [ˈsaplikeit] *for* prosiť o niečo, naliehať

supplies [səˈplaiz] *mn. č. voj.* zásobovanie; zásoby

supply [səˈplai] *sl.* **1.** zásobovať **2.** dodávať; *podst.* zásoba; dodávka

support [səˈpo:t] *sl.* **1.** podporovať **2.** zniesť, znášať; *podst.* podpora, podpera

supporter [səˈpo:tə] podporovateľ; prívrženec

suppose [səˈpəuz] predpokladať, domnievať sa, myslieť

supposition [ˌsapəˈzišən] predpoklad, domnienka

suppress [səˈpres] potlačiť

suppression [səˈprešən] potlačenie

suppurate [ˈsapjuəreit] hnisať

supremacy [sjuˈpreməsi] najvyššia moc; nadvláda

supreme [sju(:)ˈpri:m] najvyšší; zvrchovaný

sure [šuə] *príd.* **1.** istý **2.** presvedčený **3.** spoľahlivý; *prísl.* iste

surely [ˈšuəli] iste, určite; predsa

surety [ˈšuəti] záruka, ručiteľ

surf [sə:f] príboj

surface [ˈsə:fis] povrch

surfeit [sə:fit] *podst.* prejedenie; presýtenie; *sl.* prejedať sa, prekrmovať

surge [sə:dž] *podst.* príboj; *sl.* vzdúvať sa

surgeon [ˈsə:džən] **1.** chirurg **2.** *(lodný, vojenský)* lekár

surgery [ˈsə:džəri] **1.** chirurgia **2.** ordinácia

surly [sə:li] nevrlý

surmise [sə:ˈmaiz] dohad

surmount [sə:ˈmaunt] prekonať

surname [ˈsə:neim] priezvisko

surpass [sə:ˈpa:s] prevyšovať; vynikať nad

surplus [ˈsə:pləs] *podst.* prebytok; *príd.* prebytočný ● *s. value* nadhodnota

surprise [səˈpraiz] *podst.* prekvapenie; *sl.* prekvapiť

surrender [səˈrendə] *sl.* **1.** vzdať sa niečoho **2.** vzdať sa; *podst.* vzdanie sa, kapitulácia

surround [səˈraund] obklopiť, obkľúčiť

surrounding [səˈraundiŋ] okolitý

surroundings [səˈraundiŋz] *mn. č.* **1.** okolie **2.** prostredie

survey [ˈsə:vei] *podst.* prehľad; *sl.* [sə:ˈvei] **1.** prezrieť **2.** mapovať

surveying [sə:ˈveiiŋ] zememeračstvo

survival [səˈvaivəl] prežitie, zvyšok, pozostatok

survive [səˈvaiv] prežiť; zostať na žive

suspect [səsˈpekt] *sl.* podozrievať; *príd.* [ˈsaspekt] podozrivý

suspend [ˌsəsˈpend] **1.**
zavesiť **2.** zastaviť; prerušiť
suspenders [səsˈpendəz]
mn. č. podväzky; *amer.*
traky
suspension [səsˈpenšən] **1.**
zavesenie **2.** zastavenie;
prerušenie
suspicion [səsˈpišən] podozrenie
suspicious [səsˈpišəs] **1.**
podozrivý **2.** podozrievavý
sustain [səsˈtein] **1.** podopierať **2.** podporovať
swaddle [ˈswodl] zabaliť,
zavinúť *(napr. do perinky)*
swagger [ˈswægə] **1.** vykračovať si **2.** vystatovať sa
swallow [ˈswoləu] *sl.* prehĺtať, prehltnúť; *podst.*
1. prehltnutie **2.** hlt
3. lastovička
swam *p.* *swim
swamp [ˈswo:mp] *podst.*
barina, močiar; *sl.* zaplaviť
swan [swon] labuť; *s.*
song labutia pieseň

swarm [swo:m] *podst.* **1.**
kŕdeľ **2.** roj; *sl.* **1.** rojiť
sa **2.** *with* hemžiť sa
swarthy [ˈswo:ði] tmavý
sway [swei] *sl.* kolísať
sa, hojdať sa; *podst.*
1. kymácanie **2.** vláda,
nadvláda
swear¹ [sweə] kliatba, zakliatie, zahrešenie
***swear²** [sweə] **1.** prisahať **2.** *s. by* odprisahať
3. kliať
sweat [swet] *podst.* pot;
sl. **1.** potiť sa **2.** vykorisťovať
Sweden [ˈswi:dn] Švédsko
Swedish [ˈswi:diš] *príd.*
švédsky; *podst.* švédčina
sweep¹ [swi:p] **1.** zametenie **2.** mávnutie, rozmach **3.** kominár
***sweep²** [swi:p] zametať
sweeper [swi:pə] zametač
sweeping [ˈswi:piŋ] radikálny, dôkladný
sweet [swi:t] *príd.* **1.**
sladký **2.** milý; *podst.*
amer. múčnik
sweets [swi:ts] *mn. č.*
sladkosti, cukrovinky
sweeten [ˈswi:tn] osladiť

sweetheart [ˈswiːthaːt] milenec, milenka, miláčik

sweetmeat [ˈswiːtmiːt] cukrík

sweet pea [ˈswiːtpiː] *bot.* hrachor

***swell¹** [swel] **1.** nadúvať (sa) **2.** opúchať

swell² [swel] skvelý

swept *p.* ***sweep**

swerve [swəːv] uhnúť, odchýliť sa

swift [swift] rýchly

swim [swim] *(-mm-)* plávať

swimmer [ˈswimə] plavec

swimming-bath [ˈswimiŋbaːθ] krytý bazén

swim suit [ˈswimsjuːt] plavky

swindle [ˈswindl] *sl.* podviesť, okabátiť; *podst.* podvod

swine [swain] **1.** sviňa **2.** darebák, lump

swing¹ [swiŋ] **1.** kolísanie **2.** kolísavá chôdza **3.** rozmach; rytmus; tempo **4.** hojdačka

***swing²** [swiŋ] **1.** kolísať sa **2.** mávať niečím

swirl [swəːl] *podst.* vírenie; *sl.* víriť

switch [swič] *podst.* **1.** vypínač **2.** *amer.* výhybka **3.** trstenica; *sl.* prepnúť; šľahať *(bičom); s. off* vypnúť; *s. on* zapnúť

Switzerland [ˈswitsələnd] Švajčiarsko

swivel-chair [ˈswivlčeə] otáčacia stolička

swollen [ˈswəulən] *príd.* opuchnutý; *sl. p.* ***swell**

swoon [swuːn] *podst.* mdloba; *sl.* omdlieť

swoop [swuːp] *down on* zniesť sa strmhlav na

swop [swop] *(-pp-)* vymeniť si, vyčarovať, vyčarať

sword [soːd] meč

swore *p.* ***swear**

swot [swot] *(-tt-)* drieť sa, *štud. žargón* bifľovať

swum *p.* ***swim**

swung *p.* ***swing**

sycophant [ˈsikəfənt] pätolizač

syllable [ˈsiləbl] slabika

symbol [ˈsimbəl] symbol; znak

symbolize [ˈsimbəlaiz] symbolizovať

symmetry [ˈsimitri] súmernosť, symetria

sympathetic [ˌsimpəˈθetik] **1.** súcitný, útrpný **2.** solidárny; *s. strike* solidárny štrajk

symphatize [ˈsimpəθaiz] **1.** sympatizovať *(with s. o.* s niekým)*, mať pochopenie *(with s. o.* pre niekoho) **2.** prejaviť sústrasť

sympathy [ˈsimpəθi] účasť, pochopenie; sústrasť

symphonic [simˈfonik] symfonický

symptom [ˈsimptəm] príznak, symptóm

synchronize [ˈsiŋkrənaiz] synchronizovať

syncopated [ˈsiŋkəpeitid] synkopovaný

syndicate [ˈsindikit] syndikát

synopsis [siˈnopsis] prehľad

synthesis [sinθəsis] syntéza

syphilis [ˈsifilis] syfilis

Syria [ˈsiriə] Sýria

syringe [ˈsirindž] injekčná striekačka

syrup [ˈsirəp] sirup

system [ˈsistim] systém, sústava

systematic [ˌsistiˈmætik] sústavný, systematický

T

table [ˈteibl] *podst.* **1.** stôl; *be at t.* jesť; *keep a good t.* dobre variť **2.** tabuľka; *sl..* **1.** odložiť; *t. a motion (a bill)* odložiť diskusiu o návrhu *(návrhu zákona)* **2.** zaradiť do tabuľky

table-cloth [ˈteiblkloθ] obrus

tablespoon [teiblspu:n] polievková lyžica

tablet [ˈtæblit] **1.** tabuľka, doska **2.** tabletka

taboo [təˈbuː] tabu

tabular [ˈtæbjulə] prehľadný, tabuľkový

taciturn [ˈtæsitəːn] zamĺknutý, mlčanlivý

tackle [ˈtækl] chopiť sa niečoho, pustiť sa do niečoho

tacky [ˈtæki] lepkavý; nie suchý

tactful [ˈtæktful] taktný

tactics [ˈtæktiks] taktika

tactless [ˈtæktlis] netaktný

tadpole [ˈtædpəul] žubrienka

taffeta [ˈtæfitə] taft

tag [tæg] prívesná ceduľka; prívesok

tail [teil] chvost

tail-coat [ˈteilˈkəut] frak

tailor [ˈteilə] krajčír

tailor-made [ˈteiləmeid] šitý u krajčíra na mieru

taint [teint] *podst.* **1.** škvrna **2.** nákaza; *sl.* nakaziť

***take** [teik] **1.** uchopiť **2.** vziať **3.** zmocniť sa **4.** *away* odviesť **5.** zapôsobiť **6.** *(o lieku)* zabrať **7.** merať *(teplotu)* **8.** trvať; *t. in (newspapers)* odoberať *(noviny); t. down* zapísať; *t. after s. o.* ponášať sa na niekoho; *t. a seat* posadiť sa; *t. it easy* nerozčuľovať sa; *t. into o.'s head* vziať si do hlavy; *t. leave of s.o.* rozlúčiť sa; *t. off* vyzliecť, odstrániť, štartovať; *t. out* vybrať; *t. part in s.t.* zúčastniť sa niečoho; *t. place* konať sa; *t. stock* robiť inventúru; *t. the lead* ujať sa vedenia; *t. to heart* vziať si k srdcu; *be t-n in* byť oklamaný; *t. into account* vziať do úvahy;

tale [teil] rozprávanie, historka

talent [ˈtælənt] talent, nadanie

talented [ˈtæləntid] nadaný, talentovaný

talk [tɔːk] *sl.* rozprávať; *podst.* rozhovor, hovor

talkative [ˈtɔːkətiv] zhovorčivý

tall [to:l] vysoký, veľký *(o ľuďoch)*

tallow [ˈtæləu] loj

tally [tæli] hodiť sa k sebe, súhlasiť

tame [teim] *príd.* krotký; nudný; *sl.* krotiť, skrotiť

tan [tæn] *príd.* žltohnedý; hnedý *(opálený); get a good t.* pekne sa opáliť; *sl. (-nn-)* 1. vyrobiť kožu 2. opáliť sa

tangerine [ˈtændžəˈri:n] mandarínka

tangible [ˈtændžəbl] 1. hmatateľný 2. jasný; skutočný

tangle [ˈtæŋgl] *podst.* spleť, zmätok; *sl.* zamotať (sa), zapliesť (sa); *t-d hair* strapaté vlasy

tank [tæŋk] 1. nádrž, cisterna 2. tank

tanker [tæŋkə] cisternová loď

tap [tæp] *sl. (-pp-)*klopať, poklepať; *podst.* 1. kohútik *(vodovodu)* 2. klopanie, ťuknutie

tape [teip] páska ● *red t. pren.* úradný šimeľ

tape-recorder [ˈteipriˈko:də] magnetofón

taper [ˈteipə] *podst.* voskovaný knôt; veľmi tenká sviečka; *sl.* zužovať sa

tar [ta:] *podst.* decht; *sl. (-rr-)* dechtovať

tardy [ˈta:di] 1. váhavý, pomalý 2. oneskorený

tare [teə] tara

target [ˈta:git] 1. terč 2. *(pri plnení plánu)* smerné číslo

tariff [ˈtærif] tarifa, sadzobník

tarn [ta:n] pleso

tarpaulin [ta:ˈpo:lin] dechtová plachta

tart [ta:t] *podst.* 1. ovocná torta 2. *slang.* prostitútka; *príd.* kyslý, ostrý *(o chuti)*

tartan [ˈta:tən] škótska kockovaná látka

tartar [ˈta:tə] zubný *(vínový)* kameň

task [ta:sk] úloha

taste [teist] *podst.* 1. chuť 2. vkus; *sl.* 1. chutiť 2. cítiť *(chuť)* 3. okúsiť, ochutnať

tasteful [ˈteistful] vkusný

tasteless [teistlis] **1.** bez chuti **2.** nevkusný

tatter [ˈtætə] *obyč. mn. č.* handra, zdrap látky, papiera

tattoo [təˈtu:] *podst.* tetovanie; *sl.* tetovať

taught *p.* *teach

taunt [to:nt] úštipok

taut [to:t] napnutý

tavern [ˈtævən] krčma

tax [tæks] *podst.* daň; *sl.* uložiť daň, zdaniť

taxation [tækˈseišən] zdanenie

taxi [ˈtæksi] taxi, taxík

tax-payer [ˈtæksˌpeiə] poplatník

tea [ti:] čaj; olovrant

*teach [ti:č] učiť, vyučovať

teacher [ˈti:čə] učiteľ

tea-cloth [ˈti:kloθ] **1.** obrus **2.** utierka

teacup [ˈti:kap] šálka na čaj

team [ti:m] **1.** poťah, záprah **2.** mužstvo, tím **3.** pracovná čata

teapot [ˈti:pot] čajová kanvica

tear¹ [tiə] *podst.* **1.** slza **2.** diera, trhlina

*tear² *out, down, off* [tiə] trhať, roztrhnúť, vytrhnúť

tearful [ˈtiəful] uplakaný, plačlivý, slzavý

tear-gas [ˈtiəˈgæs] slzotvorný plyn

tearoom [ˈti:rum] hotelová čajovňa; reštaurácia, jedáleň

tease [ti:z] *sl.* hnevať, doberať si, dobiedzať; *podst.* vtipkár

tea-service [ˈti:ˈsə:vis] čajová súprava

teaspoon [ˈti:spu:n] kávová lyžička

tea-table [ˈti:teibl] konferenčný stolík

technical [ˈteknikəl] technický

technique [tekˈni:k] technika

technology [tekˈnolədži] technológia

tedious [ˈti:diəs] únavný, nudný

teem [ti:m] hemžiť sa (*with s.t.* niečím)

teens [ti:nz]: *he is still in his t.* ešte nemá dvadsať

teeth [ti:θ] *mn. č.* od **tooth**

teetotaller [ti:'təutlə] abstinent

telecast ['telika:st] *podst.* televízne vysielanie, program; *sl.* vysielať televíziou

telegram ['teligræm] telegram

telegraph ['teligra:f] *podst.* telegraf; *sl.* telegrafovať

telephone ['telifəun] *podst.* telefón; *sl.* telefonovať

telescope ['teliskəup] ďalekohľad *(vyťahovací)*

televise ['telivaiz] vysielať televíziou

television ['teli'vižən] televízia; *t. set (TV set)* televízor

*tell [tel] **1.** povedať **2.** rozprávať **3.** udávať čas

temper ['tempə] **1.** povaha **2.** nálada ● *lose o.'s t.* rozčúliť sa; *out of t.* rozčúlený

temperament ['tempərəmənt] temperament

temperate ['tempərit] umiernený; mierny

temperature ['tempričə] teplota

tempest ['tempist] búrka

tempestous [tem'pestjuəs] búrlivý

temple ['templ] **1.** chrám **2.** spánky *(na hlave)*

temporary ['tempərəri] dočasný, prechodný

tempt [tempt] zvádzať, pokúšať

temptation [temp'teišən] pokušenie

tempting ['temptiŋ] lákavý, zvodný

ten [ten] desať; *t. to one* veľká pravdepodobnosť

tenable ['tenəbl] udržateľný

tenacious [ti'neišəs] pevný, húževnatý, úporný

tenant ['tenənt] **1.** nájomca **2.** nájomník

tend [tend] **1.** mať sklon; smerovať **2.** starať sa *(o niekoho)*, bdieť *(nad niečím)*

tendency ['tendənsi] tendencia, sklon

tender ['tendə] *príd.* nežný, jemný, útly; mäkký *(mäso)*; *podst.* tender

tendon [ˈtendən] *anat.* šľacha

tenement [ˈtenimənt] byt *(v dome)*, obytný dom; nehnuteľnosť; *t. house hovor.* činžiak

tenfold [ˈtenfəuld] desaťnásobný

tennis [ˈtenis] tenis

tennis-ball [ˈtenisbo:l] tenisová loptička

tennis-court [ˈtenisko:t] tenisový kurt

tenor [ˈtenə] **1.** znenie; zmysel, význam **2.** tenor; tenorista

tense [tens] *príd.* napätý; strnulý; *gram. podst.* slovesný čas

tension [ˈtenšən] napätie

tent [tent] stan

tentacle [ˈtentəkl] chápadlo

tent-peg [ˈtentpeg] stanový kolík

tentative [ˈtentətiv] pokusný

tenth [tenθ] desiaty

tepid [ˈtepid] vlažný, letný

term [tə:m] **1.** termín **2.** semester **3.** lehota, obdobie

terminal [ˈtə:minl] *príd.* konečný, koncový; *podst.* zakončenie; konečná stanica

terminate [ˌtə:mineit] **1.** zakončiť **2.** končiť

termination [ˌtə:miˈneišən] zakončenie, ukončenie; koncovka

terminology [ˌtə:miˈnolədži] terminológia, názvoslovie

terminus [ˈtə:minəs] konečná stanica

terms [tə:mz] *mn. č.* **1.** podmienky **2.** vzťah, pomer ● *on good (bad) t.* za dobre (nie za dobre) s niekým

terrace [ˈterəs] terasa

terrible [ˈteribl] hrozný strašný

terrific [təˈrifik] hrozný, strašný

terrify [ˈterifai] podesiť, naplniť hrôzou

territorial [ˌteriˈto:riəl] **1.** územný **2.** teritoriálny ● *t. army* domobrana

territory [ˈteritəri] územie

terror [ˈterə] **1.** hrôza **2.** teror

terrorize [ˈterəraiz] terorizovať

terse [təːs] strohý, stručný, hutný

test [test] *podst.* skúška; *sl.* skúšať; vyskúšať

testament [ˈtestəmənt]: *the Old, the New T.* Starý, Nový zákon

testify [ˈtestifai] svedčiť, dosvedčiť

testimonial [ˌtestiˈməunjəl] vysvedčenie

testimony [ˈtestiməni] svedectvo

test-tube [ˈtestjuːb] skúmavka

textbook [ˈtekstbuk] učebnica; príručka

textile [ˈtekstail] *príd.* textilný; *podst.* textil

textiles [ˈtekstailz] *mn. č.* textil

texture [ˈteksčə] tkanina, štruktúra

Thames [ˈtemz] **the** Temža

than [ðən, ðn] než, ako *(pri porovnávaní)*

thank [θæŋk] ďakovať, poďakovať

thanks [θæŋks] *mn. č.* vďaka, poďakovanie; *t.*

to you vďaka vám, vašou zásluhou

thankful [ˈθæŋkfl] vďačný

thanksgiving [θæŋksˈgiviŋ] vzdávať vďaku

that [ðæt, ðət] *zám.* **1.** (tam)ten **2.** ktorý; *spoj.* **1.** že **2.** aby

thatch [θæč] *podst.* slamená strecha; *sl.* pokryť slamou, rákosím

thatched [θæčt] pokrytý slamou

thaw [θoː] *sl.* topiť sa, rozpúšťať sa; *podst.* topenie, odmäk

the [ðə, ði] **1.** člen určitý **2.** *t. — t.* čím — tým; *the more — the better* čím viac, tým lepšie

theatre [ˈθiətə] divadlo

theatre-goer [ˈθiətəgəuə] návštevník divadla

theatrical [θiˈætrikəl] **1.** divadelný **2.** teatrálny

theft [θeft] krádež

their [ðeə], **t-s** [ðeəz] ich

them [ðem] *4. pád. osob. zám., 3. os. mn. č.* ich

theme [θiːm] téma

themselves [ðəmˈselvz] **1.** *(oni)* sami **2.** seba, sa

then [ðen] **1.** potom **2.** vtedy **3.** teda

theorem [ˈθiərəm] poučka, veta

theory [ˈθiəri] teória

there [ðeə, ðə] **1.** tam **2.** no tak **3.** *t. is, are* je, sú *(jesto)*

thereabouts [ˈðeərəbauts] v blízkosti; tak nejako, približne

thereby [ˈðeəˈbai] tým

therefore [ðeəˈfo:] preto

thereupon [ðeərəˈpon] **1.** *(hneď)* potom **2.** následkom toho

thermal [ˈθə:məl] termálny; *t. springs* termálne pramene

thermometer [θəˈmomitə] teplomer

thermos [θə:məs]; *t. flask* termoska

these *mn. č. od* **this**

thesis [ˈθi:sis] **1.** téza **2.** dizertácia

they [ðei] oni, ony; *t. say* hovorí sa

thick [θik] **1.** tlstý, hrubý **2.** hustý

thicken [ˈθikən] **1.** zhustnúť **2.** zahustiť

thicket [ˈθikit] húštie, húšťava

thickness [θiknis] **1.** tučnota, hrúbka **2.** hustota

thief [θi:f] zlodej

thieves [θi:vz] *mn. č. od* **thief**

thigh [θai] stehno

thimble [θimbl] náprstok

thin [θin] **1.** tenký **2.** chudý **3.** riedky

thing [θiŋ] vec; *not a t.* nič; *poor t.* chudáčik, chúďatko; *that sort of t.* čosi také

*think [ˈθiŋk] *of* myslieť *(na); about* premýšľať

thinker [ˈθiŋkə] mysliteľ

third [θə:d] tretí

thirst [θə:st] *podst.* smäd; *sl. for* prahnúť po niečom

thirsty [ˈθə:sti] smädný; *be t.* byť smädný

thirteen [ˈθə:ˈti:n] trinásť

thirteenth [θə:ˈti:nθ] trinásty

thirtieth [ˈθə:tiiθ] tridsiaty

thirty [θə:ti] tridsať

this [ðis] tento

thistle [ˈθisl] bodliak

thorn [θo:n] tŕň

thorny [ˈθoːni] **1.** tŕnistý **2.** chúlostivý

thorough [ˈθarə] **1.** úplný **2.** dokonalý

thoroughfare [ˈθarəfeə] dopravná tepna; *no t.* zákaz vjazdu

those [ðəuz] *mn. č.* od *that*

though [ðəu] *spoj.* hoci; *as t.* akoby; *prísl.* predsa len

thought *p.* *think

thought [θoːt] **1.** myslenie **2.** myšlienka; názor

thoughtful [ˈθoːtfl] **1.** zamyslený **2.** hĺbavý **3.** ohľaduplný, pozorný

thoughtless [ˈθoːtlis] **1.** bezmyšlienkovitý **2.** bezohľadný, nepozorný

thousand [ˈθauzənd] tisíc

thousandth [ˈθauzəntθ] tisíci

thousandfold [ˈθauzəndfəuld] tisícoraký

thrash [θræʃ] biť, tĺcť, nabiť; *t. out a problem* vyriešiť problém debatou

thread [θred] *podst.* niť, vlákno; *sl.* **1.** navliecť *(niť)* **2.** prediera sa

(zástupom) **3.** *with* pretkať *(niečím)*

threadbare [θredbeə] odretý, ošarpaný, ošúchaný; otrepaný

threat [θret] hrozba

threaten [ˈθretn] hroziť; ohrozovať

three [θriː] tri

threefold [ˈθriːfəuld] trojnásobný

threepence [ˈθrepns] tri pence; trojpenca

three-score [ˈθriːˈskoː] šesťdesiat

thresh [θreʃ] **1.** mlátiť *(obilie)* **2.** = **thrash**

threshing [ˈθreʃiŋ] **1.** výprask, bitka **2.** mlatba; *t. machine* mláťačka

threshold [ˈθreʃhəuld] prah

threw *p.* *throw

thrice [θrais] trikrát

thrift [θrift] šetrnosť

thrifty [ˈθrifti] šetrný, hospodárny

thrill [θril] *podst.* napätie, vzrušenie; *sl.* vzrušiť, napnúť

thriller [ˈθrilə] detektívka

thrilling [θriliŋ] napínavý, vzrušujúci

*thrive [θraiv] dariť sa, mať úspech, rozkvitať

thriven p. *thrive

throat [θrəut] hrdlo; *I have a sore t.* bolí ma hrdlo

throb [θrob] (-bb-) biť, tĺcť, búšiť, pulzovať

throes [θrəuz] *mn. č.* bolesti, muky

throne [θrəun] trón

throng [θroŋ] *podst.* tlačenica; *sl.* tlačiť sa, tiesniť sa

throstle ['θrosl] drozd

throttle ['θrotl] *sl.* škrtiť; *podst. tech.* škrtiaca klapka

through [θru(:)] *predl.* 1. cez 2. prostredníctvom; *príd.* priamy *(napr. vlak)*

throughout [θru(:)'aut] *prísl.* všade, *predl.* po celom

throve p. *thrive

*throw [θrəu] hádzať, hodiť

thrown p. *throw

thrush [θraš] drozd

*thrust¹ [θrast] vraziť, strčiť, sotiť

thrust² [θrast] posotenie, výpad; tlak; náraz

thud [θad] dupot *(koní)*

thug [θag] bitkár, násilník

thumb [θam] palec *(na ruke)*

thump [θamp] *sl.* mlátiť, búšiť; *podst.* rana, úder

thunder ['θandə] *podst.* hrom, hrmenie; *a peal (clap) of t.* zahrmenie; *sl.* hrmieť, dunieť

thunderbolt ['θandəbəult] blesk

thunder-storm ['θandə-sto:m] búrka

thunderstruck ['θandə-strak] ohromený

Thursday ['θə:zdi] štvrtok

thus [ðas] tak, takto

thwart [θwo:t] mariť, kaziť; krížiť *(plány)*

thyme [taim] *bot.* tymian

thyroid ['θairoid] štítna žľaza

tick [tik] *podst.* 1. tikot, tikanie 2. *zool.* kliešť; *sl.* tikať

ticket [tikit] 1. lístok; vstupenka; cestovný lístok 2. *amer.* zoznam kandidátov

tickle [ˈtikl] šteklíť
ticklish [ˈtikliš] **1.** štek-
livý **2.** chúlostivý
tide [taid] **1.** príliv a
odliv; *high* t. vrchol
prílivu; *low* t. vrchol
odlivu **2.** prúd
tidy [taidi] *príd.* **1.** úprav-
ný, úhľadný, uprataný
2. pekný *(hovor. o pe-
niazoch);* *sl.* upratať,
upraviť
tie [tai] *sl.* zaviazať,
zviazať, priviazať; *podst.*
1. viazanka, kravata **2.**
puto **3.** nerozhodný vý-
sledok *(zápasu)*
tiff [tif] malá hádka;
have a t. vadiť sa
tiger [ˈtaigə] tiger
tight [tait] **1.** napnutý
2. tesný
tighten [ˈtaitn] napnúť
(sa); utiahnuť
tights [taits] *mn. č.* tri-
kot; pančuchové noha-
vice
tigress [ˈtaigris] tigrica
tile [tail] *podst.* **1.** dlaž-
dica **2.** škridla; *sl.* po-
kryť dlaždicami, škrid-
lami

till [til] *predl.* do, až do;
prísl. kým, dokiaľ nie;
sl. obrábať *(pôdu)*
tillage [tilidž] orba
tilt [tilt] nakloniť (sa)
timber [ˈtimbə] stavebné
drevo; trám
time [taim] *podst.* **1.** čas,
doba; *in* t. načas; *in
good* t. načas; *at the
same* t. súčasne; *this* t.
tentoraz; *in no* t. oka-
mžite, hneď; *what is
the* t.? koľko je hodín?
2. lehota; *sl.* **1.** urobiť
niečo v pravý čas **2.**
merať na čas, merať
stopkami **3.** načasovať
timely [ˈtaimli] včasný,
aktuálny
times [taimz] krát
time-sheet [ˈtaimši:t] pre-
zenčná listina
time-table [ˈtaimˌteibl] **1.**
cestovný poriadok **2.**
rozvrh hodín
time-work [ˈtaimwə:k]
práca v časovej mzde
timid [ˈtimid] bojazlivý,
plachý
tin [tin] *podst.* **1.** cín
2. plech **3.** plechovka,
konzerva; *sl. (-nn-)* **1.**

pocínovať **2.** konzervovať

tinfoil [ˈtinˈfoil] staniol

tinge [tindž] nádych

tinker [ˈtiŋkə] *podst.* drotár; *sl.* fušovať

tinkle [ˈtiŋkl] cengať, zvoniť

tin-opener [ˈtinəupənə] otvárač konzerv

tinsmith [tinsmiθ] klampiar

tint [tint] *podst.* odtieň, nádych; *sl.* zafarbiť

tiny [ˈtaini] nepatrný, malý, drobný

tip [tip] *podst.* **1.** konček, špička, cíp **2.** *hovor.* prepitné **3.** tip, rada; *sl.* **1.** *(up)* prevrátiť **2.** *hovor.* dať prepitné

tipsy [ˈtipsi] *hovor.* opitý

tiptoe [ˈtipˈtəu]: *on t.* po špičkách

tiptop [ˈtipˈtop] *hovor.* skvelý

tip-up seat [ˈtipapˌsi:t] sklápacie sedadlo

tire [ˈtaiə] *podst.* pneumatika; *sl.* ustať, unaviť (sa)

tired [ˈtaiəd] ustatý; *be t. of* byť vyčerpaný, mať niečoho dosť

tireless [ˈtaiəlis] neúnavný

tiresome [ˈtaiəsəm] únavný, nudný, protivný

tissue [ˈtisju:] tkanivo, tkanina

tissue-paper [ˈtisju:peipə] hodvábny papier

titbit [ˈtitbit] pochúťka

title [ˈtaitl] **1.** titul, názov **2.** nárok

title-page [ˈtaitlpeidž] titulná strana

titter [ˈtitə] smiať sa pod fúzy, chichotať sa

to [tu:; tu] **1.** *(miestne)* do, ku, na **2.** nahrádza slov. **3.** pád *(t. you tebe)* **3.** *(časové)* do **4.** *(predl. pred infinitívom)* (*t. be* byť)

toad [təud] ropucha

toadstool [ˈtəudstu:l] muchotrávka

toast [təust] *podst.* **1.** opekaný chlieb, hrianka **2.** prípitok; *sl.* **1.** opekať chlieb **2.** pripiť *(na zdravie)*

tobacco [tə'bækəu] tabak
tobacconist's [tə'bækənists] trafika
toboggan [tə'bogən] *podst.* sánky; *sl. (-nn-)* sánkovať sa
today [tə'dei] dnes
toddle ['todl] batoliť sa
toe [təu] **1.** prst na nohe; *big (great) t.* palec na nohe **2.** špička *(topánky, ponožky)*
toffee ['tofi] karamela
together [tə'geðə] spolu, dokopy
toil [toil] *sl.* zodierať sa, lopotiť sa; *podst.* drina, námaha, lopota
toilet ['toilit] **1.** obliekanie, toaleta **2.** záchod
token ['təukən] **1.** znamenie; symbol; *t. strike* manifestačný štrajk **2.** *in t. of* ako dôkaz
told *p.* **tell
tolerable ['tolərəbl] **1.** znesiteľný **2.** dosť dobrý, pekný
tolerance ['tolərəns] znášanlivosť
tolerant ['tolərənt] znášanlivý

tolerate ['toləreit] znášať, trpieť *(niekoho, niečo)*
toll [təul] *podst.* mýto ● *the t. of the roads* straty na životoch na cestách; *sl.* vyzváňať *(umieráčikom)*
tomato [tə'ma:təu] paradajka
tomb [tu:m] hrob; hrobka
tomb-stone ['tu:mstəun] náhrobný kameň
tom-cat ['tom'kæt] kocúr
tomfoolery [tom'fu:ləri] bláznenie
tomorrow [tə'morəu] zajtra
ton [tan] tona
tone [təun] tón
tongs [toŋz] *mn. č.* kliešte
tongue [taŋ] jazyk
tonight [tə'nait] dnes večer]
tonnage ['tanidž] tonáž
tonsilitis [ˌtənsi'laitis] angína
tonsils ['tonslz] *mn. č.* mandle *(v hrdle)*
too [tu:] **1.** *(pred príd. menom)* príliš **2.** *(na konci vety)* tiež

took p. *take

tool [tu:l] nástroj

tools [tu:lz] mn. č. nára-
die (remeselnícke)

toot [tu:t] húkať, trúbiť

tooth [tu:θ] zub

tooth-ache [ˈtu:θeik] bo-
lesť zuba

toothbrush [ˈtu:θbraš]
zubná kefka

tooth-paste [ˈtu:θpeist]
zubná pasta

toothpick [ˈtu:θpik] špá-
radlo

top [top] podst. 1. výšok,
vrchol 2. povrch; príd.
vrchný; sl. (-pp-) pre-
výšiť, prekonať

top-hat [ˈtopˈhæt] cylin-
der (klobúk)

topic [ˈtopik] téma, ná-
met, predmet (hovoru)

topical [ˈtopikəl] aktuál-
ny

topmost [ˈtopməust] na-
najvýš

topsyturvy [ˈtopsiˈtə:vi]
hore nohami, poprevra-
caný, rozhádzaný

torch [to:č] pochodeň;
electric t. baterka

tore p. *tear

torment [to:ˈmənt] podst.

muky, trápenie; sl. mu-
čiť, trápiť

torn p. tear

torrent [ˈtorənt] príval;
bystrina

torrential [toˈrenšəl]
prudký, ako príval

torrid [ˈtorid] horúci, su-
chý, tropický

torsion [ˈto:šən] torzia,
krútenie

tortoise [ˈto:təs] koryt-
načka

tortoiseshell [ˈto:təššel]
korytnačina

torture [ˈto:čə] podst.
mučenie; sl. mučiť

toss [ˈtos] 1. mrštiť, ho-
diť 2. zmietať sa 3.
natriasať (sa)

total [ˈtəutl] príd. cel-
kový, úplný, totálny;
podst. súčet, úhrn; sl.
(-ll-) robiť celkom

totalitarian [ˈtəutæli-
ˈteəriən] totalitný

touch [tač] sl. dotknúť
sa, dotýkať sa; podst.
1. dotyk 2. hmat 3.
styk

touching [tačiŋ] dojemný

touchy [ˈtači] nedotklivý

tough [taf] 1. tuhý 2.

silný **3.** húževnatý **4.**
obťažný
tour [tuə] *podst.* cesta,
túra, turné; *sl.* cestovať,
precestovať
tourist ['tuərist] turista
tournament ['tuənəmənt]
turnaj
tow [təu] *sl.* vliecť; *podst.*
lano; *take in t.* vziať do
vleku
toward(s) ['təˈwo:dz]
(smerom) ku
towel ['tauəl] uterák
tower ['tauə] *podst.* ve-
ža; *sl.* týčiť sa, čnieť
town [taun] mesto
town council ['taun-
ˈkaunsl] magistrát
town hall [taun ho:l]
radnica
toxic ['toksik] otravný,
toxický
toy [toi] hračka
toyshop ['toišop] hrač-
kársky obchod
trace [treis] *podst.* stopa;
sl. **1.** sledovať, stopovať
2. *from* odvodzovať od
track [træk] *podst.* **1.**
stopa **2.** dráha **3.** koľaj
4. trať; *sl.* sledovať,
stopovať

tractor ['træktə] traktor
trade [treid] *podst.* **1.**
obchod **2.** živnosť; *sl.*
obchodovať
trade-mark ['treidma:k]
obchodná značka, znám-
ka
tradesman ['treidzmən]
obchodník; živnostník
trade-union ['treidjuniən]
odborová organizácia
tradition [trəˈdišən] tra-
dícia
traffic ['træfik] *podst.* **1.**
premávka, dopravný
ruch **2.** obchod(ovanie);
príd. dopravný; *t. lights
mn. č.* svetelný signál
tragedy ['trædžidi] tragé-
dia
tragic ['trædžik] tragický
trail [treil] *sl.* **1.** vliecť
(sa) **2.** stopovať **3.** *over*
popínať sa; *podst.* ces-
tička; stopa
trailer [treilə] prívesný
voz, vlečný voz
train [trein] *podst.* **1.**
vlak **2.** vlečka **3.** sprie-
vod; *sl.* **1.** cvičiť, školiť
2. trénovať
trainer ['treinə] cvičiteľ

training [treiniŋ] **1.** vý-
cvik, školenie **2.** tré-
ning
trait [trei] črta *(na tvári)*
traitor [ˈtreitə] zradca
tram [træm] električka
tramcar [ˈtræmka:] vo-
zeň električky
tram-line [ˈtræmlain]
trať pouličnej dráhy
tramp [træmp] *sl.* **1.** po-
chodovať **2.** túlať sa;
podst. **1.** dupot **2.** dlhá
vychádzka **3.** tulák **4.**
parník *(nákladný, na-
viazaný na určitú trať)*
trample [ˈtræmpl] stúpať,
šliapať, dupať
tramway [ˈtræmwei] elek-
trička
trance [tra:ns] tranz, vy-
tŕženie
tranquil [ˈtræŋkwil] po-
kojný
transaction [ˈtræn-
ˈzækšən] obchod, trans-
akcia; *t-s mn. č.* roko-
vanie, protokoly *(napr.
pri zjazde)*
transcription [træns-
ˈkripšən] prepis
transfer [ˈtrænsfə(:)] *sl.*
(-rr-) **1.** *from* preniesť;

to premiestniť **2.** prestu-
povať; *podst.* **1.** prevod,
prenos **2.** odsun
transform [trænsˈfo:m]
premeniť, pretvoriť
transformation [ˌtræns-
fəˈmeišən] premena
transfuse [trænsˈfju:z]
preliať; dať transfú-
ziu
transfusion [trænsˈfju:-
žən] transfúzia
transient [ˈtrænziənt]
príd. prechodný, krát-
ky; *podst. amer.* hosť
v hoteli
transistor [trænˈsistə]
tranzistor
transit [ˈtrænsit] prechod,
prejazd, preprava, tran-
zit
transition [trænˈsižən]
prechod
transitive [ˈtræ:nsitiv]
gram. prechodný
transitory [ˈtrænsitəri]
prechodný
translate [træ:nsˈleit]
from, into preložiť, pre-
kladať
translation [træ:nsˈleišən]
preklad
transmission [trænzˈmi-

šən] vysielanie *(rozhla-sové)*, relácia

transmit [trænz'mit] *(-tt-)* odovzdať, doručiť; pre-niesť

transparent [træns'peə-rənt] priehľadný; jasný

transpire [træns'paiə] **1.** vyparovať sa **2.** pre-behnúť *(o správe)*, roz-chýriť sa

transport ['trænspo:t] *podst.* doprava; *sl.* do-pravovať

trap [træp] *podst.* pasca; *sl.* *(-pp-)* chytať do pasce

trap-door ['træp'do:] pa-dacie dvere

trash [træš] brak; *amer.* odpadky

trash-can ['træš'kæn] *amer.* nádoba na odpad-ky

travel ['trævl] *sl.* *(-ll-)* **1.** cestovať **2.** pohybo-vať sa; ísť; *podst.* cesto-vanie, cesta

traveller ['trævlə] **1.** ces-tovateľ, cestujúci

traverse ['trævə(:)s] *sl.* prejsť krížom, prekro-čiť; *príd.* priečny

trawler ['tro:lə] rybárska loď

tray [trei] podnos

treacherous ['trečərəs] zradný

treachery ['trečəri] zrada

treacle ['tri:kl] sirup

*****tread** [tred] šliapnuť, stúpiť

treason ['tri:zn] velezra-da; zrada

treasure ['trežə] *podst.* poklad; *sl.* vážiť si nie-čo; chovať ako poklad

treasurer ['trežərə] po-kladník

treasury: *the Treasury* ['trežəri] štátna poklad-nica v Británii

treat [tri:t] *sl.* **1.** zaob-chádzať s **2.** hostiť niekoho **3.** *of* pojedná-vať; vyjednávať **4.** lie-čiť; *podst.* pôžitok

treatise ['tri:tiz] pojedna-nie

treatment [tri:tmənt] **1.** zaobchádzanie **2.** lieče-nie, liečba

treaty ['tri:ti] zmluva; dohoda

tree [tri:] strom

tremble [ˈtrembl] **1.** chvieť
sa **2.** báť sa
tremendous [triˈmendəs]
strašný; obrovský
trench [trenč] zákop
trend [trend] sklon, ten-
dencia
trespass [ˈtrespəs] pre-
hrešiť sa; *upon* zneuží-
vať
trespasser [ˈtrespəsə] pá-
chateľ
trial [ˈtraiəl] **1.** skúška;
pokus **2.** pojednávanie
(na súde), proces
triangle [ˈtraiæŋgl] troj-
uholník
tribe [traib] **1.** kmeň
(napr. domorodcov) **2.**
rod
tribunal [triˈbjuːnl] súd,
tribunál
tributary [ˈtribjutəri] prí-
tok
tribute [ˈtribjuːt] **1.** daň
2. *to* pocta
trick [trik] *podst.* trik;
úskok, podvod; *sl.* pod-
viesť
trickle [ˈtrikl] kvapkať;
tiecť cícerkom
trifle [ˈtraifl] *podst.* ma-
ličkosť, drobnosť; *sl.*

with s.t. zahrávať sa
s čím; *away* mrhať
trigger [ˈtrigə] kohútik
(pušky), *fot.* spúšť
trim [trim] *príd.* uprave-
ný, úhľadný; *sl.* (-mm-)
1. pristrihnúť, zastrih-
núť **2.** upraviť, prizdo-
biť
trinity [ˈtriniti] trojica
trinket [ˈtriŋkit] čačka
trip [trip] *sl.* (-pp-) **1.**
cupkať **2.** *up, over* za-
kopnúť; *podst.* **1.** výlet
2. zakopnutie
tripe [traip] **1.** držky **2.**
nezmysel; *hovor.* hlú-
posť
triple [ˈtripl] trojitý
trite [trait] otrepaný, ba-
nálny
triumph [ˈtraiəmf] *podst.*
triumf; *sl.* triumfovať
triumphant [traiˈamfənt]
1. víťazný **2.** víťazo-
slávny
trivial [ˈtriviəl] obyčajný,
bezvýznamný
trod *p.* *tread
trolley [ˈtroli] *(servírova-
cí)* vozík; drezina; *amer.*
električka

trolley-bus [ˈtrolibas] tro-lejbus

troops [tru:ps] *mn. č.* vojsko, oddiely

trophy [ˈtrəufi] trofej, korisť

tropic [ˈtropik] obratník

tropical [ˈtropikəl] tropický

tropics [ˈtropiks] *mn. č.* trópy

trot [trot] *podst.* klus; *sl. (-tt-)* klusať

trouble [ˈtrabl] *podst.* **1.** nekľud **2.** starosť, ťažkosť **3.** bolesť **4.** námaha; *sl.* obťažovať, trápiť, hnevať

troublesome [ˈtrablsəm] nepríjemný, rušivý

trough [tro(:)f] koryto *(nádoba)*

trousers [ˈtrauzəs] *mn. č.* nohavice

trousseau [ˈtru:səu] výbava

trout [traut] pstruh

trowel [ˈtrauəl] murárska lyžica

truce [tru:s] prímerie

truck [trak] nákladný vagón; *amer.* nákladné auto

true [tru:] **1.** verný **2.** pravdivý **3.** naozajstný; *it is t.* to je pravda; *come t.* vyplniť sa, uskutočniť sa

truly [ˈtru:li]: *yours t.* s dokonalou úctou *(na záver listu)*

trump [tramp] **1.** trumf **2.** dobráčisko **3.** trúbenie

trumpery [ˈtrampəri] gýč, brak

trumpet [ˈtrampit] trúbka

truncate [ˈtraŋkeit] odseknúť; skomoliť

truncheon [ˈtrančən] obušok

trunk [traŋk] **1.** kmeň **2.** trup **3.** chobot *(slona)* **4.** kufor

trunk-call [traŋkko:l] medzimestský telefónny hovor

trunk-line [ˈtraŋklain] hlavná trať; hlavná linka

trust [trast] *podst.* **1.** dôvera **2.** trust; *sl.* **1.** *to* dôverovať **2.** *in* dúfať

trustee [trasˈti:] poverenec

trustworthy [ˈtrastˌwə:ði] dôveryhodný

truth [truːθ] pravda

truthful [ˈtruːθful] pravdivý; pravdovravný

try [trai] **1.** *to* pokúsiť sa **2.** *for* snažiť sa **3.** vyskúšať **4.** súdiť; *t. on* skúšať *(šaty)*

tub [tab] **1.** džber **2.** vaňa **3.** sud

tube [tjuːb] **1.** trúbka, trubica, rúra **2.** hadica **3.** duša *(pneumatiky)* **4.** *the Tube* podzemná dráha v Londýne **5.** elektrónka

tuberculosis [tju(ː)bə:kjuˈləusis] tuberkulóza

tuck [tak] zriasiť, založiť, zabrať *(látku); t. in (to)* s chuťou sa najesť

Tuesday [ˈtjuːzdi] utorok

tuft [taft] chumáč

tug [tag]; *sl. (-gg-) (prudko)* ťahať; *podst.* **1.** *(silné)* ťahanie; *a t. of war* preťahovanie lanom **2.** remorkér

tuition [tju(ː)išən] vyučovanie; poplatky za vyučovanie

tulip [ˈtjuːlip] tulipán

tumble [ˈtambl] rútiť sa, rozpadnúť sa

tumble-down [ˈtambldaun] (polo)rozpadnutý, na spadnutie

tumbler [ˈtamblə] pohár *(obyčajný)*

tummy [ˈtami] *hovor.* bruško

tumultuous [tju(ː)ˈmaltjuəs] divý, búrlivý

tune [tjuːn] *podst.* melódia; *out of t.* rozladený, falošný; *sl. t. up* ladiť, naladiť; *t. into* naladiť na stanicu *(rádio)*

tunnel [tanl] tunel

turbid [ˈtə:bid] zakalený; konfúzny

turbine [ˈtə:bin] turbína

turboprop [tə:bəuˈprop] turbovrtuľový

turbulent [ˈtə:bjulənt] nepokojný; búrlivý

tureen [tjuˈriːn] polievková misa

turf [tə:f] **1.** trávnik **2.** rašelina **3.** *(the) turf* dostihy

Turkey[1] [ˈtə:ki] Turecko

turkey[2] [ˈtə:ki] moriak

Turkish [ˈtə:kiš]: *T. bath* parný kúpeľ; *T. towel* frotírový uterák

turmoil [ˈtə:moil] vrava

turn [tə:n] *sl.* **1.** otočiť (sa), obrátiť (sa) **2.** dosiahnuť **3.** meniť, premieňať **4.** stať sa *(niečím); t. red* očervenieť; *t. off* vypnúť *(plyn a pod.); t. on* zapnúť *(plyn a pod.); t. out* vyhnať

turner [ˈtə:nə] sústružník, tokár

turning-point [ˈtə:niŋpoint] kritický bod

turnip [ˈtə:nip] repa *(biela)*

turn-over [ˈtə:nˈəuvə] obrat *(obchodný)*

turpentine [ˈtə:pəntain] terpentín

turtle [ˈtə:tl] korytnačka *(vodná)*

turtle-dove [ˈtə:tldav] hrdlička

tusk [task] kel, tesák

tutor [ˈtju:tə] **1.** vychovávateľ, súkromný učiteľ **2.** školiteľ poslucháča

tutorial [tju(:)ˈto:riəl] konzultácia s tútorom *(inštruktorom)*

tweed [twi:d] hrubá vlnená látka

tweezers [ˈtwi:zəz] *mn. č.* pinzeta

twelfth [twelfθ] dvanásty

twelve [twelv] dvanásť

twentieth [ˈtwentiiθ] dvadsiaty

twenty [ˈtwenti] dvadsať

twice [twais] dvakrát

twig [twig] vetvička

twilight [ˈtwailait] šero

twinkle [ˈtwiŋkl] **1.** mihotať sa **2.** žmurkať

twins [twinz] *mn. č.* dvojčatá

twirl [twə:l] krútiť (sa), točiť (sa)

twist [twist] *sl.* **1.** krútiť (sa), stáčať (sa), zvinovať (sa) **2.** prekrúcať; *podst.* **1.** zvitok **2.** pokrivenie *(povahy)*

twitter [ˈtwitə] čvirikať, štebotať

two [tu:] dva

twopence [ˈtapənz] dve pence

type [taip] *podst.* **1.** typ **2.** symbol **3.** litera **4.**

písmo; *sl.* písať na stroji

typewriter [ˈtaipraitə] písací stroj

typhoid [ˈtaifoid]: *t. fever* týfus

typhoon [taiˈfuːn] tajfún

typical [ˈtipikəl] typický

typist [ˈtaipist] pisár(ka) na stroji

typographical [ˈtaipoˈgræfikəl] typografický

tyranny [ˈtirəni] tyrania, tyranstvo

tyrant [ˈtaiərənt] tyran

tyre [ˈtaiə] pneumatika

U

ubiquitous [juːˈbikwitəs] všadeprítomný

udder [ˈadə] vemeno

ugly [ˈagli] škaredý, mrzký

U. K. = *United Kingdom* Spojené kráľovstvo *(Veľkej Británie a Sev. Írska)*

Ukrainian [juːˈkrainiən] *podst.* Ukrajinec; *príd.* ukrajinský

ulcer [ˈalsə] vred

Ulster[1] [ˈalstə] Severné Írsko

ulster[2] [ˈalstə] hubertus

ultimate [ˈaltimit] konečný

ultimatum [ˌaltiˈmeitəm] ultimátum, posledné slovo

ultimo [ˈaltiməu] minulý mesiac; *the 20th ult.* 20-teho min. mesiaca

ululate [ˈjuːljuleit] vyť, zavýjať

umbrella [amˈbrelə] dáždnik

umpire [ˈampaiə] rozhodca, sudca *(v športe)*

un- [an] predpona vyjadrujúca zápor

unable [anˈeibl] neschopný

unacceptable [ˌanəkˈseptəbl] neprijateľný

unaccomplished [ˌanəˈkomplišt] nedokončený

unaccountable [ˌanə-ˈkauntəbl] nevysvetliteľný

unalterable [ˌanˈoːltərəbl] nemenný; nezmeniteľný

unambiguous [ˌanæmˈbigjuəs] jednoznačný, nedvojzmyselný

unanimous [juːˈnæniməs] jednomyseľný

unarmed [ˌanˈaːmd] neozbrojený

unattentive [ˌanəˈtentiv] nepozorný

unauthorized [ˌanˈoːθəraizd] neoprávnený

unavoidable [ˌanəˈvoidəbl] nevyhnutný

unaware [ˌanəˈweə] neznalý; *I was u. of it* nič som o tom nevedel

unawares [ˌanəˈweəz] **1.** neočakávane **2.** neuvedomele

unbalanced [ˌanˈbælənst] nevyrovnaný

unbearable [anˈbeərəbl] neznesiteľný

unbeaten [anˈbiːtn] neporazený, nepremožený, neprekonaný

unbecoming [anˈbikamiŋ] **1.** nesvedčiaci *(napr.*

klobúk) **2.** *to, for* nevhodný, neprístojný

unbelievable [ˌanbiˈliːvəbl] neuveriteľný

unbias(s)ed [anˈbaiəst] nezaujatý, nepredpojatý

unbutton [anˈbatn] rozopnúť

uncalled-for [anˈkoːldˈfoː] nežiadúci; nevhodný

unchangeable [ˌanˈčeindžebl] nepremenný, nepremeniteľný

uncared-for [anˈkeədfoː] zanedbaný, bez opatery

uncertain [anˈsəːtn] **1.** menlivý; nespoľahlivý **2.** *about, of* neistý

uncivil [ˌanˈsivl] nezdvorilý

uncle [aŋkl] strýc

unclose [ˌanˈkləuz] otvoriť (sa)

uncomfortable [anˈkamfətəbl] nepohodlný

uncommon [anˈkomən] neobyčajný, nezvyčajný

uncommunicative [ˌankəˈmjuːnikeitiv] nevravný, zamĺknutý

uncompromising [anˈkomprəmaiziŋ] nekompromisný, neústupný

unconcerned [ˌankən-ˈsəːnd] *in with* ľahostajný, bez záujmu; bezstarostný

unconditional [ˌankənˈdišənəl] bezpodmienečný.

unconquerable [anˈkoŋkərəbl] nepremožiteľný

unconscious [anˈkonšəs] 1. neúmyselný 2. v bezvedomí

uncontrollable [ˌankənˈtrəuləbl] nekontrolovateľný

uncord [ˌanˈkoːd] rozviazať

uncork [ˌanˈkoːk] odzátkovať

uncut [ˌanˈkat] nerozrezaný

undamaged [anˈdæmidžd] nepoškodený

undaunted [anˈdoːntid] smelý

undeniable [ˌandiˈnaiəbl] nepopierateľný, nesporný

under [ˈandə] 1. pod 2. za, pri 3. menej ako ● *road u. repair* cesta sa opravuje

underarm [ˈandəːm] predlaktie

underclothes [ˈandəklðuðz] *mn. č.* spodná bielizeň

under-developed [ˈandədiˈveləpt] nedostatočne vyvinutý, menej vyvinutý

underdone [ˌandəˈdan] nedovarený, nedopečený

underestimate [ˌandərˈestimeit] podceňovať

underfed [ˌandəˈfed] podvyživený

*undergo [ˈandəˈgəu] podrobiť sa čomu, podstúpiť

undergone *p.* ***undergo**

undergraduate [ˌandəˈgrædjuit] univerzitný študent, vysokoškolák

underground [ˌandəˈgraund] *podst. the U.* podzemná dráha; *príd.* podzemný; *prísl.* ˈ pod zemou

undergrowth [ˈandəgrəuθ] podrast

underline [ˌandəˈlain] 1. podčiarknuť 2. zdôrazniť

undermine [ˌandəˈmain] 1. podmínovať 2. podkopať 3. *by* podlomiť underneath [ˌandəˈniːθ] *predl.* pod; *prísl.* dole, naspodku

underpass [ˈandəpaːs] podchod; podjazd

underproduction [andə-prəˈdakšən] podvýroba

understand [ˌandəˈstænd] rozumieť, chápať; dozvedieť sa ● *make o.s. u.-stood* dorozumieť sa

understanding [ˌandə-ˈstændiŋ] porozumenie, pochopenie

understood *p.* *understand

*undertake [ˌandəˈteik] 1. prevziať 2. podniknúť

undertaken *p.* *undertake

undertaker [ˈandəˌteikə] pohrebný ústav

undertaking [ˌandəˈtei-kiŋ] 1. podujatie 2. [ˈandəteikiŋ] pohrebný ústav

undertook *p.* *undertake

underwear [ˈandəˌweə] spodná bielizeň

underwent *p.* *undergo

underworld [ˈandəwəːld] podsvetie

undeserved [ˌandiˈzəːvd] nezaslúžený

undesirable [ˌandi-ˈzaiərəbl] nežiadúci

undetermined [ˌandiˈtə:-mind] nerozhodn(ut)ý

undid *p.* *undo

undisciplined [anˈdisi-plind] nedisciplinovaný

*undo [ˌanˈdu:] 1. rozviazať 2. odčiniť

undoing [ˌanˈdu:iŋ] skaza

undone *p.* *undo

undoubted [anˈdautid] nepochybný

undress [ˌanˈdres] vyzliecť (sa) ● *u-ed wound* neobviazaná rana

undue [ˌanˈdju:] nevhodný

undulate [ˈandjuleit] vlniť sa

unearth [ˌanˈəːθ] objaviť, vykopať, vyhrabať

unearthly [ˌanˈəːθli] nadpozemský

uneasy [anˈiːzi] 1. nepohodlný; *be u.* byť nesvoj 2. úzkostlivý

uneducated [ˌanˈedjukei-tid] nevzdelaný

unemployed [ˌanimˈploid] nezamestnaný

unemployment [ˌanim-ˈploimənt] nezamestnanosť

unendurable [ˌaninˈdjuərəbl] neznesiteľný

unequal [ˌanˈi:kwəl] **1.** nerovný **2.** neprimeraný

U. N. E. S. C. O. [juˈneskəu] = United Nations Educational Scientific and Cultural Organization

uneven [anˈi:vn] **1.** nerovný **2.** nepárny

uneventful [ˌaniˈventfl] jednotvárny, nudný

unexpected [ˈaniksˈpektid] neočakávaný

unfailing [anˈfeiliŋ] **1.** nevyčerpateľný **2.** spoľahlivý

unfair [anˈfeə] nespravodlivý; *(v hre)* nepoctivý

unfaithful [ˌanˈfeiθful] neverný

unfamiliar [anfəˈmiliə] neznámy

unfavourable [ˌanˈfeivərəbl] nepriaznivý

unfinished [anˈfiništ] nedokončený

unfit [anˈfit] *for* nevhodný, nesúci

unfold [anˈfəuld] roztvoriť sa, rozvinúť (sa), odhaliť

unforgettable [anfəˈgetəbl] nezabudnuteľný

unfortunate [anˈfo:čnit] nešťastný

unfortunately [anˈfo:čnitli] bohužiaľ

unfriendly [anˈfrendli] nepriateľský

unfruitful [anˈfru:tfl] neplodný

unfurnished [anˈfə:ništ] nezariadený

ungrateful [anˈgreitful] nevďačný

unhandy [anˈhændi] nešikovný

unhappy [anˈhæpi] nešťastný

unhealthy [anˈhelθi] nezdravý

unheard-of [anˈhə:dˌov] neslýchaný

unicorn [ˈju:nikoːn] jednorožec

uniform [ˈju:nifoːm] *podst.* uniforma; *príd.* jednotný, rovnaký

unify [ˈjuːnifai] zjednotiť; *Unified Farmer's Cooperative* jednotné roľnícke družstvo

uninhabited [ˌaninˈhæbitid] neobývaný

unintelligible [ˌaninteliˈdžəbl] nepochopiteľný

uninterrupted [ˈanˌintəˈraptid] neprerušený

union [ˈjuːnjən] **1.** jednota; zväz; *U. of Soviet Socialist Republics (U. S. S. R.)* Zväz sovietskych socialistických republík **2.** odborová organizácia

unionist [ˈjuːnjənist] odborár

unique [juːˈnik] jedinečný

unit [ˈjuːnit] jednotka; celok; *(various) kitchen u-s* jednotlivé kusy kuchynského zariadenia; *u. furniture* sektorový nábytok

unite [juːˈnait] spojiť, zjednotiť (sa); *United Kingdom of Great Britain and Northern Ireland* Spojené kráľovstvo Veľkej Británie a Severného Írska; *United States of America* Spojené štáty americké

unity [ˈjuːniti] jednota; zhoda

universal [ˌjuːniˈvəːsəl] všeobecný, univerzálny

universe [ˈjuːnivəːs] vesmír

university [ˌjuːniˈvəːsiti] univerzita

unjust [ˈanˈdžast] nespravodlivý

unkind [anˈkaind] neláskavý, zlý

unknown [ˈanˌnəun] neznámy

unless [ənˈles] ak nie

unlettered [anˈletəd] negramotný, nevzdelaný

unlike [ˈanˈlaik] *príd.* nepodobný; *predl.* na rozdiel od

unlikely [anˈlaikli] nepravdepodobný

unlimited [anˈlimitid] neobmedzený

unload [anˈləud] vyložiť *(náklad)*

unlock [ˈanˈlok] odomknúť

unlucky [anˈlaki] nešťastný; *be u. hovor.* mať smolu

unmanned [anˈmænd] bez
posádky
unmarried [ˈanˈmærid]
slobodný, neženatý, ne-
vydatá
unnatural [anˈnæčərəl]
neprirodzený
unnecessary [anˈnesisəri]
zbytočný, nepotrebný
unnerve [anˈnə:v] vyviesť
z rovnováhy, enervovať
unnoticed [anˈnəutist]
bez povšimnutia
U.N.O. [ˈju:nəu] = *United
Nations Organization*
Organizácia Spojených
národov, OSN
unpack [anˈpæk] vyba-
liť, rozbaliť
unpalatable [anˈpælətəbl]
nechutný
unparalleled [anˈpærə-
leld] bezpríkladný
unpardonable [anˈpa:də-
nəbl] neodpustiteľný
unpleasant [anˈpleznt]
nepríjemný
unpopular [anˈpopjulə]
nepopulárny, neobľúbe-
ný
unpractical [anˈprækti-
kəl] nepraktický

unprecedented [anˈpresi-
dəntid] bezpríkladný
unprejudiced [anˈpredžu-
dist] nezaujatý, bez
predsudkov
unprepared [ˈanpriˈpeəd]
nepripravený
unpretending [ˈanpriˈten-
diŋ] skromný
unprofitable [anˈprofitəbl]
nevýhodný, nevýnosný
unreal [anˈriəl] nesku-
točný
unreasonable [anˈri:zə-
nəbl] nerozumný
unreliable [ˈanriˈlaiəbl]
nespoľahlivý
unrest [anˈrest] nepokoj
unripe [anˈraip] nezrelý
unrivalled [anˈraivəld] *in*
bez konkurencie, bez
súpera
unsatisfactory [ˈanˌsætis-
ˈfæktəri] neuspokojivý
unsavoury [anˈseivəri] ne-
chutný
unselfish [ˈanˈselfiš] ne-
sebecký
unsettled [ˈanˈsetld] **1.**
nestály **2.** nezaplatený
3. nevybavený
unshaven [ˈanˈšeivn] ne-
oholený

unshrinkable [ˈanˈʃriŋkəbl] nezbiehajúci sa pri praní
unskilled [anˈskild] ne-kvalifikovaný
unsolicited [ansəˈlisitid] nežiadaný
unstable [anˈsteibl] nestály
unsteady [ˈanˈstedi] nestály, nepevný
untidy [anˈtaidi] neporiadny, neupravený
until [ənˈtil] *predl.* až do; *spoj.* kým
untimely [anˈtaimli] nevčasný, nevhodný
untiring [anˈtaiəriŋ] neúnavný
unusual [anˈjuːžuəl] neobyčajný, nezvyčajný
unwelcome [anˈwelkəm] nevítaný
unwell [ˈanˈwel] nezdravý; *I am u.* je mi zle od žalúdka
unwieldy [anˈwiːldi] nemotorný
unwilling [ˈanˈwiliŋ] neochotný
unworthy [anˈwəːði] nehodný, nedôstojný

unyielding [anːjiːldiŋ] nepoddajný
unyoke [ˈanˈjəuk] oslobodiť spod jarma
up [ap] *prísl.* hore; *up and down* hore-dolu; *predl.* hore, do
upbringing [ˌapˈbriŋiŋ] vychovávanie
upheaval [apˈhiːvəl] 1. prevrat 2. *(geologicky)* zdvihnutie
upholster [apˈhəulstə] vyčalúniť
upholsterer [apˈhəulstərə] čalúnnik
upkeep [ˈapkiːp] údržba
upon [əˈpon] = on; *u. my word* čestné slovo; *once u. a time* kde bolo tam bolo; *u. the whole* vcelku
upper [ˈapə] horný, vrchný
upright [ˈaprait] 1. vzpriamený; priamy 2. poctivý
uprising [apˈraiziŋ] povstanie
uproar [ˈaproː] vrava; pobúrenie
uproot [apˈruːt] vykoreniť, vykynožiť

upset [ap'set] **1.** prevrátiť (sa), zvrhnúť **2.** rozrušiť (sa)

upshot ['apšot] výsledok

upside-down ['apsaid'daun] hore nohami, obrátene

upstairs ['ap'steəz] hore, hore po schodoch; ['apsteəz] na prvom poschodí

upstart ['apsta:t] povýšenec

upstream [ap'stri:m] proti prúdu

uptake ['apteik]: *quick (slow) on the u.* rýchlo *(pomaly)* chápať

up-to-date ['aptə'deit] moderný

upward ['apwəd] stúpajúci, smerujúci hore

upwards ['apwədz] hore; *of* viac ako

uranium [juə'reiniəm] urán

urban ['ə:bən] mestský

urge [ə:dž] *on, onward, forward* ponúkať, poháňať, povzbudzovať; *upon* presviedčať

urgent ['ə:džənt] naliehavý

urinate ['juərineit] močiť

urine ['juərin] moč

urn [ə:n] urna

us [as, əs] nám; nás; nami

U.S.A. ['ju:'es'ei] = *United States of America* Spojené štáty americké

usage ['ju:zidž] **1.** užívanie **2.** zvyk

use [ju:s] *podst.* **1.** užívanie, použitie **2.** úžitok; *it is of no u.* to je na nič; *it is no u. talking* nemá zmysel o tom hovoriť; *sl.* [ju:z] **1.** užívať; použiť **2.** *up* spotrebovať; *I used to see him often* často som ho vídal

used [ju:st] **1.** zvyknutý; *you'll soon get u. to it* na to si čoskoro zvykneš **2.** [ju:zd] opotrebovaný, starý

useful ['ju:sful] užitočný; *hovor.* schopný

useless ['ju:slis] neužitočný, zbytočný; márny

usher ['ašə] *podst.* uvádzač; *sl.* uviesť, ohlásiť

usual [ˈjuːžuəl] obvyklý, zvyčajný; *as u.* ako obvykle

usurer [ˈjuːžərə] úžerník

usurp [juːˈzəːp] uchvátiť

utensil [juːˈtensl] riad, potreba pre domácnosť; *writing u-s* písacie potreby

utility [juːˈtiliti] užitočnosť, prospešnosť; *public u-ies* mestské podniky, komunálne služby

utilize [ˈjuːtilaiz] využiť, zužitkovať

utmost [ˈʌtməust] *podst. pren.* vrchol; maximum; *at the u.* nanajvýš; *do one's u.* snažiť sa zo všetkých síl; *príd.* krajný, vrcholný

utter [ˈʌtə] *príd.* úplný *sl.* **1.** vydať *(zvuk)* **2.** vyjadriť, vysloviť

utterly [ˈʌtəli] celkom, úplne

V

vac [væk] *hovor.* prázdniny

vacancy [ˈveikənsi] **1.** prázdnota **2.** voľné miesto

vacant [ˈveikənt] prázdny, voľný

vacate [vəˈkeit] **1.** vyprázdniť **2.** vzdať sa vlastníctva

vacation [vəˈkeišn] **1.** vyprázdnenie; uprázdnenie **2.** prázdniny

vaccinate *against* [ˈvæksineit] štepiť

vaccine [ˈvæksiːn] vakcína

vacillation [ˌvæsiˈleišn] váhanie, kolísanie

vacuum bottle [ˈvækjuəmˈbotl] termoska

vacuum cleaner [ˈvækjuəmˈkliːnə] vysávač

vagabond [ˈvægəbənd] tulák

vagary [vəˈgeəri] vrtoch, rozmar

vagrant [ˈveigrənt] *podst.* tulák; *príd.* potulný

vague [veig] neurčitý, hmlistý

vain [vein] 1. márny 2. *of* márnivý; *in v.* márne, darmo

vale [veil] dolina

valentine [ˈvæləntain] ľúbostný lístok

valiant [ˈvæljənt] udatný

valid [ˈvælid] platný

validity [vəˈliditi] platnosť

valley [ˈvæli] údolie

valour [ˈvælə] odvaha

valuable [ˈvæljəbl] cenný, hodnotný

valuables [ˈvæljuəblz] *mn. č.* cennosti

valuation [ˈvæljuˈeišən] hodnotenie

value [ˈvælju:] *podst.* hodnota; *surplus v.* nadhodnota; cena; *sl.* 1. oceniť, odhadnúť 2. vážiť si, ceniť si

valve [vælv] 1. záklopka 2. ventil 3. elektrónka 4. chlopňa

vampire [ˈvæmpaiə] upír

van [væn] dodávkový voz, vozeň *(nákladný)*

vandalism [ˈvændəlizm] barbarstvo

vanguard [ˈvænga:d] predvoj

vanilla [vəˈnilə] vanilka

vanish [ˈvæniš] miznúť

vanity [ˈvæniti] 1. márnivosť 2. domýšľavosť

vanquish [ˈvæŋkwiš] poraziť, zvíťaziť

vapid [ˈvæpid] bez chuti; nezaujímavý; *v. conversation* prázdne reči

vaporization [ˌveipəraiˈzeišən] odparovanie

vapour [ˈveipə] para; ľahká hmla

variable [ˈveəriəbl] *podst. mat.* premenná veličina; *príd.* premenlivý, nestály

varicoloured [ˈveəriˌkaləd] rôznofarebný

varicose veins [ˈværikəus veinz] *mn. č.* kŕčové žily

varied [ˈveərid] rozmanitý

variety [vəˈraiəti] 1. rozmanitosť; *v. show* varieté 2. *biol.* odroda

various [ˈveəriəs] rôzny, rozličný

varnish [ˈvaːniš] *podst.* lak, náter; *sl.* nalakovať

vary [ˈveəri] **1.** meniť (sa) **2.** kolísať

vase [vaːz] váza

vast [vaːst] obrovský, nesmierny

vat [væt] kaďa, sud

vault [voːlt] **1.** klenba **2.** krypta

vaulting-horse [ˈvoːltiŋhoːs] kôň v telocvični

veal [viːl] teľacie mäso

vegetable [ˈvedžitəbl] *podst.* zelenina; *príd.* rastlinný, zeleninový

vegetation [ˌvedžiˈteišn] rastlinstvo, vegetácia

vehement [ˈviːimənt] prudký

vehicle [ˈviːikl] vozidlo, dopravný prostriedok

veil [veil] *podst.* závoj; *sl.* zahaliť

vein [vein] **1.** žila **2.** nálada

velocity [viˈlositi] rýchlosť

velvet [ˈvelvit] zamat

venal [ˈviːnəl] predajný, úplatný

vendor [ˈvendoː] predávajúci, obchodník

veneer [veˈniːə] **1.** dyha **2.** predstieraná úctivosť

venerable [ˈvenərəbl] úctyhodný, ctihodný

venereal [viˈniəriəl] pohlavný

Venetian blind [ˈviniːšnˈblaind] žalúzia

vengeance [ˈvendžəns] pomsta; *with a v.* úplne, celkom

venison [venzn] zverina *(mäso)*

venom [ˈvenəm] jed *(najmä hadí)*

venomous [ˈvenəməs] otravný, jedovatý

vent [vent] otvor, prieduch; *give v. to s.t.* dať čomu voľný priechod

ventilate [ˈventileit] **1.** vetrať **2.** pretriasať *(otázku)*

ventilation [ˌventiˈleišn] vetranie

ventricle [ˈventrikl] komora *(srdca)*

venture [ˈvenčə] odvážiť sa; riskovať

veracity [vəˈræsiti] pravdivosť

verb [vəːb] sloveso

verbal [ˈvəːbl] 1. ústny 2. doslovný 3. slovesný

verdict [ˈvəːdikt] rozsudok, konečný názor

verdure [ˈvəːdžə] zeleň

verge [vəːdž] *podst.* okraj *(napr. cesty); on the v. of s.t.* na pokraji čoho; *sl.* 1. kloniť sa 2. *on* hraničiť

verify [ˈverifai] overiť (si)

veritable [ˈveritəbl] pravý, naozajstný

vermin [ˈvəːmin] 1. divá zver 2. hmyz *(parazit)* 3. háveď *(ľudia)*

versatile [ˈvəːsətail] mnohostranný *(o činnosti)*

verse [vəːs] 1. verš 2. strofa

version [vəːšn] 1. preklad 2. verzia

vertebra [ˈvəːtibrə] stavec

vertical [ˈvəːtikəl] *podst.* kolmica; *príd.* kolmý, zvislý

very [veri] *prísl.* veľmi;

príd. pravý; *that is the v. thing we want* to je práve to, čo potrebujeme

vessel [vesl] 1. nádoba 2. plavidlo, loď

vest [vest] *podst.* 1. vesta 2. tričko, košeľa; *s.o. with* udeliť

vet [vet] *hovor.* veterinár

veteran [ˈvetərən] veterán, vyslúžilec

veterinary [ˈveterinəri] zverolekársky; *v. surgeon* veterinár

veto [ˈviːtəu] *podst.* veto; zákaz; *sl.* zakázať

vex [veks] trápiť, sužovať

vexation [vekˈseišn] trápenie

via [ˈvaiə] *(smerom)* cez

vibrate [vaiˈbreit] chvieť sa

vice [vais] 1. neresť 2. miesto-, vice- 3. zverák

viceroy [ˈvaisroi] miestokráľ

vicinity [viˈsiniti] susedstvo; blízkosť

vicious [ˈvišəs] 1. nerestný 2. zlomyseľný; *v. circle* začarovaný kruh

vicissitude [vi'sisitju:d] striedanie

victim ['viktim] *of s.t., s.o.* obeť

victorious [vik'to:riəs] víťazný

victory ['viktəri] víťazstvo

victuals ['vitlz] *mn. č.* potraviny

view [vju:] *podst.* **1.** prehliadka **2.** pohľad **3.** názor; *point of v.* stanovisko, hľadisko; *sl.* **1.** prezrieť si **2.** pozerať na čo, mať názor na čo

vigilance ['vidžiləns] bdelosť, ostražitosť

vigorous ['vigərəs] silný, energický

vigour ['vigə] sila, energia

vile [vail] podlý, nízky

village ['vilidž] dedina

villager ['vilidžə] dedinčan, vidiečan

villain ['vilən] darebák, lotor

vine [vain] réva, vinič

vinegar ['vinigə] ocot

vineyard ['vinjəd] vinica

vintage ['vintidž] vinobranie

violate ['vaiəleit] **1.** porušiť **2.** znesvätiť **3.** znásilniť

violence ['vaiələns] **1.** prudkosť **2.** násilie; násilnosť

violent ['vaiələnt] **1.** prudký **2.** násilný, násilnícky

violet ['vaiəlit] *podst.* fialka; *príd.* fialový

violin [,vaiə'lin] husle

violinist ['vailinist] huslista

violoncello ['vaiələn'čeləu] violončelo

viper ['vaipə] zmija

virgin ['və:džin] *podst.* panna; *príd.* panenský

Virginia [və'dži:njə] štát v USA

virile ['virail] mužný, mužský

virtual ['və:tjuəl] skutočný

virtue ['və:tju:] **1.** cnosť **2.** účinnosť; moc

virtuoso [,və:tju'əuzəu] virtuóz

virtuous ['və:tjuəs] cnostný

visa ['vi:zə] vízum; *get one's passport v.-ed before*

going to Poland dostať
vízum do Poľska
visibility [ˌviziˈbiliti] vi-
diteľnosť
visible [ˈvizəbl] viditeľný
vision [vižn] **1.** zrak **2.**
videnie, vízia
visionary [ˈvižənəri] roj-
ko, vizionár
visit [ˈvizit] *podst.* ná-
všteva; *sl.* navštíviť
visitor [ˈvizitə] návštevník
visual [ˈvizjuəl] **1.** zra-
kový **2.** viditeľný; *v.
angle* zorný uhol
visualize [ˈvizjuəlaiz]
predstaviť si
vital [vaitl] **1.** životný
2. životne dôležitý **3.**
smrteľný, osudný
vitality [vaiˈtæliti] život-
nosť, vitalita
vitamin [ˈvaitəmin] vita-
mín
vivid [ˈvivid] živý, jasný,
čulý
vivify [ˈvivifai] oživiť
vixen [ˈviksn] líška *(su-
ka)*
viz. [neimli] totiž
vocable [ˈvəukəbl] slovo,
slovíčko

vocabulary [vəˈkæbjuləri]
1. slovníček **2.** slovná
zásoba
vocal [ˈvəukəl] hlasový;
v. chords hlasivky
vocation [vəuˈkeišn] po-
volanie
vociferous [vəuˈsifərəs]
hlučný, vreskľavý
vogue [vəug] obľuba; mó-
da; *be in v.* byť v móde
voice [vois] **1.** hlas **2.**
gram. slovesný rod
void [void] prázdny, pus-
tý; *null and v.* neplatný
volatile [ˈvolətail] prcha-
vý; nestály *(človek)*
volcano [volˈkeinəu] sop-
ka
volley [ˈvoli] **1.** salva **2.**
odrazenie lopty
voluble [ˈvoljubl] zhovor-
čivý
volume [ˈvoljum] **1.** zvä-
zok *(knihy)* **2.** objem
voluntary [ˈvoləntəri]
dobrovoľný; *v. work*
brigáda
volunteer [ˈvolənˈtiə]
podst. dobrovoľník; *sl.*
dobrovoľne sa hlásiť
vomit [ˈvomit] vracať

voracious [voˈreišəs] žravý
vote [vəut] *podst.* **1.** hlasovanie **2.** hlasovacie právo **3.** hlas **4.** hlasovací lístok; *sl. for, against* hlasovať
voter [ˈvəutə] volič
vouch [vauč] *for s.t.* ručiť, zaručiť sa za čo
voucher [ˈvaučə] **1.** záruka **2.** poukaz; *hotel (meal) v-s* hotelové *(stravné)* bony
vow [vau] *podst. (slávnostný)* sľub; *sl. (slávnostne)* sľúbiť
vowel [ˈvauəl] samohláska
voyage [voidž] plavba, cesta
vulgar [ˈvalgə] vulgárny; nevychovaný
vulnerable [ˈvalnərəbl] zraniteľný
vulture [ˈvalčə] *zool.* sup; *aj obraz. o ľuďoch*

W

wad [wod] *podst.* vypchávka; *sl. (-dd-)* **1.** vypchať **2.** zapchať
wadded jacket [ˈwodid ˈdžækit] prešívaný kabátik
wadding [ˈwodiŋ] vypchávka
wade [weid] brodiť sa
wafer [ˈweifə] oblátka
waffle [wofl] *amer.* oblátka
wag [wæg] *(-gg-)* vrtieť (sa); *w. one's head* krútiť hlavou; *w. one's finger* hroziť prstom
wage [weidž] viesť *(vojnu)*
wages [ˈweidžiz] *mn. č.* mzda; *living w.* existenčné minimum
wage-cut [ˈweidžˈkat] zníženie miezd
wage-earner [ˈweidžˌə:nə] námezdný robotník

wag(g)on ['wægən] ná-
kladný voz, vagón

waif [weif] bezprizorný
človek, najmä dieťa

wail [weil] *podst.* nárek;
sl. for kvíliť, narie-
kať

waist [weist] driek, pás

waistcoat ['weskət,
'weis(t)kəut] vesta

waist-deep ['weistdi:p] po
pás *(vo vode)*

wait [weit] **1.** *for* čakať
(na); lie in w. for
číhať **2.** *(up) on* obslu-
hovať

waiter ['weitə] čašník

waiting-room ['weitiŋ-
rum] čakáreň

waitress ['weitris] čašníč-
ka, servírka

waive [weiv] zriecť sa

***wake¹** [weik] **1.** *up* zo-
budiť (sa)

wake² [weik] **1.** stopa za
loďou, brázda **2.** *in the
w. of* po *(niekom)*

wakeful ['weikful] bdelý;
pass a w. night prebdieť
noc

waken ['weikən] zobudiť
(sa)

walk [wo:k] *podst.* **1.**
prechádzka **2.** chôdza;
go for a w. ísť na pre-
chádzku; *sl.* **1.** ísť pešo;
chodiť, prechádzať sa
2. *out amer.* začať štrajk

walker ['wo:kə] chodec

walkie-talkie ['wo:ki-
'to:ki] prenosná rádio-
telefónna vysielacia a
prijímacia súprava

wall [wo:l] múr, hradba

wallet ['wolit] náprsná
taška

wallow ['woləu] váľať sa

wall-paper ['wo:lpeipə]
tapeta

walnut ['wo:lnət] *(vlaš-
ský)* orech

walrus ['wo:lrəs] mrož

waltz [wo:ls] valčík

wan [won] **1.** pobledlý
2. bledý *(svetlo, obloha)*

wander ['wondə] puto-
vať, blúdiť

wanderer ['wondərə] pút-
nik, tulák

wane [wein] ubúdať,
zmenšovať sa

want [wont] *podst.* **1.**
nedostatok **2.** núdza **3.**

potreba: *be in w. of*
potrebovať; *sl.* **1.** potre-
bovať **2.** chcieť
wanton [ˈwontən] **1.** roz-
topašný **2.** chlipný
war [wo:] *podst.* vojna;
príd. vojnový
ward [wo:d] **1.** poruč-
níctvo, tútorstvo **2.**
mestská štvrť **3.** nemoc-
ničná izba; *keep watch
and w.* strážiť a chrániť
warden [ˈwo:dn] **1.** stráž-
ca **2.** správca v študent-
skej nocľahárni
warder [ˈwo:də] dozorca
vo väzení
wardrobe [ˈwo:drəub] **1.**
šatník **2.** garderóba
wares [weəz] *mn. č.* tovar
warehouse [ˈweəhaus] **1.**
skladisko **2.** obchodný
dom
warfare [ˈwo:feə] vojno-
vý stav; *guerilla w.*
partizánska vojna
warily [weərili] obozret-
ne
warm [wo:m] *príd.* **1.**
teplý **2.** srdečný; *sl.*
hriať, *(up)* zohriať sa
warmonger [ˈwo:ˌmaŋgə]
vojnový štváč

warmth [wo:mθ] **1.** teplo
2. srdečnosť
warn [wo:n] **1.** upozorniť
2. varovať
warning [ˈwo:niŋ] **1.**
upozornenie **2.** výstra-
ha **3.** výpoveď *(zo za-
mestnania)*
warp [wo:p] (s)kriviť sa
warrant [ˈworənt] *podst.*
1. *for* oprávnenie; plná
moc **2.** zatykač; *sl.* **1.**
oprávniť **2.** zaručiť
warrior [ˈworiə] bojovník;
the Unknown W. Ne-
známy vojak
warship [ˈwo:šip] vojnová
loď
wart [wo:t] bradavica
wary [ˈweəri] ostražitý
was *p.* *be
wash [woš] *sl.* **1.** umývať
(sa) **2.** prať **3.** *off, out,
away* zmyť; vymlieť
(prúdom vody) **4.** *up*
umývať riad; *podst.* **1.**
pranie, umývanie **2.**
pomyje
wash-basin [ˈwošbeisn]
umývadlo
washer [ˈwošə] práčka
(stroj)

washerwoman [ˈwošə-
ˌwumən] práčka *(žena)*
wash-house [ˈwošhaus]
práčovňa *(v dome)*
washing-machine [ˈwošiŋ-
məˈši:n] práčka *(stroj)*
Washington [ˈwošiŋtən]
hlavné mesto USA
wash-tub [ˈwoštab] kory-
to *(na pranie)*
wasp [wosp] *zool.* osa
waste [weist] *príd.* 1.
pustý 2. odpadový; *sl.*
1. mrhať; márniť 2.
spustošiť; *podst.* 1. mr-
hanie 2. odpadok 3.
púšť
wasteful [ˈweistful] már-
notratný; nehospodárny
waste-paper-basket
[ˈweistˈpeipəˌba:skit]
kôš na odpadky
watch [woč] *podst.* 1.
hodinky 2. hliadka,
stráž; *be on the w. for*
mať sa na pozore pred;
očakávať koho; *keep w.*
byť na stráži; *sl.* 1.
bdieť 2. strážiť 3. po-
zorovať
watchful [ˈwočful] bdelý
watchmaker [ˈwočˌmeikə]
hodinár

watchman [ˈwočmən]
(nočný) strážca
watchword [ˈwočwə:d]
heslo
water [ˈwo:tə] *podst.* vo-
da; *sl.* polievať; *make
w.* močiť
water-closet [ˈwo:təˌklo-
zit] záchod
water-colour [ˈwo:təˌkalə]
akvarel
water-cure [ˈwo:təkjuə]
vodoliečba
waterfall [ˈwo:təfo:l] vo-
dopád
water-ga(u)ge [ˈwo:tə-
geidž] vodomer
watering-can [ˈwo:təriŋ-
kæn] krhľa
water-jacket [ˈwo:təˌdže-
kit] *motor.* chladič
water-lily [ˈwo:təˌlili] lek-
no
watermark [ˈwo:təma:k]
1. vodotlač 2. čiara vod-
ného stavu
water-plane [ˈwo:təˈplein]
hydroplán
water-power [ˈwo:təˈpauə]
vodná energia; *w. plant*
hydroelektráreň
waterproof [ˈwo:təpru:f]

príd. nepremokavý; *podst.* kabát do dažďa

water-rat [ˈwoːtəræt] ondatra

water-supply [ˈwotəsəplai] **1.** zásoba vody **2.** *(mestský)* vodovod

watertight [ˈwoːtətait] nepremokavý, vodotesný

waterworks [ˈwoːtəwəːks] vodáreň

watery [woːtəri] vodnatý, vlhký

wave [weiv] *sl.* **1.** vlniť sa **2.** mávať, kývať **3.** ondulovať; *podst.* **1.** vlna **2.** mávnutie, kývnutie

wave-length [ˈweivleŋθ] *fyz.* vlnová dĺžka

wavy [ˈweivi] vlnitý

wax [wæks] *podst.* vosk; *príd.* voskový; *sl.* **1.** voskovať **2.** *(o mesiaci)* rásť

wax-cloth [ˈwækskloθ] linoleum

way [wei] **1.** cesta; *over the w.* na druhej strane; *this w.* tadiaľto; *a long w.* ďaleko; *by the w.* mimochodom **2.** po-

stup; spôsob; *in a w.* určitým spôsobom, do určitej miery

wayward [ˈweiwəd] spurný; vrtošivý

w. c. [ˈdabljuˈsiː] = **water closet**

we [wiː, wi] my

weak [wiːk] slabý

weaken [ˈwiːkən] **1.** oslabiť **2.** slabnúť

weakling [wiːkliŋ] slaboch

weak-minded [wiːkmaindid] slabomyseľný

weakness [ˈwiːknis] slabosť

wealth [welθ] bohatstvo

wealthy [ˈwelθi] bohatý

wean [wiːn] odstaviť *(dojča)*

weapon [ˈwepən] zbraň

*****wear** [weə] **1.** nosiť *(na sebe)*, mať oblečené **2.** *out* obnosiť, ošúchať (sa) **3.** *out* vyčerpať (sa)

weariness [ˈwiərinis] únava

wearisome [ˈwiərisəm] únavný

weary [ˈwiəri] *príd.* **1.** ustatý **2.** únavný; protivný; *sl.* **1.** unaviť (sa)

2. nudiť sa, otravovať sa

weasel [wi:zl] lasica

weather [ˈweðə] *podst.* počasie; *sl.* **1.** podliehať účinkom počasia **2.** prežiť, prestáť

weather-bureau [ˈweðə-bjuro:] meteorologická stanica

weather-forecast [ˈweðə-ˈfo:ka:st] predpoveď počasia

*weave [wi:v] **1.** tkať **2.** viť, pliesť *(veniec)*

weaver [ˈwi:və] tkáč

web [web] **1.** tkanina, tkanivo **2.** pavučina **3.** blana *(medzi prstami živočíchov)*

wedding [ˈwediŋ] sobáš

wedge [wedž] *podst.* klin; *sl.* vkliniť

wedlock [ˈwedlok] manželstvo

Wednesday [ˈwenzdi] streda

wee [wi:] maličký, nepatrný; *a w. bit* troška

weed [wi:d] *podst.* burina; *sl.* plieť

week [wi:k] týždeň

week-day [ˈwi:kdei] robotný deň

week-end [ˈwi:kˈend] čas oddychu = *(sobota poobede a nedeľa)*

weekly [ˈwi:kli] *príd.* týždenný; *prísl.* týždenne; *podst.* týždenník

*weep [wi:p] plakať

weigh [wei] **1.** vážiť (sa) **2.** vážiť *(mať váhu)*

weight [weit] **1.** váha **2.** závažie **3.** bremeno **4.** závažnosť

weighty [ˈweiti] závažný

weir [wiə] hrádza

weird [wiəd] **1.** osudný; nadprirodzený **2.** *hovor.* čudný, zvláštny

welcome [ˈwelkəm] *podst.* privítanie, prijatie; *príd.* vítaný; *sl.* privítať; *w.!* vitaj(te)!

weld [weld] zvárať

welder [ˈweldə] zvárač

welfare [ˈwelfeə] dobré zdravie; dobré životné a pracovné podmienky; *child w.* starostlivosť o dieťa; *w. work* sociálna starostlivosť

well [wel] *podst.* **1.** studňa **2.** šachta *(výťahu);* *prísl.* dobre; *príd.* zdravý; *cit.* no, nože; tak

teda; dobre; *w. said
to* je dobre povedané;
I am very w. mám sa
veľmi dobre; *it is all
very w., but* to je všetko
veľmi pekné, ale ● *as
w.* okrem toho; *as w.
as* práve tak
well-bred [ˈwelˈbred] dob-
re vychovaný
well-known [ˈwelˈnəun]
dobre známy
well-meant [ˈwelˈment]
(urobený) s dobrým
úmyslom
well-off [ˈwelˈoːf] zámož-
ný
well-read [ˈwelˈred] sčí-
taný
well-to-do [ˈweltəˈduː] zá-
možný
well-worn [ˈwelˈwoːn] ošú-
chaný
Welsh [welš] waleský ●
W. rabbit, W. rarebit
opekaný syr, oštiepok
went *p.* *go
wept *p.* *weep
were *p.* *be
west [west] *podst.* západ;
príd. západný; *prísl.* na
západe, na západ

western [ˈwestən] západ-
ný
wet [wet] *príd.* **1.** mokrý;
get w. zmoknúť **2.** daž-
divý; *sl. (-tt-)* máčať
wether [ˈweðə] škopec
whale [weil] veľryba
wharf [woːf] nábrežie;
prístavisko
what [wot] **1.** čo **2.** aký
3. ktorý
whatever [wotˈevə] čokoľ-
vek; všetko, čo
wheat [wiːt] pšenica
wheel [wiːl] *podst.* kole-
so; *sl.* **1.** tlačiť, postr-
kovať **2.** viesť ● *go on
wheels* ísť ako po masle
wheelbarrow [ˈwiːl-
ˈbærəu] táčky, fúrik
when [wen] **1.** kedy **2.**
keď **3.** až
whenever [wenˈevə] kedy-
koľvek; vždy, keď
where [weə] kde; kam
whereabouts [ˈweərə-
bauts] približné miesto
pobytu; *can you tell me
his w.?* môžete mi pove-
dať, kde ho asi nájdem?
whereas [weərˈæz] zatiaľ
čo; nakoľko; kým

wherever [weər'evə] kde-
koľvek; kamkoľvek

whet [wet] *(-tt-)* brúsiť

whether ['weðə] či

which [wič] **1.** ktorý **2.**
aký **3.** kto, čo

whichever [wič'evə] kto-
rýkoľvek, akýkoľvek,
čokoľvek

whiff [wif] **1.** duť **2.**
bafkať

while [wail] *podst.* chví-
ľa; *for a while* na chví-
ľu; *spoj.* **1.** zatiaľ čo,
kým **2.** hoci

whim [wim] vrtoch, roz-
mar

whimsical ['wimzikəl] vr-
tošivý

whine [wain] kňučať;
mrnčať

whip [wip] *podst.* bič;
sl. (-pp-) **1.** bičovať **2.**
šľahať

whirl [wə:l] krútiť sa,
krúžiť

whirlpool ['wə:lpu:l] vír,
krútňava

whirlwind ['wə:lwind] ví-
chor, smršť

whisk [wisk] šľahadlo
na smotanu

whiskers ['wiskəz] *mn.
č.* fúzy, bokombrady

whisky ['wiski] pálenka

whisper ['wispə] *sl.* šep-
kať; *podst.* šepot

whistle [wisl] *podst.* **1.**
pískanie **2.** píšťala; *sl.*
pískať, hvízdať

white [wait] *príd.* biely;
podst. **1.** bledosť; *w. of
the eye* beľmo **2.** beloch

whiten [waitn] **1.** bieliť
2. blednúť

whitewash ['waitwoš]
(vápnom) bieliť

whittle [witl] *at* orezávať
(drevo)

who [hu:] **1.** kto **2.** ktorý

whoever [hu:'evə] ktokoľ-
vek; každý, kto

whole [həul] *príd.* celý;
podst. celok; *on the w.*
celkom, vcelku; *w. milk*
plnotučné mlieko

whole-hearted ['həul'ha:-
tid] úprimný, srdečný

wholesale ['həulseil] *podst.*
veľkoobchod; *príd.* veľ-
koobchodný; *prísl.* vo
veľkom

wholesome ['həulsəm]
zdravý; užitočný

who(m) [hu:m] koho, komu; ktorý, ktorého, ktorému

whooping-cough [ˈhu:piŋkof] čierny kašeľ

whortleberry [ˈwə:tlˌberi] čučoriedka

whose [hu:z] čí; ktorého

why [wai] *prísl.* prečo; *cit.* akože, však

wicked [ˈwikid] zlý, skazený

wicker [ˈwikə] prútie *(na pletenie)*

wide [waid] *príd.* **1.** široký **2.** šíry; *prísl.* široko; *far and w.* ďaleko-široko

widen [waidn] rozšíriť (sa)

wide-spread [ˈwaidspred] rozšírený

widow [widəu] vdova

widower [ˈwidəuə] vdovec

width [widθ] šírka

wife [waif] manželka; *husband and w.* manželia

wig [wig] parochňa

wigwam [ˈwigwæm] vigvam, indiánska chatrč

wild [waild] divý, divoký

wilderness [ˈwildənis] divočina, pustatina

wile [wail] *podst.* úskok; *sl.* lákať

wilful [ˈwilful] **1.** zámerný; úkladný **2.** tvrdohlavý, hlavatý

will [wil] *podst.* **1.** vôľa **2.** posledná vôľa; *sl.* **1.** pomocné sl. na tvorenie budúceho času **2.** modálne sl., ktoré vyjadruje želanie, ochotu, vôľu

willing [wiliŋ] ochotný

willow [ˈwiləu] vŕba; *weeping w.* smútočná vŕba

willy-nilly [ˈwiliˈnili] voľky-nevoľky

wily [ˈwaili] ľstivý, prefíkaný

*win [win] *(-nn-)* **1.** vyhrať **2.** získať

wince [wins] zvíjať sa *(od bolesti)*

winch [winč] kľuka, hriadeľ

wind[1] [wind] vietor

*wind[2] [waind] **1.** točiť (sa), vinúť (sa) **2.** *up* nakrútiť *(stroj)* **3.** *up* zakončiť *(debatu)*

winding [ˈwaindiŋ] točitý, kľukatý

winding-sheet [ˈwaindiŋ-ši:t] rubáš

windmill [ˈwindmil] veterný mlyn

window [ˈwindəu] okno

windowpane [ˈwindəupein] okenná tabuľa, sklo

windpipe [ˈwindpaip] *anat.* prieduška

windy [windi] veterný

wine [wain] víno

wineglass [ˈwaingla:s] pohár na víno

wing [wiŋ] **1.** krídlo **2.** *voj.* peruť **3.** *the w-s* kulisy

wink [wiŋk] *sl.* žmurkať; *podst.* žmurknutie ● *not get a w. of sleep* ani oko nezažmúriť

winner [ˈwinə] víťaz, výherca

winter [ˈwintə] *podst.* zima; *sl.* prezimovať

wipe [waip] **1.** utierať; zotrieť **2.** *out* vytrieť **3.** *out* zničiť, rozdrviť

wire [ˈwaiə] *podst.* **1.** drôt **2.** telegram; *sl.* telegrafovať

wireless [ˈwaiəlis] *podst.* rozhlas, rádio; *príd.* **1.** bezdrôtový **2.** rozhlasový

wisdom [ˈwizdəm] múdrosť

wise [waiz] múdry

wish [wiš] *sl. for* želať (si); chcieť; *podst.* želanie

wistful [ˈwistful] túžobný; roztúžený

wit [wit] **1.** dôvtip **2.** vtip, vtipnosť

witch [wič] čarodejnica

witchcraft [ˈwičkra:ft] čary

with [wið] **1.** s, so **2.** u; *he lives w. his parents* býva u rodičov **3.** *(v slovenčine 7. pád bez predložky); eat w. a spoon* jesť lyžicou ● *away w. him!* von s ním!

*withdraw [wiðˈdro:] **1.** odísť **2.** vziať späť **3.** vybrať peniaze *(z banky)*

withdrawal [wiðˈdro:əl] **1.** ústup **2.** odvolanie

withdrawn *p.* ***withdraw**

withdrew *p.* ***withdraw**

wither [ˈwiðə] *(up, away)* vädnúť, schnúť

withhold *p.* ***withhold** [wiðˈhəuld] odoprieť; zadržať

within [wiðˈin] *predl.* **1.** na dosah, vnútri; *w. reach* na dosah ruky **2.** za; *w. a year* za rok, do roka; *podst.* vnútro; *from within* znútra

without [wiðˈaut] bez, bezo

*withstand [wiðˈstænd] **1.** odporovať **2.** odolať

witness [ˈwitnis] *podst.* svedok; *sl.* **1.** *to s.t.* svedčiť o čom **2.** byť svedkom čoho **3.** dosvedčiť

witty [ˈwiti] vtipný

wives *mn. č. od* **wife**

wizard [ˈwizəd] čarodej

woke, woken *p.* ***wake**

wolf [wulf] vlk

wolves *mn. č. od* **wolf**

woman [ˈwumən] žena

womanhood [ˈwumənhud] ženstvo, ženy

womb [wu:m] maternica

women *mn. č. od* **woman**

won *p.* ***win**

wonder [ˈwandə] *podst.* **1.** div, zázrak **2.** údiv, čudo; *no w.* nie div; *sl.* **1.** diviť sa, čudovať sa **2.** byť zvedavý

wonderful [ˈwandəful] skvelý, báječný; podivuhodný

wont [wəunt] návyk

won't = **will not**

woo [wu:] dvoriť, usilovať sa o čo

wood [wud] **1.** drevo **2.** les, hora

wood-cutter [ˈwudˌkatə] drevorubač

wooden [wudn] drevený

woodpecker [ˈwudˌpekə] ďateľ

wool [wul] vlna

woollen [ˈwulin] vlnený

word [wə:d] *podst.* slovo, správa ● *w. for w.* doslova; *sl.* štylizovať

wording [ˈwə:diŋ] štylizácia; znenie

wordy [ˈwə:di] rozvláčny

wore *p.* ***wear**

work [wə:k] *podst.* **1.** práca **2.** dielo; *sl.* **1.** pracovať, robiť **2.** pôsobiť

worker [ˈwə:kə] pracovník; robotník

working class [ˈwə:kiŋ kla:s] robotnícka trieda

workman [ˈwə:kmən] robotník

works [wə:ks] *mn. č.* **1.** stroj **2.** závod, továreň; *a w. council, a w. committee* závodný výbor

workshop [ˈwə:kšop] dielňa

world [wə:ld] *podst.* svet; *all over the w.* na celom svete; *príd.* svetový

world-wide [ˈwə:ldwaid] svetový

worm [wə:m] červ ● *the w. of conscience* hryzenie svedomia

worm-eaten [ˈwə:mˈi:tn] červivý; červotočivý

worn *p.* *wear

worry [ˈwari] *about, over sl.* sužovať (sa); trápiť (sa); *podst.* starosť, trápenie

worse [wə:s] *príd.* horší; *prísl.* horšie

worsen [wə:sn] zhoršiť sa

worship [ˈwə:šip] *podst.* **1.** uctievanie, kult **2.** bohoslužba; *sl. (-pp-)* uctievať, klaňať sa

worst [wə:st] *príd.* naj-horší; *prísl.* najhoršie; *at (the) w.* pri najhoršom

worsted [ˈwustid] vlnená priadza, látka

worth [wə:θ] *podst.* cena, hodnota; *a shilling w. of apples* za jeden šiling jablk; *príd.* majúci cenu; *be w.* mať cenu, stáť; *it is w. while* stojí to za to

worthless [ˈwə:θlis] bezcenný

worthy [ˈwə:ði] **1.** dôstojný **2.** *of s.t.* hodný čoho

would [wud] **1.** *pomocné sl. na vyjadrenie podmieňovacieho spôsobu* **2.** *minulý čas od* **will**

wound¹ *p.* *wind

wound² [wu:nd] *podst.* rana, zranenie; *sl.* zraniť

wove, woven *p.* *weave

wrangle [ræŋgl] *podst.* hádka; *sl. with s.o., over s.t.* vadiť sa

wrap [ræp] *sl. (-pp-)* baliť; *up (in)* zabaliť, zahaliť; *podst.* **1.** obal **2.** šál; prikrývka

wrapper [ˈræpə] 1. (poštová) páska 2. obal (na knihu) 3. (ľahký) župan

wrath [ro:θ] hnev

wreath [ri:θ] 1. veniec 2. okruh, kotúč (dymu)

wreck [rek] podst. 1. stroskotanie (lode) 2. vrak; sl. 1. zničiť 2. stroskotať

wreckage [rekidž] trosky

wrench [renč] sl. 1. vykrútiť, vytknúť; give one's ankle a w. vytknúť si členok 2. prekrútiť; podst. 1. vytknutie 2. (duševná) bolesť 3. francúzsky kľúč

wrestle [resl] podst. (atletický) zápas, preteky; sl. with s.o. zápasiť, pretekať sa

wretch [reč] 1. chudák, úbožiak 2. naničhodník

wretched [ˈrečid] 1. nešťastný; úbohý 2. naničhodný

wriggle [rigl] krútiť sa, vrtieť sa

*wring [riŋ] 1. krútiť 2. out žmýkať

wringer [riŋə] žmýkačka

wrinkle [riŋkl] podst. vráska; sl. vraštiť (sa)

wrist [rist] zápästie

wrist-watch [ˈristˌwoč] náramkové hodinky

*write [rait] 1. písať 2. down zapísať, spísať

writer [ˈraitə] 1. pisateľ 2. spisovateľ

writing [ˈraitiŋ] 1. písanie; písmo; in w. písomne 2. spis

writing-desk [ˈraitiŋdesk] písací stôl

writing-paper [ˈraitiŋˌpeipə] listový papier

written p. *write

wrong [roŋ] príd. nesprávny, zlý, pokazený; something is w. niečo nie je v poriadku; you are w. nemáte pravdu; prísl. nesprávne, zle; podst. zlo, krivda; sl. krivdiť, ukrivdiť

wrote p. *write

wrought iron [ˈro:tˈairən] zvárkové železo

wrung p. wring

wry [rai] skrivený, skrútený; a w. smile nútený úsmev

X

Xmas [ˈkrisməs] =
Christmas Vianoce
X-ray [ˈeksˈrei] röntgeno-
vať
X-rays [ˈeksˈreiz] *mn. č.*
röntgenové lúče

xylography [zaiˈlogrəfi]
drevorytectvo
xylophone [ˌzailəfəun] xy-
lofón

Y

yacht [jot] jachta
Yankee [ˈjæŋki] *podst.*
hovor. Američan; *príd.*
americký
yard [ja:d] **1.** yard
(= 91 cm); *they buy*
cloth by the y. in Eng-
land v Anglicku sa
súkno kupuje na yardy
yarn [ja:n] **1.** priadza
2. *hovor.* anekdota, his-
torka
yawn [jo:n] *sl.* zívať;
podst. zívanie, zívnutie
year [jə:, jiə] rok; *y.*
after y. každý rok, rok
čo rok; *y. in y. out*
po celý rok

year-book [ˈjə:buk, ˈjiə-
buk] ročenka
yearly [ˈjə:li, ˈjiəli] *príd.*
každoročný; *prísl.* kaž-
doročne
yearn [jə:n] *for, after* tú-
žiť po, za *(kým, čím)*
yeast [ji:st] kvasnice
yell [jel] *podst. (preni-*
kavý) krik, vresk; *sl.*
with jačať, vrešťať
yellow [ˈjeləu] *príd.* žltý;
podst. žltá farba; *sl.* za-
farbiť na žlto
yellow-hammer [ˈjeləu-
hæmə] *zool.* strnádka
yellowish [ˈjeləuiš] žltkas-
tý

yelp [jelp] skríknuť, zhíknuť

yeoman ['jəumən] roľník; *y. of the Guard* člen kráľovskej osobnej stráže

yes [jes] áno

yesterday ['jestədi] včera

yet [jet] *prísl.* **1.** ešte **2.** už *(v otázke); not y.* ešte nie; *and y.* a predsa; *spoj.* ale, predsa však

yew [ju:] *bot.* tis

yield [ji:ld] *sl.* **1.** niesť *(plody)*, vynášať *(zisk);* poskytovať **2.** *to s.t.* ustúpiť pred čím; *podst.* výnos, výťažok

yoke [jəuk] jarmo

yolk [jəuk] žĺtok

you [ju:, ju] vy, vám; ty, tebe; *y. never know*

nikdy si nemôžeme byť istí

young [jaŋ] mladý; *y. and old* každý

youngster ['jaŋstə] dieťa, mladík, mládenec; výrastok

your [jo:, juə] váš; tvoj

yourself [jo:'self, juə'self] **1.** vy sami; ty sám **2.** sa, seba; *all by y.* celkom sám, bez pomoci

youth [ju:θ] **1.** mladosť **2.** mládež **3.** mladík, mládenec

youthful ['ju:θfl] mladistvý

youth hostel ['ju:θhostl] študentská turistická nocľaháreň

Yule [ju:l] Vianoce

Z

zeal [zi:l] horlivosť, zápal

zealous ['zeləus] *for* horlivý

zebra ['zi:brə] zebra

zenith ['zeniθ] zenit

zero ['ziərəu] nula

zest [zest] **1.** horlivosť **2.** pikantná príchuť

zigzag ['zigzæg] cik-cak

zinc [ziŋk] *podst.* zinok,

príd. zinkový; *sl.* po-
zinkovať
zip *(-pp-)* otvoriť, zatvo-
riť na zips
zipper [ˈzipə] *hovor.* zips
zodiac [ˈzəudiæk] zvie-
ratník

zone [zəun] pásmo; zóna
Zoo [zu:] *hovor.* zoolo-
gická záhrada
zoological [ˈzəuəˈlodžikəl]
zoologický
zoology [zəuˈolədži] zoo-
lógia

SLOVENSKO-ANGLICKÁ
ČASŤ

A

a and; plus ● *a tak ďalej*
and so on; *atď.* etc.
*(čítaj and so on); od
a do z* from first to last,
from A to Z
abeceda alphabet, ABC
abecedný alphabetic(al)
abnormálny abnormal
abonent subscriber
absencia absence
absentér absentee
absolútny absolute
absolvent graduate [ˈgræ-
djuit]
absolvovať 1. *(odbaviť)*
go through **2.** *(školu)*
finish one's studies;
amer. graduate [ˈgræ-
djueit]
abstinent teetotaller [ti:-
ˈtəutlə]
abstraktný abstract
absurdný absurd, inept
aby that, in order to
(that); *a. nie* lest
adaptácia adaptation
[ˈædæpˈteišn]
adaptovať adapt

administrácia 1. admi-
nistration **2.** *(časopisu)*
distribution office
adoptovať adopt; *a-ané
dieťa* foster child
adresa address, direction
● *na a-u (prechodné)
bydlisko)* c/o (= care
of)
adresár directory
adresovať address, direct
s.t. to s.o.
advokát 1. solicitor;
amer. attorney **2.** *(ob-
hajca)* barrister; *amer.*
counsel **3.** *(právny zá-
stupca)* lawyer
aerodynamický stream-
line(d)
afektovaný affected
aféra scandal
africký African
agát acacia
agenda 1. *(schôdza)*
agenda **2.** *(každodenná)*
routine (work) [ruːˈtiːn]
agent agent ● *a. provo-
katér* agent provoca-
teur

agentúra agency; *tlačová a.* press-agency
agilný 1. efficient **2.** *(podnikavý)* enterprising
agitácia 1. agitation **2.** *(volebná)* election campaign, canvassing
agitátor propagandist; agitator
agitovať 1. agitate **2.** *(pri voľbách)* canvass
agónia agony
agrárny agrarian
agresia aggression
ach oh
ak if, in case
akadémia academy ● *A. vied* Academy of Sciences
akademický academic(al) [iækə'demik(əl)] ● *a-á hodnosť* degree
akademik 1. academician **2.** *(študent)* undergraduate
akcia 1. action **2.** *(obchodná)* share **3.** *(dobročinná)* charity
akcionár shareholder ['ʃeəhəuldə]
akciový stock ● *a. kapitál* joint-stock; *a-á*

spoločnosť joint-stock--company
ak nie unless
ako 1. *(v otázke)* how, what ● *ako sa máš?* how are you? **2.** *(pri porovnaní)* as, like, than; *tak . . . ako* as . . . as; *nie tak . . . ako* not so . . . as
akoby as if
akokoľvek anyhow, however
akosi somewhat
akosť quality
akože why?, what?
akrobat acrobat, tumbler
akt 1. *(spis)* act, document **2.** *(obraz, socha)* nude **3.** *(divadelný)* act
aktív members' meeting
aktíva assets *mn. č.*
aktívny active
aktovka 1. briefcase; attaché-case **2.** *(hra)* one-act play
aktuálny topical; timely
akumulácia accumulation
akustický acoustic
akustika acoustics
akútny acute [ə'kju:t]

akvarel water-colour (painting) [ˈwo:təkalə]

aký 1. *(opytovacie)* what **2.** *(v porovnaní) aký . . . taký* such . . . such, as . . . as, like . . . like ● *aká matka taká Katka* like mother, like daughter **3.** *(zvolanie)* what!, how!; *a. krásny deň!* what a lovely day!

akýkoľvek whatever, any

album album [ˈælbəm]

ale but, still; *a. áno* oh yes

alebo or; *a. . . . a.* either . . . or

alegória allegory

aleja alley [ˈæli], *amer.* avenue [ˈævinju:]

algebra algebra [ˈældžibrə]

alimenty alimony [ˈælim+ əni]

alkohol alcohol [ˈælkəhol], spirits *mn. č.*

alkoholik drinker

almanach almanac [ˈo:lmənæk]

almužna alms [a:mz]

alt alto [ˈæltəu]

altista alto-singer

alternatíva alternative

aluminium aluminium [ˌæljuˈminjəm]

amatér amateur [ˌæmə-ˈtə:]

ambulancia 1. *(auto)* ambulance **2.** *(v nemocnici)* out-patients' department

americký American; *hovor.* Yankee

amfiteáter amphitheatre

amnestia amnesty

amplión loudspeaker

amputovať amputate

analfabet illiterate (person)

analógia analogy [əˈnæ-lədži]

analytický analytic(al)

analýza analysis

analyzovať analyse [ˈænə-laiz]

ananás pineapple

anarchia anarchy [ˈænə-ki]

anatómia anatomy

anekdota anecdote, story

anexia annexation

angína tonsillitis

Anglicko England

anglický English

Angličan Englishman

Angličania the English

Angličanka Englishwo-
man
angličtina English (lan-
guage)
Anglosas Anglo-Saxon
ani not even; either;
a . . . a. neither . . . nor ●
a. ryba a. rak neither
fish, flesh, nor fowl;
a. v najmenšom not in
the least
anjel angel
anketa inquiry, investi-
gation; *(literárna)* sym-
posium
áno yes
anóda anode [ˈænəud]
anonymný anonymous
anorganický inorganic
anténa aerial; *(odborne)*
antenna
antický antique [ænˈtiːk]
antifašista anti-fascist
antikvariát second-hand
bookshop
antikvárny second-hand
antimón antimony
antipatia antipathy; *(od-
por)* aversion
antiseptický antiseptic
anulovať annul *(-ll-)*
aparát 1. *(prístroj)* ap-
paratus **2.** *fot.* camera

apelovať appeal; *voj.*
roll-call
aplikovať *na čo* apply *to
s. t.*
apolitický non-political
aportovať retrieve
apostrof apostrophe
[əˈpostrəfi]
apoštol apostle
apretúra finish, dressing
apríl April ● *prvý a.*
All Fools' Day
arabský Arabian; *(napr.
číslica)* Arabic
aranžér window-dresser
aranžovať arrange
[əˈreindž]; *(výklad)*
dress
arcibiskup archbishop
argument reason, argu-
ment
archaický archaic
archeológia archeology
[ˌaːkiˈolədži]
architekt architect
[ˈaːkitekt]
architektúra architecture
[ˌaːkiˈtekčə]
archív archives [ˈaːkaivz]
mn. č.
aristokracia aristocracy;
(šľachta) nobility

aritmetický arithmetical [ˌæriθˈmetikl]
aritmetika arithmetic(s) [əˈriθmətik(s)]
arktický arctic
armáda army, the forces *mn. č.*
arogantný supercilious
artista artiste [aːˈtiːst]
arzén arsenic
asfalt asphalt [ˈæsfælt]
asi 1. *(azda)* perhaps, maybe [ˈmeibiː] **2.** *(približne)* about, some ● *kto to a. bol* I wonder who it was
asimilovať assimilate
asistent 1. *(pomocník)* assistant **2.** *(vysokoškolský)* assistant lecturer, reader
asketický ascetic [əˈsetik]
aspoň at least
astronaut astronaut
astronóm astronomer
astronómia astronomy
ašpirant 1. candidate **2.** *(vysokoškolský)* research student, post-graduate
atď. etc.
ateista atheist [ˈeiθiist]
ateliér studio

atentát attempted murder, murderous attack
atlas 1. atlas **2.** *(látka)* satin
atlét athlete [ˈæθliːt]
atletika athletics [æθˈletiks] *mn. č.*
atmosféra atmosphere
atmosferický atmospheric(al)
atóm atom
atómový atomic; *a-á bomba* A-bomb ● *a. reaktor* atomic pile; *a. dážď* (atomic) out-fall
atrament ink
atrapa dummy
august August
auto 1. (motor-)car, *amer.* automobile **2.** *(nákladné)* truck, lorry
autobiografia autobiography
autobus motor-coach, *hovor.* bus; *poschodový a.* double-decker
autogram autograph
autokar (sight-seeing) coach
automat 1. *(bufet)* snack-bar, *amer.* cafeteria **2.** *(na mince)* slot-machine **3.** *(napodobenina člove-*

ka) automaton **4.**
(zbraň) self-propelled
gun
automatický automatic
autonómia autonomy,
self-government
autonómny autonomous
autor author [ˈɔ:θə] ●
a-ský honorár royalty;
a-ské právo copyright
autorita authority
autoritatívny authorita-
tive

autorstvo authorship
auto-stop hitch-hiking
autostráda motorway
avantgarda vanguard
avšak but, however
azbest asbestos
azda perhaps, maybe
[ˈmeibi:]
azyl asylum [əˈsailəm]
až 1. *(časove)* till, until
2. *(miestne)* to, up to, as
far as

B

ba of course, indeed; *b.*
dokonca nay, even; *b.*
nie oh no, not at all
baba 1. hag, old woman
2. *(zbabelec)* coward
bába *(hračka)* doll
babica midwife
babička grandmother,
hovor. granny
babie leto *(pavučina)*
gossamer; Indian sum-
mer
bábika doll

bábka puppet ● *bábkové*
divadlo puppet show
babračka tedious work
bacil bacillus
bača shepherd [ˈšepəd]
bádanie research,
investigation
badať notice, perceive
bádať investigate, re-
search into s.t.; *(ze-*
mepisne) explore
bádateľ investigator,
research worker; *(zeme-*

pisný) explorer; path-finder

bafkať puff

baganča boot

bager excavator; *(na lodi)* dredger

bahno mire, swamp; *pren.* slough [slau]; *b.-ový kúpeľ* mud-bath

báječný wonderful

bájka fable

bakalár *(akad. titul)* bachelor [ˈbæčlə]

balada ballad

balenie packing

balet ballet [ˈbælei]

baletka ballet-dancer [ˈbæli-da:nsə]

baliaci packing, wrapping [ˈræpiŋ]; *b. papier* brown paper

balíček packet, small parcel, package

balík parcel, packet; *(lisovaný)* bale

baliť pack, wrap *(-pp-)*

balkón balcony; *(v divadle)* dress-circle

balón balloon; *b-ový plášť* mackintosh

balvan boulder, rock

balzam balm [ba:m]

bambus bamboo [bæmˈbu:]

baňa mine, pit

banálny trite, commonplace

banán banana [bəˈna:nə]

banda gang

bandita bandit, gangster

baník miner

banka bank

bankár banker

banket banquet [ˈbæŋkwit]

bankovka (bank-)note, paper-money; *amer.* bill

bankrot bankruptcy [ˈbæŋkrəpsi]

bankrotár bankrupt

bar (night-)club

bár, bárs *spoj.* though, even if

barak cottage; *voj.* hut

baran ram, wether

baranček lamb

baranica fur cap, sheepskin cap

baranina *(mäso)* mutton

baránok lamb ● *obetný b.* scape-goat

baretka beret

barikáda barricade

barina swamp [swomp]

barla crutch [krač]

barok baroque [beˈrəuk]
barometer barometer,
weather-glass
barón baron
bas bass [beis]
basa contrabass [ˈkontrə-
ˈbeis]
báseň poem
básnický poetical
básnik poet
bašta fortification, bastion;
pren. bulwark [ˈbulwək]
báť sa *be afraid of, fear;
(veľmi) dread; *(triasť sa)*
tremble
batéria battery
baterka electric torch,
flash-lamp
batoh knapsack [ˈnæp-
sæk], rucksack [ˈruksæk]
batoľa toddler
batoliť sa toddle
batožina luggage, *amer.*
baggage [ˈbægidž] ● *po-
dať b-u* *have one's lug-
gage registered
baviť amuse, entertain;
b. sa amuse o. s. *have
a good time
bavlna cotton
baza elder

bazár bazaar
bazén swimming-pool,
bathing-pool
bázeň fear; *(úctivá)* awe
[oː]
bažant pheasant
bdelosť watchfulness,
vigilance [ˈvidžiləns]
bdelý watchful, wakeful,
vigilant [ˈvidžilənt]
bdieť 1. *nad čím* watch
over s.t. **2.** *(byť hore)*
*be awake
beda alas [əˈlaːs], woe ●
b. mi woe me
bedákanie lament
[ləˈment]
bedákať lament [ləˈment]
bedliť watch over s.t.
bedro loin
beh 1. *(priebeh)* course
2. run; *(preteky v behu)*
(foot-)race, *(aj na dlhé
vzdialenosti)* run; *(na
krátke vzdialenosti)*
sprint
behať *run; *(túlať sa)*
*run about, roam ● *b.
za dievčatami* *run after
girls
behúň 1. runner **2.** *(ko-
berec)* carpet-runner

beľ white (colour)
belasý blue, azure [ˈæžə]
beletria fiction, belles lettres [ˈbelˈletə] *mn. č.*
belieť sa *show white
beľmo cataract [ˈkætərækt]
beloch white (man)
belosť white colour, whiteness
benzín petrol, *amer.* gasolene [ˈgæsolin]; *(na čistenie)* benzine; *b-ová pumpa (gas-)* filling station
beseda chat, talk
besedovať have a friendly chat, talk
besnota 1. fury, madness **2.** *(choroba)* rabies, *odbor.* hydrophobia
besný 1. furious, mad **2.** *(postihnutý besnotou)* rabid, *odbor.* hydrophobic
beštia beast
betón concrete
betónový concrete
bez(o) 1. without ● *b. seba* *be beside o.s. **2.** *mat.* minus [ˈmainəs], less
bezbolestný painless

bezbranný defenceless
bezcenný worthless, of no value; *b. človek amer.* trash
bezcitný insensible; heartless
bezdetný childless
bezdôvodný groundless
bezdrôtový wireless
bezduchý 1. inanimate, dead **2.** *(prázdny)* vacant
bezhlavý headless, foolish
bezmocný helpless, powerless
bezmračný cloudless
bezmyšlienkovitý thoughtless; vacant
beznádejný hopeless
bezočivý rude
bezodkladne without delay, immediately
bezohľadný inconsiderate, reckless, smart; *b. vodič* road-hog
bezohľadnosť recklessness
bezpečnosť safety, security
bezpečnostný safety
bezpečný safe, secure
bezplatný free (of charge)

bezpodmienečný uncon-
ditional
bezpochyby doubtless
['dautlis]
bezprávie injustice, inju-
ry ['indžri]
bezprávnosť lawlessness
bezpríkladný unparal-
leled, unprecedented
bezprizorný displaced
(person), waif *(dieťa)*
bezradný helpless,
puzzled
bezprostredný immediate
bezstarostný careless
beztak anyway, anyhow
beztaktný tactless
beztrestne with impunity
beztrestnosť impunity
bezúhonnosť integrity
bezúhonný blameless
bezútešný disconsolate,
inconsolable
beztvárny shapeless
bezvedomie unconscious-
ness ● *v b-í* unconsci-
ous, senseless
bezvýznamný unimpor-
tant, insignificant
bežať *run; b. o preteky*
race
bežec runner
bežiaci pás conveyor, belt

bežný current
biblia the Bible
bicykel bicycle, *hovor.* bike
● *ísť na b-i* *ride a bike
bič whip
bičovať whip *(-pp-)*, lash,
slash
bidielko perch
bidlo *(žŕdka)* pole, bar
bieda poverty, misery,
distress
biedny miserable, poor ●
b-a výhovorka lame ex-
cuse
bieliť 1. *(bielizeň)* bleach
2. *(vápnom)* whitewash
bielizeň linen ['linin];
(spodná) underwear,
underclothes ['andə-
kləuðz]; *(posteľná)* bed
clothes ['kləuðz]
bielko white of the eye
bielkovina albumen
[æl'bju:men]
bielok white (of an egg)
biely white ● *b. deň*
broad daylight; *b-a káva*
coffee and milk
bifľovať swot *(-tt-)*
bilancia balance
biliard billiards ['biljədz]
mn. č.
bilión billion

biológ biologist
biológia biology
biskup bishop
biť 1. *(udierať)* *beat, *strike; *(zbiť)* thrash [θræš] **2.** *(o hodinách)* *strike **3.** *(o srdci)* throb *(-bb-)* ‖ **b. sa** *fight
bitka 1. *(s nepriateľom)* fight, battle **2.** *(vý-prask)* thrashing, beating
bitkár fighter, *amer.* thug [θag]
bitúnok slaughter-house, *amer.* stockyard
bľačať bleat
blaho bliss
blahobyt welfare, prosperity
blahodarný beneficial
blahoprianie congratulation
blahopriať congratulate
blahosklonný condescending, patronizing
blahoslavený blessed
blahovôľa benevolence
blahoželať congratulate
blamovať *let down
blana membrane, film; *(medzi prstami živočí-*

chov) web ● *rozmnožo-vacia b.* stencil
blanket(a) form
blankyt azure [ˈæžə]
blankytný azure [ˈæžə]
blatistý muddy
blatník mudguard
blato mud; *b. so snehom* slush
blázinec madhouse
blaznenie tomfoolery
blaznieť *be mad, *become insane
blázniť *drive crazy; *b. sa za čím* *be crazy on s.t.
bláznivý crazy, foolish
blázon 1. *(chorý)* madman, lunatic **2.** *(po-chábeľ)* fool
blaženosť bliss
blažený blissful
blčať blaze
blednúť 1. turn pale **2.** *(strácať farbu)* fade
bledosť pallor, paleness
bledý pale; *(o farbe)* pallid; *(o svetle, oblohe)* wan; *(o vlasoch, koži)* fair
blesk lightning, thunderbolt
blcha flea

blikať blink, flicker
blízko close, near
blízkosť proximity, nearness ● *v b-i* thereabouts
blížiť sa approach, *come (*get, *draw) near; *hovor.* near
blok 1. *(domov)* block **2.** *(zápisník)* (writing) pad
blokáda blockade
blokovať 1. block **2.** *(v pokladnici)* register
blond blond, fair
blud error [ˈerə]; *(cirkevne)* heresy
bludisko maze, labyrinth [ˈlæbərinθ]
blúdiť wander
blúza blouse
blúzniť rave at, against, about, *be delirious
blýskať sa 1. *(o blesku)* lighten; *blýska sa* it is lightning **2.** *(žiariť)* *shine **3.** *(jagať sa)* sparkle
blyštek butter-cup
bobkový list bay leaf
bobok 1. *bot.* laurel **2.** *(trus)* drop, droppings *mn. č.*

bobor beaver
bobuľa berry
boby bob-sled, bob-sleigh
bocian stork
bočnica side-board
bočný side, lateral
bod 1. *mat. fyz.* point; *b. mrazu* freezing point; *b. varu* boiling point **2.** *(zmluvy)* article, item **3.** *(v hre a športe)* point, score ● *kritický b.* turning point; *hlavný b.* main (chief) point; *b. za b-om* point by point
bodák bayonet [ˈbeiənit]
bodec spike
bodka 1. dot, point **2.** *(v interpunkcii)* (full-)stop **3.** *(na domine, kocke)* pip
bodkočiarka semicolon [ˈsemiˈkəulən]
bodkovaný dotted; *(o látke)* spotted
bodliak thistle [θisl]
bodnúť 1. prick, jab *(-bb-)*; *(nožom)* stab *(-bb-)* **2.** *(o hmyze)* *sting
bodnutie 1. prick, stab **2.** *(o hmyze)* sting
bodrý good-humoured

['gud'hju:məd], jovial ['džəuvjəl]

boh god

boháč rich man, man of property; *(veľký)* nabob ['neibob]

bohapustý *(hanebný)* flagitious [flə'džišəs]; *(hriešny)* villainous ['vilənəs], vicious ['višəs]

bohatier hero

bohatstvo 1. richess, wealth; *(majetok)* fortune 2. *(množstvo)* abundance, plenty, opulence ['opjuləns]

bohatý 1. rich, wealthy 2. *(hojný)* abundant, copious

bohém bohemian

bohoslužba worship, divine service

bohužiaľ unfortunately, alas!

bochník loaf (of bread)

boj fight; *(zápas)* struggle; *voj.* action ● *b. za slobodu* fight for freedom

bója buoy [boi]

bojazlivý timid

bojisko battlefield

bojkot boycott

bojovať *(zápasiť)* *fight; *(vzpierať sa)* struggle; *b. za čo* *strive for s.t.

bojovník fighter, combatant ['kombətənt]; *voj.* warrior

bok *(tela)* hip; *(zvieraťa, budovy, hory)* flank; *(strana)* side ● *b. po b-u* side by side

bokombrady whiskers

boľačka sore

boľavý sore; painful

bolesť pain, ache [eik]; *bodavá b.* stitch; *prudká b.* pang; *pôsobiť b.* grieve ● *b. hlavy* headache ['hedeik]; *b. hrdla* sore throat; *b. zuba* tooth-ache ['tu:θeik]

bolesti *(pôrodné)* throes [θrəuz] *mn. č.;* *b. ucha* ear-ache

bolieť ache [eik]; pain ● *bolí ma hrdlo* I have a sore throat

boľševický Bolshevik

bomba bomb

bombardér bomber

bombardovať bomb; *(ostreľovať)* shell

bonbón sweet

bonboniéra box of sweets

bony *(hotelové stravné lístky)* hotel (meal) vouchers
bôr pine
borievka juniper
boriť pull down, demolish
boriť sa *za* struggle for
borovica pine
borovička gin
boso, -ý barefoot(ed) [ˌbeəˈfut(id)]
bosorka witch
bota boot, shoe
botanika botany
box boxing
boxer boxer
bozk kiss
bozkať kiss
božský divine
božstvo deity [ˈdi:iti]
bôb bean
bôľ grief, sorrow
brada 1. *(časť tváre)* chin **2.** *(mužská)* beard
bradavica wart
bradavka *(prsná)* nipple
bradlá parallel bars
brak trash; *(literárny)* garbage
bralo cliff
brána gate
branec recruit [riˈkru:t]
bránica diaphragm

brániť 1. defend, protect **2.** *(komu v čom)* hinder
bránka *šport.* goal
brankár goal-keeper
branný armed ● *b-á povinnosť* conscription
brány harrow
brat brother
bratanec cousin [kazn]
bratský fraternal
bratstvo brotherhood
brať 1. *take 2. (si koho)* marry s.o.
brav hog
bravčovina pork
brázda furrow; *(za loďou)* wake
brázdiť furrow
Brazília Brazil
brazílsky Brazilian
brčkavý curly
brečka mash
brečtan ivy ● *porastený b-om* ivy hidden
breh *(rieky)* bank; *(morský)* coast, seaside; *(väčšej vodnej plochy)* shore ● *na b-u* ashore
brechať bark
bremeno burden, weight [weit]; *(náklad)* load
brest elm
breza birch

bridlica slate
brieždiť sa dawn
brigáda brigade; *(najmä pracovná)* voluntary work
briliant brilliant
Brit British(er)
Británia Britain
britský British; *b-é spoločenstvo národov* the Commonwealth
britký sharp
britva razor
brloh 1. *(zvierat)* den, cave **2.** *pren.* slum
brnenie armour
brnieť tingle ● *brní mi v ušiach* my ears are tingling
brod ford
brodiť sa wade
brojiť intrigue
brok shot
bronz bronze
bronzový bronze
broskyňa peach; *(strom)* peach-tree
brošňa brooch [brəuč]
brožovať stitch
brožúra booklet; *(aktuálna)* pamphlet
bručať growl; *(reptať)* grumble

bručivý sulky
brucho *hovor.* belly; *odb.* abdomen
brús whet-stone; *(veľký)* grindstone
brúsiť *(ostriť)* sharpen; *(o kameň)* whet; *(sklo)* *cut (-tt-); *brúsené sklo* cut glass
brusnica cranberry, red whortleberry
bruško *hovor.* tummy
brutalita brutality
brutálny brutal, beastly
brva eyelash
brvno beam
bryndza Liptauer cheese
brzda brake; *(záchranná)* emergency brake
brzdiť brake, curb
bubienok *anat.* ear-drum
bublať bubble, gurgle; *(blízko varu)* simmer
bublina bubble
bubnovať drum (-mm-)
bubon drum
bučatý chubby, plump
bučať low, moo; *(hlasno)* bellow
buď . . . alebo either . . . or
búda booth, hut; *(psia)* kennel
budík alarm-clock

budiť *wake up; (k čin-
nosti)* rouse; *(všeobecný
záujem)* stir *(-rr-)*
búdka box, booth
budova building, edifice,
structure
budovať *build up, erect,
construct
budovateľ builder
budovateľský constructive
budúci future
budúcnosť future, time to
come
bufet snack-bar, buffet,
refreshment-room; *amer.*
cafeteria ● *studený b.
(pre hostí)* buffet supper
búchať knock, bang, slam;
b. na dvere knock at the
door; *b. dverami* slam
the door
buchot slamming, knock-
ing ['nokiŋ]
buchta cake
bujak bull
bujarý sprightly, buoyant
['boiənt], lively, vigo-
rous
bujný luxuriant [lag'zjuə-
riənt]; *(neviazaný)* high-
-spirited; *(nespútaný)*
wanton
buk beech

bukvica beech-nut
Bulharsko Bulgaria
bulharský Bulgarian
buľva eyeball
bunečný cellular
bunka cell
buntošiť instigate, riot
burácať storm, roar
búrať pull down, demolish
burcovať rouse
burič rebel, rioter
buričský rebellious,
riotous
burina weed
búriť stir *(-rr-)*, rouse, in-
cite [in'sait] || **b. sa** re-
bel *(-ll-)*; remonstrate
against
búrka storm, tempest;
(snehová) snowstorm;
(smiechu) roar, thunder
of laughter ['la:ftə]
búrlivý tempestuous,
stormy; *(prudký)*
tumultuous [tju:mal-
tjəs], boisterous; *(nedis-
ciplinovaný)* turbu-
lent
burza exchange; *(akcio-
vá)* stock-exchange
buržoa bourgeois ['buəž-
wa:]
buržoázia bourgeoisie

buržoázny bourgeois [ˈbuažwa:]
busta bust [bast]
búšiť hammer, pound; *(o srdci)* throb *(-bb-)*
bútľavý rotten, hollow
bydlisko residence, dwelling-place, domicile
býk bull
bylina herb, plant
byro 1. *(kancelária)* bureau [bjuəˈrəu] 2. *(výbor)* committee
byrokracia bureaucracy [ˌbjuəˈrokrəsi]
bystrina torrent
bystriť sharpen ● b. sluch prick up one's ears
bystrosť swiftness, sharpness

bystrý *(rýchly)* swift; *(rozumovo)* clever, shrewd [šru:d]; *(zmyslami)* sharp, keen
byt flat, lodgings *mn. č.; amer.* apartment ● b. a strava board and lodging
byť *be, exist ● je, sú *(jesto)* there is, there are
bytie being, existence
bytosť being
bývalý former, late
bývanie habitation, dwelling, lodging
bývať live, dwell; *(trvalo)* reside; *(v hoteli)* stay (at a hotel); *amer.* room
byvol bufallo [ˈbafələu]
bzučať buzz, hum *(-mm-)*

C

cap buck, billy goat
cár czar [za:]
cedidlo strainer, filter
ceduľka 1. *(lístok)* ticket, slip 2. *(prívesná)* tag 3. *(nálepka)* label

cech guild [gild]
Cejlón Ceylon [siˈlon]
cela cell
celibát celibacy
celistvosť integrity, wholeness

celistvý entire, undivided
celkom 1. *(úplne)*
entirely, fully, wholly
2. *(dosť)* quite, rather
3. *(úhrnom)* altogether
celkový 1. *(úhrnný)* total
2. *(súhrnný)*
comprehensive
celok totality, entirety,
integrity
celoživotný life-long
celuloid celluloid
celulóza cellulose
celý 1. *(všetok)* all, whole
2. *(celistvý)* entire ● *c.
rok* all the year round
cement cement
cena 1. price, charge,
figure ● *výkupná c.*
redemption price **2.**
(náklady) cost ● *mať
c-u* *cost **3.** *(vnútorná
hodnota)* worth, value
● *mať c-u* *be worth **4.**
(udelená) award [ə'vo:d]
5. *(odmena)* prize ●
klesnutie cien slump
cencúľ icicle
cengať 1. *(zvoncom)* *ring
2. *(cvendžať)* jingle,
tinkle
cengot jingle

ceniť 1. value **2.** *(odha-
dovať)* estimate **3.** *(vá-
žiť si)* esteem, prize,
appreciate
cenník price-list
cennosti valuables
['væljuəblz]
cenný 1. costly ● *c-é pa-
piere* stocks, securities
2. *(vzácny)* valuable
['væljuəbl], precious
['prešəs]
cent 1. *(anglický)*
hundredweight **2.** *(sto-
tina dolára)* cent
centimeter centimetre
cenzor censor
cenzúra censorship
centrála headquarters,
head office
cep flail
ceremónia ceremony
ceriť *(sa; zuby)* grin
(-nn-), snarl [sna:l]
ceruza pencil
cesnak garlic
cesta 1. way, road, high-
way, street; *c. sa opra-
vuje* road under repair
2. *(postranná)* by-way
3. *(najbližšia)* nearest
route [ru:t] **4.** *(poľná)*
lane **5.** *(okružná)* tour

6. *(cestovanie)* travel, journey **7.** *(cez more)* voyage **8.** *(krátka obchodná al. zábavná)* trip **9.** *(výlet)* excursion

cestár road-mender

cestička 1. path, trail **2.** *(pútec)* parting

cesto dough [dəu], paste

cestopis book of travels

cestovanie travelling

cestovať travel *(-ll-),* tour, *make a journey

cestovateľ traveller, tourist

cestovné fare, *amer.* car-fare

cestovný travelling; *c. poriadok* time-table; *amer.* schedule ['ʃedju:l]; *c. lístok* ticket

cestujúci passenger, traveller

cez across, over, through; *(smerom)* via ['vaiə] ● *c. čas* overtime

cezmína holly

ciacha brand, mark, gauge [geidž]

cibriť refine, sharpen

cibuľa 1. onion **2.** *(rastliny)* bulb

cicanie suction

cicavec mammal ['mæməl]

cicať suck, absorb

cieľ 1. aim, goal, mark **2.** *(konkrétne stanovený)* objective, target **3.** *(cesty)* destination **4.** *(zámeru)* object **5.** *(účel)* purpose

cieliť *na* aim at

cieva blood-vessel, vein

cievka spool, reel, coil

ciferník dial

Cigán Gipsy, Tzigane

cigániť lie, cheat

cigara cigar

cigareta cigarette

cigória chicory ['čikəri]

cikcak zigzag ['zigzæg]

cín tin

cinkať clink

cintorín cemetery, churchyard

cíp tip, corner

cirkev church, parish

cirkulácia circulation

cirkus circus

cisár emperor

cisárovná empress

cisársky imperial

cisárstvo empire

cisterna cistern, tank; *c-ová loď* tanker

cit 1. sentiment, feeling **2.** *(zmysel)* sense, flair **3.** *(porozumenie)* sympathy

citát quotation

citeľný perceivable [pə-ˈsiːvəbl], sensible

cítenie feeling

cítiť 1. *sa* *feel **2.** *(vnímať a chápať)* perceive **3.** *(vôňu)* smell, scent **4.** *(chuť)* taste **5.** *(odpor)* resent

citlivosť sensibility

citlivý 1. sensitive **2.** *(nedotklivý)* touchy **3.** *(chúlostivý)* squeamish **4.** *(vnímavý)* responsive to

citoslovce interjection

citovať quote, cite

citový emotional, sentimental

citrón lemon

citronáda lemonade

citrusový plod lime

civieť glare, stare

civilista civilian, private

civilizácia civilization

civilný civil

clivosť sadness, melancholy

clo duty, customs; *dovoz-* *né c.* import-duty; *vývozné c.* export-duty ● *bez cla* duty-free

clona 1. curtain, shade, screen **2.** *fot.* diaphragm

cloniť screen, shade

cmar buttermilk

cnieť sa pine for, after ● *c. po domove* *be homesick

cnosť virtue

cnostný virtuous

cól inch

colnica custom-house

colník customs-officer

colný custom(s); *c-é vyhlásenie* customs declaration

corgoň booby

ctený honoured, esteemed

ctibažnosť ambition

ctibažný ambitious

ctihodný honourable, venerable

ctiť honour, respect, esteem

ctiteľ admirer, idolizer [ˈaidolaizə]

ctižiadosť ambition

ctižiadostivý ambitious

cudnosť chastity

cudný chaste

cudzí 1. *(neznámy)*

stranger ● *som tu c.* I am stranger in these parts **2.** *(cudzokrajný)* foreign, alien [ˈeiliən] **3.** *(nie príbuzný)* unrelated ● *c. človek* stranger

cudzina foreign country ● *v cudzine; do cudziny* abroad

cudzinec 1. *(neznámy)* stranger **2.** *(zo zahraničia)* foreigner, alien [ˈeiliən]

cudzokrajný foreign, exotic

cudzoložstvo adultery

cudzopasník parasite

cukor sugar [ˈšugə]

cukornička sugar-basin

cukrár pastry-cook, confectioner

cukráreň confectionery

cukrík sweet *(z čokolády),* toffee *(z vareného cukru, masla); amer.* candy

cukrová poleva icing

cukrová trstina sugar--cane

cukrovar sugar-mill

cukrovinky sweets *mn. č.,* candies *mn. č.*

cukrovka 1. *(repa)* sugar-beet, beetroot **2.** *(choroba)* diabetes [ˌdaiəˈbi:ti:z]

cumeľ nipple

cupkať trip *(-pp-)*

cúvať back

cvaknúť snap *(-pp-)*

cval gallop

cvičebnica text-book

cvičenie 1. exercise **2.** *šport.* training **3.** *(opakovaním)* practice **4.** *(tvrdé)* drill **5.** *(telocvik)* gymnastics *mn. č.*

cvičiť train, exercise, practise

cvičiteľ trainer, instructor

cvičky *hovor.* gym-shoes

cvik 1. exercise, practice, training **2.** *(zručnosť)* skill

cvok shoe-nail

cvrček cricket

cyklista cyclist

cyklus cycle, series; round

cylinder 1. *(klobúk)* top-hat **2.** *(lampy)* chimney **3.** *(valec)* cylinder [ˈsilində]

cynický cynical

cyprus cypress [ˈsaipris]

Č

čačka trinket
čačky spangles *mn. č.*
čaj tea; *č-ová súprava* tea-service
čajka sea-gull, mew
čajník tea-pot
čakan pick
čakanie waiting, expectation
čakáreň waiting-room
čakať wait
čalúnnik upholsterer [ap-ˈhəulstərə]
čap plug, pivot [ˈpivət]
čapica cap
čapovať *draw
čarbať scrawl [skro:l], scribble
čaro charm, spell
čarodej sorcerer, wizard
čarodejnica witch, hag
čarodejníctvo magic, witchcraft
čarovať conjure
čarovný glamourous
čary witchcraft
čas 1. time ● *najvyšší č.* high time 2. *(po-časie)* weather 3. *(voľ-*

ný) leisure [ˈležə] 4. *gram.* tense
časom in the course of time
časopis periodical, journal; *obrázkový č.* magazine
časovanie conjugation
časovať conjugate
časový 1. *(aktuálny)* topical 2. *(týkajúci sa času)* temporal ● *č-é znamenie* time signal chimes
časť 1. part, portion, section; *veľká č.* a great deal 2. *(podiel)* share
častica small part, element
často often, frequently
častý frequent
čaša bowl [bəul]
čašníčka waitress
čašník waiter
čata 1. troop, squad 2. *(pracovná)* team
čatár sergeant [ˈsa:džənt]
Čech Czech [ček], Bohemian [bəuˈhi:mjən]
Čechy Bohemia

čeľaď 1. *(služobníctvo)* domestics *mn. č.* **2.** *biol.* tribe, family

čeliť face, confront, envisage

čelný 1. front(al) **2.** *(význačný)* leading, prominent

čelo 1. forehead [ˈforid], front [frant], brow [brau] ● *na č-e čoho* at the head of **2.** *(hud. nástroj)* violoncello, cello [čeləu]

čeľusť jaw-bone

čepeľ blade

čepiec bonnet, hood [hud]

čerešňa 1. cherry **2.** *(strom)* cherry-tree

čeriť ruffle, ripple

čerň black (colour)

černica blackberry

černidlo blacking

černoch Negro, black

černošský Negro

čerpadlo pump

čerpať 1. *draw **2.** *(informácie)* gather

čerstvý 1. fresh **2.** *(rýchly)* swift **3.** *(najnovší)* recent, latest

čert devil

červ worm

červavý worm-eaten

červenať sa 1. *be red **2.** *(o človekovi)* blush

červenohnedý auburn

červený red; *Č. kríž* Red Cross; *Č-á armáda* Red Army

červienka 1. *zool.* robin **2.** *(choroba)* dysentery

česať 1. *sa* comb **2.** *(ovocie)* gather **3.** *(chmeľ)* pick **4.** *(vlnu)* card

Československo Czechoslovakia

česť honour, credit

čestný 1. honourable [ˈonərəbl]; honest [ˈonist]; fair ● *č-é slovo* upon my word **2.** *(neplatený)* honorary [ˈonərəri]

čeština Czech (language)

či whether, if

čí whose [hu:z]

čiara line

čiarka comma

čiastka 1. part **2.** *(podiel)* share **3.** *(suma)* sum, amount

čiastočne partly

čiastočný partial

čičíkať sooth

čierny black; *č. kašeľ* whooping-cough ['hu:-piŋko:f]; *č. ako uhoľ* jet-black

číhať *lie in wait for; (*lie in) ambush

čím . . . tým the . . . the; *č. viac . . . t. lepšie* the more . . . the better

čin deed, act, action; *(skvelý)* exploit; *(veľký)* achievement; *(hrdinský)* feat

Čína China

Číňan Chinese

činiť *do, *make

činiteľ agent, factor

činka dumbbell

činnosť function, activity

činný active, busy; *zárobkovo činný* gainfully employed

činohra play

čínsky Chinese

činžiak tenement-house, apartement-house, block of flats

čipka lace

číry pure, sheer; *(priesvitný)* pellucid

číselník dial

číselný numerical

číslica figure (0—9), cipher, digit

číslo 1. number **2.** *(časopisu)* issue ['isju:] **3.** *(programu)* turn **4.** *(napr. topánok)* size **5.** *(smerné, pri plnení plánu)* target

číslovať number

číslovka numeral

čistiaci cleaning

čistiareň (dry-)cleaner's

čistina glade

čistiť clean; *amer.* cleanse [klenz]; *chem.* purify, refine

čistka purge

čistopis fair copy (of)

čistota 1. cleanliness ['klenlinis] **2.** *(mravná)* purity, chastity ['čæstiti]

čistotný cleanly ['klenli]

čistý 1. clean, pure, neat, fair **2.** *(mravne)* chaste ● *č.-á váha* net weight

čítanie reading

čítanka reader, reading--book

čitáreň reading-room

čítať *read

čitateľ 1. reader **2.** *mat.* numerator

čitateľný legible

čižma high boot

čkanie hiccup [ˈhikap]

čkať sa hiccup (-pp-) [ˈhikap]

článok 1. article, item 2. *(spojovací)* link 3. *elektr.* cell

čľapkať splash

člen 1. member; *č. akadémie* academician 2. *gram.* article 3. *mat.* term

členok ankle, instep

členovia members *mn. č.*

členstvo membership, fellowship

čln boat

člnok 1. small boat 2. *(tkáčsky)* shuttle

človek 1. man, person, human being 2. *(gram. neurčitý podmet)* one ● *č. musí urobiť všetko sám* one must do everything oneself

čľupot splash

čmáranina scrawling, scribbling

čmárať scrawl, scribble

čmeliak bumble-bee

čnieť tower, protrude, jet out

čo 1. *(zám. opytovacie)* what; *čo ti je?* what's the matter with you?; *čo na tom záleží?* what does it matter?; *čo sa toho týka* in the matter of; *čo ešte?* what else? 2. *(zám. vzťažné)* which, what ● *len čo* as soon as

čokoláda chocolate

čokoľvek whatever, whichever, anything

čosi something; *č. také* that sort of thing

čpavok ammonia(c) [əˈməunjə(æk)]

črep potshred

črepina splinter

črevný intestinal [inˈtestinl]

črevo 1. intestine 2. *(zvieracie)* gut 3. *(črevá)* bowels *mn. č.;* guts *mn. č.* 4. *(slepé)* appendix

črpák *amer.* dipper

črta 1. *(čiara)* dash 2. *(rys)* feature 3. *lit.* sketch

črvotoč woodworm

črvotočivý worm-eaten

čučoriedka bilberry

čudný queer, odd, strange; *hovor.* weird [ˈwiəd]

čudo wonder ● *nie č.* no wonder

čudovať sa wonder

čuch scent [sent], smell

čuchať scent [sent], smell; sniff

čulý **1.** *(agilný)* agile [ˈædʒail] **2.** *(ostražitý)* alert [əˈləːt] **3.** *(obratný)* nimble **4.** *(prudký)* brisk **5.** *(rušný)* busy **6.** *(živý)* vivid, lively

čupieť squat *(-tt-)*

čušať *be quiet, *be still ● *čuš!* shut up

čvirikať chirp, twitter

D, Ď

ďakovať thank; *ďakujem* thank you, thanks

ďalej further ● *ďalej!* (= *vstúpte)* come in

ďaleko a long way, far (away, off) ● *ď.-široko* far and wide

ďalekohľad *(divadelný)* opera-glass(es); *(poľný)* field-glass

ďalekopis teletype

ďalekosiahly far-reaching

ďalekozraký long-sighted

ďaleký distant, far; *skok ď.* long jump

ďalší *(nasledujúci)* following, next; *(navy-*

še) further, additional; *(iný)* another

dáma lady

Dán Dane

daň tax; *d. z príjmu* income-tax; *dedičská d.* death-duty; *d. z majetku* levy on capital

daniel fallow-deer

daňový tax, . . . of taxation

Dánsko Denmark

dánsky Danish

dar present, gift

darca giver, donor; *amer.* donator

darebáctvo mischief, roguery

darebák rascal, scoundrel

dariť sa *thrive, prosper; *get on ● *darí sa mu dobre* he is well, he is doing well

darmo in vain

darmošľap good-for-nothing

darovať present, *give

ďasno gum, jaw

dať *give; *(niekam)* place, *put; *(príklad)* *set; *(podnet)* suggest; *(späť)* replace; *(späť na miesto)* replace; *(von)* put out ● *d. do škatule* box; *d. možnosť* enable; *d. si niečo urobiť* *get s. t. done; *d. na poštu* post; *dávať otázky* ask questions; *d. právo* entitle; *d. si pozor* beware, look out; *d. prepitné* tip (-pp-); *d. šach* check; *d. zálohu* deposit

ďateľ woodpecker

ďatelina clover

datľa date

datovať (sa) date

dátum date

dav mass [mæs], crowd, multitude, mob

dávať *p.* dať

dáviť vomit; *hovor.* puke [pju:k]

dávka 1. *(poplatok)* rate 2. *(jedla)* helping 3. *lek.* dose 4. *(prídel)* ration [ˈræšn]

dávno long ago

dávnoveký ancient [ˈeinšnt], primeval [praiˈmiːvl]

dávny ancient [einšnt]; long past

dážď rain, shower ● *d. bije do okien* the rain is beating against the windows

daždivý rainy, wet

dáždnik umbrella

dážďovka earthworm

dbanlivý careful; mindful

dbať mind, heed; care ● *d. o niečo* *take care of

dcéra daughter [ˈdoːtə]

debata discussion; *(formálna)* debate; *(búrlivá)* argument [ˈaːgjumənt]

debatovať discuss; *(formálne)* debate; *(búrlivo)* argue [ˈaːgjuː]

debna box, case, chest
debnár cooper
december December
decentralizácia decentralization [di:ˌsentrəlaiˈzeišn]
decimeter decimetre
dedič heir [eə]
dedička heiress [ˈeəris]
dedičnosť heredity
dedičný hereditary
dedičstvo heritage, inheritance, legacy [ˈlegəsi]
dedina village
dedinčan villager
dedinka hamlet
dedinský rural
dediť inherit
dedko *hovor.* grand-dad
dedukcia deduction
defenzíva defensive
deficit deficiency, deficit
defilovať march past, file
definícia definition
definitívny definitive; *(určitý)* definite [ˈdefnit]
definovať define
defraudácia embezzlement, fraud
degenerácia degeneration
degenerovať degenerate
degradácia degradation

degradovať degrade
decht tar ● *d-ová plachta* tarpaulin
dej 1. action, story plot 2. *(chemický)* process
dejepis history
dejepisec historian
dejiny history
dejisko scene(ry)
dejstvo act
deka cover(let)
dekagram dekagramme
dekan dean
dekanát deanery, dean's office
dekrét decree
deľba distribution
delegácia delegation, deputation
delegát delegate, deputy [ˈdepjuti]
delenie division
delfín dolphin
delikátny delicate, tender
delírium delirium
deliť 1. divide, distribute 2. *(oddeľovať)* separate 3. *mat.* divide 4. *(sa s kým)* share s.t. with s.o.
delo gun, cannon
delostrelectvo artillery

demagógia demagogy
['deməgogi]
demarkácia demarcation
demilitarizácia demili-
tarization
demižón demijohn
demobilizácia demobiliza-
tion [di:'məubilai'zeišn]
demobilizovať demobilize
[di:'məubilaiz]
demokracia democracy;
ľudová d. People's
Democracy
demokrat democrat
demokratický democratic
demonštrácia
demonstration
demonštrovať
demonstrate
demontovať dismount
demoralizácia
demoralization [di'mo-
rəlai'zeišn]
demoralizovať demoralize
[di'morəlaiz]
deň day; *(všedný)* week-
day; *(sviatočný)* holi-
day; *(pamätný)* red-
-letter day ● *dva dni
po sebe* for two days
running; *vo dne* by day:
vo dne v noci day and
night, night and day

denne daily, day by day
denník 1. diary **2.** *(no-
viny)* daily **3.** *(účtov-
nícky)* journal **4.** *(lod-
ný)* log-book
denný daily
denuncovať denounce
depeša dispatch, wire
deponovať 1. deposit **2.**
(právne) depone
deportovať deport
depresia depression
deprimovaný dejected
deprimovať depress
deputácia deputation
deravý full of holes,
perforated; *(o nádobe)*
leaky ● *d. zub* hollow
tooth
dereš rack
des horror
desať ten
desatinný decimal
desaťnásobný tenfold
desaťročie decade
['dekeid]
desiata *(jedlo)* mid-
-morning snack
desiatnik corporal ['ko:-
pərəl]
desiaty tenth
desiť frighten, horrify,
terrify ‖ **d. sa** dread

[dred], *be horrified, *be terrified

desivý grisly ['grizli], awful ['o:ful], dreadful ['dredful], horrible

despotický despotic

dešifrovať decode

detail detail ['di:teil]

detektív detective

detektívka thriller, detective story

detinský childish, childlike

detský childish

detstvo childhood, infancy

deva maiden, girl

deväť nine

deväťdesiat ninety

deväťdesiaty ninetieth

devätnásť nineteen

devätnásty nineteenth

deviaty ninth

devíza foreign exchange

dezertér deserter

dezertovať desert

dezinfekcia disinfection

dezinfikovať disinfect

diabol devil

diagnóza diagnosis [daiəg'nəusis]

diagram diagram [daiə-

græm], chart, figure *(obrazce)*

dialektika dialectics *mn. č.*

dialektický dialectical

diaľka distance ● *v d-e* afar

diaľkové štúdium extramurial studies

dialóg dialogue

diamant diamond

diapozitív slide

diel 1. part, piece; *(pri zámernom delení)* portion **2.** *(knihy)* volume

dielenský workshop-

dieľňa (work)shop; *(kováčska)* smithy

dielo work

dielovedúci foreman

diera hole; *(prepichnutie)* puncture; *(medzera)* gap

dierka 1. small hole **2.** *(nosná)* nostril

diéta diet

dieťa child; *(malé)* baby, infant; *hovor.* kid

diéty daily allowance

dievča girl, maiden, maid; lass

dievčatko lassie
dievčenský girl's, girlish
dievka maiden, girl;
  (stará) spinster
dikobraz porcupine
diktát dictation
diktátor dictator
diktatúra dictatorship ●
  d. proletariátu dictator-
  ship of the proletariat
diktovať dictate
diluviálny diluvial
diplom diploma
diplomacia diplomacy
diplomat diplomat;
  diplomatist
diplomatický diplomatic
dirigent conductor
dirigovať conduct
disciplína 1. discipline
  [ˈdisiplin] **2.** *(odbor)*
  science, branch of learn-
  ing
disk disk, discus; *vrh d-om*
  discus-throwing
diskrétnosť discretion,
  secrecy
diskrétny discreet
diskriminácia discrimina-
  tion; *rasová d.* colour
  bar, race discrimination
diskusia discussion
diskutér debater

diskvalifikovať disqualify
disponovať dispose
dispozícia disposition;
  disposal; *d-e* instruc-
  tions *mn. č.* ● *k d-ii*
  available
distribúcia distribution
div wonder, marvel, mir-
  acle ● *niet d-u* no
  wonder
divadelný dramatic, the-
  atrical; *dramatik* play-
  wright; *d-é obecenstvo*
  theatregoers *mn. č.*
divadlo theatre; *(budova)*
  play-house
divák 1. onlooker **2.** *(di-*
  vadelný) spectator, play-
  -goer
diván sofa, settee
dívať sa look, regard;
  (uprene) gaze; *(odnie-*
  kiaľ) look out of; *d. sa*
  do očú (napr. faktom)
  envisage [inˈvizidž]
diviak boar
divina 1. *(mäso)* venison
  2. *(zver)* game
diviť sa *čomu* wonder at
  s.t.; marvel *(-ll-)*
divný strange, queer,
  odd

divočina wilderness
divoch savage
divokosť ferocity
divoký wild; *(necivilizovaný)* savage; *d. a drsný* fierce; *d. a zúrivý* ferocious [fə'rəušəs] furious
dizertácia thesis, dissertation
dlabať chisel *(-ll-),* carve
dlaha splint
dlaň palm [pa:m]
dláto chisel
dláždenie pavement
dlaždica tile, flag; paving-stone
dláždiť pave
dlážka floor
dlh debt [det]; *(účtovnícky)* debit ● *na dlh* on credit; *robiť d-y* *get into debt
dlho long, a long time; ● *nebuď dlho* don't be long
dlhopis bond
dlhovať awe [ou], *be indebted [in'detid]
dlhý 1. long 2. *(o ľuďoch)* tall
dĺžka 1. length 2. *(zemepisná)* longitude

dlžník debtor ['detə]
dlžný due; *byť d.* owe [əu]
dnes today, this day; *d. večer* tonight
dnešný present day; of this day; *v d-ej dobe* nowadays
dnešok today, the present time
dno bottom, ground
dnu in, inside, within
do *(smerom)* to, into; *(časove)* till, until ● *do konca týždňa* by the end of the week; *do dvadsať* up to twenty
doba time; *v poslednej d-e* recently; *v dnešnej d-e* nowadays; *(obdobie)* period, era; *skúšobná d.* probation ● *od tej d-y* since
dobačovať *be done up
ďobať peck
dobehnúť 1. *overtake 2. *(hovor. napáliť)* *take in, deceive
doberať si tease
dobiedzať tease, heckle
dobierka cash on delivery, *skr.* C. O. D.
dobrácky kind-hearted

dobrák good-natured
fellow
dobre well, good, right,
allright; *amer.* O. K.
[ou'kei]; ● *mám sa d.*
I am well; ● *d. povedané*
well said; *d. mu tak*
it serves him well; *byť*
s niekým zad. be on
good terms with s.o.
dobro good, welfare
dobročinnosť charity
dobrodruh adventurer
dobrodružný
adventurous, romance
dobrodružstvo adventure
dobromyseľný good-hu-
moured, good-natured
dobrosrdečný kind-heart-
ed
dobrota goodess, kind-
ness
dobrovoľník volunteer
dobrovoľný voluntary
dobrý good [gud]; *d. deň*
good morning (after-
noon), how do you do
dobyť conquer ['konkə],
capture; *d. víťazstvo* gain
victory
dobytie conquest, capture
dobytok cattle;
(live-)stock

dobývanie conquest,
siege [si:dž]
dobyvateľ conqueror
['konkərə]
docent *(university)* lec-
turer, reader
docieliť achieve, attain
dočasný temporary
do čerta! *hovor.* to the
deuce!
dočítať finish reading
dočkať sa *čoho* wait to see
s.t.
dodať 1. *(doručiť)* de-
liver **2.** *(pripojiť)* add **3.**
(zásobovať) supply ● *d.*
si odvahu pluck up one's
courage
dodatočný additional;
supplementary
dodatok addition; *(ku*
knihe) appendix; *(prílo-*
ha) appendage
dodávka delivery, supply;
d-ový voz van, estate car
dodnes up to now, till
the present day
dodržať *(zachovať)* *hold
on; *d. slovo* *keep one's
word
dogmatický dogmatic
dohad guess, conjecture
dohadovať sa 1. *(hádať*

sa) argue, dispute **2.** *(usudzovať)* conjecture
dohady guesswork
dohadzovač *(predaja)* broker; *(manželstva)* marriage broker
dohľad 1. range of vision, view [vju:] **2.** *(dozor)* supervision, control ● *z d-u* out of sight
dohľadný visible; *v d-om čase* before long
dohoda agreement; *polit.* entente [ˈaːntaːnt], treaty; *vzájomná d.* mutual agreement
dohodnúť sa agree, *come to an agreement
dohovárať blame, reproach || **d. sa** dispute
dohovor engagement
dohromady together
dochádzať 1. *(chodiť niekam)* *come frequently, visit **2.** *(míňať sa)* *be running short of s.t.
dochádzka frequentation; *(školská)* school-attendance
dochvíľnosť punctuality [paŋktjuˈæliti]

dochvíľny punctual [ˈpaŋktjuəl]
dojať move [muːv], touch [tač]
dojatie emotion
dojča baby, infant, suckling
dojčiť suckle
dojednať sa *come to an agreement
dojem impression; *urobiť d.* impress
dojemný touching [ˈtačiŋ], moving
dojička milkmaid, dairymaid [ˈdeərimeid]
dojiť milk
dojivosť yield of milk
dojka nurse
dojnica milch-cow [ˈmilč-kau]
dok dock, dockyard
dokaličiť maim, mutilate; *(údy)* cripple
dokázať 1. prove, demonstrate **2.** *(vykonať)* achieve, accomplish **3.** *(zvládnuť)* manage, contrive
dokedy how long
dokiaľ as long as, while; *d. nie* till, until
doklad 1. document **2.**

(potvrdenie) voucher; *svedecké d-y* evidence

dokonalosť perfection

dokonalý perfect, thorough [ˈθarə], accomplished

dokonca even

dokončenie termination, completion

dokončiť finish, complete

dokopy together

dokorán wide open

doktor doctor

doktrína doctrine [dokˈtrain]

dokument document, deed

dokumentárny documentary

dokumenty papers *mn. č.*

dolapenie *(zlodeja)* apprehension

dolár dollar

doľava to the left

dole down, below; *d. v budove* downstairs; *(knižne)* underneath

doliečenie after-care

dolník *(karta)* jack

dolný lower, inferior; *d-á snemovňa* House of Commons

dolovať mine

doložiť add; *d. na dôkaz* support by evidence

dom house, building; *d. s príslušenstvom* premises *mn. č.; obytný d.* tenement; *v d-e* indoors; *dvojdom* semidetached house

doma at home, indoors

domáci home, domestic; *(tuzemský)* inland; *d. pán* landlord; *d-a pani* landlady

domácnosť household; *založiť si d.* settle down

domáhať sa demand, claim

domček small house, cottage

dominium dominion

domkár cottager

domnelý supposed, presumed

domnienka supposition, assumption

domnievať sa suppose, assume; *(byť presvedčený)* believe; *(na základe nedostatočných dôkazov)* conjecture

domorodec native

domorodci aborigines *mn. č.,* natives *mn. č.*

domorodý native

domov home; *študentský d.* hostel

domovina native country, home

domovský home, native

domovník caretaker, concierge [ˈkoːnsiˌeəž]

domŕzať tease, vex

domýšľavosť conceit; *(márnivosť)* vanity

domýšľavý conceited

donášať 1. *(nosiť)* carry, **2.** *(udávať)* inform; *štud.* sneak

donedávna until lately, until recently

doniesť *bring

donútenie compulsion, coercion [kəuˈ ́əːšn]

donútiť compel *(-ll-),* coerce [kəuˈ ́əːs]; force

doobeda in the morning

dookola round, around

dopadnúť 1. *fall down **2.** *(skončiť)* turn out

dopisovateľ correspondent

doplatiť *pay the remainder of ● *doplatíš na to* you will be sorry

doplnenie completion

doplniť supplement, complete

doplnok 1. supplement **2.** *(zákona)* amendment **3.** *gram.* complement

dopoludnia a. m. *(= ante meridiem),* in the morning

dopoludnie morning

doporučiť recommend, commend

doposiaľ till now, so far

doprava¹ *podst.* transport; *(loďou)* shipment; *(pouličná)* traffic

doprava² *prísl.* to the right

dopravca transporter, carrier

dopraviť transport, carry, convey; *(loďou)* ship

dopravné freight(-charge)

dopravný transport-, of transport; *d. prostriedok* means of transport; *d-á tepna* thoroughfare

dopredu 1. forward, ahead **2.** *(časove)* in advance

dopriať grant, allow

dopustiť 1. allow [əˈlau],

permit *(-tt-)* **2.** *(sa čo-ho)* commit *(-tt-)*

dopyt demand, inquiry [in'kwaiəri] ● *veľký d.* much sought after

dorast young generation

dorastať *grow up

dorastenec junior

doraziť 1. *(niekam)* arrive at **2.** *(zabiť)* *give a death blow

doriadiť mess up ‖ **d. sa** fuddle

dorozumieť sa make oneself understood

doručenie delivery

doručiť deliver, transmit

doručiteľ bearer, deliverer; *(poštový)* postman

dosadiť substitute; *(koho)* appoint

dosah reach, radius; *techn.* range; *na d. ruky* within easy reach

dosiahnuť reach, achieve, attain

dosiahnutie achievement, attainment

dosiaľ till now

doska 1. *(drevená)* board, plank; *(na skákanie)* springboard **2.** *fot.* plate **3.** *(knihy)* cover **4.**

(kamenná) tablet **5.** *(z kovu)* slab ● *pamätná d.* memorial tablet

doskočisko pit

doskok jumping distance

doslov epilogue

doslova word for word

doslovný literal, verbal

dospelosť adult age, maturity; *(plnoletosť)* majority; *skúška d-i* leaving examination

dospelý adult, grown-up, mature [mə'tjuə]

dospieť mature [mə'tjuə], *come of age, *grow up

dospievajúci adolescent

dosť enough, fairly; rather; pretty ● *mám toho d.* I am sick of it

dostať *get, obtain, receive; *d. sa dnu* *get in

dostatočný sufficient

dostatok plenty, abundance

dostaviť sa arrive, appear before

dostavník stage coach

dostihnúť *overtake

dostihy races *mn. č.;*

(prekážkové) steeple chase

dostrel range, radius

dostupný available, within easy reach

dosvedčiť testify, *give evidence of

dotácia grant

dotaz inquiry

dotazník questionnaire

doterajší present, existing

doteraz up to the present time, till now

dotiaľ till then, so far

dotiaľto up to here

dotieravosť importunity

dotieravý importune

dotknúť sa 1. touch [tač] **2.** *(narážkou)* hint at

dotyčný the said, mentioned

dotyk touch [tač]

dotýkať sa touch [tač]

dovážať import

dovedna together

do videnia *hovor.* so long

doviesť carry

dovnútra in, inside

dovolávať sa refer *(-rr-)* to s.t.; *(práva)* claim

dovolenka leave, holiday, furlough; *byť na d-e* *be on leave

dovoliť 1. *(nezakazovať)* allow **2.** *(výslovne)* permit *(-tt-)* **3.** *(nechať)* *let **4.** *amer.* *leave **5.** *(dožičiť si)* afford ● *dovoľte aby som vám predstavil* *let me introduce Mr X to you; *dovoľte* *(= s dovolením)* (I) beg (your) pardon

dovoz import

dovozca importer

dovrchu uphill

dovŕšiť crown, complete

dovtípiť sa guess, *find out

dovtedy till then

dozadu back

dozerať supervise, watch over, look after

doznanie confession

doznieť die away

dozor supervision, inspection; *(riadenie)* control; *kto má d.?* who is in charge?

dozorca inspector, overseer; *(hlavný)* superintendent, *(vo väzení)* warder

dozretý ripe, ripened

dozrieť mature [məˈtjuə], ripen

dozvedať sa *learn, *know, *hear

dožičiť si afford, indulge in

doživotný life-long

dôchodca pensioner

dôchodok 1. *(štátny)* income, revenue **2.** *(starobný)* (old-age) pension

dôjsť *come, reach

dôkaz proof, evidence, demonstration

dôkladnosť solidity, thoroughness [ˈθarənis]

dôkladný thorough [θarə], solid

dôležitosť importance; relevance; *mať d.* matter

dôležitý important, vital

dômyselnosť ingenuity

dômyselný ingenious

dôraz stress, emphasis; *dávať d. na* *lay stress upon

dôrazný emphatic

dôsledný consequent, consistent

dôsledok consequence; *v dôsledku čoho* owing to

dôstojník officer; *(lodný)* mate

dôstojnosť dignity

dôstojný dignified; *(vážny)* grave; *(spoločensky uznávaný)* worthy; *(titul)* reverend

dôvera confidence, faith, trust; *mať d-u* *have confidence in

dôverčivosť credulity

dôverčivý credulous

dôverník confident, trustee; *závodný d.* shop-steward; *úsekový d.* sectional organizer

dôvernosť familiarity, intimacy

dôverný familiar, confidential, intimate; *d. styk* intimacy; *d. priateľ* bosom-friend

dôverovať trust, confide in

dôveryhodný trustworthy, reliable

dôvod reason, ground; *z toho d-u* on account of that; *mám na to svoje d-y* I have my reasons for that

dôvtip wit, ingenuity

dôvtipný ingenious

dráha 1. course 2. *(vychodená)* track 3. *(obežná)* orbit 4. *(železnica)* rail-way 5. *(životná)* career 6. *(lanová)* funicular 7. *(pretekárska)* race-course 8. *(podzemná)* underground; *hovor.* tube

draho dearly ● *to ti príde d.* it will cost you dear

drahocenný costly, precious

drahokam gem, jewel, precious stone

drahota dearness ● *robiť d-y* *be coy

drahý dear; *(iba o cene)* expensive, costly

drak 1. dragon 2. *(hračka)* kite

dráma drama

dramatický dramatic

dramatik dramatist, playwright ['pleirait]

dráp claw

drastický drastic

drať *tear; *(šaty)* *wear out

dravec beast of prey, carnivorous animal

dravý rapacious

dražba auction

dráždenie irritation

dráždidlo stimulant

dráždiť 1. irritate 2. *(podnecovať)* stimulate

dráždivý excitable, irritable

drážka groove

dreň pith; *(kostná)* marrow; *(zubná)* pulp

drenážovať drain

drevený wooden

drevo wood; *(stavebné)* timber; *amer.* lumber

drevnatý woody

drevorubač wood-cutter

drevorytectvo wood-carving

drezina trolley ['troli]

drgať jolt [džəult], bump

drhnúť 1. *(kefou)* scrub 2. *(hrdlačiť)* drudge

driapať scratch; *(čarbať)* scribble || **d. sa** *(niekam)* climb (up)

driečny shapely

driek 1. *(pás)* waist 2. *(stromu)* trunk, stem

driemať slumber, doze

drieť 1. rub *(-bb-)* 2. *(namáhať sa)* drudge, toil 3. *(bifľovať sa)* *grind, swot *(-tt-)*

drina drudgery, hard work, toil

drkotať rattle

drobčiť trip *(-pp-)*, toddle

drobiť crumble

drobivý brittle

drobnosť trifle

drobný tiny, minute; *(nepatrný)* slight; *d-é peniaze* (small) change

droby tripe, intestins *mn. č.;* giblets [ˈdžiblits]

droga drug

drogéria drugstore; chemist's [ˈkemists]

drotár tinker

drozd blackbird, thrush

drožka (taxi-)cab

drôt wire

drôtenka spring-bed

drsnosť roughness

drsný rough [raf], coarse

druh 1. companion, comrade; *(v zamestnaní)* mate; *(človek vôbec)* fellow **2.** *(sorta)* sort, kind; *(tovar)* article, brand **3.** *(prírodovedecký)* species, [ˈspi:ši:z] *mn. č.*

druhoradý second-rate

druhotný secondary

druhý 1. second **2.** *(iný)* another **3.** *(ďalší)* next **4.** *(d. z dvoch)* the latter

družba 1. *(na svadbe)* best-man **2.** *(priateľstvo)* friendship

družica satellite

družička bridesmaid

družnosť fellowship

družný sociable [ˈsəusəbl]

družstevný co-operative; *jednotné roľnícke d.* Unified Farmers' Co-operative **2.** *šport.* team

drviť crush, *grind

drzosť impertinence, arrogance, cheek

drzý impertinent; *(urážlivý)* arrogant; *(smelý)* bold; *hovor.* cheeky

držadlo holder, handle

držať 1. *hold **2.** *(chovať)* *keep **3.** *(na uzde)* curb, restrain; *d. slovo* *keep one's word

držať sa 1. *(vydržať)* *hold out **2.** *(čoho)* stick to s.t.

dŕžava 1. *(krajina)* domain **2.** *(majetok)* possession [pəˈzešn]

držiteľ holder

držky tripe; *držková po-lievka* tripe soup
dub oak
dúfať hope, trust
dúha rainbow
dúhovka iris [ˈaiəris]
duch 1. spirit 2. *(strašid-lo)* ghost
duchaplnosť ingenuity [indžiˈnjuiti]
duchaplný spirited, inge-nious
duchaprítomný present-minded
duchovenstvo clergy
duchovný¹ *príd.* spiritual
duchovný² *podst.* clergy-man, parson
dumať meditate, muse
Dunaj the Danube [ˈdæn-ju:b]
dunenie roll, thunder; *d. hromu* peal of thunder
dunieť *(hrmieť)* thunder, roll; *(o mori, dele)* boom, roar
dupať stamp; *(ničivo)* trample
dúpä den, lair [ˈleə]
duplikát duplicate
dupnutie stamp
dupot stamp(ing), tramp; *(koní)* thud

dusík nitrogen [ˈnaitrə-džən]
dusiť 1. suffocate, choke, stifle 2. *(potláčať)* suppress 3. *(mäso)* stew
dusivý stifling, choking
dusný sultry; *(obrazne)* oppressive; *(nevetraný)* stuffy
duša 1. soul 2. *(pneu-matiky)* (inner) tube
duševný mental; *odb.* psychic [ˈsaikik]
dúšok draught [dra:ft], nip
duť *blow
dutina cavity, hollow
dutý hollow, concave
dužina pulp
dva two
dvadsať twenty
dvadsiatka score
dvadsiaty twentieth
dvakrát twice, double
dvanásť twelve
dvanásty twelfth
dvere door; *(hlavné)* main entrance, front door; *(padacie)* trap-door
dvíhať lift, raise; *(s ná-mahou)* heave; *(zo ze-*

me) pick up, *take up
|| **d. sa** *rise
dvojakosť duplicity
dvojaký double-dealing,
two-fold
dvojbodka colon [ˈkəulən]
dvojča twin
dvojdom semidetached
house
dvojhra *šport.* double
dvojica couple
dvojičky twins *mn. č.*
dvojitý double
dvojmo double, in
duplicate [ˈdju:plikeit]
dvojnásobne double
dvojnásobný double, two-
fold [ˈtu:fəuld]
dvojník double
dvojposteľový double-
-bedded
dvojradový *(kabát)*
double-breasted coat
dvojročnica two year
plan
dvojspev duet [dju:ˈet]
dvojtýždňový fortnightly
dvojzmysel ambiguity
[ˌæmbiˈgjuiti]
dvojzmyselný ambiguous
[æmˈbigjuəs]
dvojženstvo bigamy

dvor yard, courtyard;
(panovnícky) court
dvorenie courtship [ˈko:t-
šip]
dvoriť court [ko:t], *ma-
ke love to s.o., woo s.o.
dvornosť gallantry
[ˈgæləntri]
dvorný 1. court [ko:t] **2.**
(zdvorilý) gallant [gə-
ˈlænt], courteous [ˈkə:-
tiəs]
dych breath [breθ]; *do
posledného d-u* to the
last breath
dýchanie respiration,
breathing [ˈbri:ðiŋ]
dýchať breathe [bri:ð];
odb. respire
dychčať pant
dychovka brassmusic
dychtiť *po* *be eager for
dychtivosť eagerness
dychtivý eager, keen
dýka dagger, *(malá)*
stiletto
dym smoke
dymiť smoke, fume
dyňa water-melon
dynamický dynamic
[daiˈnæmik]
dynamika dynamics
[daiˈnæmiks]

dynamit dynamite
 [ˈdainəmait]
dynamo dynamo
dynastia dynasty, house
dýza jet, spout
dyzentéria dysentry
 [ˈdisntri]

džavot rattle
džbán pitcher, jug
džber tub, pail
džem jam
džez jazz
džungľa jungle

E

eben ebony
ebonit ebonite
edícia edition
efekt effect
efektívny effective
egoista egoist
egreš gooseberry
Egypt Egypt
egyptský Egyptian
ekonóm economist
ekonómia economy;
 (hospodárenie)
 economics *mn. č.*
ekzém eczema [ˈeksimə]
elegancia elegance
elegantný elegant, smart
elégia elegy [ˈelidži]
elektráreň power-plant,
 power-station

elektrický electric(al);
 e. spotrebič electrical
 appliance; *e. prúd*
 electrical current
električka tram, tramway;
 amer. car
elektrifikácia
 electrification
elektrikár electrician
elektrina electricity
elektróda electrode
elektroinžinier electrical
 engineer
elektroinžinierstvo
 electrical engineering
elektromagnet electro-
 magnet
elektrometer electrometer
elektrón electron
 [ˈilektron]

elektrónka valve
elektropriemysel
  energetics *mn. č.*
elektrovodič conductor
  (of electricity)
elipsa ellipse
email enamel
emancipácia emancipa-
tion
embargo embargo
embólia *lek.* embolism
emigrácia emigration
emigrant emigrant
emigrovať emigrate
encián *bot.* gentian
  [ˈdženšiən]
encyklopédia encyclo-
  paedia [enˌsaikloˈpiːdiə]
energetika energetics *mn.*
  č.
energia energy, power
energický energetic, reso-
  lute; strenuous
enervovať unnerve
epidémia epidemic
epidemický epidemic
epika epic poetry
epigram epigram
epizóda episode
epocha epoch [ˈiːpok]
epochálny epoch-making
  [ˈiːpokˈmeikiŋ]

éra era [ˈiərə]
erárny national
erb coat-of-arms
erdžať neigh [nei]
erotický erotic
esej essay
eskadra squadron
eskamotér juggler
eskontovať discount
eskorta eskort
Eskymák Eskimo
eso ace
espresso espresso
estetický aesthetic [iːsˈθe-
  tik]
estetika aesthetics
  [iːsˈθetiks]
estráda music-hall art
ešte still; *e. jeden* another;
  e. raz once more, once
  again; *e. nie* not yet; *e.*
  lepší even better; *čo e.?*
  what else?; *e. len* only;
  e. raz toľko as much again
  e. trocha a (little) bit
  more
etapa stage
éter ether [ˈiːθə]
etika ethics [ˈeθiks]
etiketa etiquette
Európa Europe
európsky European
evakuovať evacuate

evanjelický evangelic(al)
evanjelium gospel
eventuálne possibly
eventuálny prospective
evolučný evolutionary
exaktný exact
exekúcia execution; *(súd-na)* distraint
exemplár 1. copy **2.** *(vzor-ka)* sample
exhumovať exhume
exil exile
existencia existence
existovať exist, *be
exkavátor excavator
exkurzia excursion
exotický exotic

expanzia expansion
expedícia expedition
experiment experiment
experimentálny experimental
experimentovať experiment
expert expert
explózia explosion
exponát exhibit
expozícia exposition
expres express
externista day-pupil, part-time pupil
extrém extreme
exulant exile

F

fabrikát manufacture, produce
facka box, slap (in the face)
fádny dull
fagan brat, urchin
fagot bassoon
fajčenie smoking
fajčiar smoker; *oddele-nie pre f-ov* smoking

compartment; *vozeň pre f-ov* smoking carriage; *hovor.* smoker
fajčiť smoke; *f. zakázané* no smoking
fajčivo tobacco
fajka pipe
fakľa torch
fakt fact
faktúra invoice

fakulta faculty
faloš falsehood
falošný false; *(nepravý)* mock; *(hudobne)* out of tune; *f. hráč* (card-)-sharper; *f-é obvinenie* frame-up
falšovanie forgery; *f. bankoviek* note forgery
falšovať 1. forge, falsify 2. *(znehodnotiť)* adulterate
falzifikát forgery
fanatický fanatic
fanatik fanatic
fanatizmus fanaticism
fanfáry flourish (of trumpets), fanfare
fánka fritter, doughnut [ˡdəunat]
fantastický fantastic
fantázia fancy
fara parsonage
farár 1. *(katolícky)* priest 2. *(evanjelický)* parson
farba colour, hue; *(náter)* paint; *základné f-y* primary colours
farbiareň dye-house, dye-works [ˡdai-]
farbiť 1. colour 2. *(látku)* dye [dai] 3. *(natierať)* paint

farbivo dyestuff [ˡdaistaf]; pigment
farbosleposť colour--blindness
farebný coloured; *f-é sklo* tained glass
farma farm
farmácia pharmacy [ˡfa:məsi]
farmár farmer
farnosť parish
fasáda front [frant], facade [fəˡsa:d]
fascinovať fascinate
fašiangovať celebrate carnival
fašírka mincemeat
fašista fascist [ˡfæʃist]
fašistický fascist [ˡfæʃist]
fašizmus fascism [ˡfæʃizm]
fatamorgána mirage [mira:ž]
favorit favourite
favorizovať favour
fáza phase [feiz]
fazóna fit
fazuľa bean
február February
federácia federation
federálny federal
fejtón feuilleton [ˡfə:ito:ŋ]

felčiar surgeon
fermež varnish
festival festival
feudalizmus feudalism
feudálny feudal
fiaker cab
fialka violet
fialový violet, purple
fičať whiz *(-zz-)*, howl
figa fig
fígeľ joke, trick
filatelista stamp-collector
filharmónia philharmony
filharmonický philharmonic
filiálka branch
film film, motion picture; *(kreslený)* animated cartoon
filmár camera man
filmovať film; *odb.* *shoot
filmový film; *f. pás* reel; *f. týždenník* news-reel; *f. titulok* caption; subtitle
filológ philologist
filológia philology
filologický philologic(al)
filozof philosopher
filozofia philosophy
filozofický philosophic(al)
filtrovať filter

finále 1. *(hudobné)* finale [fiˈnaːli] **2.** *šport.* final
financie finance
financovať finance
finančný financial, fiscal
fingovať feign [fein], simulate
finiš *šport.* final spurt
Fínsko Finland
fínsky Finnish
firma 1. *(závod)* firm, house; *(veľká)* concern **2.** *(štít)* sign(-board)
fixovať fix
fľak stain, blot, spot
flám spree, razzle-dazzle
flámovať *have a night out
flanel flannel; *f-ový oblek* flannels *mn. č.*
fľaša bottle; *(poľná)* flask
flauta flute
flór *(smútočná látka)* mourning crape
flotila fleet
fluktuácia fluctuation
fluktuovať fluctuate
fňukať snivel *(-ll-)*
folklór folklore
fond fund, stocks *mn. č.*
fonetický phonetic
fonetika phonetics *mn. č.*

fontána fountain, cascade
foremný shapely
forma form, shape
formalita formality
formálny formal
formát size
formula formula
formulár form, blank;
application form; *vyplniť
f.* fill up a form
formulovať formulate
fotel arm-chair
fotoaparát camera
fotograf photographer
fotografia photograph;
hovor. photo; *farebná f.*
chromophotography
fotografický photographic
fotografovať photograph,
*take a snap
foyer lounge [laundž]
frajer 1. *(nápadník)* suitor
2. *(zvodca)* philande-
rer
frajerka sweetheart
frak evening dress, tail-
-coat
frakcia fraction
Francúz Frenchman
Francúzi the French
Francúzka Frenchwoman
Francúzsko France

francúzsky French, in
French; *f. kľúč* wrench
franko post paid
frankovať stamp
fraška farce [fa:s]
fráza phrase; *(otrepaná)*
platitude
frázista phrase-monger
frčka fillip; *dať f-u* fillip
frekvencia frequency
frkať snort
front 1. *voj.* front **2.** *(rad)*
queue [kju:]; *stáť vo f-e*
stand in a queue, queue
up [kju:]
frotír: *f-ový uterák* Turkish
towel, rough towel
fuj! fie!, disgusting!
fujara shepherd's fife
fujavica snowstorm
fúkať *blow
fungovať work, function;
(pracovať) operate
funkcia function, office
funkcionár functionary,
official; *(v spolku)*
office-bearer
funt pound *(jednotka vá-
hy aj meny)*
fúra cart-load
fúrik wheelbarrow
furman driver

furmanka carter's trade
furnír veneer
fušovať tinker, dab *(-bb-)*
futbal football; *f-ový zá-pas* football match
fúzatý bearded
fúzy moustache [məsˡta:š]; *(bokombrady)* whiskers ● *smiať sa*

pod f. laugh into one's sleeve
fyzický physical
fyzik physicist
fyzika physics *mn. č.*
fyzikálny physical
fyziológia physiology
fyzkultúra physical culture

G

gágor throat, larynx
gagot cackle
gajdoš piper
gajdy bagpipes *mn. č.*
galantéria fancy goods, haberdashery [ˡhæbə-dæšəri]
galantný courteous [ˡko:-tiəs], gallant
galejník galley-slave
galéria 1. gallery **2.** *(divadelná)* upper gallery, *hovor.* gods, *amer.* nigger heaven
galoše galoshes *mn. č.*, *amer.* rubbers *mn. č.*
gamaše gaiters *mn. č.*, leggings *mn. č.*

gamba lip, mouth
gangster gangster
gániť look askance [əsˡkæns]
garáž garage; *dať do g-e* garage
garbiar tanner, currier [ˡkariə]
garda guard
gardista guardsman
garderóba 1. wardrobe **2.** *(šatňa)* cloak-room
garnitúra set, suit
garsoniéra chambers *mn. č.*
gašparko Punch; *g-vo divadlo* Punch and Judy show

gaštan chestnut; *divý g.*
  horse-chestnut
gaštanový *(farba)* auburn
gate *hovor.* pants *mn. č.,*
  knickers *mn. č.*
gauč couch, sofa
gavalier cavalier
gáza gauze
gazda farmer
gazdiná housekeeper,
  housewife
gazdovstvo farm; *(na
  chov dobytka) amer.*
  ranch
gejzír geyser [ˈgaizə, gi:-]
geletka pail, firkin
generácia generation
generál general
generálka *div.* dress-
  rehearsal
generátor generator
geniálny of genius
genitív genitive
génius genius
geológia geology [dži-
  ˈolədži]
geometria geometry
Germán Teuton, German
germánsky Germanic,
  Teutonic
gestikulovať gesticulate
  [džesˈtikjuleit]
gesto gesture

geto ghetto
gigantický gigantic
  [džai:gæntik]
girlanda garland
git putty
gitara guitar
glej glue
glóbus globe
glosár glossary
gniaviť crush, crumple
gól goal
golier collar
golf golf
gombík button; *manžeto-
  vý g.* cuff-links; *(na
  zásuvke, na dverách)*
  knob; *(na rádiu)* tuning
  knob
gorila gorilla
gotický gothic
grafický graphic
gram gramme
gramatika grammar
gramofón gramophone;
  g-ová platňa record
gramorádio radiogram
gramotný literate
granát 1. *(klenot)* garnet
  2. *(zbraň)* shell, grenade;
  g-ové jablko pomergranate
gravitácia gravitation
Grécko Greece
grécky Greek

gréčtina Greek
grgať belch
gril grillroom
grobian ill-bred fellow
gróf earl
Grónsko Greenland
grúň grassy slope, hillside
Gruzín Georgian
Gruzínsko Georgia
gruzínsky Georgian
guľa ball; *fyz.* globe; *geom;* sphere; *snehová* g. snow-ball
guláš goulash
gúľať sa roll
guľatý round
guľomet machine-gun

guľovitý spherical, globular
guľovnica rifle
guma India rubber, gum; *do šiat* elastic; *žuvacia guma* chewing gum
gumovať rub *(-bb-)* out, erase
gunár gander
guráž pluck
gurážny plucky
guvernér governor
gymnasta gymnast
gymnastika gymnastics *mn. č.*
gymnázium grammar school
gyps plaster, gypsum

H

habarka twirling stick
habilitácia habilitation
háčik 1. hook **2.** *(na háčkovanie)* crochet (-hook) [ˡkrəušei] ● *v tom je ten h.* there is the rub
had snake
hádanka puzzle, riddle

hádať 1. guess **2.** *(riešiť)* solve **3.** *(veštecky)* divine
hádať sa 1. quarrel **2.** *(premyslene)* dispute **3.** *(dokazovaním)* argue
hádavý quarrelsome
hadica hose [həuz]
hádka quarrel, dispute

hádzaná handball
hádzať *throw about; *h. na* pelt with
háj grove; greenwood
hájiť 1. protect **2.** *(pred súdom)* plead **3.** *(zver)* preserve || **h. sa** defend o.s.
hájiť sa defend
hájnik gamekeeper
hák hook, crook; *(na šaty)* peg
hala hall; lounge [laundž]; *v dolnej snemovni, kde sa voliči stretávajú s poslancami* lobby; *amer.* cloakroom
halier heller; *(malý peniaz)* penny ● *byť bez h-a* *be penniless
haluz branch, bough
hamovať brake
hana blame, censure
hanba shame, disgrace
hanbiť sa *be ashamed
hanblivý shamefaced, shy
handra rag, tatters *mn. č.*
hanebný infamous, vile, ignoble
hangár hangar [ˈhænɡa:]
haniť blame; *(vyčítať)* censure
hanopis lampoon

harfa harp
haring herring
harmanček camomile [ˈkæməmail]
harmónia harmony
harmonický harmonious
harmonika *(ťahacia)* accordion; *(fúkacia)* mouth-organ
hárok sheet
harpúna harpoon
hasič fireman
hasiť 1. *(oheň)* extinguish, *put out **2.** *(smäd)* quench
hašterivý quarrelsome
hať dam
hatiť dam (-mm-) up; *obraz.* hinder
havária crash, breakdown [ˈbreikdaun]
háveď vermin *(ľudia aj zvieratá)*
havran raven, crow
hazard hazard, game
hazardér gambler
hazardný hazardous
hazardovať risk; *(v kartách)* gamble
hegať jolt [džəult]
hej yes
hektár hectare
hélium helium

helma helmet; *tropická h.* sun-helmet
hemžiť sa teem; swarm
hen over there; *hentam ten* yonder
herec actor
herečka actress
hermelín ermine [ˈəːmin]
heslo 1. slogan 2. *voj.* watchword, password 3. *(slovníkové)* entry, item
hever jack
híkať bray, hee-haw
Hind Hindoo
história history; *(príbeh)* story
historický *(v dejinách dôležitý)* historic; *(dejín sa týkajúci)* historical
historik historian
historka tale, story; *hovor.* yarn
hlad hunger, famine; *smrť h-om* starvation
hľadanie search, quest
hľadať look for, *seek; *(objavovať)* search
hladidlo iron
hľadieť look, regard; *(uprene)* gaze, stare
hladina level, surface; *(morská)* sea-level

hľadisko 1. *(v divadle)* auditorium 2. *(stanovisko)* point of view, standpoint
hladiť 1. *(hladkať)* caress, stroke 2. *(žehliť)* iron, press
hladkať caress, stroke
hladký smooth, even
hladný hungry; *veľmi h.* ravenous; *byť h.* *be hungry, *feel hungry
hladovať hunger, starve
hladovanie starvation
hladovka hunger strike
hlas 1. voice 2. *(v hudbe)* part 3. *(volebný)* vote
hlásať declare, proclaim
hlásateľ announcer
hlásenie report, announcement
hlásiť report, inform || *h. sa* 1. *(komu)* report to s.o. 2. *(o niečo)* apply for 3. *(na úrade)* register 4. *(dobrovoľne)* volunteer 5. *(v škole)* *hold up one's hand
hlasitý loud
hlasivky vocal chords
hláska sound, vowel
hláskovať *spell

hlasno aloud, in a loud voice

hlasný loud

hlasovací voting; *h-ie právo* suffrage [ˈsafridž]

hlasovanie ballot, vote; *(v britskom parlamente)* division; *(všeobecné)* plebiscite

hlasovať vote, poll for

hlasový vocal

hlava head; *po h-e* headlong ● *točí sa mi hlava* I am giddy, I feel dizzy; *bolí ma h.* I have a headache; *h-u hore* cheer up

hlavatý 1. *(s veľkou hlavou)* big-headed **2.** *(tvrdohlavý)* wilful, stubborn

hlaveň barrel

hlavička 1. little head **2.** *šport.* dive

hlavne chiefly, mainly

hlavný 1. chief, main, principal; *h-é mesto* capital **2.** *(čašník)* head-waiter

híbať meditate, speculate

híbavosť speculation, meditativeness

híbavý thoughtful

híbka depth

hlboko deeply

hlboký deep, profound

hliadka watch; *(stráž)* sentinel, sentry; *(obchôdzka)* patrol; *(proti štrajkokazom)* picket

hlien phlegm [flem]

hlina earth; *(spracovateľná)* clay

hlinený earthen; *h. riad* earthenware

hliník aluminium

hlísta worm

hlodať gnaw [no:]

hlodavec rodent

hloh *bot.* hawthorn

hlt gulp, draught swallow; *amer.* draft

hltať gulp, gobble, swallow

hltavý greedy, gluttonous [ˈglatnəs]

hlúčik small crowd, group

hlučný noisy, loud, vociferous, rowdy; *(búrlivý)* tumultous

hluchonemý deaf-and-dumb

hluchota deafness

hluchý deaf ● *h. ako poleno* stone-deaf

hluk noise, clamour, din
hlupák blockhead, dunce
hlúposť stupidity; *hovor.* tripe ● *h.!* nonsense!; *robiť h-i* play the fool
hlúpy stupid, silly, foolish, inane; *(obmedzený)* dull
hľuza bulb
hmat touch [tač]
hmataťť touch [tač]
hmatateľný palpable, tangible ['tændžəbl]
hmla mist, fog; *(jemná)* haze
hmlistý 1. misty, foggy **2.** *(nejasný)* vague
hmlovina nebula
hmota matter, mass, solid
hmotný material, substantial
hmyz insect, vermin
hnačka lax
hnať *drive; (vetrom, vodou)* drift || **h. sa** rush, sweep
hneď instantly, at once; *h. za tebou* right behind you
hnedosť brown (colour)
hnedý brown; *(opálený)* tanned

hnev wrath [ro:θ], anger
hnevať annoy, *make angry, irritate || **h. sa** *be angry with, *be cross
hnida nit
hniesť 1. *(cesto)* knead [ni:d] **2.** *(trápiť)* vex
hniezdiť nest || **h. sa** fidget
hniezdo nest
hniloba rot; *(rozklad)* decay
hnilý rotten, decaying
hnis pus
hnisať suppurate, fester
hniť rot *(-tt-),* putrefy
hnoj dung, manure
hnojenie fertilization
hnojiť manure, dung, fertilize
hnojivo 1. manure **2.** *(umelé)* fertilizer
hnus distaste, disgust
hnusiť sa loathe, *be disgusted
hnusný disgusting, loathsome, odious
hnúť (sa) move
hnutie movement; *(masové)* mass-movement
ho him
hoblík plane

hobľovať plane
hoboj oboe
hoci although, though, for
hocičo anything
hocijaký whatever
hocikde wherever, any-where
hocikedy whenever; at any time
hocikto whoever; anyone, anybody
hociktorý whichever, any
hod throw; *hod kladivom* th-ing the hammer; *hod oštepom* th-ing the javelin
hodina 1. hour 2. *(vyučovacia)* lesson, period; *koľko je hodín?* what time is it?; *o jednej* at one o'clock
hodinár watchmaker
hodinky watch; *(náramkové)* wrist-watch
hodiny 1. clock; *slnečné h.* sun-dial 2. *(úradné)* hours; *špičkové h.* rush--hours
hodiť *throw; (prudko)* *fling; (ľahko)* *cast; *(list)* drop *(-pp-)* ‖ **h. sa** 1. *fling o. s. 2. *(pristať)* fit *(-tt-),* match ● *via-*

zanka, ktorá sa hodí k obleku a tie to match the suit
hodlať intend, *be about
hodno it is worth
hodnosť dignity
hodnostár dignitary
hodnota value, worth, price; *(mincí)* denomination
hodnotenie (e)valuation
hodnotiť value, evaluate, rate
hodnotný valuable [ˈvæ-ljubl]
hodnoverný authentic, reliable
hodný worthy, deserving
hodovať feast
hodváb silk; *umelý h.* rayon, artificial silk
hodvábnik silkworm
hodvábny silk(en); *h. papier* tissue-paper [ˈtisju:-]
hody feast
hojdať (sa) *swing, rock
hojiť cure ‖ **h. sa** heal up
hojivý healing
hojnosť plenty, abundance

hojný plentiful, copious
hokej (ice-)hockey
hoľa ridge
Holanďan Dutchman
Holandsko Holland, the
  Netherlands *mn. č.*
holdovať *čomu* indulge in
  s.t.
holeň shin(-bone)
holenie shaving
holiaci shaving; *h-e mydlo*
  shaving-stick; *h. strojček*
  safety-razor; *elektrický*
  h. strojček shaver
holič barber, hairdresser
holiť (sa) *shave; *dať sa*
  oholiť *have a shave
holobriadok greenhorn
holohlavý bald
holub pigeon; *poštový h.*
  carrier-pigeon
holubica dove
holý bare, naked ● *h-á*
  pravda pure truth; *h-á*
  hlava bear head
homola cone
homosexuálny queer
hon 1. *(poľovačka)* cha-
  se, hunt **2.** *(miera)* acre
honba chase
honiť hunt *(pri poľovačke)*
honorár fee; *autorský h.*
  royalty

honosiť sa boast of s.t.
honosný boastful, swag-
  gering
hora 1. mountain **2.** *(les)*
  wood, forest ● *sľubovať*
  hory-doly promise
  mountains and marvels
horal mountaineer
horák burner; *plynový h.*
  gas-jet
horár gamekeeper
horáreň gamekeeper's
  cottage
horčica mustard
hore above, up; *h. po*
  schodoch upstairs; *h. no-*
  hami upside-down
horeznačky on one's back
horieť *burn ● *h. od han-*
  by blush with shame
horizont horizon
horkosť bitterness
horký bitter
horľavina combustibles
  mn. č.
horľavý combustible
horliť *be zealous [ˈzeləs]
horlivosť eagerness, zeal
  [ziːl]
horlivý zealous [ˈzələs]
  (dychtivý) eager; *(nad-*
  šený) ardent

hornatina uplands, highlands
hornatý mountainous
hornina mineral
horný upper, top
horolezec mountaineer
horolezectvo mountaineering
horský mountain(ous); *h. hrebeň* mountain range; *h-á chata* chalet [ˈʃælei]; *h. slnko lek.* ultraviolet rays, sun-lamp
horší worse, inferior
horšiť sa *grow worse, worsen
horúci hot, torrid; *obraz.* ardent
horúčava heat
horúčka fever
horúčkovitý feverish
hospitant extension-student
hospodárenie economy
hospodárny economical, thrifty; *h. človek* economist
hosť guest, visitor; *amer. h. v hoteli* transient
hostina feast, banquet [ˈbæŋkwit]

hostinec inn, public-house
hostinský land-lord, inn-keeper
hostiť entertain
hostiteľ host
hostiteľka hostess
hotel hotel
hotelové (stravné) bony hotel (meal) vouchers
hotelový sluha boots
hotovosť *(peniaze)* cash
hotový ready, prepared
hovädo brute, beast
hovädzí *odb.* bovine; *h. dobytok* cattle; *h. mäso* beef
hovieť indulge ‖ **h. si** rest, repose
hovor talk, chat, conversation; *telefónny h.* call; *medzimestský h.* trunk call
hovorí sa they say
hovoriť *speak, talk; (debatovať)* discuss; ● *h. k veci* *speak to the point
hovorňa parlour
hovorný talkative
hovorový colloquial

hôrny mountain, forest
hra 1. play **2.** *(podľa pravidiel)* game **3.** *(divadelná)* play, piece **4.** *(slovná)* pun **5.** *(nerozhodná)* draw; *poctivá h.* fair play; *Olympijské hry* Olympic games
hrabať rake
hrabivosť greediness
hrabivý greedy
hrable rake
hráč player; *(hazardný)* gambler
hračka toy
hračkárstvo toy-shop
hrad castle
hradba wall; *(ohrada)* fence
hrádza dike; *(prehradzujúca)* dam; *(nábrežná)* wharf; *(prístavná)* pier; *(proti povodniam)* levee
hrach peas *mn. č.*
hrachor *bot.* sweet pea
hrana edge
hranatý angular
hranica 1. *(štátna)* frontier **2.** *(medza)* boundary, bounds **3.** *(krajná medza)* limit **4.** *(horiaca)* bonfire
hraničiar frontiersman, border-guard
hranol prism
hranostaj ermine [ˈə:min]
hrášok pea
hrať 1. play, perform **2.** *(rolu)* act **3.** *(hazardne)* gamble
hrať sa play
hravý playful
hrazda cross-bar
hrb hump
hŕba heap; *(do výšky)* pile
hrbáň hunchback
hrbiť sa cringe, crook
hrča bump, swelling
hrdelný capital, criminal
hrdina hero ● *socialistickej práce* hero of socialist labour
hrdinka heroine
hrdinský heroic
hrdinstvo heroism
hrdlačiť drudge, slave
hrdlička turtle(-dove)
hrdlo 1. throat **2.** *(fľaše)* neck ● *bolí ma h.* I have a sore throat
hrdosť pride

hrdý proud
hrdza rust, corrosion
hrdzavieť rust ● *ne-hrdzavejúci* stainless
hrdzavý rusty
hrebeň 1. comb 2. *(pohoria)* ridge
hrebienček *(u sliepky)* crest
hrešiť 1. *(nadávať)* *swear 2. *(koho)* scold
hriadeľ shaft
hriadka (garden-)bed
hrianka toast
hriať warm
hriate hot whisky
hriech sin
hriešnik sinner
hriešny sinful
hriva mane
hrkálka rattle
hrkať rattle
hrmenie thunder
hrmieť thunder
hrmot din, noise
hrmotať *make a noise
hrnček mug
hrnčiar potter
hrnčiarsky tovar earthen-ware, pottery
hrniec 1. pot; *tlakový h.*

pressure-cooker 2. *(na kvety)* jar
hrnúť sa pour, stream
hrob grave
hrobár sexton, grave--digger
hrobka tomb [tu:m]
hrobový sepulchral ● *h-é ticho* dead silence
hroch hippopotamus [ˌhipəˈpotəməs]
hrom thunder
hromada bulk, heap
hromadiť 1. (ac)cumulate; *(na kopu)* heap; *(veľké množstvo)* (a)mass [mæs] 2. *(na úkor iných)* hoard ‖ **h. sa** accumulate
hromadný collective
hromobitie thunderstorm
hromozvod lightning rod, conductor
hromžiť *swear
hrot point
hrozba threat, menace
hrozienko raisin, currant
hroziť threaten, menace (by, with); *h. prstom* wag one's finger ‖ **h. sa** shudder
hrozivý imminent

hrozno 1. *(zrnko)* grape **2.** *(strapec)* bunch of grapes

hrozný terrible, awful, horrible

hrôza horror, terror ● *naplniť hrôzou* terrify

hrsť handful

hŕstka handful

hrtan throat; *odb.* larynx

hrúbka thickness

hrubosť 1. thickness **2.** *(nevychovanosť)* rudeness

hrubý 1. *(nespracovaný)* rough, coarse **2.** *(nevychovaný)* rude; *(urážlivý)* outrageous **3.** *(brutto)* gross

hruď breast, chest, bosom

hruda lump

hrudník chest; *odb.* thorax [θo:ræks]

hruška pear

hrúžiť dip *(-pp-)* ‖ **h. sa** dive

hrvoľ 1. *(choroba)* goitre [ˈgoitə] **2.** *(vtáčí)* crop

hryz bite

hrýzť gnaw [no:], *bite

huba 1. mushroom **2.** *(hovor. ústa)* mouth, jaw

hubáň tattler

hubertus ulster

hubiť exterminate

hubovitý spongy

huckať incite

hučať howl, roar

hudba music

hudobník musician

hudobniny music

hudobný musical; *h. nástroj* musical instrument

húf crowd, *(rýb)* shoal

húfne in crowds

huhňať snuffle

húkať hoot, howl

hulákať shout, bawl [bo:l]

humanita humanity

humanizmus humanism

humánny humane

humno barn, shed

humor humour; *zmysel pre h.* sense of humour

humorný humorous

huňatý shaggy, hairy

huncút rogue

huncútstvo roguery, mischief

hundrať grumble

hurá! hurrah [huˈra:]

hurhaj tumult, riot

hus goose
husacina goose-meat
húsenica caterpillar
husle violin; *hovor.* fiddle
huslista violinist
huspenina jelly, aspic
hustnúť thicken, *grow thick
hustota density, thickness; *h. obyvateľstva* density of population
hustý dense, thick
húšťava thicket
huta foundry; *železná h.* iron-works *mn. č.*
hutnícky metallurgical
hutníctvo metallurgy
hutník founder, smelter
húževnatý tough, stubborn
húžvať tighten
hvezdár astronomer
hvezdáreň observatory
hvezdársky astronomical
hvezdárstvo astronomy
hviezda star
hviezdička *(voj. odznak)* pip
hvízdať whistle
hybaj! *get out

hýbať (sa) stir *(-rr-)*, move
hybný motive; *(pohybu schopný)* mobile; *h-á sila* motive power
hýčkať spoil
hydina poultry
hydraulický hydraulic
hydraulika hydraulics *mn. č.*
hydroelektráreň hydroelectric power station
hydroplán hydroplane, seaplane
hyena hyena [haiꞌi:na]
hygiena hygiene [ꞌhaidži:n]
hygienický sanitary, hygienic [haiꞌdži:nik]
hymna anthem
hynúť perish, decay [diꞌkei]
hypnóza hypnosis
hypotéka mortgage [ꞌmo:gidž]
hýriť 1. revel *(-ll-)* in 2. *(v pitkách)* carouse 3. *(plytvať)* lavish
hystéria hysteria
hysterický hysterical
hyzdiť disfigure

CH

chabý feeble, faint, week;
(ochabnutý) languid
chalan boor [buə]
chaluha seaweed
chalupa cottage, hut,
cabin
chamraď rabble, scum
chamtivý rapacious,
grasping
chaos chaos [ˈkeios]
chaotický chaotic
[keiˈotik]
chápadlo *zool., bot.* tent-
acle [ˈtentəkl]; *(pazúr)*
claw
chápanie apprehension
chápať *understand, fol-
low, grasp; *rýchlo ch.*
quick on the uptake
chápavý bright, quick-
-witted
charakter character
[ˈkæriktə]
charakteristický charac-
teristic(al)
charakteristika character-
istic
charakterný well-princi-
pled
charta charter

chata cottage, hut, bun-
galow; *(horská)* chalet
[ˈšælei]; *(turistická)*
hostel; *amer.* shack
chatrč hut, shanty;
amer. cabin
chatrný 1. *(ošarpaný)*
shabby 2. *(zdravotne)*
(*be) poorly
chcieť want, wish ●
chcem, aby si to urobil
I want you to do it
chémia chemistry [ˈke-
mistri]
chemický chemical [ˈke-
mikl]
chemik chemist [ˈkemist]
chichot cackle, giggle
chichotať sa giggle, titter
chinin quinin [kwiˈni:n]
chirurg surgeon
chirurgia surgery
chlad cold, chill
chladiaci cooling, refri-
gerating
chladič cooler, radiator
chladnička refrigerator,
fridge
chladnokrvnosť cold
blood

chladnokrvný cold-
-blooded
chladný cool, chilly, cold
chlácholiť console, sooth
chlap fellow, chap; *amer.*
guy [gai]
chlapec boy, lad
chlapčenský boyish
chlapisko big fellow
chlebník knapsack
['næpsæk]
chlebodarca employer
chlieb bread; *(čierny)*
brownbread; *(opekaný)*
toast; *ch. s maslom*
bread-and-butter
chliev shed, stable; *(pre
svine)* pigsty
chlipnosť lewdness
['lju:dnis], lust
chlipný lewd [lju:d],
lustful
chlopňa flap, *(srdca)*
valve
chlór chlorine ['klo:ri:n]
chlorid chloride ['klo:rid]
chlp hair
chlpatý hairy
chmára black cloud
chmatnúť snatch
chmeľ *(rastlina)* hop,
(plody) hops *mn. č.*
chmeľnica hop-garden

chmúrny gloomy, sullen,
lurid ['ljuərid]
chňapnúť snap *(-pp-)*
chobot 1. *(slona)* trunk
2. *(morský)* sea-arm
chobotnica octopus
chod 1. *(chôdza)* gait
2. *(pohyb)* course 3.
(činnosť) run 4. *(jed-
la)* course, dish 5.
(stroja) gear [giə]
chodba passage, gangway,
corridor; *amer.* aisle [ail]
chodec walker, pedes-
trian
chodidlo sole (of the foot)
chodiť *go; (prechádzať
sa)* walk; *(bez cieľa)*
stroll ● *ch. na pre-
chádzku* *go for a walk
chodníček path
chodník pavement; *amer.*
sidewalk
chodúle stilts *mn. č.*
chochoľ crest, tuft
cholera cholera [kolərə]
chomút horse-collar
chopiť sa *take hold of;
(mocou)* seize; *ch. sa
práce* *set to work; ch.
sa čoho* tackle s.t.
chór choir ['kwaiə],
chorus ['ko:rəs]

chorľavieť sicken, languish

chorľavosť indisposition

chorľavý indisposed, sick, ailing

choroba illness, sickness; *(menšia)* ailment; *(duševná)* mental disease; *(u zvierat)* distemper

chorobný sickly, ailing, morbid

chorobopis anamnesis

choroboplodný infectious

choromyseľný insane, mad, lunatic; *ústav pre ch-ch* mental home (institution)

chorý 1. *príd.* ill, ailing, indisposed **2.** *podst.* patient

chotár 1. *(územie)* territory of a village **2.** *(hranica)* landmark, boundary

chov breeding; *amer.* raising; *(dobytka)* cattle--breeding; *(sliepok)* poultry-farming; *(včiel)* bee-keeping

chovanec ward; *(žiak)* pupil; *(nevlastné dieťa)* fosterchild

chovanie behaviour, conduct, manners *mn. č.*

chovať 1. *(pestovať)* raise **2.** *(kŕmiť)* *feed; *ch. nádej* entertain; *ch. ako poklad* treasure || **ch. sa** behave; deport o.s.; *ch. sa slušne* behave o.s.

chôdza walk, gait

chrabrý brave, courageous

chradnúť languish, wither away, fade

chrám temple

chrániť protect, defend; shield

chrápanie snoring

chrápať snore

chrapľavý hoarse [ho:s], *(zvuk)* raucous

chrapúň churl [čə:l]

chrasta scab

chrbát 1. back, spine **2.** *(hory)* ridge

chrbtica backbone, spine

chrbtový spinal

chrčanie rattling

chren horse-raddish

chrípka influenza; *hovor.* 'flu

chrlič spout

chrliť discharge, spout, emit; *chrlenie krvi*

blood-spitting
chrobák beetle; *(veľký)* chafer [ˈčeifə]; *amer.* bug
chrochtať grunt
chróm chromium [krəumiəm]
chromý lame, crippled
chronický chronic
chronologický chronologic(al)
chrt greyhound
chrumkavý crunching
chrup teeth; *umelý ch.* dental plate, denture
chrupavka gristle, cartilage
chrúst May-bug, cockchafer [-čeifə]
chtiac-nechtiac willy-nilly
chtivosť eagerness, greed, avidity
chtivý eager, greedy grasping; *(nedovoleného)* covetous
chudáčik poor thing
chudák wretch [reč]
chudoba poverty, want
chudobinec workhouse
chudobný poor, miserable, needy
chudokrvnosť anaemia

chudý thin, meager, lean
chuchvalec clot
chuligán hooligan [ˈhu:-ligən]
chúlostivý delicate, squeamish
chumáč tuft, bunch
chuť taste; *(do jedla)* appetite; *(charakteristická)* flavour; *bez ch-i* tasteless, inspid; *nemám na to ch.* I don't feel like it
chutiť taste
chutný palatable, apetizing; *(pikantný)* savoury; *hovor.* tasty
chvála praise
chváliť praise
chválitebný laudable
chványhodný praiseworthy [ˈpreizˌwə:ði]
chvastať sa brag *(-gg-)*, boast
chvat haste, hurry, expedition
chvatný hasty
chvatom hastily, in a hurry
chvenie 1. shivering, trembling **2.** *tech.* vibration [vaibreišn]
chvieť sa tremble, *shake

(zimou) shiver; *(ako struna)* quiver; *(v otrasoch)* *(kyvadlovite)* oscillate

chvíľa while; *na ch-u* for a while; *pred ch-ou* just now

chvíľka instant, moment

chvost tail

chyba mistake, fault, *(omyl)* error; *(tlačová)* misprint; *(kaz)* flaw; *(závažná)* blunder; *lek.* defect

chýbať 1. *(byť neprítomný)* *be absent **2.** *(mať nedostatok)* *be short of

chybiť err, *make a mistake; *(závažne)* blunder

chybne amiss

chybný wrong, incorrect, defective, faulty; *(mravne)* offensive

chystať prepare, *make ready

chystať sa *get ready, *be about

chytať 1. *catch; *(uchopiť)* seize; *(do pasce)* (en)trap *(-pp-)*; *(ryby do siete)* net **2.** *(o ohni)* *catch fire

chytiť 1. *catch, capture **2.** *(dohoniť)* *overtake ‖ **ch. sa 1.** *(zapáliť)* *catch fire **2.** *(čoho)* *catch at s.t.

chytľavý 1. catchy **2.** *(zápalný)* inflammable **3.** *(nákazlivý)* infectious

chytrácky cunning, smart

chytráctvo cunning, trickery

chytro quickly, fast

chyža shanty [ˈʃænti]

chyžná chambermaid

I

i and; also; too

iba only, just, merely

idea idea

ideál ideal

idealizmus idealism

ideálny ideal

identita identity

ideológia ideology

idiot idiot [ˈidiət]
idiotský idiotic [ˌidiˈotik]
idyla idyll
ignorovať ignore
ihla needle
ihlan pyramid
ihlica pin; *(do vlasov)* hair-pin
ihličie pine-needles
ihneď at once; immediately
ihrisko playground
ich their, theirs
ikry fish-roe
íl clay
ilegálny illegal
ilustrácia illustration
ilustrovať illustrate
ilúzia illusion; *zbaviť i-ií* disillusion
imanie property, possession [pəˈzešn]
imelo mistletoe
imitácia imitation
imperialista imperialist
imperialistický imperialistic
imperializmus imperialism
impérium empire
imponovať impress
import import
importér importer

importovať import
impotencia impotence
impotentný impotent
impozantný imposing
impregnácia impregnation, waterproofing
impregnovať impregnate
improvizácia improvisation
impulz impulse
imunita immunity
imúnny immune
ináč otherwise, else
inak otherwise, else
inam elsewhere, somewhere else
Ind Indian
inde elsewhere
Indián Red Indian; *(hanlivo)* redskin
indikácia indication
indiskrétny indiscreet
indisponovaný indisposed
individualita individuality
indivíduum individual
indukovať induce
industrializácia industrialization
infekcia infection
infikovať infect
infekčný infectious
infinitív infinitive

inflácia inflation
informácia information
informovať inform || **i. sa o** inquire about, after
iniciálka initial
iniciatívny initiative
injekcia injection; *i-čná striekačka* syringe
inkaso cash, collection
inkasovať collect, cash
inkluzíve including
inkvizícia inquisition
inokedy another time, at some other time
inovať hoarfrost
inscenovať (*put on the) stage
insolventný insolvent
inšpekcia inspection
inšpektor inspector
inšpirácia inspiration
inšpirovať inspire
inštalatér fitter, plumber
inštalovať install
inštinkt instinct
inštinktívny instinctive
inštitúcia institution
inštrukcia instruction
inštruktor instructor
inštruovať instruct
intelektuál intellectual

inteligencia 1. intelligence, brains *mn. č.* **2.** *(vrstva)* intelligentsia
inteligentný intelligent, clever
intenzita intensity
intenzívny intense, keen
interiér interior
Internacionála internationale
internacionalizmus internationalism; *proletársky i.* proletarian internationalism
internačný *tábor* detention camp
internát boarding-school, hostel
internovať intern
interpretovať interpret
interpunkcia punctuation; *i-čné znamienka* punctuation marks *mn. č.*
interval interval, space
intervencia intervention
intervenovať intervene
interviewovať interview
intimita intimacy, familiarity
intímny intimate
intonácia intonation
intriga intrigue; *(zradná)* plot, scheme [ski:m]

intuícia intuition
invalid invalid
invázia invasion
inventár inventory, stock
inventúra stock-taking;
 amer. inventory; *robiť*
 i-u *take stock
investícia investment
investovať invest
iný 1. *(ďalší)* other, another; *kto i.?* who else?
 2. *(odlišný)* different
inzerát advertisement
inzerovať advertise
inžinier engineer
írečitosť originality,
 genuineness
írečitý original, genuine,
 natural
Ír Irishman
irónia irony [ˈaiərəni]
ironický ironic(al)
Írovia the Irish
írsky Irish
ischias sciatica [saiˈætikə]
iskra spark
iskriť sparkle
iskrivý sparkling, glittering
Island Iceland
ísť 1. *go; *(pešo)* walk;
 (nasledovať) follow; *í.*

po fetch; *í. okolo* pass;
í. na prechádzku *go
for a walk; *í. spať* *go
to bed, retire **2.** *(o stroji)* work **3.** *(dariť sa)*
succeed ● *ide to na*
dračku it sells like hot
buns; *to mi nejde do*
hlavy it is beyond me;
choď do čerta go to Jericho [ˈdžerikəu]
iste certainly, surely, sure
istota certainly; *(bezpeč-*
nosť) security
istý sure, certain; *(bez-*
pečný) secure; *ten i.*
the same
íver chop, splinter
izba room; *(obývacia)*
sitting-room; *(nemoc-*
ničná) ward; *(detská)*
nursery
izbička cabinet, closet
izolácia isolation; *fyz.*
insulation
izolačný insulating
izolátor insulator
izolovať isolate; *(proti*
teplu, chladu) lag; *fyz.,*
elektr. insulate; *lek.*
quarantine [ˈkworənti:n]
izoterma isotherme
Izrael Israel

J

ja I, self; *tvoje lepšie „ja"* your better self; *j. sám* myself
jablčník apple pie
jablko apple
jabloň apple-tree
jačať scream, yell
jačmeň barley; *(na oku)* sty
Jadran Adria
jadrný solid, pithy
jadro 1. *(orecha)* kernel; *(kôstka plodu)* stone; *atómové j.* nucleus **2.** *(podstata)* substance; *j. výroku* gist
jadrový nuclear
jagať sa glitter, sparkle
jaguár jaguar [ˈdžægwa:]
jahňa lamb
jahoda strawberry
jachať 1. travel *(-ll-)* **2.** *(rýchlo sa pohybovať)* hurry
jachta yacht [jot]
jajkať lament
jalovec juniper-tree
jalovica heifer [ˈhefə]
jalový barren
jama pit, ditch
jamb iambus [aiˈæmbəs]

jamka *(očná)* eye-socket
jantár amber
jantárový amber
január January
Japonec Japanese
Japonsko Japan
japonský Japanese
jar spring; *j. života* prime of life
jarabica partridge
jarmo yoke
jarmočné fairing
jarmočný market
jarmok market, fair
jarok 1. *(pri ceste)* ravine **2.** *(malý potok)* brook
jarý fresh, vigorous
jas brightness, shine
jasať rejoice, cheer
jaseň *bot.* ash(-tree)
jaseňový ashen
jaskyňa cave, cavern
jasle 1. crib, manger **2.** *(opatrovňa)* crèche [kreiš], infant-home
jasnieť clarify, clear up
jasnosť brightness, serenity; *(zreteľnosť)* clearness

jasný bright, clear, transparent, crystalline, serene; *(o myslení)* lucid; *(o farbe)* vivid; *(samozrejmý)* obvious, evident
jastrab hawk
jašo rash fellow
jašterica lizard
jaternica (liver) sausage
jatka butchery, slaughter-house; *amer.* stock-yards; *obraz.* shambles *mn. č.*
jav appearance, phenomenon
Jáva Java [ˈdžaːvə]
javisko stage
javiť sa appear, manifest o.s.
javor maple
jazda 1. *(na koni)* ride 2. *(všeobecne)* drive 3. *(jazdectvo, kavaléria)* cavalry, mounted troops
jazdec rider, horseman
jazdiareň riding-ground
jazdiť *(na koni, bicykli)* *ride; *(všeobecne)* *drive; *(vlakom)* *go by train

jazero lake, loch [leik, lok]
jazmín jasmine [ˈdžæsmin]
jazva scar
jazvec badger [ˈbædžə]
jazyčný 1. *(klebetný)* gossipy 2. *(hubatý)* saucy, cheeky
jazyk tongue; *(reč)* language; *materinský j.* mother tongue ● *držať j. za zubami* *hold one's tongue
jazykoveda linguistics *mn. č.*
jed 1. poison; *(hadí)* venom 2. *(hnev)* anger
jedáleň dining-room; *(lacná reštaurácia)* tea-room; *(závodná)* canteen; *jedálny lístok* bill of fare; *jedálny vozeň* dining-car; *amer.* diner
jeden one; *j. druhého* one another, each other; *j. alebo druhý (z dvoch)* either; *j. po druhom* singly; *je mi to jedno* I don't care
jedenásť eleven

jedenástka 1. *(futbalové mužstvo)* football eleven **2.** *(trestný kop)* penalty
jedenásty eleventh
jedenie eating; *niečo na j.* something to eat
jedináčik the only child
jedinec individual
jedinečný unique
jediný only, sole
jedľa fir (tree)
jedlo *(potrava)* food; *(chod)* dish; *(denné pravidelné)* meal; *hlavné j. dňa* dinner
jedlý edible
jednak(o) also, nevertheless; *jednak — jednak* partly — partly
jednanie 1. proceeding, dealings *mn. č.; (zjazdu)* transactions *mn. č.; (chovanie)* behaviour **2.** *(hry)* act
jednať sa bargain
jednička one
jednoaktovka *div.* one-act play
jednoducho simply
jednoduchosť simplicity
jednoduchý simple

jednofarebný unicoloured
jednohlasný 1. unanimous **2.** *hud.* homophonic
jednokoľajový single-track
jednoliaty compact, solid
jednomyseľný unanimous
jednoradový: *j. kabát* single-breasted coat
jednoročný one year old, of one year
jednorožec unicorn
jednosmerný 1. *(o premávke)* one way **2.** *(prúd)* single-phased
jednostranný onesided
jednota unity
jednotka 1. *(číslo)* one **2.** *mat.* unit **3.** *voj.* troop
jednotkový: *j. obchod* (limited price) store; *amer.* chain-store
jednotlivec individual; *na j-a* per head
jednotlivo singly, one by one
jednotlivý single, individual
jednotnosť uniformity

jednotný uniform; *j-é čislo* singular; *j-é ceny* standard prices

jednotvárnosť monotony

jednotvárny monotonous, dull; *(bez udalostí)* uneventful

jednovalcový one-cylinder

jednoznačný unambiguous [ˈanəmˈbigjuəs]

jedovať sa *be angry

jedovatý poisonous, venomous

jeho his; its

jej her; hers

jeleň stag, (red) deer

jelenica deer-skin, buck-skin

jelito blood-sausage

jelša alder [ˈoːldə]

jemnocit sensitivness

jemnosť subtlety [ˈsatlti], delicacy

jemný fine; *(krehký)* tender; *(ušľachtilý)* gentle

jeseň autumn [ˈoːtəm]; *amer.* fall

jesenný autumnal [oːˈtamnəl]

jeseter sturgeon

jesť *eat; *(stravovať sa)* *have (*take) one's meals, be at table; *j. pažravo* gobble

jesto there is, there are

jestvovanie existence, subsistence

jestvovať exist, subsist

jež hedgehog

ježatý bristly

ježibaba witch

ježiť sa bristle, *stand on end

jód iodine [ˈaiodain]

jódovať iodize [ˈaiodaiz]

jubileum jubilee [ˈdžuː-biliː]

juh south; *na j-u* in the south

juhovýchod south-east

juhozápad south-west

juchta Russian leather

júl July

jún June

junácky gallant, brave

junec bullock

jurička *zool.* martin

juta jute

jutro acre

južný south, southern; *j-é ovocie* tropical fruit(s)

K

k *(smerom k)* to, toward(s), in the direction of; *láska k vlasti* love of one's country

kabaret music-hall, cabaret

kabát coat, jacket; *(zvrchník)* overcoat; *(zimník)* winter coat; *jednoradový k.* single-breasted coat; *dvojradový k.* double-breasted coat

kábel cable; *(šnúra)* flex

kabela *hovor.* bag

kabelka hand-bag

kábelovať cable, wire

kabína cabin; *(výťahu)* cage

kabinet cabinet, closet

kacír heretic

kacírsky heretical

kacírstvo heresy

káča duckling

káčer drake

kačica duck ● *novinárska k.* canard [kəˈnaː]

kaďa tub; vat [væt]

kade where, which way

kadečo whatever

kadejaký whosoever, whatsoever

kadekde anywhere

kadekto young and old

káder cadre

kadere curls *mn. č.*, locks *mn. č.*

kaderiť sa curle

kaderník hairdresser

kadiaľ where, which way

kadiť (sa) smoke

kahan (miner's) lamp

Káhira Cairo

kachle stove

kachlička glated tile

kajak kayak [ˈkaiæk]

kajúcny rueful

kajuta cabin; berth

kakao cocoa

kakaovník cocoa-tree, cacao [kəˈkaːəu]

kaktus cactus

kal 1. *(blato)* mud, slush **2.** *(usadenina)* dregs *mn. č.*

kalamár ink-pot, ink-stand

kálať chop *(-pp-),* hack

kalendár calendar; *vreckový k.* diary; *k-ny rok* civil year
kaleráb kohlrabi
kalibrovaný calibrated
kalich cup
kalika cripple
kaliť 1. stir *(-rr-)* up, trouble; *kaliť niekomu šťastie* dim *(-mm-)* s. one's happiness **2.** *(železo)* temper, harden
kalkulovať calculate, compute
kalný muddy, turbid; *(nejasný)* dim
kalória calorie
kalorický caloric
kaluž(a) pool, puddle
kam where (to)
kamarát mate, friend; *hovor.* pal
kamarátstvo friendship
kamelot news-boy, news-vendor
kameň stone, rock ● *k. úrazu* stumbling-block; *obrubný k.* kerb stone; *náhrobný k.* tomb-stone; *zubný (vínny) k.* tartar
kamenár stone-cutter, mason
kamenie stone, gravel

kamenina carthenware
kamenistý stony, rocky
kamenný stone, of stone, stony
kameňolom quarry, stone-pit
kameňovať stone
kamera camera
kameraman operator, camera-man
kamkoľvek wherever, anywhere
kampaň campaign, drive
kamufláž camouflage
kamzík chamois [ˈšæmwa:]
kaňa buzzard
Kanada Canada
kanadský Canadian
kanál *(stoka)* sewer [ˈsju:ə]; *(odtok)* drain; *(symbol špiny)* gutter; *(dopravný, zavodňovací)* canal; *(prírodný)* channel; *k. La Manche* the English Channel
kanalizácia sewerage; *(odvodňovací)* drainage; *(verejné opatrenie)* sanitation
kanárik canary
kancelár chancellor

kancelária office; *tlačová k.* press agency
kandidát candidate
kandidovať aspire to s.t.
kanec boar
kanibal cannibal, man-eater
kanoe canoe [kəˈnu:]
kanón cannon, gun
kaňon canyon
kantína canteen; *voj.* mess
kanva can
kaolín kaolin
kapacita capacity
kapať 1. *(mieriť)* perish **2.** *(miznúť)* disappear
kapela band
kapelník bandmaster, conductor
kapitál capital, funds *mn. č.*
kapitalista capitalist
kapitalistický capitalist
kapitalizmus capitalism
kapitán captain
kapitola chapter
kapitulácia capitulation, surrender
kapitulovať capitulate, surrender
kaplnka chapel
kapor carp

kapota hood; bonnet
kapsa satchel, bag
kapucňa hood, cape
kapusta *(hlávková)* cabbage, *(kyslá)* sauerkraut
kára cart, push-cart
karambol collision, accident
karamel caramel; *k-ový cukrík* toffee
karanténa quarantine
karát carat [ˈkærət]
kárať blame, rebuke
karavána caravan
karbid carbide [ˈka:baid]
karbón *(papier)* carbon (paper)
karburátor carburettor
kardinál cardinal
karfiol cauliflower
karhať rebuke, chastise; *(napomínať)* admonish; *amer.* score
kariéra career
karikatúra caricature, cartoon
karikaturista caricaturist
karikovať caricature
karmazín crimson
karmazínový crimson
karmín carmine
karmínový carmine
karneval carnival

karoséria (carriage) body, coach-work
karta card
kartár gambler
kartel cartel
kartón 1. *(lepenka)* card-board **2.** *(škatuľa)* carton, card-board box
kartotéka card-register, file
kasáreň barracks *mn. č.*
kasta caste
kastról saucepan
kaša pap, pulp; *ovsená k.* porridge; *zemiaková k.* mashed potatoes *mn. č.; krupičná k.* semolina pudding
kašeľ cough; *čierny k.* whooping-cough
kašlať cough
kaštieľ manor-house
kat hangman, executioner
katafalk cataphalque
katalóg catalogue
katar catarrh [kə'ta:]
kataster land-register
katastrofa catastrophe, disaster; *(dopravná)* crash
katastrofálny disastrous
katedra chair

katedrála cathedral
kategória category
kategorický categorical
katóda cathode
katolícky Catholic
katolík Catholic
kaucia bail, bond
kaučuk (India) rubber, cautchouc ['kaučuk]
Kaukaz Caucasus
káva coffee
kavaléria cavalry
kaviareň café
kavka *zool.* jackdaw
kaz flaw, flaut; *zubný k.* caries ['keərii:z]
kazajka jacket
kázať 1. preach **2.** *(rozkázať)* order
kazateľ preacher
kazateľnica pulpit
kázeň 1. sermon, preaching **2.** discipline
kazeta casket
kaziť 1. spoil; mar *(-rr-)* **2.** *(poškodiť)* damage **3.** *(koho)* corrupt, demoralize || **k. sa** decay
každodenne everyday, daily
každodenný daily, everyday
každoročne yearly

každoročný yearly,
annual
každý *príd.* every, each,
any; *podst.* everyone,
everybody, anyone;
(z určitého počtu) each
of; *(z dvoch)* either; *k.
kto* whoever
kde where; *k. inde* where
else; *k. bolo tam bolo*
once upon a time
kdečo anything
kdejaký anybody, anyone
kdekoľvek wherever, any-
where
kdesi somewhere
kdežto whereas, while
keby if; *k. aj* even if, even
though
keď 1. *(časove)* when, as
2. *(ak)* if
kedy when, at what time
kedykoľvek whenever, at
whatever time
kedysi once, once upon
a time
kedy-tedy every now and
then
keďže since, because, for
kefa brush
kefka *(zubná)* tooth-
brush
kefovať brush

keks biscuit
kel 1. *bot.* cabbage, kale
[keil] **2.** *(u slona)* tusk
Kelt Kelt, Celt
keltský Keltic, Celtic
ker bush, shrub
keramický ceramic
keramika ceramics *mn. č.*
keťas profiteer
kiahne smallpox;
chicken-pox
kikiríkať *crow
kilogram kilogram(me)
kinematografický cine-
matographic
kinetický kinetic
kino cinema, pictures;
hovor. movies
kinooperatér camera-man
kiosk stall
kľačať *kneel
klada log, beam
kladivo hammer
kladka pulley
kladkostroj block, tackle
kladný positive, affirm-
ative
kľaknúť si *kneel down
klaksón horn
klam deception; *(pod-
vod)* deceit
klamár lier
klamať deceive

klamlivý illusory
klamný deceptive, false
klampiar plumber, tinner
klamstvo fraud, deceit
klaňať sa bow; *(uctievať)* worship
klapka flap; *(telefónna)* extension
klas ear
klasický classical
klasifikácia classification
klasifikovať classify
klasik classic
klásť *lay, *put *(-tt-)* ● *k. dôraz na* emphatize s.t.; *k. trápne otázky (vo verejnosti)* heckle; *k. siete (do rieky)* net
kláštor monastery
klát 1. beam **2.** *(včelí)* bee-hive
klátiť sa stagger, toss
klaun clown
klauzula clause
kláves key
klávesnica key-board
klaviatúra key-board
klavír piano
klavirista pianist
kĺb joint; *(na prste)* knuckle
klbko ball (of thread)
klebeta gossip

klebetiť gossip
klebetník gossip, scandal-monger
klenba vault
klenot jewel [ˈdžuəl]
klenotnica treasury
klenotník jeweller
klenutý vaulted
klepec trap
klepeto claw
klepnúť *give a knock
klérus clergy
klesať 1. *go down, *sink, *fall; *(prudko)* drop *(-pp-)* **2.** *(upadať)* decline
klesnúť 1. *fall **2.** *(na cene)* decline in price **3.** *(v cene u koho)* *lose credit
kliať *swear, curse
kliatba curse
klíčiť bud *(-dd-),* germinate
klient client, customer
kliešť *zool.* sheep-tick
kliešte tongs *mn. č.; (na ohýbanie)* pliers *mn. č.*
klietka cage
klika 1. clique **2.** *(politická)* faction
klíma climate

klimatický climatic; *k-é*
miesto health resort
klimatizácia conditioning
klimax climax
klin wedge
klinček *bot.* carnation,
pink
klinec nail
klinika clinic
klinový wedge-shaped,
cuneiform [ˈkjuniifoːm]
klk tuft
klobása sausage
klobučníčka milliner
klobučník hatter, hat-
-maker
klobúk hat
klokan kangaroo
klokot bubbling
klokotať bubble
kloktadlo gargle
kloktať gargle
kloniť incline, bow ‖ **k.**
sa stoop, *bend down,
incline
klopať **1.** knock; *(opä-
tovne)* rap *(-pp-); (jem-
ne)* tap *(-pp-)* **2.** *(zbaviť
prachu)* *beat
klozet w. c. (= water clo-
set), lavatory

klub club
klubovka arm-chair
klubovňa clubroom
kľúč key [kiː]; *(od domu,
patentný)* latchkey;
(francúzsky) wrench,
monkey-wrench
kľučka door handle,
knob
kľučkovať quibble
kľúčna *kosť* collar-bone
kľuka 1. *(na dverách)*
handle, knob **2.** *(na stro-
ji)* winch **3.** *(štartovacia)*
crank
kľukatý winding, zigzag
klus trot
klusať trot *(-tt-),* *run
(-nn-)
klystír clyster
kízačka slide
kízák glider
kízať (sa) glide, *slide;
(šmykom) skid *(-dd-)*
kízisko skating-rink
kízký slippery
kmásať pluck, *tear
kmeň 1. *(stromu)* trunk,
stem **2.** *(domorodcov)*
tribe
kmín thief

kmitať (sa) oscillate;
(o svetle) glitter
kmotor godfather
kňaz priest
knedľa dumpling
knieža prince
kniežatstvo principalty
kniha book; *(zväzok)* vo-
lume; *triedna kniha* class-
-register; *k. návštev* visi-
tor's book ● *k., ktorá
ide na dračku* best-
-seller
knihár book-binder
kníhkupec bookseller
kníhkupectvo bookshop,
bookseller's
knihovňa book-case
knihovník librarian
kníhtlačiareň printing-
-house
knísať sa *swing, rock
knižnica library
knokautovať knock
out
knôt wick
kňučať whine, whimper
knuta knout [naut]
koalícia coalition
kobalt cobalt
koberec carpet

kobka cell
kobyla mare
kobylka grasshopper,
locust
kocka 1. *geom.* cube;
(cukru) lump (of sugar)
2. *(hracia)* die *(mn. č.*
dice)
kockovaný checked,
checquered
kockový cubic; *k. cukor*
lump sugar
kocúr tomcat, male cat
Kocúrkovo Gotham
[ˈgotəm]
koč carriage, coach
kočík perambulator; *ho-
vor.* pram; baby-carria-
ge
kočiš driver, coachman
kočovník nomad
kočovnícky nomad(ic)
kódex code
koedukácia co-education
koeficient coeficient
koexistencia co-existence
kohézia cohesion [kəu-
ˈhi:žn]
koho whom
kohút cock, rooster
kohútik 1. cock **2.** *(puš-*

ky) trigger **3.** *(vodovodu)* tap, *amer.* faucet
kochať sa *v čom* *take delight in s.t.
kokaín cocaine
koketa coquette [kəuˈket], flirt
koketovať flirt
kokos coco
kokosový *orech* coco-nut
koks coke
koktail cocktail
koktať stutter, stammer
koktavý stuttering, stammering
kolaborant quisling [kwizliŋ]
koláč cake; *(ovocný)* pie
koľaj **1.** track; *(železničná)* rail, line **2.** *(stopa)* rut
kolár wheelwright [ˈwi:lrait]
koleda (Christmas) carol
kolega colleague
kolekcia collection, assortment
kolektív collective
kolektívny collective; *k-e vlastníctvo* collective ownership; *k-a bezpečnosť* collective security
koleno knee
koleso wheel
kolchoz collective farm kolkhoz
kolík peg, stud; *k. na bielizeň* clothes peg; *(na stan)* tent-peg
kolísanie vacillation, fluctuation
kolísať rock, lull asleep; *(o hlase)* falter
kolísavý *(nestály)* unsteady, unstable
kolíska cradle
kolkáreň bowling-alley
koľko how much, how many; *k. ráz* how many times
koľkokrát how many times, many a time
kolkovať **1.** *(opatriť kolkom)* stamp **2.** *šport.* play at ninepins
kolky ninepins, skittles *mn. č.*
kolmica perpendicular, vertical (line)
kolmý perpendicular, vertical
kolo ring, circle
kolobeh circulation
kolobežka scooter
kolofónia rosin
kolok stamp

kolóna column
kolónia colony
koloniálny colonial
kolonizácia colonization
kolonizovať colonize
kolos colossus
kolosálny colossal
kolotoč merry-go-round
kolovadlo giant's stride
kolovať circulate
kolovrat spinning-wheel
komár gnat [næt],
  mosquito
kombajn combine, har-
  vester
kombinácia combination
kombinačky *(kliešte)*
  pliers *mn. č.*
kombinát combine
kombiné slip
kombinéza overall
komédia comedy
komentár comment
komentátor commentator
komentovať comment on
kométa comet
komfort amenities *mn. č.*
komfortný well-equipped
komický comic(al), funny
komik comedian
komín chimney; *(lodný)*
  funnel
kominár chimney-sweep

komisár commissioner
komisia commission,
  committee
komisionár commission
  agent
komoliť mutilate
komora 1. chamber **2.**
  (na potraviny) larder;
  lekárska k. Medical
  Board **3.** *(srdca)* vent-
  ricle
komôrka closet, cell
kompa punt; *(parná)*
  ferry-boat
kompaktný compact,
  solid
kompas compass
kompenzácia amend-
  ments *mn. č.,*
  compensation
kompenzovať compensate
kompetencia competen-
  ce, scope
kompetentný competent,
  qualified
kompilácia compilation
kompletný complete,
  entire
komplikovaný complicat-
  ed
komplikovať complicate
komponovať compose
kompót stewed fruit

kompozícia composition
kompromis compromise
kompromitovať compromise
komu (to) whom
komúna Commune
komunálny municipal; *k-e služby* public utilities *mn. č.*
komunikácia communication
komuniké communiqué
komunista communist
komunistický communist; *k-á strana* Communist Party
komunizmus communism
koňak brandy, cognac [ˈkəunjæk]
konár branch, bough
konárik twig
konať *do, *make, perform; *k. svoju povinnosť* *do one's duty || **k. sa** *take place
koncentrácia concentration
koncentračný: *k. tábor* concentration camp
koncetrovať concentrate
koncept rough copy, draft; *vyviesť z k-u* disconcert

koncern concern, trust
koncert concert; *(sólistu)* recital
koncertovať *give a concert, *give concerts
koncesia licence, concession
koncipovať draft, *draw up
koncovka ending, termination
koncový ending, terminal
končatiny extremities *mn. č.*
konček tip
končiar summit
končiny parts *mn. č.*
končiť end, finish, close, *be over; *(o škole)* *break up || **k. sa** end
kondenzácia condensation
kondenzátor condenser [kənˈdensə]
kondenzovať condense, concentrate
kondicionál *gram.* conditional
kondolencia condolence [ˈkənˈdəuləns]
konečne at last, finally
konečník rectum, anus

konečný 1. final, terminal 2. *(výsledný)* definitive, ultimate, eventual; *k-á stanica* terminus; *amer.* terminal
konfederácia confederation
konfekcia *(pre ženy)* confection
konfekčný ready-made
konferencia conference, meeting; *k. na najvyššej úrovni* summit *al.* top-level meeting; *školská k.* staff meeting
konferovať confer *(-rr-)*
konfiškácia confiscation, seizure
konfiškovať confiscate, seize
konflikt conflict
konfrontovať confront
konfúzny turbid
kongres congress, assembly
koníček 1. colt, foal 2. *(záľuba)* hobby
koniec end, close; *(záver)* conclusion ● *k. koncov* in the long run; *urobiť k. čomu* *put *(-tt-)* an end to s.t.; *k. týždňa* week-end

konjunktív *gram.* subjunctive
konjunktúra boom
konkávny concave
konkrétny concrete
konkurencia competition; *bez k-e* unrivalled (in)
konkurenčný competitive
konkurent competitor
konkurovať compete
konkurz competition; *vypísať k.* *put *(-tt-)* up for competition
konope hemp
konôpka *zool.* linnet
konsignácia consignment
konsignovať consign
konsolidovať consolidate
konštanta constant
konštatovať state, note
konštitúcia constitution
konštrukcia construction, structure
konštruktívny constructive
konštruovať construct
kontinent continent
kontingent quota
konto account
kontrarevolúcia counter-revolution
kontrastovať contrast
kontrola control, check

kontrolovať control *(-ll-)*, check; *(dozerať)* supervise

konvalinka lily of the valley

konvencia convention

konvenčný conventional

konverzácia conversation; *spoločenská k.* small talk

konverzovať converse

konvoj convoy

konzerva tin; *amer.* can

konzervativizmus conservatism

konzervatívec conservative

konzervatívny conservative

konzervatórium conservatoire [kən'sə:vətwa:]

konzervovať *(zachovať v pôvodnom stave)* conserve; *(zabrániť skaze)* preserve; *(v plechovke)* tin *(-nn-); amer.* can *(-nn-)*

konzola bracket

konzul consul

konzulárny consular

konzulát consulate

konzultácia consultation

konzultovať consult

koordinovať co-ordinate

kopa 1. heap, pile **2.** *(šesťdesiat)* three score; *k. sena* hay-stack

kopáč 1. digger **2.** *(nástroj)* hoe, pick

kopanec kick

kopať 1. dig *(-gg-)* **2.** *(nohou)* kick

kopcovitý hilly

kopec hill

kópia copy, duplicate; *(negatívu)* print

kopija spear, lance

kopírovať copy

kopiť heap (up), pile

kopnúť kick, *give a kick

kopula dome, cupola ['kju:pələ]

kopyto 1. hoof **2.** *(obuvnícke)* last ● *je to všetko na jedno k.* it's all of the same cast

koráb vessel, ship

koral coral

korálky beads

korbáč whip

korbeľ tankard, mug

korčule skates; *kolieskové k.* roller-skates *mn. č.*

korčuliar skater

korčuľovať (sa) skate

kord 1. *(meč)* sword **2.** *(látka)* cord ● *byť na*

kordy *be at daggers drawn, at logger-heads
Kórea Korea
korektor proof-reader
korektúra 1. correction **2.** *(keťový obťah)* proof
koreň root
korenie spice(s), seasoning
koreniť spice, season
korešpondencia correspondence
korešpondenčný: *k. lístok* postcard
korešpondent 1. *(dopisovateľ)* correspondent **2.** *(úradník)* corresponding clerk [kla:k]
korešpondovať correspond
korigovať correct, *set *(-tt-)* right
korisť *(ulúpená)* booty; *(úlovok)* prey; *(rybárska)* catch; *(vyplienená)* plunder, loot
koristiť prey upon; *(plieniť)* plunder
kormidelník steersman, helmsman
kormidlo helm, rudder
kormidlovať steer, pilot
korok cork

korózia corrosion
korporácia corporation
korpulentný stout, fat
koruhva banner
koruna crown
korunka crown
korunovácia coronation
korunovať crown
korupcia corruption, bribery
korupčný corrupt
korýtko 1. trough [trof] **2.** *(na maltu)* hod
korytnačina tortoiseshell
korytnačka tortoise, *(vodná)* turtle
koryto 1. trough [tro:f], wash-tub **2.** *(rieky)* river-bed
kosa scythe [saið]
kosák sickle; *k. a kladivo* sickle and hammer
kosatec *bot.* iris
kosiť *mow, *cut *(-tt-)*
kosodĺžnik parallelogram
kosodrevina dwarfed pines *mn. č.*
kosoštvorec rhombus
kosť bone
kostený (made of) bone; *(z rohoviny)* horn
kostica whalebone
kostlivec skeleton

kostnatý bony
kostol church
kostolík chapel
kostolník sexton [sekstn]
kostra 1. skeleton 2. *(konštrukcia)* frame
kostrbatý rugged, uneven
kostým costume
kosý oblique
košeľa shirt; *(ženská)* chemise [ši¦mi:z]; *nočná k. (mužská)* nightshirt; *(ženská)* nightgown
košiar (sheep)fold
košík basket
koštiaľ 1. *(kosť)* great bone 2. *(zeleniny)* stalk, stump
koterec *(pre zvieratá)* cot
kotkodákať cackle
kotleta chop, cutlet
kotlík kettle
kotlina 1. *(dolinka)* hollow 2. *(rieky)* basin
kotol boiler; *(na varenie)* kettle; *(veľký)* cauldron
kotolňa boiler-room
kotúč disk, ring
kotúľ somersault
kotúľať sa roll
kotva anchor [¦ænkə]
kotviť *lie at anchor

[¦ænkə]; *(v prístave)* harbour
kov metal
kováč (black)smith
kovanie 1. *(činnosť)* forging 2. *(ozdoba)* plating
kovať 1. forge 2. *(koňa)* shoe a horse
kovový (of) metal, metallic
kovovýroba metal--industry
koza 1. goat, nanny-goat 2. *(drevená)* trestle, jack 3. *tel.* buck horse
kozák Cossack
kozina 1. *(mäso)* goat--meat 2. *(koža)* kid
kozľa kid
kozmetický cosmetic; *k. salón* beauty parlour
kozmetika cosmetics *mn. č.*
kozmický cosmic
kozmonaut astronaut, cosmonaut
kozmopolita cosmopolitan
kozmopolitický cosmopolitan
kozmos cosmos, universe, space

kozorožec *astron.* Capricorn

kozub hearth, fireplace

koža 1. *(pokožka)* skin; *(na hlave)* scalp **2.** *(stiahnutá)* hide, pelt **3.** *(spracovaná)* leather **4.** *(na tekutinách)* skin **5.** *(na plodoch)* peel ● *nebyť v svojej koži* *be uneasy, *feel queer; *je z neho len kosť a k.* he is nothing but skin and bone

koženka *(imitácia kože)* leatherette

kožený leather(y)

kožuch furcoat

kožušina fur

kožušník furrier

kôl post; *(zahrotený)* stake; *(tyč)* pole, pile

kôlňa shed

kôň 1. horse; *na koni* on horseback; *hojdací k.* rocking-horse **2.** *tel.* vaulting-horse **3.** *šach.* knight

kôpor dill

kôra 1. *(stromu)* bark, rind [raind] **2.** *(chlebo-*

vá) crust **3.** *(na ovocí)* peel

kôstka *(ovocná)* stone; *(pomarančová, citrónová)* pip

kôš basket; *(na papier)* waste-paper-basket, *amer.* trash can ● *dala mu košom* she jilted him

krab crab, lobster

kráčať march, walk, step *(-pp-)*, *(pomaly)* amble

krádež theft; *(drobná)* pilferage

kradmý furtive; *k. pohľad* peep

kradnúť *steal, pilfer; *k. sa* prowl

krahulec sparrow-hawk

krach crack, crash

kraj 1. *(okraj)* edge, brim, border **2.** *(krajina)* country, region, landscape

krajan (fellow) countryman, compatriot

krájať *cut *(-tt-)*, carve

krajčír tailor; *dámsky k.* ladies' tailor

krajčírka dressmaker

krajec slice (of bread)

krajina landscape, countryside

krajinár landscape-painter

krajnosť extreme, excess

krajný exceeding, extreme

krajový regional ['ri:džənl]

krajský district

krákať croak

krákoriť cackle

kráľ king

králik 1. rabbit **2.** (vták) wren [ren]

kraľovať reign

kráľovná queen

kráľovský royal, kingly

kráľovstvo kingdom

krám 1. shop **2.** (hovor. vec) thing

kras the Kars [ka:z]

krása beauty, prettiness

krásavica beauty

kraslica painted Easter egg

krásny beautiful, fair

krasokorčuliar figure-skater

krasokorčuliarstvo figure-skating

krasopis calligraphy

krášliť embellish, beautify

-krát times; jedenk. once; dvak. twice; trik. three times atď.

kráter crater

krátiť shorten, reduce

krátko shortly, briefly

krátkodobý short-term

krátkozrakosť short-sightedness

krátkozraký shortsighted

krátky short, brief; k-e spojenie short circuit

krava cow; dojná k. milch-cow [milč-]; jalová k. hiefer ['hefə]

kravata (neck)tie

kravín cow-shed, cow-house

kravinec cow-dung

kŕč spasm ['spæzm]; (bolestivý) cramp

krčah jug

krčiť sa (chúliť sa) *shrink; (pokorne) cringe; (skrývať sa) crouch; *(o látke)* crease, wrinkle

krčma tavern, inn; *hovor.* pub, *amer.* saloon

krčmár innkeeper, landlord

kŕčovitý spasmodic [spæzˈmodik], convulsive

kŕčový spasmodic [spæzˈmodik]; *k-é žily* varicose veins

kŕdeľ herd, flock

kredenc cupboard [ˈkabəd], sideboard [ˈsaidboːd]

krehký 1. fragile; brittle 2. *(o pečive)* crisp, *(o mäse)* tender, soft 3. *(jemnej konštrukcie)* frail

krém 1. cream; *vaječný k.* custard 2. *(na topánky)* polish

kremácia cremation

krematórium crematorium

Kremeľ Cremlin

kremeň flint

krepký brisk, swift, agile

kresba drawing; *(návrh)*

design [diˈzain]; *(náčrt)* sketch

kreslenie drawing

kreslič draughtsman [ˈdraːftsmən], designer [diˈzainə]

kresliť *draw, sketch, design [diˈzain]

kreslo (arm)chair; *(v divadle)* stall

kresťan Christian [ˈkristjən; krisčən]

kresťanstvo Christianity

krhla jug; *(na polievanie)* watering can

kričať cry; *(silne)* shout; *(prenikavo)* scream; *(volať)* call

krídlo wing

krieda chalk

kriesiť revive

krik cry; *(prenikavý)* scream, shriek

krík (small) shrub, bush

kriket cricket

krikľavý *(nápadný)* flagrant, gaudy [goːdi]; *(o farbe)* loud

kriminálny criminal

krištáľ crystal

kritický critical, crucial; *k. bod* turning point

kritik critic
kritika criticism, censure
kritizovať criticize
krívať limp
krivda wrong, injury
krivdiť (*do) wrong
krivica rickets
kriviť *bend, crook || **k. sa** crook, twist, warp
krivka curve
krivolaký crooked, winding
krivoprísažník perjurer
krivý 1. crooked, curved **2.** *(chromý)* lame, limping
kríza crisis; *(iba hospodárska)* slump, depression; *všeobecná k. kapitalizmu* the general crisis of capitalism
kríž cross
kríženec bastard, cross-breed; *(pes)* mongrel
križiak 1. crusader **2.** *(pavúk)* cross-spider
krížiť cross; *k. plány* thwart [θwo:t] || **k. sa** cross, intersect
krížnik cruiser
krížom across, crosswise; *k.-krážom* criss-cross

križovatka cross-road, crossing; *(železničná)* junction
krížovka cross-word (puzzle)
krk neck
kŕkať croak
krkavec raven
krkolomný breakneck
kŕmiť *feed, nourish
krmivo *(suché)* fodder; *(zelené)* forage
krochkať grunt
kroj costume; *(národný)* national costume
krok (foot)step; *(dlhý)* stride; *urobiť k.* step *(-pp-)*
krokodíl crocodile
krompáč pick(axe), mattock
kronika chronicle, annals *mn. č.*
kropaj drop, trickle
kropiť sprinkle, water
krosná loom
krotiť tame || **k. sa** restrain o.s.
krotiteľ tamer; *(v cirkuse)* trainer
krotký tame, meek
krov truss [tras]

krovie wicket, shrubbery, bush

krpatý dwarfish, under-sized

krst baptism, christening

krt mole

krtinec molehill

kruh circle, ring; *(okolo mesiaca)* halo

kruhový circular

krupica semolina

krúpy 1. *(jedlo)* peeled wheat, pot-barley **2.** *(ľadovec)* hail; *padajú k.* it hails

krupobitie hailstone

krušný hard, severe

krútiť turn; *(násilne)* twist || **k. sa** *(okolo)* twist; *(kľukatiť sa)* *wind; *(vrtieť sa)* wriggle, squirm

krútňava whirl(pool), eddy

krutosť cruelty

krutovláda tyranny

krutý cruel, severe, ferocious; *(o zime)* bitter

kružidlo (a pair of) compasses *mn. č.*

krúžiť turn, whirl

kružnica circle

krúžok circle; *(prstenco-vý)* ringlet

krv blood

krvácať *bleed

krvavý bloody, sangui-nary

krvilačný bloodthirsty, sanguinary

krvinka *lek.* blood cor-puscle [ˈkoːpasl]

krviprelievanie blood-shed, slaughter [ˈsloːtə]

krvismilstvo incest

krvopotný blood-sweated

kryha iceberg

Krym the Crimea

krypta crypt; vault

krysa rat

kryštál crystal

kryštalizácia crystalliza-tion

kryštálový, kryštalický crystalline

kryt shelter, cover, mantle

kryť cover; *(chrániť)* shield; *(obchodne)* reimburse || **k. sa** *(skrývať sa)* *hide; *take shelter; cover o. s.; con-ceal o.s.

krytina roofing; tiles *mn. č.*

kto who; which; *k. z vás* which of you; *k. ešte, k. iný* who else

ktokoľvek who(so)ever, anyone

ktorý *(opytovacie)* which; *(vzťažné)* who; which; that

ktorýkoľvek whoever, whichever; anyone, anybody

ktosi somebody, some-one

ku *p.* **k**

Kuba Cuba

kubický cubic

kučeravý curly, crispy

kúdeľ tow

kúdol wreath (of smoke)

kufor suit-case; *(lodný)* trunk

kufríkový portable

kuchár cook

kuchárka cook

kuchársky culinary; *k-a kniha* cookery-book

kuchyňa 1. kitchen 2. *(spôsob varenia)* cooking 3. *(závodná)* canteen

kujný malleable [ˈmæ-liəbl], forgeable

kukla 1. *(hmyzu)* larva 2. *(na hlavu)* hood

kúkoľ corn-cockle

kukučka cuckoo

kukurica maize; *amer.* corn

kulak kulak

kulisy wings; *hovor.* props; *za k-ami* behind the scenes

kult cult, worship

kultivovaný cultured

kultúra culture

kultúrnopolitický cultural and political

kultúrny cultural

kuna marten

kúpa purchase; *výhodná k.* bargain

kúpalisko swimming--pool, bathing place

kúpať sa bathe [beið]; *(vo vani)* *have a bath [ba:θ]

kupec 1. *(kupujúci)* buyer, purchaser 2. *(obchodník)* shopkeeper, merchant

kúpeľ bath [ba:θ]; *(parný)* Turkish bath; *(slnečný)* sunbath

kúpele spa; *(rekreačné a liečivé)* health-resort
kúpeľňa bathroom
kúpiť *buy, purchase ● k. *lacno* *buy for a song
kupola cupola, dome
kupón coupon [ˈkuːpoːŋ] counterfoil
kupovať *p.* **kúpiť**
kura hen, chicken ● *k-ie oko* corn
kúra cure
kúrenie heating
kurič stoker, fireman
kurín chicken-house
kúriť 1. heat 2. *(podkurovať)* *make fire
kurivo fuel
kurt court
kurz 1. *(smer)* course 2. *(burzový)* rate of exchange; *(úradný)* official rate
kurzíva italics *mn. č.*
kus piece; *(bez rovných plôch)* lump; *hovor.* chunk ● *k. práce* a good piece of work; *k. po kuse* bit by bit

kúsok 1. piece, bit; *k. papiera* slip of paper 2. *(husársky)* stroke
kút corner
kuť forge, hammer ● *k. plány* scheme [skiːm]
kutáč poker
kútik 1. nook 2. *(ústny)* corner of the mouth
kutle tripe
kuvik barn-owl
kúzelník magician, sorcerer
kúzelný magic
kúzlo charm, magic, spell
kužeľ cone
kužeľový conical
kvákať 1. *(ťahať za vlasy)* pull s.o.'s hair 2. *(o žabách)* quack
kvalifikácia qualification, competence
kvalifikovaný competent, skilled
kvalifikovať (sa) qualify
kvalita quality
kvalitatívny qualitative
kvalitný good-quality
kvantita quantity
kvantitatívny quantitative

kvapalina liquid
kvapeľ stalactite, stalagmite
kvapka drop
kvapkať trickle
kvartál quarter
kvarteto quartet(te)
kvas ferment; *(kvások)* leaven [ˈlevn]
kvasenie fermentation
kvasinka yeast [ji:st]
kvasiť ferment
kvasnice yeast [ji:st], leaven [ˈlevn]
kverulant grumbler
kvet flower; *(kvitnutie)* bloom; *(ovocného stromu)* blossom ● *v plnom k-e* in full bloom
kvetena flora
kvetina flower
kvetinárstvo florist's
kvetnatý flowery
kvetník flowerpot
kvičať squeak
kvíliť wail, moan
kvinteto quintet(te)
kvitancia receipt [riˈsi:t]
kvitnúť bloom, flower; *(o ovocnom strome)* blossom; *(prosperovať)* flourish

kvóta quota
kvôli because of, for the sake of
kydať *(hnoj)* clear (the manure)
kýchať sneeze
kyj club
kýl *(lode)* keel
kým while, till
kymácanie sway
kynožiť destroy, exterminate
kypieť seethe
kypriť mellow
kyprý light, mellow, loose
kyselina acid
kysličník oxide [ˈoksaid]
kyslík oxygen [ˈoksidžən]
kyslý acid, sour, tart
kysnúť 1. *(o ceste)* *rise, *swell **2.** *(kyslieť)* turn sour
kýška curdled milk
kytica bouquet [ˈbukei], bunch of flowers
kyvadlo pendulum
kývať beckon, wave; *(hlavou)* nod (-dd-)
kývať (sa) *swing
kývnuť nod (-dd-), *give a nod

L

laba paw
Labe the Elbe
labilný unstable, wavering
laboratórium laboratory, *hovor.* lab
labuť swan; *l-ia pieseň* swan song
labužník epicure; *(znalec)* gourmet [ˈguəmei]
lacno cheap(ly) ● *predať l.* *sell cheap; *počítať l.* charge reasonably
lacný cheap
lačný hungry
ľad ice; *umelý ľ.* artificial ice
ladenie tuning [ˈtjuniŋ]
ladička tuning-fork
ladiť tune; *(rádio)* tune in
ladný graceful
ľadoborec ice-breaker
ľadovec 1. *(horský)* glacier [ˈglæsjə] 2. *(kryha)* iceberg 3. *(krupobitie)* hail; *padá ľ.* it hails
ľadovica glazed frost; *je*

ľ. the roads are slippery with frost
ľadový icy
ľadvina kidney
ľadvinky *(jedlo)* kidneys
lagan idler
lagúna lagoon
ľahkomyseľnosť thoughtlessness, frivolity
ľahkomyseľný frivolous; *(riskujúci)* reckless; *(nezodpovedný)* light-minded; *(ležérny)* easygoing
ľahkosť 1. lightness 2. *(opak obťažnosti)* facility
ľahký 1. light 2. *(opak obťažného)* easy
ľahnúť si *lie down; *idem si ľ.* I go to bed
lahodný delicate, delicious
ľahostajnosť indifference, indolence
ľahostajný indifferent, indolent
lahôdka delicacy
laický lay
laik layman

lajdačiť 1. *ponevierať sa)* loiter (about) **2.** *(robiť niečo neporiadne)* *be negligent
lajdák loiterer
lajno dirt, dung
lak varnish; *(orientálny)* lacquer
ľak fright, scare, shock
lákať lure, attract
ľakať frighten, scare
lákavý alluring, tempting
lakeť 1. elbow **2.** *(miera)* ell
lakmus litmus; *l-ový papier* litmus paper
lakomec miser, niggard
lakomstvo stingy, mean, avaricious
lakovať varnish
lakový varnished; *l-é topánky* patent leather shoes
ľalia lily
lalok 1. lobe **2.** *(dvojitá brada)* double chin **3.** *(napr. u moriaka)* wattle
lámať break, crack
lámavý fragile, brittle
lámka gout, rheumatic pain

lampa lamp
lampáš lantern; *(elektrický)* electric torch
lampión lampion
lán acre, field
ľan flax
laň zool. hind, roe, doe
lano rope, cable, tow
ľanovec lin-sead
lanovka funicular (railway)
ľanový flaxy; *ľ. olej* linseed oil
lapať *catch, hunt; *l. dych* gasp
lapiť *catch, seize
lapsus slip, lapse
larva *(hmyzu)* larva, grub
lasica weasel
láska love, affection; *l. k blížnemu* charity; *z l-y* for the love of
láskavo kindly
láskavosť kindness, goodness, clemency; *(služba)* favour
láskavý kind(ly), good
láskyplný affectionate
laso lasso
lastovička swallow
lastúra shell
lata *(kus dreva)* lath
látanina patchwork

látať *(zašívať)* darn, mend; *(zaplátať)* patch up
latinčina Latin
latinský Latin
látka 1. material *hovor.* stuff **2.** *(textil)* cloth; *(silná bavlnená)* jean **3.** *(námet)* subject, matter
laureát laureate; *l. štátnej ceny* State Prize Winner
láva lava [la:və]
ľavák left-handed person
lavica bench, desk
ľavica 1. left hand **2.** *polit.* the left
ľavičiar 1. left-handed person **2.** *polit.* leftist
lavína avalanche [ˈævəla:nš]
lávka foot-bridge
ľavý 1. left **2.** *(neobratný)* clumsy, awkward
laxný lax, slack
laz newly cleared land
lazaret hospital, infirmary
lazúr azure [ˈæžə]
lebka skull
lebo because, for, since
ledabolo carelessly

ledva hardly,, scarcely
legenda legend
legendárny legendary
légia legion
legitimácia (identity) card; *členská l.* membership card
legitimovať sa prove one's identity
lehota term, time
lejak dowpour, shower
lekár physician, doctor; *(praktický, obvodný)* practitioner, G. P.; *(odborný)* specialist; *(vojenský, lodný, chirurg)* surgeon; *(zubný)* dentist
lekáreň pharmacy, chemist's, *amer.* drugstore
lekárnička *(prvej pomoci)* first-aid box
lekárnik pharmacist, chemist
lekársky medical
lekárstvo medicine
lekcia lesson; *(ponaučenie)* lecture
lekno water-lily
lektor lector, reader
lekvár jam; *(pomarančový)* marmalade
lem hem, border, brim

lemovať border, hem
(-mm-), fringe
len only, merely
leninizmus Leninism
leninský Leninist
lenivosť laziness; *(nečin-
nosť)* idleness
lenivý lazy, idle
leňoch idler
leňoška arm-chair, easy-
-chair
lenže but, only, that
leopard leopard
lep paste, glue
lepenka (card)board,
papier-mâché ['pæpjei
ma:šei]
lepidlo gum, paste, glue
lepiť paste, glue, gum
(-mm-) || **l. sa** stick
lepkavý sticky, adhesive,
gluey, tacky
lepší better; *o nič l.* no
better
lepšie better; *tým l.* all
the better
lepšiť (sa) improve, *grow
better
lept etching
leptať corrode; *(rytinu)*
etch
les wood; *(nepestovaný)*
forest

lesk shine; *(leštením)*
polish; *(skvelosť)*
splendour, lustre
lesklý shiny, glossy; *(jas-
ný)* bright
lesknúť sa *shine; *(trb-
lietať sa)* glisten, glitter
lesníctvo forestry
lesník forester ['foristə]
lesť trick
lešenie scaffold(ing); *rúr-
kové l.* tubular s., frame
leštidlo polish
let flight
leták leaflet, pamphlet
letec airman, pilot
letecký: *l-á linka* airline;
l-á pošta airmail; *l. útok*
air-raid; *l-á výstraha*
alert
letectvo aviation; *voj.*
air-force
letieť *fly
letisko air-port, aero-
drome
letný 1. summer- **2.**
(vlažný) tepid
leto summer; *babie l.*
Indian summer, *(pavu-
čina)* gossamer
letopis annals *mn. č.*
letopočet era
letovať *(kovy)* solder

letovisko summer resort
letuška stewardess
lev lion
levanduľa lavender
levica lioness
lexikálny lexical
lexikon lexicon,
dictionary
lezenie climbing
ležadlo deck-chair
ležať 1. *lie; l. chorý
*be in bed 2. (zemepis-
ne) *be situated
ležatý horizontal
ležiaci prostrate
ležiak 1. (pivo) lager-
-bear [ˈlaːɡəˈbiə] 2. (ne-
predaný tovar) idle
goods mn. č.
liadok alum [ˈæləm]
liaheň brooder, hatchery;
odb. incubator
liahnuť sa hatch
liať 1. pour, *shed (-dd-)
2. (železo) cast, found
|| l. sa shower, pour
liatina *cast iron
libela 1. (váha) water-
-level 2. (hmyz) drag-
on-fly
liberál liberal
liberálny liberal

libra (jednotka hmotnosti
i meny) pound
líce face, cheek
licencia licence, amer.
franchise
lícny facial [ˈfešl]; l-a
kosť cheekbone
líčidlo make up, paint
líčiť 1. paint; (vápnom)
whitewash 2. (opisovať)
describe 3. (tvár) *make
up || l. sa *make up
liečba cure, treatment
liečebňa sanatorium
liečebný sanitary;
curative
liečenie treatment, cure
liečiť cure, treat, heal
liečivý curing, healing
lieh spirit
liehovar distillery
liehovina spirit, liquor
[ˈlikə], alcohol
liehový alcoholic
liek medicine, remedy
lieska hazel
lieskovec hazel-nut
lietadlo aeroplane, air-
craft, amer. airplane;
bombardovacie l. bom-
ber
lietať *fly
lievik funnel

liezť *creep, crawl; *(hore)* climb
liga league
ligotať sa *shine, glitter
lichobežník trapezium [trəˈpiːzjəm]
lichotenie flattery
lichotiť flatter
lichotivý flattering
lichva *(rožný statok)* cattle
lichý *(bezcenný)* worthless; *(bezobsažný)* empty; *(klamný)* false
likér liqueur [liˈkjuə]: *(žalúdočný)* cordial
likvidácia liquidation; *(účtu)* settlement
likvidovať liquidate
limba *bot.* cedar-pine
limonáda lemonade
limuzína limousine
línia line
linka line
linkovať line, *draw lines
linoleum linoleum, oilcloth
lipa limetree
lipnúť *na* adhere *to;* *cling
lipnutie adherence
lis press

lisovať press
list 1. *(na strome)* leaf **2.** *(polhárok)* sheet **3.** *(písomná správa)* letter; *doporučený l.* registered letter; *rodný l.* certificate of birth **4.** *(noviny)* paper
listár postman
lístie leaves *mn. č.,* foliage
listina document, deed, act; *prezenčná l.* list of persons present
listnatý leafy; *l. les* greenwood
lístok 1. ticket; *(mesačný)* season ticket **2.** *(rastlinný)* petal **3.** *(odkaz)* note **4.** *(kúsok papiera)* slip **5.** *(jedálny)* menu **6.** *(korešpondenčný)* postcard
listovať turn over the leaves
lišaj 1. *(choroba)* tetter, herpes **2.** *(motýľ)* sphinx-moth
lišajník *bot.* liehen [ˈlaiken]
líšiť sa differ from, contrast with
líška fox

líškať sa fawn
lišta border, rail
liter litre
litera letter, type
literárny literary
literát man of letters
literatúra literature, lettres; *krásna l.* belles--lettres; *braková l.* inferior literature
litografia lithography [liⁱθogrəfi]
Litva Lithuania
lízanka lollipop
lízať lick
lkať lament, (be)moan
loď ship, boat; *(cisternová)* tanker; *(materská lietadlová)* air-carrier; *(obchodná)* merchantman; *(rybárska)* trawler; *(vojnová)* man-of-war
lodenica 1. *(továreň na stavbu a opravu lodí)* shipyard 2. *(úschovňa člnov)* dockyard
lodivod pilot
lodník sailor, mariner; *(kvalifikovaný)* seaman
lodný ship-; *l. denník* logbook; *l. dôstojník*

mate; *l. komín* funnel; *l. náklad* cargo, bulk; *l-á mapa* chart; *l-á zásielka* shipment; *l. priestor* hold
loďstvo fleet, marine; *(obchodné)* mercantile marine; *(vojenské)* navy
logaritmický logarithmic; *l-é pravítko* slide-rule
logický logical
logika logic
loj suet; *(vyškvarený)* tallow
lojálny loyal, faithful
lokaj lackey
lokalizovať locate
lokálny local, regional
lokomotíva locomotive, engine
lom 1. fracture; *(svetla)* refraction; *(odchýlka)* deflection 2. *(kameňolom)* quarry, stone-pit
lomoz din, uproar
Londýn London
Londýnčan Londoner
lono 1. lap 2. *(rodidlá)* womb, uterus
lopata shovel

lopatka *(kosť)* shoulder-blade
lopota toil, drudgery
lopotiť sa toil, work hard
lopta ball
los *zool.* elk
lós lot
losos salmon [ˈsæmən]
losovať *draw (lots)
lotéria lottery
lotor ruffian, rascal
lotos lotus
Lotyš Latvian
Lotyšsko Latvia
lov hunt; *(prenasledovanie)* chase
lovec hunter; *(kožušín)* furtrapper
loviť hunt, chase; *(ryby)* fish
lož lie, falsehood
lóža box
ložisko 1. bearing; *guľkové l.* ball-bearing **2.** *(rudy)* deposit
lôžko bed; *(v kabíne)* berth; *l-vý vozeň* sleeping-car
ľstivý sly, cunning, tricky
lub: *mať niečo za l-om* *be up to s.t.
ľúbezný delightful, lovely, gracious

ľúbiť love, like, *be fond of
ľúbosť love
ľubovoľný arbitrary
ľubozvučný melodious, sweet-sounding
lúč beam, ray; *(slnečný)* sunbeam
lúčiť sa part, *say good-bye, *take one's leave
ľud people; *hovor.* folks [fəuks] *mn. č.*
ľudia people, *hovor.* folks [fəuks] *mn. č.*
ľudnatosť population
ľudnatý populous
ľudoop ape-man
ľudový popular; *ľ-á pieseň* folk-song; *ľ-á demokracia* People's Democracy
ľudožrút cannibal
ľudskosť humanity
ľudský human; *(súcitný)* humane
ľudstvo humanity, mankind
lúh lye; *l-ový kameň* potash
luhár liar.
luhať lie, *tell lies
luk bow

lúka meadow
lukostreľba archery [ˈaːčəri]
lukostrelec archer [ˈaːčə]
ľuľka (short) pipe
lump scoundrel, knave
lup booty; *(z plienenia)* plunder, loot
lupa magnifying glass
lúpať *(zemiaky, ovocie)* peel; *(hrach)* shell; *(kukuricu)* husk || **l. sa** strip *(-pp-)*
lupeň leaf
lúpež robbery
lúpežník robber, highwayman
lupič burglar, robber; *(morský)* pirate; *(vlamač)* house-breaker
lupiny dandruff
lúpiť rob *(-bb-)*, loot
luskáčik (nut)crakers
lúskať crack ● *l. prstami* snap *(-pp-)* one's fingers
luster lustre, chandelier [šændiˈliə]
lúštiť *l. hádanku* solve
ľúto: *je mi ľúto* I am sorry

ľútosť regret; *(nad niekým)* pity
ľútostivý sorrowful, pitiful
ľutovať **1.** *(niekoho)* *be sorry for, pity **2.** *(niečo)* regret *(-tt-)*
ľúty ferocious, savage
luxus luxury
luxusný luxurious
luza mob, rabble
lyko bast
lynčovať lynch
lýra lyre
lyrický lyric(al)
lyrik lyric poet
lyrika lyrics *mn. č.*
lysý bald, hairless
lýtko calf [kaːf]
lyže ski
lyžiar skier
lyžica spoon; *(polievková)* tablespoon; *(murárska)* trowel; *za l-u* spoonful
lyžička teaspoon
lyžovačka skiing
lyžovať sa ski, *go skiing
lživý mendacious [menˈdeišəs], false

M

macocha stepmother

mača kitten, puss

máčať *(ponoriť)* soak, dip *(-pp-)*, *(navlhčiť)* wet *(-tt-)*

mačka cat; *(bez majiteľa)* waif

Maďar Hungarian

Maďarsko Hungary

magazín 1. *(časopis)* magazine, periodical **2.** *(obchod)* store

magnet magnet

magnetický magnetic

magnetizmus magnetism

magnetofón tape-recorder

mahagón mahogany

mach moss

machuľa blot

máj May; *Prvý m.* May Day

maják lighthouse

majer farm

majestátnosť majesty

majestátny majestic [məˈdžestik], stately

majetkový possessive [pəˈzesiv]

majetok fortune; *(vlastníctvo)* possesion [pəˈzešn]; *(najmä pozemky)* estate; *(osobný)* belongins mn. č.; *(vlastnícke právo)* property

majiteľ proprietor, owner

majonéza mayonnaise

major major [ˈmeidžə]

majorán marjoram

májový May

majster master; *(vedúci dielne)* foreman; *šport.* champion

majstrovský masterful, masterly; *m-é dielo* masterpiece

majstrovstvo mastery; *šport.* championship

mak poppy(-seed)

maklér (stock)broker

makrela mackerel

Malajec Malay

malária malaria

malátny languid, sickly

maľba painting

malebný picturesque

maliar painter; *(remeselník)* decorator
maliarsky: *m. stojan* casel; *m. ateliér* studio
maliarstvo painting
malíček *(na ruke)* little finger; *(na nohe)* little toe
maličkosť trifle
maličký diminutive, tiny
malicherný petty
malina raspberry
málo little; few
maloburžoázia petty bourgeoisie
málokde hardly anywhere
málokto hardly anybody
malomeštiacky provincial
malomyseľnosť despondency
maloobchod retail
maloobchodník retailer
maľovať paint, picture; *(kresliť)* *draw
maľovka painting
málovravný taciturn
málovravnosť reticence
malta mortar
malý little, small; *(o ľuďoch, diaľke)* short
mámiť 1. *(klamať)* deceive, cheat **2.** *(lákať*

od koho čo) cheat s.t. out of s.o.
mamut mammoth [mæməθ]
mandarínka tangerine
mandát mandate
mandľa 1. almond; *lúpané m-e* shelled a-s **2.** *anat.* tonsils *mn. č.*
manévrovať manoeuvre
mangeľ mangle; *(valcový)* rolling-press
mánia mania
manifest manifesto
manifestácia rally
manifestačný: *m. štrajk* token strike
manifestovať manifest; *(demonštráciou)* rally
manikúra manicure
manipulácia manipulation
manipulovať manipulate, handle
manko shortage; *(peňažné)* deficiency, deficit
manzarda garret, attic
manžel husband
manželia husband and wife, married couple
manželka wife
manželský conjugal;

(opak nemanželského)
legitimate
manželstvo marriage,
wedlock, matrimony
manžeta cuff
mapa map; *(navigačná)*
chart
mapovať survey
marcipán marzipan
[ˈmaːziˈpæn]
marcový March
marec March
margarín margarine
[ˌmaːdžəˈriːn]
marhuľa apricot
mariť 1. *(kaziť)* thwart
2. *(čas)* waste
marmeláda jam; *(pomarančová)* marmalade
márne in vain
márnenie waste
márnica mortuary
márniť waste
márnivosť vanity
márnivý vain
márnosť vanity
márnotratník spendthrift
márnotratný extravagant,
spendthrift, wasteful
márny vain, useless
Maroko Marocco
maršal marshal

marxista Marxian,
Marxist
marxistický Marxist,
Marxian
marxizmus Marxism
máry bier
masa mass [mæs]; *m-ové
prostriedky (rádio a tele-
vízia)* mass media
masaker slaughter, massacre, carnage
masakrovať slaughter
maselnica churn
masív massif [ˈmæsiːf]
masívny massive, solid
maska mask; *plynová m.*
gas-mask
maskovanie camouflage
maskovať camouflage
maslo butter
masť 1. lard, fat, grease
2. *(mazadlo)* ointment
mastiť grease, lard
mastnota grease
mastný greasy
mašinéria machinery
maškaráda masquerade
maškarný: *m. kostým*
fancy dress
maškrta titbit
maškrtný fastidious
maštaľ stable
mať *have; (vlastniť)*

posses *(-ss-)*, own; *m. veľa práce* *be (very) busy; *m. sa dobre* *have a good time, enjoy o.s.; *m. radšej* prefer *(-rr-)*; *m. za následok* result in; *m. niečo vykonať* *have to, ought to; *ako sa máš?* how are you?; *mám sa celkom dobre* I am quite well; *majte sa dobre* have a good time

mátať haunt

matematický mathematical

matematika mathematics *mn. č.*

materiál material, stuff

materialista materialist

materialistický materialistic

materializmus materialism

materinský maternal, mother-; *m. jazyk* mother tongue; *m-é znamienko* mole

maternica womb

materský maternal; *m-á lietadlová loď* aircraft carrier; *m-á škola* kindergarten, nursery

school; *m-á zem (V. Británia)* the mother country

materstvo motherhood, maternity

matica matrix (of a screw)

matka 1. mother **2.** *(hovor. na skrutke)* matrix

matný dim, dull; *m-é sklo* ground-glass

matrac mattress; *nafukovací m.* air-bed

matrika register

maturita leaving examination

maturovať *take (*sit for) a leaving examination; *amer.* *be graduated

mávať *swing, wave

maximálny maximum

maximum maximum

mazadlo lubricant, grease

mazať oil, lubricate, *spread

mazľavý sticky, greasy

maznať pet *(-tt-)*, fondle ‖ *m. sa* caress, fondle

mäkčeň hook(shaped) accent

mäkký soft; *(o mäse)* tender, mellow

mäsiar butcher

mäso meat; *(živé)* flesh
mäsožravý carnivorous
mdloba swoon; *(pocit slabosti)* faintness
mdlý faint, weary
meč sword
mečať bleat [bli:t]
med honey
meď copper
medaila medal
medený copper
medicína medicine
medik medical student
meditácia meditation
meditovať meditate
médium medium
medokýš mineral water
medový honey; *m-é týždne* honeymoon
medveď bear
medza 1. boundary 2. *(obmedzenie)* limit
medzera gap; *(časová)* break, interval; *(prázdne miesto)* blank; *(medzi riadkami)* space
medzi *(dvoma)* between; *(viacerými)* among
medzidobie interim
medzimestský: *m. telefónny hovor* trunk-call
medzinárodný international

medziplanetárny interplanetary
medzitým meanwhile, interim
medzník landmark; boundary stone; *obraz.* turning-point
mech sack, (leather-)bag
mechanický mechanical
mechanik mechanic
mechanika mechanics *mn. č.*
mechanizmus mechanism
mechanizovať mechanize
mechúr bladder
mechy bellows *mn. č.*
melanchólia melancholy
melancholický melancholy
melasa molasses *mn. č.*, treacle
meliorácia melioration
melódia melody, tune
melodický melodious
melón melon
membrána *tech.* diaphragm
mena currency
menej less; fewer; *m. ako* under
menejcenný inferior
meniť change, alter;

(zrazu) turn; *(striedať)* alternate ‖ **m. sa** change, alter; *(striedať)* vary
meno name; *krstné m.* first name, Christian name; *dobré m.* reputation; *dievčenské m.* maiden name
menovanie nomination; *(udelenie funkcie)* appointment
menovať name; *(ustanoviť)* appoint
menovateľ *(v zlomku)* denominator
menovite by name
menší smaller
menšina minority
menza canteen, student's dining hall
meradlo 1. measure, meter **2.** *(pravítko)* rule **3.** *(mierka)* scale, standard
meranie measurement
merať measure; *m. čas* time; *m. olovnicou* plumb; *m. teplotu* *take one's temperature
meravieť stiffen
meravý stiff
mesačne monthly

mesačník monthly
mesačný monthly
mesiac 1. *(na oblohe)* moon; *narastajúci m.* crescent-m. **2.** *(obdobie)* month
mesto town, city; *hlavné m.* capital
mestský urban, town, city; *m-á štvrť* ward; *m-é podniky* public utilities
mešec purse; *(na tabak)* pouch
mešita mosque [mosk]
meškať *be late, delay
mešťan citizen
meštiak bourgeois
meštiacky bourgeois
méta goal, aim
metelica snowstorm, blizzard
meteor meteor
meteorit meteorite [ˈmiːtjərait]
meteorológia meteorology
meter metre
metla 1. broom, *(prútená)* besom **2.** *(pohroma)* calamity
metóda method
metropola metropolis

metrum metre
miasť confuse
miazga 1. sap **2.** *(v tele)* lymph
miecha spinal cord
mieniť *(mať na mysli)* *mean; *(domnievať sa)* believe, *think; *(mať v úmysle)* *mean, intend, *be going
mienka opinion, judgement; *čiastočné zisťovanie verejnej m-y* Gallup poll
mier peace; *uzavrieť m.* *make piece; *porušiť m.* *break (the) piece; *boj za m.* struggle for peace; *Svetová rada m-u* World Peace Council
miera measure; *(zistenie)* measurement; *(veľkosť)* size; *(meradlo)* gauge [geidž] ● *do určitej m-y* to a certain extent
mieriť *na* aim at
mierniť moderate, appease
mierny gentle, temperate; *(pokojný)* peaceful, smooth

mierový peaceful; *(v mieri)* peace-time; *(za mier)* peace; *m. kongres* peace congress; *m-á zmluva* peace treaty
mierumilovný pacific, peaceful
miesiť blend, mix; *(cesto)* knead [ni:d]
miesť *sweep
miestnosť room
miestny local
miesto[1] *podst.* **1.** *(voľný priestor)* place, room; *(zemepisné)* locality; *(poloha)* situation **2.** *(na sedenie)* seat; *(stavebné)* site; *m. určenia* destination; *(práve to, určité)* spot; *(pobytu)* residence; *(zamestnanie)* post, position; *(voľné)* vacancy
miesto[2] *predl.* instead of
miestokráľ viceroy
miešať stir (-rr-); *(zmiešať)* blend, mix; *m. karty* shuffle (cards) ‖ **m. sa** meddle with
mihalnica eyelash
mihnúť sa flash
mihotať sa twinkle
mikrób microbe, germ

mikrofón microphone
mikroskop microscope
mikroskopický microscopic
míľa mile
miláčik darling, pet
milenec lover, sweetheart
milenka sweetheart
miliarda milliard; *amer.* billion
milícia militia
milimeter milimetre
milión million
milionár millionaire
milosrdenstvo mercy
milosrdný merciful
milosť grace
milostivý gracious
milovaný beloved
milovať love
milovník lover
milý dear, nice
mimo[1] *predl.* except, beside
mimo[2] *prísl.* past, outside; *m. miesta* extramural
mimochodom by the way, incidentally
mimoriadny extraordinary, singular
mimovoľný involuntary
mína mine

míňať ,1. *spend 2. (is okolo)* pass by
minca coin
mincovňa mint
minerál mineral
miniatúra miniature
miniatúrny miniature
minimálny minimum
minimum minimum
minister minister, Secretary of State
ministerský ministerial; *m. predseda* Prime Minister, Premier
mínomet mine-thrower
minule last time
minulosť past
minulý past; *(predchádzajúci)* last, previous; *m. čas gram.* Past Tense
mínus minus, less
ministerstvo ministry; *(v USA)* department; *m. vnútra* Home Office; *m. námorníctva* Admiralty; *m. zahraničia* Foreign Office
minúť *p.* míňať
minúť sa 1. *(o čase)* pass 2. *(netrafiť, nestretnúť sa)* miss
minúta minute

misa dish, bowl; *(poliev-ková)* tureen
misia mission
miska *(váh)* scale
mizerný miserable, wretched; *hovor.* rotten
miznúť vanish, fade, disappear
mláďa cub
mládenec lad, youth; *starý m.* bachelor
mládež youth
mladistvý youthful, young, juvenile
mladnúť *grow young
mladosť youth
mladší younger, junior
mláducha bride
mladý young, youthful
mláka pool, puddle
mľaskať smack, click
mláťačka threshing-machine, thresher
mlátiť thresh
mlčanie silence
mlčanlivý taciturn, discreet
mlčať *be silent
mlčky silent(ly)
mletý ground
mlieč *bot.* milkweed
mliečie milt

mliečny milky; *m. chrup* milk-teeth; *m. dráha* milky way; *m. bar* milk-bar
mliekáreň dairy ['deəri]
mlieko milk; *kyslé m.* sour milk; *plnotučné m.* whole milk; *odstredené m.* skimmed milk
mlieť *grind, mill
mlok salamander, newt
mlyn mill; *veterný m.* windmill
mlynár miller
mňaučať mew
mních monk
mníška nun
mnoho much, many; a lot, a good (great) deal, plenty of; *veľmi m.* great many
mnohonásobný manifold, multiple
mnohostranný many-sided; *odb.* multilateral; *(o činnosti)* versatile
mnohoznačný ambiguous
mnohoženstvo polygamy
mnohý many a
množiť multiply ‖ **m. sa** multiply, increase
množné číslo *gram.* plural

množstvo quantity, amount; *(hojnosť)* multitude

mobilizácia mobilization

mobilizovať mobilize

moc power; *(právomoc)* authority; *(násilie)* force; *(vláda)* rule; *plná m.* power of attorney; *dostať sa k m-i* *come to power; *z m-i úradnej* by authority

mocnina *mat.* power; *druhá m.* square; *tretia m.* cube

mocnosť power

mocný powerful, mighty

moč urine

močarina bog, marsh, swamp

močiť **1.** urinate, make water **2.** *(namáčať)* wet *(-tt-)*, moisten

móda fashion, style, vogue; *byť v m-e* *be in the vogue, in fashion

model model, pattern

modelovať model *(-ll-)*

moderný fashionable, modern, up-to-date

modistka milliner

modla idol

modliť sa pray

modlitba prayer

módny fashionable; *m-a prehliadka* a mannequin parade

modrina bruise

modrý blue

mohamedán Mohammedan

mohutný big, powerful, mighty

mohyla barrow

mokrý wet; *(daždivý)* rainy

moľa moth

molekula molecule

molekulárny molecular

mólo pier, mole

moment moment, instant

momentka snapshot; *urobiť m-u* snap *(-pp-)*

monarcha monarch

monarchia monarchy

Mongolsko Mongolia

monogram monogram, initials *mn. č.*

monopol monopoly

montáž fitting, assembly

montér fitter

montérky overalls *mn. č.*

montovať fit *(-tt-)*, assemble

monumentálny monumental

monzún monsoon
mor pest, plague
morálka *(duševný stav, nálada)* morale; *(mravnosť)* morals *mn. č.*
Morava Moravia
Moravan Moravian
morča guinea-pig
more sea; *pri m-i* at the seaside; *za m-om* oversea(s)
moreplavec seafarer
moreplavectvo navigation
moriak turkey
moriť 1. *(mučiť)* torment **2.** *tech.* stain
morský sea, marine; *(o rybách)* salt-water; *m-á nemoc* seasickness; *mať m-ú nemoc* *be seasick; m-é pobrežie* seaside, seacost, seashore
moruša mulberry
mosadz brass
mosadzný brass
Moskva Moscow
moskyt mosquito
most(ík) bridge
moták reel
motať *wind up, reel ‖ m. sa** reel
motív motive; *(pohnútka)* incentive

motocykel motor-cycle
motor motor, engine
motúz cord, string
motyka hoe
motýľ butterfly
motýlik *(kravata)* bow
mozog brain
mozoľ callosity
možno perhaps, maybe; *m. máte pravdu* you may be right
možnosť possibility, chance, alternative; *dať m.* enable
možnosti facilities *mn. č.*
možný possible
môcť *be able to; (smieť)* *be allowed to; môžem* I can, I may
môj my, mine
mračiť sa 1. *(o počasí)* *become cloudy **2.** (o ľuďoch)* frown
mrak cloud
mrakodrap skyscraper
mramor marble
mraučať whimper
mrav manners *mn. č.,* habits *mn. č.*
mravec ant
mravenisko ant-hill

mravnosť morals *mn. č.*, morality, decency
mravný moral, decent
mráz frost
mrazenie *prenes.* shiver
mrazený frozen, ice-
mraziť *freeze, chill
mrazivý frosty
mreža lattice
mrhať trifle away
mrholiť drizzle
mriežka *(ochranná)* fender
mrkať *(očami)* blink, wink
mrkva carrot
mrnčať whine, whimper
mrož walrus
mrštiť *(krčiť)* wrinkle
mŕtvica apoplexy
mŕtvola corpse
mŕtvy dead, inanimate
mrviť sa fidget
mrzačiť cripple, maim
mrzák cripple
mrzieť worry about; *mrzí ma, že* I am sorry that
mrzký ugly, nasty
mrznúť *freeze
mrzutosť 1. *(nepríjemná vec)* annoyance, trouble **2.** *(zlá nálada)* ill humour

mrzutý 1. annoying **2.** *(o ľuďoch)* peevish
mstiť sa revenge
mučeník martyr
mučenie torture
mučiť torture; *(duševne)* torment
múčnik dessert, sweets *mn. č.*
mudrc sage
múdrosť wisdom, sagacity
múdry wise, clever, sagacious, neat
mucha fly
muchotrávka toadstool
muka torture, suffering
múka flour; *ovsená m.* oatmeal
mul *zool.* mule
múmia mummy
mumlať mumble, mutter
munícia ammunition
múr wall
murár mason, bricklayer
murovaný brickbuilt
musieť *be obliged to, *have to; *musím* I must
muškát *bot.* geranium
mušľa mussel, (cockle-) shell
mušt cider
mutácia mutation
mútny *p.* **kalný**

múza Muse
múzeum museum
muž man, male
mužnosť virility
mužný virile, manly
mužský male, masculine
mužstvo crew; *šport.*
team
my we; *(sami)* ourselves
mydliny (soap)suds
mn. č.
mydliť soap; *(pri holení)*
lather
mydlo soap; *holiace m.*
shaving-stick
myknúť (sa) jerk
mýliť *mislead; *(klamať)*
decieve; *(miasť)* confuse
|| **m. sa** *be mistaken,
*be wrong

mýlka error, mistake
mylný erroneous
myrta myrtle [ˈmə:tl]
mys cape
myseľ mind; *prísť na m.*
occur *(-rr-)* to s.o.
myslieť *think, suppose;
amer. guess, reckon;
myslím, že áno I think
so
mysliteľ thinker
mystický mystic(al)
myš mouse
myšlienka thought, idea
mýto toll, duty
mytológia mythology
mýtus myth
mzda pay, wage(s); *do-
stačujúca m.* living wa-
ge; *m-ový boj* wage-war

N

na on, upon *(na stole*
on the table); at *(na sta-
nici* at the station); for
(na okamih for a mo-
ment); *na prvý pohľad*
at first sight; *na ulici*
in the street; *štvrť na päť*

a quarter past four;
na dosah ruky within
reach
nabádať urge, spur *(-rr-)*
nabažiť sa *get *(-tt-)* fed
up with s.t.
naberačka ladle

naberať 1. ladle **2.** *(látku)* fold

nabieliť whitewash, whiten

nabíjať charge; *(zbraň)* load

nabitý 1. *(o zbrani)* loaded **2.** *(elektrinou)* live **3.** *(preplnený)* crammed, crowded

náboj charge; *(patróna)* cartridge

nábojnica shell

nabok aside

nábor enlistment, campaign

náboženský religious

náboženstvo religion

nábožný religious, pious

nábrežie embankment, quay [ki:]

nabrúsiť sharpen, whet *(-tt-)* *grind, edge

nabudúce next, next time

nábytok furniture, *sektorový n.* unit furniture

nacionálie personal data *mn. č.*

nacionalizmus nationalism

nacvičiť study, drill

načas in time

načasovať time

náčelník chief; *(stanice)* station master

načierniť black(en)

náčinie implements; *(kuchynské)* kitchen utensils *mn. č.; (turistické)* kit

načo what for

náčrt outline, sketch

načrtnúť outline, sketch

náčrtník sketch-book

náčrtok sketch

načúvať listen to; *(rádio)* listen in

nad above; *(priamo nad)* over; *(viac ako)* over; *(nadmieru)* beyond; *n. moje očakávanie* beyond my expectations

naďalej henceforth, henceforward

nadanie gift, talent

nadaný gifted, talented

nadarmo in vain

nadávať call s.o. names, insult

nadávka insult, bad name

nadávky bad language

nadbehnúť (si) *take a short cut, *outrun *(-nn-)*

nadbytočný superfluous [sjuˈpə:fluəs]

nadbytok abundance, surplus

nadčlovek superman

nádej hope, prospect ● *kojiť sa n-ou* cherish hopes

nádejný hopeful, promising

nádenník *hovor.* navvy [nævi]

nádhera splendour, magnificence

nádherný splendid, magnificent

nadhodnota surplus value

nádcha cold (in the head)

nadchnúť insipire || **n. sa** be enthusiastic about s.t.

nádielka distribution of presents; *(vianočná)* Christmas box

nadlaktie upper arm

nadľudský superhuman

nadmerný excessive

nadmorský above sea--level

nadmúť (sa) swell

nádoba vessel; *(na odpadky)* dust-bin

nádoby crockery, (kitchen) utensils *mn. č.;* *čajové n.* tea-things *mn. č.*

nadobudnúť acquire, gain; *(bez úsilia)* *come by; *znovu n.* retrieve

nadol down; *(v budove)* downstairs

nádor tumour [tju:mə]

nadovšetko above all

nadpis (nápis) inscription; *(knihy, článku)* title; *(v novinách)* headline

nadpočetný surplus

nadpozemský unearthly

nadpráca surplus work

nadpriemerný above the average

nadprirodzený supernatural

ňadrá breast *mn. č.;* bosom

nadriadenosť superiority

nadriadený superior, senior

nádrž basin; tank, container

nadržať patronize s.o., back up s.o.

nadsádzka exaggeration

nadstavba superstructure
nadstranícky impartial, above parties
nadšenec fan, enthusiast
nadšenie enthusiasm
nadšený enthusiastic
nadutec swell, snob
nadutý haughty, conceited
nadúvať (sa) swell, puff up
nadviazať *(styky)* open up, enter into relations with s.o., establish relations
nadvláda *(prevaha)* supremacy; *(ovládanie)* domination, rule
nádvorie court(yard)
nadvýroba over-production
nádych tinge, tint
nadýchať sa inhale
nadzvukový supersonic
nadživotný above life-size
nafta oil, petroleum
naftové pole oil-field
nafúkanosť conceit
nafúkaný conceited, arrogant, haughty

nafúknuť inflate
nafukovať puff up, *blow up ‖ **n. sa** *put on airs, boast
nahadzovať 1. *(na voz a pod.)* *throw in (down, up) **2.** *(stenu)* rough-cast
naháňačka *(hra)* chase
naháňať 1. *(utekať za niekým)* chase, *run after **2.** *(niekoho do niečoho)* drive s.o. into s.t. **3.** *(súriť)* urge
nahlas loud, loudly; *hovoriť n.* *speak out, *speak up
náhle suddenly, all of a sudden
nahliadnuť look *(do into)*, peep *(into,)*, *(letmo)* scan
náhliť (sa) hurry, hasten
náhlivý hasty
nahluchlý hard of hearing
náhly abrupt, sudden
nahmatať touch, *feel
nahnevaný angry, cross
nahnevať sa *be cross (na at), *be angry (with)
nahnúť (sa) incline, *bend

náhoda chance; *(nešťast-ná)* accident; *(šťastná)* fortune, a stroke of luck
náhodilý accidental, chance
náhodou by chance ● *stretol som ho n.* I happened to meet him
nahor up; *(po schodoch)* upstairs
nahota nakedness, nudity
nahovárať *(si dievča)* woo, court
náhrada compensation, amendments *mn. č.; (ško-dy)* indemnity, damages *mn. č.*
nahradiť 1. compensate, make up for; *(výdavky)* reimburse 2. *(dosadiť na miesto)* replace; *(zaujať miesto niekoho)* take the place of someone
nahraditeľný replaceable
náhradník substitute
náhradný reserve, spare
nahrať *(gramof. platňu, pás)* record
náhrdelník necklace
nahrnúť sa crowd, throng
náhrobník tomb (stone)
nahromadiť accumulate, heap; *(do kopy)* pile up

náhubok *(zvierací)* muzzle
nahý naked, bare, nude
nach purple
nachádzať *find || **n. sa** *be situated
nachýliť sa stoop
náchylnosť inclination, tendency
náchylný *(k)* bent on; inclined to
nachytať *(koho)* dupe s.o.
naivný naive, artless [a:tlis]
najať hire, lease
najavo: *vyjsť n.* *become evident
nájazd raid
najbližší next
nájdenec foundling
najímať 1. *(zamestnan-ca)* engage 2. *(loď)* charter 3. *(byt)* hire
najhorší worst
najhoršie worst; *prinaj-horšom* at worst
najlepší best
najlepšie best
najmä especially; in particular
najmenej least
najmenší least, smallest; *ani v najmenšom* not in

the least; *prinajmenšom* at least

nájom hire; *(podľa zmluvy)* lease

nájomné rent

nájomník tenant

najprv first (of all), in the first place

najprvší foremost

nájsť *find

najväčší *(možný)* utmost

najväčšmi most(ly)

najviac the most

najvyššia moc supremacy

najvyšší supreme

nákaza infection; *(znečistením)* taint

nakaziť infect; *(stykom)* contaminate; *(nečistotou)* taint

nákazlivý infectious, contagious; *n-á choroba* infectious disease

náklad 1. *(bremeno)* load, freight; *(lodný)* cargo, bulk **2.** *(výdavok)* cost, expense **3.** *(počet výtlačkov)* circulation, number of copies

nakladať 1. *(na voz)* load, freight **2.** *(konzervovať)* conserve **3.** *(knihy)* publish

nakladateľ publisher

nakladateľstvo publishing-house

nákladný goods; *n. vlak* goods train; *n-é auto* lorry, *(voz)* waggon **2.** *(drahý)* costly, expensive

naklonený 1. slanting, inclined **2.** *(čomu)* partial to s.t.

nakloniť (sa) incline, tilt

náklonnosť inclination, affection; *získať n.* make a conquest (of)

nakoniec finally, in the end

nakopiť heap up

nákova anvil

nakrátko in short, briefly; *držať niekoho n.* have a firm hand over s.o.

nákres drawing, sketch

nakrivo aslant

nakrútiť *wind; *(film)* turn

nakuknúť *(do)* peep *(into)*

nákup purchase

nakupovať shop *(-pp-)*, *go shopping

nákyp pudding

nálada mood, temper;

v zlej n-e out of humour;
mať výbornú n-u be in
high spirits
naladiť 1. *(hudobne)* tune
2. *(rádio)* tune in
náladový capricious
[kəˈprišəs]
naľakať frighten ǁ **n. sa**
*get scared
nalakovať varnish
naľavo (on the) left, to
the left
nalepiť *stick; *(fotografiu, mapu)* mount
nálepka label
nálet air-raid
nález find; *(objav)* discovery; *lekársky nález* medical finding
nálezca finder
nálezné (finder's) reward
náležitý proper,
appropriate
naliať pour *(-rr-),* infuse
naliehať insist on s.t.
naliehavý pressing,
urgent
nalodiť ship *(-pp-)* ǁ **n. sa**
embark
nalogať sa gulp
náklad charge
namáčať 1. dip *(-pp-)* in
2. *(bielizeň)* soak

námaha effort, trouble,
pains *mn. č.*
namáhať sa exert o.s.,
strain
namáhavý tiring,
difficult, strenuous
namaľovať paint
namastiť grease, lubricate
námesačník sleepwalker
námestie place, square;
(kruhové) circus
námestník deputy
námet subject, topic
námezdný mercenary;
(pracovník) wage-earner
namieriť level *(-ll-),* *(na
at)*
namiesto instead of
namietať object *(proti* to),
mind
námietka objection,
protest
namočiť soak
námorník mariner, sailor;
odb. seaman
námorný naval, marine,
maritime
namrzený cross, annoyed,
sullen
namydliť soap; *(pri holení)* lather (o.'s face)
namyslený conceited

nanajvýš at the utmost, at
(the) most
nanič of no use ● *je mi n.*
I feel seedy (sick)
naničhodník wretch,
scoundrel, *slang.* rotter
naničhodný good-for-
-nothing
nános deposit, sediment
nanovo afresh, anew
naobedovať sa *have
lunch (dinner)
naopak on the contrary,
on the other hand
naostriť sharpen, whet
(-tt-)
naozaj really, indeed
naozajstný true, veri-
table
nápad idea, fancy ● *to je
n.!* what an idea!
nápadník wooer, suitor
napadnúť 1. *(niekoho)*
attack; *n. slovami*
declaim against **2.** *(myš-
lienka)* occur *(-rr-)*
nápadný conspicuous,
striking
napájať water
napáliť *(oklamať)* cheat,
hovor. bamboozle [bæm-
ˡbu:zl]

naparovať sa strut *(-tt-),*
brag *(-gg-)*
napätie tension, stress;
elektr. voltage; *odstrániť
n. v medzinárodných
vzťahoch* remove the
tension in international
relations; *(vypätie)*
strain; *(nervové vzruše-
nie)* thrill
napätý tense
nápev air, tune
napinák *(do čižiem, topá-
nok)* boot-tree
napínavý thrilling
nápis inscription; *(ná-
hrobný)* epitaph
napísať *write (down),
*put (down) ● *n. pár
riadkov* drop a line
napiť sa *have a drink
náplasť plaster
naplavenina deposit, silt
náplň filling, contents
mn. č.
naplniť fill
napnúť stretch; *(príliš)*
strain; *(utiahnutím)*
tighten; *obraz.* thrill
napnutý tight, stretched
napodiv strange to say
napodobnenie imitation
napodobniť copy, imitate

nápoj drink, beverage; *liehové n-e* spirits, alcoholic drinks; *nealkoholický n.* soft drink

napokon finally, at last

napolo half-, half-way

napomenúť admonish [əd¹moniš] rebuke

nápomocný helpful

nápor *voj.* storm, attack

napospas at the mercy of s.o.; *vydať n.* *leave to the mercies of s.o.

napovedať prompt

náprava 1. remedy, reformation 2. *(voza)* axle

napraviť right; *(opraviť)* correct; *(odstrániť zlo)* remedy || **n. sa** improve

nápravný domov mládeže approved school

napravo (to the) right

napredovať advance

napriamiť sa straighten

naprieč across

napriek despite of, in spite of

napríklad for instance, for example; *napr.* e. g.

naproti opposite ● *n. tomu* on the other hand

náprstok thimble

napuchnúť inflate, swell

napuchnutý swollen

napumpovať pump

narábať handle, manipulate

náradie *(remeselnícke)* tools *mn. č.*

náramok bracelet

naraz 1. at one stroke, at a blow 2. *(hneď)* at once

náraz *(silný)* impact, *(s otrasom)* shock; *(dunivý)* hump; *(vetra)* blast

naraziť bump, strike; *meet with resistance; collide; *n. sud* broach a cask

nárazník buffer; *amer.* bumper; *predný n. električky* fender; *n-ový štát* buffer state

narážka allusion, hint; *robiť n-y* allude to

narcis narcissus; *žltý n.* daffodil

nárečie dialect

nárek lamenting, moaning, wail

nárez slices of cold meat

nariadenie order, disposal

nariadiť 1. order 2. *(hodiny)* *set *(-tt-)*
nariekať complain, lament
narkotikum *(hovor. ópium)* dope
narkotizovať narcotize
narkóza anaesthesia [ˌæniːsˈθiːziə]
náročnosť pretension
náročný exacting, pretentious
národ nation, people; *n-y* peoples
narodenie birth
narodeniny birthday ● *všetko najlepšie k n-ám* many happy returns of the day
narodený born
narodiť sa *be born
národnosť nationality
národný national; *n. front* Popular Front; *n. umelec* People's Artist
národohospodárstvo economics
národopis ethnography
národovec patriot
nárok claim; right; *(právny)* title, pretension; *robiť si n-y* lay claims to, pretend to

naroveň on a par, on an equal footing with
narovnať (sa) straighten
nárožie street-corner
narúbať *(triesky)* chip *(-pp-)*
naruby upside-down, wrong side out (up)
náruč armful, arms *mn. č.* ● *vziať do n-e* take into o.'s arms, embrace
narukovať enlist
narušiť 1. *(prerušiť)* *break 2. *(pokaziť)* damage slightly 3. *(zasiahnuť do)* affect 4. dislocate
náruživý passionate, impassionate
narýchlo hurriedly, in haste
nárys outline, design
narysovať outline, *draw
násada 1. *(rúčka)* handle 2. *(rýb)* fry
nasadiť 1. *set *(-tt-)* *put *(-tt-)* 2. *(rastliny)* plant 3. *(riskovať)* risk
násadka *(pera)* penholder
naschvál on purpose, deliberately
nasiaknuť soak, drench

násilie violence; *(poru-
šenie práv)* outrage
násilník thug
násilnosť violence,
brutality
násilný violent, brutal
nasilu forcibly, by force
naskočiť 1. *(do vozidla)*
jump in(to) **2.** *(o moto-
re)* start
náskok start
naskrz throughout
naskutku 1. *(naozaj)*
really **2.** *(ihneď)* at once,
instantly
následník successor
následok effect, con-
sequence; *mať za n.*
result in, entail; *n-kom
čoho* owing to s.t.; *in
consequence of s.t.;
n-om toho* thereupon,
consequently
nasledovať 1. follow **2.**
(po niekom) succeed **3.**
(napodobňovať) imitate
nasledovne as follows
nasledujúci following;
(ďalší) next
naslepo at random
nasliniť wet *(-tt-)* (with
saliva)
násobenie multiplication

násobilka multiplication
table
násobiť multiply
nasoliť salt
naspamäť by heart
naspäť back
naspodku underneath
nasťahovať sa move into
nastať *set (-tt-)* in; *(o no-
ci)* *fall
nastaviť 1. *(nastrčiť)*
*put a t. before **2.** *(pre-
dĺžiť)* lengthen **3.** *(stroj)*
adjust, *set *(-tt-)* **4.**
(prekážku) *put *(-tt-)*
out
nástenka wall poster,
newsboard; *(noviny)*
wall-gazette
nástenný wall-; *n-á mapa*
wall-map
nástojčivosť pertinacity
nástojčivý persistent,
pertinacious
nastoliť install
nástraha snare, trap
nastrašiť terrify, frighten
nástroj implement, tool;
hud., lek. a pod. instru-
ment; *bicie n-e* per-
cussion instruments
nástup 1. *voj.* forming
ranks **2.** *(príchod)* com-

ing **3.** *(do služby)* entrance into; taking up (of service) **4.** *(manifestácia)* assembling
nástupca successor
nástupište platform
nastúpiť 1. *(do radu)* form up **2.** *(po niekom)* succeed to s. o. **3.** *(do vlaku a pod.)* *get into **4.** *(do zamestnania)* *take up a post **5.** *(na trón)* ascend; *n. dovolenku* *take o.'s holiday, *voj.* *take o.'s furlow
násyp earthwork, dike
nasýtiť *feed; *(tekutinou a obrazne)* saturate
náš our, ours
našťastie fortunately, luckily
nateraz from the present, for the time being
náter paint, *(vrchný)* coat, *(olejový)* oil-paint
natáčať *(film)* turn, *shoot
natiahnuť 1. *(predĺžiť)* stretch, extend **2.** *(hodiny)* *wind up **3.** *(ruku)* reach out ● *n. niekoho hovor.* pull s.o.'s leg

natiahnuť sa sprawl, stretch out
natierať paint, coat
nátierka spread
nátlak pressure
natrhnúť *(slabo roztrhnúť)* rip (-pp-), *(po dĺžke)* *slit (-tt-)
natriasať (sa) *shake, toss
náučný slovník encyclopaedia [en‚saiklo'pi:diə]
náuka doctrine
náušnica ear-ring
navádzať instigate *(k čomu* to)
nával rush
navaliť *(komu čo)* overwhelm with
návestie signal; *(avízo)* advice
navinúť roll up, *(na cievku)* reel
navlas *(presne, práve)* accurately
navlhčiť moisten, damp
navliekať *thread; *(na šnúru)* *string
navnadiť bate, allure
návod instructions *mn. č.*
navonok outwardly
navoskovať wax
návrat return

navrátiť return, *give back

návrh proposal, suggestion; *(konštrukčný)* design, project; *(na schôdzi)* motion

navrhnúť propose; *(zdvorilo)* suggest; *(vo výrobe)* design; *(na schôdzi)* motion

návršie hill, elevation [eli-ˈveišn]

navŕšiť pile (up), heap up, accumulate

návšteva visit, call; *(školy)* attendance

návštevník visitor, caller; *(divadla)* theatre-goer

navštevovať 1. visit; *(často)* frequent, haunt **2.** *(školu)* attend

navštíviť call on; *(tiež mesto)* visit; *(formálne)* pay a call (visit); *(krátko)* drop *(-pp-)* in

návyk custom, habit, wont

navyknutý habitual

navyknúť accustom

navyknúť si *get accustomed, *get used to

navzájom one another, each other

navzdory despite of, in spite of

navždy for ever, for good

nazad back(wards)

nazdar *(pri stretnutí)* hallo; hullo; *(pri lúčení)* cheerio

nazerať look upon

nazlostiť anger

nazmar: prísť n. *go to waste; *(byť zničený)* *go to rack and ruin

naznačiť indicate; hint; *(nepriamo)* insinuate

naznak on the back

náznak suggestion, indication

názor opinion, view; *podľa môjho n-u* in my opinion, to my mind

názov name, title

nazrieť look into

názvoslovie terminology

nazývať call, name; *n. sa* *be named, *be called

nažívať *get *(-tt-)* along with

naživé alive

nažltlý yellowish

nebadane unnoticed

neandertálsky Neander-
thal [ni'ændəta:l]
nebeský 1. celestial **2.**
(náboženský) heavenly
nebezpečie danger, risk;
(ohrozenie) peril
nebezpečný dangerous,
perilous, risky
nebo heaven; *(obloha)*
sky
nebohý late, deceased
nebojácny fearless
nebožiec bore, auger;
(jemný) gimlet ['gimlit]
nebývalý umprecedented,
uncommon
neciteľný insensible, un-
feeling
necitlivý insensitive,
numb
necivilizovaný
uncivilized, savage
necudný shameless, ob-
scene, unchaste
nečakaný unexpected
nečas bad weather
nečasový out-of-date;
(nevhodný) untimely
nečestný dishonest, dis-
honourable
nečinnosť inactivity, idle-
ness
nečinný inactive, idle

nečistota impurity, un-
cleanliness, dirt
nečistý impure; *(nepo-
riadny)* untidy, slovenly
['slavnli]
nečitateľný illegible
nečudo no wonder
nečujný inaudible
neďaleko not far (from,
off)
nedávno lately, of late,
recently, not long ago
nedávny recent
nedbalosť negligence,
carelessness
nedbalý careless, negli-
gent; *(neporiadny)*
slovenly
nedbať neglect, disre-
gard
nedefinovateľný undefin-
able
nedeľa Sunday
nedeliteľný indivisible
nedemokratický undemo-
cratic
nedlho not long
nedobrovoľný involunt-
ary
nedobytný impregnable;
(bezpečný proti útoku)
safe; *n-á pokladnica*
strong box

nedočkavosť impatience
nedočkavý impatient
nedochvíľny unpunctual
nedokonalosť imperfection
nedokonalý imperfect
nedokončený unfinished, incomplete
nedonosený miscarried
nedopečený underdone
nedoplatok arrears *mn. č.; amer.* back payment
nedorozumenie misunderstanding
nedoručiteľný not deliverable; *n. list* dead letter
nedosiahnuteľný unattainable
nedoslýchavý hard of hearing
nedospelý minor, under age; *(nezrelý)* immature
nedostatočný insufficient, unsatisfactory
nedostatok 1. *(núdza)* shortage, lack ● *mať n.* *be short of s. t.* **2.** *(vada)* defect, shortcoming
nedotklivý touchy, petulant
nedotknuteľný inviolable

nedotknutý intact, untouched
nedovolený unlawful, illicit
nedôsledný inconsistent, inconsequent [in'konsi-kwent]
nedôstojný undignified, unworthy
nedôvera mistrust, diffidence, want of confidence
nedôverčivý diffident, distrustful
nedôverovať distrust, mistrust
neduh infirmity, ailment
neduživý ailing, sickly, infirm
nedvojzmyselný unambiguous
nefajčiar non-smoker
nefalšovaný genuine, unadulterated
neforemný formless, shapeless
neformálny informal
negácia negation
negatív negative
negramotný illiterate
neha tenderness; *(jemnosť)* gentleness
nehanblivosť impudence

nehanblivý impudent, shameless

nehatený unchecked

nehľadiac na apart from

nehlasovať abstain from voting

nehlučný noiseless

nehmotný immaterial

nehnuteľnosť real estate

nehoda accident, mishap

nehodný unworthy

nehorázny tremendous, extreme

nehospodárnosť lack of economy, thriftlessness

nehospodárny thriftless, uneconomical

nehostinný inhospitable

nehrdzavejúci rustless, stainless

nehybnosť immobility

nehybný motionless, fixed

nehynúci undying

nech *let, *be it ● *n. príde* *let him come; *n. žije* three cheers for

nechápať fail to understand, *misunderstand

nechať 1. *let **2.** *(opustiť)* *leave **3.** *(ponechať)* *keep ● *nechaj ma na pokoji* *leave me alone; *n. niečo* *give up s.t.

|| **n. si** *keep

nech nail

nechuť disgust; *(odpor)* aversion, dislike; *(odmietavá n.)* reluctance

nechutný *(bez chuti)* insipid; *(nedobrý)* unpalatable, unsavoury; *(odporný)* disgusting

neistota uncertainty, insecurity

neistý uncertain, insecure

nejako somehow, in some way or other

nejaký some, any, some kind (sort of)

nejasný *(hmlistý)* hazy; *(rozmazaný)* dim; *(neurčitý)* vague

nejeden many a

nejednotný disunited

nekalý unfair; *n-á súťaž* unfair competition

neklamný unmistakable

nekompromisný uncompromising

nekonečno infinity

nekonečný infinite, endless

nekrológ obituary

nekrvavý bloodless

nekultúrnosť lack of culture
nekultúrny uncultured
nekvalifikovaný unskilled
neláskavý unkind
nelegálny illegal [iˈliːgəl]
neleniť 1. not to *be idle **2.** *(nemeškať)* *lose no time
nelogický illogical
neľúbosť dislike, displeasure
neľudskosť inhumanity
neľudský inhumane, barbarous
neľútostný merciless, pitiless; *(krutý)* cruel
nemajetnosť poverty
nemajetný poor, needy
nemálo not a little, not a few
nemanželský illegitimate, bastard
nemať n. rád dislike; n. pravdu *be wrong; n. úspech fail
nemčina German
Nemec German
Nemecko Germany
nemecký German
nemeniteľný unalterable, unchangeable
nemiernosť intemperance

nemierny intemperate, immoderate
nemiestny out of place
nemilosrdnosť cruelty
nemilosrdný merciless, pitiless
nemilosť disgrace, displeasure
nemilý 1. *(nepríjemný)* unpleasant **2.** *(neprívetivý)* unkind
nemnoho not much, not many, few, little
nemoc illness, sickness; *(určitá)* disease; *(ľahká)* indisposition; *(neduh)* complaint
nemocenský: n. poistenie health insurance
nemocnica hospital
nemocný 1. sick, indisposed, ill **2.** *(pacient)* patient
nemoderný old-fashioned, out-of-date
nemohra pantomime
nemohúci unable, impotent
nemota dumbness
nemožnosť impossibility
nemožný impossible
nemravnosť immorality

nemravný immoral; *(neslušný)* indecent

nemý dumb, mute; *(neschopný slova)* speechless

nemysliteľný unthinkable

nenahraditeľný irreplaceable [ˌiriˈpleisəbl]

nenápadný inconspicuous

nenapodobiteľný inimitable

nenapraviteľný irreparable, incorrigible

nenásytník glutton

nenásytný greedy

nenávidieť hate; *(s odporom)* detest

nenávisť hate, hatred

nenávistný hateful, malignant

nenazdajky unawares

nenútený unaffected, natural, easy

neobmedzený unlimited

neoboznámený ignorant *(s* of)

neobvyklý novel, unusual

neobyčajný unusual, uncommon; *(mimoriadny)* extraordinary

neoceniteľný invaluable, priceless

neočakávane unaware

neočakávaný unexpected

neodborník layman; amateur, non-expert

neodborný lay, amateurish [ˌæməˈtəːriš]

neodbytný importunate

neodcudziteľný inalienable

neodlučiteľný inseparable

neodolateľný irresistible

neodpustiteľný unpardonable

neodvolateľný irrevocable

neodvratný inevitable

neogabanec booby

neohrabaný clumsy, awkward

neohrozený intrepid, dauntless

neohybný inflexible, unbending, stiff

neochota reluctance

neochotný reluctant, unwilling

neokrôchaný blunt

neomylný infallible

neopatrný careless

neoperený callow

neopísateľný indescribable, beyond description

neoprávnený unauthorized

neosobný impersonal

neotesaný rough, coarse
neozbrojený unarmed
nepárny odd
nepatrný slight; tiny
neplatný invalid, void, null
neplodný sterile; *(o konaní)* unfruitful; *(o poli, žene)* barren; *(neúspešný)* fruitless
nepoctivosť dishonesty
nepoctivý *(nečestný)* dishonest; *(proti pravidlám)* unfair
nepoddajný unyielding; *(urputný)* stubborn
nepohodlie discomfort
nepohodlný uncomfortable
nepohyblivý immovable
nepochopiteľný incomprehensible; *(tajomný)* mysterious
nepochybne no doubt, indoubtedly
nepochybný indubitable, undoubted
nepokoj unrest, trouble, disturbance, restlessness
nepokojný restless; unquiet, agitated, uneasy
nepomer disproportion

nepopierateľný undeniable
neporiadny disorderly, untidy
neporiadok disorder
nepopísaný blank
neporušený intact, safe
neposlúchať disobey
neposlušnosť disobedience
neposlušný disobedient, naughty
nepostrádateľný indispensable
nepoškodený undamaged
nepoškvrnený stainless
nepotrebný unnecessary
nepôvabný unattractive
nepovinný voluntary
nepozorný careless; thoughtless
nepožívateľný inedible
nepraktický unpractical
nepravda untruth
nepravdepodobnosť improbability
nepravdepodobný improbable, unlikely
nepravdivý untrue, false
nepravidelnosť irregularity
nepravidelný irregular

neprávom wrongfully

neprávosť iniquity

nepravý wrong; *(iba po-dobný)* mock

nepredpojatý unpreju-diced, unbiassed ['an-ˡbaiəst]

nepredstaviteľný incon-ceivable

nepredvídaný unforseen

neprekonaný unbeaten

neprekonateľný insuper-able

nepremenný invariable, unchangeable

nepremokavý waterproof, impermeable; *n-ý kabát* waterproof

nepremožiteľný uncon-querable, invincible

nepreniknuteľný impen-etrable

nepresný inaccurate, in-exact

neprestajný incessant

nepresvedčivý lame

nepretržitý continuous, uninterrupted

nepriamy indirect

nepriateľ enemy, *(básnic-ky)* foe

nepriateľský hostile, inimical

nepriateľstvo enmity; an-imosity; *(vo vojne)* hostility

nepriazeň disfavour

nepriaznivý unfavourable

nepríčetný insane

nepriedušný air-tight

nepriehľadný opaque

neprijateľný inacceptable

nepríjemnosť incon-venience, nuisance [nju:sns]

nepríjemný disagreeable, unpleasant; troubleso-me ● *to je n-é* what a nuisance

neprimeraný inadequate

neprirodzený unnatural

neprístupný inaccessible; *(o cenách)* prohibitive

neprítomnosť absence

neprítomný absent

nerast mineral

neresť vice

nerestný vicious

nerovnaký unequal

nerovný uneven

nerozhodnosť indecision

nerozhodný irresolute; *(výsledok zápasu)* tie, draw

nerozlučný inseparable

nerozpustný insoluble

nerozumieť *misunder-stand

nerozumný unreason-able, unwise

nerozvážnosť thoughtless-ness

nerozvážny thoughtless, ill advised

nerv nerve

nervový nervous

nervózny nervous, jumpy

nesčíselný innumerable

nesebecký unselfish

neschodný impassable

neschopnosť disability, incapability, impotence

neschopný unable, inca-pable; *n-ý slova* speechless

neskoro late

neskoršie later on

neskorý late

neskúsený inexperienc-ed

neskutočný unreal

neslaný unsalted ● *n-ý nemastný* dull, insipid

neslušnosť indecency, in-civility

neslušný indecent

neslýchaný unheard-of

nesmelý shy, timid, coy

nesmierne exceedingly, immensely

nesmierny immense, vast

nesmrteľnosť immortality

nesmrteľný immortal

nespavosť insomnia, sleeplessness

nespočetný innumerable

nespočítateľný countless

nespokojnosť dissatisfac-tion, discontent

nespokojný discontented

nespoľahlivý unreliable, uncertain

nesporný incontestable, indisputable

nespôsob bad habit

nespôsobilý unfit, unsuit-able

nesprávny wrong, incor-rect

nespravodlivosť injustice

nespravodlivý unjust, un-fair

nespútaný unchained; *(mravne)* lax

nestálosť unsteadiness

nestály unstable, un-steady; *(premenlivý)* volatile, changeable, variable

nestranícky non-party

nestraníckosť impartiality

nestranný impartial

nestráviteľný indigestible

nesúci *(nevhodný)* unfit for

nesúhlas disagreement, disapproval

nesúhlasiť disagree, object

nesúlad discrepancy, disharmony

nesúmerný disproportionate

nesústavný unsystematic

nesúvislý incoherent

nesvár discord

nesvedomitý irresponsible

nesvoj ill at ease, *hovor.* seedy; *byť n.* *be out of sorts, *be uneasy

nesvornosť discord, split, discrepancy

neškodný 1. *(pre zdravie)* harmless, innocuous 2. *(dobromyseľný)* inoffensive

neškolený unskilled

nešťastie 1. misfortune 2. *(nehoda)* accident 3. *(katastrofa)* disaster 4. *(smola)* bad luck

nešťastný unhappy; *(ten,* *kto má smolu)* unfortunate, unlucky

netaktný tactless

neter niece

netopier bat

netrafiť miss

netreba (it is) unnecessary

netrpezlivosť impatience

netrpezlivý impatient

netto net, clear

netvor monster

neúcta disrespect, disregard

neúctivý disrespectful

neúčasť non-participation, absence

neúčelnosť aimlessness, uselessness

neúčelný aimless, useless

neúčinnosť inefficiency

neúčinný ineffective

neúhľadný uncomely

neukojiteľný insatiable

neúmerný disproportioned

neúmyselný unconscious

neúnavný tireless, untiring, indefatigable

neúnosný unremunerative

neúplný incomplete

neupotrebiteľný unusable

neupravený untidy
neúprimný insincere
neúprosný inexorable
neúradný informal
neurčitosť uncertainty,
vagueness
neurčitý indefinite; *(nejasný)* vague; *n. spôsob gram.* infinitive
neúroda crop failure
neúrodný barren, infertile
neurodzený ignoble
neuskutočniteľný unrealizable
neúspech failure
neúpešný unsuccessful
neuspokojivý unsatisfactory
neustále unceasingly
neustálený unsettled
neústavný unconstitutional
neústrojný inorganic
neústupnosť obstinacy, stubborness
neústupný relentless, unyielding
neutralita neutrality
neuvedomelosť instinctiveness, unawareness; *(spoločenská)* unconsciousness

neuveriteľný incredible, unbelievable
neužitočný useless
nevážiť si disregard
nevädza corn-flower
nevďačnosť ingratitude
nevďačný ungrateful
nevďak ingratitude
nevedomosť ignorance
nevedomý ignorant of s.t.
nevera faithlessness, infidelity
neveriť disbelieve
neverný unfaithful; *(bez viery)* faithless
nevesta 1. bride 2. *(synova žena)* daughter-in--law; *Predaná n.* The Bartered Bride
nevhodný unfit, improper, unsuitable, inept
neviazanosť laxity
neviazaný dissolute, licentious; *(kniha)* unbound, in sheets
nevídaný uncommon
neviditeľný invisible
nevinnosť innocence
nevinný innocent; *(právnicky)* not guilty
nevítaný unwelcome
nevkus bad taste
nevkusný tasteless

nevládať *be unable
nevlastný step-; *n. otec*
stepfather
nevľúdný unkind
nevoľníctvo serfdom
nevoľník serf
nevoľnosť *(od žalúdka)*
sickness; *(mdloby)*
qualm
nevravný uncommunica-
tive
nevraživosť rancour
nevraživý spiteful
nevrlý surly, peevish
nevšedný extraordinary,
uncommon
nevšímavosť ignorance
nevšímavý indifferent
nevšímať si disregard
nevyčerpateľný inex-
haustible
nevyhnutnosť necessity
nevyhnutný inevitable,
unavoidable
nevýhoda disadvantage,
drawback
nevýhodný disadvanta-
geous, inconvenient
nevychovaný ill-manner-
ed; *samopašný* naughty
nevýkonný inefficient
nevykúrený unheated

nevyliečiteľný irremedia-
ble, incurable
nevýnosný unprofitable
nevypočítateľný incalcul-
able
nevýrazný drab
nevyrovnaný unbalanced,
unsettled
nevýslovný inexpressible
nevysvetliteľný inexpli-
cable, unaccountable
nevyspelosť immaturity
nevyspytateľný inscru-
table
nevzdelaný uneducated
nezábavný tedious, not
amusing
nezábudka forget-me-not
nezabudnuteľný unfor-
gettable
nezadržateľný irrepres-
sible, unstoppable
nezákonný illegal, illicit
nezáleží: *na tom n.* it does
not matter; *n. na tom,
kto* no mater who
nezamestnanosť
unemployment
nezamestnaný unemploy-
ed, out of work
nezariadený unfurnished

nezasahovanie non-interference, non-intervention
nezaslúžený undeserved
nezaujatý disinterested, unbias(s)ed
nezáujem unconcern
nezaujímavý prosaic
nezávažný irrelevant, slight
nezávislosť independence
nezávislý independent
nezbednosť mischief
nezbedný mischievous, naughty
nezdar failure, mishap, reverse
nezdravý unhealthy; *(zdraviu neprospešný)* unwholesome
nezdvorilý impolite
nezhoda disagreement
nezištný unselfish, disinterested
nezlomný steady, firm
nezlučiteľný incompatible
nezmeniteľný unalterable
nezmysel nonsense, humbug [ˈhambag]
nezmyselnosť absurdity
nezmyselný absurd, preposterous, meaningless

neznalosť ignorance
neznámy unknown, unfamiliar, strange, new to; *n. človek* stranger
neznesiteľný unbearable, intolerable, insupportable
neznášanlivý intolerant
nezodpovednosť irresponsibility
nezodpovedný irresponsible
nezraniteľný invulnerable
nezrelý unripe; *(o ľuďoch)* immature
nezreteľný indistinct; *(o písme)* illegible
nezriedený undiluted, neat
nezrovnalosť contradiction, discrepancy
nezrovnalý discrepant, incongruous
nezrozumiteľný unintelligible, incomprehensible
nezvestný missing
nezvučný mute
nezvyčajný uncommon, unusual
než *(pri porovnávaní)*

than; *nič než* nothing but

neženatý unmarried

nežiadúci undesirable

nežičlivý grudging

nežný tender

nič nothing, nought; *n. iné* nothing else ● *to nič* never mind; *do toho vás n.* that's no business of yours

ničiť destroy, *(demolovať)* demolish

ničivý destructive

nie no; *(po slovese)* not; *(vôbec nie)* not at all

niečo something

niekam somewhere; anywhere

niekde somewhere, anywhere

niekedy sometimes, now and then

niekoľko several, a few, some; *niekoľkokrát* several times

niekto somebody, someone

niektorý some; *(hociktorý)* any

nielen not only

niesť carry, *bear, (plody)* yield

nijako by no means, not at all

nikam nowhere, not anywhere

nikde nowhere, not anywhere

nikdy never

nikel nickel

nikto nobody, no one, *(z určitého počtu)* none

nit *techn.* rivet

niť thread; *obraz. (deja)* clue

nízko low

nízky 1. low **2.** *obraz.* mean, base

nížina lowlands

nižší lower, inferior

no, (nože) well; *n. tak* there; *spoj.* but, yet, still

noc night; *cez n.* overnight; *v n-i* at night, by night, in the night; *vo dne v n-i* day and night; *celú n.* all night

nocľaháreň lodging house; *(pri podniku)* dormitory; *(chata)* hostel; *študentská turistická n.* youth hostel

nocľah *(ubytovanie)* accommodation

nočný *dozorca* watchman; *n-á košeľa (dámska)* nightgown; *(pánska)* nightshirt; *(n. stolík)* bedside table
noha *(celá)* leg; *(od členka dole)* foot
nohavice trousers *mn. č.; (flanelové)* flannels *mn. č.; (dámske)* slacks *mn. č.; (krátke)* breeches *mn. č.; (pracovné)* jean overalls; *(pančuchové)* tights
nohavičky knickers *mn. č.*
nominatív *gram.* nominative
nórčina Norwegian
norka mink
norma norm, gauge [geidž], standard
normálny normal, *(duševne)* sane
Nórsko Norway
nos nose
nosič porter, carrier
nosidlo stretcher
nosiť[1] *(na sebe)* *wear
nosiť[2] *p.* niesť
nositeľ bearer; *(ceny)* Laureate [ˈlo:riit]
nosník *techn.* girder
nosnosť bearing capacity

nosový, nosný nasal
nosorožec rhinoceros [raiˈnosərəs]
noša hamper
nota note
nóta note, memorandum [ˈmeməˈrændəm]
notorický notorious
noty music
nováčik beginner, *hovor.* greenhorn; *voj.* recruit
novátor innovator
novela short story
november November
novina news, revelation
novinár journalist, newspaper man
novinka novelty
noviny newspaper, journal; *n., ktoré prinášajú senzácie nástojčivým spôsobom* the yellow press
novo- newly
novomanželia newly-weds
novorodený newborn child, baby
novota innovation
novátor modernist, innovator
nový new, fresh; *Nový rok* New Year's Day
nozdra nostril

nože well
nožnice scissors *mn. č.;* *(záhradnícke)* shears *mn. č.*
nôž knife; *(vreckový)* penknife
nuda boredom
nudiť bore; *n. sa* *feel bored
nudný boring, dull; *n. človek* a bore
núdza want, need, distress; *(o niečo)* scarcity; *prípad n-e* emergency; *krajná n.* extremity

núdzny poor, needy, destitute
núdzový forced; *n. východ* emergency exit
nukleárny nuclear
nula nought, *mat.* zero; *šport.* nil, love
nútený 1. forced, compulsory **2.** *(zaviazaný)* obliged, bound
nútiť force, urge, compel *(-ll-)*
nutnosť necessity
nutný necessary, imperative
nuž well now!, why!

O

o 1. about; *o tebe* a. you **2.** at; *o druhej* at two o'clock **3.** *o dva roky starší* two years older
oáza oasis
oba(ja) both
obal cover, *(továrenský)* packing
obaliť cover, wrap *(-pp-)* up

obálka envelope; cover
obariť (sa) scald [sko:ld]
obava *(strach)* fear; *(starostlivosť)* anxiety; *(zlá predtucha)* misgiving; *z o-y* for (from) fear
obávať sa fear s.t., *be afraid of s.t., apprehend a t.
obcovať *(stýkať sa)* associate with s.o.; *(po-*

hlavne) have sexual intercourse with s.o.
občan citizen; *typický o.* the man in the street
občas now and then, from time to time, occasionally
občasný occasional
občerstvenie refreshment; *(rýchle)* snack
občerstviť (sa) refresh
občiansky civil, civic
občianstvo 1. *(občania)* citizens **2.** *(napr. štátne)* citizenship
obďaleč afar, at a distance
obdariť present *(with s.t.)*
obdiv admiration, reflex
obdivovať admire s.t.
obdivuhodný admirable
obdĺžnik rectangle
obdĺžny oblong
obdoba analogy
obdobie period; *(ročné)* season; *(školské)* term
obdobný analogous
obec 1. *(skupina ľudí)* community **2.** *(bydlisko)* domicile **3.** *(farská)* parish
obecenstvo the public; *(v divadle)* audience

obecný common
obed lunch(eon); *(hlavné denné jedlo)* dinner
obedovať have one's lunch *(dinner)*, dine
obeh circulation
oberať 1. pick, pluck, gather **2.** *(okrádať)* rob *(-bb-)*
obesiť *hang
obeť sacrifice; *(niečoho)* victim; *(pri nešťastí)* casualty
obetavý self-sacrificing, devoted
obetovať sacrifice, devote
obeživo currency
obežnica planet; *obežná dráha* orbit
obežník circular
obhajca defender; *(zástanca)* advocate; *(ako zamestnanie)* solicitor, barrister
obhajoba defence; *(pred súdom)* pleading
obhajovať defend; *(pred súdom)* plead; *(zastávať sa)* *stand up for
obhliadka inspection
obhliadnuť *look round; *(kontrolovať)* inspect

obhospodarovať *(pole)* work (a field)

obchádzať 1. *go (walk) round **2.** *(zákon)* evade (the law)

obchod 1. business, commerce, trade **2.** *(transakcia)* transaction **3.** *(výhodný)* bargain **4.** *(v malom)* retail; *(vo veľkom)* wholesale **5.** *(predajňa)* shop, *amer.* store; *veľký o.* supermarket; *majiteľ obchodu* shopkeeper

obchodný commercial, business; *o-á blokáda* embargo; *o. dom* (department) store; *o-á loď* merchantship; *o-é loďstvo* mercantile marine; *o-á značka* trade mark; *o-á komora* Chamber of Commerce; *o. cestujúci* (commercial) traveller, *amer.* travelling salesman

obchodovať carry on trade, trade; *deal (in s.t.), handle (s.t.)

obchodvedúci business-manager

obchôdzka beat, round

obiehať circulate

obieliť whitewash

obilnica granary

obilniny cereals *mn. č.*

obísť *p.* **obchádzať** || **o. sa** *(bez)* *do without, dispense

objasniť *make clear, explain

objať embrace, *(pritisnúť)* hug (-gg-)

objatie embrace

objav discovery

objaviť discover; *(zistiť)* *find out || **o. sa** appear; *(nenazdajky)* turn up; *(vynoriť sa)* emerge

objednať order

objednávka order; *zhotovený na o-u* made to order

objektív *(optický)* objective

objektívny objective

objektívnosť objectivity

objem volume; *(množstvo)* bulk

objemný bulky

objímať *p.* **objať**

obklad compress; *(sadrový)* plaster

obkladačka tile

obkladať *(povrch)* face, *(zvnútra)* line; *o. vaňu kachličkami* face bath with tiles
obklopiť surround; *(obaliť)* envelope
obkľúčiť surround, encircle
obkročmo astride
obláčik *(dymu, pary ap.)* puff
oblačno: *je oblačno* the sky is overcast
oblačný cloudy, clouded
oblak cloud
oblasť region, area; *(rozsah pôsobnosti)* sphere; *(v správe niekoho)* district; *pohraničná oblasť* border territory
oblátka wafer
oblažiť *make happy, delight
oblek suit; *(vychádzkový)* lounge-suit
obletovať 1. fly around 2. *(ženu)* court
obliať sprinkle with water
obličaj face
oblička *anat.* kidney
obliecť (sa) dress; *put on s.o.'s clothes, clothe;

dobre oblečený well dressed
obliečka pillow-case
obliehať besiege
obliekáreň dressing-room
oblievať *p.* **obliať**
obligácia *(cenné papiere)* bonds *mn. č.*
oblízať lick
obločnica shutter
obloha sky
oblok window; *(spúšťací)* sash-window; *(krídlový)* French window
obložiť *(jedlo)* dress, *(ozdobiť)* garnish; *obložený chlebíček* sandwich
obľuba popularity, fondness
obľúbený popular, favourite
obľúbiť si *take pleasure in s.t.
obluda monster
oblúk bow, bent; *archit.* arch; *mat.* arc
oblúkový arched; *o-á lampa* arc-lamp
oblý oval, roundish
obmäkčiť 1. soften 2. *(niekoho)* pacify; *(uzmieriť)* placate

obmedzenie limitation
obmedzený 1. limited **2.**
pren. narrow-minded
obmedziť limit, restrict
|| **o. sa** *(na niečo)* confine to s.t.
obmena modification
obmeňovať modify, diversify
obnažiť strip *(-pp-)*
obnosený shabby, worn out
obnosiť *wear out
obnova *(do pôv. stavu)*
restoration; *(renovácia)*
renovation; *(znovuotvorenie)* renewal
obnoviť restore; *(opäť začať)* renew
obočie (eye)brow
obohatiť enrich
obohrať clear s.o. of money, clear a p. out of
obojaký 1. ambiguous **2.**
(falošný) hypocritical
obojok (dog-)collar
obojstranný 1. *(dvoj-)*
bilateral, two sided **2.**
(vzájomný) mutual, reciprocal
obojživelník amphibian
obojživelný amphibious
obor giant, ogre [ˈəugə]

oboriť (sa) *(na niekoho)*
snap *(-pp-)* at s.o.
oboslať 1. *send **2.**
summon *(k súdu)*
oboznámiť *make known,
*make acquainted with
|| **o. sa** *get *(-tt-)*, *become acquainted, *become familiar with
oboznámený familiar
with *(s)*
obozretný cautious, circumspect
obrábať cultivate, *(pôdu)*
till
obrad ceremony
obradný ceremonial
obrana defence, defensive
obranca defender; *(pri
futbale)* back
obranný defensive
obrat turn; *(obchodný)*
turnover; *o-om pošty* by
return of post
obrátiť 1. turn, reverse
2. *(na vieru)* convert
|| **o. sa** apply *(na* to)
obrátka revolution
obratník tropic
obratnosť skill, dexterity
obratný skillful, handy
obraz image, picture

obrazáreň picture-gallery

obrazec figure

obrazný metaphorical, symbolic

obrázkový illustrated; *o. časopis* illustrated paper

obrazotvornosť fancy, imagination

obrazovka 1. screen **2.** *(elektrónka televízora)* picture tube

obriadiť tidy up, clean; *o. izby* *do the rooms

obrna paralysis; *(detská o.)* polio(myelitis)

obrniť armour

obrodenie renascence [ri'næsns], revival

obrok fodder

obrovský gigantic, huge, vast, tremendous, stupenduous

obruba border; *(látky)* hem, edge

obrúbiť border, hem *(-mm-)*

obruč hoop

obrúčka ring

obrus table-cloth

obrúsiť *grind off

obrúsok (table-)napkin

obrva eyebrow

obrys outline

obsadenie occupation

obsadiť *(vojensky)* occupy; *(sedadlo)* secure, engage

obsah capacity; *(knihy)* contents *mn. č. (textu, článku)* summary

obsahovať contain, comprise

obsiahly extensive

obsluha attendance, service

obsluhovať *(zákazníka)* attend (on), serve; *(pri stole)* wait on; *(stroj)* operate

obstarať provide, procure, *get *(-tt-)*

obstarný elderly

obstáť *hold out; *(pri skúške)* pass o.'s examination; *(pren.)* *stand the proof

obstojný passable, tolerable, fairly good

obstúpiť surround, *stand round

obšírne at great length, in detail

obšírny detailed, full

obšívka trimming, border

obšmietať sa dangle after, (round, about)

obťah 1. cover(ing) **2.** *(knihy)* proof

obťažný difficult, hard

obťažovať trouble, annoy, molest; *hovor.* bother

obtiaž difficulty, trouble

obušok club; *(policajný)* truncheon [ˈtrančən]

obuť *put on o.'s shoe

obuv footwear

obuvník shoe-maker

obväz bandage, dressing

obviazať *bind up, dress

obveseľovať amuse, entertain

obvinenie accusation, charge

obviniť accuse, charge; *(falošne)* frame

obvod district; *(kruhu)* circumference

obvykle usually

obvyklý usual, customary

obyčaj custom, usage; *(zvyk)* habit

obyčajne usually, generally; *ako o.* as usual

obyčajný usual, ordinary, indifferent, common; *o-í ľudia* commons *mn. č.*

obydlie dwelling

obytný dom tenement

obývací: *o-ia izba* sitting-room, living-room

obývať live, inhabit, dwell; occupy

obyvateľ inhabitant

obývateľný habitable

obyvateľstvo *(počet)* population

obzerať *(kontrolovať)* inspect; *o. sa* look round

obzor horizon

obzvlášť especially, in particular

obzvláštny especial, particular

obžaloba accusation, charge

obžalovaný defendant, the accused

obžalovať accuse

obživa livelihood, subsistence

obživiť revive, *come to live

oceán ocean; *Tichý o.* the Pacific Ocean

oceľ steel; *nehrdzavejúca o.* stainless steel

oceliareň steel-works

oceniť appreciate, value; *(kriticky)* assess; *(odhadnúť cenu)* estimate

ocitnúť sa *find o. s.

ocot vinegar
octan acetate [ˈæsitet];
 o. hlinitý acetate of alumina
očakávanie expectation,
 anticipation
očakávať expect, await
očarený spellbound,
 charmed
očariť 1. charm, fascinate
 2. *(počarovať)* bewitch
očervenieť redden, turn
 red
očierniť 1. blacken **2.**
 (ohovárať) slander
očíslovať number
očistec purgatory
očistiť clean, cleanse;
 pren. purge
očitý: *o. svedok* eye-witness
očividne apparently, obviously, evidently
očividný obvious, evident
očko 1. eye **2.** *(pri pletení)* mash **3.** *(na pančuche)* stitch
očkovanie inoculation,
 vaccination
očkovať 1. vaccinate,
 inoculate **2.** *bot.* bud
 (-dd-)

očný eye-, ocular, optic;
 o. lekár oculist
od from, of, off; *(iba o čase)* since; *od začiatku*
 from the beginning; *od
 rána do večera* from
 morning till night; *od
 roku 1980* since 1980
odberateľ customer
odbočiť digress, deflect
odbočka digression
odboj revolt, rebellion
odbor branch, line
odborár unionist
odborník expert, specialist
odborný expert; *o. lekár*
 specialist
odborový trade-(union);
 o-á organizácia trade
 union
odbyt sale, market
odbyť *(niečo)* scamp; *(koho)* refuse, snub *(-bb-)*
odcestovať *leave, depart
odcudziť misappropriate
 || **o. sa** *get estranged
 (from)
odčiniť *undo, *make
 good
odčítanie subtraction
odčítať subtract, deduct

oddanosť devotion, loyalty

oddaný devoted, loyal

oddať sa *(niečomu)* devote o.s. to s.t.; *(náruživosti)* indulge in s.t.

oddelenie apart, separately

oddelenie 1. *(rozdelenie)* separation 2. *(oddiel)* department, compartment 3. *(úradu, obchodu)* branch

oddelený separate

oddeliť separate, detach

oddialiť delay, postpone

oddiel section, division; *(vojenský)* detachment

oddych rest, leisure

oddychovať 1. *draw breath; 2. *(odpočinúť)* rest a little

odev clothes *mn. č.,* dress, clothing

odfarbiť discolour

odfúknuť *blow away, puff away

odhad estimate, guess, account

odhadnúť assess, estimate, value

odhaliť disclose, reveal,

unfold; *(pomník)* unveil; *(zločin)* detect

odhodiť *throw away, discard

odhodlanie determination, resolution

odhodlaný resolute

odhodlať sa decide, *make up one's mind

odhovárať dissuade [di'sweid]

odchádzať depart, *go away, *leave *(do* for)

odchod departure

odchýliť sa depart, degress

odchýlka deviation, declination; *tech.* aberration

odchylný different

odísť *leave, depart; *(do penzie)* retire

odkaz 1. message 2. *(dedičstvo)* heritage, legacy 3. *(na niečo)* reference

odkázať 1. *(niekomu)* bequeath, *leave, 2. *o. na* refer to *(-rr-)*

odkedy since, when

odkiaľ from where

odklad delay

odkladať delay

odkloniť deflect, bend; *(od smeru)* divert, deviate

odkryť discover, detect

odkvap eaves *mn. č.,* gutter ● *dostať sa z dažďa pod o.* get from the frying-pan into the fire

odľahčiť relieve, lighten

odľahlý remote, out-of--the way

odlesk reflection

odlet departure *(vtákov)* flight away

odletieť *fly away

odliatok cast

odlišný different, distinct

odlišovať distinguish, discriminate || **o. sa** differ *(-rr-)*

odliv ebb, tide

odložiť postpone, *put off; *o. diskusiu o návrhu* table a motion; *(na smetisko)* dump

odlúčenie separation, detachment

odlúčiť separate; *(o. a izolovať)* seclude || **o. sa** part, separate

odmäk thaw

odmena reward; *(plat)* remuneration

odmeniť reward

odmeraný stiff

odmietnuť refuse, decline; *(zamietnuť)* reject; *(odmrštiť)* repulse

odmietnutie refusal, rejection

odmocnina root

odmontovať dismount

odniesť *take away, carry away

odoberať *(noviny)* *take in

odolávať resist, *withstand

odolný sturdy

odomknúť unlock

odoprieť refuse, deny

odosielateľ sender

odoslať *send off, dispatch

odovzdaný resigned

odovzdať deliver, hand over

odôvodnenie justification, motivation

odôvodniť *give reason, justify

odpad 1. *(odtok)* sink 2. *(odpadky)* waste, garbage, refuse, rubbish

odpadnúť *fall off, drop (-pp-) off
odpáliť *let off; *o. raketu* launch
odpariť evaporate
odpich 1. *(hutnícky)* tapping **2.** *šport.* start
odplácať render
odplata retaliation [riˌtæliˈeišən]
odplatiť (sa) repay
odpočinok rest, repose, relaxation; *(výslužba)* retirement
odpočítať *p.* **odčítať**
odpočívať rest, *have (*take) a rest, repose, relax
odpočúvať *(tajne súkromné rozhovory)* eavesdrop
odpoludnie afternoon; *o-ia* in the afternoon
odpor 1. *(odporovanie)* opposition; resistance; *postaviť sa niečomu na o.* resist **2.** *(nechuť)* disgust, repulsion; *(cítiť odpor k niečomu)* resent s.t.
odporca adversary, opponent
odporný repulsive, detestable; *(čo sa hnusí)*

disgusting; *(nechutný)* distasteful
odporovať 1. *(slovami)* contradict **2.** *(klásť odpor)* resist, rebel
odporúčanie recommendation
odporúčať recommend
odpoveď answer, reply
odpovedať answer, reply; *zodpovedať niečomu* correspond
odprevadiť *(domov niekoho)* *see home s. o.; (pri odchode)* *see s. o. off
odprisahať *swear
odprosiť *koho* apologize to s. o., beg (-gg-) one's pardon
odpudzovať repel (-ll-)
odpustenie pardon, forgiveness
odpustiť *forgive, pardon
odpykať repent for; *(trest)* serve (a sentence)
odradiť dissuade; *nedať sa o.* persist
odraz reflection
odraziť *(nepriateľa)* repulse; *(odzrkadliť)* reflect; || **o. sa** bounce
odriecť cancel (-ll-)

odrieť rub *(-bb-)* off, scratch

odrobinky scrumbs

odročiť adjourn, prorogue

odroda variety

odrodilec renegade

odsek section; *(v texte)* paragraph

odskočiť bounce

odstaviť *(dojča)* wean

odstránenie removal

odstrániť remove, take off

odstrašiť deter [diˈtəː] *(-rr-)*

odstrašujúci deterrent [diˈterənt]

odstredivka separator, centrifuge

odstredivý centrifugal

odstup *(vzdialenosť)* distance; *(časový)* interval; *(v chovaní)* aloofness

odstúpenie resignation

odstúpiť 1. *withdraw 2. (rezignovať)* resign 3. *od niečoho* *give up

odstupné compensation (in money)

odstupňovať grade

odsúdenie condemnation, sentence

odsúdiť condemn, sentence, slash; *(k záhube)* doom

odsun transfer, displacement

odsunúť postpone, *put *(-tt-)* off

odškodné compensation, damages *mn. č.*

odškodniť compensate, indemnify

odteraz henceforth, henceforward, from now

odtiaľ from here

odtieň shade, hue

odtlačok print, copy; *o. prsta* finger print

odtok drain, discharge

odumrieť die away

oduševnený animated, elated

odvaha courage; *hovor.* pluck; *dodať o-y* encourage; *dodať si o-y* summon up courage; *vziať o-u* discourage

odvážiť sa dare, *(riskovať)* venture

odvážny bold, courageous; *hovor.* plucky

odveta retaliation [ritæliˈeišn]

odvetný retaliatory [ri-ˈtæliətəri]

odvetvie line, branch

odviesť *take away; (na vojnu)* enlist

odvod conscription

odvodenina derivation

odvodniť drain

odvodzovať derive

odvolanie 1. *(zrušenie)* repeal, withdrawal **2.** *(k súdu)* appeal **3.** *(niekoho)* recall

odvolať call off, *withdraw, cancel *(-ll-)*

odvolávať sa 1. *(poukázať na niečo)* refer *(-rr-)* **2.** *(proti rozsudku)* appeal

odvoz carriage, carting

odvrátiť stave off, avert, wean from; *(pozornosť)* distract

odvrknúť retort

odvtedy since

odzbrojenie disarmament; *všeobecné a úplné o.* general and complete disarmament

odzbrojiť disarm

odznak badge

ofenzíva offensive

oficiálny official

ohavnosť infamy, abomination

oheň fire; *rozložiť o.* *make fire; uhasiť o.* *put out the fire; táborový o.* camp fire

ohľad regard, consideration, respect; *s o-om na* with regard to; *v tomto o-e* in this respect; *brať o. na* respect s.t.; *bez o-u na* irrespective of, regardless of

ohľaduplný considerate, thoughtful

ohlásiť announce

ohlušiť deafen [ˈdefn] *(-nn-)*

ohnisko 1. *(kozub)* fireplace **2.** *fyz.* focus **3.** *(stredisko)* centre

ohnivý fiery, spirited

ohňostroj fireworks

ohňovzdorný fireproof

ohnúť (sa) *bend

ohnutý crooked

oholiť sa *shave, *have a shave

ohorený *(opálený)* sunburnt

ohorok *(cigarety)* stump, *amer.* butt

ohováračský slanderous

ohovárať libel *(-ll-)*, slander
ohrada enclosure, fence
ohradiť enclose, fence
|| **o. sa** protest
ohraničiť border, bound
ohrievač warmer
ohŕňať nos *nad niečím* sniff at s. t.
ohromenie consternation
ohromený thunder-struck, stupefied
ohromiť stupefy, stagger, overwhelm
ohromný colossal, huge, enormous, prodigious
ohroziť endanger; *(rizikom)* jeopardize [ˈdžepədaiz]; *byť hrozbou* threaten, menace
ohryzok 1. core 2. *(na hrdle)* Adam's apple
ohyb bend, curve
ohýbať *bend || **o. sa** *bend; *(skloniť sa)* bow (down)
ohybný flexible, supple
ohyzdný ugly, hideous
ochabnúť slacken, relax
ochabnutý slack; *(malátny)* limp
ochladiť (sa) cool, chill
ochorenie affection

ochorieť *fall ill
ochota readiness, willingness
ochotník amateur
ochotný willing, ready
ochrana protection, patronage
ochranca protector, patron
ochrániť salvage
ochranný protective, prophylactic, preventive
ochraňovať protect, defend
ochrnúť *become paralysed
ochrnutie paralysis [pəˈrælisis]
ochromiť paralyse
ochudobniť impoverish
ochutnať taste
ojedinelý isolated, unique
okabátiť swindle
okamih moment, instant; *v poslednom o-u* at the eleventh hour
okamžite immediately, instantly, in a flash
okamžitý immediate, instantaneous
okatý 1. large-eyed 2. *(bijúci do očí)* striking

okázalý spectacular, showy
okenica shutter
okenný window; *o-á tabuľa* window-pane
oklamať deceive, cheat ● *byť oklamaný* to be taken in
okľuka roundabout (way)
okno *p.* **oblok**
oko 1. eye 2. *(na zver)* snare 3. *(siete)* mesh
okolie surroundings
okolitý surrounding
okolkovať 1. *(v reči)* ramble; *beat about the bush 2. *(opatriť kolkom)* stamp
okolky ado, ceremonies *mn. č.*
okolnosť circumstance
okolo (a)round; *(asi)* about
okoloidúci passer-by
okopávať hoe
okoreniť flavour, season
okovať *(koňa)* shoe (a horse)
okovy fetters, shackles
okrádať rob *(-bb-)*, *steal
okraj border, brim, edge; *(papiera)* margin; *(chodníka)* kerbstone,

curb; *(mesta)* outskirts *mn. č.* (of a town)
okrajový border
okrasa ornament, decoration
okrášliť adorn, decorate, embellish
okrem besides; in addition to; *o. toho* besides, further
okres district
okrídlený winged
okruh 1. *(kruh)* circle, circuit 2. *(dosah)* radius, range
okrúhly round, rotund
okružný circular, round
október October
októbrový October; *Veľká o-á socialistická revolúcia* the Great October Socialist Revolution
okuliare spectacles, (eye) glasses; *(ochranné)* goggles
okupácia occupation
okupovať occupy
okúsiť taste, try
okúzlenie fascination
okúzliť charm, fascinate
okysličiť (sa) oxidize
olej oil
olejomaľba oil-painting

olejovať oil
olemovať edge
oliva olive
olivový olive; *o. olej*
olive-oil
olovnica plumb
olovo lead [led]
olovrant (afternoon-)tea
olúpiť rob *(-bb-)*
olympiáda Olympiad
omáčka sauce, gravy
omámiť daze, stun *(-nn-)*
omasta grease, suet
[sjut]
omastiť grease
omdlieť faint, swoon
omietka plaster
omínať pinch
omnoho much, by much
omotať wrap *(-pp-)* up,
muffle
omráčiť stagger, stun
(-nn-)
omrvinka crumb
omrzenosť weariness
omrzieť (sa) weary, an-
noy
omrzlina frostbite, chil-
blain
omrznutý frostbitten
omša mass
omyl mistake, error, mis-
understanding; *byť na*

o-e *be mistaken; *o-om*
považovať za *mistake*
for
on he; *o. sám* himself
ona she; *o. sama* her-
self
ondulácia perm(anent
waves)
ondulovať wave
onedlho by and by, be-
fore long
onen that
oneskorenie retardation,
delay
oneskorený 1. late, be-
lated 2. *(zaostalý)* back-
ward
oneskoriť sa *be late ●
hodiny sa oneskorujú
the watch is slow
oni, ony they
ono it
opačný opposite, reverse,
contrary
opadať subside, decrease
opak reverse, opposite,
contrary
opakovanie repetition;
(časté) frequency
opakovať repeat; *(opäť*
a opäť) reiterate
[ri:ˈitəreit] ‖ *o. sa* recur
(-rr-)

opálenie sunburn
opáliť sa tan *(-nn-),* *get
  sunburnt; *pekne sa o.*
  *get a good tan
opaľovať sa bask, sun-
  bathe
opanovať dominate
opariť scald
opasok belt
opatera care, attendance,
  nursing
opatrenie measure; *(zá-
  kona)* provision; *(pred-
  bežné)* precaution
opatriť provide, procure;
  furnish with
opatrnosť (pre)caution,
  care, foresight
opatrný careful, cautious,
  prudent
opatrovať *take care of,
  tend
opatrovník keeper,
  guardian
opátstvo abbey
opäť again
opätok heel
opätovať return, repeat
opätovne repeatedly
opečiatkovať stamp
opekať roast, grill; *ope-
  kaný chlieb* toast bread

opera opera; *(budova)*
  opera-house
operácia operation
operadlo back (of the
  chair)
operatér 1. operator 2.
  lek. surgeon
opereta musical comedy
operovať operate
opevnenie fortifications
  mn. č.
opevniť fortify
opica ape, monkey
opierať sa lean on, against
opilec drunkard
opis description, account
opisovať describe, depict
opiť intoxicate || o. sa *get
  drunk
opitý boozy, drunk(en),
  hovor. tipsy
ópium opium [ˈəupjəm]
oplakávať mourn
opláknuť rinse, wash
oplatiť *repay, *pay back
oplodnenie fecundation,
  impregnation
oplodniť fecundate, im-
  pregnate; *(zem)* ferti-
  lize
oplývať *čím* abound in s.t.
oplzlý lewd
opojenie intoxication

opomenúť omit *(-tt-)*, fail
opomenutie omission, failure
opona curtain
oponent opponent
opora support
oportunizmus opportunism
opotrebovať *wear out
opovážiť sa dare
opovrhnutie scorn, contempt
opovrhovať despise s. t., scorn s. t.
opovržlivý contemptuous, scornful
opozícia opposition
opracovať work up
oprať wash, *give a washing
oprátka noose
oprava correction, repair, mending; *(generálna)* overhaul
opraváreň repair-shop
opravdivý veritable, true, real
opraviť *(chybu)* correct; *(pokazené)* repair, mend
oprávnenie authorization, right; *(plná moc)* warrant
oprávniť authorize, entitle, warrant

oprieť (sa) *lean against
oproti opposite
optický optical
optik optician
optika optics
optimizmus optimism
opuchlina swelling
opuchnúť swell
opustený abandoned, forlorn, desolate [ˈdesolit]
opustiť *leave, abandon; *(odchodom)* quit *(-tt-)*; *o. nádej, priateľa* desert; *(zriecť sa)* *forsake
opytovať sa interrogate
oráč ploughman; *amer.* plowman
orať plough, till; *amer.* plow
orba tillage
ordinácia surgery; *ordinačné hodiny* surgery hours
orech nut, walnut; *(lieskový)* hazel nut
organ organ
orgán organ
organický organic
organista, -stka organist
organizácia organisation; *odborová o.* trade union; *O. Spojených národov*

(OSN) United Nations Organization (U. N. O.)
organizátor organizer
organizmus organism
organizovať organize
orgován lilac
orchester orchestra
orchestrálny orchestral
orchidea orchid [ˈoːkid]
orient orient, the East
orientálny oriental
orientovať (sa) orientate [ˈoːrienteit] o. s., *find o.'s bearings
originál original
orkán hurricane
ornament ornament, decoration
orný arable
orol eagle
ortodoxný orthodox
ortuť quicksilver, mercury
os axis, pivot
osa wasp
osada settlement
osadenstvo 1. *(osadníci)* settlers **2.** *(závodu)* staff
osadiť (sa) settle
osadník settler
osamelosť solitude, loneliness
osamelý lonely, solitary

osamostatniť *make independent || **o. sa** *become independent
oscilovať oscillate [ˈosileit]
osedlať saddle
osem eight
osemdesiat eighty
osemdesiaty eightieth
osemnásť eighteen
osiať *sow, crop *(-pp-)*
osídliť settle, inhabit
osídlo snare
osihotenie isolation
osika *bot.* aspen [ˈæspən]
osirelý orphan
osirotenosť orphanhood
oslabiť weaken
osladiť sweeten
oslava celebration
oslavovať celebrate
oslepiť blind
oslniť blind, dazzle
oslobodenie liberation
oslobodiť free, *(prepustiť)* *set free; *(z neslobody)* liberate; *(zachrániť)* rescue; *(z obžaloby)* acquit; *o. sa od* emancipate from
osloboditeľ liberator
oslovenie *(v liste)* address; salutation

osloviť address
osmeliť embolden || **o. sa** dare
ôsmy eighth
osnova 1. *(diela)* plan, programme **2.** *(tkáčska)* warp **3.** *(osnova deja)* plot
osnovať 1. plan *(-nn-)* **2.** *(tkať)* warp **3.** *(sprisahanie)* plot *(-tt-),* conspire
osoba person, individual; *o. postavená mimo zákon* outlaw
osobnosť personality
osobný personal
osoh gain, profit
osol ass
osoliť salt
osožný useful, profitable
ospanlivý sleepy, drowsy
ospevovať *sing
ospravedlnenie excuse
ospravedlniť 1. excuse; warrant **2.** *(oprávniť)* justify || **o. sa** excuse
ostať remain
ostatky remains *mn. č.*
ostatne after all, besides
ostatní the rest, the others
osteň thorn, spine, prickle
ostentatívny ostensible

ostnatý thorny, spiny; *o. drôt* barbed wire
ostražitosť vigilance
ostražitý wary, watchful
ostreľovať shell
ostrie edge
ostriť sharpen
ostrižok cutting, clipping
ostroha spur; *dať o-y* spur *(-rr-)*
ostrov island
ostrovný insular
ostrý sharp, keen; *(iba pren.)* acute; *(chuť)* tart
ostýchavosť shyness
ostýchavý shy
osud fate, destiny; fortune
osudný fatal, vital
osušiť dry (up)
osvedčenie certificate
osvedčiť prove
osveta enlightment
osvetlenie light, illumination
osvetliť illuminate, *light
osvetový educational; *o-á činnosť* adult education
osvietenstvo enlightenment
osvietiť enlighten
osviaženie refreshment, recreation

osviežiť refresh
osvojiť si pick up, adopt
osýpky measles
ošarpaný shabby
ošetrenie attendance
ošetrovať attend, nurse
ošetrovateľka nurse
ošípaná sow
ošklivosť disgust
ošklivý ugly, nasty
oškrabať scrape, scratch off
oštep javelin, spear
ošudiť swindle, cheat
ošúchaný shabby, ragged
ošumelý dowdy, threadbare
otáčanie rotation
otáčať (sa) turn (round), revolve
otáľať linger, hesitate
otava aftermath, aftergrass
otázka question; *(sporná)* issue; *dať o-ku* ask a question; *vytlačené skúšobné o-y* paper
otáznik question-mark
otcovský paternal
otčina fatherland
otec father
otecko dad, daddy
otiepka bundle

otlačok squeeze
otočiť (sa) turn
otras shake, shock
otrava 1. poison; *(alkoholom)* intoxication **2.** *(nepríjemný človek)* nuisance **3.** *(nuda)* bore
otráviť poison
otravný poisonous; *(jedovatý)* venomous; *(toxický)* toxic
otrepaný threadbare; *pren.* commonplace, hackneyed
otriasť *shake, stun *(-nn-)* ‖ **o. sa** *(hrôzou)* shudder
otrocký servile
otroctvo servitude, slavery
otrok slave
otrokár slaver, slave-driver
otrokárstvo slave-trade, slavery
otruby bran
otupelý dull; callous
otupiť stupefy
otužilý hardy
otužiť sa harden
otvárač konzerv tin-opener

otvárať open; *(široko)* gape

otvor opening; *(diera)* hole; gap

otvorene openly

otvorenie opening

otvorený open

otvoriť (sa) open, unclose

ovad gad-fly

ovácie cheer

ovca sheep

ovčiar shepherd

oveľa much

ovenčiť wreathe [ri:ð]

overiť verify; *(podpisom o. pravosť)* witness

ovievať fun *(-nn-)*

ovisnúť sag *(-gg-)*

ovládanie command, control *(-ll-)*

ovládať command, control *(-ll-); (predmet)* master || o. sa *keep o.'s temper

ovocie fruit

ovocný fruit; *o-á šťava* fruit-juice; *o-á torta* tart; *o-á záhrada* orchard

ovos oats *mn. č.*

ovzdušie atmosphere

ozaj really, indeed

ozajstný real, true

ozbrojený armed; *(sprie-vod)* escort; *o-é sily* armed forces

ozbrojiť (sa) arm

ozdoba ornament, decoration, adornment

ozdobiť decorate

ozdobný decorative

ozdravovňa sanatorium

označenie designation

označiť mark, indicate; *(nálepkou)* label *(-ll-); (menom)* entitle

oznámenie announcement; *(vyhláška)* notice; *(v novinách)* advertisement

oznámiť announce, inform; *(formálne)* notify; *(ohlásiť)* report; *o. komu niečo* *let s.o. know

oznamovateľ adviser; *(v novinách)* advertiser

ozrutný monstrous, huge

ozubené kolo cogwheel

ozvať sa answer, reply

ozvena echo, resonance

ožarovať irradiate

oženiť (sa) marry, *get *(-tt-)* married; *dobre sa o.* *make a good match

oživiť revive, vivify, animate

P

paberkovať glean
pacient patient; *ambulantný p.* out-patient
pacifista pacifist
páčiť sa like, please ●
páči sa mi to I like it
páčka release
pád (down)fall, crash; *gram.* case
padák parachute [ˈpæ-rəšuːt]
padať *fall, drop *(-pp-)*
pádny weighty [weiti]; convincing
padúch scoundrel, rascal
paholok farm-labourer, farm-servant
pahorok hill
pahreba ember(s)
pach odour, smell, scent
páchať commit *(-tt-),* *do
páchnuť *smell, *stink
pajác buffoon, clown
páka lever
pakľúč picklock, skeleton key
pakt pact
palác palace
palacinka pancake
páľava heat

paľba fire
palčiaky mittens
pálčivý burning; *pren.* pressing
palec 1. *(na ruke)* thumb; *(na nohe)* big toe 2. *(miera)* inch
pálenka brandy, whisky
palica stick, rod, club, staff
páliť 1. *burn; *(strieľať)* fire; 2. *(lieh)* distill *(-ll-)* 3. *(vápno)* burn lime
palivo 1. fuel 2. *(pohonné hmoty)* combustibles *mn. č.*
pálka bat
palma palm
paluba deck; *na p-e lode* aboard; *cez p-u* overboard
pamäť memory, mind; *mať na p-i* *bear (*have) in mind
pamätať si remember
pamätník memorial, monument
pamätný memorable; *p. deň* red-letter day

pamiatka remembrance, memory; *(predmet)* souvenir ['su:vəniə], keepsake

pán 1. *(muž)* gentleman **2.** *(zamestnávateľ)* master, boss **3.** *(oslovenie)* sir **4.** *(pred menom)* Mister *(skr.* Mr.) **5.** *(zemepán)* lord

pancier armour

pancierový armoured, ironclad

pančucha stocking

panenský virginal

pani 1. *(žena)* lady **2.** *(zamestnávateľka)* mistress **3.** *(manželka)* wife **4.** *(pred menom)* Mistress, *(skr.* Mrs.) [misis] **5.** *(oslovenie)* madam

panika panic, scare

panna virgin; *(stará p.)* spinster

panovačný despotic

panovať rule, dominate, reign

pánovitý masterful

panovník sovereign, monarch, ruler

pánt hinge

panvica (frying)-pan

papagáj parrot

páperie down

páperová deka eider-down

pápež pope

papier paper; *(baliaci)* brown paper; *cenné p-e* stock, securities *mn. č.*

papiernictvo stationer's

paplón quilt [kwilt]

papraď *bot.* fern

paprika *(korenie)* red pepper

papuča slipper ● *pod p-čou* henpecked

pár 1. pair, couple; *k sebe sa hodiaci p.* a well assorted couple **2.** *(niekoľko)* a few, a couple

para steam, vapour; *variť v p-e* steam; *ísť plnou p-ou* steam; *vypúšťať p-u* steam

parabola 1. parabola **2.** *gram.* parable

parabolický parabolic

paradajka tomato

parádnik dandy

paralýza paralysis

paralyzovať paralyse, counteract

parašutista parachutist

párať unstitch [ˈanˈstič], *undo

parazit parasite, *(hmyz aj človek)* vermin

parcela plot, site

pardál panther

pardon I beg your pardon, sorry

parenisko hotbed

páriť sa pair, mate, copulate

park park; *(vozový)* rolling-stock

parkety parqueted [paːktid] floor

parkovať park

parkovisko park, parking-place

parlament parliament

parník steamer, steamship, liner

parný steam-; *p. kúpeľ* Turkish bath; *p. stroj* steam-engine; *p. valec* steam-roller

párny even

paródia parody

parohy antlers *mn. č.*

parochňa (peri)wig; *(dlhá)* peruke

párok *(údenina)* sausage, *amer.* hot dog

partia 1. part **2.** *(v hre)* game **3.** *(na vydaj)* match

partitúra score

partizán guerilla, partisan

partizánsky: *p-a vojna* guerilla warfare

partner partner, match

pas *(cestovný)* passport

pás 1. belt, girdle **2.** *(časť tela)* waist

pasáž passage

pasažier passenger; traveller; *čierny p.* stowaway

pasca trap

pasienok pasture

pasívny passive

páska band, tape; *p. do písacieho stroja* typewriter ribbon

pásmo zone, belt; *(horské)* chain of mountains

pásť graze

pásť sa graze, crop, *feed

pasta paste; *(zubná)* tooth-paste

pastel *(obraz)* pastel; *p-ové odtiene* pastel shades

pastier shepherd

pastor clergyman, parson

pašerák smuggler

pašovať smuggle
paštéta pie, paste
pat *(v šachu)* stalemate
patent(ný) patent
pátranie investigation,
 search
pátrať investigate, search
patričný due, respective
patriť belong; *(medzi)*
 rank among
patrola patrol
patrón patron
patróna cartridge
patronát patronage
patronátny sponsored
paušál lump sum; *brať
 p-ne* *take in the lump
pauza interval, break
páv peacock
pavilón pavilion
pavučina cobweb
pavúk spider
paznecht hoof
pazucha armpit
pazúr claw
pažerák gullet
pažravý voracious, gree-
 dy, ravenous
päsť fist
pästiar boxer
pästiarstvo boxing
päť five
päta heel

päťboj pentathlon
päťdesiat fifty
päťdesiaty fiftieth
päťnásobný quintuple
pätnásť fifteen
pätnásty fifteenth
pätolizač sycophant,
 toady
päťročnica five-year plan
pec furnace, oven; *(vy-
 soká)* blast-furnace
pečať seal
pečatiť seal
pečeň *anat.* liver
pečený roast
pečiatka (rubber) stamp
pečiatkovať stamp
pečivo pastry
pedagogický pedagogic-
 (al)
pedagogika pedagogy
pedál pedal; *(na plyn pri
 motor. vozidlách)* accel-
 erator
pedantný pedantic
peha freckle
pehavý freckled
pechota infantry; *(ná-
 morná)* marines *mn. č.*
pekáč frying-pan
pekár baker
pekelný infernal
peklo hell

pekne pretty
pekný pretty, fine, nice; *(o počasí)* fair; *hovor.* jolly
pelech den
peň 1. stump **2.** *(kmeň stromu)* trunk, stem
pena foam, froth; *p-ová guma* foam-rubber; *(mydlová)* lather
peňaženka purse
peňažný financial, monetary; *p-é prostriedky* funds *mn. č.*
peniaz coin
peniaze money; *drobné p.* small change
penicilín penicillin
peniť (sa) foam, froth
penzia pension, superannuation; *v p-i* retired; *odísť do p-e* retire
penzión boarding-house
penzionovanie superannuation
penzionovaný retired
penzista pensioner
pepitový checked
pera lip
percento per cent; *(pomer v p-ách)* percentage
pergamen parchment
perie feather(s), plumage

periféria outskirts
perina feather-bed
perióda period
periodický periodical
perla pearl
perleť nacre
perlorodka pearl-oyster
perník gingerbread
pero 1. *(vtáčie)* feather **2.** *(na písanie)* pen, nib; *plniace p.* fountain-pen; *večné p.* ball-pen **3.** *(pružina)* spring
personál personnel, staff
perspektíva perspective
peruť wing
Perzia Persia
Peržan Persian
pes dog; *(ovčiarsky)* sheep-dog
pesimistický pessimistic
pestovanie cultivation
pestovať 1. cultivate, *grow, raise **2.** *šport.* *go in for
pestovateľ cultivator
pestrý motley
pestún guardian
pestúnka nurse
peši on foot; *ísť p.* walk; *go on foot
pešiak *šach.* pawn
petícia petition

petrolej petroleum *(na pálenie)* kerosene
petržlen parsley
pevne fast
pevnina continent, mainland
pevninový continental
pevnosť 1. *(stavba)* fort(ress) **2.** *(odolnosť)* firmness, stability
pevný firm; *(opak tekutý)* solid; *(stály)* stable, steady; *(silný)* sturdy; *(ustálený)* fixed; *p-é ceny* fixed prices
pchať stuff || **p. sa** *(jesť)* cram *(-mm-)*
piaď span
pianíno (upright) piano
pianista pianist
piano piano
piatok Friday
piaty fifth
piecť 1. *(z múky)* bake **2.** *(mäso)* roast
piesčina sands *mn. č.,* shoal
piesčitý sandy
pieseň song; *ľudová p.* folk-song
pieskovec sandstone
piesok sand; *(hrubý)* gravel

piesočnatý sandy
piest piston
pichať prick, *sting; pichacie hodiny* time clock
pichľavý *(napr. drôt)* bristly; *(o reči)* sneering, sarcastic
pijak blotting paper
pijan drunkard
pijavica leech
pika pike
pikantný 1. piquant [ˈpiːkənt] **2.** *(o jedle)* savoury
piknik picnic
píla saw; *(podnik)* sawmill
pilier pillar; *(mosta)* pier
piliny sawdust
píliť 1. *(pilníkom)* file **2.** *(drevo)* saw
pílka hand-saw
pilník file
pilot pilot
pilulka pill
pinka *zool.* (chaf)finch
pinta pint (0,5 l)
pinzeta tweezers *mn. č.*
pionier pioneer; *p-sky tábor* pioneer camp;

p-sky oddiel pioneer detachment
pirát pirate
piroh pie
písací: *stôl* (writing)-desk; *p. stroj* typewriter; *páska do p-ieho stroja* typewriter ribbon; *p-ie potreby* stationery
písanka copy book
pisár(ka) *(na stroji)* typist
písať *write; (na stroji)* type
pisateľ writer
pískanie whistle
pískať whistle
písmeno letter, character; *tlač.* type; *veľké p.* capital letter; *malé p.* small letter
písmo writing, type
písomka written exam
písomne in writing
písomníctvo literature, letters *mn. č.*
písomnosti document, letter
písomný written
piškóta biscuit; *p-ový koláč* sponge cake
píšťala pipe, whistle
pišťať squeak, scream

pištoľa pistol
piť *drink
pitevňa dissecting-room
pitný drinkable; *p-á voda* drinking water
pitva autopsy, dissection
pitvať dissect
pivnica 1. cellar **2.** *(vináreň)* alehouse, tavern
pivo beer; *(svetlé)* ale; *(čierne)* stout
pivónia *bot.* peony
pivovar brewery
pižmo musk
pláca payment, wages
plač weeping, crying
plačlivý tearful, querulous
plagát poster, bill, placard
plagiát plagiarism
plahočiť sa plod *(-dd-),* drudge
plachetnica sailing boat, sailing ship; *(veľká)* yacht
plachta 1. sail, canvas **2.** *(posteľná)* sheet
plachtiť sail; *(na vetroni)* glide
plachý shy, timid
plakať *weep, cry
plákať rinse

plameň flame; *byť v p-och* *be in flames

plán schedule, scheme; *(mesta)* plan; *(cesty)* itinerary; *plniť p.* fulfil the plan; hit *(-tt-)* the target; *p. pracovných síl* manpower budget

pláň plain, barrens *mn. č.*

planéta planet

planetárium planetarium

planina *(pláň)* **1.** plain **2.** *(vyvýšené miesto)* plateau [plætəu]

planírovať level *(-ll-)*

plánovaný planned, systematic; *p-é hospodárstvo* planned economy

plánovať plan *(-nn-)*, design

plantať reel, *wind || **p. sa** sway, trudge

plantáž plantation

planúť blaze, flare up

planý 1. barren, unfruitful **2.** *(prázdny)* empty **3.** *(zlý)* bad, wicked

plást *(včelí)* honeycomb

plastický plastic

plastika sculpture

plašiť scare, frighten || **p. sa** shy

plášť 1. *(kabát)* cloak;

nepremokavý p. mackintosh, raincoat, mantle **2.** tyre

plat pay; *(príjem)* income, salary

plátať mend

platba payment

plátenky *(topánky)* plimsolls *mn. č.*

plátenný linen

platina platinum

platiť 1. pay **2.** *(mať platnosť)* apply; *p. v hotovosti* *pay in cash, *pay in ready money; *p. na splátky* *pay by instalments; *p. útratu* *pay the bill

platňa 1. plate, sheet **2.** *(gramofónová)* record

plátno linen, cloth; *(maliarske)* canvas; *(premietacie)* screen; *(voskové)* oilcloth

platnosť validity; *uviesť v p.* enforce

platný valid; *čo je to p-é* what is the use of; *p. peniaz* good coin

platobný of payment

plátok 1. slice, *(odtrhnutý)* slip **2.** *(ironicky časopis)* yellow journal

plaváreň swimming pool
plávať *swim (-mm-); p. po prúde a proti prúdu* *swim with and against the stream (tide)
plavba navigation, voyage; *zábavná p.* cruise [kru:z]; *schopný p-y* seaworthy
plavec swimmer
plavecký swimming; *p-é preteky* swimming competition
plavidlo craft, vessel
plaviť sa sail
plavky swimming (bathing) suit, dress, costume; *(pánske)* bathing-pants
plavý blonde, fair-(haired)
plaz reptile
plaziť sa grovel, crawl, *creep, sneak
pláž beach, strand
plece shoulder; *vziať na p-ia* shoulder; *pokrčiť p-ami* shrug (-gg-) one's shoulders
plecniak knapsack, rucksack [ˈruksæk]
plecnice *(traky)* braces
pléd plaid, rug

plech tin
plechovka can, tin
plemeno breed
plenárka plenary session
ples ball; *maškarný p.* fancy-dress ball
pleseň mould [mauld], mildew
plesnivec edelweis [ˈeidl-vais]
plesnivý mouldy, musty
plesnivieť mould
plesnúť smack
plesnutie flap
pleso tarn, mountain lake
plešina bald head
plešivý bald
pleť complexion
pletka intrigue [inˈtri:g]
plevel weed
plevy chaff
plienka diaper, napkin
pliesť weave; *(strojom al. ihlicami)* knit (-tt-)
plieť weed
plne fully
plniť fill (up); *p. záväzok* fulfil (-ll-)
plnka stuffing
plnoletosť majority
plnoletý of age

plný full; *(úplný)* complete; *(vrchovatý)* fraught (with)
plod fruit; product; *(ľudský)* foetus [fi:təs]
plodina product; *hlavná p.* stable
plodiť *breed, yield
plodnosť fertility
plodný fertile, fruitful, productive
plocha area; *(štartovacia a pristávacia)* run way; *(rovina)* plain; *mat.* plane; *naklonená p.* ramp
plochý flat, level
plomba 1. *(zubná)* stopping, filling **2.** *(pečať)* seal
plošina platform
ploštica bug
plot fence; *(živý)* hedge
plsť felt
plť float, raft
pľúca lungs; *zápal pľúc* pneumonia [nju:ˈməunjə]
pľúcny pulmonary
pluh plough
pluk regiment
plukovník colonel [kə:nl]
plus plus [plas]

plutva fin
pľuvák spittoon
pľuvať *spit (-tt-)
pľuzgier blister
plyn gas
plynáreň gas-works
plynný 1. *(plynulý)* fluent **2.** *(v stave plynnom)* gaseous
plynomer gasometer
plynový: *horák* gas-jet; *p-á maska* gas-mask
plynulý fluent
plynúť flow, stream
plyš plush
plytčina shoal, shallow
plytký shallow
plytvať waste, lavish
pneumatický pneumatic [njuˈmætik]
pneumatika tyre, tire
po 1. *(časove)* after; *(vo význame keď)* at, on; *po jeho príchode* after his arrival **2.** *(až po)* till, (up) to; *až po dnes* till this day **3.** *(pri udaní ceny)* apiece, each; *po korune* a crown apiece (each) **4.** *(pre)* for; *poslať po lekára* send for a doctor ● *po anglicky* in English; *po*

pás (vo vode) waist-
-deep; *po celý rok* year
in year out; *mám toho
po krk* I am fed up with
it
pobádať *(k niečomu)*
impel *(-ll-)*, spur *(-rr-)*
pobláznený crazy *(po* for,
about), mad *(do* on,
about)
pobočka branch
pobozkať kiss
pobožný pious
pobrežie coast, (sea)-
shore
pobúriť agitate, stir *(-rr-)*
pobyt stay, sojourn
['sodžə:n]
pocínovať tin *(-nn-)*
pocit feeling, sensation;
mať p. *feel
pociťovať *feel, perceive
pocta honour, homage,
tribute to; *vzdať p-u*
salute, *pay homage to
poctiť honour, favour
poctivosť honesty
poctivý honest, righteous
počas during
počasie weather; *za
priaznivého počasia*
wheather permitting
počasie conception

počestný honest
počet 1. number, amount
2. *mat.* calculus ['kælk-
juləs]
početný numerous
počiatočný initial, original
počiatok origin, begin-
ning
počínať si behave, act
počítanie account
počítací stroj computer
počítať *p.* rátať
počkať wait; *počkaj tro-
chu* wait a minute
počty arithmetic, figure
počuť hear
počuteľný audible
počúvať 1. *hear, listen **2.**
(poslúchať) obey
pod under, underneath;
below, beneath
poďakovanie thanks
poďakovať thank
podariť sa succeed; *poda-
rilo sa mi* I succeeded
in
podať reach, hand, *give;
p. ruku *shake hands
(komu with s.o.)
podbiť sole, tap *(-pp-)*
podbradník bib
podceňovať underestimate
podčiarknuť underline

poddajný pliable; *(krot-ký)* meek
poddanstvo bondage, subjections
poddaný subject
poddať sa surrender; *(po-voliť)* yield
poddôstojník non-commissioned officer *(skrat. N. C. O.)*
podesiť frighten, scare
podhubie spawn
podiel share, portion; *mať p.* *partake
pódium platform
podívať sa look at, *have a look at
podivný strange, odd, quaint, queer
podivuhodný wonderful, admirable
podjazd subway, underpass
podklad basis, datum *(mn. č.* data); foundation
podkolienky hose
podkopať undermine, sap *(-pp-)*
podkova horseshoe
podkovať shoe (a horse)
podkrovie garret, attie, loft

podľa by; according to, in accordance with
podľahnúť succumb, yield
podlízavosť subservience
podlízavý subservient
podlizovať sa grovel *(-ll-),* cringe
podlomiť *(zdravie)* shatter, undermine o.'s health
podložiť pad *(-dd-),* *lay under
podložka *mat.* (writing) pad
podlý base, mean
podmaniť subjugate, subdue
podmaniteľ conqueror
podmet subject
podmienečný conditional
podmienka condition, term
podmínovať undermine, mine
podmorský submarine ['sabməri:n]
podmyť wash out, undermine
podnájom lodgings *mn. č.*
podnájomník lodger, subtenant

podnebie 1. climate **2.** *anat.* palate

podnecovať instigate, incite

podnes till the present

podnet impulse, suggestion, stimulus; *dať p.* suggest

podnietiť stimulate

podnik 1. undertaking, enterprise; *(nočný)* night club **2.** *(závod)* plant

podnikavosť enterprise

podnikový enterprising, pushing

podniknúť *undertake

podnos tray

podnožka foot-stool

podoba 1. *(vzhľad)* shape, form **2.** *(podobnosť)* ressemblance

podobať sa ressemble, look like; *p. sa rodičom* *take after

podobenstvo parable

podobizeň portrait, photo(graph)

podobne likewise

podobnosť similarity, likeness

podobný similar, (a)like, akin

podobrať sa *(na niečo)* *undertake

podomový obchodník pedlar

podoprieť prop *(-pp-),* support

podošva sole

podotknúť add, mention

podozrenie suspicion

podozrievať suspect

podozrievavý suspecting

podozrivý suspicious; *hovor.* fishy

podpaľač incendiary [inˈsendjəri]

podpaľačstvo arson

(pod)páliť fire

podpalubie lower deck

podpažie armpit

podpätok heel; *ihličkový p.* pencil heel

podpierať sustain

podpis signature

podpísať sign

podplácať bribe, corrupt

podpora 1. support, prop **2.** *(mravná)* encouragement, promotion **3.** *(finančná)* subsidy; *(v nezamestnanosti)* dole, unemployment benefit

podporovať 1. support, sustain **2.** *(vydržiavať)*

maintain, *keep **3.**
(mravne) support, back,
patronize; *(návrh)*
advocate, sponsor
podporovateľ supporter,
sponsor
podpredseda deputy-
-chairman
podprsenka bust-bodice,
bracer, bra
podradený subordinate,
inferior
podrast undergrowth
podráždenosť irritation
podráždený irritated,
cross
podráždiť stimulate
podrážka sole
podriadený subordinate
podrobenie subjection
podrobiť sa submit *(-tt-),*
surrender, *give in;
(skúške) *undergo an
examination
podrobne in detail, at
length
podrobnosť detail, par-
ticular
podrobný detailed, partic-
ular
podržať si *keep, retain
podstata essence, sub-
stance; *(výroku)* gist

podstatné meno *gram.*
noun
podstatný substantial,
essential
podstavec stand, pedestal
[ˈpedistl]; *(maliarsky)*
casel [i:zl]
podstlať *(dobytku)* litter
podsvetie underworld
podšívka lining
podtitul subtitle; sub-
heading
poduška cushion, pillow
podvádzať deceive, cheat,
impose upon
podval sleeper
podväzok *(dámsky)* gar-
ter; *(pánsky)* sock-
-suspender
podvedomie subcon-
sciousness
podvedomý subconscious
podviesť *p.* **podvádzať**
podvod deception, deceit
podvodník cheat, im-
poster
podvodný fraudulent,
sham
podvoliť sa *give way,
yield
podvozok chassis
podvracať subvert
podvýživa malnutrition

podvyživený underfed

podzemný underground, subterranean; *p-á dráha* the underground, tube, *amer.* subway

poézia poetry

pohan pagan, heathen

pohana disgrace, infamy

poháňať *drive, propel *(-ll-)*

pohanský pagan, heathen

pohár cup, glass, tumbler, *(na víno)* wineglass, goblet; *(na zaváranie)* jar

pohľad 1. look, glance, *(kradmý)* peep; *(upretý)* stare, gaze; *na prvý p.* at first sight 2. *(výhľad)* sight, view

pohľadávka claim, demand

pohladiť stroke, caress

pohľadnica picture post--card, *amer.* postcard

pohlavie sex

pohltiť absorb

pohnúť sa move, stir *(-rr-)*

pohnútka motive, incentive

pohodlie comfort, convenience

pohodlný comfortable, convenient

pohon drive, driving, propulsion; *prúdový p.* jet propulsion

pohonný driving; *p-á hmota* fuel

pohorie mountains

pohoršiť shock, offend

pohostinnosť hospitality

pohostinný hospitable

pohostiť treat, entertain

pohotový ready

pohov rest, repose; *stáť v p-e* *stand at ease

pohovka couch, settee

pohraničie border region, frontier territory

pohŕdanie contempt, disdain

pohŕdať *(čím)* disdain, scorn

pohŕdavý scornful, contemptuous

pohreb funeral, burial

pohrebný funeral; *p. ústav* undertaker's

pohroma calamity, catastrophe; *(nešťastie)* disaster

pohromade together

pohrudnica *anat.* pleura [ˈpluərə]

pohyb motion, *(určitý)* movement; *(telocvik)* exercise

pohyblivý mobile, moving; *p-é schody* escalator

pohybovať (sa) move, *(neisto)* falter

pochábeľ fool

pochabosť folly

pochabý foolish, silly

pochádzať *come, issue from; *(o dobe)* date from; *(rodove)* descend from

pochod march

pochodeň torch

pochodovať march; *(v šíku)* file

pochopenie sympathy, understanding; *mať p.* sympathize (*pre* with)

pochopiť *understand, comprehend, seize

pochopiteľný comprehensible

pochovať bury

pochrómovaný chromium-plated

pochúťka dainty, titbit

pochvala praise, compliment

pochybnosť doubt, scruple

pochybný dubious, doubtful, misgiving

pochybovať doubt, question

pochytiť pick up

poistenie insurance

poistiť insure

poistka 1. *(poistenie)* (insurance) policy **2.** *elektr.* fuse

poistné premium

poisťovňa insurance--company

pojednanie treatise, tract; *odb.* paper

pojednávať *deal (with *o*), treat

pojem notion, idea, conception

pokál goblet

pokaziť 1. spoil; *(poškodiť)* damage **2.** *(koho)* corrupt

pokiaľ 1. *(časove)* as long as **2.** *(čo sa týka toho)* as to, as for

poklad treasure

pokladať consider, *take for

pokladnica 1. *(na peniaze)* money-chest; *(nedobytná)* safe **2.** *(miestnosť)* pay-office; *(sta-*

ničná) booking-office; _div._ box-office **3.** _(štátna)_ the public purse, _(v Británii)_ The Treasury

pokladník cashier, treasurer

poklepať tap _(-pp-),_ pat _(-tt-),_ knock; _p. po chrbte_ pat on the back

pokles decrease, drop; _(cien)_ slump

poklesok offence

poklona bow, compliment

pokloniť sa bow

poklop cover, lid _(viečko)_

poklus trot

pokoj peace, quiet, calm; ● _daj mi p._ *leave me alone

pokojný peaceful

pokolenie generation

pokora humility, submission

pokoriť humiliate

pokorný humble

pokračovanie 1. continuation, sequel **2.** _obchod._ negotiation .

pokračovať carry on, continue, proceed, _(v niečom)_ prosecute

pokrčiť wrinkle, crum-

ple; _p. plecami_ shrug o.'s shoulders

pokrm food, dish

pokročilý advanced

pokročiť advance; _(v učení)_ *make progress

pokrok progress, advance

pokrokový progressive

pokrovec carpet

pokryť cover; _(strechu)_ roof; _(vrstvou niečoho)_ face with

pokrytec hypocrite

pokrytecký hypocritical, sanctimonious

pokrytectvo hypocrisy, cant

pokrývka cover, blanket; _(prešívaná)_ quilt

pokus experiment, attempt; _robiť p-y_ experiment

pokúsiť sa try, attempt

pokusný experimental

pokúšať 1. attempt **2.** _(hnevať)_ tempt, tease

pokušenie temptation

pokuta penalty; _(peňažitá)_ fine

pokutovať fine

pokyn hint, instruction; _dať p._ instruct

pokynúť beckon, *make
a sign to
pol half; *p. štvrtej* half
past three
pól pole
polarizácia polarization
['pəulərai'zeišən]
polárka polar-star
polárny polar, arctic; *p-a
žiara* aurora [oː'roːrə]
polčas half-time
poldeň half-day
pole field
polemika controversy
poleno log
polepšiť improve, better
|| **p. sa** *grow better, im-
prove
poleva glaze, icing
polhodina half an hour
polica shelf
policajt policeman,
constable
polícia police
polievať water, irrigate
polievka soup; *hnedá p.*
clear soup; *biela p.*
thick soup
politický political; *p-á
línia* policy
politik politician
politika *(veda)* politics;
p. rasovej segregácie

apartheid; *(politická
línia)* policy; *zahranič-
ná p.* foreign policy
polkruh semicircle
polmesiac crescent, half-
-moon
poľnica bugle [bjuːgl]
polnoc midnight
poľnohospodár farmer,
peasant
poľnohospodársky agrar-
ian, agricultural
poľnohospodárstvo agri-
culture
pologuľa hemisphere
poloha position, situation
polomer radius *(mn. č.)*
radii ['reidiai]
polostrov peninsula
polotma semi-darkness,
twilight
polotovary pre-prepared
goods *mn. č.*
poľovačka hunt, chase
polovica half
polovičný half
poľovať hunt, chase
poľovník hunter
položiť *lay, *put *(-tt-);*
deposit; *p. na nesprávne
miesto* misplace
položka entry, item
polpenca halfpenny

polrok half-year; *(školský)* term
Poľsko Poland
poľský Polish
poltopánka shoe
poludňajší midday
poludnie midday, noon; *na p.* at noon
poludník meridian [mǝ'ridiǝn]
poľudštiť humanize
poľutovaniahodný pitiable, regrettable
polytechnika polytechnic
pomáhať help; *(organizovane)* aid; *(ako pomocník)* assist
pomalý slow, sluggish
pomaranč orange
pomarančový orange
pomätenec crank
pomätený insane, mad
pomenovanie name, nomenclature [nǝumenkləčǝ]
pomenovať name, call
pomer proportion, rate; *(vzťah)* relation, relationship; *(postoj)* attitude
pomerný relative,

comparative; *p. počet* proportion
pomery conditions
pomiasť confuse, derange
pomlčka dash
pomník monument, memorial
pomoc help; *(organizovaná)* aid; *(čiastočná)* assistance; *(najmä sociálna)* relief; *prísť na p.* *come to the rescue; *bez p-i* single-handed
pomocnica *(v domácnosti)* housemaid
pomocník assistant, helpmate
pomocný auxiliary, helpful
pomôcť *p.* **pomáhať**
pompa pomp
pompéznosť pomposity
pomsta revenge, vengeance
pomstiť avenge, revenge
pomyje slops *mn. č.,* (hog-)wash
pomýliť sa *make a mistake
pomyslieť si *think, fancy
ponad over, above
ponáhľať sa hurry, *be

in a hurry; *ponáhľaj sa* *be quick

ponášať sa resemble (s.t. *na niečo*)

poňatie 1. comprehension, conception **2.** *(myšlienka)* idea

ponaučenie lesson, instruction; *mravné p.* moral

pondelok Monday

ponechať (si) *keep, retain

ponevierať sa loiter, roam, stroll

poník pony

ponímanie conception, idea

poníženie degradation, humiliation

ponížený humble

ponížiť humiliate, degrade; *niekoho* score off s.o. || **p. sa** humiliate o.s., stoop

ponorka submarine

ponosovať sa complain of s.t.

ponožka sock

ponuka offer

ponúkať 1. offer **2.** *(súriť)* urge

ponurý gloomy

poobede in the afternoon, p. m. (post meridiem)

popálenina burn, scald

popáliť *burn

popelín poplin

popierať deny, contradict

popínať sa trail over

popis *p.* opis

poplach alarm

poplašiť start, frighten

poplatník tax-payer

poplatok fee, charge, duty

popliesť mix up; *(koho)* puzzle, perplex; *(priviesť do rozpakov)* embarrass

popol ash, cinders *mn. č.*; *(telesné pozostatky)* ashes *mn. č.*; *(z rádioaktívneho mraku)* fall out

popolník ash-tray

popoludnie afternoon

popoluška Cinderella

poprášiť dust, sprinkle

poprava execution; *p. na elektrickom kresle* electrocution

popravisko scaffold

popraviť execute; *put to death

popredie foreground; *v p-í* in the foreground

popredný prominent

poprevracaný topsyturvy

poprieť deny

poprsie bust

popud impulse, incentive

popudiť irritate, provoke

popudlivý irritable

populácia population; *(pôrodnosť)* birth-rate

popularita popularity

populárny popular

popustiť loosen, relent; *(šaty)* *let out

pór 1. *anat.* pore **2.** *bot.* leek

porada meeting, conference; *byť na p-e* be in conference

poradca adviser; *právny p.* solicitor; counsellor

poradie order, sequence, turn

poradiť advise, *give an advice; *p. sa* consult *(s kým* s.o.); *p. si* manage

poradný advisory

poraniť *hurt, wound; *(dokonale)* *put to rout, injure

poraziť defeat, *beat

porážka 1. defeat, reverse **2.** *(mŕtvica)* apoplexy

porcelán porcelain, china

porcia helping, portion, ration

porekadlo saying

porézny porous

poriadny orderly, proper; sound

poriadok 1. order; *v p-u* all right; *amer.* O. K.; *dať do p-ku* fix up, put in order; *niečo nie je v p-u* something is wrong **2.** *(cestovný)* time-table

poroba bondage, slavery

porodiť *bear, *give birth to

porota jury

porotca juror

pórovitý porous, spongy

porovnávací comparative

porovnávať compare

porozumieť *understand, comprehend

porto postage

portrét portrait

portrétovať portray

Portugalec Portuguese

Portugalsko Portugal

poručík lieutenant [lefˈtenənt]
poručníctvo ward
poručník guardian
porucha *(technická)* break-down; *(chyba)* defect; *(motora)* failure; *(atmosferická)* atmospherics *mn. č.*
poruke handy
porušenie break, violation
porušiť *break; *(zákon)* infringe; *(násilím)* violate
posadiť seat, place || **p. sa** *sit down, *take a seat
posádka *voj.* garrison; *(lode, lietadla)* crew; *bez p-y* unmanned
posadlosť mania [ˈmeiniə], rage
poschodie floor, storey
posila support; *voj.* reinforcement
posilniť fortify, strengthen; *voj.* reinforce
poskakovať hop *(-pp-)*, skip *(-pp-)*, *(veselo)* caper
poskok hop
poskytnúť grant, render

poslanec deputy; *(britský)* M. P. — Member of Parliament; *(americký)* congressman
poslanie mission
poslať *send, mail, post
posledný last, ultimate, final; *p-á vôľa* will
posluhovačka charwoman
poslucháč **1.** listener, hearer **2.** *(školy)* student
posluchačstvo audience
posluchárěň lecture-room
poslúchať obey
poslušnosť obedience
poslušný obedient, dutiful
posmech mockery, jeer, derision; *robiť si p.* sneer
posmešný derisive
posmievať sa mock, scoff, jeer
posol messenger
posolstvo **1.** message **2.** *(delegácia)* delegation, messengers
postačiť suffice, *be sufficient
postava figure, stature; *(v knihe)* character
postavenie position, sit-

uation; *(spoločenské p.)*
rank
postaviť 1. *(dom)* *build;
(stan) pitch; *(pomník)*
erect a monument **2.**
(položiť) place, *put
(-tt-) ‖ **p. sa** *(vstať)*
*rise; *(proti niečomu)*
oppose, resist
posteľ bed; *(poľná)* cot
postieľka cot
postihnúť affect, afflict
postihnutý stricken
postiť sa fast
postoj attitude, pose
postrach terror, fright
postranný lateral
postrehnúť perceive
postrek spray
postriežka *(na vysokú
zver)* deer-stalking
postrkovať push; *(vozík)*
wheel
postroj harness
postup advance; *(metó-
da)* procedure, method
postúpiť advance
postupne gradually, suc-
cessively
postupný gradual, suc-
cessive
postupovať proceed, pro-
gress

posudzovať judge
posudok judgement
posunok sign, gesture
posunovať sa shift
posunúť shift, advance
posúriť hasten
posvätný sacred
posypať sprinkle, *strew
poškodenie damage, in-
jury
poškodiť damage, harm;
(úmyselne) injure; *p.
dobrú povesť* discredit
poškrabať sa scratch o. s.
pošliapať trample on
pošta *(listy)* mail; *(úrad)*
post office; *obratom
p-y* by return of post;
letecká pošta air mail
poštár postman, letter-
-carrier, *amer.* mailman
poštovné postage
poštový post, postal; *p-á
schránka* letter-box; *p-á
poukážka* money-order
pošva 1. case, sheath **2.**
anat. vagina [vəˈdžainə]
pot perspiration, sweat
[swet]
potácať sa stagger, reel
poťah 1. *(záprah)* team
2. *(povlak)* covering

poťahovať *(nosom)* sniff, snuffle; *(z fajky)* puff
potápač diver
potápať sa dive
potápka **1.** *zool.* diver **2.** *obraz.* teddy boy
potecha comfort, consolation
potešenie delight, pleasure; *mať p.* enjoy s.t.
potešený glad, pleased
potiahnuť *(povlakom)* coat, cover; || **p. sa** *(mrakmi)* cloud
potiť sa perspire, sweat
potkan rat
potknúť sa stumble over s.t.
potlačiť suppress
poťapkať pat *(-tt-); p. po pleci* pat on the back
potlesk applause
potĺkať sa roam about
potme in the dark
potmehúd sneak, slyboots
potôčik rivulet
potok brook; *amer.* creek
potom then, afterwards; *(ako následok)* subsequently; *(potom keď)* after; *(hneď potom)* next

potomok descendant, offspring
potomstvo issue, posterity, progeny
potopa flood, deluge
potrat abortion
potrava food; *(výživa)* nourishment
potraviny food-stuffs *mn. č.,* provisions *mn. č.; obchod s p-nami* grocer's, grocery
potreby need, necessity; *p. pre domácnosť* utensils *mn. č.*
potrebný necessary
potrebovať need, *have a need of, *be in need of, want
potrestať punish, persecute
potriasť *shake; *p. rukou komu* *shake hands with s.o.
potrpieť si *be particular about s.t.
potrubie piping
potulka roam, ramble, stroll
potupa disgrace
potupiť disgrace, insult
potupný disgraceful,

potvora beast, shrew
potvrdenie confirmation, certificate; *(príjmu)* acknowledgement
potvrdenka receipt
poučenie advice, instruction
poučiť instruct, enlighten
poučka precept, proposition; *(veta)* theorem
poučný instructive
poukaz remittance *(peňazí)*; *(na vlastný tovar)* docket
poukázať remit *(-tt-)*
poukazovať refer *(-rr-)* to, hint at
poukážka order; *p. na vyššie čiastky* money order
pouličný street; *p. ruch* traffic
použiť 1. use, employ 2. *(aplikovať)* apply
použitie use, application
povaha character, nature
povala ceiling, loft
povaľač idler, loafer
povaľovať sa loaf
povážlivý serious, considerable

považovať consider, regard *(za* as), take s.t. (for); *p. za dôležité* *set great store by; *(omylom p.)* *mistake for
povedať *say, *tell ● *aby som tak povedal* so to speak
povedzme (let us) say
povera superstition
poverčivý superstitious
poverenec trustee
poverenie mandate
poveriť entrust, charge
poverovacie listiny credentlias *mn. č.*
povesť 1. *(sláva)* fame, rumour; *(dobrá)* reputation; *(zlá)* discredit 2. *(rozprávanie)* tale, story
povestný famous, notorious
poveternostný meteorological; *p-né podmienky* atmospheric conditions; *p-é správy* weather forecast
povetrie air, atmosphere
povetroň meteor
poviedka story, tale
povinnosť duty; *(záväzok)* obligation ● *je va-*

šou p-ou to urobiť it is incumbent on you

povinný compulsory, obligatory

povlak cover; film; *(farby, hrdze)* coat; *(na vankúš)* pillow-case, slip

povodeň flood

povojnový post-war

povolanie profession

povolať call in; *(na vojnu)* call up

povolenie *(dovolenie)* permission, permit *(úradné p.)* license

povoliť 1. *(dovoliť)* allow **2.** *(úradne)* license **3.** *(popustiť)* slacken; *(v úsilí)* relent **4.** *(ustúpiť)* *give way

povoz vehicle, carriage

povrávať *say, rumour

povraz rope, cord ● *ťahať za jeden p.* pull at the same rope; pull at the same end

povrázok string, cord

povrch surface; *(vrch)* top

povrchnosť superficiality

povrchný superficial; *iba pren.* perfunctory

povrchový superficial

povstalec rebel, insurgent

povstanie rebellion, (up)rising

povstať 1. *stand up, *get up *(-tt-); (tiež pren.)* *rise **2.** *(vzbúriť sa)* rebel *(-ll-),* revolt

povšimnúť si notice, *take notice; *bez povšimnutia* unnoticed

povýšenec upstart

povýšenie promotion

povýšený haughty

povýšiť promote

povzbudenie encouragement

povzbudiť cheer up, encourage, urge

povzbudzujúci prostriedok stimulant

povznesený elated, lofty

povzniesť raise, lift

póza pose

pozadie background

pozadu behind; *(duševne)* backward; *(v platení)* in arrears

pozajtra the day after tomorrow

pozdĺž along

pozdrav salutation, greeting

pozdraviť greet ● *po-*

zdravuj ho odo mňa give him my kind regards, my love
pozdvihnutie commotion
pozdvihnúť raise
pozemkový ground; *p-á kniha* land register; *p-á reforma* land reform
pozemný land-; *p-é staviteľstvo* overground building
pozemok ground, lot
pozemský earthly
pozerať sa look, regard; *(pozorne)* gaze; *(odkiaľ)* look out of ● *p. do očí napr. faktom* envisage
pozícia stand
pozinkovať zinc
pozitívny positive
pozlátiť gild
pozlátka gilt
pozmeniť vary
poznamenať observe, notify, remark; *p. si* note (down), *make (*take) notes of
poznámka note; *(pod čiarou)* footnote; *(kritická)* comment; ● *robiť si p-y* *make (*take) notes of

poznať *know; *p. podľa mena, z videnia* *know by name, by sight; *(rozoznať)* recognize
pozor attention; *dať si p. na* *take care of, beware of; *mať sa na p-e pred* *be on the watch for
pozornosť attention, notice; *budiť p.* attract attention
pozorný attentive, *(voči komu)* thoughtful
pozorovanie observation
pozorovať watch, observe; *(s neľúbosťou)* eye
pozorovateľ observer
pozoruhodný remarkable, extraordinary
pozostalosť 1. assets 2. *(dedičstvo)* inheritance
pozostalý survivor
pozostatok residue
pozostatky remains *mn. č.,* relics *mn. č.*
pozostávať consist of s.t.
pozrieť sa *have a look at s.t.; *(zbežne)* glance at ● *počkajte, pozriem sa* let me see
pozvanie invitation

pozvánka letter of invitation

pozvať invite

pozvoľne gradually, slowly

požadovať claim, demand; *(na čo mám nárok)* require

požehnanie blessing

požehnaný blessed

požiadanie request; *na p.* by request

požiadať ask, *(dôrazne)* demand ● *p. o ruku* propose

požiadavka claim, demand *(predpis)* requirement

požiar fire

požiarnik fireman

požiarny zbor fire-brigade; *amer.* fire-department

požičať *lend || **p. si** borrow

požičovňa kníh lending library

požívatiny eatables

pôda ground, soil, land

pôdorys ground-plane

pôjd loft, attic, garret

pôrod childbirth, delivery, confinement

pôrodná asistentka midwife

pôrodnica maternity hospital

pôrodníctvo obstetrics [obˈstetriks]

pôrodnosť birth-rate

pôsobenie *(činnosť)* activity; *(účinok)* effect

pôsobiť work, *(pôsobiť na)* affect; *p. bolesť* pain

pôsobivý impressive, appealing

pôst fast(ing)

pôvab charm, grace

pôvabný attractive, graceful

pôvod origin; *(rodinný)* extraction

pôvodca author

pôvodný original, primary

pôžička loan

pôžitok enjoyment, pleasure

práca work; *(povolanie)* job; *(námaha)* labour; *p. na hodinu* time-work; *p. v teréne* field work; *p. cez čas* overtime, overwork; *nútená p.*

forced labour; *drobná p.* chore

pracka buckle [ˈbakl]

praclík cracknel, pretzel

prácny laborious, toilsome; elaborate

pracovať work, labour; *(ťažko)* fag *(-gg-); (stroj)* operate

pracovisko working-place

pracovňa study

pracovník worker

pracovný work(ing); *p-á doba* working hours; *p-á sila* hand; *p. plášť* smock, overall

pracujúci working; *p-e masy* the working masses *mn. č.,* the working people; *p-a trieda* the working class

práčka 1. *(žena)* washerwoman **2.** *(stroj)* washing-machine

práčovňa laundry; *(v dome)* wash-house

pradeno hank, skein

prah threshold

Praha Prague

prahmota prime matter

prahnúť *(po niečom)* thirst for

prach 1. *(nečistota)* dust,

powder **2.** *(strelný)* gun-powder

pracháč carpet beater

práchnivieť moulder

prachovka duster

prak sling

praktický practical; *p. lekár* general practitioner

prales virgin forest, primeval

prameň *(žriedlo)* (thermal) spring; *(zdroj)* source; *(studňa)* fountain; *(pôvod)* origine

pranier pillory

praotec ancestor

prápor batallion

prasa pig, hog

praskať crackle

prasknúť burst; *(bičom)* crack; *(dverami)* slam *(-mm-)*

praskot crackle

prášiť dust; *(koberce)* *beat carpets

prašivý mangy [ˈmeindži], scurvy [ˈskə:vi]

prášok powder; *(na spanie)* sleeping draught [dra:ft]

prať wash

pravda truth ● *máš*

p-u you are right; *nemáš p-u* you are wrong; *je to p.* it is true

pravdepodobne probably; *p. príde* he is likely to come

pravdepodobnosť likelihood, probability; *veľká p.* ten to one

pravdepodobný probable, likely

pravdivý true

pravdovravný truthful

práve just; *p. teraz* just now; *p.!* precisely; *to je p. to, čo potrebujeme* that is the very thing we want; *p. tak ako* as well as

pravek primeval age

praveký primeval

pravica the right hand; *polit.* the Right

pravidelne regularly

pravidelnosť regularity

pravidelný regular

pravidlo rule

pravítko ruler; *(logaritmické p.)* slide-rule

právnický juridical

právnik lawyer

právny legal; *p. poradca*

solicitor; *(p. zástupca)* counsel, lawyer

právo right; *byť v p-e* *be in the right; claim, title to *(na niečo); (stanné p.)* martial law; *(volebné p.)* franchise

právomoc authority; *v p-i* within the jurisdiction

pravopis orthography

právoplatný valid, legal

pravouhlý rectangular, square

pravý 1. *(opak ľavý)* right, right-hand **2.** *(skutočný)* real, genuine **3.** *(správny)* right, correct

prax practice

prázdniny holidays, vacation, *hovor.* vac

prázdnota vacancy, emptiness

prázdny empty; *(voľný)* vacant; *(p. papier)* blank

praženica scrambled eggs

pražiť roast; *(o slnku)* burn, scorch

pre 1. for **2.** *(kvôli)* because of, on account of

prebdieť *(noc)* pass a wakeful night

prebiť sa fight o.'s way through

prebodnúť stab *(-bb-)*, pierce

preboha for goodness'-sake, good heavens

preborník champion

prebudiť *wake, *awaken || **p. sa** *wake up

prebytočný superfluous, surplus

prebytok surplus, excess

preceniť overestimate

precítený full of feeling

precitlivelý squeamish

preč away, gone ● *ruky p.* hands off

prečin offense, misdeed

prečítať *read through

prečo why, wherefore, what for

pred 1. *(časove)* before; ago 2. *(miestne)* in front of; *p. súdom* before the Court

predaj sale, distribution; *na p.* for sale

predajňa shop, store

predajný 1. saleable, selling 2. *(úplatný)* venal

predák foreman

predať *sell, dispose of s.t. ● *p. draho* *sell dear; *p. za babku* *sell for a mere song

predavač shop-assistant, salesman, *(novín)* news-agent

predavačka shop-girl

predávať *sell; *(pod cenu)* dump

predbehnúť *outrun *(-nn-)*

predbežný preliminary

predčasne premature; *p. vyspelý (duševne)* precocious

preddavok earnest, advance; *dať ako p.* *give in earnest

predhorie foothills

predhovor foreword, preface, preamble

predchádzajúci preceding, previous

predchádzanie prevention

predchádzať 1. *(predbiehať)* precede 2. *(zabraňovať)* prevent

predchodca precedessor, fore-runner

predierať sa edge; *(ma-sou ľudí)* thread
predizba hall
predkladať present, sub-mit *(-tt-)*
predkrm hors d'oeuvre [oːˈdəːvr]
predlaktie forearm, un-derarm
predloha *(zákona)* bill
predložiť present, submit *(-tt-); (vyložiť)* produce; *(p. návrh)* table
predložka 1. *gram.* pre-position **2.** *(koberec)* bed-rug
predĺženie extension; *(le-hoty)* prolongation; *(dĺž-ky)* elongation
predĺžiť sa lengthen, pro-long
predmestie suburb
predmestský suburban
predmet object; *(tovar)* article; *(hovoru)* topic; *gram.* object
predmostie bridgehead
prednášať lecture
prednášateľ lecturer
prednáška lecture
prednes *(hudobný)* recital
predniesť *(recitovať)*

recite; *(reč)* deliver; *(predložiť)* submit *(-tt-)*
prednosť preference, *(v poradí)* priority; *dávať p.* prefer *(-rr-)*
prednosta head, principle
prednostný preferential
predný front, forward; *p-á strana* facefront
predohra prelude, over-ture [ˈəuvətˈjuə]
predok 1. ancestor, fore-father **2.** *(predná časť)* front part
predom beforehand, in advance
predošlý last, previous
predovšetkým above all, first of all
predpis prescription; *(ku-chársky)* recipe
predpísať prescribe
predpisy regulations
predplatiť (si) prepay, subscribe to
predplatiteľ subscriber
predplatné subscription
predpojatosť bias, preju-dice
predpoklad assumption, supposition; *za p-u, že* provided (that)

predpokladať assume, suppose

predpoludnie morning, forenoon; *p-ím* in the morning

predpona *gram.* prefix

predposledný last but one

predpoveď forecast

predpovedať *forecast, *foretell

predpredaj advance sale; *(lístkov)* booking in advance

predpremiéra pre-view

predražovať overcharge

predražovateľ profiteer

predsa still, yet; *p. len* still, all the same; *p. však* yet

predsavzatie intention, project

predseda chairman, president

predsedať *(čomu)* preside *(over s.t.)*

predsedníctvo board of directors, managing chairmanship, committee

predstava idea, notion; *(klamná)* delusion

predstavenie 1. *(hry)* performance **2.** *(zozná-*

menie) introduction

predstavený principal, superior

predstaviť introduce, present ‖ **p. si** realize, imagine, envisage, figure

predstaviteľ representative

predstavivosť imagination

predstieraný sham, pretended

predstierať pretend, feign; *(chorobu)* simulate

predstihnúť *outdo, surpass

predsudok prejudice; *bez p-kov* unprejudiced

predtucha foreboding, presentiment

predtým before, formerly

predurčiť *(osobu)* designate, predestine

predvádzať show, perform

predvčerom the day before yesterday

predvečer eve

predvedenie performance *(vykonanie)* execution

predvedíteľný *(uskutoč-niteľný)* practicable

predvídať anticipate *foresee

predviesť present, perform

predvoj vanguard

predvojnový pre-war

predvolanie summons; *(k súdu)* subpoena [səb'pi:-nə]

predvolať summon

predzvesť omen, symptom

prefabrikát pre-fab

prefíkaný sly, cunning

preglejka plywood

prehánka shower

preháňadlo laxative, purge

preháňať exaggerate

prehľad review, survey; *(náčrt)* outline, synopsis; *mať p.* *be in the know

prehľadný lucid; *(p. vďaka usporiadaniu)* well--arranged, easy to survey

prehodiť *throw over, across

prehodnotiť revalue

prehováranie persuasion

prehovoriť 1. *(niekoho)* persuade, coax **2.** *(k niekomu)* *speak, address; *make a speach

prehra loss

prehradiť bar *(-rr-)*, dam *(-mm-)*

prehrať *lose; *(v hazardnej hre)* gamble away

prehŕňať sa ransack, root about

prechádzať pass, cross || **p. sa** walk, stroll

prechádzka stroll, walk; *ísť na p-u* *go for (*take) a walk

prechladnúť *catch a cold

prechmat blunder, slip

prechod transition; passage; *(cez hranice)* frontier crossing

prechodný temporary; transient; *gram.* transitive

prechovávať *(ukradnuté)* receive; *p. previnilca* harbour

prejav 1. demonstration, display **2.** *(preslov)* address, speech

prejaviť *show, manifest; *(sústrasť)* sympathize; *(nesúhlas hučaním)* boo

prejsť pass (through); *(niekoho)* *run over; *(krížom)* traverse, cross

prekárať banter, tease, nickname

prekaziť mar *(-rr-)*, inhibit

prekážať *be in the way; hamper; *(čomu)* interfere in s.t., hinder, embarrass

prekážka obstacle; *robiť* p-y obstruct; *(zábrana)* impediment; *hovor.* hitch

preklad translation

prekladať translate

preklenúť bridge, span *(-nn-);* p. *ťažkosti* *get *(-tt-)* over

preklep error, mistake, fault

prekliať curse

prekliaty damned

prekonať *overcome, *outdo, p. *rekord* *break a record

prekrmovať *overfeed

prekročiť cross, overstep *(-pp-),* *stride

prekrúcať *(fakty)* gerrymander

prekrútiť distort, twist

prekvapenie surprise, astonishment

prekvapený surprised, astonished; *byť* p. wonder

prekvapiť surprise, astonish; *(pristihnúť)* *overtake

prekvapujúci startling

prelietavý 1. migratory **2.** *pren.* desultory

prelínať (sa) overlap *(-pp-)*

prelom break, *(obrat)* turn

preložiť 1. *(z jazyka)* translate **2.** *(premiestniť)* transfer *(-rr-)*

prelud delusion, phantom

premáhať *overcome, conquer

premávka traffic; *hodiny zvýšenej* p-y rush hours

premena change, transformation

premeniť transform, convert; *(náhle)* turn

premenlivý changeable, variable

premeškať miss, neglect

premet somersault; *(letecký)* looping

prémia premium, bonus

premiéra first night

premiestiť remove

premietačka projection apparatus

premietať project; *(na plátno)* screen

premlčaný expired

premočiť soak, drench

premôcť *overcome, conquer; *(súpera)* defeat, *beat

premožený *(citom)* prostrate

premrhať squander; *(čas)* waste

premrštený exaggerated; *(ceny)* exorbitant, extravagant

premyslieť *think over, reason out

premýšľanie reflection

premýšľať *think, reflect

prenáhlený hasty, rash

prenáhliť sa hurry too much, *be rash

prenajať *let, rent || **p. si** hire

prenájom hire; *(podľa zmluvy)* lease

prenasledovanie persecution, pursuit

prenasledovať persecute; *pren.* haunt

prenechať cede

preniesť 1. carry over

2. *účt.* transfer *(-rr-)*

prenikavý penetrating; *(zvuk)* sharp, shrill; *p. úspech* resounding success

preniknúť penetrate

prenos transmision; *(premiestnenie)* transfer

prenosný portable

preobliecť (sa) 1. change o.'s clothes **2.** *(koho za niečo)* disguise

prepáčiť pardon, *forgive ● *prepáčte* (I) beg *(-gg-)* your pardon, (I am) sorry; so sorry

prepad attack; *(zeme)* invasion

prepadnúť 1. *(niekoho náhle)* surprise **2.** *(pri skúške)* fail || **p. sa** *fall through

prepelica *zool.* quail [kweil]

prepichnúť pierce, punch; *(pneumatiku)* puncture

prepínač switch

prepínať 1. *(prúd)* switch over **2.** *(sily)* overstrain

prepis transcription; *(kópia)* copy

prepiť waste on drink

prepitné tip(s); *dať prepitné* tip *(-pp-)* s.o.

preplatiť cash, *(zmenku)* honour

(pre)plavba passage, crossing

prepočítať sa miscalculate s. o.'s assumptions

prepracovanie overwork, overexertion

prepracovať sa overexert o.s.

preprava transport, transit

prepraviť transport, carry

prepustenie dismissal, release

prepustiť discharge, dismiss, *(z miesta)* fire, *pren.* sack

prepych luxury [ˈlakšəri]

prepychový luxurious [lagzəriəs], fancy, sumptuous

prerásť *outgrow

preraziť perforate

préria prairie

prerieccť sa *make a slip in speaking

prerieknutie slip of the tongue

prerušenie break, interruption; *(dočasné)* suspension

prerušiť *break (off); in-

terrupt; *(dočasne)* suspend

prerušiť *(spojenie)* disconnect

presadiť transplant

presahovať exceed; *(do výšky)* overtop *(-pp-)*

presídliť move, emigrate

preskočiť *overleap; *(vynechať)* skip *(-pp-)*

preskúmať reconsider

presne precisely; *(správne)* accurately; to the minute; *(načas)* punctually; *presne o 6-tej* at six o'clock sharp

presnosť *(exaktnosť)* precision, exactness, fidelity, *(správnosť)* accuracy; *(dochvíľnosť)* punctuality

presný *(exaktný)* precise, exact; *(správny)* accurate; *(prísny)* strict; *(dochvíľny)* punctual

prestať stop *(-pp-);* cease; discontinue s.t.

prestavba rebuilding, reconstruction; *pren.* rearrangement

prestávka break, interval

prestieradlo blanket, sheet

prestrašený terror stricken

prestrieť *(stôl)* *lay the table

prestúpiť step *(-pp-)* over; *(na vlaku)* change; *p. zákon* violate the law, tresspass

presvedčenie conviction

presvedčiť convince, persuade, reason || **p. sa** make sure (that)

presvedčivý conclusive, convincing

prešiť alter; *prešívaný kabátik* wadded jacket

preškrtnúť cross

preštiknúť *hovor.* punch

preťahovanie lanom a tug of war

preťažiť overburden, overload

pretekať sa compete

pretekár competitor

preteky competition, contest; *(konské)* race

pretlačiť sa push forward

preto therefore, that's why

pretože as, because

pretrhnúť (sa) *break, snap *(-pp-)*

pretvárka affectation, hypocrisy

pretvoriť transform

preukaz *(totožnosti, občiansky)* identity card; *(na vlak, električku)* season ticket

preukázať prove, demonstrate, exhibit; *p. láskavosť* *do a favour (kindness); *p. službu* render a service || **p. sa** prove o.'s identity

prevádzka *(stroja)* working, *(služobná)* service

prevaha preponderance, superiority, predominance

prevažovať outbalance, prevail

prevážka transport ['trænspo:t]

prevažne prevailingly [pri'veiliŋgli]

prevencia prevention

preventívny preventive

previnenie guilt, offence

previnilec delinquent; *(mladistvý)* juvenile delinquent

previniť sa offend, trespass against

prevládať predominate, prevail

prevládajúci prevalent, dominant

prevod transfer

prevoz *(cez rieku)* transportation, removal

prevrat overthrow; *polit.* revolution

prevrátiť *(prevaliť)* overturn, *overthrow; *(zvrátiť plán)* *upset *(-tt-)*

prevrhnúť overturn, *overthrow; *(o člne, lodi)* capsize

prevýchova re-education

prevýšiť exceed, surpass, excel; *(počtom)* outnumber

prevziať *take over; *p. zodpovednosť* shoulder responsibility

prezenčná listina time-sheet

prezident president; *p-ský úrad* presidency

prezieravý prudent, sagacious

prezimovať winter

prezradiť disclose, reveal

prezuvky galoshes *mn. č.* rubbers *mn. č.*

prezývka nickname

prežiť *(zostať nažive)* survive; *(dlhšie žiť)* outlive

prežitok anachronism; *(zastaraný)* out-dated, *amer.* hangover

prežúvať ruminate

pŕhľava nettle

prchavý elusive, *(o plyne)* volatile

prchký irascible

pri at, near; *pri ruke* at hand; *mať niečo pri sebe* *have s.t. on o.s.

priadza yarn; *(česaná)* worsted

priamka line

priamo direct(ly), outright

priamočiary straightforward

priamosť 1. directness **2.** *(povahy)* frankness

priamy direct, straight; *(vzpriamený)* upright; *p. vlak* through (train)

priasť 1. *(nite)* *spin *(-nn-)* **2.** *(o mačke)* purr

priať wish; *(blahoželať)* congratulate; *prajem ti veľa šťastia* I wish you good luck

priateľ friend, boy-friend;
dobrý p. chum
priateľka friend, girl-
-friend
priateliť sa *make friends
with s.o.
priateľský friendly, ami-
cable
priateľstvo friendship
priazeň favour
priaznivý favourable
príbeh event; *(hovorený)*
story
pribiť nail
priblížiť sa approach,
come up, gain (up)on
približný approximate,
rough
príboj surf, surge
príbor cuttlery, dinner-
-set
pribrať *(na váhe)* *put
(-tt-) on weight
pribúdať increase, *grow;
pribúdajúci mesiac
crescent
príbuzenstvo 1. *(vzťah)*
relationship, kinship **2.**
(príbuzní) family, rela-
tives *mn. č.,* relations
mn. č.
príbuzný relative, rela-
tion, akin

príbytok dwelling house,
lodging, residence
príčasie participle
príčina cause, reason
príčinlivý zealous; *(na
úkor druhých)* pushing
pričítať add, *(komu čo)*
attribute; *p. vinu nieko-
mu* impute a fault to s.o.
pričňa plank-bed
pridať add, *give more;
p. do kroku walk faster
prídavné meno adjective
prídavok 1. addition **2.**
(rodinný) family allow-
ance
prídel ration, portion,
allowance
pridelenec attaché [ə'tæ-
šei]
prideliť allocate, allot
(-tt-); (úlohu) asign;
(koho niekde) station
priebeh course, progress
v p-u during
prieberčivý fastidious,
particular
priečelie front(side),
frontage
priečiť sa resist, oppose
priečka *(na rebríku)*
rung, spoke

priečny transverse, oblique

prieduška windpipe

priehľadný transparent

priehlavok instep

priehlbeň hollow, cavity, depression

priehrada barrier, barrage ['bæra:ž]; *(údolná)* dam

priehradka shelf

priechod passage, gangway ● *dať voľný p. čomu* *give vent to s.t.

prieklep *(na písacom stroji)* carbon copy; *p-ový papier* flimsy

priekopa ditch, trench

priekopník pioneer, pathfinder

prieliv channel

prielom break(-through); *voj.* breach; *(v horách)* pass

priemer average

priemerný average, fair; *(prostredný)* mean

priemysel industry

priemyselný industrial

priepasť abyss, precipice

prieplav canal

priepustka permit

prieskum investigation, *(vedecký)* research; *p. verejnej mienky* public opinion poll

priesmyk pass

priestor space

priestorový spatial

priestranný spacious, roomy

priestupný rok leap-year

priestupok offence

priesvitný transparent

prietrž mračien cloudburst

prievan draught

priezvisko surname

prihlásiť announce || **p. sa** announce o.s., report

prihláška application, *(tlačivo)* application form

prihliadať look on s.t., watch s.t.

príhoda incident, event

prihodiť sa happen, occur *(-rr-)*; *befall

príhodný suitable, convenient

prichádzať *come, arrive

príchod arrival, approach

príchuť savour, flavour

prijať receive, accept; *p. návrh hlasovaním* pass

a bill; *p. radu* *take
advice
prijateľný acceptable;
(ako tak) plausible
prijatie acceptance,
adoption; *(uvítanie)*
welcome
príjem *(plat)* income;
(niečoho) receipt
príjemca receiver, recip-
ient
príjemný agreeable,
pleasant, nice
prijímač receiver; (wire-
less-, radio-) set
príkaz order, command
prikázanie commandment
prikázať order, command
príklad example, instance;
napríklad for example,
for instance
prikladať 1. add to s.t.,
attribute 2. *(do pece)*
*put *(-tt-)* coal on
príkladný exemplary
príkorie injustice, injury
príkrm side-dish, vege-
tables *mn. č.*
príkry 1. steep 2. *(v sprá-
vaní)* abrupt, harsh
prikryť cover

prikrývka cover, blanket;
(prešívaná) quilt
prikývnuť nod *(-dd-)*
priľahlý adjacent, adjoin-
ing
prilba helmet; *(tropická)*
sun-helmet
prilepiť *stick, attach
prílet arrival (of an aero-
plane)
príležitosť occasion, op-
portunity, chance,
scope; *využiť p.* seize
an opportunity
príležitostne occasionally
príležitostný occasional;
p-á kúpa secondhand
purchase
priliehavý fitting; *pren.*
appropriate
príliš too; *p. mnoho* too
much
prílišný excessive
príliv flood; *(morský)*
tide; *vrchol p-u* high
tide; *vrchol odlivu* low
tide; *obraz.* influx
priľnúť adhere to s.t.
príloha *(listu)* enclosure
priložiť 1. *(dodať)* add
2. *(do pece)* *put *(-tt-)*
on coal 3. *(obväz)* apply
4. *(k listu)* enclose

primár head physician (in a hospital)

primátor Lord Mayor

primeraný adequate, appropriate; *(o cene)* reasonable

prímerie armistice, truce

primitívny primitive

prímorský maritime

prinajmenej at least

princ prince

princezná princess

princíp principle

priniesť *bring, fetch ● p. obeť *make a sacrifice

prínos contribution

prinútiť compel *(-ll-)*, force ● *p. ho, aby išiel* make him go

prípad case, *(udalosť)* event; *v p-e, že* in case (that); *v každom p-e* at any rate, in any case

prípadne respectively

pripadnúť *fall; *p. na deň* *fall on a day

pripevniť fasten, fix

pripínač drawing-pin; *amer.* thumb-nack

prípis *(official)* letter; *(správa)* communication; *(vyrozumenie)* notification

pripísať *k dobru* credit; *(na vrub)* debit

pripisovať *(komu)* ascribe (to s.o.); *(dôležitosť)* attach

prípitok toast; *pripiť niekomu na zdravie* toast, *drink s. o.'s health

príplatok additional payment *(charge); p. za prácu cez čas* overtime bonus

pripojenie joining, attachment; *(územie)* annexation

pripojiť attach, affix || **p. sa** join

prípojka *elektr.* connection, shunt

pripomenúť remind s.o. of s.t. || **p. si** recall

pripomienka reminder; *(kritizujúca)* comment

pripomínať *(pamiatku)* commemorate

prípona *gram.* suffix

príprava preparation; *bez p-y* off-hand

pripravený ready, prepared

pripraviť (sa) prepare; *p.*

sa na *make ready for,
*get *(-tt-)* ready for
prípravný preparatory
prípravok preparation
pripustiť admit *(-tt-);
(dovoliť)* permit *(-tt-);
(urobiť ústupok)* concede
prípustný admissible,
allowed
pripútať tie, attach
prírastok increase, acqui-
sition
prirazit push to ● *p.
dvere pred nosom* slam
(-mm-) the door in s.
o.'s face
prirážky rates
pririeknuť *(udeliť)* award;
(súdnym výnosom) ad-
judge; *(pričítať)* attri-
bute
príroda nature; *(prírod-
né krásy)* scenery; *(v
p-e)* out-doors, in the
open
prírodný natural
prírodopis natural history
prírodoveda (natural)
science
prírodovedec scientist
prirodzene naturally, ob-
viously

prirodzenosť nature, na-
turalness
prirodzený 1. nature **2.**
(rýdzi) true, genuine
prirovnanie comparison
prirovnávať compare
príručka book of refe-
rence, handbook,
manual
príručný hand, handy;
p-á knižnica reference
library
prísada ingredient
prísaha oath
prisahať *swear, *take an
oath; *krivo p.* perjure
prísediaci assessor
príslovečný proverbial
príslovie proverb
príslovka adverb
prísľub promise; *(sláv-
nostný)* vow
príslušenstvo accessories
mn. č., belongings *mn.
č.*
príslušník member; *(ro-
dinný)* dependent; *(štát-
ny)* citizen, *(v Brit.)*
subject
príslušnosť competence;
(štátna) nationality
príslušný competent

prísne strictly; *p. dô-verné* confidential

prísnosť severity

prísny severe, strict

príspevok contribution; *(k platu)* allowance

prispievať contribute, *make for; (na niečo)* subscribe

prispievateľ contributor

prispôsobenie adjustment, adaptation

prispôsobiť adapt, adjust || **p. sa** assimilate

prísť *come, arrive; *(dostaviť sa)* turn up; *(na návštevu)* *come and *see; *come round; *(neskoro)* *be late ● *p. k sebe* *come to, regain consciousness; *p. k niečomu* *come by; *p. na rad* *have o.'s turn; *p. na myšlienku* hit (-tt-) upon an idea

prisťahovalec immigrant

prisťahovať sa *(do bytu)* move in; *(do zeme)* immigrate

pristať 1. *(súhlasiť)* agree to s.t. **2.** *(slušať)* *be fitting, *be becoming, suit

pristáť land, alight

prístav port, *(prírodný)* harbour

prístavište quai, wharf

prístavný: *p. robotník* stevedore [ˈstiːviːdoː]; *p-á hrádza* pier, quai

pristihnúť catch, surprise

prístrešie shelter

prístroj apparatus, *(na vedecký výskum)* instrument; *p-ová doska (auta)* dash-board

prístup access, entrance

pristúpiť *come nearer, step (-pp-) nearer; *p. na niečo* accede to s.t.

prístupný accessible, open

prisúdiť adjudge, attribute

prísudok *gram.* predicate

prisudzovať attribute

prísun supply

prisvedčiť consent, agree

príšera spectre, spook

príšerný monstrous, ghastly

priťahovať attract

príťaž ballast

príťažlivosť attraction, magnetism; *(zemská)* gravity

príťažlivý attractive

prítok tributary
pritom 1. *(miestne)* nearby **2.** *(časove)* at the same time
prítomnosť presence; *(dnešok)* present; *pre p.* for the present
prítomný present
príušnice *lek.* mumps
príval rush, flush, torrent
prívesok appendage, tag
prívesný: *p. voz* trailer; *p-á ceduľka* tag
prívet speech of welcome
prívetivý friendly, suave [sweiv]
priviesť: *p. do rozpakov* embarrass
privilégium privilege
privítať *welcome
privlastniť si appropriate, *take possession of
prívod supply; *(elektriny)* lead
prívrženec follower, supporter
privykať *get *(-tt-)* used to s.t., *get accustomed
prízemie ground-floor; *(v divadle)* pit
príznak symptom
priznanie admission; *(vyznanie)* confession

priznať concede *(komu čo* s.t. to s.o.) || **p. sa** confess, own up; *(k vine)* plead guilty
prízvuk accent, stress
prízvukovať stress, emphasize
príživnícky parasitic
príživník parasite ● *žiť ako p.* sponge on s.o.
prižmúriť *(oko nad)* wink at
problém problem
problematický questionable, problematic
proces process; *(súdny)* trial
produkcia production, output
produktivita productivity
produktívny productive
profesor professor
profil profile
program program(me); *(plán)* scheme; *(divadelný)* bill; *(polit. strany)* platform
projekt project, design
proklamácia proclamation
proletár proletarian ● *p-i všetkých krajín, spoj-*

te sa workers of the world unite

proletariát proletariat(e); *diktatúra p-u* dictatorship of the proletariat

proletársky proletarian; *p. internacionalizmus* proletarian internationalism

prológ prologue

promócia graduation

promočné obrady *amer.* graduating exercises

promovať *(na)* graduate (from) *(byť p-ý)* *take o.'s degree

propagátor propagandist

propagovať propagate

prorocký prophetic

proroctvo prophecy

prorok prophet

prorokovať prophesy

prosba appeal, entreaty

prosiť ask, beg *(-gg-)* ● *prosím (odpoveď na ďakujem)* not at all, don't mention it; *prosím?* (I) beg your pardon?, yes?; *p. vás* please

proso millet

prospech advantage, benefit; *(v škole)* progress; *v p. koho* in favour of s.o.

prospechár profiteer, egoist

prosperovať prosper, flourish

prosperujúci prosperous

prospešnosť utility

prospešný useful, profitable

prospievať benefit, profit, prosper; *(v učení)* *have good results

prostitúcia prostitution

prostodušný simple-minded

prostopašný profligate, debauched

prostoreký flippant, saucy

prostota simplicity

prostovlasý bare-headed

prostredie environment; medium; *(okolie)* surroundings *mn. č.*

prostredníctvom through, by means

prostredník intermediary

prostredný middle, central

prostriedky *(finančné)* means; *(pracie, čistiace)* detergents

prostriedok 1. *(stred)* middle, centre 2. *(na čo)* means, medium

prostý simple, plain; *(holý)* bare

protekcia protection

protektorát protectorate

protest protest

protestovať protest; demonstrate against

proti against ● *je mu to p. srsti* this goes against his grain

protifašistický antifascist

protihodnota equivalent

protichodný contrary, contradictory

protijed antidote

protiklad contradiction, opposition, contrast

protilátky antibody

protiletecká obrana anti--aircraft defence

protinožci antipodes

protiopatrenie counter-measure

protirečenie contradiction

protirečivý inconsistent

protirevolúcia counter-revolution

protiústavný unconstitutional

protiútok counter-attack

protiva 1. *(náprotivok)* opposite **2.** *(nepríjemný človek)* nuisance

protiveň spite, vexation

protiviť sa 1. *(odporovať)* oppose **2.** *(ošklíviť si)* dislike

protivník adversary, opponent

protivný 1. *(opačný)* opposite **2.** *(odporný)* tiresome, nasty, weary

protizákonný unlawful, illegal

protokol *(sústavný záznam)* record, *(zo schôdze)* minutes

provincia province

provízia commission

provizórny provisional, temporary

provokácia provocation

provokatívny provoking

provokovať provoke

próza prose

prozaický prosaic

prsia breast, chest

prskať sputter

prskavka cracker

prst finger; *(na nohe)* toe

prsť soil, earth

prsteň ring; *(snubný)* wedding-ring

pršať rain ● *silne p.* pour

(-rr-), pelt, rain cats and dogs

prť mountain path

prúd stream, current; *(prudký)* jet; *po p-e* downstream; *proti p-u* upstream

prúdiť stream, flow

prúdové lietadlo jet-plane

prudkosť vehemence, intensity

prudký intense, vehement, fierce

pruh streak, strip; *(farebný)* stripe; *(zeme)* tract

pruhovaný striped, streaky

prút rod, switch; *(zlata)* ingot

prútie wickers

pružina spring

pružnosť elasticity

pružný elastic, flexible

prv sooner, before, former

prvenstvo primacy

prvobytný aboriginal, primitive

prvok element

prvoradý first-rate, first-class

prvosienka primrose

prvotný primary

prvotriedny first-class (-rate), A 1 (one)

prvý first; *prvýkrát* first time; *Prvý Máj* May-Day

prýštiť *spring, *arise

pstruh trout

psychický psychic(al)

psychológia psychology

pšenica wheat

pštros ostrich

publikácia publication

publikum public, audience

pučať sprout, bud *(-dd-)*

pud instinct

púder powder

pudidlo purgative

puding pudding

pudový instinctive

púhy mere

puch stench, stink

puk 1. *(púčik)* bud 2. *(na nohaviciach)* crease 3. *(v hokeji)* puck

pukance popcorn

puklina crevice, leak

puknúť *burst, crack

pulóver pullover, jumper

pult counter

pulz pulse

pulzovať pulsate, throb *(-bb-)*
pumpa pump
pumpky knickerbockers, knickers, plus-fours
pumpovať pump
punc hallmark
punč punch
púpava *bot.* dandelion
pupok navel
puritán Puritan
purpur purple
pustatina waste land, wilderness
pustiť *let fall, drop *(-pp-); p. z hlavy* dismiss || **p. sa 1.** *(niečo-ho)* *leave hold of s.t. **2.** *(do niečoho)* tackle s.t., embark in s.t.
pustý waste, deserted; *(opustený)* desolate

puška gun, rifle
púšť desert
pútnik wanderer, pilgrim
pútec parting (of the hair)
puto tie, bond
putá shackles, handcuffs
putovať wander, march
puzdro case, box
pýcha pride
pykať suffer for, *pay for, atone for
pyramída pyramid
pýšiť sa *be proud of, pride o.s. (on)
pyšný proud *(na* of)
pýtať sa inquire *(na* about, after) ● *p. sa na cestu* ask one's way
pytliačiť poach
pytliak poacher
pyžama pyjamas

R

rabín rabbi
rabovať plunder, loot
racionalizácia rationalization
racionalizmus rationalism

racionálny rational
rad 1. row; *(postupný)* series; *(zástup)* line, number, queue; *teraz som ja na r-e* it's my

turn **2.** *(vyznamenanie)* order, decoration **3.** *(rehoľa)* order

rád gladly, with pleasure; *mať* r. like, love, *be fond of; *nemať* r. dislike; *byť* r. *be glad

rada 1. advice; *(právna)* counsel; *(návrh)* suggestion, tip **2.** *(orgán)* council, board

radar radar

radca councillor, counsel; *amer.* counsellor

radiátor radiator

radikál radical

radikálny radical

rádio radio, wireless (set)

rádioaktivita radioactivity

rádioaktívny radioactive

rádiogram radiogram

rádioizotop radioisotope

rádiológia radiology

rádioterapia radiotherapy

rádiovka baret

radiť advise; *(navrhovať)* suggest || **r. sa** deliberate, consult (with)

rádium radium

rádius radius (radii *mn. č.* [reidiai])

radnica town hall

radosť joy, pleasure; *mať* r. z *be glad of, *be pleased with, delight in; *s radosťou* with pleasure

radostný cheerful, joyful

radovánky festivities, merry-making

radovať sa z rejoice over, at

radšej rather; *mať* r. prefer *(-rr-)* s.t. to s.t.

rafinéria refinery [riˈfainəri]

rafinovaný sophisticated

rafinovať refine

rahno yard

rachitický rickety

rachot rattle, crash

rachotiť rattle

raj paradise

rajčina tomato

rajnica saucepan

rak crayfish; *amer.* craw-fish; *(morský)* lobster ● *ani ryba ani r.* neither fish, flesh, nor fowl

raketa 1. rocket; *(svetelná)* flare **2.** *(tenisová)* racket

rakovina cancer

Rakúsko Austria

rakúsky Austrian

rakva coffin; *amer.* casket

rám frame
rámec framework
rameno arm
ramienko 1. *(bielizne)* shoulder(strap) **2.** *(vešiak)* (coat-)hanger
rampa ramp; *(divadelná)* footlights
rana 1. blow *(úder); (dutá)* bump, thump **2.** *(zranenie)* wound; *(rezná)* cut; *(bodná)* stab **3.** *(pohroma)* blow, shock
raňajkovať *take (*have) one's breakfast
raňajky breakfast
raniť wound; *pren.* *hurt
ráno morning; *(kedy?)* in the morning ● *skoro r.* in the small hours
ranný *(skorý)* early [ə:li], morning
rapavý rough, pock--marked
rapkáč rattle
rapot rattle
rapotať 1. rattle **2.** *(tárať)* chatter
rasa race
rasca caraway [ˈkærəwei]
rasový racial ● *r-á diskri-*

minácia racial discrimination
rast growth
rásť *grow, increase
rastlina plant
rastlinstvo vegetation
rastlinný vegetable
rašelina peat
rašelinisko peat-bog
rátať 1. count, reckon, *do sums **2.** *(vypočítavať)* calculate, compute **3.** *(rátať medzi)* number among **4.** *(spoliehať sa na)* reckon on
ratifikácia ratification
ratifikovať ratify
raz once; *ešte raz* once more; *r. v budúcnosti* some day; *r. navždy* once for all
ráz kind, sort, character
rázcestie crossroads *mn. č.*
razia raid, razzia [ˈræziə]
raziť 1. *(peniaze)* coin, mint, *strike **2.** *(cestu)* *make, force way **3.** *(niečím)* smell of s.t.
rázny energetic
rázovitý typical
rázporok slit
rázsocha forked branch

raž rye
raždie firewood, sticks *mn. č.*
ražeň spit, barbecue
reagovať *(na)* react, respond *(to)*
reakcia *(na)* reaction, response *(to)*
reakcionár reactionary
reakcionársky reactionary
reakčný reaction(ary)
reaktívny reactive
realista realist
realistický realistic
realizácia realization
realizovať realize
realizmus realism
reálny real
rebarbora *bot.* rhubarb ['ru:ba:b]
rebelant rebel
rebrík ladder
rebrinák hay-waggon
rebro rib
recenzia review, criticism
recenzovať review
recepcia reception
recept recipe; *(lekársky)* prescription
recidíva relapse
recitovať recite, declaim

reč 1. language *(jazyk)* **2.** *(prejav)* speech
rečnícky rhetorical
rečník speaker, orator
rečniť *make a speech
redakcia 1. *(miestnosť)* editor's office **2.** *(činnosť)* editorship
redakčný editorial
redaktor editor
redigovať edit
reďkovka radish
referát 1. *(správa)* report; *(o knihe)* review **2.** *(oddelenie)* department
referent reporter
referovať report; *(o knihe)* review (a book)
reflektor search-light; *svetlo r-a* spotlight
reforma reform
reformácia reformation
reformátor reformer
reformovať reform
refrén chorus, refrain
regál shelf
regenerovať regenerate
registrovať register, record
regrutovať recruit
regulácia regulation
regulárny regular

regulovať regulate
rehabilitácia rehabilitation
rehotať sa guffaw [ga͏ʹfo:]
rekapitulovať recapitulate, summarize
reklama advertisement; *(činnosť)* advertising, publicity; *robiť r-u* advertise
reklamácia claim, complaint
reklamovať claim
rekonštrukcia reconstruction
rekonvalescencia reconvalescence
rekord record
rekreácia recreation
rektor chancellor, *(na kontinente)* rector
rekvirovať requisition
rekvizity properties, props *mn. č.*
relácia *(rozhlasová)* transmission
relativita relativity
relé relay
reliéf relief
remeň 1. strap; *(hnací)* belt, band **2.** *(koža)* leather

remeselník artisan, craftsman
remeslo (handi)craft
remilitarizácia rearmament
remíza 1. tram shed **2.** *(nerozhodná hra)* draw
remorkér tug
renta revenue, rent; *invalidná r.* disability rent
rentabilný profitable
reorganizácia reorganization
repa beet (root); *(cukrová r.)* white beet, sugar beet
repatriant repatriated (person)
repertoár repertory, repertoire [ʹrepətwa:]
reportáž reportage; *(rozhlasová)* talk
represálie reprisals *mn. č.*
reprezentácia representation
reprezentačný representative
reprezentant representative
reprezentovať represent
repríza *(prvá)* second night, *(ďalšia)* subse-

quent show, perform-
ance
reprodukcia reproduction
reprodukovať reproduce
reptať grumble, murmur
reptavý querulous
republika republic
republikán republican
republikánsky republican
reputácia reputation
respektíve respectively
resumé summary
rešeto sieve
reštaurácia 1. *hist.* res-
toration **2.** *(hostinec)*
restaurant; *(ľudová)*
tea-shop
reštaurovať restore
reťaz 1. chain **2.** *(hor-
ská)* range, chain
retrospektívny retrospec-
tive
reumatizmus rheumatism
rev roar
réva vine
revať roar, brawl
revidovať review; *(účty)*
audit
revír 1. shooting (hunt-
ing) ground **2.** *(prie-
myselný)* district **3.** *(po-
licajný)* ward

revízia revision; *(účtov)*
auditing
revízor auditor
revolta revolt
revoltovať revolt
revolúcia revolution
revolucionár revolutio-
nary
revolucionizovať revolu-
tionize
revolučný revolutionary;
r. odborové hnutie r.
trade union
revolver revolver; *amer.*
gun
revue review; *(divadel-
ná)* revue [rivju:]
rez cut
rezance noodles *mn. č.*
rezať cut *(-tt-)*
rezbár carver
rezeň *(mäsa)* cutlet,
steak *(najmä hovädzie)*;
(vysmážaný) breaded
(veal) cutlet
rezerva reserve
rezervácia reservation
rezervný spare
rezervovať reserve ǁ **r. si**
book
rezidencia mansion
rezignácia resignation
rezignovaný resigned

rezignovať resign
rezký brisk
rezolúcia resolution
rezolútny resolute
rezonancia resonance
rezort department
réžia 1. *(divadelná)*
staging, production;
amer. direction **2.**
(výrobná) overhead
charges; *v r-i* at the
cost of
režim regime
režírovať stage, direct
režisér director
riad crockery; *umyváreň*
na r. scullery
riadenie 1. direction,
management; *(nepria-*
me) control **2.** *(mecha-*
nické) steering gear,
steerage **3.** *(upratova-*
nie) cleaning (up),
tiding (up)
riadiť 1. direct, manage;
(nepriamo) control
(-ll-); (viesť) guide;
(obchod, domácnosť) *run
(-nn-)* **2.** *(auto)* *drive,
steer **3.** *(upratovať)*
clean up, tidy up || **r. sa**
čím follow s.t.

riaditeľ director, head;
(školy) headmaster
riadne properly
riadny proper; *(poctivý)*
righteous; *(patričný)*
due
riadok line
riasa *(morská)* seaweed
riasiť plait, frill
riava (mountain) torrent
ríbezle (red)currants
ricínový olej castor oil
riečište (river)-bed
riediť dillute
riedky thin
rieka river
riekanka rhyme
riešenie solution
riešiť solve
rigol *(na ceste)* trough
[tro:f]
rímsa *nad kozubom* man-
telpiece
rinčanie clatter, clank, din
rinčať clatter, clank
ring ring
ringlota greengage
riskantný risky, hazard-
ous
riskovať risk a, t., *run
(-nn-) the risk of a t.
ríša empire
riziko risk, hazard

rmútiť sa grieve, mourn
róba robe
robiť *do; *(pracovať)* work; *(vyrábať)* *make; *r. pokusy* experiment ● *robím čo môžem* I am doing my best
robota work, labour
robotnícky worker's, working; *r-a trieda* the working class; *r-e hnutie* labour movement
robotník worker, workman, *(nekvalifikovaný)* navvy
robustný robust
ročenka year-book
ročitý annual, yearly
ročný annual, yearly; *r-é obdobie* season
ročník *(časopisu)* year, volume; *(v škole)* form, class
rod family, race, clan; *gram.* gender; *(slovesný)* voice
rodák native
rodičia parents *mn. č.*
rodina family; *(príbuzní)* relatives *mn. č.*
rodinkárstvo *(v zamestnaní)* nepotism

rodinný príslušník dependent
rodisko birth-place
rodiť *bear; *(dávať úrodu)* yield
rodný native; *r. list* birth certificate
rodokmeň pedigree
roh 1. horn 2. bugle 3. *(ulice)* corner
rohovina horn
rohovka cornea
rohož(ka) mat
roj swarm
rok year; *Nový rok* New Year; *priestupný rok* leap-year; *roku 1961* in 1961
rokľa gorge
roľa field, ground
roleta (sun)blind, shutter
roľníctvo 1. farming, agriculture 2. *(vrstva)* peasants
roľník peasant, farmer, yeoman
román novel
romanca romance
románopisec novelist
romantický romantic
romantika romanticism
romantizmus romanticism

roniť *(slzy)* *shed *(-dd-)* *(tears)*
röntgen X rays
röntgenovať X-ray
ropucha toad
rosa dew
rošáda *šach.* castling
rošt grate
roštenka roast-beef
rotačka rotary press
rovesník contemporary
rovina plain, level; *mat.* plane
rovnako equally, alike
rovnaký equal, same
rovnať level *(-ll-)*, flatten; *(narovnávať)* straighten || **r. sa** equal *(-ll-)*, *come up to
rovnica equation
rovník equator
rovno straight, (out)right
rovnobežka parallel
rovnobežný parallel
rovnocenný equivalent
rovnodennosť equinox
rovnodenný equinoctical
rovnomerný level, equable
rovnosť equality
rovnostranný equilateral
rovnováha equilibrium

[ˌiːkwiˈlibriəm] balance; *(duševná)* countenance
rovný 1. straight, even; *(povrch)* flat, smooth **2.** *(rovnaký)* equal
rozbaliť unpack
rozbeh start
rozbehnúť sa start running; *(rozpŕchnuť sa)* scatter
rozbiehať sa diverge from
rozbiť *break (up), smash, *(na malé kúsky)* shatter || **r. sa** break
rozbor analysis
rozbúrať demolish, *tear down
rozčarovanie disillusionment
rozčarovať disillusion
rozčúlenie excitement
rozčúlený excited, out of temper
rozčúliť excite || **r. sa** *lose o.'s temper, *get *(-tt-)* excited
rozdať 1. *give away **2.** *(karty)* *deal
rozdelenie partition; distribution, division; *(odlúčenie)* separation
rozdeliť divide, *deal;

|| **r. sa** part (with) || **r. si** share

rozdeľovač distributor

rozdiel difference, distinction; *na r. od* unlike

rozdrobiť crumble

rozdrviť *(i nepriateľa)* crush; *(na prach)* pulverize

rozdúchať *blow up, kindle

rozdvojiť disunite

rozhadzovať scatter, *throw about; *(peniaze a pod.)* squander, dissipate

rozhľad outlook, scope

rozhľadieť sa look round

rozhlas broadcast(ing), wireless, radio; *vysielať r-om* broadcast

rozhlasový wireless; *r. prijímač* wireless(-set), receiver

rozhnevať *make angry, annoy || **r. sa** *get *(-tt-)* angry; *r. sa na koho* *be cross with s.o.

rozhodca judge, arbitrator; *šport.* referee, umpire

rozhodne anyhow, anyway, by all means; *r. nie* by no means

rozhodnutie decision, *(rezolúcia)* resolution; *(úradné)* decree; *(poroty)* award

rozhodnúť decide, determine || **r. sa** decide, *make up o.'s mind

rozhodný decisive; *(energický)* resolute

rozhodujúci decisive; *(kritický)* crucial

rozhorčenie indignation

rozhorčený indignant

rozhovor conversation, talk

rozchod 1. separation, parting 2. *(koľají)* gauge 3. *voj.* dismiss

rozjasniť sa light up, brighten up

rozjímanie meditation

rozjímať meditate

rozkaz command, order

rozkázať order, command

rozkazovací imperative

rozklad decay, decomposition; *v r-e (domy, nábytok)* dilapidated

rozkladať *take to pieces, decompose

rozkoš delight, pleasure

rozkošný delightful, lovely; *amer.* cute

rozkrádač pilferer

rozkrádanie larceny, pilferage

rozkrádať pilfer

rozkročiť sa straddle, stretch out o.'s legs

rozkročmo astride

rozkvet prime, bloom; *v r-e* in full bloom

rozkvitať bloom, flourish, blossom; *thrive

rozladenie ill-feeling, disappointment

rozladený out of tune

rozľahlý spacious

rozliať (sa) spill

rozličný various, diverse

rozlišovať distinguish; *(nespravodlivo)* discriminate

rozloha extent

rozložiť 1. *lay out, decompose 2. *(na časti)* *take to pieces

rozlúčenie separation, leave

rozlúčiť sa *take leave of, part with

rozlúčka parting

rozlúštiť solve; *(písmo)* decipher

rozmach swing, growth

rozmanitosť diversity, variety

rozmanitý diverse, varied

rozmar freak, caprice, whim

rozmarný capricious, whimsical

rozmazať blur *(-rr-),* smudge

rozmaznať spoil; *rozmaznané dieťa* spoilt child

rozmer dimension, *(veľkosť)* size; *(miera)* measurement

rozmerný roomy, spacious

rozmiestniť distribute

rozmnožiť (sa) multiply, increase, enlarge

rozmnožovať *(na blanu)* mimeograph [mimiogra:f]

rozmyslieť si *think s.t. over, reconsider

roznášať hand out, deliver

rozobraný *(o knihe)* out of print

rozobrať 1. *take apart 2. *(analyzovať)* analyse

rozodnievať sa dawn

rozohnať scatter, disperse
rozochvieť 1. move, touch **2.** *fyz.* vibrate
rozopnúť unbutton, *undo
rozosmiať *make laugh; *burst out laughing
rozostrieť *spread, unfold
rozoštvať incite
rozoznať discern; *(rozlíšiť)* distinguish, *know
rozoznateľný discernible
rozožrať corrode
rozpad disintegration
rozpadať sa crumble, *fall into ruin
rozpaky embarrassment, dilemma; *uviesť do r-ov* embarrass; *v r-och* at a loss
rozpálený glowing, red--hot
rozpamätať sa remember, recollect
rozpárať rip *(-pp-),* slash
rozpätie 1. span, expansion **2.** *(cenové)* margin
rozpínať (sa) expand
rozpínavosť expansion
rozplynúť sa dissolve
rozpočet budget; *(odhad)* estimate

rozpoloženie state of mind, temper
rozpor conflict, contradiction
rozpoznať distinguish, discern
rozprášiť 1. scatter, disperse **2.** *(tekutinu)* spray
rozprava discussion, interview
rozprávač story-teller
rozprávanie relation, recital
rozprávať talk, *tell, relate
rozprávka fairy-tale, story
rozprestierať sa *spread, extend
rozptýlenie 1. dispersion´ **2.** *(zábava)* distraction, diversion
rozptýliť 1. *(rozohnať)* disperse, scatter **2.** *(pobaviť)* divert
rozpučiť squash, crack, *burst
rozpustiť 1. dissolve **2.** *(schôdzu)* *break up, dismiss; *(armádu)* disband || **r. sa** dissolve
rozpustný soluble

rozpúšťanie dissolution
rozpúšťať sa melt
rozrezať *cut *(-tt-)* up
rozriešiť solve
rozruch stir, sensation; *(zbytočný)* fuss
rozrušiť *upset *(-tt-);* bewilder
rozsah extent, scope, range
rozsiahly extensive, vast
rozsievať *sow
rozsobáš divorce
rozsudok sentence, verdict, judgement
rozsvietiť switch (turn) on the light
rozsypať (sa) spill, scatter
rozšafný prudent
rozšírenie extension
rozšírený wide-spread
rozšíriť (sa) widen, *spread, dilate
rozširovateľ propagator
rozštiepiť *split *(-tt-)* || **r. sa** cleave
rozťahovať stretch, extend
roztaviť (sa) melt, fuse
roztok solution
roztomilý sweet, charming, amiable
roztopašný unruly, mis-

chievious; *(o zábave)* gay
roztopiť melt
roztrasený shaky
roztrhnúť *tear up, disrupt
roztriediť assort, classify
roztrieštiť smash, shatter
roztrpčiť embitter, irritate
roztrúsiť disperse, scatter
roztržitosť absent-mindness, absence of mind
roztržitý absent-minded
roztúžený wistful
rozum reason; *(zdravý)* (common) sense, sanity; *príst k r-u* *come to o.'s senses
rozumieť *understand, follow, gather ● *rozumiem* I see
rozumný reasonable, rational, sensible
rozumový rational, intellectual
rozvádzať 1. *(teplo)* convey 2. *(manželstvo)* divorce 3. *(myšlienku)* develop *(-pp-)*
rozvaha deliberation, reflection
rozvalina ruin

rozvaľovať sa sprawl
rozvážny deliberate, prudent
rozvetvenie ramification, fork
rozvetvovať sa fork, ramify
rozviazať *undo, untie
rozviesť (sa) divorce
rozviezť distribute
rozvinúť unfold
rozvíriť whirl up
rozvláčny wordy; *(podrobný)* detailed, diffuse
rozvlnený wavy
rozvod divorce
rozvodniť sa *overflow
rozvoj development
rozvracať subvert
rozvratník wrecker, agitator
rozvrh schedule, plan; *(hodín)* time-table
rozzúrený furious, enraged
rozzúriť enrage
rožok roll, bun
rôsol jelly, aspic
rôznorodý miscellaneous
rôzny different, various
rub back, reverse
rubač wood-cutter
rúbanisko glade, clearing

rubáš winding-sheet, shroud
rúbať *cut *(-tt-);* (polená)* chop *(-pp-)*
rubeľ rouble
rubín ruby
rubopis endorsement
rubrika rubric, heading
rúcať demolish, destroy, dismantle
ručať nicker, neigh, roar
ručenie guarantee, liability
ručička hand
ručiť guarantee, vouch
ručiteľ security, guarantee, sponsor
rúčka *(pera)* penholder; release
ručník kerchief
ručný manual, hand; *r-á práca* manual work; *ženská r-á práca* needle-work
ruda ore; *železná r.* iron ore
rudka red chalk
rudý red
ruch bustle, rush; *(dopravný)* traffic ● *hodiny hlavnej prevádzky* rush hours
rúcho gown, garment
ruina ruin

ruja rut
rujný rutting
ruka hand; *r-y preč* hands off; *podať niekomu r-u* *shake hands with s.o.; *požiadať dievča o r-u* propose to a girl; *pod r-ou* underhand
rukáv sleeve
rukavica glove; *(palčiak)* mitten; *(pre šoféra)* gauntlet
rukavičkár glover
rukávnik muff
rukojemník hostage, pledge
rukolapný evident, obvious, palpable
rukopis (hand)writing; *(diela)* manuscript
rukovať join the ranks, enlist
rukoväť 1. handle **2.** *(príručka)* handbook, manual
ruleta roulette
rum rum
rumenec blush
Rumunsko Roumania
rumunský Roumanian
rumy ruins
rúno fleece
rúra pipe; *(v peci)* oven

Rus Russian
Rusko Russia
ruský Russian
rušať (sa) move
rušeň locomotive, engine
rušenie interference, disturbance
rušivý troublesome, disturbing
rušiť 1. interfere with s.t. **2.** *(slovo, sľub)* *break
rúško 1. veil **2.** *(predstieranie)* pretext
rušňovodič (engine)driver
rušný busy, eventful
ruština Russian
rutina routine
rutinovaný experienced in s.t., good at s.t.
rútiť sa dash, rush
ruvačka row, brawl
rúž lipstick, rouge
ruža rose; *(choroba)* erysipelas [ˌeriˈsipiləs]
ružica rosette
ružolíci rosy-cheeked
ružový rose, pink
ryba fish; *ísť na r-y* *go fishing ● *zdravý ako r.* fit as a fiddle
rybačka fishing
rybár fisherman
rybáriť fish

rybársky: *r-a loď* trawler
rybí fishy; *r. tuk* codliver oil
rybník pond, pool
ryčať roar
rydlo bradawl, punch
rýdzi pure, genuine
rýchlo fast, quick(ly)
rýchlik fast train, express
rýchlonohý swift-footed
rýchlomer speedometer
rýchlopis shorthand, stenography
rýchlosť rapidity, speed; *plnou r-ou* at full speed; *rýchlostná skriňa* gear
rýchlotovar express--goods
rýchly fast, quick
rýľ spade
rým rhyme
rýmovať (sa) rhyme
Rýn the Rhine

rypák snout
rýpať (sa) pick; *(do koho)* nag *(-gg-)* at s.o.
rys 1. *(výkres)* drawing **2.** *(ťah)* feature; *(tváre)* trait **3.** *(šelma)* lynx
rysovadlo drawing-set
rysovať sa *draw, trace out; *(v šere alebo na obzore)* loom
ryšavý red-haired
ryť 1. dig *(-gg-)* **2.** *(rytinu)* engrave; *(drevo)* carve
rytec engraver
rytier knight
rytiersky chivalrous
rytina engraving
rytmický rhythmical
rytmus rhythm, measure
ryža rice
ryžovisko placer
ryžový rice-

S

s with, along with ● *chlieb s maslom* bread and butter; *šunka s vajcom* ham and eggs; *s podmienkou, že . . .* on condition that
sa 1. *zvratné zám.* oneself (myself . . . themselves)

2. *(navzájom)* one another; *(dvaja)* each other

sabotáž sabotage

sabotovať sabotage

sad 1. orchard **2.** *(park)* park, garden(s)

sada set

sadať seat, *be seated ● *slnko sadá* the sun sets down; *sadnite si* sit down

sadiť plant

sadlo fat, lard

sadnúť 1. *p.* sadať **2.** *(o mlieku)* turn sour

sadra plaster of Paris

sadrovec gypsum

sadza soot, smut

sadzač compositor; *amer.* type-setter

sádzať 1. *(do zeme)* plant **2.** *tlač.* *set (-tt-)* up, compose

sadzba 1. *(sadzobník, poplatok)* tariff, rate **2.** *tlač.* composition

sága saga

sacharín sacharin(e)

sako jacket

sála hall

saláma sausage, salami

salaš sheep-farm

sálať glow, radiate

sálavý radiant

saldo balance

salón *(obchod)* parlour; *(v hoteli)* lounge; *(súkromný)* drawing room; *amer.* parlour; *(výstava)* salon, show ● *salónny lev* carpet-knight

salto sommersault

salutovať salute

salva *(delostrel.)* salute; *(z pušiek)* volley, round

sám 1. alone; *bez pomoci* all by himself **2.** *(osobne)* myself,. . . themselves

samec male; *(cicavec)* buck; *(vták)* cock

samica female, she; *(cicavec)* cow, doe; *(vták)* hen

samočinný automatic

samodruhá with child, pregnant

samohláska vowel

samochvála self-praise, self-applause

samojediný alone

samoľúbosť self-compla-
cence, self-satisfaction
samoľúby self-compla-
cent
samoobsluha self-service
samopal sub-machine
gun, Tommy gun
samopašný frolicsome
samospráva autonomy,
self-government
samosprávny autonom-
ous
samostatnosť independ-
ence
samostatný independent
samota 1. solitude, lone-
liness **2.** *(opustené mies-
to)* seclusion
samotársky solitary
samotný alone, single
samouk self-educated
person
samoväzba solitary im-
prisonment
samovláda autocracy
samovoľný spontaneous
samovrah suicide
samovražda suicide;
spáchať s. commit *(-tt-)*
suicide
samovzdelávací self-
educating

samozrejme naturally, of
course
samozrejmosť a matter of
course
samozrejmý obvious; *po-
važovať za s-é* *take for
granted
sanatórium sanatorium
sandál sandal
sane sledge, sleigh [slei]
sanica sleigh
sanitka ambulance
sanitný sanitary
sánka *anat.* jaw-(bone),
lower jaw
sankcia sanction
sankcionovať sanction
sánkovať sa toboggan
sánky toboggan
sardela anchovy
sardinka sardine
sarkastický sarcastic
sarkofág sarcophagus
[sa:kofəgəs]
sať to suck
satan satan [seitn], devil
satelit satellite, sputnik
satén satin
satira satire
satirický satiric(al)
satirik satirist
satisfakcia satisfaction
[ˈsætisˈfækšən]

saturovať saturate
saxofón saxophone
scediť strain off
sceliť unite; *(ranu)* heal (up), cicatrize
scéna scene; *urobiť s-u* *make a scene; *uviesť na s-u* stage
scenár scenario, script
scenéria scenery
scénický scenical
scestie wrong way; *prísť na s.* *go a wrong way
scvrknúť sa *shrink, shrivel *(-ll-)*
sčasti partly
sčeriť ruffle
sčítanie 1. *mat.* addition, summing up 2. *(ľudu)* census
sčítaný well-read
sčítať add
sebadisciplína self-discipline
sebadôvera self-confidence
sebakritika self-criticism
sebaobetovanie self-sacrifice
sebaobrana self-defence
sebaovládanie self-control
sebapozorovanie introspection
sebaúcta self-respect

sebaurčenie self-determination; *právo národov na s.* the right of nations to self-determination
sebavedomý self-confident
sebazáchova self-preservation
sebazaprenie self-denial [-diˈnaiəl]
sebec egoist
sebeckosť egoism
sebecký selfish, egoistic
seberovný equal
sebestačný self-sufficient
sečka chaff; *sečkovica* chaff-cutter
sedací sitting
sedadlo seat
sedavý sedentary; *s-é zamestnanie* sedentary occupation
sedem seven
sedemdesiat seventy
sedemdesiaty seventieth
sedemnásť seventeen
sedemnásty seventeenth
sedieť *sit, *be seated; *s. v drepe* squat *(-tt-)*; *rozkročmo* straddle; *s. na vajciach* brood
sedľač peasantry
sedlať saddle

sedliak farmer; *(malý)* peasant
sedlo saddle
sedmokráska daisy
sedmoraký sevenfold
seizmograf seismograph
sejací sowing
sejačka drill, sowing machine
sekať *cut *(-tt-),* chop *(-pp-); (žať)* *mow, reap; *(na drobno)* mince
sekcia section
sekera axe; *(malá)* hatchet
sekretár 1. *(tajomník)* secretary **2.** *(skriňa)* cupboard
sekretariát secretariat
sekta sect
sektor sector
sekunda second
sem here, hither; *s. a tam* to and fro
semenisko 1. seed-plot **2.** *obraz.* hot-bed
semeno seed
semester term
semifinále semifinal [-fainl]
seminár *(na vysokej škole)* seminar, *(kňazský)* seminary

semiš suede [sweid]
Semita Semite [ˈsiːmait]
semitský Semitic
sen dream; *(zlý)* nightmare
senát senate
senátor senator
sendvič sandwich
senilný senile
senník hay-loft, hay-barn
seno hay; *kopa s-a* haystack; *kosenie s-a* hay-making, hay-harvest
sentimentálny sentimental
senzácia sensation
senzačný sensational
separatizmus separatism
separátny separate, detached
sépia cuttle-fish
september September
septembrový September
serenáda serenade
séria series
sériový serial
seriózny serious, reliable
serpentína winding (road)
servilnosť subservience
servilný servile, subservient
servírka waitress

servírovanie service
servírovať serve
servis service
servítka napkin
servus! hallo
seržant sergeant
sesternica cousin [ˡkazn]
sestra sister; *(v nemoc-
nici)* nurse
sever north
severák north wind
severný north, northern
severský north, northern;
Scandinavian
sexuálny sexual; *s. styk*
sexual intercourse
sezóna season
sezónny seasonal
sféra sphere
sférický spherical
sfinga sphinx
sfúknuť *blow out
schádzať sa *meet, as-
semble
schéma scheme [ski:m]
schematický schematic
schladiť chill
schnúť dry, *get dry
schod step, stair
schodište staircase
schodný passable
schodok deficiency, def-
icit

schody stairs
schopnosť ability; *(kva-
lifikácia)* competence
schopný able, capable;
(kvalifikovaný) compe-
tent; *(telesne)* fit, able-
-bodied
schovať (sa) *hide, con-
ceal
schovávačka hide-and-
-seek
schôdza meeting
schôdzka appointment,
date; *s. na najvyššej
úrovni* summit (top-
-level) meeting
schránka box; *(poštová)*
letter-box; *(v Brit.)* pil-
lar-box
schúliť (sa) cower, crouch
[krauč]
schválenie approbation;
(súhlas) consent; *(do-
hoda)* agreement
schváliť *(návrh)* pass;
(zmluvu) ratify; *(čin)*
approve of
schválne deliberately, on
purpose
schvaľovať approve of;
(potleskom) applaud
schýliť sa *bend down,
bow down

siaha fathom [ˈfæčəm]
siahať reach
siahnuť stretch out o.'s hand
siakať *blow o.'s nose
siať *sow, seed
siatie seed, sowing
Sibír Siberia [saiˈbiəriə]
síce it is true; *(inak)* otherwise
Sicília Sicily
sídlisko habitation
sídliť reside
sídlo residence, seat
sieň hall
sieť 1. net, *(na batožinu)* rack 2. *(napr. železničná)* network
sietnica retina
sifón *(sódovka)* soda
signál signal; *(svetelný)* flare, *(časový)* pip
signalizovať signal, sign
sihoť islet [əilit]
sila strength; *(násilie)* force; *(energia)* power, energy; *(moc)* power; *pracovná s.* man-power; *konská s.* horse power; *snažiť sa zo všetkých síl* try hard
siláž ensilage; *s-na jama* silo

silnieť strengthen, *grow strong
silný strong; *(mocný)* powerful; *(telesne)* able-bodied, sturdy; *(intenzívny)* keen, intense
silueta silhouette; *(na obzore)* sky-line
Silvester New Year's Eve; *S. v Škótsku* hogmanay
simulant malingerer [məˈlingərə]
simulovať simulate, feign
sinavý blue, lurid
sinka bruise
sinokvet bluebottle, corn flower
sipieť hiss
síra sulphur
siréna siren; *(v hmle)* fog-horn
sirota orphan
sirotinec orphanage
sírový sulphuric
sirôtka *bot.* pansy
sirup syrup, treacle
sitko strainer, filter
sito sieve
situácia situation; *(nepríjemná)* plight
sivý grey, gray

Sixtínska kaplnka Sistine chapel

skade wherefrom ● *skaderuka skadenoha* vagrant, a nobody

skákať jump, leap

skala rock; *(nad morom)* cliff

skalisko reef

skaliť 1. dim *(-mm-)* *obscure **2.** *(oceľ)* temper, harden

skalnatý rocky

skalný 1. rock **2.** *(o osobe)* fan

skalp scalp

skamarátiť sa chum *(-mm-)* up

skamenieť petrify

skandovať scan *(-nn-)*

skapať 1. *(zmiznúť)* vanish **2.** *(zomrieť)* perish

skaza destruction, ruin

skazenosť corruption

skazený spoiled, bad; *(maslo, olej)* rancid; *(mravne)* depraved

skaziť spoil, corrupt ‖ **s. sa** *go bad

skeč sketch

skelet skeleton

skeptický sceptic(al)

skeptik sceptic

skica sketch, draught

skicovať sketch

sklad store, stock; *na s-e* avaible; *mať na s-e* stock

skladací folding

skladať 1. *(náklad)* unload **2.** *(dokopy)* put together **3.** *(hudbu)* compose **4.** *(do záhybov)* fold; *s. skúšku* *sit for an examination, pass an examination; *s. účty* render accounts ‖ **s. sa z** consist of, *be composed of

skladateľ composer

skladba composition; *gram.* syntax

skladište warehouse, depot; *voj.* magazine

skládka dump

skladné storage, warehouse-charge

skladník stock-keeper, store-keeper

sklamanie disappointment

sklamať disappoint

skláňať (sa) 1. *(o teréne)* decline, slant **2.** *(pred niekým)* bow to s.o.

skláreň glass-works
sklátiť smite
sklenár glazier ['gleiziə]
skleník hothouse, greenhouse
sklený glass
skleslosť depression
skleslý low, depressed
sklo glass; *(brúsené)* cut glass; *(zväčšovacie)* magnifying glass
sklon inclination, slope; *obraz.* inclination, tendency; *mať s.* tend
skloniť (sa) incline, bow
skloňovanie *gram.* declension
sklopiť *sink, *let down
sklovina frit; *(zubná)* enamel
skľúčenosť depression
skľúčený gloomy, dejected
skľúčiť deject
skĺznuť slip *(-pp-)* off, glide off
skoba hock-nail, staple
skočiť jump, *spring; *s. po niečo* fetch s.t.; *s. do reči* interrupt
skok jump, leap; *(po hlave)* dive; *(premetom)* vault

skokan 1. jumper 2. *(žaba)* green frog
skolektivizovať collectivize
skoliť smite, slay
skomoliť truncate, disfigure
skonanie death, end
skonať die, decease
skoncovať s *do away with
skončiť 1. end, *be over, finish, cease 2. *(ukončiť)* end, finish, *bring to a close
skonto discount
skóre score
skoro almost, soon, nearly
skórovať score
skorý early
skostnatený ossified
skôr before, formerly
skrášliť embellish
skrat short circuit
skrátiť (sa) shorten; *(text)* abridge, abbreviate
skratka abbreviation
skrátka shortly, in short, briefly
skrčiť stoop
skrčiť sa duck

skrehnúť *get stiff, *become brittle

skresliť misrepresent, deform

skríknuť yelp

skriňa *(na šaty)* wardrobe; *(na knihy)* bookcase; *(výkladná)* shopwindow; *(rýchlostná)* gearbox [giəboks]

skriviť sa curve

skrížiť cross

skromnosť modesty

skromný modest; *(pokorný)* humble, unpretending

skrotiť tame, *break

skrsnúť *arise

skrúšený contrite

skrútiť distort, twist

skrutka screw

skrutkovač screw-driver

skrýša hiding-place

skryť (sa) *hide

skrytý *(utajený)* hidden; *odb.* latent

skrz(e) through

skučať howl, whine

skulptúra sculpture

skúmanie (re)search, investigation

skúmať investigate, examine, research

skúmavka test-tube

skúmavý searching

skupáň miser, niggard

skupenstvo consistency

skupina group, set

skúposť meanness, stinginess

skúpy mean, stingy

skúsenosť experience; *skúsený* experienced, skilled

skúsiť 1. try, attempt **2.** *(zažiť)* experience

skúšajúci examinator

skúšať examine; *(robiť pokusy)* test; *(v divadle)* rehearse; *(šaty)* try on

skúška examination; *hovor.* exam; *(pokus)* test, trial; *(trpezlivosti)* ordeal; *(u krajčíra)* fitting; *(v divadle)* rehearsal; *generálna s.* dress rehearsal

skúter scooter

skutočne really, indeed

skutočnosť reality, fact; *v s-i* as a matter of fact

skutočný real, actual, effective, tangible

skutok act, deed

skvalitniť improve the quality of s.t.
skvelý brilliant, fine, splendid, wonderful; *hovor.* tiptop
skvieť sa *shine
skvost jewel [džu:əl]
skvostný magnificent
skvúci brilliant, shining
skypriť loosen
skysnúť turn sour
slabika syllable
slabina 1. *(u človeka)* groin; *(zvierat)* flank **2.** *(nedostatok)* weak side, weak point
slabnúť *grow weak, weaken
slaboch weakling
slabomyseľný idiotic
slabosť weakness; *obraz.* indulgence in s.t.
slabý weak, faint; flabby; *(telesne)* infirm, feeble
sláčik bow; *s-ové nástroje* stringed instruments
slad malt [molt]
sladiť sweeten, sugar
sladkosť sweetness; *(sladkosti)* sweets *mn. č.;* dainties *mn. č.,* confection

sladkovodný freshwater
sladký sweet, mellow; *pren.* sweet, lovely
slama straw
slamený (made of) straw; *s. klobúk* straw hat; *s-á strecha* thatched roof; *s-á vdova* grass widow
slamka straw
slamník straw matress
slanina bacon
slaný salt(y)
slasť delight, pleasure
slastný delightful, pleasurable
sláva glory, fame, lustre
slávik nightingale
sláviť celebrate
slávnosť festival, feast
slávnostný festive; *(dôstojný)* solemn
slávny famous, celebrated, glorious
slečna young lady; *(v oslovení)* Madam; *(pred menom)* Miss
sleď herring; *(údený)* kipper
sledovať follow, watch
slepiačky blindly
slepota blindness
slepý blind: *s-á ulička*

blind alley; *obraz.* stale-
mate ● *s-é črevo* ap-
pendix
slezina *anat.* spleen
sliediť spy
sliepka hen
Sliezsko Silesia [saiˈli:-
ziə]
slimák snail
slina saliva, spittle
slintať slobber
slivka plum, *(sušená)*
prune
slivovica plum-brandy
sliz lime
slizký slimy, slippery
sliznica mucuous mem-
brane
slnce sun; *(žiarenie)*
sunshine ● *východ s-a*
sunrise; *západ s-a* sun-
set
slnečnica sunflower
slnečník sunshade
slnečno sunshine
slnečný solar; *(osvetle-
ný slncom)* sunny; *s-é
hodiny* sundial; *s. kú-
peľ* sun-bath; *s. lúč* sun-
beam; *s-é svetlo* sun-
light; *s. žiar* sunshine
slniť sa sun-bathe
slnovrat solstice

sloboda freedom, liberty;
na s-e at large
slobodný free; *(nežena-
tý, nevydatá)* single, un-
married
sloh style
sloha verse
slon elephant
slonovina ivory
Slovák Slovak
Slovan Slav
slovanský Slavonic, Slav
slovenčina Slovak
Slovensko Slovakia
slovenský Slovak
slovesný verbal
sloveso verb
slovko vocable
slovník dictionary; *(ná-
učný)* encyclopaedia
slovníkový lexical
slovný: *s-á hra* pun; *s-á
zásoba* vocabulary
slovo word ● *čestné s.*
upon my word
slovosled word-order
sľub promise; *(slávnost-
ný)* vow
sľúbiť promise; *(sláv-
nostne)* vow
sľubný promising
slučka sling, noose

sluha servant; *(zriade-nec)* attendant
sluch hearing, ear ● *mať dobrý s.* have a good e. for music
slúchadlo *(telefónu)* receiver
slušnosť decency
slušný fair, decent, seemly; *(prijateľný)* tolerable
služba service; *(úrad)* office; *(služobná povinnosť)* duty; *v s-e* on duty; *(preukázaná)* favour; *štátna s.* Civil Service
slúžiť serve; *s. zdraviu* agree with
slúžka servant-girl, (house)maid
slza tear
slzavý tearful
slzotvorný plyn tear-gas
smalt enamel
smaltovaný enamelled; *s-ovaný riad* e. ware
smaragd emerald
smäd thirst
smädný thirsty
smeč smash
smečovať smash
smelosť daring, boldness

smelý daring, bold, manful
smena *(pracovná)* shift
smer direction, course; *v s-e jazdy* facing the engine
smernica direction, instruction
smerné číslo *(pri plnení plánu)* target
smerovať aim at, tend to; *smerujúci hore* upward
smetiar dustman
smetisko dustheap, dump; *odložiť na s.* dump
smiať sa laugh
smiech laughter, laugh; *dať sa do s-u* burst out laughing
smiešny ridiculous, comical, funny
smieť *be allowed to, *may
smietka speck
smoking dinner-jacket; *amer.* tuxedo
smola 1. pitch **2.** *(nešťastie)* bad luck ● *mať s-u* unlucky
smoliar unlucky man
smotana cream; *(šľahaná)* whipped cream

smrad stench, stink

smradľavý stinking, smelly

smrdieť *stink

smrek spruce; *červený s.* larch

smrkať *blow one's nose

smršť whirlwind

smrť death; *(hladom)* starvation; *trest s-i* capital punishment

smrteľník mortal

smrteľnosť mortality

smrteľný mortal, deadly

smútiť grieve, mourn

smutný sad, sorrowful

smútočné šaty mourning

smútok mourning, grief

snáď perhaps, maybe, possibly

snaha endeavour, effort(s)

snažiť sa try, endeavour; ● *s. sa zo všetkých síl* do one's utmost

snaživý strenuous, studious

sneh 1. snow; *(s dažďom)* sleet; *padá s.* it is snowing 2. *(bielkový)* froth; *šľahať s.* *beat up eggs

snehovky galoshes *mn. č.*

snehový snow; *s-á guľa* snow-ball; *s-á vločka* snowflake; *s-ý závej* snowdrift

snehuliak snow-man

snem parliament; *(cirkevný)* council; *(ústavodarný)* constituent assembly

snemovňa parliament; *(v Anglicku)* Houses of Parliament; *horná s.* the House of Lords (Upper Chamber); *dolná s.* the House of Commons (Lower Chamber); *(v USA)* the House of Representatives

snenie dream

snežienka *bot.* snowdrop

snežnica snow-shoes

snežiť snow; *sneží* it snows, it is snowing

snilko dreamer, visionary

snímka photo, snap(shot) **snívať** *dream, *have dreams

snivý dreamy, visionary

snob snob

snobizmus snobbery, snobbishness

snobský snobbish

snop sheaf
snoriť search for s.t.
snovať 1. *(tkať)* warp
2. *obraz.* plot *(-tt-)*
snúbenec fiancé
snúbenica fiancée
snubný: *s. prsteň* wedding-ring
sob reindeer
sobáš wedding
sobášiť (sa) marry
soboľ sable
sobota Saturday
socialista socialist
socialistický socialist; *s-á spoločnosť* socialist society; *s. hospodársky systém* socialist system of economy; *s-é súťaženie* socialist competition
socializmus socialism; *budovanie socializmu* building up of socialism
sociálny social
sociológia sociology
sóda soda
sodík sodium
sódovka soda(water)
socha statue
sochár sculptor
sochárstvo sculpture
sojka jay

sok rival [raivəl], competitor
sokol *zool.* falcon ['fo:lkən]
soľ salt
solidarita solidarity
solidárny sympathetic
solídny massive, solid; *(dôveryhodný)* respectable
sólista soloist
soliť salt
soľnička salt-cellar
somár ass, donkey
somársky kašeľ whooping-cough ['hu:piŋko:f]
sonda probe
sondovať sound, fathom
sopka volcano
soptiť *be in eruption
sosna pine
sotiť push, *thrust
sotva hardly, scarcely
sova owl
sortiment assortment
sovietsky Soviet; *S. zväz* the Soviet Union
spací: *s-ie vrece* sleeping-bag; *s. vozeň* sleeping-car, sleeper
spáč sleeper
spád slant, slope
spadať *(v jedno)* coincide

spadnúť *fall down, *fall off; *na spadnutie* tumble-down

spáchať commit (-tt-); s. *samovraždu* commit (-tt-) suicide

spájať connect, link, unite; *(spájkovaním)* solder

spakruky off-hand

spálenina burn

spáliť *burn down

spálňa bedroom

spaľovací: s. *motor* combustible engine

spaľovanie combustion

spamätať sa *come to one's senses

spamäti by heart

spánky *(na hlave)* temples *mn. č.*

spánok sleep; *tuhý s.* sound sleep

spara sultriness

sparný sultry

spartakiáda sporting festival, Spartakiade

spása redemption

spasiteľ saviour, deliverer

spať *sleep, *be asleep; *ísť s.* *go to bed; *neísť s.* *sit (-tt-) up

spavosť somnolence

späť backward

spektrum spectrum

speňažiteľný negotiable

speňažiť realize

spev singing, song

spevák singer

spevniť reinforce, harden

spiaci sleeping, asleep

spiatočnícky reactionary

spiatočník reactionary

spievať *sing

spirituál spiritual

spis writing, publication; *(pojednanie)* treatise ['tri:tiz]

spísať *write down, list

spisovateľ writer, author

spisovný literary

splácať *pay off by instalments

splašiť sa shy

splašky slops *mn. č.*

splatiť *repay, *pay off

splátka instalment; premium; *na splátky* on the never never

splatnosť *(zmenky)* maturity; *(dlhu)* expiration

splatný payable, due

splav weir, lock

splavný navigable
spleť tangle, maze
spletitý intricate, complicated
spliesť 1. twine **2.** *(popliesť)* confuse
spln: *s. mesiaca* full moon
splniť fulfil; *(povinnosť)* discharge, perform one's duty || **s. sa** *come true
splnomocnenec attorney
sploštiť flatten
splynúť merge, amalgamate
spočiatku at first
spočítať add, sum *(-mm-)* up
spočívať rest, consist; reside in; *(v niečom* in s.t.)
spodky drawers *mn. č.,* pants *mn. č.*
spodnička petticoat
spodný lower, bottom; *(podriadený)* inferior; *s-á bielizeň* underclothes *mn. č.,* underclothing
spodok bottom
spojenec ally [əˈlai]
spojenectvo alliance
spojenie connection; *(rôzneho)* combination; *(spojenectvo)* alliance; *(styk)* communication;

byť v s-í s communicate with; *krátke s.* short circuit
spojený united; *S-é kráľovstvo Veľkej Británie a Severného Írska* United Kingdom of Great Britain and Northern Ireland; *S-é štáty americké* United States of America
spojiť *(zviazať)* *bind; *(putom)* link; *(zjednotiť)* unite; *(splynutím)* merge, amalgamate; *(ako spojenec)* ally; *(nadviazať spojenie)* connect; *(kombinovať)* combine; *(združiť)* associate || **s. sa** combine, join
spojka 1. *gram.* conjunction **2.** *techn.* clutch, coupling
spokojnosť satisfaction, contentment
spokojný content(ed), satisfied
spoľahlivosť reliability
spoľahlivý reliable; *(dôveryhodný)* trustworthy
spoľahnúť sa rely *(na* upon), depend *(on)*; *(rátať)* reckon *(s on)*

spoľahnutie reliance *(na on, in)*;
spolkový federal
spoločenský 1. social **2.** *(spoločensky obratný)* sociable, genial
spoločenstvo companionship; *(obchodné)* partnership; *(ľudské)* community; *s. národov* commonwealth
spoločník companion; *(obchodný)* partner
spoločnosť company; *(zábavná)* party; *(vyššia, tiež vedecká)* society; *(ľudská)* human society; *(uzavretá)* private party;
spoločný common; *(vzájomný)* mutual
spolok union; *(združenie)* association, club
spolu together, at the same time; *s. s* along with
spolubývajúci roommate, *(v hoteli)* inmate
spolucestujúci fellow traveller
spoluhláska consonant
spolumajiteľ joint owner
spoluobčan fellow-citizen

spolupáchateľ accomplice
spolupráca cooperation, collaboration
spolupracovať cooperate, collaborate
spolupracovník collaborator, fellow worker
spoluvinník accomplice
spolužiak schoolfellow, schoolmate
spomaliť (sa) slow (down)
spomedzi from among
spomenúť *(v reči)* mention ‖ **s. si** remember, recollect
spomienka memory, recollection
spona buckle, clasp
sponka clasp
spopolniť cremate
spor conflict, controversy; *(slovný)* dispute; *(prudký)* argument; *(súdny)* law-suit
sporák cooking-range
sporiť save
sporiteľňa saving-bank
sporivosť economy, thrift
sporivý economical, thrifty
sporný questionable, doubtful
spotreba consumption

spotrebič *(elektrický)* (electrical) appliance
spotrebiteľ consumer
spotrebný: *s. tovar* consumer goods *mn. č.*
spotrebovať consume, use (up)
spoveď confession
spovedať sa confess
spoza from behind
spoznanie recognition
spoznať recognize
spozorovať remark
spôsob method, way; *gram.* mood
spôsoby manners *mn. č.*
spôsobilý capable, fit
spôsobený čím due to
spôsobiť cause, *bring about
správa¹ management, administration; *štátna s.* Civil Service
správa² report, news; word; *dostať s-u od niekoho* *hear from s.o.; *podať s-u* *give information, report on s.t.; *s. o chovaní* account
správať sa behave
správca manager, administrator
spravidla as a rule

spraviť 1. *(urobiť)* *do, *make **2.** *(opraviť)* repair, mend
správne right(ly), correctly
správny right, correct
spravodajca reporter, correspondent
spravodajský: *s-á kancelária* news agency
spravodlivosť justice
spravodlivý just, fair
spravovať *(riadiť)* manage, administer
správy news *j. č.*
spreneveriť embezzle, defalcate, peculate, misapply; *s. sa* betray *(veci)* a cause
sprevádzať accompany
sprcha shower(-bath)
spriatelený friendly, associated
spriateliť sa *make friends
spriaznený congenial
sprievod procession; *(osoby)* train
sprievodca 1. *(spoločník)* companion **2.** *(vedúci)* guide, *(kniha)* guide-book **3.** *(v električke)* conductor; *(vo vlaku)* guard

sprisahanec conspirator
sprisahanie conspiracy, plot
sprisahať sa conspire, plot *(-tt-)*
sprostredkovanie mediation
sprostredkovať mediate
sprostredkovateľ intermediary, medium
sprostý stupid, silly
spupný frivolous, arrogant, cocky
spurný refractory, wayward
spustiť *let *(-tt-)* down; *(pušku)* *go off; *(loď na vodu a obraz.)* launch
spustnutý dissolute, demoralized; *(opustený)* desolate
spustošiť devastate, ravage
spúšť 1. *(spustošenie)* devastation **2.** *(fot. a pod.)* trigger
spútať *bind; *(reťazou)* chain; *(putami)* fetter, shackle
srdce heart; *bez s-a* heartless; *vziať si k s-u* *take to heart
srdcervúci heart-breaking

srdcový cordial
srdečnosť cordiality, warmth
srdečný cordial, hearty, wholehearted
srieň hoarfrost
srkať sip *(-pp-)*
srna roe
srnčie 1. roe **2.** *(mäso)* venison
srnec roebuck
srsť hair, fur
sršať sparkle, flash
stabilizovať stabilize
stabilnosť stability
stabilný stable
stáčať 1. *(sa)* twist **2.** *(tekutinu)* rack off, *(do fliaš)* bottle
stačiť *be sufficient, *do; cope *(na niečo* with s.t.)
stádo herd, flock
stagnácia stagnation
sťah contraction
sťahovať 1. pull, *draw; *(kožu)* skin *(-nn-)* **2.** *(presídliť)* move, remove ‖ **s. sa** (re)move, migrate
sťahovavý migratory [maigrətri]
stajňa stable
stále always, ever; *ešte s.* still

stálica fixed star

stálosť stability, constancy; *(pevnosť)* firmness

stály constant; *(pevný)* steady, steadfast

stan tent; *hlavný s.* headquarters *mn. č.*

stanica station; *(železničná)* railway station; *amer.* depot; *konečná s.* terminus; *amer.* terminal; *meteorologická s.* weather-bureau

staniol tinfoil

stanné právo martial law

stánok *(predajný)* stall; *(s knihami a novinami)* book-stall

stanovisko standpoint, point of view; *(postoj)* attitude; *amer.* slant

stanovište station, stand

stanoviť state, fix

stanovy statute, regulations *mn. č.*

starať sa 1. look after, *take care (o of); (sa)* mind; *(dozerať)* *see (to) **2.** *(robiť si starosti)* trouble, worry

starec old man

starnúť *grow old

staroba old age

starobný: *s. dôchodok* old age pension

starobylý ancient

staromódny old-fashioned

starodávny ancient

starosť sorrow, trouble; *mať na s.* care

starosta mayor

starostlivosť solicitude; *sociálna s. o dieťa* child welfare; *sociálna s.* welfare work

starostlivý solicitous

starovek antiquity

staroveký ancient

starožitník antiquary

starožitnosť antique

starší older, senior; *(člen rodiny)* elder

starý 1. old; *(o potravinách)* stale ● *s. mládenec* bachelor

stať sa 1. *(niečím)* *get, *become, turn **2.** *(niečo)* happen, occur *(-rr-)*

stáť 1. *stand; *s. v pozore* *stand at attention; *s. v rade (na niečo)* queue **2.** *(koľko)* *cost, *be worth ● *stojí to za to* it is worth while

statický static

statkár landlord; *(majiteľ pôdy)* landowner

statný robust, sturdy

statočnosť 1. bravery, courage **2.** *(poctivosť)* honesty

statočný 1. courageous, brave **2.** *(poctivý)* honest

statok 1. *(dobytok)* cattle **2.** *(imanie)* property, possession **3.** *(pozemkový majetok)* estate

stav 1. state, condition; *v dobrom s-e* in good repair, condition; *výnimočný s.* state od emergency; **2.** *(tkáčsky)* loom **3.** *(spoloč. vrstva)* rank, position, estate

stavať *built, construct || s. sa pose

stavba building, construction

stavebníctvo building trade

stavebný: *s. robotník* building trade worker; *s-é drevo* timber; *s-é hmoty* building materials *mn. č.; s-é miesto* building site

stavec vertebra

stavenisko building site

stavidlo lock

staviť sa *bet *(-tt-)*

staviteľ builder, architect

staviteľstvo civil engineering, architecture

stávka bet *(peňažná)*

sťažeň mast; *hlavný s.* mainmast

sťažnosť complain, grievance

sťažovať sa, si complain *(na* of)

steblo blade

steh stitch

stehno thigh [θai]

stehovať stitch

stelesniť embody

stena wall

stenať moan, groan

stenograf stenographer

step 1. steppe **2.** *(tanec)* tap-dancing

sterilizácia sterilization

sterilný sterile

steward steward

stewardka stewardess, air hostess

stierať wipe (off)

stiesnený distressed, afflicted

stíhačka fighter, interceptor

stíhať chase, pursue;
(súdne) prosecute

stihnúť 1. *(chytiť)* *catch
2. *befall ● *stihlo ho ne-*
šťastie he met with ac-
cident

stisk 1. pressure, grip,
squash **2.** *(ľudí)* jam

stisnúť pressure, squeeze

stisnutie pressure,
squeeze

stlačiť (com)press

stlmiť subdue

stĺp post, column; *(sta-*
vebný) pillar

stĺpec column

stmievať sa *grow dark

sto hundred

stočiť (sa) coil, twist

stodola barn

stoh stack, rick

stojan stand; *(maliar-*
sky) easel

stojka hand-stand

stoka drain, sewer

stolár joiner

stolica 1. chair, stool
2. *(vyprázdňovanie čriev)*
stool

stolička 1. chair, stock;
otáčacia s. swivel-chair
2. *(zub)* molar [moulə]

stolík *(konferenčný)*

tea-table

ston moan, groan

stonka stem, stalk

stonožka centipede

stopa 1. *(otlačok)* foot-
print, trace **2.** *(pre psa)*
scent **3.** *(kľúč k záha-*
de) clue **4.** *(miera)*
foot

stopka stem, stalk

stopky stop-watch

storočie century
[ˡsenčəri]

storočnica centinary

stotina a hundredth part

stotožniť identify [aiˡden-
tifai]; *s. sa s* identify
o.s. with

stožiar mast

stôl table; *písací s.*
(writing-)desk

strácať sa swindle, fade

strádanie hardship, pri-
vation

strach fear; *(veľký)*
dread; *(úzkosť)* anxiety;
mať s. z niečoho fear
s.t., *be afraid of s.t.;
mať s. o niekoho fear for
s. o., *be afraid for s.o.

straka magpie

strakatý motley

stráň hillside

strana 1. side **2.** *(v knihe)* page; *titulná s.* title--page **3.** *polit.* party; *komunistická strana* the Communist Party **4.** *(svetová)* point, direction; *svetové s-y* cardinal points; *na druhej s.* beyond, across, *(listu)* overleaf; *obraz.* on the other hand

stranícky party; *s-a legitimácia* Party-membership card

straník party-man; *(prívrženec)* partisan

strániť sa *keep aloof *(niečoho* from s.t.)

stránka 1. *(v knihe)* page **2.** *(povahy)* point ● *silná s.* his strong point; *tienistá s.* drawback

stranou aside, apart

strapatý dishevelled

strapec 1. cluster **2.** *(hrozna)* a grape of vine **3.** *(brmbolec)* tassel

strasť grief, sorrow

strastiplný miserable, wretched

strašiak scarecrow

strašidlo spectre, apparition

strašiť frighten, scare; *v dome straší* the house is haunted

strašný awful, dreadful

strata loss ● *straty na životoch na cestách* the toll of the roads

strategický strategic

stratiť *lose

stratosféra stratosphere

strava food; *(stravovanie)* board

stráviť 1. *(potravu)* digest **2.** *(čas)* *spend, pass

stravník boarder

stravovať board || **s. sa** board, *take (have) one's meals

stráž guard; *(hliadka)* sentry, sentinel; *mať s.* *keep watch

strážca keeper, watchman, *(v nocľahárni)* warden

strážnik policeman, constable

strážiť watch, guard, ward; keep ward

strčiť push, *thrust

stred centre, middle

streda Wednesday

stredisko centre; *zdravotné s.* health centre

stredný central, middle, moderate, medium; *(medzi dvoma hodnotami)* mean; *S-á Amerika* Central America; *S-á Europa* Central Europe; *s-á škola* secondary school; *s-é vlny* medium waves; *gram. s. rod* neuter

stredovek Middle Ages *mn. č.*

stredoveký medieval

Stredozemné more (the) Mediterranean (Sea)

streh guard

strecha roof; *pod s-ou* indoors; *pokryť s-ou* roof; *slamená s.* thatch

strela missile, bullet; *riaditeľná s.* guided missile

streľba fire, shooting

strelec 1. rifle man, shot **2.** *šach.* bishop

strelivo ammunition

strelnica (shooting-)- -range

strelný: *s-á zbraň* fire- -arm, gun; *s. prach* gun- powder

stretnúť (sa) *meet, en- counter

stretnutie encounter, meeting; *(schôdzka)* appointment, date; *šport.* match

strhnúť *tear down, pull down; *(stranou)* swerve

strieborný silver

striebro silver

striedanie 1. change, ex- change **2.** *(stráže)* relief

striedať (sa) alternate

striedavý alternate, al- ternating; *s-é šťastie* vicissitude; *s. prúd* al- ternating current

striedmosť temperance

striedmy temperate

striehnuť lurk; *(na nie- čo)* *lie in wait for s.t., *lie in ambush for s.t.

striekačka 1. *(injekčná)* syringe **2.** *(hasičská)* fire-engine

striekať spirt [spə:t], squirt [skwə:t]

strieľať fire, *shoot

strih cut; *(móda)* style, fashion

strihať *cut *(-tt-),* clip *(-pp-); (ovce)* *shear

strkať hustle

strmeň stirrup

strmhlav headlong, head

over heels; *zniesť sa s.*
swoop down
strmý steep
strnisko stubble
strofa verse
strohý abrupt
stroj machine; *(motor)*
engine; *s-e* machinery
strojárenstvo engineering
strojník mechanic
strojový mechanical
strojvodca engine-driver
strom tree
stroskotanie *(lode)* wreck
stroskotať (ship)wreck
[ˈšiprek]
stroviť 1. *p.* **stráviť 2.**
(minúť) *spend, con-
sume
strpieť *bear, suffer
strpnutý rigid, stiff
stručnosť brevity, short-
ness
stručný brief, short;
(zhustený) concise
struha gutter, ditch
strúhadlo grater
strúhanka bread-crumbs
mn. č.
strúhať grate, scrape
struna string, chord
stružliny shavings
strýc uncle

strž ravine [rəˈviːn], gulf
stud shame
studený cold; *(chladný)*
cool; *(mrazivý)* chill;
(ľadový) frigid
studňa well; *(prameň)*
spring
stuha ribbon, bow
stuhnúť stiffen
stuchnutý musty, fusty
stúpajúci upward
stúpanie rise, ascent
stúpať *rise; *(hore kop-
com)* climb, mount;
(napr. na nohu) trample
stupeň 1. *(schodu)* step,
stair **2.** *(miera)* degree,
grade **3.** *(hodnosť)* de-
gree, grade **4.** *(dôleži-
tosti)* magnitude
stúpenec follower
stupienok platform
stúpiť step *(-pp-)*, *tread
stupnica scale
stupňovanie *gram.* com-
parison
stužka bow, ribbon
stvárniť mould, form
stvol stalk, stem
stvora creature
stvorenie 1. creation **2.**
(tvor) creature
stvoriť create

stvoriteľ creator
stvrdnúť harden
stý hundredth
styčný contiguous
styk connection, touch; *byť v s-u* *keep in touch *(s* with); *dať sa do s-u* *come (*get) into touch *(s* with), contact (s.o.)
stýkať sa *be in touch (contact) *(s* with)
súbeh competition; *vypísať s.* *put up for competition
súbežný parallel
subjektívny subjective
sublimovaný sublimated
súboj duel
súbor 1. set, collection **2.** *(umelecký)* ensemble, group; *(spevácky)* chorus
súborný complete, collective
subtílnosť subtlety [satlti]
subtílny subtle
subtropický subtropical
subvencia subsidy ['sabsidi], grant
subvencovať subsidize
súci 1. *(schopný)* capable **2.** *(hodiaci sa)* apt, useful

súcit compassion
súcitný sympathetic, compassioned, appealing
súčasne at the same time, simultaneously
súčasník contemporary
súčasný 1. *(terajší)* simultaneous, contemporary **2.** *(dnešný)* present-day; *v s-ej dobe* at present, at the present time
súčasť part
súčet sum, total
súčiastka part, gadget
súčin product
súčinnosť 1. cooperation **2.** collaboration
sud barrel
súd 1. *(inštitúcia)* court **2.** *(budova)* law court **3.** *(úsudok)* judg(e)ment; *vojenský s.* court martial
sudca judge, justice
sudca judge, justice; *(vyšetrujúci)* magistrate; *šport.* referee, umpire ['ampaiə]
súdiť judge, try
súdnictvo jurisdiction
súdny judicial; *s. dvor v Londýne* Old Bailey; *s. spor* lawsuit; *s-e*

riadenie proceeding at law

súdruh comrade

súdržnosť coherence, cohesion

Suezský prieplav Suez Canal

súhlas consent, agreement; *(oficiálny)* approbation; *(podriadenie sa)* conformity; *v súhlase s* in conformity with

súhlasiť agree (*s* with s. t.), approve (*of* a t.), consent (*to* s.t.), endorse

súhlasný corresponding

súhrn whole, total

súhrnný comprehensive, total

súhvezdie constellation

suchár biscuit, cracker

sucho drought [draut], dryness

suchoty consumption, tuberculosis

suchý dry

suk knag [næg]

sukňa skirt; *skladaná s.* pleated skirt

súkno cloth

súkromie privacy

súkromný private

súlad harmony

sultán sultan

suma sum, amount

súmernosť symmetry

súmerný symmetrical

súmrak twilight, dusk

súostrovie archipelago [a:ki'peligəu]

sup vulture ['valčə]

súper adversary, opponent, rival

súperiť rival, compete, match

súpis list, inventory

súprava set, assortment [ə'so:tmənt]; *(nábytku)* suite

súradnica co-ordinate

súradný co-ordinate

súriť urge [ə:dž], press

súrne hastily, in a hurry, hurriedly

súrny hasty, speedy

súrodý homogeneous [homo'dži:niəs]

surovina raw material

surovosť brutality

surový 1. *(nespracovaný, nevarený)* raw, crude **2.** *(hrubý)* brutal, cruel

sused neighbour

susedný neighbouring, next-door

susedstvo neighbourhood, vicinity
súslednosť sequence; *s. časov* sequence of tenses
sústava system
sústavný systematic
sústrasť condolence, sympathy; *vysloviť s. niekomu* condole with s.o., sympathize with s.o.; *prijmite moju s.* please, accept my condolences
sústredenie concentration
sústrediť (sa) concentrate, centre
sústruh lathe [leið]
sústružník turner
sušený dried
sušiť dry; *s. seno* *make hay
súťaž competition
súťaženie emulation
súťažiaci competitor
súťažiť compete, emulate
suterén basement
sútok *(riek)* confluence
suverén sovereign
súvisieť connect, *be connected
súvislosť continuity, coherence
súvislý coherent
súzvuk harmony

súženie trouble, worry
súžiť (sa) afflict, plague
súžitie co-existence; *manželské s.* married life
sužovať vex, worry
svadba wedding
svadobník wedding-guest
svadobný bridal [braidl]; *s-á cesta* honey-moon
svah slope, slant
sval muscle
svalnatý muscular, sinewy
svár feud, contention
svárlivý quarrelsome ['kworəlsəm]
svätožiara halo [heiləu]
svätuškársky sanctimonious
svätý holy, saint
svätyňa sanctuary ['sæŋ(k)tjuəri]
svedčať *become, fit *(-tt-)*
svedčiť testify *(o niečom* to s.t.), witness (to s.t.) || **s. sa** *be suitable, *be proper
svedectvo testimony, evidence
svedok witness; *byť s-om niečoho* witness s.t.

svedomie conscience [ˈkonšəns]

svedomitosť conscientiousness [ˌkonšiˈenšəsnis]

svedomitý conscientious

svet world, universe; *na celom s-e* all over the world ● *vo svete (v cudzine)* abroad

svetadiel continent

svetielkovať phosphoresce [fosfˈres]

svetielkujúci luminous, phosphorescent

svetlo light; *predné s.* headlight; *bleskové s.* flash-light; *s. reflektora* spotlight; *slnečné s.* sunlight; *s-á na križovatke* traffic lights *mn. č.*

svetlomet search-light, spotlight

svetlovlasý fair

svetlý light(-coloured); *(o vlasoch)* fair, blond

svetový world-wide; *s-é strany* cardinal points; *s. vojna* World War

svetoznámy worldfamous

svetský worldly

sviatočný deň red-letter day

sviatok holiday; *(slávnosť)* festival

sviatosť sacrament

sviečka 1. candle, *(veľmi tenká)* taper **2.** *(zápalná)* sparking-plug

svietiť *shine, *give light

svietnik candlestick

svieži fresh

sviňa pig, hog, swine

svišť marmot

svišťať whiz *(-zz-)*

svit shine

svitanie dawn, daybreak

svitať dawn

svižný limber, nimble

svojhlavý wilful, obstinate, stubborn

svojpomoc self-help; *(vzájomná)* cooperation

svojrázny specific

svojvôľa wilfulness

svojvoľný arbitrary, wilful

svokor father-in-law

svokra mother-in-law

svoreň clip

svorka pack

svornosť concord

svorný united, unanimous

svrab scabies *mn. č.*

svrbenie itch

svrbieť itch

svrček cricket
syčanie hiss(ing)
syčať hiss, sizzle
syfilis syphilis
symbol symbol, emblem
symbolický symbolic
symbolizovať symbolize
symetria symmetry
symfónia symphony
symfonický symphonic
sympatický sympathetic
sympatizovať sympathize
  (s niekým with s.o.)
syn son
synáčik sonny
synagóga synagogue

syndikát syndicate
synchronizovať synchro-
  nize
synkopovaný syncopated
synovec nephew
sypať shower; (trúsiť)
  *spill; (drobno) sprinkle
sýpka granary
sypký crisp
syr cheese
systém system
systematický systematic '
sýty 1. sate, replete 2.
  (farba) deep, rich 3.
  (jedlo) substantial

Š

šabľa sabre
šablóna pattern; *(maliarska)* stencil
šafár steward, bailiff
šafran saffron
šach 1. *(hra)* chess; *dať š.* check 2. *(vládca)* shah
šachovnica chessboard
šachta pit, shaft; well
šakal jackal
šál scarf, shawl
šalát salad; *(hlávkový)* lettuce, *(z kapusty)* slaw
šálka cup; *š. na čaj* tea-cup
šalvia sage [seidž]
šampanské champagne
šampión *šport.* champion
šampionát championship
šampón shampoo
šarapatiť rampage, trouble
šarkan 1. dragon 2. *(hračka)* kite
šarlach scarlet fever
šarlát scarlet
šarlatán quack
šarvátka skirmish
šašo fool, clown

šatka kerchief; *(na krk)* scarf
šatňa cloak-room
šaty clothes [kləuðz] *mn. č.;* *(dámske)* dress, frock; *(oblek)* suit; *(večerné)* evening dress; *(na mieru)* clothes made to measure; *(konfekčné)* ready-made clothes
šeď grey
šedivý grey
šéf principal, chief; *hovor.* boss
šek cheque, *amer.* check
šelak japan
šelest rustle
šelma 1. beast 2. *(figliar)* rogue, jester
šepkár prompter
šepkať 1. prompt 2. *(ticho hovoriť)* whisper, murmur
šepot whisper, murmur
šerif sheriff
šerm fence
šermovať fence
šero twilight, dusk; gloom; *(ranné)* dawn
šerpa sash

šerý dark, dim
šesť six
šesťdesiat sixty; three-
-score
šesťdesiaty sixtieth
šestnásť sixteen
šestnásty sixteenth
šestonedelie confinement
šetriť 1. save 2. (nepo-
užiť) spare
šetrnosť economy, thrift
šetrný economical, thrifty
šev stitch, seam
šialený mad; (nepríčet-
ný) lunatic; (blúznivý)
delirious; odb. insane;
š. od radosti frantic with
joy
šialenstvo frenzy; odb.
insanity
šiator tent
šibal rogue
šibalstvo roguery
šibať whip (-pp-)
šibenica gallows
šidlo (obuvnícke) bodkin,
awl [o:l]
šiesty sixth
šifra cipher ['saifǝ]
šifrovať cipher, code
šija 1. nape, neck 2.

(zemská) isthmus
['ismǝs]
šijací: š. stroj sewing-
-machine
šík line, file, rank
šikmo aslant
šikmý oblique, slanting
šikovnosť skill
šiling shilling
šimeľ: úradný š. red tape
šimpanz chimpanzee
šindeľ shingle
šíp arrow
šípka 1. dart 2. bot. hip
šíriť *spread, (myšlien-
ky) disseminate ‖ š. sa
1. *spread 2. (o nie-
čom) enlarge (on s.t.)
šírka breadth, width; (ze-
mepisná) latitude
široko wide(ly); ďaleko
š. far and wide; zo š.
at length, largely
široký broad, wide
šírovať (koňa) harness
šíry wide; š-e more the
high sea; pod š-m ne-
bom in the open
šiška 1. bot. cone 2. (pe-
čivo) doughnut
šiť *sew, stitch
škála scale
škandál scandal

škandálny scandalous

škandinávsky Scandinavian

škára crevice ['krevis], fissure

škaredý ugly, bad-looking

škeriť sa grin *(-nn-)*

škoda damage, harm; *(úmyselná)* injury; *(strata)* loss; *to je š.* it is a pity, what a pity

škodiť (*do) harm, cause damage; *(úmyselne)* injure

škodlivý harmful, injurious, noxious; *(nezdravý)* unhealthy; *(robiaci škodu)* mischievious

škodoradostný malevolent

škola school; *materská š.* nursery school, kindergarten; *národná š.* primary school; *stredná š.* secondary school; *(vysoká)* university; *(večerná)* night-school

školáčka schoolgirl

školák schoolboy

školenie training, tuition; *Rok straníckeho š-a* Party study

školiť train, school

školné school-fee

školstvo (system of) education

škop *zool.* wether

škorec *zool.* starling

škorica cinnamon

Škót Scotchman, Scotsman

Škótovia the Scotch

Škótsko Scotland

škótsky Scotch, Scottish

škovránok skylark

škrabať 1. claw, scratch, scrape **2.** *(čarbať)* scribble ‖ **š. sa** scramble

škrabnutie scratch, cut

škrečať squeak, screech

škrečok hamster

škriatok sprite, goblin

škriepiť sa quarrel *(-ll-)*, wrangle

škrípať creak, grate; *(zubami)* *grind one's teeth

škripec *(na mučenie)* rack

škrknúť *(zápalkou)* *strike (a match)

škrob starch

škrobený starchy

škrobiť starch

škrtiť *(v hrdle)* choke; *(hrdúsiť)* throttle

škrtnúť *(prečiarknuť)* cross out, *strike out

škrupina shell; *š. vajca* egg-shell

škrupuľa scruple

škrupulózny scrupulous

škuľavý squint-eyed, cock-eyed

škúlenie squint, cast in the eye

škúliť squint

škvara slag, *(struska)* cinder

škvarenina scrambled eggs *mn. č.*

škvariť melt

škvor earwig

škvrna 1. *(zafarbením)* stain; *(prirodzená)* spot; *(machuľa)* blot **2.** *(hanba)* blemish

škvrnitý spotted, dappled

škvrnka speck

šľahadlo whisk

šľahať whip *(-pp-)*, lash

šľacha sinew

šľachetný noble, generous

šľachovitý sinewy

šľachta aristocracy

šľachtic noble(-man), aristocrat

šľachtiť cultivate; *(zjemniť)* refine

šľapaj footstep, footprint

šliapať trample

šliapnuť step *(-pp-)*, *tread

šmelinár profiteer, spiv

šmyk skid

šmýkačka slide

šmýkať (sa) *slide, glide; (šmykom)* skid *(-dd-)*

šnupavý: *š. tabak* snuff

šnúra line, string; *(na psa)* leash; *elektrická š.* flex

šnúrka lace; *š. do topánok* shoe-lace

šnurovačka corset, laced bodice

šnurovať lace

šofér driver, chauffeur

šomrať grumble

šopa loft, shed

šortky shorts *mn. č.*

šošovica lentil

šošovka *(sklo)* lens

špalier line

Španiel Spaniard

španielčina Spanish

špáradlo tooth-pick

špargľa asparagus

špatný 1. *(mrzký, nepekný)* hideous, ugly **2.** *(bezcharakterný)* nasty, loathsome

špecialista specialist
špecializovať sa specialize
špeciálny special
špecifický specific
špecifikovať specify
špeh spy
špehovať spy, shadow
špekulácia speculation
špekulovať speculate
špenát spinach
špendlík pin; *(zapínací)* safety-pin
šperk jewel ['džu:əl]
špicatý pointed
špicľovať spy
špička point, tip; *(topánky)* toe; *(na cigarety)* holder; *na špičkách* on tiptoe; *š-ové hodiny* rush-hours *mn. č.*
špik marrow
špina dirt; *(tiež obraz.)* filth; *(sadza)* grime; *(škvrna)* smudge
špinavý dirty, grimy; *(mravne)* filthy
špiniť soil, dirty
špión spy
špionáž espionage
špirála spiral
špirálový spiral

šplhať climb
špliechať (sa) splash
špongia sponge
špongiovitý spongy
šport sport
športovec sportsman, athlete
športový sporting, sports; *(dôstojný športovca)* sportsmanlike; *š-á disciplína* event
šprint sprint
šprintér sprinter
šrapnel shell
šrot *(železný)* scrap (iron)
štáb staff
štadión stadium
štádium stage, phase
štafeta relay
štafetový: *š. beh* relay race
štandard standard
štandarda standard
štandardný standard
štart start
štartovať start, *take off
šťastie 1. *(pocit)* happiness, *(dokonalé)* bliss 2. *(šťastná náhoda)* good luck, fortune; *(príležitosť)* chance ● *veľa š-a*

good luck to you; *na-šťastie* fortunately
šťastný happy; *(kto má šťastie)* fortunate, lucky
štát state
štatárium martial law
štatistický statistical
štatistika statistics
štátnický statesmanlike
štátnik statesman
štátny state
štátovka bank-note
štatút statute
šťava juice; *(z mäsa)* gravy
šťavnatý juicy
štebotať twitter
štedrosť generosity
štedrý generous, liberal; *Š. večer* Christmas Eve
štekať bark
štekliť tickle
šteklivý ticklish
šteňa puppy
štepenie 1. *(v poľnohospodárstve)* grafting **2.** *lek.* inoculation, vaccination
štepiť 1. *(poľnohospodársky)* graft **2.** *lek.* inoculate, vaccinate
štepnica orchard

štetec (paint-) brush
štetina bristle
štetka *(na holenie)* shaving-brush
štiepať *split (-tt-)*, chop *(-pp-)*
štíhly slender, slim; *(pružný)* svelte
štikútať hiccup
štípať *bite, *sting
štipendium scholarship
štipka pinch
štipľavý biting, acrid
štít 1. shield **2.** *(vývesný)* sign **3.** *(domu)* gable **4.** *(končiar)* peak
štítiť sa loathe
štítna žľaza thyroid gland [ˈθairoid glænd]
štopkať darn
štôlňa gallery
štrajk strike; *generálny š.* general strike; *manifestačný š.* token strike; *solidárny š.* sympathetic strike; *nastúpiť š.* *go on strike
štrajkokaz strike-breaker, blackleg, scab
štrajkovať *strike, *be on strike
štrajkujúci striker

štrbina 1. *(škára)* slot, chink 2. *(vyštrbenie)* crack

štrk gravel

štrkáč rattlesnake

štrnásť fourteen

štrnásty fourteenth

štrngať tinkle, *cling

štruktúra structure, texture, fabric

študent student; *(univerzitný)* undergraduate

štúdia *(maliarska)* study; *(pojednanie)* paper

štúdio *(rozhlasové)* studio

štúdium study

študovať study

študovňa study

šťuka pike

šťúr crab

štváč instigator; *(vojnový)* war-monger

štvať hunt, chase; *obraz.* instigate, incite

štvorec square

štvorhranný square

štvorhra double

štvornásobný quadruple

štvornásobok quadruple

štvoruholník quadrangle

štvrť 1. quarter 2. *(mestská)* district, ward

štvrtok Thursday

štvrťročne quarterly

štvrtý fourth

štýl style

štylizácia wording

štylizovať word

štyri four

štyridsať forty

štyridsiaty fourtieth

šúchať rub *(-bb-)*

šúľať roll

šumieť rustle, hum *(-mm-)*

šumot rustle, murmer

šunka ham

šupa peel, skin; *(kôra)* rind

šúpať peel, pare off

šupina scale

šuškať whisper, murmur

šušlať lisp

šušťať rustle

šváb cockroach

švagor brother-in-law

švagriná sister-in-law

Švajčiarsko Switzerland

švajčiarsky Swiss

Švédsko Sweden

švédsky Swedish

švihadlo skipping-rope

švihák dandy

švihnúť lash

švitoriť twitter

T

ta there; *sem a ta* to and fro

tabak tobacco; *šnupavý t.* snuff

tablet(k)a tablet

tábor camp; *koncentračný t.* concentration camp; *t. ľudu* mass-meeting

táborák camp-fire

táboriť camp

tabu taboo

tabuľa *(skla, plechu)* sheet; *(okenná)* window-pane; *(školská)* blackboard; *(vývesná)* signboard

tabuľka table, tablet; *(čokolády)* stick, cake; *zostaviť do tabuliek* tabulate

tabuľkový tabular

tackať sa reel, stagger

tácňa tray

tadiaľ(to) this way

taft taffeta

ťah 1. pull **2.** *(vzduchu, dúšok)* draught [dra:ft] **3.** *(pece)* blast **4.** *(črta)* feature **5.** *(pri písaní)* stroke **6.** *šach.* move;

kto je na ť-u? whose move is it?

ťahací: *ť-ia harmonika* accordion; *(pianová)* concertina

ťahať pull, tug

tachometer speedometer, tachometer

tajfún typhoon

tajga taiga

tajiť 1. *keep a secret, conceal **2.** *(popierať)* deny

tajne in secret, secretly

tajnosť secrecy, secret

tajný secret, clandestine

tajomník secretary

tajomný mysterious

tajomstvo secret, mystery

tak so, thus; *tak-ako* as-as; *tak teda* well, now then ● *aby som t. povedal* so to speak

takmer almost, nearly

takt 1. *(v hudbe)* bar **2.** *(taktnosť)* tact, discretion; *udávať t.* *beat time

taktický tactical

taktiež likewise

taktik tactician
taktika tactics *mn. č.*
taktný tactful, discreet
takto so, in this manner (way), like this
taký such; *niečo také* something like that, that sort of thing
takzvaný so-called
talár gown
talent talent, gift
talentovaný talented, gifted
Talian Italian
taliansky Italian
tam there; *(tamhľa)* over there
tancovať dance
tandem pillion [ˈpiliən]
tanec dance
tanečnica dancer
tanečník dancer
tanier plate; *(hlboký)* soup-plate
tanierik saucer [ˈsoː.sə]
tank tank
tápať grope *(po for, about)*, blunder
tapeta wall-paper
tara tare
ťarcha weight [weit], load
tarifa tariff

tasiť: *t. meč* *draw the sword
taška bag, satchel; *(náprsná)* wallet, pocket-book
ťať *cut *(-tt-)*, *strike ● *ť. do živého* *cut to the quick
tato *hovor.* dad, daddy
ťava camel
tavba smelting
tavič smelter
taviť (s)melt
taxa rate, charge
taxi, taxík taxi, cab
taxikár cabman
ťažba output, production
ťažisko centre of gravity
ťažiť 1. *(dobývať)* exploit **2.** *(z niečoho)* *make the best
ťažko *(pracovať)* hard; *(dýchať)* heavily
ťažkopádny heavy, clumsy
ťažkosť 1. *(váha)* heaviness **2.** *(obťažnosť)* difficulty **3.** trouble, difficulty
ťažký 1. *(na váhu)* heavy **2.** *(obťažný)* difficult, hard; *ť-é jedlo* heavy meal; *ť. priemysel* heavy

industries; *s t'-m srdcom* unwillingly; *t'-á váha* heavy weight; *t'-á choroba* serious illness

teatrálny theatrical

teda then, so

tehla brick

tehlový brickbuilt

tehotenstvo pregnancy

tehotná pregnant

technický technical

technik engineer

technika 1. *(zručnosť)* technique **2.** engineering

technológia technology [tek'nolədži]

tekutina liquid, fluid [fluid]

tekutý liquid

tekvica gourd [guəd], pumpkin

teľa calf [ka:f]

teľací: *t-ie mäso* veal

telefón (tele)phone

telefonist(k)a operator

telefónny: *t-a ústredňa* exchange; *medzimestský t. rozhovor* trunk-
-call

telefonovať (tele)phone, *ring up, call up

telegraf telegraph

telegrafický telegraphic

telegrafovať telegraph, cable

telegram telegram, cable

telesný physical: *(opak od: duševný)* manual

teleso body, solid; *nebeské t-á* celestial bodies

televízia television, TV; *vysielať t-ou* televise, telecast

televízor television set, TV set

teliesko corpuscle ['ko:pasl]

telo body; *obraz.* flesh

telocvičňa gymnasium [džim'neizjəm]

telocvik gymnastics, physical training

téma subject, topic

temer almost, nearly

temný dark; *(pochmúrny)* gloomy; *(nejasný)* obscure

temperament temperament, disposition

tempo pace, rate; *(v hudbe)* movement; *(plavecké)* stroke

Temža the Thames

ten that; *t. a t.* so-and-so: *t. istý* the same

tendencia tendency, trend

tendenčný tendencious, propaganda
tender tender
tenis tennis; *stolný t.* table tennis
tenisky plimsolls *mn. č.*
tenisový: *t-á loptička* tennis-ball; *t. kurt* tennis-court
tenký thin, flimsy
tenor tenor
tenorista tenor
tento this, that, the latter
tentoraz this time
teológia theology
teória theory
tep pulse, beat
tepať *beat, throb *(-bb-)*
tepelný thermical
tepláky training-suit
teplo warmth, heat
teplomer thermometer
teplota temperature
teplý warm
tepna 1. artery **2.** *(dopravná)* thoroughfare [ˈθarəfeə]
terajší present, actual
terasa terrace
teraz now; *(v dnešnej dobe)* at (the) present (time), nowadays, these days; *t. keď* now that

terč 1. target **2.** *(napr. smiechu)* butt
terén country, ground; *v t-e* in the field, in the open air
teritoriálny territorial
termín term, time; *pred termínom* ahead of schedule
terminológia terminology
termoska thermos flask, vacuum flask
teror terror
terorizovať terrorize
terpentín turpentine
tesák 1. *(zub)* fang; *(diviaka)* tusk **2.** *(nôž)* bowie knife
tesár carpenter
tesať *hew
tesný tight, close
tesť father-in-law
testiná mother-in-law
tešiť *(sa)* delight; *teší ma (vaša známosť)* I am glad to meet you; enjoy *(niečomu* s.t.); look forward *(na niečo* to s.t.)
teta aunt
tetovanie tattoo
texasky blue jeans
text text

textil textiles *mn. č.*
textílie textile
textilný textile
téza thesis
tiahnuť *draw, pull;
(vliecť) drag *(-gg-)* || t.
sa stretch, range
tiecť *run, flow; stream;
(prepúšťať vodu) leak;
(slabým prúdom) trickle
tieň 1. *(vrhnutý)* shadow
2. *(v tieni)* shade, dark
tienidlo lamp-shade
tienistý shady
tieniť shade
tieseň distress; *(ťažkosť)*
difficulty, trouble
tiesniť (op)press, vex
tiež also, too, as well
tiger tiger
ticho quiet, silence
tichý quiet, silent; *(hlas)*
soft, low; *T. oceán*
Pacific Ocean
tikanie tick(ing)
tikať tick
tis yew [ju:]
tisíc thousand
tískať (sa) push
titul title
titulok 1. *(v novinách)*
headline **2.** *(filmový)*
caption

tisícoraký thousandfold
tisíci thousandth
tkáč weaver [wi:və]
tkanina fabric, tissue,
texture
tkať *weave
tkvieť *stick; *(spočívať)*
consist *(v* in)
tlač 1. print **2.** *(noviny)*
press; *denná t.* the press
tlačenica crowd, jam
tlačiar printer
tlačiareň printing office,
printing plant
tlačiť 1. press **2.** *(tískať)*
push **3.** *(knihy)* print
tlačivo printed matter
tlak pressure; *obraz.*
stress
tlakomer barometer,
(weather-)glass
tlampač loudspeaker
tlapa paw
tĺcť *beat, knock; *(kladivom)* hammer; *(do obličaja)* slap *(-pp-)* in the
face; *(o srdci)* throb
(-bb-)
tlenie rot, decay
tlieskať applaud, clap
(-pp-)
tlieť rot *(-tt-),* decay
tlkot beat

tlmený subdued, soft
tlmiť soften, subdue, *(bolesť)* deaden
tlmočiť interpret
tlmočník interpreter
tlstnúť *grow fat, *put on weight
tlstý thick, gross; *(o ľuďoch)* fat, stout
tlupa band, gang
tma dark(ness), obscurity; *je t.* it is dark; *t. ako vo vreci* pitch-dark
tmár obscurant
tmavý dark, obscure
tmel *(sklenársky)* putty
to it, that; *to čo* what
toaleta toilet [toilit]; *(iba záchod)* lavatory
toaletný: *t-é potreby* toilet articles *mn. č.*
točiť 1. turn; *(okolo osi)* roll **2.** *(film)* *shoot ‖ **t. sa** turn round; *(dookola)* *spin (-nn-); *točí sa mi hlava* I am giddy
točitý winding
točovka lathe
t. j. *(to jest)* i. e. (that is)
tok flow, stream
toľko so much (many); *ešte raz t.* twice as much (many)

toľkokrát so many times, so often
toľký so big, so great
Tomáš Thomas
tón tone, note
tona ton
tonáž tonnage
tonúť *be drowning
topánka shoe; *(vysoká)* boot
topiť (sa) 1. melt; *(o ľade)* thaw **2.** = *tonúť*
topoľ poplar
toporný clumsy, heavy
tornádo tornado
torpédo torpedo
torpédoborec destroyer
torpédovať torpedo
torta cake; *(ovocná)* tart
totalitný totalitarian
totiž namely; *(skratka)* viz.
totožnosť identity
totožný identical
tovar goods *mn. č.*, commodity; *(v zloženinách)* wares [weəz] *mn. č.*; *(kusový)* piece-goods *mn. č.*; *(druh)* article; *(výrobok)* manufacture
továreň factory, plant
továrnik manufacturer
toxický toxic

tradícia tradition
tradičný traditional
trafika tobacconist's
trafiť *hit *(-tt-)*, *strike
tragač wheelbarrow
tragédia tragedy
tragický tragic
traktor tractor; *(pásový)*
crawler-tractor
traky braces *mn. č.*
trám beam, girder ['gǝ:-
dǝ], timber
transakcia transaction
transfúzia transfusion;
urobiť t-u transfuse
transport transport-
(ation)
tranz trance; *v t-e* en-
tranced
tranzistor *hovor.* walkie-
-talkie
tranzit transit
trápenie worry
trápiť trouble, *hovor.*
bother, worry ‖ **t. sa**
worry
trápny painful, awkward
trasenie shake, shivering
traskavina explosive
trasľavý shaky
trať line, track; *(smer)*
route [ru:t]; *(električ-*

ky) tram-line; *(hlavná)*
trunk (line)
tráva grass
trávenie digestion
traverza girder
tráviť 1. *(čas, peniaze)*
*spend **2.** *(potravu)*
digest **3.** *(jedom)* poison
trávnik lawn, turf
trblietať sa glitter, shim-
mer
trčať stick
treba: *je t.* it is necessa-
ry; *ak bude t.* if neces-
sary; *netreba* there is
no need
tréma stage fright
tréner trainer, coach
[kǝuč]
trenie friction
tréning training
trenírky shorts *mn. č.*
trénovať train, coach
trepať 1. *(búchať)* knock
2. *(tárať)* prattle, babble
trepotať *(krídlami)* flutter
treska cod; *(sušená)*
stockfish
tresnúť bang
trest punishment; *(poku-
ta)* penalty; *(smrti)*
capital punishment; *od-
sedieť si t.* serve

trestanec convict
trestať punish, chastise
trestný criminal, penal
tretí third
tretina (one) third
trh market; *(výročný)* fair
trhať *tear, pull
trhavý jerky
trhlina breach, split, rent
trhnúť jerk, start
trhnutie jerk, start, hitch
tri three
triasť rattle, *shake || **t. sa** *shake, shiver
triaška fever, ague
tribúna platform; *(rečnícka)* rostrum; *šport.* stand
tribunál tribunal
tričko vest
tridsať thirty
tridsiaty thirtieth
trieda 1. *(spoločenská)* class; *robotnícka t.* working class 2. *(v škole)* class, form; *amer.* grade; *(miestnosť)* classroom, schoolroom 3. *(druh)* kind 4. *(ulica)* road, avenue
triedenie classification
triediť classify, grade

triedny class; *t. boj* class struggle; *t-e uvedomenie* class consciousness; *t-a spoločnosť* class society
trieska splinter, chip
trieslo tan
trieštiť *split *(-tt-)*, scatter; *(na kvapky)* spray
trieť rub *(-bb-)*
triezvy sober
trik trick, art
trikot tights [taits] *mn. č.*
trikrát three times
trinásť thirteen
trinásty thirteenth
triumf triumph
triumfálny triumphal
triumfovať triumph
trkvas dolt
tŕň thorn, prickle
tŕnistý thorny
trofej trophy
trocha a little, some, slightly
trojica trinity
trojitý triple
trojnásobný threefold, triple
trojuholník triangle
trolejbus trolleybus
trón throne
tropický tropical

trópy tropics *mn. č.*
troska slag
trosky wreckage
trovy expenses *mn. č.,* costs *mn. č.; na moje t.* at my expenses
trpasličí dwarfish
trpaslík pygmy, dwarf
trpezlivosť patience
trpezlivý patient; meak; *(zhovievavý)* indulgent
trpieť suffer *(niečím* from s.t.); tolerate *(niečo* s.t.); *bear, *stand
trpký bitter, sour
trpný passive
trstenica scourge [skǝːdž]
trstina reed, cane; *(cukrová)* sugar-cane
trúba 1. *(hud. nástroj)* trumpet **2.** *(rúra)* pipe **3.** *(na pečenie)* oven
trubec drone
trúbenie trump
trubica pipe, tube; *dýchacia t.* windpipe
trúbiť *blow (a trumpet)
trúbka trumpet
trudnomyseľný melancholy, depressed
trúfalý bold, cheeky
trúfať si dare, venture
truhla 1. chest, trunk **2.** *(rakva)* coffin; *amer.* casket
truhlár joiner
trúchliť mourn, grieve
trúchlivý mournful, sad
trúchlivieť rot *(-tt-),* decay
trup trunk; *(lode)* hull; *(lietadla)* fuselage
trus dung
trvalý lasting, permanent; *(o farbe)* fast; *t-á ondulácia* permanent waves *mn. č.; hovor.* perm
trvanie duration, existence
trvanlivosť durability
trvanlivý durable
trvať 1. last, exist; *(o činnosti)* *take **2.** *(na niečom)* insist (on s.t.), persist (in s.t.)
trýzniť torment, torture
tržnica market-hall
tu here
tuba tube
tuberkulóza tuberculosis, consumption
tucet dozen
tuctový trivial
tučniak penguin
tučnieť *p.* **tlstnúť**

tučnosť fatness
tučný fat
tuha graphite
túha longing, desire
tuhnúť *grow stiff, stiffen
tuhý tough, stiff
tuk fat; *umelý t.* margarine
ťuknúť tap *(-pp-)*, dab *(-bb-)*
ťuknutie tap, dab
tulák vagabond, tramp
túlať sa tramp, wander
tuleň seal
tulipán tulip
túliť sa *cling *(k* to s.o.), nestle [nesl] (to s.o.)
tunajší of this place, local
tunel tunnel
tupý blunt; *obraz.* dull, stolid
túra tour
turbína turbine
turbovrtuľový turbprop
turecký Turkish
turista tourist
turnaj tournament
turné tour
turniket turnstile
tuš 1. *(farba)* Indian ink 2. *(fanfára)* flourish
tušenie presentiment, anticipation

tušiť guess, anticipate
tútor guardian
túžba desire, longing
túžiť desire, long for, starve for
tužka pencil
túžobný wistful
tvar form, shape; *dať t.* shape
tvár face; *(líce)* cheek; *t-ou v tvár* face to face
tvárnosť *(poddajnosť)* plasticity
tvárny plastic
tvaroh curd
tvoj your; yours
tvor being, creature
tvorba creation
tvorca creator
tvorenie formation, creation; *(výroba)* production
tvoriť create, form
tvorivý creative
tvrdenie assertion, contention
tvrdiť affirm, allege
tvrdnúť *get (*become) hard, harden
tvrdohlavosť obstinacy
tvrdohlavý obstinate, pig-headed
tvrdošijný stubborn, obstinate

tvrdý hard; *obraz.* stern;
(ako kameň) stony

ty you

tyč pole, bar

tyčinka *(holiaceho mydla)*
stick

týčiť sa *rise, tower

tyčka stick

týfus typhoid fever

tykadlo antenna

týkať sa concern, refer
(-rr-) (niečoho to s.t.),
apply (to), relate to; *čo
sa týka* as regards, with
regard to, as to; *týka-
júci sa* pertinent

tylo 1. nape 2. *vojen.* rear

tymian thyme

typ type

typický typical, charac-
teristic

typizácia standardization

typograf typographer,
compositor

tyran tyrant, despot

tyrania tyranny, des-
potism

tyranizovať bully

tyranský oppressive

týrať maltreat; *(fyzic-
ky)* torture; *(duševne)*
torment

týždeň week

týždenne weekly

týždenník weekly; *(fil-
mový)* news-reel

týždenný weekly

U

u at, beside, near, with,
by, about; *u nás (do-
ma)* in our place; *býva
u rodičov* he lives with
his parents

uberať reduce, detract

ubezpečiť assure ‖ **u. sa**
*make sure of

ubiehať pass, *fly

ublíženie 1. injury 2.
(krivda) wrong

ublížiť *hurt; *(úmyselne)*
injure; *(uškodiť)* harm

úbočie slope, hill-side

úbohý poor, miserable

úbor clothes *mn. č.,* dress

úbožiak wretch, poor fellow

ubúdať decrease, wane

úbytok decrease

ubytovanie accommodation

ubytovať accommodate; *voj.* quarter || **u. sa** *put up *(v hoteli* at a hotel), house

úcta respect; *(knižne)* esteem; *(uctievanie)* reverence; *(ohľady)* regard; *(ponížená)* deference ● *s dokonalou ú-ou (na konci listu)* yours truly

uctievanie worship

uctievať worship *(-pp-)*

úctivý respectful; *(ponížený)* deferential

úctyhodný respectable

účasť 1. *(podiel)* part, participation **2.** *(súcit)* sympathy, concern

účastník partaker, participant

učebňa class-room

učebnica text-book, school-book

učebný educational

účel aim, purpose

učeň apprentice

učenec scholar, scientist, man of letters

učenie 1. teaching, doctrine **2.** *(štúdium)* learning, study **3.** *(remesla)* apprenticeship

učenlivý docile

učenosť scholarship, learning

učený learned

účes hair-do; *krátky ú.* bob

učesať comb

učesať sa comb one's hair, *do one's hair

účet account; *(účtenka)* bill; *(za tovar)* invoice

učičíkať lull, hush

učilište educational establishment

účinkovať 1. *(zúčastniť sa)* *take part in **2.** *(pôsobiť)* operate, work

účinnosť efficiency; *(platnosť)* virtue

účinný effective

účinok effect

učiť *teach, instruct || **u. sa** *learn, study; *u. sa naspamäť* learn by heart; *amer.* memorize

učiteľ teacher; (school)-

master; *(súkromný)* tu-
tor
učiteľka (lady)teacher,
(school)mistress
učiteľský teacher-; *u.
zbor* teaching staff
účtovať charge, count
účtovníctvo book-keeping
účtovník book-keeper,
accountant
učupiť sa cower, squat
(-tt-)
úd limb
údaj information; *(prí-
stroja)* reading: *ú-e* da-
ta
udalosť event, occurrence
udanie 1. *(vyhlásenie)*
statement **2.** *(súdne)*
denunciation **3.** *(ceny)*
quotation
udať 1. *(vyhlásiť)* state,
*tell **2.** *(policajne)* in-
form against, denounce
3. *(cenu)* quote the price
‖ **u. sa** *(prihodiť sa)*
happen, occur *(-rr-);
(konať sa)* *take place
udatnosť courage; *hovor.*
pluck
udatný courageous, brave
udavač informer
udeliť *give, grant; vest

s.o. with *(slávnostne)*
award
údenáč kipper
údenárstvo pork-
-butcher's (shop)
úder stroke, blow; *(päs-
ťou)* punch; *(hromu)*
clap of thunder
udica fish-hook, fishing-
-line; *chytať ryby na
u-u* angle
udidlo bit
údiť smoke
údiv wonder; *(úžas)*
astonishment, amaze-
ment
udiviť astonish; *(veľmi)*
amaze
údolie valley, *(úzke)*
glen
udomácniť (sa) domesti-
cate
udrieť *strike, hit *(-tt-);
(dlaňou)* slap *(-pp-);
(päsťou)* punch ● *udrel
som si hlavu o múr* I've
hit my head against the
wall
udržať 1. *hold **2.** *(za-
chovať)* *keep, maintain
‖ **u. sa** *hold out; *u. sa
pri živote* subsist
udržateľný tenable

údržba upkeep, maintenance

udržiavať styky *keep up relations with

udupať trample down

udusiť suffocate, choke; *(oheň)* *put out

udýchaný breathless

ufúľať (sa) smear

uhádnuť guess

uháňať *speed, rush

uhasenie extinction

uhasiť 1. *(oheň)* extinguish 2. *(smäd)* quench

uhladenosť polish, refinement

uhladený 1. polished 2. *(v správaní)* refined

uhladiť smooth, polish

úhľadný trim, tidy

uhliak scuttle

uhličitý carbonic; *kyselina u-á* carbonic acid

uhlie coal; *(čierne)* pitcoal; *(drevené)* charcoal

uhlík carbon

uhlíky *(žeravé)* embers *mn. č.*

uhľohydrát hydrocarbon

uhlopriečka diagonal

uhnúť (sa) turn aside, swerve

uhoľ 1. coal ● *čierny*

ako u. jetblack 2. *(maliarsky)* charcoal; *kresba uhľom* charcoal-drawing

uhoľný coal-; *u-á baňa* coal-mine, coal-pit; *u-á oblasť* coalfield

úhor 1. *zool.* eel 2. *(pole ležiace ladom)* fallow

uhorka cucumber

úhrada settlement, payment

uhradiť cover, settle

úhrn total

uhrovitý pimpled

uhýbať turn aside, shirk

uchádzač applicant

uchádzať sa apply for; aspire to

uchlácholiť soothe, appease

uchmatnúť grab (-bb-)

ucho 1. ear; *ušný bubienok* ear-drum 2. *(na hrnci)* handle 3. *(ihly)* eye

uchopenie grip

uchopiť grasp, seize, grip (-pp-)

uchovať preserve

uchovanie preservation

uchvátiť seize; *(moc)* usurpe

úchvatný ravishing
uchýliť sa *(niekam)* retire; *(od niečoho)* depart from; *(k čomu)* resort to
úchylka deviation
úchylkár deviationist
úchylný abnormal
uchytiť snap *(-pp-)*, snatch ‖ **u. sa** *find a position
uistenie assurance
uistiť assure; *(opäť)* re-assure
ujarmiť subjugate
ujasniť *make clear
ujať sa 1. *(niečoho)* *take care of; **u. sa vedenia** *take the lead **2.** *(o rastline)* *take root
ujma loss, detriment; *utrpieť u-u* suffer a loss
ujsť 1. *run away, *break out **2.** *(niečomu)* escape, evade
úkaz phenomenon
ukázať *show; *(naznačiť)* indicate; *(vystaviť)* exhibit ‖ **u. sa** manifest; *u. na niečo* point at; *u. cestu* *show the way, direct; *ukážte!* let me see; *ja mu ukážem* I'll teach him

ukazovák index, forefinger
ukazovateľ 1. *(v knihe)* index **2.** *(cesty)* guide-post
ukážka specimen; *(vzor)* sample, pattern; *(z textu)* passage
úklad plot, intrigue
ukladať 1. *(odložiť)* *put away **2.** *(úlohu)* *set **3.** *(peniaze)* deposit **4.** *(platbu)* impose, tax **5.** *(o život)* intrigue
úkladný wilful, treacherous
úklon bob, bow
ukojenie satisfaction
ukojiť satisfy
úkol: *ú-ová práca* piece-work
úkon function; *(poštový)* rule of arithmetics
ukončenie termination
ukončiť *bring to an end, finish
úkor detriment
ukradnúť *steal; *hovor.* pinch
Ukrajina the Ukraine
ukrajinský Ukrainian
ukrivdiť wrong s.o., *hurt s.o.

ukrižovať crucify
ukrižovanie crucifixtion
ukrutnosť cruelty, atrocity
úkryt shelter, hiding place
ukryť shelter || **u. sa** shelter, *take shelter
ukrývať *hide, conceal || **u. sa** *hide o.s.
ukuť forge
úľ (bee-)hive
uľahčiť faciliate, *make easy
úľava relief
uľaviť relieve, *make easy
ulica street
ulička lane, alley; *(medzi sedadlami)* aisle [ail] ● *dostať sa do slepej u-y* come to a deadlock
uličník gutter-snipe
ulievak truant
úlisný slimy
ulízaný sleek
úloha 1. task, job, work; *(zverená)* commission; *(domáca)* homework; *(písomná)* exercise;

(počtová) sum **2.** *(rola)* part, role
ulomiť *break off
úlomok fragment
úlovok catch
uložiť 1. *lay, *put, *place; *u. do postele* *put s.o. to bed **2.** *p.* **ukladať**
ultimátum ultimatum
ultrazvuk supersound
ultrazvukový supersonic
um mind, brains *mn. č.*
umelec artist
umelecký artistic
umelý artificial; *u. hodváb* rayon; *u. tuk* margarine
umenie art
úmera proportion
úmerný proportionate
umieráčik knell [nel]
umierať die; *(hladom)* starve
umiernenosť moderation, temperance
umiernený moderate, temperate
umiestený situated
umiest(n)iť place, situate
umlčať silence, hush

umocniť square
úmorný exhausting, wearisome
umožniť enable
úmrtie death, decease
úmrtnosť mortality
umŕtviť mortify
umučiť martyr, torture to death
úmysel design, intention; *mať v ú-e* intend
úmyselne on purpose, purpously
úmyselný deliberate
umyť riad wash up
umývadlo (wash-)basin
umyváreň lavatory; *(riadu)* scullery
umývať (sa) wash, *have a wash; u. hlavu* shampoo; *u. dlážku* scrub *(-bb-)* the floor
unáhlený precipitate
únava weariness, fatigue
unaviť tire, fatigue ‖ **u. sa** *become tired
únavný tiresome, tedious
unca ounce [auns]
uniesť *(človeka)* kidnap *(-pp-)*
uniforma uniform; *(poľná)* battledress

únik escape; *(napr. daňový)* evasion; *ú. o vlások* narrow escape
unikajúci elusive
uniknúť 1. escape; *(vyhnúť sa)* evade **2.** *(plyn, tekutina)* leak out
univerzálny universal
univerzita university, college
univerzitný academic; *u. študent* undergraduate
únos *(ženy)* abduction; *(najmä dieťaťa)* kidnapping
upadať decline, decay
upadnúť *fall, tumble down
úpadok decline, decay; *(obchodný)* bankruptcy
úpal sunstroke
upáliť *burn to death
úpätie foot
upätý stiff, formal
úpenie groan, moaning
upevniť 1. fasten, fix **2.** *(zosilniť)* strengthen
upchať stop *(-pp-)*, plug *(-gg-); (utesniť)* wad [wod] *(-dd-)*
upiecť bake; *(o mäse)* roast
upír vampire

úpis bond, assignment; *(dlžobný)* IOU (= I owe you)

upisovať subscribe

uplakaný tearful

uplatniť sa *do well, *be of use

uplatňovať exercise

úplatnosť bribery

úplatný corrupt, venal

úplavica dysentery

úplatok bribe, graft

úplne wholly, fully

úplný absolute, total, intact

uplynúť elapse, pass; *(o lehote)* expire

uplynutie expiration, end

upokojiť quiet, calm || **u. sa** quiet down

upomínať remind

úponka tendril

úporný stubborn, tenacious

upotrebenie use; *(použitie)* application

upotrebiteľný suitable, applicable

upovedomiť inform

upozornenie warning

upozorniť warn, call attention to

upratať tidy up; *(zo stola)* clear the table; *(izbu)* *do (the room)

upratovačka charwoman

úprava arrangement; finish; *(prispôsobenie)* adaptation, adjustment

upravený trim

upraviť arrange; *(prispôsobiť)* adjust; *(obmeniť)* modify; *(usporiadať)* tidy up; *(prizdobiť)* trim *(-mm-)*; *(napr. šalát)* dress; *amer.* fix

uprieť 1. *(niekomu niečo)* deprive s.o. of s.t. **2.** *(zrak)* stare, gaze

úprimne openly

úprimnosť sincerity

úprimný sincere, frank; *amer.* on the level

uprostred amidst, in the middle of

upustiť 1. *(od niečoho)* desist (from)

upútať fix; *(pozornosť)* captivate

úrad office; *(úradná moc)* authorities *mn. č.;* *(miestnosť)* bureau

[bjuərəu]; *pracovný ú.*
labor exchange; *zastá-*
vať ú. *hold a function;
ú. práce employment
exchange
úradník officer, official;
(podriadený alebo súk-
romný) clerk; *(štátny)*
Civil Servant
úradný official
uragán hurricane
urán[1] uranium
Urán[2] *(planéta)* Uranus
urastený shapely
úraz accident, injury ●
kameň ú-u stumbling-
-block
uraziť affront, insult,
offend
urážka insult, offence; *u.*
na cti libel
urážlivý offensive, out-
rageous
určenie determination;
(miesta) destination;
(ceny) valuation
určiť determine, appoint;
(niekoho na niečo) de-
sign; *(presne)* specify;
určený k záhube doomed
určite surely, certainly
určitý certain, definite
urgovať urge

urna urn; *(volebná)*
ballot-box
urobiť *make, *do; *(vy-*
robiť) produce; *dať si*
niečo u. *have s.t. made
úroda crop, harvest
úrodnosť fertility
úrodný fertile, product-
ive
úroky interest
úroveň level, standard;
životná ú. standard of
living, living standard;
na rovnakej ú-i abreast
urovnať settle, arrange;
(spor) compose
urputný stubborn, obsti-
nate
urýchliť *speed up, expe-
dite
úryvok fragment, passage
úsad lumbago [lam'bei-
gəu]
usadenina sediment,
dregs *mn. č.*
usadiť settle, *sct *(-tt-)*
|| **u. sa 1.** settle down
2. *(o nánose)* deposit
usadlík settler, resident
usadlosť *(poľnohospodár-*
ska) farm, estate
usadlý 1. *(vážny)* com-
posed, settled **2.** *(nie*

kočovný) resident
úsečka abscissa [æbˈsisə]
úsečný brief
úsek section
úschova safe-keeping,
  custody
uschovať *hide, preserve
úschovňa cloak-room
úsilie effort, endeavour
usilovať sa endeavour;
  aspire *(o* to), aim *(o* to)
usilovne hard
usilovnosť industry,
  diligence
usilovný industrious,
  diligent
úskalie cliff, rock
uskladnenie storage
uskladniť store
úskočný tricky, cunning
úskok trick
uskutočnenie realization
uskutočniť realize, effect
  || **u. sa** *come true
úslovie saying
úsluha favour, kindness
úslužný obliging
uslzený tearful
úsmev smile; *(nútený)*
  wry smile
usmievať sa smile; *(iro-
  nicky)* sneer

usmrtiť kill; *(domáce
  zviera)* destroy
uspať lull
uspávací sleeping-;
  soporific; *u. prostriedok*
  sleeping-draught
uspávanka lullaby
úspech success; *mať ú.*
  succeed; *nemať ú.* fail
úspešný successful,
  prosperous
uspokojenie satisfaction
uspokojiť satisfy; *(hlad)*
  still; *(utíšiť)* appease,
  calm
uspokojiť sa *be satisfied
  (s niečím with s.t.), *do
  (with s.t.), *put *(-tt-)* (it)
  up (with s.t.)
uspokojivý satisfactory
úspora saving
usporiadať 1. arrange,
  *put in order **2.** *(orga-
  nizovať)* organize; *(kon-
  cert)* *give (a concert)
ústa mouth
ustáliť (sa) settle, fix
ustanovenie 1. *(vymeno-
  vanie)* appointment,
  nomination **2.** *(zákona)*
  provision **3.** *(určenie)*
  regulation **4.** *(trvalého
  zariadenia)* institution

ustanoviť 1. *(menovať)* nominate, appoint **2.** *(nariadiť)* determine, order **3.** *(zriadiť)* institute
ustarostený care-worn
ustať 1. *(unaviť sa)* *grow tired, weary **2.** *(prestať)* cease, stop *(-pp-)*; *(na chvíľu)* pause
ustatý tired, weary
ústav institute, establishment; *ú. pre duševne chorých* mental home
ústava constitution
ustavičný continual
ústavný 1. *(od „ústava")* constitutional **2.** *(od „ústav")* institutional
ústavodarný constituent; *Ú-é národné zhromaždenie* Constituent National Assembly
ústie 1. mouth **2.** *(rieky)* mouth, estuary **3.** *(zbrane)* muzzle
ústiť *fall into, flow in
ustlať *make the bed
ústny oral, verbal
ústranie retirement; *uchýliť sa do ú-a* retire
ustrašený frightened

ústredie headquarters, central office
ústredňa central station; *(telefónna)* (telephone) exchange
ústredný central
ustrica oyster
ústrižok 1. *(látky)* cutting **2.** *(vstupenky)* counterfoil
ústroj organ
ústup retreat
ustúpiť retreat, *give in, (way to)
ústupok concession
úsudok judgement, opinion
usudzovať judge; *(záverom)* conclude; *(domýšľať sa)* infer *(-rr-)*
ususiť dry
usvedčenie conviction
usvedčiť convict
úsvit dawn
ušetriť save, spare
ušiť *sew; *nechať si u. oblek* *have a suit made
uškierať sa mock
úškľabok grin
uškodiť harm, *do harm; *(úmyselne)* injure
uškŕňať sa simper

ušľachtilosť generosity, grandeur
ušľachtilý generous, noble
uštipnúť pinch
úštipok taunt
utáboriť sa pitch a tent (camp)
uťahovať: *u. si z niekoho* pull s. one's leg
utajený latent
utajiť *keep secret, conceal
utečenec refugee, fugitive
útecha comfort, consolation
útek flight; *(únik)* escape ● *dať sa na ú.* *take to flight
utekať 1. *(bežať)* *run (-nn-) **2.** *(pred niečím)* *run (-nn-) away, flee from, hovor. bolt
uterák towel; *frotírový u.* Turkish towel
útes cliff, rock
utešený lovely, delightful
utešovať console, comfort; *(povzbudiť)* cheer up
utiahnuť 1. *(pritiahnuť)* tighten **2.** *(vládať ťahať)* *be able to draw

||**u. sa** retire, retreat, efface
utiecť *p.* **utekať**
utierať wipe, dry (up)
utíchnuť hush, *grow still
utíšiť calm, soothe || **u. sa 1.** calm (down) **2.** *(o vetre)* *fall
utkvelý fixed; *u-á predstava* fixed idea
utláčať oppress
útlak oppression
útlosť tenderness; *(krehkosť)* frailty
útly frail, tender
útočište refuge; *(pod strechou)* shelter
útočiť attack
útočník 1. aggressor **2.** *(vo futbale)* forward
útočný aggressive
útok attack, aggression; *vziať ú-om* storm
utopiť drown || **u. sa** *get drowned
utorok Tuesday
utratiť *(peniaze)* *spend
útraty costs *mn. č.*, expenses *mn. č.*
utŕhačský slanderous, derogatory
útroby intestines *mn. č.*, bowels *mn. č.*

utrpenie suffering
utrpieť suffer, *(porážku)* sustain
útrpný compassionate, sympathetic
utrúsiť drop *(-pp-)*; *u. slovo* utter a word
utržiť *make money
útulný snug, cosy
útulok shelter, asylum
ututlať hush up
útvar formation
utvárať sa form, shape
uvádzač usher, attendant
uvádzať 1. usher, *show into 2. *(citovať)* state, mention 3. *(predstavovať niekoho)* introduce 4. *(na svoju obranu)* plead 5. *(do pohybu)* *set *(-tt-)* in motion 6. *(na scénu)* stage
úvaha consideration, reflection; *(článok)* essay; *brať do ú-y* *take into consideration, make allowance(s) for; *prichádza do ú-y* eligible
uvaliť *(napr. trest)* inflict, impose
uvažovanie meditation, deliberation

uvažovať consider, meditate; *(logicky)* reason
uväznenie imprisonment, confinement
uväzniť imprison, confine
uvedenie introduction; *(do úradu; otvorenie)* inauguration
uvedomelosť loyalty, staunchness; *(triedna)* class-consciousness
uvedomiť si realize
úver credit
uverejnenie publication
uverejniť publish
uviaznuť stick
uvítať welcome
úvod introduction; *(predhovor)* preface
úvodník editorial, leader
úvodný opening, introductory
úvodzovky quotation marks *mn. č.,* inverted commas *mn. č.*
uvoľnenie release; *(oddych)* respite
uvoľnený loose
uvoľniť loosen
uzákoniť enact, legalize
uzatvárať 1. close, *shut *(-tt-)* off 2. *(usudzovať)* deduce 3. *(ukončiť)* con-

clude; *u. priateľstvo* *make friends

uzávierka 1. *(účtov)* balance **2.** *tech.* shutter

uzda bridle, curb ● *držať na u-e* restrain

uzdravenie recovery

uzdraviť cure, restore to health || **u. sa** *get well, recover

územie territory

uzemniť earth

územný territorial

úzkoprsý narrow-minded

úzkosť anxiety; *(mučivá)* anguish; *(bázeň)* awe

úzkostlivý anxious; *(puntičkársky)* meticulous; *(nesvoj)* uneasy; *(nervózny)* restless

úzky narrow

uzmieriť reconcile

uznanie acknowledgement, recognition

uznať acknowledge; *(napr. štát)* recognize; *(pripustiť)* admit (-tt-); *(oceniť)* appreciate

uznesenie resolution

uzol knot, *(námornícky)* hutch

uzurpovať usurp

úzus usage

už already; *už dávno* long ago; *už nikdy* nevermore

úžas astonishment, amazement

úžasný marvellous, wonderful; *(nádherný)* superb

úžera usury

úžerník userer

užialený distressed

úžina straits *mn. č.,* isthmus

užiť 1. utilize, employ; *(využitkovať)* *make use of **2.** *(liek)* *take

užitočnosť utility, usefulness

užitočný useful; *(prospešný)* beneficial

úžitok use; *(zisk)* gain, profit; *(výhoda)* benefit

užívanie use, using, application

užívateľ user

uživiť *feed; *(vydržiavať)* maintain || **u. sa** *make a living

úžľabina dell, glen

užovka adder

V

v 1. *(časove)* in, at, on; *v máji* in May; *v pondelok* on Monday; *v noci* at night; *vo dne v noci* night and day; *v mieri* in peace **2.** *(miestne)* *(s menami veľkých miest)* in; *(s menami malých miest)* at; *(nie v zemepisnom význame)* in, at; *(vnútri)* within; *v cudzine* abroad

vábiť attract, lure

vábivý attractive, alluring

Václav Wenceslas

vačok *anat.* pouch

vadiť sa quarrel *(-ll-)*

vagabund vagabond, vagrand

vagón wag(o)n, truck, freight-car; *amer.* car; *(železničný)* carriage; *(nákladný)* truck

váha 1. weight; *ťažká v-a* heavy weight **2.** *(prístroj, častejšie mn. č.)* (a pair of) scales, balance

váhanie hesitation

váhať hesitate; *(preťahovať)* linger

váhavý hesitant

vajce egg ● *na mäkko (na tvrdo)* soft-boiled (hard-boiled) egg

vak bag; *spací v.* sleeping-bag; *(u zvieraťa)* pouch

vakcína vaccine

val rampart; *(násyp)* mound

váľať (sa) 1. roll, wallow **2.** *(cesto)* knead

valcovať roll

valcovňa plechu rolling--mill

valčík waltz [wo:ls]

valec cylinder; *(napr. parný)* roller

valiť (sa) roll

válenda French bed

vaľkať *(cesto)* knead

valný: *v-é zhromaždenie* plenary, general

válov manger

valuty foreign exchange

vaňa (bath)tub

vanilka vanilla

vankúš cushion, pillow
vánok breeze
vanúť *blow
vápnik calcium
vápno lime
var boiling; *bod v-u* boiling point
vari perhaps, maybe
varič cooking-stove; *hovor.* cooker
variť cook; *dobre v.* keep a good table; *(vodu)* boil; *(čaj)* make (tea); *(pivo)* brew beer
variť (sa) boil
varovanie *(výstraha)* warning
varovať 1. *(dať výstrahu)* warn **2.** *(opatrovať)* look after, *take care; *(dieťa)* nurse || **v. sa** shun *(-nn-)* *(niečoho* s.t.), avoid (s.t.)
váš your; yours
vášeň passion
vášnivý passionate
vata cottonwool
vatelín wadding
vatra bonfire
vavrín laurel, bay
váza vase
vazal vassal

vážený respected, esteemed; *(v oslovení)* dear
vážiť *(niečo aj mať váhu)* weigh || **v. si** respect; *(vysoko)* esteem; *(oceniť)* appreciate
vážne in earnest
vážnosť gravity; *(úcta)* esteem
vážny earnest, serious
väčší bigger, greater, larger; *(dôležitejší)* major
väčšina majority, most
väčšinou mostly
väčšmi more; *tým v.* the more
vädnúť fade, wither
väz nape, back of the neck
väzba 1. *(knihy)* binding **2.** *(súdna)* custody, imprisonment **3.** *(slovná)* phrase **4.** *(textilná)* weave
väzeň prisoner
väzenie prison, jail
väzniť *keep (or *hold) s.o. in prison
vcelku on the whole, upon the whole
včas in (good) time; *prísť*

v. *come in time; *v. ráno* early in the morning
včasný timely
včaššie earlier
včela bee
včelár bee-keeper
včelí bee; *v. roj* bee-swarm; *v. vosk* bee's wax; *v. med* honey
včelín bee-house
včera yesterday
včerajší yesterday's
včítane including, included
vďačiť za owe s.t. to s.o., *be obliged to s.o. for s.t., *be indebted to s.o. for s.t.
vďačne *(ako odpoveď)* don't mention it
vďačnosť gratitude
vďačný grateful, thankful
vďaka 1. thanks; *v. vám* thanks to you; *vzdávanie v-y* thanksgiving **2.** *predl.* due to s.t.
vdova widow
vdovec widower
vdýchnuť draw in one's breath, inhale; *(nosom)* sniff
vec thing; *(záležitosť)* matter, affair; *(súdna, mravná)* cause ● *hovoriť k v-i* speak to the point; *to je moja v.* that's my business; *to nie je tvoja v.* mind your own business; *to mení celú v.* it alters the whole cause; *to je divná v.* it's a queer thing
vecný 1. *(materiálny)* material, real, positive **2.** *(k reči)* matter-of-fact
večer evening, night; *(kedy?)* in the evening; *od rána do večera* the whole day long
večera supper, dinner
večerať *have supper
večernica evening star
večerník evening paper
večerný evening; *v. úbor* evening dress
večierka tattoo; *trúbiť na v-u* *beat the tattoo
večierok evening party
večnosť eternity
večný eternal, perpetual, everlasting
veď indeed, why, yes
veda learning; *(najmä prírodná)* science

vedec scholar, scientist, man of science

vedecký scientific

vedenie 1. *(od „vedieť“)* knowledge 2. *(od „viesť“)* lead, leadership; *(správa)* management; *ujať sa v-a* *take the leadership 3. *(elektrické)* line, circuit, lead

vedieť *know ● *nev. o sebe* *be unconscious; *v. si poradiť* *know what to do, manage; *v. naspamäť* *know by heart

vedľa 1. beside, next (to) 2. *(naviac)* in addition to

vedľajší 1. adjoining, next 2. *(podružný)* secondary; *v. poplatok* extra (charge); *v. produkt* by-product; *v. veta* clause

vedno together

vedome consciously

vedomie consciousness; *vziať na v.* note; *nebrať na v.* *take no notice of s.t., ignore; *stratiť v.* *lose consciousness, faint

vedomosti knowledge

vedomý: *byť si v. niečoho* *be aware of s.t., *be conscious of s.t.; *nebyť si v.* *be unaware of s.t.

vedro pail, bucket

vedúci leading, head-; *podst.* chief; *hovor. amer.* boss

vedychtivý craving for knowledge

vegetácia vegetation

vecheť dish-cloth, scrubbing-cloth

vejár fan

vek 1. age; *mužný v.* manhood; *vysoký v.* old age 2. *(epocha)* era

veko lid, cover; *(poklop)* hinged lid

veľa much, many; a lot of s.t., plenty of s.t.; no end of s.t.; *príliš v.* too much; *v. ráz* many times

veľdielo masterpiece

velebiť praise; *(oslavovať)* glorify

velebnosť majesty, sublimity

velebný majestic

velenie command

velezrada (high) treason
veličenstvo majesty
veličina quantity
velikán giant, colossus
velikánsky colossal
veliť command
veliteľ commander, chief
veliteľstvo commander-
ship; *(budova)* head-
quarters
veľkodušný magnanimous
veľkokapitál High
Finance
veľkokapitalista big
capitalist
veľkolepý grand
veľkomesto big town;
amer. city
veľkomyseľný noble-
-minded
veľkoobchod wholesale
trade
veľkoobchodník whole-
saler
veľkoobchodný whole-
sale; *v-é ceny* whole-
sale prices *mn. č.*
veľkopodnik big enter-
prise
veľkopriemysel big in-
dustry
veľkorysý large-scale;
generous, broad-minded

veľkosť greatness; *(ob-
jem)* magnitude; *(číslo
napr. topánok)* size; *nad-
merná v.* oversize
veľkostatok (country)
estate
veľkovýroba large-scale
production, wholesale
manufacture
veľký large, big; *(význa-
mom)* great; *(o ľuďoch)*
tall; *(o šatách)* loose
● *vo v-om* wholesale;
v-á bieda utter misery;
v-á chyba serious mis-
take; *v-é nešťastie* grave
accident; *V-á noc* Easter
veľmi very, very much,
greatly, largely; *v. mno-
ho* a great deal
veľmoc (great) power; *v-i*
the Great Powers
veľrieka main river
veľryba whale
veľtrh fair; *(vzorkový)*
sample(s) fair
veľvyslanec ambassador
veľvyslanectvo embassy
vemeno udder
venčiť wreathe
venerický venereal
veniec wreath, garland;

vavrínový v. crown of laurel

veno dowry

venovanie dedication

venovať *give, devote; *(z vďačnosti)* dedicate

ventil valve

ventilácia air-conditioning

ventilátor electric fan, ventilator

ventilovať ventilate

veraj door-post

veranda veranda(h); *amer.* porch

verbovať recruit

verejnoprospešný of public interest

verejnosť public, community; *široká v.* general public

verejný public

verifikovať authenticate

veriť believe, trust

veriteľ creditor

vernosť faithfulness, loyalty, fidelity

verný faithful, loyal; *(tiež pravý)* true; *byť v. (čomu)* *be faithful to s.t., *stick to s.t.; *v. priateľ* devoted friend

verš verse, line

vertikálny vertical, perpendicular, upright

veru truly, in truth

verva verve

verzia version

veselica merry-making, festivity

veselie gaiety, mirth

veseliť sa *be merry, revel *(-ll-)*

veselo gaily, joyfully, merrily

veselohra comedy

veselosť gaiety, merriness, mirthfulness, *(hlučná)* hilarity

veselý merry, jolly, gay, lively; *(povahou)* cheerful ● *v. Vianoce* Merry Christmas

veslár rower, oarsman, sculler

veslo *(na jednu osobu)* oar, *(dve na osobu)* scull ● *byť pri v-e* pull the strings (or wires); *dostať sa k v-u* assume the rein

veslovať row, scull ● *v. k brehu* pull inshore

vesmír universe, cosmos

vesmírny cosmic; *tech.* space

vesta waistcoat; *(pletená)* cardigan

vestibul vestibule; lobby, *(v hoteli)* lounge; *(v divadle)* foyer

vestník journal

vešať *hang; *(bielizeň)* hang up

vešiak peg, rack, (coat-, dress-) hanger

veštiť prophesy; *(budúcnosť)* *tell fortune

veta 1. sentence; *(hlavná)* principal sentence; *(vedľajšia)* subordinate sentence; *(holá)* unextended sentence; *(rozvitá)* extended sentence **2.** *(v hudbe)* motion **3.** *mat.* proposition

veterinár veterinary surgeon; *hovor.* vet

veterný windy; *v-ý mlyn* windmill; *v-á smršť* whirlwind

vetchý infirm, decrepit; *v. odev* shabby clothes *mn. č.*

veto veto

vetrať air, ventilate

vetrík breeze

vetriť scent, *get the scent (or wind) of; *(čuchať)* sniff

vetrolam wind-breaker

vetroň glider

vetroplach happy-go--lucky

vetrovka blazer

vetva branch, bough [bəu]

vetvička twig, spray

vetvistý branched (out), ramified

veverica squirrel

veža tower, *(špicatá)* steeple, spire; *šach.* castle

vežatý many-steepled

vhod convenient, suitable; *je ti to v.?* does it suit you?, will that do?; *čo ti nie je v.?* what is that you don't like?; *prísť v. niekomu* come in handy to s.o.

vhodiť *throw in

vhodnosť convenience

vhodný suitable, fit *(-tt-)*, convenient; *(doporučiteľný)* advisable; *(o kandidátovi)* eligible for; *v-á príležitosť* opportunity

vchádzať walk in, step *(-pp-)* in

vchod entrance, entry
viac more; *v. ráz* several times; *v.-menej* more or less; *tým v.* so much, the more; *v. než dosť* more than enough
viacnásobný manifold, repeated
Vianoce Christmas, Xmas
viať 1. *(vietor)* *blow 2. *(obilie)* winnow
viazač binder
viazanica bundle, bunch
viazanka (neck)tie
viazať *bind, tie
viaznuť 1. *stick in s.t. 2. stagnate
viaznutie stagnation
viceprezident vice-president
vid 1. sight; *niet po ňom ani v-u ani slychu* there is no trace of him 2. *gram.* aspect
videnie seeing, vision ● *poznať z v-ia* know by sight; *do v-ia* so long
vidiecky provincial; rural, country
vidiečan countryman
vidiek country(side); *na v-u* in the country
vidieť *see ● *čo nev.,*

ihneď in no time, before long, presently
vidina delusion, phantom
viditeľnosť visibility
viditeľný visible, within sight
vidlička fork
vidly (pitch)fork
vidno one can see
vidovať attest
viečko *anat.* eyelid
viecha *(predajňa vína)* wine-vault
viera belief; *(náboženská)* faith; *(krédo)* creed
vierolomný faithless, perfidious
vierovyznanie confession, creed
vierohodnosť veracity
vierohodný authentic, trustworthy
viesť *lead; *(radou)* guide; *(sprevádzať)* conduct; *(o ceste)* *run *(-nn-)*; *v. vojnu* *make war; *(podnik)* *run *(-nn-)*; *(knihy)* *keep; *(auto)* *drive || **v. sa** 1. *(za ruky)* *go hand in hand 2. *(dariť sa)* *be getting on; *ako*

sa ti vodí? how are you getting on?

vietor wind

viezť (sa) carry, *drive; *(dopravovať)* convey

vigwam wigwam

víchrica hurricane, gale

vikár vicar

víkend week-end

vila villa, cottage

víla fairy

Viliam William

vilka cottage

vina guilt; *(chyba)* fault

vinár wine-dresser, wine--grower

vináreň wine-shop, wine--tavern

vineta label, vignette

vinica vineyard

vinič vine

viniť blame s.o. for s.t.

vinník culprit, offender

vinný guilty

víno wine

vinobranie vintage

vinohrad vineyard

vinohradník wine-grower

vinúť (sa) *wind

viola viola

violončelo (violon)cello

vír whirl; *(vodný)* whirl-pool; *(vzdušný)* whirl-wind

víriť swirl, *spin (-nn-)

virtuóz virtuoso

virtuozita virtuosity

visieť *hang

visutý suspended; *v-á hrazda* trapeze; *v. most* suspension bridge

višňa black cherry

vitaj(te)! welcome!

vitalita vitality

vitamín vitamin

vítanie welcome

vítaný welcome; *buďte v.!* welcome!

vítať 1. welcome **2.** *(ísť v ústrety)* *go to meet

víťaz conqueror; *(pretekov)* winner

víťaziť *win (-nn-), conquer; *(prevládať)* prevail

víťazný victorious, triumphant

víťazoslávny triumphant

víťazstvo victory

vitrína show-case

vízia vision

vizionár visionary

vizita visit; *lek.* round

vizitka visiting-card; *amer.* calling-card

vízum visa
vjazd entry, gateway
vklad deposit; *v-ná knižka* saving-book
vkladateľ depositor
vkus taste
vkusný tasteful, elegant
vláčiť drag *(-gg-)*
vláda 1. *(riadenie štátu)* government, administration **2.** *(obdobie vlády)* reign **3.** *(zbor ministrov)* government, cabinet **4.** *(ovládanie)* rule, control
vládať *be able, manage
vládca ruler, sovereign
vládnuť govern, rule, reign
vládnúci ruling; *(prevládajúci)* prevalent; *v-a trieda* ruling class
vlaha moisture, humidity, dampness
vlajka flag; standard
vlak train; *osobný v.* passenger-train; *nákladný v.* goods-train; *amer.* freight-train; *nastúpiť do v-u* *get *(-tt-)* into a train; *amer.* board a train; *vystúpiť z v-u*

*get *(-tt-)* out of (off) a train, *leave a train
vlákno fibre, thread; *(v látke)* grain
vláknitý fibrous
vlakvedúci guard
vlamač burglar, house-breaker
vlámať sa *break into a house
vlaňajší last year's
vlani last year
vlas hair ● *navlas* to (the turn of) a hair; *ležia si vo v-och* they have come to close quarters; *trhať si v-y* *tear o.'s hair; *v-y vstávajú hrôzou* o.'s hair stands on end
vlasatý hairy
vlásnička hair-pin
vlásočnica capillary
vlások (thin) hair ● *unikol o v.* he escaped by the skin of his teeth, he had a hair-breadth (or narrow) escape, he had a close shave
vlasť (home) country, the mother country, (native) country, home
vlastenec patriot

vlastenecký patriotic

vlastenectvo patriotism

vlastizrada high treason

vlastizradca traitor

vlastne in fact, actually, as a matter of fact

vlastníctvo ownership; *(pódy)* tenure; *súkromné v.* private ownership; *(súkromný majetok)* private property

vlastník owner, proprietor

vlastniť own, possess

vlastnosť quality, characteristic; *dobrá v.* merit, good point; *zlá v.* drawback

vlastný own, proper; *(komu)* peculiar to s.o.; *(čomu)* inherent in s.t. ● *v-é meno* proper name; *v. životopis* autobiography

vlasy hair

vľavo (on the) left, to the left

vlažný tepid, lukewarm; *obraz.* half-hearted

vlečka train, trailer

vlek tow; *vziať do v-u* *take in tow; *lyžiarsky v.* ski-lift

vlepiť paste in; *v. zaucho* *strike a slap (a blow)

vlhkosť damp, moisture

vlhký damp, moist

vliať pour s.t. in

vliecť drag *(-gg-)*; *(vozidlo)* haul; *(čln)* tow

vlievať sa *fall into, *run *(-nn-)* into

vliezť crawl into, *creep into ● *niečo mu v-lo do hlavy* he has a bee in his bonnet; *ani čo by za necht v-lo* not a pin's head; *vylez mi na chrbát* my love to you

vlk wolf

vlna 1. *(ovčia)* wool, fleece **2.** *(zvlnenie)* wave

vlnený woollen; *(vlnená priadza)* worsted

vlniť sa wave; *(o pôde, o mori)* roll, undulate; *(o vlasoch)* curl

vlnitý wavy, undulated; *v. plech* corrugated iron

vlnobitie wash (of the waves)

vločka flake; *snehová v.* snowflake

vloha talent, gift

vložiť insert; *(peniaze)* invest (money)

vložka enclosure; *amer. (v knihe)* inset; *(ozdobná)* inlay; *(do topánok)* arch support

vľúdnosť kindness, friendliness

vľúdny kind, friendly

vmestiť sa *get *(-tt-)* into, squeeze into; *(o ľuďoch)* *be packed or cooped in a t.; *(v dave)* crowd in (to a t.)

vmiešať sa meddle *(do* with), interfere (with)

vnadidlo bait, decoy

vniknúť penetrate

vnímanie perception

vnímať perceive

vnímavosť perception

vložka pad

vnímavý responsive *(na* to), sensitive

vnivoč: *prísť v.* *come to naught

vnučka grandchild, grand-daughter

vnuk grandchild, grandson

vnuknutie inspiration

vnútiť impose, force s.t. upon s.t.

vnútornosti bowels *mn. č.,* intestines *mn. č.,* guts *mn. č.*

vnútorný internal, inside; *(nie zahraničný)* home

vnútro interior, inside; *zvnútra* from within ● *ministerstvo v.* Ministry of the Interior, *(v Británii)* Home Office

vnútrozemie inland

vnútrozemský internal, inland

voda water ● *tichá v. brehy myje* still waters run deep; *rastie ako z v-y* he grows like a mushroom; *krv nie je v.* blood ties count

vodáreň waterworks

vodca 1. leader, guide **2.** *(turistický)* guide

vodcovstvo leadership

vodič 1. *(elektriny)* conductor **2.** *(šofér)* driver ● *v-ský preukaz* driver's licence

vodík hydrogen

vodivý conductive

vodka vodka

vodnateľnosť dropsy

vodnatosť wateriness

vodnatý watery

vodný water-; *v-á cesta* waterway; *v-á energia* hydraulic power; *v-á rastlina* aquatic plant

vodojem reservoir, cistern, tank

vodoliečba watercure

vodomet fountain

vodopád waterfall, cascade, falls *mn. č.*

vodorovný horizontal

vodotesný waterproof

vodovod 1. water-supply **2.** *(v byte)* water-tap

vohľady wooing

vohnať *drive s.o. into s.t. ● v. do úzkych* drive s.o. into a corner

voj army; *(predný)* vanguard; *(zadný)* rear

vojak soldier; *radoví vojaci* rank and file; *bývalý v.* ex-serviceman; *Neznámy v.* the Unknown Warrior

vojenčina (military) service

vojenský military; *v. súd* court-martial

vojna 1. war **2.** *(prezenčná služba)* military service ● *viesť v-u* be at war; *ísť na v-u* enlist

vojnový war-; *v. štváč* war-monger; *v-á loď* man-o'-war

vojsko army, troops *mn. č.*

vojvoda duke

vojvodkyňa duchess

vokáň circumflex

voľačo something

voľajaký certain, a, some

volanie call, cry; *(na slávu)* cheer

volant steering-wheel

volať call, cry, shout; *(telefonicky)* *ring s.o. up, phone; (o pomoc)* cry for help

volavka heron

voľba 1. *(výber)* choice, alternative **2.** *(zvolenie kandidáta)* election, poll; *tajné v-y* ballot; *všeobecné v-y* general election; *doplňovacie v-y* by-election

volebný electoral; *v-á miestnosť* poll, polling station; *v. okres* constituency; *v.é právo* suffrage, franchise; *všeobecné v-é právo* universal suffrage; *v. zoznam* register of electors; *v.*

boj electioneering; *v-á agitácia* canvassing

volej volley

volejbal volley-ball

volený elected, elective

volič elector, voter

voliť 1. *(vybrať si)* *choose, *take o's choice **2.** *(kandidáta)* elect

voliteľný eligible; *(dobrovoľný)* optional

voľky: *voľky-nevoľky* willy-nilly

voľno *(čas)* leisure

voľnomyšlienkár free--thinker

voľnosť freedom; *v. jednania* discretion

voľný 1. free **2.** *(uvoľnený)* loose **3.** *(uprázdnený)* vacant, free; *v. čas* leisure; *v-é miesto* vacancy

von out, outside; *v. z* out of

voňavka perfume

vonkajší outside, external

vonkajšok outside; *(vzhľad)* outward appearance

vonkoncom throughout, entirely

vonný fragrant

vopchať stuff s.t. into s.t.

vopred beforehand

vorvaň sperm-whale

vosk wax

voskovať wax

voskový wax; *v-é plátno* oilcloth

voslep at random

voš louse

voština honeycomb

votrelec invader, intruder

votrieť sa intrude, *come unbidden

voz car, carriage; *dodávkový v.* delivery van; *nákladný v.* waggon; *prívesný v.* caravan; *Veľký v.* Great Bear; *Malý v.* Little Bear

vozeň carriage, car; *železničný v.* railway carriage; *nákladný v.* van; *v. električky* tramcar; *jedálny v.* dining-car; *spací v.* sleeping-car; *fajčiarsky v.* smoker

vozidlo vehicle

voziť carry, cart, *drive

vozovka roadway, drive

vôbec at all; *v. nie* not at all

vôkol round about, all around

vôl ox

vôľa will; *zlá v.* grudge ● *urobiť niekomu po vôli* be at s. o's will, grant or comply with s. o's wish; *z dobrej v-e* for love; *pri najlepšej v-i* with the best will in the world; *musí byť vždy po jeho v-i* he must always have his own way

vôňa odour, fragrance; *(silná v. napr. voňavky)* perfume

vpád invasion, raid

vpáliť brand; *(niekam)* rush in (like a devil)

vpadnúť invade, *fall in

vpísať register, insert

vplyv influence; *v-om niečoho* owing to

vplývať influence s.o., exert influence upon s.o.

vplyvný influential

vpravo (to the) right, (on the) right; *v. bok* right about!

vpred forward

vpredu in front

vpustiť admit *(-tt-)*, *let *(-tt-)* in

vrabec sparrow

vracať 1. *(dávať späť)* *give back, return; *(odplatiť)* *repay, requite **2.** *(dáviť)* vomit, *hovor.* puke

vrah murderer

vraj it is said, one says, they say

vrak (ship)wreck

vrana crow, rook

vraník black horse

vraný jet-black

vráska wrinkle

vrásť *grow into s.t., *take root in s.t.

vráta gate, gateway

vrátiť *give back, return

vratký unsteady, rickety

vrátnica door-keeper's (room); *(hotelová)* porter's (room)

vrátnik porter, door--keeper

vrava turmoil, uproar

vraziť *thrust; bump (o.'s head) *(do čoho* against)

vražda murder

vražedný murderous

vraždiť murder; *(zabíjať)* kill

vŕba willow

vrčať snarl, growl

vrece sack, bag; *spacie v.* sleeping-bag ● *tma ako vo v-i* pitch-dark
vrecko pocket
vreckovka handkerchief
vreckový pocket-; *v. zlodej* pickpocket
vrecúško paper-bag, cornet
vred ulcer
vrelosť 1. hotness 2. *(vrúcnosť)* fervour
vrelý 1. hot, boiling, warm 2. *(vrúcny)* affectionate, fervent
vresk yell
vrešťať yell, screech
vretenica viper
vreteno spindle
vrh throw, cast; *v. guľou* putting the weight
vrhať *throw, *cast, project
vrch hill
vrchnák lid, cover
vrchný top, upper
vrchol peak, summit; *(zlatý klinec)* highlight; *v. dokonalosti* pink of perfection
vrcholiť culminate
vrcholný highest, top-,

peak-; *v. úspech* top rung
vrchom to the brim
vrchovina highlands *mn. č.*
vrchovitý hilly
vriaci boiling
vriedok pimple
vrieť boil
vrkoč plait [plæt] (of hair)
vrodený inborn, *(o chorobách)* congenital
vrstovník contemporary
vrstva layer
vŕšiť 1. *(kopiť)* top (-pp-), heap 2. *(končiť)* finish || **v. sa** *take revenge
vrt bore, boring
vrtáč borer
vŕtačka borer, drill
vŕtať drill, bore
vrtieť wag *(-gg-)*; *(hlavou)* *shake one's head || **v. sa** wriggle, fidget
vrtkosť briskness
vrtoch caprice
vrtošivý capricious, whimsical
vrtuľa propeller
vrtuľník helicopter

vrub score, notch; *pripísať na v.* debit; *konať na svoj v.* act on o.'s own responsibility

vrúbiť *(lemovať)* hem *(-mm-),* border; *(záhradnícky)* graft

vrúbok notch, cut

vrúcnosť fervour

vrúcny fervent, ardent

vrútiť sa bolt in

vryť engrave

vŕzgať creak

vsadiť 1. *put *(-tt-)* in, *set *(-tt-)* in (to) **2.** *(do zeme)* plant **3.** *(na koňa)* stake

vsať absorb, suck in

vskutku indeed, in fact

vstať *stand up, *get *(-tt-)* up ● *vstávali mu vlasy na hlave* his hair stood on end

vstrebanie absorption

vstrebať absorb

vstreknuť inject

vstup entrance; *(vpustenie)* admittance ● *v. zakázaný* no admittance

vstupenka ticket

vstupné admission ticket; entrance fee

vstúpiť enter, *come in

● *v. do strany* join the party; *v. do štrajku* go on strike

vsunúť push into, insert

vsuvka insertion, parenthesis

všade everywhere, throughout

všadebol busybody

všadeprítomný ubiquitous

však 1. however, but **2.** *(všakže)* is it not?

všedný ordinary; *v. deň* weekday; *(banálny)* commonplace, trivial

všemožne in all ways possible

všeobecne generally, in general

všeobecný general, universal

všeslovanský pan-Slavic

všestranný general, universal

všetečný inquisitive, prying

všetok all, every

všezväzový all-union

všímať si notice *(čo s.t.),* *take notice (of s.t.)

všímavý heedful, attentive

všivavý lousy
vštepiť inculcate
vták bird; *spevavý v.* singing bird
vtákopysk duck-bill
vtedy then, at that time
vtelenie incarnation; *(včlenenie)* incorporation
vtesnať press into, squeeze
vtiahnuť drag *(-gg-)* into
vtierať rub *(-bb-)* in
vtieravý importunate, intrusive
vtip joke; *(vtipnosť)* wit; *amer.* gag ● *robiť si v-y z niekoho* tease s.o.; *starý v.* stale joke, chestnut; *v tom je ten v.* that's the fun of it
vtipkovať joke, jest
vtipnosť wit
vtipný witty
vtlačiť 1. impress, imprint **2.** squeeze into
vtĺcť hammer s.t. in, *drive s.t. in ● v. niekomu niečo do hlavy* hammer s.t. into s. o.'s head
vtok infusion
vtrhnúť *niekam* *break

into; *(o nepriateľovi)* invade
vulgárny vulgar
vy you
vybaliť unpack, *(z papiera)* unwrap *(-pp-)*
výbava *(nevesty)* trousseau; *(dojčaťa)* layette, baby's outfit
vybavenie equipment, outfit
vybaviť 1. equip *(-pp-)* **2.** *(úradne)* carry out, execute
vybehač messenger, errand-boy
vybehnúť 1. *run *(-nn-)* out **2.** *(začať bežať)* start running
výber selection, choice; *z dvoch* alternative
vyberač collector; *v. daní* tax-collector
vyberať pick; *(dane)* levy || **v. si** pick out
vyberavý fastidious, particular
výbežok prominence; *(zemepisný)* promontory, spur
vybičovať whip *(-pp-)* up, string up
vybíjaný crafty, artful

vybiť 1. *(niekoho)* thrash, *(decko)* *spank **2.** *(elektrinu, zbraň)* discharge
vyblednúť fade
výboj *(elektrický)* discharge
výbojný aggressive
vybojovať *fight s.t. out
výbor committee, board; *národný v.* national committee; *robotnícky v.* works council
výborný excellent
výborovka committee-meeting
vybrakovať ransack
vybraný choice; *(znamenitý)* exquisite; *v-é spisy* selected works
vybrať *choose, select; *(peniaze z banky)* *withdraw, *draw; *(v. a určiť pre niečo)* single out
vybudovať *build up, erect
výbuch explosion, outbreak; *(sopky)* eruption; *obraz.* outbreak
vybuchnúť explode
vyburcovať arouse
výbušnina explosive
výbušný explosive
vycliť *pay duty on s.t.

● *niečo na vyclenie?* anything to declare?
výcvik training, drill
vyčalúniť upholster
výčap bar; *(krčma)* public house
vyčariť conjure up, call up
vyčasiť sa clear up
vyčerpanie exhaustion
vyčerpaný tired out, exhausted, run down
vyčerpať 1. *(unaviť)* exhaust **2.** *(odčerpať)* drain off
výčin offence
vyčísliť number
vyčistiť clean up; *(topánky)* polish one's shoes
vyčítať 1. *(karhať)* reproach **2.** *(z knihy)* *read out (of a book) **3.** *(uhádnuť, napr. z očí)* guess **4.** *(vypočítať)* enumerate
vyčítavý reproachful
výčitka reproach; *v-y svedomia* remorse, compunction, *(úradná)* reprimand
vyčkať wait for s.t., await s.t. ● *v. vhodný čas* bide one's time

vyčnievať protrude
vydaj marriage
výdaj expense; *(náklady)* expenditure
výdajňa booking office
vydanie edition, publication
vydarený successful
vydať 1. *(peniaze)* *spend **2.** *(uverejniť)* publish, issue **3.** *(sa do nebezpečenstva)* expose **4.** *(zvuk)* utter **5.** *(zmenku)* *draw *(na* on) || **v. sa** *(na cestu)* *set *(-tt-)* out, start; *(sobáš)* marry ● *v. sa dobre* make a good match
výdatný *(o strave)* substantial, rich
vydávať sa *(za niekoho, predstierať)* pretend to *be, *set *(-tt-)* up for s.o. ● *vydávať sa za chorého* malinger
vydavateľ publisher
vydavateľstvo publishers *mn. č.,* publishing house
výdavky expense, cost; *v-y odpočítať* charges to be deducted
vydediť disinherit
vydierač blackmailer

vydierať blackmail
vydieranie extortion
výdobytok gain; *(územný)* conquest
vydra otter
vydražiť *sell by auction
vydržať *stand, *bear; *(klásť odpor)* *hold out
vydržiavať maintain
vydupať si enforce, force one's own way
výdych expiration
vydýchnuť expire
vydýchnutie expiration
vyfarbiť sa *hovor.* *show one's dye
výfuk exhaust
vyhasnúť *go out
výherca winner
výhľad view; *(do budúcnosti)* outlook ● *mať v. na niečo (mať v pláne)* *get a view of s.
vyhľadať *find out; *(v knihe)* look up (in a book)
vyhladiť 1. *(zničiť)* exterminate, obliterate **2.** *(vyrovnať)* smooth (out)
vyhladovať famish, starve
vyhlásenie declaration, proclamation; *(konštatovanie)* statement

vyhlásiť declare, proclaim; *(konštatovať)* state

vyhláška notice

vyhĺbiť excavate, hollow

vyhliadka outlook, prospect ● *nemá žiadnej v-y* he has no chance

vyhnanstvo exile

vyhnať expel *(-ll-)*, turn out

výhoda advantage

vyhnúť *sa čomu* avoid, escape; *(povinnosti)* evade

vyhodiť throw out; *(do povetria)* *blow up, blast; *(zo zamestnania)* sack ● *v. si z kopýtka* *have a good time

výhodný advantageous

výhonok shoot, sprout

vyhostenec outlaw

vyhostiť banish, expel

vyhovárať sa excuse o.s. for s.t., *make excuses for s.t.

vyhovieť accommodate

výhovorka excuse, plea

vyhovovať suit

vyhovujúci satisfactory, suitable

výhra 1. *(víťazstvo)* win, victory **2.** *(cena)* prize

vyhrabať unearth, *dig *(-gg-)* out

výhrada reservation, reserve

vyhradiť (si) reserve

výhradný exclusive

vyhranený clean-cut, crystalized; *v-á povaha* of a definitely formed character

vyhrať *win *(-nn-)*, gain

vyhrážať sa threaten s.o., menace s.o.

vyhŕknuť *(slovo zo seba)* blurt out ● *vyhŕkli jej slzy* tears came to her eyes

vyhrnúť: *v. si rukávy* tuck up one's shirt--sleeves

vyhubiť exterminate, root out

vyhýbať sa shirk, shun *(-nn-)*

vyhýbavý evasive

výhybka points *mn. č., amer.* switch

vyhynúť die out

vychádzať *go out, *come out, *(o slnku)* *rise, *(o časopise)* *be published,

appear ● *v. s niekým* *be on good terms with s.o.
vychádzka drive, walk, trip
východ 1. *(svetová strana)* east; *na v., smerom k v-u* eastward **2.** *(dvere)* exit **3.** *(slnka)* sunrise; *núdzový v.* emergency exit
východisko starting point ● *nemal som iného v-a* I had no other chance
východný east(ern)
výchova education, upbringing
vychovaný *(dobre)* educated, well-bred
vychovať *bring up, educate
vychovávať nurture
vychovávateľ educator, tutor
vychovávateľka governess
výchovný educational
vychutnať relish
vychvaľovať sa *show off
výchylka deviation
vyjadriť express; *v. sa stručne* *be brief
vyjasniť clear; *(vysvet-*

liť) clarify || **v. sa** clear up
výjav scene
výjazd gateway, carriage-gate
vyjednávanie negotiation
vyjednávať *deal, negotiate, treat
vyjmúc except, save, but
vyjsť *go out, *come out ● *v. na psí tridsiatok* *go bankrupt
výkal excrement
výkaz report, statement; *(účtovnícky)* account
vykázať 1. *(podať výkaz)* *give an account **2.** *(vyhostiť)* turn out; *(zo zeme)* banish **3.** *(javiť znaky)* present, *show
výklad 1. *(vysvetlenie)* interpretation, explanation **2.** *(výkladná skriňa)* shopwindow
vykladať 1. *(vysvetľovať)* interpret, explain **2.** *(tovar)* unload **3.** *(karty)* *tell s. o.'s fortune
vyklať *(oko)* poke s. one's eye
výklenok recess, bay
vyklenúť arch, vault

vykloniť sa lean out
vykľuť sa turn out to be
vyklznúť slip *(-pp-)* out
vykoľajiť derail
výkon performance; *(skvelý)* accomplishment
vykonať perform; *(previesť)* execute, carry out; *(uskutočniť)* carry into effect
vykonávať exert
vykonávateľ executor; *(podľa predpisov)* administrator
výkonnosť efficiency
výkonný efficient; *(o moci)* executive
výkop 1. *(pri stavbe)* excavation 2. *šport.* kick-off
vykopať excavate, unearth, disinter
vykopávka excavation
vykoreniť root out, up-root
vykorisťovanie exploitation
vykorisťovať exploit
vykorisťovateľ exploiter
vykračovať si swagger
vykradnúť pilfer, rob *(-bb-)*

výkres drawing, sketch
vykričaný infamous
výkričník exclamation mark
výkrik outcry, shriek
vykríknuť *give a cry, shout out
vykŕmiť fatten
vykročiť step *(-pp-)* *out, advance ● *v. z medzí* *go beyond the bounds
vykrútiť 1. *(ruku a p.)* wrench out; *(bielizeň)* *wring out 2. *(pri tanci)* dance round
vykrúcať sa elude
výkup (re)purchase
vykúpať sa *take a bath
výkupné ransom
výkvet 1. bloom, blossom 2. *obraz.* flower (of s.t.)
vykypieť bubble over, overboil
výkyv swing; *obraz.* sway
vylákať elicit
vylepiť paper paste; *(plagát)* placard ● *v. niekomu zaucho* slap *(-pp-)* s.o. in the face
vyleštiť polish
výlet trip, excursion,

outing; *robiť turistické v-y* hike

vyletieť *fly out; (do výšky)* soar

výletník tripper, tourist

výlev outpour(ing)

výlevka sink

vyliahnuť hatch

vyliať pour out; *(rozliať)* spill

vylíčiť 1. describe; *(podrobne)* detail **2.** *(vápnom)* whitewash

vyliečiteľný curable

vyliezť 1. climb (up s.t.) **2.** *(odniekiaľ)* *creep out

vylodenie debarkation

vylodiť (sa) disembark

výložka label; *voj.* shoulder strap

vyložený *(jasný)* downright

vyložiť 1. *(vysvetliť)* explain **2.** *(náklad)* discharge, unload **3.** *(ukázať)* display

vylúčenie expulsion; *(možnosti)* elimination

vylúčiť expel *(-ll-)*; exclude from; *(možnosť)* eliminate; ● *to je vylúčené* it is out of the question

výlučný exclusive

vylúpnuť shell

vymáhať exact

vymaniť (sa) release, *set (-tt-)* free

vymedziť define

výmena (ex)change; *(vzájomná)* interchange

vymeniť (si) (ex)change; *(vzájomne)* interchange

vymenovať 1. name, enumerate, recite **2.** *(niekoho niečím)* appoint s.o. to s.t.

výmer decree

výmera acreage, area

vymieniť si stipulate, *make it a condition that

vymknúť lock out

výmoľ ravine, wash-out

vymotať disentangle

vymoženosť achievement

vymôcť *get (-tt-)*, obtain

vymrieť die out

výmysel invention, fiction

vymyslieť devise; *(lož)* fabricate, manufacture

vymyslený fictitious

vynájsť invent

vynález invention

vynálezca inventor

vynaliezavý resourceful

vynasnažiť sa *do one's best

vynášať 1. *p.* **vyniesť 2.** *(zisk)* carry **3.** *(chválou)* praise

výňatok *(literárny)* passage

vynechať *leave out, omit *(-tt-)*, miss out; *(preskočiť)* skip *(-pp-)*

vyniesť 1. *take out, carry out **2.** *(zisk)* fetch **3.** *(rozsudok)* pass sentence ● *v. na svetlo* *bring to light

vynikajúci excellent

vynikať excel *(-ll-)*, surpass

výnimka exception

výnimočný exceptional

vynoriť sa emerge

výnos 1. *(dekrét)* decree **2.** *(zisk)* yield, proceeds

výnosný profitable, productive

vynútiť enforce

vyobrazenie illustration

vyobraziť figure (out), picture

vypáčiť *break out

výpad thrust, attack

vypadnúť 1. *fall out **2.** *(hovor. odísť)* clear

out ● *ako by mu z oka vypadol* he is just like him, they are as like as two peas

vypáliť 1. *(vyhorieť)* *burn down **2.** *(znamenie)* brand **3.** *(streliť)* fire, discharge (a gun) **4.** *(raketu)* launch (a rocket)

vypaľovať *(hlinu)* fire

výpar evaporation

vypariť (sa) evaporate, transpire

vyparovanie evaporation

vypátrať explore

vypätie strain

vypchať wad *(-dd-)*, pad *(-dd-)*, stuff

vypchávka padding, wadding, stuffing

vypínač switch

vypínať switch off, turn off

výpis extract

vypísať 1. *(urobiť výpisok)* extract, excerpt **2.** *(atrament, ceruzku)* *write up, use up **3.** *(súťaž)* invite tenders

vypískať hiss off, hoot down

vypiť *drink (up)

vypláchnuť rinse (out)
vyplašiť startle
výplata wages *mn. č.,* salary
vyplatene carriage free
vyplatiť (sa) *pay; (náhradu)* refund; *(výkupné)* ransom
výplatný pay-; *v-á listina* pay-sheet; *amer.* pay-roll
vyplaziť: *v. jazyk* *show one's tongue, *put *(-tt-)* out one's tongue
vypliesť *string
vyplieť weed
výplň *(na dverách)* panel
vyplniť fill in; *(prosbu)* fulfil *(-ll-)* || **v. sa** *come true
výplod product, work ● *v. chorého mozgu* morbid fancy
vyplývať follow, result
vypnúť switch off; *vypnutý* off, out of gear
výpočet calculation
vypočítať compute, calculate
vypočítavať enumerate
výpoveď 1. *(vyhlásenie)* statement **2.** *(pre-*

pustenie) notice ● *okamžitá v.* a moment's notice
vypovedať 1. *(vyhlásiť)* state, declare **2.** *(prepustiť)* *give notice **3.** *(zmluvu)* denounce, renounce **4.** *(zo zeme)* banish, expatriate **5.** *(vojnu)* declare war
vypožičať *lend || **v. si** borrow
vypracovať elaborate || **v. sa** make one's way through s.t.
vyprahnutý arid, parched
výprask thrashing, licking
vyprášiť dust
výprava 1. expedition **2.** *(divadelná)* scene, scenery
vyprávanie tale, story
vyprávať narrate, *tell
výpravca dispatching clerk
vypraviť dispatch
vyprázdniť empty; *(pohár)* drain; *(žalúdok)* evacuate; *amer.* vacate
vyprážať roast, fry

výpredaj sale, sale out
vypredať *sell out
vyprevadiť *see s.o. out
vyprosiť si 1. obtain by requests **2.** *(ohradiť sa)* insist upon s. o.'s not saying (or doing) so
vypršať *(o lehote)* expire
vypudiť expel *(-ll-)*
vypuklina bulge
vypuklý 1. convex, bulging **2.** *(markantný)* expressive, marked
vypuknutie outbreak
vypuknúť *break out ● *v. v smiech* burst out laughing
vypustiť *let out, ooze, *(raketu)* launch
vypýtať sa obtain leave
vyrábať *make, manufacture
vyradiť *set aside
výrastok 1. growth, excrescence **2.** *(mladík)* youngster
výraz expression; *(odborný)* professional term
vyraziť 1. *(prudko)* dart **2.** *(o rastline)* *shoot **3.** *(von)* kick out, knock out **4.** *(zo skúšky)* plough

výrazný expressive
vyrážať sprout
vyrážka rash, eruption
výrečnosť eloquence
výrečný eloquent
vyrezať engrave on, upon
vyrezávať carve
vyriadiť *(upratať)* clean, tidy (up)
výroba manufacture, production; *(vyrobený tovar)* output
výrobca manufacturer, producer
vyrobiť *make, produce; *(kožu)* tan
výrobný manufacture-, factory-, manufacturing; *v-á cena* cost price; *v-é náklady* production costs; *v-á kapacita* capacity of production
výrobok product; *(textilný)* fabric; *(poľnohospodársky)* produce
výročie anniversary
výročný annual
výrok statement; *(súdny)* sentence
výron haemorrhage
vyrovnanie settlement
vyrovnaný even-tempered
vyrovnať smooth; *(dlžo-*

bu) settle || **v. sa 1.** *(narovnať)* straighten (o.'s back) **2.** *(byť taký ako druhý)* *come up to s.o., *be up to s.o. **3.** *(s niekým)* compound with s.o.

vyrozumieť *(niekoho)* *let s.o. know

vyrubiť *(poplatok, dane)* levy, impose

vyrušovať disturb

vyryť engrave

výsada privilege

výsadkár paratrooper

vysávač vacuum cleaner

vysedieť *(vtáčatá)* hatch

výsek sector; *(mäsa)* retail meat trade

vyschnúť dry up, drain

vysiakať si *nos* *blow one's nose

vysielač sender, transmitter

vysielanie broadcasting; *(relácia)* transmission

vysielať emit *(-tt-)*, *(rozhlasom)* broadcast

vysiliť exhaust

výskať shout, exult

vyskočiť *spring up, jump up

výskum research

výskumník research worker, researcher

výskumný research-, exploring

vyskúšať test, examine

výskyt occurrence

vyskytnúť sa occur *(-rr-)*

vyslanec minister, envoy

vyslanectvo legation

výsledný resulting, resultant; *(následný)* consequent

výsledok result, outcome; *(zápasu)* score; *nerozhodný v.* tie

vyslobodenie liberation, deliverance

vyslobodiť *set free; *(od niečoho)* deliver

vysloviť pronounce, utter ||**v. sa** *o niečom* express o.'s opinion

výslovne in precise terms, explicitly

výslovnosť pronunciation

výslovný express, explicit

vyslovovať pronounce

výsluch *(vypytovanie sa)* questioning; *(systematický)* interrogation; *(krížový)* cross-examination

vyslúžilec veteran, ex-
-serviceman
výsmech sneer, mockery
vysmievať sa sneer, mock,
laugh at
vysočina highlands
vysoko high(ly)
vysokoškolák undergra-
duate
vysoký high; *(o ľuďoch)*
tall
vyspelý mature; *(vyvinu-
tý)* well-developed
vysťahovalec emigrant
vysťahovanie emigration
vysťahovať emigrate,
evacuate; *(násilím)*
evict || **v. sa** move out;
(zo zeme) emigrate
vystavovať sa swagger
výstava exposition, exhi-
bition
výstavba construction (in
progress)
výstavisko exhibition
ground
vystaviť 1. *(tovar)* ex-
hibit, display 2. *(budo-
vu)* *build, construct 3.
(potvrdenku) *give a re-
ceipt 4. *(nebezpečiu)*
expose, subject

vystierať sa stretch out
výstižný truthful, realistic
výstraha warning; *(letec-
ká)* alert
vystrájať *make a mess
vystrašený scared
vystrašiť scare, startle
výstredný eccentric
výstrel shoot, shot
vystreliť fire; *(z dela)*
discharge a gun; *(ra-
ketu)* launch, *let *(-tt-)*
off
vystriedať *(stráž)* relieve
výstrih décolleté(e), low
neck
vystríhať warn
vystríhať sa avoid s.t.
výstrižok cutting, clipp-
ing
výstroj outfit, equipment,
paraphernalia
vystrojiť equip *(-pp-)*
výstup 1. *(na horu)*
ascent 2. *(divadelný)*
scene 3. *(škandál)* row
● *nerob tu v.* don't
make scenes here
vystúpiť 1. *get out 2.
(na niečo) mount 3.
(proti) *stand up
against s.t.

vystupovanie behaviour
vysunúť push out
vysušiť drain, dry up
vysvedčenie certificate, report
vysvetlenie explanation
vysvetliť explain, account for
vysvetlivka note, comment; *(pod čiarou)* foot-note
výsyp rash, eruption
vyše above; *(viac ako . . .)* more than
vyšetrovanie investigation; *(súdne)* inquest; *lek.* examination
vyšetrovať investigate; *lek.* examine
výšina elevation
vyšívať embroider
výšivka embroidery
výška height; *(tónu)* pitch; *(zemepisná)* altitude
vyškrtnúť cross out
vyšný upper
vyšší higher, superior
vyť howl
výťah 1. *(v dome)* lift; *amer.* elevator **2.** *(ob-*

sah) extract, summary, digest; *(stručný)* compendium **3.** *(z účtu)* statement of account
výťažok extract, yield
vytiahnuť extract, pull out
vytie howl(ing)
vytknúť *(ruku, nohu)* dislocate
vytlačiť 1. squeeze out, express **2.** *(z miesta)* displace **3.** *(knihu)* print
výtlačok print, copy
vytočiť *(číslo telefónu)* dial
výtok 1. outflow **2.** *lek.* discharge
vytratiť sa *steal away
vytrhnúť pull out
vytrieť wipe out
vytriezvieť *become sober
vytrvalosť endurance; *(húževnatosť)* perseverance
vytrvalý persistent
vytrysknúť eject, spurt
vytrženie rapture

výtržnícky riotous
výtržnosť riot, distur-
bance
vytúžený craved-for,
longed-for
výtvarné umenie the fine
arts *mn. č.*
výtvarník *(maliar)* paint-
er; *(sochár)* sculptor
výtvor creation; *(ume-
lecký)* art
vytýčiť *(cieľ)* *set *(-tt-)*
an aim
vytýkať reproach
vyučený *(kvalifikovaný)*
skilled
vyučovanie education, in-
struction; *(súkromné)*
tuition
vyučovať *teach
využiť utilize; *v. príleži-
tosť* *take chance
využitkovať *(využiť)* ex-
ploit
vyvariť 1. boil 2. *(očis-
tiť varením)* cleanse by
boiling
vývar *(mäsový)* broth
vyvážať export
vyvážiť counterbalance
vyvesiť *hang out, *put
(-tt-) out

vývesná tabuľa signboard
vyvetrať air, ventilate
vyviesť 1. *(von)* *take
s.o. out 2. *(urobiť niečo)*
*make a mess, *(komu)*
play a trick on s.o.;
v. z rovnováhy unnerve
vývin development
vyvinúť (sa) develop
vyvinutý: *nedostatočne,
menej v.* under-deve-
loped
vyvlastniť expropriate
vývoj evolution, develop-
ment ● *zaraziť vo v-i*
stunt
vývojový evolutionary
vyvolať evoke, provoke
vyvolávať *fot.* develop
vývoz export
vývozný export-: *v-é clo*
export duty; *v-é povo-
lenie* export licence
vyvrátiť disprove, *(tvr-
denie)* refute
vyvrheľ outcast
vyvrcholenie climax
vyvrcholiť culminate
vývrtka cork-screw
vyza *zool.* sturgeon [stə:-
džən]

výzbroj equipment, armament

vyzbrojiť arm, supply with arms; *(vybaviť)* equip *(-pp-)*

výzdoba decoration

vyzdobiť decorate, embellish

vyzdvihnúť raise, lift

vyzerať look

vyziabnutý gaunt, skinny

vyzliecť undress, strip *(-pp-)* ‖ **v. sa** *take off, *put *(-tt-)* off

vyznačiť mark

význačný prominent

význam 1. *(slova)* meaning **2.** *(dôležitosť)* importance, significance ● *mať v. (dôležitosť)* matter

vyznamenanie distinction; *(školské)* honours *mn. č.*

vyznamenať distinguish; *(radom)* decorate

významný important, significant

vyznanie creed; *(náboženské)* denomination; *(bez vyznania)* agnostic

vyznať profess

vyznať sa *be familiar with s.t. *(v niečom)*

vyznieť sound; *make an impression; *v. naprázdno* *fall flat

výzor appearance, looks *mn. č.*

vyzradiť disclose

vyzuť sa *take off one's shoes

výzva challenge

vyzváňať *(umieráčikom)* toll

vyzvať challenge; invite; *(úradne)* summon

vyzvedač spy

výzvedný: *v-á služba* intelligence service

vyzývavý provocative

vyžadovať require, demand

vyžarovanie emission, radiation

vyžarovať emit *(-tt-)*, radiate

výživa nourishment

výživný nutritious, nourishing

vzácny rare, scare

vzadu behind, back

vzájomný mutual, reciprocal

vzbudiť *(dôveru)* inspire confidence

vzbura mutiny, revolt

vzbúrenec insurgent, rebel

vzbúriť raise || **v. sa** revolt, rebel *(-ll-)*

vzdať *(zápas)* scratch (a match) || **v. sa 1.** *(niekomu)* surrender **2.** *(niečoho)* *give up, quit *(-tt-)* something, discard; *v. sa vlastníctva* vacate

vzdelanec gentleman

vzdelanie education

vzdelávať educate

vzdialenosť distance; *(v míľach)* milage

vzdialený distant, a long way off

vzdialiť withdraw; *(s ospravedlnením)* absent o.s.

vzdor defiance

vzdorný defiant

vzdorovať defy, brave

vzdorovitý defiant

vzduch air ● *hovoriť do v-u* talk to the winds

vzducholoď airship

vzduchovka airgun

vzdušný airy, aerial ●

v-á čiara bee-line; *v-é zámky* castles in Spain

vzdych sigh

vzdychať sigh

vzhľad look *mn. č.,* appearance

vzhliadnuť look up to

vzchopiť sa pull o.s. together

vziať *take; *v. do úvahy* *take into account

vziať si *have; *(znovu)* resume; *(spät)* *withdraw; *(do vleku)* *take in tow ● *v. si do hlavy* *take into one's head; *v. si k srdcu* *take to heart

vzkriesiť revive

vzkypieť boil up ● *v. hnevom* burst out into a rage

vzletný lofty

vzlykať sob *(-bb-)*

vzmužiť sa pluck up one's courage, man o.s.

vznášať sa hover; *(v kvapaline)* float

vznešenosť grandeur

vznešený noble, sublime

vznietiť sa catch fire

vznikať *rise, origine ●

dať vznik *give rise to s.t.

vzniknúť *arise, originate

vzor model, example; *(nákres)* design

vzorec formula

vzorka sample; *(časť celku)* pattern

vzorný model

vzostup ascent; *obraz.* rise

vzplanúť flare up; *náhle v.* spurt

vzplanutie conflagration

vzpriamený upright

vzpružiť invigorate, stimulate

vzrast growth

vzrušenie excitement, thrill; *(zmätené pobiehanie)* flutter

vzrušiť excite, agitate

vzrušujúci thrilling

vzťah relation(ship)

vzťahovať sa *(na niečo)* refer *(-rr-)* to

vzťažný *gram.* relative

vztýčiť erect, rear; *(zástavu)* hoist

vzývať invoke

vždy always, ever

X

Xantipa Xanthippe; *prenes.* termagant, scold, wixen, shrew, nagging woman

xylolit petrified wood, *odb.* lithoxyle

Y

yard yard

yperit yperit

Z

z from, of, out of; *z toho dôvodu* for this reason; *snažiť sa zo všetkých síl* try hard, *do o.'s best; bude z neho dobrý pracovník* he will make a good worker

za 1. *(miestne)* behind, beyond **2.** *(poradie)* after; *za sebou* one after the other, successively **3.** *(zastúpenie)* for, on behalf of **4.** *(o cene)* at, for **5.** *(časove)* during, under, after, in ● *za mestom* outside the town; *za rohom* round the corner; *urobil to za týždeň* he made it (with)in a week; *urobil to za mňa* he did it instead of me; *jeden za druhým* one after the other, successively

zabaliť wrap *(-pp-)* up, pack

zábava 1. *(pobavenie)* amusement, entertainment **2.** *(večierok)* party **3.** *(kratochvíľa)* pastime ● *pre z-u* for fun

zabávať (sa) amuse, entertain o.s.

zabaviť 1. *(zhabať)* confiscate, seize ‖ **z. sa** amuse, enjoy o.s.

zábavný amusing, entertaining, funny

zábeh: *v z-u* running-in

zabehnúť 1. *(odskočiť po niečo)* *go and fetch s. t.; (niekam)* drop *(-pp-)* in (at) a place **2.** *(o jedle)* *go down the wrong way

záber *fot.* scene, shot

zabezpečený secure

zabezpečiť secure, indemnify for

zabíjačka hog-killing, hog-feast

zabiť 1. *(človeka)* kill, *(zviera)* slaughter, slay **2.** *(zatĺkať)* *beat in

záblesk glimpse, flesh

zablokovať obstruct

zablúdiť *lose o.'s way, *go astray ● *nemôžeš*

z. you can't go wrong, you can't miss your way

zablysnúť sa flash; *zablyslo sa* there was a flash of lightning

zábradlie railing; *(na schodoch)* banisters

zábrana hindrance

zabrániť prohibit; *(komu v čom)* prevent s.o. from doing s.t.

zabrať 1. occupy, *take possession of; (územie)* annex **2.** *(o lieku)* *take, operate **3.** *(založiť látku)* tuck in, *take in **4.** *(čas)* *take (up), require **5.** *(o rybách)* *bite

zábudlivosť forgetfulness

zábudlivý forgetful

zabudnúť *forget *(-tt-)*

zabudnutie oblivion

zaceliť sa cicatrize

záclona curtain

zacloniť shade, screen

začarovaný enchanted; *z. kruh* vicious circle

začať start, *begin *(-nn-)*; *(opäť)* resume

začervenať sa blush

začiatočník beginner

začiatok beginning, start

zadarmo free of charge

zadať *(žiadosť)* apply

záder hangnail

zadĺžený indebted

zadĺžiť *get *(-tt-)* into debts, mortgage ['mo:gidž]

zadný back, behind; *z-á časť* rear

zadok buttock

zadosťučinenie satisfaction

zadovážiť provide s.t.

zadriemať *take a nap

zadrieť si *(triesku)* *run *(-nn-)* a splinter into o.'s finger

zadržať check, detain, stop *(-pp-)*

zádumčivý pensive, thoughtful

zadusiť suffocate || **z. sa** stifle

zafír sapphire ['sæfaiə]

záhada mystery, puzzle

záhadný queer, mysterious

zahájiť fence, forbid passage

zaháľať *be idle

zahaliť veil, enfold in, with

zahanbiť *(koho)** make s.o. feel ashamed

zahasiť *put *(-tt-)* out, *blow out, extinguish; *z. smäd* quench

zahladiť blot *(-tt-)* out, afface

zahlásiť announce; *(policajne)* notify

záhlavie 1. *(nadpis)* heading 2. *anat.* nape (of the neck)

zahíbený absorbed in s.t.

zahmlený misty, foggy

zahmliť dim *(-mm-)*, cover with fog

zahnať *drive away; *z. hlad* satiate ['seišieť] o.'s hunger

zahnúť 1. *(ohnúť)* *bend 2. *(zabočiť)* turn

zahojiť sa heal up

záhon bed; *kvetinový z.* flower bed

zahovoriť *(niečo v reči)* introduce a new topic

záhrada garden; *(ovocná)* orchard

záhradník gardener

zahraničie foreign country; *do z-a* abroad; *Ministerstvo z-a v Brit.* Foreign Office; *na pev-*

nine Ministry of Foreign Affairs; *v USA* State Department

zahraničný foreign

zahrávať sa trifle *(s čím* with s.t.)

zahriaknuť silence, shout down

zahrmenie a peal (clap) of thunder

zahrnúť 1. *(počítať do počtu)* include in 2. *(množstvom)* overwhelm, embody

záhuba destruction, ruin

zahustiť thicken

záhyb fold, crease, pleat

zahynúť perish

zachmúrený gloomy, sullen

záchod lavatory, toilet, water-closet, w. c.

zachovalý well-preserved, in good preservation; *(mravne)* blameless

zachovať 1. conserve 2. *(správať sa)* *behave

záchrana rescue; *posledná z.* last straw

záchranca rescuer, deliverer

zachrániť rescue, save from

záchranný: *z. čln* life-boat; *z-á brzda* emergency break
zachrípnuť *become hoarse
záchvat fit, attack, *(porážky)* seizure
zachvátiť seize, attack
zachvenie shudder
záchvev vibration
zachvieť sa shiver, tremble
zachytiť *catch; *(na zvukový pás)* record
zaiste surely, certainly
zaistiť ensure against, from, secure; *(políciou)* attach a person; *(pomoc koho)* enlist s. o.'s help
zajac hare
zajakať sa stammer, stutter
zajať capture
zajatec prisoner, captive; *(vojnový z.)* prisoner of war
zájazd excursion, trip; *(okružný)* tour
zajtra tomorrow
zákal cataract [ˈkætərækt]

zakaliť 1. dim *(-mm-)*, obscure 2. *(oceľ)* temper, harden
zákaz prohibition, ban
zakázať *forbid *(-dd-)*, prohibit
zákazka order
zákazkový custom-made
zákazník customer, client
zákerný treacherous
základ basis, foundation
zakladať sa *na* *be based on s.t.
zakladateľ founder
základina fund
základňa 1. *mat. a voj.* base 2. *(ekonomická)* basis
základný elementary, fundamental, basic; *(o číslovke)* cardinal
základy 1. *(domu)* foundations *mn. č.* 2. *(vedomostí)* rudiments *mn. č.*, elements *mn. č.*
zaklopať knock
záklopka valve
zákon law; *(právnický)* act; *z-y bezpečnosti práce* Factory Acts
zakončenie termination, close, end, conclusion
zakončiť finish, terminate

zákonitý regular, in the nature of a law

zákonník code; *občiansky z.* civil code; *trestný z.* penal code

zákonný legal, legitimate

zákonodarný legislative, lawgiving

zákonodarstvo legislation

zákop trench

zakopať bury; *nástrojom* *dig (-gg-)* in; *z. sa do zákopov* entrench

zakorenený ingrained

zakoreniť sa *take root; *pren.* *be firmly established

zakotviť anchor

zakričať *(na koho)* shout for s.o.

zakročiť intervene

zákrok intervention

zakrpatený dwarfish, stunted

zákruta bend, curve

zakrvaviť stain with blood

zakryť cover

zákulisie: *v z-í* behind the scenes

zakúriť *make fire

zakúsiť experience, *go through

zákusok sweets *mn. č.,* pastry

zalamovať: *z. rukami* clasp o.'s hands

zalepiť *stick up, paste up

zalesniť efforest

záletník philanderer

zálety love-making

záležať depend on s.t. ● *na tom nezáleží* it does not matter; *záleží mi na tom, aby . . .* I am anxious to

záležitosť business, matter

záliv gulf, bay

záloh pawn; *hra na z-y* game of forfeit

záloha 1. *(peňažitá)* advance, deposit **2.** *(rezerva)* reserve

založiť found, establish ● *z. si ruky* fold o.'s arms

záľuba liking, preference, hobby, fancy

zaľúbiť sa *fall in love

zaľudniť people, populate

zamaskovať sa disguise; *voj.* camouflage

zamat velvet

zamedziť prevent, hinder

zámena interchange

zameniť 1. *(vymeniť)* interchange **2.** *(nahradiť)* replace (A by B) **3.** *(omylom)* mistake, confound with

zámeno *gram.* pronoun

zámer design, intention

zamerať aim at, direct

zámerný intentional, deliberate

zamestnanec employee; *(štátny)* civil servant

zamestnanie occupation, employment, job

zamestnaný employed, engaged; *(zaneprázdnený)* busy

zamestnávateľ employer

zameškať miss

zametač sweeper

zametať *sweep

zámienka pretext, pretence

zamiesiť *make dough

zamiešať stir *(-rr-); z. karty* shuffle || **z. sa** interfere

zamietnuť reject

zámka lock; *(visacia)* padlock; *(patentná)* latch; *(zapadacia)* snaplock

zamknúť lock up

zamlčať *keep s.t. secret

zámočník locksmith

zámok castle

zámorie oversea countries; *do z-a, v z-í* overseas

zamoriť infest

zámorský oversea

zamotať entangle

zámožný well-off, well-to-do; *z. človek* a man of means

zamračený cloudy, overcast

zamrežovať enclose with grating

zamrznúť *freeze over, *get frozen over

zamyslený thoughtful, musing

zamyslieť sa *be absorbed in thought

zamýšľať design, intend; *(predsavzať si)* *mean

zanedbať neglect

zanedbaný neglected, squalid, uncared for

zanechať *leave behind

zanevrieť *(na niekoho)* *have a grudge against s.o.; *lose all love for s.o.

zanietenie ardour

zanietiť sa *become en-
thusiastic *(pre niečo
about s.t.)*
zánik extinction
zaniknúť expire
zanovitý obstinate
zanôtiť hum *(-mm-)*
zaoberať sa *(niečím)* busy
o.s. at, with, about s.t.;
(myšlienkou) entertain
a thought
zaobchádzať *(s niekým)*
treat, handle s.o.
zaobísť sa *do without s.t.
zaokrúhliť round off
zaopatrenie *(byt a strava)*
board and lodging
zaostalý backward
zaostať lag *(-gg-)* behind
zaostriť sharpen; *(optic-
ky)* focus; *(televízor)*
fade in
západ 1. west; *na z.*
west, *na z-e* west,
westward, to the west
2. *(slnka)* sunset; *amer.*
sundown
zapadať 1. *sink, *fall
into **2.** *(slnko)* *set
(-tt-)
západný west, western
zápach stink, bad smell
zapáchať *stink, smell

bad, *z. (niečím)* smell
of s.t.
zápal 1. *(horlivosť)* zeal,
enthusiasm **2.** *lek.* in-
flammation; *z. pľúc*
pneumonia
zápalistý ardent
zapáliť fire, *set on fire
|| **z. sa** *catch fire
zápalka (safety) match
zápalný inflammable,
(horľavý) combustible;
(strela) incendiary
zapaľovač lighter
zapamätať si *keep in
mind, remember
zápas *(boj)* fight; *(sú-
ťaž)* contest; *(za ideu)*
struggle; *šport.* match
zápasiť *(bojovať)* *fight;
(súťažiť) contest; *(za
ideu)* struggle; *(v gréc-
ko-rímskom zápase)*
wrestle; *(usilovať)*
*strive
zápasník wrestler
zápästie wrist
zapečatiť seal *(up)*
zápcha *lek.* constipation
zapchať stop *(-pp-)* up,
plug *(-gg-)* up
zapierať deny
zápis *(záznam)* record,

entry, enrolment; *(protokol)* minutes mn. č., *(na vysokú školu)* matriculation

zapísať take down, *(do obchodnej knihy)* enter; *(do úradných dokladov)* register; *(zaznamenať)* record; *(do zoznamu)* list; *(do voličských zoznamov)* poll

zápisné enrollment; (registration) fee

zápisnica minutes, record

zápisnične by the minutes, in writing

zápisník note-book, pocket-book, scribbling-block

záplata patch

zaplátať patch

zaplatiť *pay, settle; *(za niekoho, niečo)* *stand s.o. s.t.

záplava flood

zaplaviť flood, *overflow, inundate

zápletka plot

zapliesť 1. entangle, *(do zločinu)* involve **2.** *(vlasy)* plait

zaplombovať *(zub)* stop *(-pp-)* a tooth

zapnúť 1. *(gombíky)* *do up, button up **2.** *(prístroj)* switch on, turn on

započítať include

zápor negation

záporný negative

záprah team (of horses)

zaprášený dusty

zapražiť thicken with flour

záprdok wind-egg

zapriahať harness

zapríčiniť cause

zaprieť deny

zapudiť repel *(-ll-),* repudiate, *drive away

zapustiť *(korene)* *strike root

zarábať earn; *(na živobytie)* *make o.'s living; *(peniaze)* *make money

zaradiť *(napr. do tabuľky)* table

zarámovať frame

zarastený 1. *(porastom)* overgrown with s.t. **2.** *(neoholený)* unshaven

zaraziť 1. *(zastaviť)* check, stop *(-pp-)* **2.** *(prekvapiť)* puzzle

zárez cut, notch, incision

zarezať kill by cutting the throat ● *sedieť ako za-*

rezaný *sit dumbfound-ed

zariadenie *(strojné)* machinery, works; *(bytu)* furnishings *mn. č.; drobné z.* paraphernalia; *z. úradu (nábytok)* office fittings; *plynové, elektrické z.* fittings; *mechanické z.* gadget

zariadiť 1. *(obstarať)* arrange, *hovor.* fix up **2.** *(nábytkom)* furnish

zarmútiť grieve, fill with sorrow

zármutok grief, sorrow

zarobiť *(cesto)* knead [ni:d], *make dough

zárobok earnings *mn. č.*

zárodok germ, embryo ● *potlačiť v z-u* nip *(-pp-)* in the bud

zároveň at the same time, along with; *z. s týmto* hereby

zaručiť warrant, guarantee, vouch || *z. sa* vouch for s.t.

záruka guarantee, warranty, security, surety

záružlie *bot.* marigold

zarytý stubborn, obdurate

zásada 1. principle; *zo z-y* on principle **2.** *chem.* base, alkali [ˈælkəlai]

zasadanie session, sitting

zasadať *sit *(-tt-)*; be in session

zasadiť 1. plant **2.** *(ranu)* *deal, deliver, inflict a blow

zásadne on principle

zásah 1. *(do terča)* hit **2.** *(zasahovanie)* interference

zasiahnuť 1. *(trafiť)* *hit *(-tt-)* **2.** *(do niečoho)* interfere with s.t., intervene, encroach upon

zásielka 1. *(tovaru)* consignment **2.** *(lodná)* shipment

zaskliť glaze

zaskočiť 1. *(niekam)* drop *(-pp-)* in; *(k niekomu)* call on s.o. **2.** *voj.* outflank

zaslepenosť infatuation

zaslepiť infatuate

zásluha merit ● *vašou z-ou* thanks to you

zasluhovať deserve

zaslúžiť deserve, merit ||

z. sa deserve well of s.t.; *z. si* deserve, earn
záslužný praiseworthy, meritorious
zasmušilý gloomy, dull
zasnený musing
zasnežený snowy, covered with snow
zasnúbenie engagement
zasnúbený engaged
zasnúbiť sa *become engaged
zásoba supply, stock
zásobovanie food-supply, supplies *mn. č.*
zásobovať supply; *(potravinami)* cater; *(loď alebo stroj palivom)* fill || **z.sa** *make provisions for
zásoby supplies *mn. č.*
zaspať *fall asleep
zástanca advocate, champion
zastaralý out of date, obsolete
zastať 1. *(zastaviť sa)* stop *(-pp-)* **2.** *(niekomu cestu)* block s. o.'s way || **z. sa** *(niekoho)* plead for, advocate
zástava flag; banner; standard

zastávať *(úrad)* perform; *(niečo)* *stand up for s.t.
zastaviť 1. stop *(-pp-) (prechodne)* hitch || **z. sa** stop *(-pp-)*, pause, *(po koho)* call for s.o. **2.** *(dať do záložne)* pledge pawn
zastávka stop
zástera apron, *(detská)* pinafore
zastihnúť reach, *catch
zastrašiť intimidate, discourage
zastrašovanie intimidation
zastrčiť insert, *put *(-tt-)* in
zástrčka plug
zastreliť *shoot (dead)
zastrihnúť trim *(-mm-)*
zástup crowd; *(knižne)* host
zástupca representative, delegate; *(námestník)* deputy; *(obchodný)* agent; *(právny)* lawyer
zastúpiť substitute
zasunúť insert, slip *(-pp-)*
zásuvka 1. drawer **2.** *(elektrická)* socket

zasvätiť consecrate; *(do niečoho)* initiate
zásyp *(detský)* powder
zašantročiť barter away
záškodník sniper
záškrt diphtheria
zaškrtiť strangle
záštita 1. shelter **2.** *(patronát)* patronage, sponsorship; *pod z-ou* sponsored by, under the patronage of
zať son-in-law
zatáčka curve
zatajiť *hide, conceal, *keep s.t. secret
zatarasiť bar *(-rr-)*, obstruct
zaťažený charged; *dedične z.* hereditarily afflicted
zaťažiť burden, load
zatelefonovať call s.o. up, *ring s.o. up
zatemnenie black-out
zatemniť 1. black out **2.** *(urobiť nejasným)* obscure
zatiaľ meanwhile, for the time being; *z. čo* while, whereas
zátišie *pren.* still life
zátka stopper, cork
zatknúť arrest

zatmenie *astron.* eclipse
zátoka bay, gulf
zatratený damned, rotten; *(vulgárne)* bloody
zatratiť damn
zatrhnúť *(označiť)* check, mark
zatvoriť *shut *(-tt-)*, close; *(na závoru)* bolt
závorka bracket
zatykač warrant
zátylie nape
zaucho box on the ear, slap (in the face)
zaujať *(postoj)* pose, resume; *(pozornosť)* captivate
zaujatý prejudiced, partial; *(prácou)* occupied
záujem interest, concern ● *vzbudiť všeobecný z.* *make a stir; *bez z-jmu* unconcerned (in, with)
zaujímať 1. interest **2.** *(obsadzovať)* occupy; *(plochu)* cover ‖ **z. sa** *be interested in
zaujímavý interesting
zaumieniť si determine, *make up one's mind
zauzliť (sa) knot *(-tt-)*, entangle
závada defect, trouble

závadný faulty, defective; *(mravne)* offensive

zavadzať *be (*stand) in the way of

zavádzať 1. *(niečo)* install, introduce **2.** *(klamať)* deceive

zavalitý stout, plump

závan whiff, puff

zaváranina preserves *mn. č.,* bottled fruit

zavárať preserve, pickle

závažie weight

závažnosť gravity, relevance

závažný weighty, relevant

záväznosť liability, obligation

záväzný obligatory

záväzok pledge, engagement, comitment

zaväzovať 1. *bind, *do up **2.** oblige, engage || **z. sa** pledge o. s., engage

zavčas early

zavďačiť sa oblige s.o.

závej (snow)-drift

záver 1. *(koniec)* finish, conclusion **2.** *(úsudok)* deduction

záverečný final

záves 1. *(pánt)* hinge **2.**

(záclona) curtain, drapery

zavesiť suspend, *hang up

závet testament, last will

zavetriť scent

závideniahodný invidious

závidieť envy

zaviesť 1. *(koho kam)* *lead; *(na scestie)* *mislead **2.** *(nové metódy)* introduce, install

závin (apple)-roll

zavináč collared herring

zaviniť cause, *be the cause of ● *on to zavinil* he is to blame

závisieť *(na)* depend (on)

závislosť dependence

závislý dependent

závisť envy

závistlivý envious

závit *tech.* thread, worm

zavlažiť water, moisten

zavliecť 1. *(niečo niekam)* haul, drag *(-gg-)* **2.** *(koho)* kidnap *(-pp-)*

závod 1. *(podnik)* plant, works, establishment **2.** *(preteky)* race; *(súťaž)* contest

zavodniť irrigate

zavodňovanie irrigation

závodný 1. *(podnikový)* works ● *z. výbor* works

council; *z-á kuchyňa*
canteen **2.** *šport.* race-,
racing
závoj veil
závora bar, bolt, latch;
(železničná) gate
závrat dizziness, giddiness;
mám z. I am giddy
zavraždiť murder,
assassinate
zavrhnúť reject, repudi-
ate
zavŕšiť culminate
zavýjať howl
zázemie hinterland, rear
zazlievať *take amiss
záznam record
zaznamenať register, re-
cord; *(poznamenať si)*
*make a note of; *write
down
zázračný prodigious, mi-
raculous ● *z-é dieťa* in-
fant prodigy
zázrak miracle, wonder
zazrieť *(letmo)* *get *(-tt-)*
a glimpse of, *catch a
glimpse of
zažať *(elektr. svetlo)*
switch on the light
zážitok experience
zažívanie digestion
zbabelec coward

zbabelosť cowardice
zbabelý coward(ly)
zbadať perceive, notice
zbavený *(čoho)* deprived,
devoid of
zbaviť deprive, relieve of;
z. pachu deodorize || **z.
sa** *get *(-tt-)* rid, dispose
of
zbeh 1. deserter **2.**
(zhluk) crowd, throng
zbehlosť skill, experience
zbehlý good at s.t., fa-
miliar with
zbehnúť 1. *(nadol)* *run
(-nn-) down **2.** *(ujsť)*
desert || **z. sa** *(o látke)*
*shrink
zber collection; *z. odpa-
dových surovín* salvage
zberateľ collector
zberba pack, rabble
zbesilosť fury
zbesilý frantic
zbežný perfunctory
zbierať gather; collect;
(klasy) glean; *(ovocie,
plody)* pluck, pick; *(od-
padové suroviny)* sal-
vage || **z. sa 1.** *(zo
zeme)* gather o.s. up **2.**
(hniať) suppurate
zbierka collection

zbiť *(koho)* lick, thresh
zblázniť sa *go mad
zblednúť turn pale
zblížiť sa approach, *get *(-tt-)* nearer
zbohatlík new rich
zbohom good-bye, farewell, adieu
zbojník highwayman
zbor body; *(spevácky)* choir [ˈkwaiə], chorus; *(učiteľský)* staff; *(vojenský)* corpse
zborník magazine
zborovňa staff-room, teacher's room
zbožňovať adore
zbožný pious, devout
zbraň weapon; *(strelná)* fire arm, gun
zbrojenie armament
zbrojnica arsenal, armoury
zbrojovka arsenal
zbúrať demolish; pull down
zbytočne uselessly, to no purpose
zbytočný useless, unnecessary
zďaleka from afar
zdanenie taxation
zdanie appearance ● ne-

má o tom ani z-a he hasn't got the slightest idea of it
zdaniť tax
zdanlivý seeming, apparent
zdar *(úspech)* success
zdarný successful
zdať sa seem, appear ● zdá sa mi to ťažké I find it difficult
zdatnosť efficiency
zdatný efficient
zdediť inherit
zdesenie dismay
zdĺhavý tedious, sluggish
zdobiť adorn, decorate
zdochlina carcass
zdochnúť perish
zdokonalenie improvement
zdokonaliť perfect, improve || z. sa improve, brush up
zdola from below
zdolať master; *(prekonať)* *overcome
zdôrazniť emphasize, stress
zdráhať sa *be reluctant
zdrap rag, scrap, *(papiera, látky)* tatter

zdravie health; *(duševné)* sanity

zdravotnícky sanitary

zdravotníctvo health service

zdravý healthy, sound, robust; *(duševne)* sane; *(zdraviu prospešný)* wholesome

zdriemnuť si *take a nap

zdrobnenina per name, *gram.* diminutive [di-ˈminjutiv]

zdrobnený diminutive

zdroj source ● *z. príjmov* means of living

združenie association

združstevniť turn into a cooperative

zdržanlivosť restraint, abstinence

zdržanlivý abstinent

zdržať detain, delay, retard ‖ z. sa *(čoho)* refrain, abstain (from s.t.)

zdržiavať sa stay; *(bývať)* dwell

zdvihnúť lift, hoist

zdvojnásobiť (re)double

zdvorilostný complimentary

zdvorilý polite, courteous

zebra zebra

zeleň green (colour); *(stromov)* verdure

zelenáč green-horn

zelenina vegetables *mn. č.*

zeleninár greengrocer

zelený green; *z-á skalica* ferrous sulphate

zeler celery

zem earth, land, country; *(pôda)* ground

zemeguľa globe

zememeračstvo surveying, geodesy

zemepis geography

zemetrasenie earthquake

zemiak potato ● *pečené z-y so šupou* potatoes with their jackets on

zemitý earthy

zemný earth-, terrestrial

zenit zenith

zhabať confiscate

zháňať 1. *(snažiť sa obstarať)* surge, look for 2. *(dohromady)* *drive together 3. *(peniaze)* hunt for

zhanobiť dishonour, pollute

zhasiť *put *(-tt-)* out;

(elektrické svetlo) switch out, turn out

zhasnúť *go out

zhlboka from out the deep; *z. dýchať* breathe deeply

zhltnúť swallow

zhluk throng, crowd

zhluknúť sa flock, gather

zhniť rot *(-tt-)*

zhnitý corrupt, rotten

zhnusiť disgust

zhoda agreement; *(okolností)* coincidence, unity

zhodiť *cast, *throw down

zhodnotiť evaluate

zhodný corresponding, conforming

zhodovať sa coincide, agree, correspond

zhon bustle, agitation; *(po niečom)* demand for s.t.

zhora from above; *(smerom nadol)* downwards

zhorieť *burn down

zhoršiť deteriorate || **z. sa** worsen

zhotoviť *make, manufacture

zhovievavosť connivance; *(trpezlivosť)* patience

zhovievavý indulgent, lenient; *(trpezlivý)* patient

zhovorčivý talkative

zhrbiť sa stoop

zhrdzavieť *become rusty

zhrešiť sin *(-nn-)*

zhrnúť 1. *(dohromady)* heap together, pile up **2.** *(obsah)* sum *(-mm-)* up, summarize

zhrnutie summary

zhromaždenie gathering, assembling

zhromaždiť sa gather, assemble; *(manifestovať)* rally

zhroziť sa *be shocked by s.t. *(al. s.o.)*

zhruba roughly, on the whole; *z. povedané* roughly speaking

zhubný pernicious, destructive, malignant

zhustnúť thicken

zhyb bend, joint

zhýralý abandoned, desolate

zima 1. *(ročná doba)* winter **2.** *(chlad)* cold, chill; *je mi z.* I am cold

zimník overcoat, great-coat

zimozeleň box-tree, evergreen

zinok zinc

zips zip

zisk profit, gain, account; *čistý z.* net profit(s); *hrubý z.* gross earnings *mn. č.*

získať obtain, *win (-nn-)*; *(znovu)* recover again

zísť sa 1. *(zhromaždiť sa)* *come together, *meet, assemble **2.** *(niekomu na niečo)* suit, *be fit; *to sa mi zíde* it will come handy

zistiť *find out, ascertain; *(priemer)* average

zívať yawn

zívnutie yawn(ing)

zjav appearance, phenomenon

zjavenie 1. *(videnie)* apparition **2.** *(prezradenie)* revelation

zjavný obvious, apparent

zjazd congress; *z. strany* party congress

zjazdný passable

zjednodušiť simplify

zjednotenie unification

zjednotiť unify, unite

zjemniť refine

zlacnieť *become cheaper

zľahčovať disparage

zľaknúť sa *be scared

zlato gold

zlatý gold; *obraz.* golden; *(milý)* sweet; *z-é krytie* gold standard; *z-á stredná cesta* the golden mean

zľava 1. reduction, abatement **2.** *(z ľavej strany)* from the left

zľaviť deduct, *make a deduction

zle *(nesprávne)* wrong, *(predpona)* mis-

zlepiť glue together

zlepšenie improvement

zlepšiť sa improve

zlepšovateľ innovator

zliatina alloy

zlievač founder

zlieváreň foundry

zlo evil, wrong

zloba wrath

zločin crime

zločinec criminal

zločinný criminal

zlodej thief *mn. č.* thieves; *(vreckový)* pickpocket

zlomenina fracture
zlomený broken
zlomiť *break
zlomok 1. *(kúsok)* fragment **2.** *mat.* fraction
zlomyseľnosť malice
zlomyseľný malicious, wicked
zlosovanie lottery
zlosť anger; *na z.* in spite of s.t.; *vyliať si z. na niekom* vent one's wrath on s.o.
zlostiť irritate
zlosyn scoundrel
zlovestný ominous, sinister
zlozvyk bad habit
zloženie 1. *(štruktúra)* structure **2.** *(piesne, básne)* composition
zložený compound
zložiť 1. *(preložiť)* fold **2.** *(peniaze)* deposit **3.** *(skúšku)* pass **4.** *(úrad)* *put *(-tt-)* down
zložitý complicated
zložka component
zlúčenina compound
zlúčiť unite, compound || **z. sa** fuse, amalgamate
zlučiteľný compatible
zľutovanie pity, mercy;

majte s ňou z. have mercy on her
zľutovať sa *have pity on s.o.
zlý bad, evil
zlyhanie *(srdca)* heart--failure
zlyhať fail
zmáčať drench, wet *(-tt-)*
zmačkať rumple
zmalátnieť *grow weak
zmalomyseľnieť *become discouraged
zmariť stave off
zmäkčiť soften
zmätený confused, distracted; *(v rozpakoch)* puzzled
zmätok confusion; *hovor.* mess; *(ohromenie)* bewilderment
zmena change, alteration; *prevratné z-y* upheaval
zmeniť change, alter; *(zmierniť trest)* commute || **z. sa** change
zmenka bill of exchange
zmenšiť *(uberať)* detract
zmenšiť sa diminish, lessen
zmenšovať sa dwindle

zmes compound, mixture; *(protimrazová)* anti--freeze

zmestiť sa fit *(-tt-)* in s.t.

zmeškať miss s.t.

zmeták sweeper

zmiasť confuse, embarras

zmieriť sa mention; *(narážkou)* allude to s.t.

zmienka mention; *(narážka)* allusion

zmier(enie) reconciliation

zmierniť reconcile, conciliate

zmieriť sa reconcile o.s. with s.o., resign o.s. to s.t.

zmierlivý conciliatory, smooth

zmierniť appease, mitigate; *(stlmiť)* subdue

zmiešať jumble

zmietať sa toss, agitate

zmija viper

zmiznúť disappear, vanish

zmiznutie disappearance

zmĺknuť *become silent, hush; *hovor.* shut up

zmluva contract; treaty; *uzavrieť z-u* *make a contract, conclude a treaty; *kolektívna z.* collective contract

zmocnenie warrant

zmocniť authorize, commission || **z. sa** seize, *take possession of

zmoknúť *get wet

zmrazený frozen

zmraziť *freeze

zmrzačený deformed

zmrzačiť cripple

zmrzlina ice(cream)

zmrznúť *freeze (to death)

zmútiť 1. *(pomiešať, popliesť)* confuse, entangle 2. *(mlieko)* churn 3. *(vodu)* trouble

zmýliť *mislead || **z. sa** *make a mistake, err

zmysel 1. *(orgán)* sense 2. *(význam)* sense, meaning; *aký to má z.?* what's the use of it?; *nemá to z.* it's no use, it's no good

zmyselnosť sensuality

zmyselný sensual

zmyslieť si *get an idea

zmyslový sensuous

zmýšľanie mind, way of thinking; *(názor)* opinion

zmyť wash s.t. off

značiť signify, mark

značka sign, mark; *(obchodná)* trade-mark; *(chemická)* symbol
značne considerably
značný considerable
znak 1. sign, mark **2.** *(erb)* coat-of-arms **3.** *(výsostný)* emblem
znalec expert
znalosť knowledge
znamenať *mean, signify
znamenie sign, signal; *(vypálené)* brand; *na z., že* in token of s.t.
znamenitý excellent, famous
znamienko *(rozdeľovacie)* hyphen; *(materské)* birth mark
známka sign; *(poštová)* stamp; *(hodnotiaca)* mark
známosť acquaintance
známy 1. *príd.* well-known; *(dobre známy)* familiar **2.** *podst.* friend, acquaintance
znárodnenie nationalization
znárodniť nationalize
znásilniť rape, violate
znášanlivosť tolerance
znášanlivý tolerant

znášať 1. *(vajcia)* *lay (eggs)* **2.** *(trpieť)* *bear; *(vystáť)* suffer, tolerate
znateľný visible
znázornenie representation
znázorniť represent
znečistiť soil; *(odpadovými látkami)* defile; *(nakaziť)* contaminate
znehodnotiť debase, devalue
znechutiť disgust
znelka *(signál)* theme; signature
znemožniť *make impossible
znenáhla little by little
znenazdania at unawares, all of a sudden
znenie *(štylizácia)* wording
znepáčiť sa displease, *take a dislike to s.t.
znepokojiť trouble, worry, disquiet
znepokojujúci startling
znesiteľný tolerable
znetvorený deformed, disfigured
znetvoriť deform, disfigure
zneuctenie outrage

zneuctiť dishonour
zneužiť abuse, trespass upon
zničenie demolition; destruction
zničiť demolish, destroy
zniesť 1. *(vydržať)* *bear, *stand **2.** *(na kopu)* pile
znieť sound, clang; *(o texte)* *run *(-nn-)*
zníženie 1. lowering **2.** *(cien)* reduction; *(u miezd)* cutting (wages)
znížiť 1. *(zmenšiť)* lower, *bring down **2.** *(cenu)* depreciate **3.** *(ponížiť)* degrade, humiliate || **z. sa** stoop
znova again; *(predpona u slovies)* re-
znovunastolenie restoration
znovunarodený newborn
znútra (from) within
zobák beak, bill
zobrať pick up, *take up
zobudiť (sa) *awake, *wake up
zoči-voči face to face
zodpovedať sa answer for s.t., be responsible for s.t.

zodpovednosť responsibility
zodpovedný responsible
zodrať *tear into rags, *wear off || **z. sa** drudge
zohaviť maim, mutilate
zohriať (sa) warm
zomrieť die, decease, pass away
zóna zone
zoológia zoology
zoologický zoological; *z-á záhrada* Zoo [zu:]
zopakovať *(stručne)* recapitulate
zopnúť tie together, clasp
zora aurora
zoradiť (sa) line up
zorganizovať organize; *hovor.* fix up
zornica 1. *(hviezda)* morning star **2.** *anat.* pupil, iris
zosadiť depose, remove
zosadnúť dismount
zosilniť strengthen
zosilňovač amplifier, repeater
zoskupiť group, arrange
zosmiešniť *make ridiculous
zosobniť personify, embody

zostať stay, remain
zostava composition, arrangement
zostaviť compile, *make up
zostreliť *shoot down
zostrojiť construct
zostup descent
zostúpiť descend
zošiť copy-book, exercise-book
zotavenie recovery, relaxation
zotaviť sa recover from
zotavovňa recovery-home; *(odborárska)* recreation-house, hotel
zotrieť wipe out, efface
zotročiť enslave
zotrvačnosť inertia
zotrvanie perseverance, persistence
zotrvať persist, continue
zovňajší outside, exterior
zovrieť clasp, grip *(-pp-)*
zovšeobecniť generalize
zozbierať gather, compile
zoznam list, register; *(telefónny)* directory ● *zapísať do z-u* enrol *(-ll-)*
zoznámenie acquaintance
zoznámiť acquaint s.o.

with, introduce s.o. to || **z. sa** *get acquainted with
zožať crop *(-pp-)*
zožrať devour
zrada treachery, treason
zradca traitor
zradiť betray
zradný treacherous, perfidious
zrak sight
zranenie wound, injury
zraniť wound, *hurt
zraniteľný vulnerable
zraziť knock down
zraziť sa 1. *(auto, vlak)* collide, crash **2.** *(mlieko)* curdle **3.** *(látka)* *shrink
zrazu all of a sudden, suddenly
zrážka 1. collision, accident **2.** *(finančná)* deduction, discount **3.** *(vodné z-y)* rainfall
zrejmý evident, obvious
zrelý ripe, mature
zreteľ regard, respect; *so z-om na* in (with) regard to

zreteľný clear, distinct
zrevidovať revise
zriadenec employee, attendant
zriadenie institution, establishment
zriadiť establish, institute
zriasiť frill, ruffle
zriecť sa renounce, *give s.t. up
zriediť dilute
zriedka seldom, rarely
zrkadliť reflect
zrkadlo mirror, looking-glass
zrnko (citrónu, jablka) pip
zrno 1. grain, corn 2. (na oku) stye
zrovnať (vyrovnať) level (-ll-), plane
zrovnoprávniť grant equality
zrozumiteľný intelligible, understandible
zrub log-cabin
zrúcaniny ruins mn. č.
zručnosť skill, hovor. knack
zručný skilful, expert
zrušenie abolition
zrušiť abolish; (anulovať) anul (-ll-); (odvo-

laṫ) cancel (-ll-); z. slovo, sľub *break one's promise
zrútiť sa crash, *fall down
zrýchlenie acceleration
zrýchliť (sa) accelerate, quicken, speed
zub tooth (mn. č. teeth) ● bolesť z-a tooth-ache; jedovatý (hadí) z. fang
zubný dental; z. lekár dentist; z. kameň tartar; z-á kefka tooth-brush; z-á pasta tooth-paste
zubačka rack railway
zúčastniť sa *take part in, *partake; participate in, enter into
zúfalstvo despair
zúfalý desperate, hopeless
zúfať si despair (nad of)
zuhoľniť carbonize
zunovať weary, tire of s.t.
zúrivosť rage, fury
zúrivý furious
zúrodniť fertilize
zušľachtiť ennoble, refine
zúžiť narrow; z. sa (jedným smerom) taper

zužitkovať utilize

zvada quarrel, brawl

zvádzať 1. seduce, tempt 2. (vodu) drain

zvaliť roll down, *upset (-tt-); z. vinu na niekoho *lay the blame on s.o.

zvárať weld, solder

zvažovať sa slope down

zväčša mostly, for the most part

zväčšenie increase, enlargement

zväčšiť (sa) increase, augment

zväčšovať magnify

zvädnúť fade

zväz union; Z. sovietskych socialistických republík Union of Soviet Socialist Republics (USSR); odborový zväz trade union

zväzok 1. alliance, union 2. (kľúčov) bunch 3. (puto) bond, tie 4. (batoh) bundle 5. (knihy) volume

zvedavosť curiosity

zvedavý curious

zveličiť exaggerate

zver beast; (škodlivá) divá z. vermin

zverák vice

zverenec ward, charge

zverina game

zveriť 1. (oznámiť) confide 2. (poveriť) entrust || z. sa open one's heart to s.o.

zverolekár veterinary surgeon, hovor. vet

zverstvo atrocity, bestiality

zvesiť 1. *hang down 2. (pren., napr. hlavu) *sink

zvesť report, news

zvestovať herald

zvetralý disintegrating, (vyvetraný) stale

zviazať tie together, *bind; (remeňom) strap (-pp-)

zviera animal, beast; (živiace sa zdochlinami) scavenger; obraz. brute

zvierací: z-ia kazajka strait-jacket

zvierať compress; (pevne) grip (-pp-)

zvieratník zodiac

zviesť seduce

zviezť sa *have a ride, *have a drive

zvíjať sa *(o plazoch)* *wind; *(v bolesti)* writhe

zvislý vertical, upright

zvitok *(papiera)* roll; twist

zvíťaziť conquer, *win *(-nn-)*

zvládnuť manage, master

zvlášť especially, particularly

zvláštnosť peculiarity

zvláštny 1. special, particular; *(oddelený)* separate; *(naviac)* extra 2. *(podivný)* strange, peculiar

zvlhnúť *become moist

zvlniť undulate

zvod *elektr.* lead-in

zvodca seducer, tempter

zvodný *(lákavý)* tempting, alluring

zvolanie exclamation

zvolať 1. *(vykríknuť)* exclaim 2. *(dohromady)* summon, convoke; *z. schôdzu* call a meeting

zvolenie *(voľba)* election

zvoliť elect || **z. si** *choose

zvonček bell

zvonenie ring(ing)

zvoniť *ring, tingle ● *zvoní mi v ušiach* my ears are tingling

zvracať puke

zvraštiť (sa) wrinkle

zvrat reverse, reversal; *osudové z-y* ups and downs (of fortune)

zvrátený perverse

zvrátiť overturn, *(aj obraz.)* *upset *(-tt-),* *overthrow

zvratný *gram.* reflexive

zvrhlý bastard, degenerated

zvrhnúť sa degenerate

zvrchník overcoat

zvrchovanosť sovereignity

zvrchovaný supreme

zvučať (re)sound

zvučný sonorous

zvuk sound; *(zvonivý)* clang; *vydať z.* utter a sound; *rýchlejší ako z.* supersonic

zvukotesný sound-proof

zvyk custom, habit

zvyknutý accustomed

zvyknúť si *get *(-tt-)* accustomed to, *get *(-tt-)* used to

zvýšenie increase, raise
zvýšiť raise, increase
zvyšky scraps, relics, remains *mn. č.*

zvyšný additional
zvyšok rest, remainder, residue, surplus
zženštilý effeminate

Ž

žaba frog
žací: *ž. stroj* reaper, mowing machine, harvester
žalár prison; *amer.* jail
žalm psalm
žaloba complaint; *(súdna)* prosecution; *podať ž-u* sue, *bring an action against s.o.
žalobca plaintiff, prosecutor
žalosť sorrow, grief
žalostný deplorable
žalovať 1. *tell tales; sneak **2.** *(súdne)* sue, accuse **3.** *(nariekať)* lament || *ž. sa* complain of s.t.

žaluď 1. *bot.* acorn **2.** *kart.* clubs *mn. č.*
žalúdok stomach
žalúzie sunblind
žáner genre [ža:nr]
žargón slang, jargon ['dža:gən]
žart fun, joke; *robiť si ž-y* *make fun of; *zo ž-u* for fun
žartovať joke, play the fool
žartovný jocose
žasnúť *be astonished, *be amazed
žať *mow, reap
žatva harvest
žblnkať ripple
že that

žehlička iron
žehliť *(bielizeň)* iron; *(šaty)* press
žehnať bless
želanie wish
želať (si) wish
želé jelly
železiareň ironworks *mn. č.*
železiarsky: *ž. tovar* hardware
železiarstvo ironmongery
železnica railway; *amer.* railroad; *ž-ou* by rail
železničiar railwayman; *amer.* railroader
železničný railway-; *ž. lístok* railway ticket; *ž-á trať* railway-line
železný iron; *ž-é zdravie* robust health; *ž-á opona* iron curtain
železo iron; *staré ž.* scrap; *dať do starého ž-a* scrap *(-pp-)*
železobetón reinforced concrete, ferro-concrete
žemľa bun, roll
žena 1. woman, female **2.** *(manželka)* wife
ženatý married
ženích bridegroom, fiancé

ženiť sa marry
ženský feminine, woman's, ladie's
žeriav crane *zool.* i *tech.*
žezlo sceptre
žgrloš miser, niggard
žgrlošiť live stingily
žhaviť glow
žiabre gills [gilz] *mn. č.*
žiactvo pupils *mn. č.*
žiačka school-girl
žiadať ask, demand; *(o niečo)* apply for
žiadateľ applicant
žiaden no, none; *(po zápore)* any; *(z dvoch)* neither
žiadosť request, petition; *(o niečo)* application for s.t.
žiadúci desirable
žiak pupil, school-boy
žiaľ sorrow, grief
žialiť mourn, lament
žiar *(vysoká teplota)* heat, glow; *obraz.* fervour
žiara glare; *polárna ž.* aurora
žiarenie radiance, radiation
žiariť *shine, glare; *ž. od radosti* beam with joy

žiarivka fluorescent tube
žiarivý shining, luminous
žiarliť *be jealous
žiarlivosť jealousy
žiarlivý jealous
žiarovka bulb
žid Jew
židovka Jewess
židovský Jewish
žihadlo sting
žila vein; *(horniny)* seam
žiletka blade
žinčica sheep whey
žinenka horsehair mattress
žirafa giraffe
žírny fertile, rich
žiť live, *be alive
žito rye
živel element
živelný elemental
živica resin
živiť *feed
živiť sa *make one's living
živiteľ maintenor, breadwinner
živnosť trade, business
živnostník tradesman
živobytie living, livelihood

živočích animal
živočíšny animal
živoriť vegetate
živosť liveliness, vivacity
život life; *celý ž.* lifetime; *plný ž-a* lively
životnosť vitality
životný vital; *ž-á dráha* career; *ž-á veľkosť* life-size; *ž-á múdrosť* practical wisdom
životopis biography
životospráva regimen
živý **1.** living **2.** *(čulý)* lively, agile **3.** *(opis)* vivid **4.** *(premávka)* busy; *ž. plot* hedge **5.** *ž. inventár* livestock; *ťať do živého* cut *(-tt-)* to the quick
žľab scuttle, millrace
žľaza gland
žlč bile, gall
žlčník gall-bladder
žliabok groove
žltačka jaundice
žltohnedý tan
žĺtok yolk
žltý yellow
žmurkať *(očami)* blink, wink *(na* at)
žmýkačka wringer, spin-drier

žmýkať *wring
žnec reaper
žobrák beggar
žobrať beg *(-gg-)*
žoch sack, bale
žold soldier's pay
žoldnier mercenary
žonglér juggler
žoviálny genial
žralok shark
žrať gorge, devour
žravý voracious
žrď shaft, mast

žreb lottery-ticket
žrebčinec stud(-farm)
žrebec stallion
žrebovať *draw lots
žriebä foul
žriedlo fountain, spring
žubrienka tadpole
žula granite
žumpa cesspool
župan (dressing-)gown
žurnál newsreel
žuť chew
žuvačka chewing-gum

ANGLICKÁ ABECEDA

a	[ei]	j	[džei]	s	[es]
b	[bi:]	k	[kei]	t	[ti:]
c	[si:]	l	[el]	u	[ju:]
d	[di:]	m	[em]	v	[vi:]
e	[i:]	n	[en]	w	[dablju:]
f	[ef]	o	[əu]	x	[eks]
g	[dži:]	p	[pi:]	y	[wai]
h	[eič]	q	[kju:]	z	[zed]
i	[ai]	r	[a:]		

STRUČNÝ PREHĽAD ANGLICKEJ GRAMATIKY

Člen

Angličtina má dva členy:
určitý **the** [ð], pred samohláskou vyslovíme [ði:],
neurčitý **a** [ə], pred samohláskou **an** [ən].
  Neurčitý člen v množnom čísle odpadá.

	jedn. č.	*mn. č.*
	the book	**the** books
	the eye	**the** eyes
	a book	— books
	an eye	— eyes

  Určitý člen označuje osobu alebo vec už **známu.** (Môžeme ho nahradiť slovenským zámenom *„ten“, „tá“, „to“.*)
  Neurčitý člen označuje osobu alebo vec, o ktorej sa

hovorí po **prvý raz.** (Zodpovedá slovenskému *„jeden"* alebo „nejaký".)

Do slovenčiny obyčajne anglické **členy neprekladáme.**

Podstatné meno
Rod

Rod v angličtine je **prirodzený:**
mužského rodu sú podstatné mená **osôb mužských** (father, man),
ženského rodu sú podstatné mená **osôb ženských** (mother, woman),
stredného rodu sú mená **vecí** (table, coat).

Anglické podstatné meno sa mení len v množnom čísle alebo v privlastňovacom páde. Slovenské **pády** vyjadrujeme **predložkami.**

The book **of** the boy = The boy's book
(chlapcova kniha).
I go **with** my friend. *(Idem s priateľom.)*

Množné číslo

Množné číslo tvoríme **zväčša** koncovkou **-s** (friend — friends, table — tables). **Po sykavkách** (-s, -ss, -sh, -ch, -x) pridávame **-es.** Táto koncovka sa vyslovuje nasledovne:

[-s] po **neznelých** spoluhláskach (f, k, p, t, θ) (desks, streets)

[-z] po **znelých** spoluhláskach a všetkých **samohláskach** (names, tables, boys)

(-iz) po vyslovovanom s, z, š, č, dž (classes, switches).

Koncové **-y** sa po spoluhláske mení v množnom čísle na **-ie** a potom pridáme **-s.** Koncovka **-ies** sa vyslovuje [**-iz**]. Ak je pred **-y** samohláska, pridáme len **-s.**

    lady — lad**ies**   ale   boy — boy**s**

V zložených slovách koncovku **-s** (-es) priberá **hlavné podstatné meno** (mother-in-law — mothers-in-law). Ak sú podstatné mená rovnakej dôležitosti, budú v množnom čísle obidve slová (man-servant — men--servants).

Nepravidelné množné číslo majú podstatné mená:

child *(dieťa)* — **children**
foot *(noha)* — **feet**
goose *(hus)* — **geese**
louse *(voš)* — **lice**
man *(muž)* — **men**
mouse *(myš)* — **mice**
ox *(vôl)* — **oxen**
tooth *(zub)* — **teeth**
woman *(žena)* — **women**

half *(polovica)* — **halves**
knife *(nôž)* — **knives**
life *(život)* — **lives**
loaf *(bochník)* — **loaves**
thief *(zlodej)* — **thieves**
wife *(manželka)* — **wives**
ale:
chief *(náčelník)* — **chiefs**
proof *(dôkaz)* — **proofs**
roof *(strecha)* — **roofs**
handkerchief *(vreckovka)* — **handkerchiefs**

hero *(hrdina)* — **heroes**
potato *(zemiak)* — **potatoes**
tomato *(rajčina)* — **tomatoes**
ale:
photo *(fotografia)* — **photos**
piano *(piano)* — **pianos**

Slová latinského a gréckeho pôvodu majú v niektorých prípadoch svoje pôvodné množné číslo:

datum *(údaj)* — **data,** phenomenon *(jav)* — **phenome-
na,** basis *(základňa)* — **bases,** crisis *(kríza)* — **crises.**

Prídavné meno

Prídavné meno má **jediný tvar,** nerozoznáva rod ani
číslo.

	jedn. č.	*mn. č.*
good — ⎧ dobrý ⎨ dobrá ⎩ dobré	— dobrí — dobré — dobré	

Stupňovanie prídavných mien

pravidelné

a) **Jednoslabičné** a niektoré dvojslabičné priberajú
koncovky v 2. st. **-er** a v 3. st. **-est** a **zdvojujú** koncovú
spoluhlásku, ak predchádza krátka samohláska a me-
nia koncové **-y** na **-i,** ak predchádza samohláska.
(high–high**er**–high**est**   big–bi**g**ger–bi**g**gest,
happy–happ**i**er–happ**i**est)

b) Väčšina **dvojslabičných** a **viacslabičné** majú pred
sebou v 2. st. **more** a v 3. st. **most.**
(beautiful – **more** beautiful – **most** beautiful)

n e p r a v i d e l n é

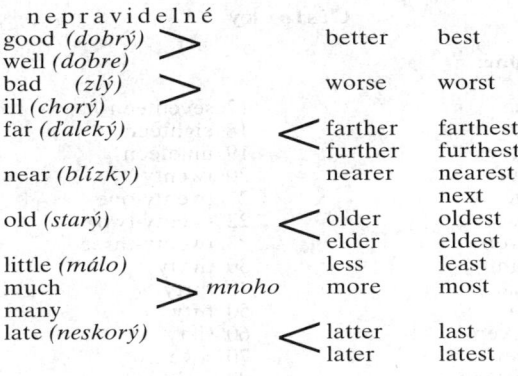

good *(dobrý)*	better	best
well *(dobre)*		
bad *(zlý)*	worse	worst
ill *(chorý)*		
far *(ďaleký)*	farther	farthest
	further	furthest
near *(blízky)*	nearer	nearest
		next
old *(starý)*	older	oldest
	elder	eldest
little *(málo)*	less	least
much	more	most
many		
late *(neskorý)*	latter	last
	later	latest

much, many *mnoho*

Zámená

Osobné: *(1. pád)* I, you, he, she, it, we, you, they
(predmetový pád) me, you, him, her, it, us, you, them

Privlastňovacie: *(nesamostatné)* my, your, his, her, its, our, your, their
(samostatné) mine, yours, his, hers, its, ours, yours, theirs

Vzťažné: who, which, that, what

Ukazovacie: this, that, these, those

Opytovacie: who, what, which

Zdôrazňovacie a zvratné: myself, yourself, himself, herself, itself, ourselves, yourselves, themselves

Neurčité: all, every, each, some, any, much, many atď.

Číslovky

základné:

1	one	17	seventeen
2	two	18	eighteen
3	three	19	nineteen
4	four	20	twenty
5	five	21	twenty-one
6	six	22	twenty-two
7	seven	23	twenty-three
8	eight	30	thirty
9	nine	40	forty
10	ten	50	fifty
11	eleven	60	sixty
12	twelve	70	seventy
13	thirteen	80	eighty
14	fourteen	90	ninety
15	fifteen	100	one hundred
16	sixteen		

125 one hundred and twenty-five
200 two hundred
1 000 one thousand
1,000.000 one million
2,000.000 two million
2,000.500 two million five hundred

radové: **násobné:**

radové		násobné	
1st	the first	1 ×	once
2nd	the second	2 ×	twice
3rd	the third	3 ×	three times
4th	the fourth	10 ×	ten times
5th	the fifth		

6th	the sixth	
7th	the seventh	
8th	the eighth	
9th	the ninth	
10th	the tenth	
11th	the eleventh	
20th	the twentieth	
21st	the twenty-first	
30th	the thirtieth	
100th	the hundredth	
1000th	the thousandth	
1,000.000th	the millionth	

zlomky:

$^1/_2$	one half
$^2/_3$	two thirds
$^5/_4$	five quarters
$^4/_5$	four fifths
$^{10}/_8$	ten eighths
$^5/_{20}$	five twentieths

Sloveso

Prehľad časovania slovies

Oznamovací spôsob

Prítomný čas

to be	to have	to call *prav. sl.*	to write *neprav. sl.*
I am	I have	I call	I write
you are	you have	you call	you write
he ⎫	he ⎫	he ⎫	he ⎫
she ⎬ is	she ⎬ has	she ⎬ calls	she ⎬ writes
it ⎭	it ⎭	it ⎭	it ⎭
we ⎫	we ⎫	we ⎫	we ⎫
you ⎬ are	you ⎬ have	you ⎬ call	you ⎬ write
they ⎭	they ⎭	they ⎭	they ⎭

Predprítomný čas

I have been	I have called
I have had	I have written

Minulý čas

I was	I called
you were	I wrote
I had	

Predminulý čas

I had been	I had called
I had had	I had written

Budúci čas

I shall be	I shall call
you will be	you will call
I shall have	I shall write
you will have	you will write

Predbudúci čas

I shall have been	I shall have called
I shall have had	I shall have written

Podmieňovací spôsob

prítomný

I should be	I should call
you would be	you would call
I should have	I should write
you would have	you would write

minulý

I should have been	I should have called
you would have been	you would have called
I should have had	I should have written
you would have had	you would have written

Rozkazovací spôsob

be	call
let him (us, them) be	let him (us, them) call
have	write
let him (us, them) have	let him (us, them) write

Neurčitý spôsob

prítomný

to be	to have	to call	to write

minulý

to have been	to have called
to have had	to have written

Príčastie

prítomné

being	having	calling	writing

minulé

having been   having called
having had   having written

Priebehové tvary

Prítomný čas   *Predprítomný čas*

I am working   I have been working

Minulý čas   *Predminulý čas*
I was working   I had been working

Budúci čas   *Predbudúci čas*
I shall be working   I shall have been working

Trpný rod

Neurčitok
prítomný   *minulý*
to be called   to have been called

Prítomný čas   *Predprítomný čas*
I am called   I have been called

priebehový tvar
I am being called
Minulý čas   *Predminulý čas*
I was called   I had been called

priebehový tvar

I was being called

Budúci čas
I shall be called

Predbudúci čas
I shall have been called

Otázka

Slovesá **to be** a **to have** a **spôsobové** slovesá (can, may, must, need not, shall, will, should, would, ought, dare) tvoria otázku **zmenou** slovosledu:

Are you? Have they?

Významové slovesá tvoria otázku v prítomnom a minulom čase pomocou slovesa **to do:**

Do you work? **Did** you write?

Zápor

Slovesá **to be** a **to have** a **spôsobové** slovesá (can, may, must, need not, shall, will, should, would, ought, dare) tvoria zápor pridaním častice **not:**

I am **not** We must **not**

Významové slovesá tvoria zápor v prítomnom a minulom čase pomocou slovesa **to do:**

I do not write He **did not** call

Hovorové (stiahnuté) tvary

Stiahnuté tvary sa používajú v zápore:

are not — **aren't** has not — **hasn't**
  had not — **hadn't**

is not — **isn't**
was not — **wasn't**
were not — **weren't**
have not — **haven't**

do not — **don't**
does not — **doesn't**
did not — **didn't**
need not — **needn't**

Pri slovesách **to be** a **to have** sa používajú aj v kladných oznamovacích vetách:

I am — **I'm**
you are — **you're**
he is — **he's**
she is — **she's**
it is — **it's**
we are — **we're**
they are — **they're**
that is — **that's**

Tak isto:
I shall — **I'll**
you will — **you'll**
I have — **I've**
you have — **you've**
he has — **he's**
we have — **we've**
they have — **they've**

Príslovky

Väčšina anglických prísloviek má koncovku **-ly** a sú utvorené od prídavných mien (quick — quickly). Niektoré majú **ten istý tvar** ako **prídavné** mená, niektoré majú **zvláštne** tvary.

Stupňovanie

Jednoslabičné príslovky sa stupňujú pomocou koncoviek **-er** a **-est** (fast — fast**er** — fast**est**). Ostatné príslovky sa stupňujú pomocou **more** a **most** (quickly — **more** quickly — **most** quickly) alebo nepravidelne (pozri stupňovanie prídavných mien).

Zoznam nepravidelných slovies

P znamená, že sloveso má aj pravidelný tvar.
Ak sú uvedené dva tvary vedľa seba, prvý tvar je bežnejší.

abide [əˈbaid]	*abode* [əˈbəud]	*abode* [əˈbəud]
arise [əˈraiz]	*arose* [əˈrəuz]	*arisen* [əˈrizn]
awake [əˈweik]	*awoke* [əˈwəuk],	P, *awoke* [əˈwəuk]
bear [beə] niesť	*bore* [bo:]	*borne* [bo:n]
bear [beə] (rodiť)	*bore* [bo:]	*born* [bo:n]
beat [bi:t]	*beat* [bi:t]	*beaten* [bi:tn]
become [biˈkam]	*became* [biˈkeim]	*become* [biˈkam]
befall [biˈfo:l]	*befell* [biˈfel]	*befallen* [biˈfo:ln]
begin [biˈgin]	*began* [biˈgæn]	*begun* [biˈgan]
behold [biˈhəuld]	*beheld* [biˈheld]	*beheld* [biˈheld]
bend [bend]	*bent* [bent]	*bent* [bent]
bereave [biˈri:v]	*bereft* [biˈreft], P	*bereft* [biˈreft], P
beseech [biˈsi:ch]	*besought* [biˈso:t]	*besought* [biˈso:t]
bet [bet]	*bet* [bet]	*bet* [bet]

bid [bid]	*bid* [bid]	*bid* [bid]
bind [baind]	*bound* [baund]	*bound* [baund]
bite [bait]	*bit* [bit]	*bitten* [bitn]
bleed [bli:d]	*bled* [bled]	*bled* [bled]
blend [blend]	P, *blent* [blent]	P, *blent* [blent]
blow [bləu]	*blew* [blu:]	*blown* [bləun]
break [breik]	*broke* [brəuk]	*broken* [brəukn]
breed [bri:d]	*bred* [bred]	*bred* [bred]
bring [briŋ]	*brought* [bro:t]	*brought* [bro:t]
build [bild]	*built* [bilt]	*built* [bilt]
burn [bə:n]	*burnt* [bə:nt]	*burnt* [bə:nt]
burst [bə:st]	*burst* [bə:st]	*burst* [bə:st]
buy [bai]	*bought* [bo:t]	*bought* [bo:t]
cast [ka:st]	*cast* [ka:st]	*cast* [ka:st]
catch [kæč]	*caught* [ko:t]	*caught* [ko:t]
choose [ču:z]	*chose* [čəuz]	*chosen* [čəuzn]
cling [kliŋ]	*clung* [klaŋ]	*clung* [klaŋ]
come [kam]	*came* [keim]	*come* [kam]
cost [kost]	*cost* [kost]	*cost* [kost]
creep [kri:p]	*crept* [krept]	*crept* [krept]
crow [krəu]	P, *crew* [kru:]	*crowed* [krəud]
cut [kat]	*cut* [kat]	*cut* [kat]
dare [deə]	P, *durst* [də:st]	*dared* [deəd]
deal [di:l]	*dealt* [delt]	*dealt* [delt]
dig [dig]	*dug* [dag]	*dug* [dag]
do [du:]	*did* [did]	*done* [dan]
draw [dro:]	*drew* [dru:]	*drawn* [dro:n]
dream [dri:m]	*dreamt* [dremt], P	*dreamt* [dremt], P
drink [driŋk]	*drank* [dræŋk]	·*drunk* [draŋk], *drunken* [draŋkn]

drive [draiv]	*drove* [drəuv]	*driven* [drivn]
dwell [dwel]	*dwelt* [dwelt]	*dwelt* [dwelt]
eat [i:t]	*ate* [et]	*eaten* [i:tn]
fall [fo:l]	*fell* [fel]	*fallen* [fo:ln]
feed [fi:d]	*fed* [fed]	*fed* [fed]
feel [fi:l]	*felt* [felt]	*felt* [felt]
fight [fait]	*fought* [fo:t]	*fought* [fo:t]
find [faind]	*found* [faund]	*found* [faund]
fling [fliŋ]	*flung* [flaŋ]	*flung* [flaŋ]
fly [flai] (utekať)	*fled* [fled]	*fled* [fled]
fly [flai] (letieť)	*flew* [flu:]	*flown* [fləun]
forbid [fəˈbid]	*forbade* [fəˈbeid]	*forbidden* [fəˈbidn]
forget [fəˈget]	*forgot* [fəˈgot]	*forgotten* [fəˈgotn]
forgive [fəˈgiv]	*forgave* [fəˈgeiv]	*forgiven* [fəˈgivn]
forsake [fəˈseik]	*forsook* [fəˈsuk]	*forsaken* [fəˈseikn]
freeze [fri:z]	*froze* [frəuz]	*frozen* [frəuzn]
get [get]	*got* [got]	*got* [got]
gild [gild]	*gilded* [gildid]	P, *gilt* [gilt]
gird [gə:d]	P, *girt* [gə:t]	P, *girt* [gə:t]
give [giv]	*gave* [geiv]	*given* [givn]
go [gəu]	*went* [went]	*gone* [gon]
grind [graind]	*ground* [graund]	*ground* [graund]
grow [grəu]	*grew* [gru:]	*grown* [grəun]
hang [hæŋ] (zavesiť)	*hung* [haŋ]	*hung* [haŋ]
have [hæv]	*had* [hæd]	*had* [hæd]

hear [hiə]	*heard* [hə:d]	*heard* [hə:d]
heave [hi:v]	P, *hove* [həuv]	P, *hove* [həuv]
hew [hju:]	*hewed* [hju:d]	*hewn* [hju:n], P
hide [haid]	*hid* [hid]	*hidden* [hidn]
hit [hit]	*hit* [hit]	*hit* [hit]
hold [həuld]	*held* [held]	*held* [held]
hurt [hə:t]	*hurt* [hə:t]	*hurt* [hə:t]
keep [ki:p]	*kept* [kept]	*kept* [kept]
kneel [ni:l]	*knelt* [nelt], P	*knelt* [nelt], P
knit [nit]	P, *knit* [nit]	P, *knit* [nit]
know [nəu]	*knew* [nju:]	*known* [nəun]
lay [lei]	*laid* [leid]	*laid* [leid]
lead [li:d]	*led* [led]	*led* [led]
lean [li:n]	P, *leant* [lent]	P, *leant* [lent]
leap [li:p]	*leapt* [lept], P	*leapt* [lept], P
learn [lə:n]	*learnt* [lə:nt], P	*learnt* [lə:nt], P
leave [li:v]	*left* [left]	*left* [left]
lend [lend]	*lent* [lent]	*lent* [lent]
let [let]	*let* [let]	*let* [let]
lie [lai]	*lay* [lei]	*lain* [lein]
light [lait]	*lit* [lit], P	*lit* [lit], P
lose [lu:z]	*lost* [lost]	*lost* [lost]
make [meik]	*made* [meid]	*made* [meid]
mean [mi:n]	*meant* [ment]	*meant* [ment]
meet [mi:t]	*met* [met]	*met* [met]
mow [məu]	*mowed* [məud]	*mown* [məun], P
overcome [ˈəuvəˈkam]	*overcame* [ˈəuvəˈkeim]	*overcome* [ˈəuvəˈkam]
pay [pei]	*paid* [peid]	*paid* [peid]
put [put]	*put* [put]	*put* [put]
read [ri:d]	*read* [red]	*read* [red]
rend [rend]	*rent* [rent]	*rent* [rent]

rid [rid]	P, *rid* [rid]	*rid* [rid]
ride [raid]	*rode* [rəud]	*ridden* [ridn]
ring [riŋ]	*rang* [ræŋ]	*rung* [raŋ]
rise [raiz]	*rose* [rəuz]	*risen* [rizn]
rive [raiv]	*rived* [raivd]	*riven* [rivn], P
run [ran]	*ran* [ræn]	*run* [ran]
saw [so:]	*sawed* [so:d]	*sawn* [so:n], P
say [sei]	*said* [sed]	*said* [sed]
see [si:]	*saw* [so:]	*seen* [si:n]
seek [si:k]	*sought* [so:t]	*sought* [so:t]
seethe [si:ð]	P, *sod* [sod]	P, *sodden* [sodn]
sell [sel]	*sold* [səuld]	*sold* [səuld]
send [send]	*sent* [sent]	*sent* [sent]
set [set]	*set* [set]	*set* [set]
sew [səu]	*sewed* [səud]	*sewn* [səun]
shake [šeik]	*shook* [šuk]	*shaken* [šeikn]
shave [šeiv]	*shaved* [šeivd]	P, *shaven* [šeivn]
shear [šiə]	P, *shore* [šo:]	*shorn* [šo:n], P
shed [šed]	*shed* [šed]	*shed* [šed]
shine [šain]	*shone* [šon]	*shone* [šon]
shoe [šu:]	*shod* [šod]	*shod* [šod]
shoot [šu:t]	*shot* [šot]	*shot* [šot]
show [šəu]	*showed* [šəud]	*shown* [šəun], P
shred [šred]	P, *shred* [šred]	P, *shred* [šred]
shrink [šriŋk]	*shrank* [šræŋk]	*shrunk* [šraŋk]
shut [šat]	*shut* [šat]	*shut* [šat]
sing [siŋ]	*sang* [sæŋ]	*sung* [saŋ]
sink [siŋk]	*sank* [sæŋk]	*sunk* [saŋk], *sunken* [saŋkn]
sit [sit]	*sat* [sæt]	*sat* [sæt]
sleep [sli:p]	*slept* [slept]	*slept* [slept]
slide [slaid]	*slid* [slid]	*slid* [slid]

sling [sliŋ]	*slung* [slaŋ]	*slung* [slaŋ]
slink [sliŋk]	*slunk* [slaŋk]	*slunk* [slaŋk]
slit [slit]	*slit* [slit]	*slit* [slit]
smell [smel]	*smelt* [smelt], P	*smelt* [smelt], P
smite [smait]	*smote* [sməut]	*smitten* [smitn]
sow [səu]	*sowed* [səud]	*sown* [səun], P
speak [spi:k]	*spoke* [spəuk]	*spoken* [spəukn]
speed [spi:d]	*sped* [sped]	*sped* [sped]
spell [spel]	*spelt* [spelt], P	*spelt* [spelt], P
spend [spend]	*spent* [spent]	*spent* [spent]
spill [spil]	*spilt* [spilt], P	*spilt* [spilt], P
spin [spin]	*spun* [span], *span* [spæn]	*spun* [span]
spit [spit]	*spat* [spæt]	*spat* [spæt]
split [split]	*split* [split]	*split* [split]
spoil [spoil]	*spoilt* [spoilt], P	*spoilt* [spoilt], P
spread [spred]	*spread* [spred]	*spread* [spred]
spring [spriŋ]	*sprang* [spræŋ]	*sprung* [spraŋ]
stand [stænd]	*stood* [stud]	*stood* [stud]
steal [sti:l]	*stole* [stəul]	*stolen* [stəuln]
stick [stik]	*stuck* [stak]	*stuck* [stak]
sting [stiŋ]	*stung* [staŋ]	*stung* [staŋ]
stink [stiŋk]	*stank* [stæŋk], *stunk* [staŋk]	*stunk* [staŋk]
strew [stru:]	*strewed* [stru:d]	*strewn* [stru:n], P
stride [straid]	*strode* [strəud]	*stridden* [stridn], *strid* [strid]
strike [straik]	*struck* [strak]	*struck* [strak]
string [striŋ]	*strung* [straŋ]	*strung* [straŋ]
strive [straiv]	*strove* [strəuv]	*striven* [strivn]
swear [sweə]	*swore* [swo:]	*sworn* [swo:n]
sweep [swi:p]	*swept* [swept]	*swept* [swept]

swell [swel]	*swelled* [sweld]	*swollen* [swəuln], P
swim [swim]	*swam* [swæm]	*swum* [swam]
swing [swiŋ]	*swung* [swaŋ]	*swung* [swaŋ]
take [teik]	*took* [tuk]	*taken* [teikn]
teach [ti:č]	*taught* [to:t]	*taught* [to:t]
tear [teə]	*tore* [to:]	*torn* [to:n]
tell [tel]	*told* [təuld]	*told* [təuld]
think [θiŋk]	*thought* [θo:t]	*thought* [θo:t]
thrive [θraiv]	*throve* [θrəuv]	*thriven* [θrivn]
throw [θrəu]	*threw* [θru:]	*thrown* [θrəun]
thrust [θrast]	*thrust* [θrast]	*thrust* [θrast]
tread [tred]	*trod* [trod]	*trodden* [trodn]
understand [ˌandəˈstænd]	*understood* [ˌandəˈstud]	*understood* [ˌandəˈstud]
wake [weik]	*woke* [wəuk], P	P, *woken* [wəukn]
wear [weə]	*wore* [wo:]	*worn* [wo:n]
weave [wi:v]	*wove* [wəuv]	*woven* [wəuvn]
weep [wi:p]	*wept* [wept]	*wept* [wept]
win [win]	*won* [wan]	*won* [wan]
wind [waind]	*wound* [waund]	*wound* [waund]
withdraw [wiðˈdro:]	*withdrew* [wiðˈdru:]	*withdrawn* [wiðˈdro:n]
withhold [wiðˈhəuld]	*withheld* [wiðˈheld]	*withheld* [wiðˈheld]
work [wə:k]	P, *wrought* [ro:t]	P, *wrought* [ro:t]
wring [riŋ]	*wrung* [raŋ]	*wrung* [raŋ]
write [rait]	*wrote* [rəut]	*written* [ritn]

Anglické váhy a miery — English Weights and Measures

Avoirdupoids

16 ounces (oz.)	= 1 pound	
14 pounds (lb.)	= 1 stone	
8 stones	= 1 hundredweight	
		(cwt.)

112 lb.	= 1 cwt.
20 cwt.	= 1 ton

Length

12 inches	= 1 foot
3 feet	= 1 yard
220 yards	= 1 furlong
8 furlongs	= 1 mile
1,760 yards	= 1 mile

Capacity

4 gills	= 1 pint
2 pints	= 1 quart
4 quarts	= 1 gallon

Surface

9 square feet	= 1 square yard
4,840 square yards	= 1 acre
640 acres	= 1 square mile

Useful Equivalents

1 ounce	=	2,205 lb. or 35,2 oz.
1 pound	=	454 grammes
1 foot	=	30,5 cm
1 mile	=	1,6 kilometres
1 pint	=	$^9/_{16}$ litres
1 quart	=	$1^1/_8$ litres
1 gallon	=	4,5 litres
1 kilogramme	=	2,205 lb. or 35,3 oz.
1 metre	=	$39^1/_3$ inches
1 kilometre	=	5 furlongs
1 hectare	=	2,5 acres
1 °C(elsius)	=	33,8 °F(ahrenheit)
1 litre	=	$1^3/_4$ pints

Peniaze vo V. Británii   **GB Money**

£ = pound *(bankovky)*
p = pence *(mince)*
100 pence (100 p) = 1 pound (£ 1)

KONVERZÁCIA

Pozdravy.	Greetings.	[griːtiŋs]
Dobré ráno, pán Brown.	Good morning, Mr Brown.	[gud ˈmɔːniŋ ˈmistə ˈbraun]
Dobré popoludnie, pani Smithová.	Good afternoon, Mrs Smith.	[gud ˈlɑːftəˈnuːn ˈmisiz ˈsmiθ]
Dobrý večer, slečna Sharpová.	Good evening, Miss Sharp.	[gud ˈiːvniŋ mis ˈšɑːp]
Ako sa máte? *(namiesto pozdravu, odpovedáme: How do you do?)*	How do you do?	[hau dju duː]
Ako sa máte, pán Brander?	How are you, Mr Brander?	[hau ˈaː ju ˈmistə ˈbrændə]
Ďakujem, mám sa dobre.	I am quite well, thank you.	[ai əm ˈkwait wel ˈθæŋk ju]
Ahoj, Ján.	Hallo, John.	[heˈlou dʒon]
Do videnia, Mária (Mr Brown atd.)	Good-bye, Mary (Mr Brown etc.). So long. Bye-bye. See you later.	[gud ˈbaiˈmeəri] [(mistə ˈbraun)] [sou lɔŋ] [ˈbai ˈbai] [ju leitə]
Dobrú noc!	Good night!	[gud nait]
Dávno som vás nevidel.	I haven't seen you for ages.	[ai ˈhævnt siːn ju fɔːˈreidʒiz]

Predstavím Ti svojho priateľa Jána.	Meet my friend John.	[miːt mai ˈfrend dʒon]
Toto je Anna a toto je Alice.	This is Ann and this is Alice.	[ðis iz æn ənd ðis iz ˈælis]
Smiem vám predstaviť svoju priateľku, slečnu Sharpovú?	May I introduce my friend, Miss Sharp to you?	[ˈmei ai intrəˈdjuːs mai ˈfrend mis ˈʃaːp tu juː]
Dovoľte, aby som sa predstavil.	Allow me to introduce myself.	[əˈlau miː tu intrəˈdjuːs maiˈself]
Volám sa . . .	My name is . . .	[mai ˈneim iz . . .]
Prepáčte, nerozumel som vaše meno.	Excuse me, I didn't catch your name.	[ikskjuːz miː ai ˈdidnt kæč joː ˈneim]
Dúfam, že sa opäť stretneme.	I hope we shall meet again.	[ai ˈhoup wiː ʃəl ˈmiːt əˈgen]
Teším sa, že vás poznávam.	Glad to meet you.	[glæd tu ˈmiːt ju]
Pozdravujem vašich rodičov.	Remember me to your parents.	[riˈmembə miː tə joː ˈpeərnts]
	Kind regards to your parents.	[kaind rigaːdz tə joː ˈpeərnts]

Oslovenia.

Forms of Address. [fɔːmz əv əˈdres]

| Mám česť zhovárať sa s pánom Brownom? | Have I the pleasure of speaking to Mr Brown? | [ˈhæv ai ðə ˈpleʒə əv ˈspiːkiŋ tə mistə ˈbraun] |

Je pani Brownová doma?	Is Mrs Brown in? Is Mrs Brown at home?	[iz misiz braun 'in] [iz misiz braun ət həum]
Chcel by som hovoriť s . . .	I would like to speak to . . .	[ai wud laik tə spi:k tə]
Potrebujem hovoriť s . . .	I want to speak to . . .	[ai wont tə spi:k tə]
Prosím, počkajte, slečna Brownová hned príde.	Wait a moment, please, Miss Brown will be here any minute.	[weit ə məument 'pli:z mis 'braun wil bi: 'hiər əni minit]
Prídem hned.	I'll be there in no time.	[ail bi: ðeə in nəu 'taim]
Boli ste (v kine, obchode . .)?	Have you been to (the cinema, the shops . .?)	[hæv ju bi:n tə ðə 'sinimə, ðə šops]
Čím vám môžem poslúžiť? Čo si prajete, (pani, slečna?).	What can I do for you, madam?	[wot kən ai 'du: fo: ju'mædəm]
Čo to stojí, pane?	How much is it, sir?	[hau 'mač iz it sə:]

Poznáte toho vysoké- ho pána?	Do you know that tall gentleman over there?	[du ju neu ðæt to:l džentlmən əuvə ðeə]
Kto je tá pekná pani?	Who is that pretty lady?	[hu: iz ðæt 'priti 'leidi]
Vážení poslucháči, dnes budeme hovoriť o	Ladies and gentlemen, today we shall speak about	['leidiz ənd 'džentl- mən tu'dei wi: šəl 'spi:k ə'baut]
Nestretli sme sa už predtým?	Haven't we met be- fore?	[hævnt wi: met bifo:]
Áno, ale nepamätám sa, kde.	Yes, but I can't re- member where.	[je:s bat ai'ka:nt ri- 'membə'weə]
Na koho čakáte?	Who are you waiting for?	[hu: a: ju 'weitiŋ 'fo:]
Kde ste boli?	Where have you been?	[weə həv ju 'bi:n]
Čo ste robili celý deň?	What have you been doing all day?	[wot həv ju bi:n 'duiŋ 'o:l'dei]
Prosby a želania.	**Wishes and Requests.**	[wišiz ənd ri'kwests]
Môžete	Can you	[kən ju]
Mohli by ste mi povedať	Could you tell me . . .	[kud ju tel mi:]
Buďte taký láskavý a povedzte mi	Be so kind as to tell me . . .	[bi: səu 'kaind æz tu 'tel mi:]
Požičali by ste mi to?	Would you mind lend- ing me this?	[wud ju maind 'len- diŋ mi: ðis]

	With pleasure.	[wið 'pleʒə]
S radosťou.	Would you mind repeating what you said?	[wud ju maind ri'pi:tiŋ wot ju 'sed]
Prosím, opakujte ešte raz, čo ste povedali.	Could you do me a favour?	[kud ju 'du: mi ə 'feivə]
Urobili by ste mi láskavosť?	What I should like to know is . . .	[wot ai šud laik tu nəu iz]
Čo by som rád vedel, je . . .	Take a seat, please.	[teik ə si:t pli:z]
Sadnite si, prosím.	Is this seat taken?	[iz ðis si:t teikn]
Je toto miesto voľné?	Do you mind my smoking?	[du ju maind mai sməukiŋ]
Dovoľte, aby som fajčil?	(Would you) pass me the ashtray, please.	[wəd ju pa:s mi: ði æštrei pli:z]
Podajte mi, prosím, popolník.	Ask him to shut the window.	[a:sk him tu šat ðə windəu]
Požiadajte ho, aby zatvoril okno.	Pass it on, please.	[pa:s it 'on pli:z]
Podajte to ďalej.	Pass me the glass, will you?	['pa:s mi: ðə 'gla:s, 'wil ju?]
Podaj mi pohár, prosím.	Let me know when he comes.	[let mi 'nəu wen hi: kamz]
Dajte mi vedieť, keď príde.	I'd like to get some information.	[aid laik tə get sam infə'meišn]
Prosil by som o nejakú informáciu.		

| Chcel by som sa roz-právať s konzulom. | I'd like to speak to the consul. | [aid laik tu spi:k tə ðə ˈkɔnsl] |

Poďakovanie. | **Thanking.** | [ˈθæŋkiŋ]

Ďakujem.	Thank you.	[ˈθæŋk ju]
Veľmi pekne ďakujem.	Thank you very much.	[ˈθæŋk ju veri ˈmač]
(odpoveď): Nemáte za čo.	Not at all. Don't mention it. That's all right.	[nɔt ət ɔ:l] [dəunt menšn it] [ðæts ɔ:l rait]
Ďakujem, neprosím.	No, thank you.	[nəu θæŋk ju]
Vopred vám ďakujem.	I thank you in advance.	[ai ˈθæŋk ju in əˈdva:ns]
Ďakujem vám za láskavosť.	Thanks for your kindness.	[ˈθæŋks fɔ: jo: ˈkaindnis]
Ďakujem vám za pomoc.	Thank you for your help.	[ˈθæŋk ju fɔ: jo: ˈhelp]
Ďakujem za milé privítanie.	Thank you for your warm (kind) welcome.	[ˈθæŋk ju fɔ: jo: ˈwɔ:m kaind ˈwelkəm]

Súhlas. | **Consent.** | [kənˈsent]

| Súhlasím s vami. | I agree with you. | [ai əˈgri: wið ju:] |
| Nemám žiadne námietky. | I have no objection. | [ai hæv nəu əbˈdžekšn] |

Áno, samozrejme.	Yes, of course.	[jes əv ˈkoːs]
Samozrejme, môžete.	Of course, you may.	[əv ˈkoːs ju ˈmei]
Veľmi dobre.	Very good. Very well.	[veri ˈguːd] [veri ˈwel]
Výborne!	Excellent!	[eksələnt]
S radosťou.	With pleasure.	[wið ˈpleʒə]
Máte pravdu.	You are right.	[juː aː ˈrait]
Áno, bol som spokoj-	Yes, I was satisfied.	[ˈjes ai woːz ˈsætis-
ný.		faid]
Niet pochýb.	Undoubtedly.	[anˈdautidli]
Sme si tým istí.	We are sure of that.	[wi ː ˈʃuə əv ˈðæt]

Odmietnutie, nesúhlas. Refusal. [riˈfjuːzl]

Nie, nemôžem.	No, I can't.	[nəu ai ˈkaːnt]
Nechcem.	I do not want to.	[ai ˈdu not wont tu]
Ďakujem, neprosím si.	No, thank you.	[nəu θæŋk ju]
Nesúhlasím s vami.	I don't agree with you.	[ai dəunt əˈgriː wið juː]
To nie je možné.	It's impossible.	[its imˈposibl]
To neprichádza do úvahy.	It's out of question.	[its ˈaut əv kweʃčn]
Myslím, že sa mýlite.	I'm afraid you are wrong.	[aim əˈfreid ju aː ˈroŋ]
Pokiaľ viem, nie.	Not as far as I know.	[ˈnot əz ˈfaːr əz ai nəu]

V žiadnom prípade.	By no means.	[bai nəu mi:nz]
Nemožno to spraviť.	It can't be done.	[it 'ka:nt bi: 'dan]
Žiaľ, som zaneprázd-nený.	Sorry, I am engaged.	[sori 'ai əm in'geidžd]

Ospravedlnenia. — **Apology.** [ə'polədži]

Prepáčte.	(I) beg your pardon. Excuse me, please.	[ai 'beg jo: 'pa:dən] [iks'kju:z mi: 'pli:z]
. Prepáčte, chcel by som sa spýtať . . .	Excuse me, I'd like to ask . . .	[iks'kju:z mi: aid laik to 'a:sk]
Ľutujem, neviem.	I am sorry I don't know.	[ai əm sori ai dəunt nəu]
Prepáčte, že som sa oneskoril.	Excuse my being late.	[iks'kju:z mai biiŋ leit]
Prepáčte, že som vás nechal čakať.	Sorry to have kept you waiting.	['sori tu həv kept ju 'weitiŋ]
Dúfam, že ste nečakali dlho.	I hope you haven't been waiting long.	[ai 'həup ju: 'hævnt bi:n weitiŋ 'loŋ]
Nevyrušujem vás?	Am I disturbing you?	[əm ai dis'tə:biŋ ju:]
Ľutujem, nemám čas.	Sorry I have no time.	['sori ai hæv nəu taim]
Ľutujem, teraz ne-mám čas.	Sorry, I am busy now.	['sori ai əm 'bizi nau]
Obávam sa, že sa mý-lite.	I'm afraid you are wrong.	[aim ə'freid ju a: 'roŋ]

Bola to iba moja chyba.	It was my fault entirely.	[it wo:z 'mai fo:lt 'intaiəli]
Prepáčte, že vás obťažujem, pane.	Sorry to trouble you, sir.	[sori tu 'trabl ju sə:]
Nechcel som vás urazit'.	I didn't mean to offend you.	[ai 'didnt mi:n tu ofend ju:]
Nebudem vás dlho zdržiavat'.	I won't keep you for long.	[ai wəunt ki:p ju fə ləŋ]

Hotel. | **Hotel.** | [həu'tel]

V ktorom hoteli býva československá delegácia?	What hotel is the Czechoslovak delegation staying at?	[wot 'həutel iz ðə čekoslouvæk deləgeišn steiŋ æt]
Potrebujem dvojposteľovú izbu.	I want a double room.	[ai wont ə 'dabl ru:m]
Môžete mi objednať izbu na budúci týždeň?	Can you book a room for me for next week?	[kən ju 'buk ə 'ru:m fə 'mi: fo: nekst 'wi:k]
Môžeme tu prenocovat'?	Can you put us up for the night?	[kən ju 'put as 'ap fo: ðə 'nait]
Ako dlho zostanete?	How long are you going to stay?	[hau 'loŋ a: ju 'goiŋ tə stei]

Iba niekoľko dní.	Only a few days.	[ˈəunli ə fju: ˈdeiz]
Môžem sa tu niekde umyť?	Is there somewhere where I can wash?	[iz ðeə samweə ˈweə ai kæn wɒš]
Sme v hoteli . . .	We're staying at the . . . . hotel.	[wiə steiŋ æt ðə . . . . həutl]
Ľutujem, hotel je obsadený.	I'm sorry, we are full up.	[aim sori wiə ˈful ap]
Koľko budem platiť na deň?	How much is it a day?	[hau ˈmač iz it ə ˈdei]
Rezervujte mi, prosím, izbu na budúcu sobotu.	Reserve a room for me for next Saturday, please.	[riˈzə:v ə ˈru:m fɔ: mi: fɔ: ˈnekst ˈsætədi pli:z]
Chcem sa zdržať týždeň.	I intend to stay a week.	[ai inˈtend tə stei ə ˈwi:k]
Tu je kľúč od vašej izby.	Here's the key of your room.	[hiːriz ðə ˈki: əv jɔ: ˈru:m]
Vaša izba je na druhom poschodí vpravo.	Your room is on the second floor to the right.	[jɔ: ˈru:m iz on ðə ˈseknd ˈflɔ: tu ðə ˈrait]
Tadiaľ, prosím.	This way please.	[ðis wei ˈpli:z]
Kde je výťah?	Where is the lift?	[weər iz ðə ˈlift]
Prosím, zavolajte mi taxík.	Can/ would you call a taxi for me, please?	[kæn ˈwud ju kɔ:l ə ˈtæksi fɔ: mi: pli:z]

Hľadal ma niekto?	Has anyone asked for me?	[ˈhæz eniwən ˈaːskt fɔ: ˈmi:]
Reštaurácia.	**Restaurant.**	[ˈrestərɔːŋ]
Kde je reštaurácia?	Where is the restaurant?	[wɛr iz ðə restərɔːŋ]
Čašník, prosím!	Waiter, please!	[ˈweitə ˈpliːz]
Prosím si jedálny lístok.	The menu, please.	[ðə ˈmenju: pliːz]
Máte už objednané?	Have you ordered your meal yet?	[ˈhəv ju ˈɔːdəd ˈjɔːə ˈmiːl jet]
Čo ste si objednali?	What have you ordered?	[wɔt həv ju: ɔːdəd]
Čo si dáte?	What did you order?	[wɔt did ju ɔːdə]
Želáte si polievku?	What will you have?	[wɔt wil ju ˈhæv]
	Any soup, please?	[eni sup pliːz]
Prineste mi, prosím, dve porcie.	Please bring two servings (portions).	[pliːz briŋ tu: səːviŋz (pɔːšnz)]
Čo si vypijete?	Anything to drink?	[eniθiŋ tə driŋk]
	Any drinks?	[eni driŋks]
Tu je svetlé pivo.	Your light beer, sir.	[jɔːə lait biə səː]
Tri čierne kávy.	Three black coffees, please.	[θri: blæk kɔfiz pliːz]
Želáte si zákusky?	Pastries, please?	[peistriz pliːz]
Pán hlavný, platím.	Waiter, the bill, please.	[weitə ðə bil pliːz]

Pošta.	**Post Office.**	[pəust ofis]
Musím kúpiť známky.	I must buy some stamps.	[ai mast 'bai sam stæmps]
Šesť polpencových známok, prosím.	Six halfpenny stamps, please.	[siks 'heipni stæmps pli:z]
Známky vedľa, prosím.	Stamps next counter, please.	[stæmps 'nekst kauntə pli:z]
Karol, poslal si list doporučené?	Charles, have you registered your letter?	[ča:lz 'hæv ju re'dži-stə:d jo: letə]
Nie, nemohol som, nebol riadne zapečatený.	No, I couldn't. It was not properly sealed.	[nəu ai 'kudnt it woz not 'propəli 'si:ld]
Chcem kúpiť poštovú poukážku.	I want to buy a postal order.	[ai wont tə bai ə 'pəustl 'o:də]
Pošlite list leteckou poštou.	Send the letter by air-mail.	[send ðə 'letə bai 'eəmeil]
Sú tu nejaké listy na meno Brown? (pri okienku Poste restante)	Are there any letters for Mr Brown? (at the counter Poste Restante).	[a: ðeər eni 'letəz fo: mistə 'braun (ət ðə 'kauntə 'pəust 'resta:nt]
Chcem poslať telegram.	I want to send a telegram (wire).	[ai wont tə 'send ə 'te-ligræm (waiə)]
Čo sa platí za list (pohľadnicu) do cudziny?	How much is the postage for a letter (post card) abroad?	['hau mač iz ðə 'pəu-stidž fo: ə letə (pəustka:d) ə'bro:d]

Tlačivo.	Printed Matter Only.	[printid metə əunli]
Chcel by som volať medzimesto — B. B. číslo . . .	I'd like to put a trunk call through to B. B. number . . .	[aid laik tu put ə 'traŋkoːl θruː tu 'biːbiː 'nambə]
Choďte do kabíny číslo 4.	Booth number four.	[buːð 'nambə 'foː]
Haló, tu je Brownová, kto tam?	Hallo, Mrs Brown speaking. Who is speaking?	['hələu misiz 'braun 'spiːkiŋ 'huː iz 'spiː-kiŋ]
To je omyl, prepáčte.	Wrong number. Excuse me.	['roŋ 'nambə iks'kjuːz miː]
Prerušili nás.	They have cut us off. We have been cut off.	[ðei hæv 'kat as 'of] [wiː hæv biːn kat of]

V meste.

In the Town.

Kam ide tento autobus (trolejbus, táto električka)?	Where does this bus (trolley-bus, tram) go to?	[weə daz ðis bas (tro-'libas, træm) gəu tu]
Dva lístky na stanicu, prosím.	Two tickets to the station, please.	[tuː 'tikits tu ðə 'steiʃn pliːz]
Musím prestupovať?	Do I have to change?	[du ai 'hæv tə 'tʃeindʒ]
	Have I to change?	[hæv ai tə tʃeindʒ]
Povedzte mi, prosím, kde mám prestúpiť.	Tell me where to change, please.	['tel miː weə tu 'tʃeindʒ pliːz]

Ako sa dostanem do stredu mesta?	How do I get to the centre of the town (downtown)?	[hau du ai get tu ðə ˈsentə əv ðə taun (dauntaun)]
Povedzte mi, prosím, kde mám vystúpiť.	Tell me where to get off, please.	[tel mi weə tu get ˈof pliːz]
Prechádza táto električka hlavným námestím?	Does this tram pass through the main square?	[daz ðis træm paːs θruː ðə ˈmein ˈskweə]
Tu vystúpime.	This is where we get off.	[ðis iz weə wiː get of]
Chcem ísť na stanicu.	I want to go to the station.	[ai wont tu ˈgəu tu ðə ˈsteišn]
Chceme navštíviť múzeá mesta.	We want to see the museums of the town.	[wiː wont tu ˈsiː ðə ˈmjuːziəmz əv ðə taun]
Koľko je vstupné?	What's the price of admission?	[wots ðə prais əv ədˈmišn]
	How much is the entrance fee?	[hau mač iz ði entrəns fiː]
Chceli by sme sprievodcu.	We would like a guide.	[wiː wəd ˈlaik ə ˈgaid]
Voľné vstupné.	Admission free.	[ədˈmišn friː]
Chcel by som vidieť pamätihodnosti mesta.	I'd like to see the sights.	[aid laik tu ˈsiː ðə ˈsaits]

Slovak	English	Phonetic
Toto je známa ob-chodná štvrť.	This is a well known shopping centre.	[ðis iz ə welnəun 'ʃɒpiŋ sentə]
Za rohom je nová súd-na budova.	Round the corner there is the new Law Courts.	[raund ðə 'kɔːnə ðeər iz ðə 'nju: 'lɔː 'kɔːts]
Kde by som mohol stráviť večer?	Where could I spend the evening?	[weə kud ai spend ðiː 'iːvniŋ]
Kde je najbližšia ben-zínová pumpa?	Where is the nearest petrol station?	[weər iz ðə 'niərəst 'petrəl 'steiʃn]
Lekár.	**The doctor.**	[ðə dɒktə]
Kde môžem nájsť le-kára?	Where can I find a doctor?	[weə kən ai 'faind ə 'dɒktə]
Čo je s vami? Čo je vám?	What's the matter with you?	[wɒts ðə 'mætə wið juː]
Zavolala som lekára.	I have called for a doctor.	[ai həv 'kɔːld fɔːr ə 'dɒktə]
Lekár nemôže hneď prísť.	The doctor can't come round at once. It's urgent.	[ðə dɒktə 'kaːnt kam 'raund ət 'wans]
Potrebujem lekára. Je to naliehavé.	I need a doctor. It's urgent.	[ai 'niːd ə 'dɒktə its 'əːdʒnt]
Cítim sa veľmi zle, pán doktor.	I feel very bad, doctor.	[ai fiːl veri bæd dɒktə]

Slovak	English	Phonetic
Všetko ma bolí.	I am aching all over.	[ai em eikiŋ oːl auvə]
Merali ste si teplotu?	Have you taken your temperature?	[hæv ju teikn joː 'tempəričə]
Tu je teplomer.	Here's the thermo-meter.	[hiːz ðə θəːˈmomiːtə]
Ukážte pulz.	Let me feel your pulse.	[let mi fiːl joː 'pals]
Musím vás preklepať.	I must sound you.	[ai mast 'saund ju]
Dýchajte hlboko.	Breathe deeply.	['briːð 'diːpli]
Máte chuť do jedla?	How's your appetite?	[hauz joːr 'æpitait]
Dám vám recept.	I'll make out (write) a prescription for you.	[ail meik aut rait ə priskripšən fə juː]
Užívajte jednu dávku každé tri hodiny.	Take a dose every three hours.	[teik ə 'douz evri 'θri: auəz]
Veľmi ste prechladli, možno to bude ľahká chrípka.	You have got a bad chill, perhaps a touch of flu.	[ju hæv got ə bæd čil pəˈhæps ə 'tač əv 'flu]
Dajte mu ľahkú stra-vu a držte ho v teple.	Give him light food and keep him warm.	[giv him 'lait 'fud ənd 'kiːp him 'woːm]
Môžete si dať na noc obklad na hrdlo.	Put a compress on your throat for the night.	[put ə 'kompres on joː θrəut foː ðə 'nait]

V lekárni.	At the Chemist's.	[æt ðə ˈkemists]
Kde môžem dostať liek?	Where can I get the medicine?	[weə kæn ai get ðə ˈmedsin]
Liek bude hotový o 10. hodine. Tu je lístok.	The medicine will be ready by ten o'clock. Here is your ticket.	[ðə ˈmedsin wil bi: ˈredi bai ˈten oˈklok] [ˈhiːər iz joː ˈtikit]
Je to hotový liek, alebo ho musíte pripraviť?	Is this a patent medicine or must you make it up?	[iz ðis ˈpætnt ˈmedsin oː ˈmast ju ˈmeik it ap]
Veľmi ma bolí hlava, mohli by ste mi dať nejaké tabletky?	I have a terrible headache, could you give me some pills?	[ai hæv ə ˈteribl ˈhædeik kud ju giv mi: sam pilz]
Nech sa páči, a tu je pohár vody.	Here you are and here is a glass of water.	[hiːə ju ˈlaː ənd hiər iz ə ˈglaːs əv woːtə]
Trpím na poruchy trávenia.	I suffer from indigestion.	[ai ˈsafə frəm indiˈdžesčn]
Máme veľmi dobré pilulky (soli).	We have very good tablets (salts).	[wi: hæv ˈveri ˈgud ˈtæblits (soːlts)]
Bolí ma hrdlo, dajte mi, prosím, niečo na kloktanie alebo sirup.	I have a sore throat, I'd like something to gargle with and syrup.	[ai hæv ə soː: ˈθrəut aid laik samθiŋ tə ˈgaːgl wið ənd ˈsirəp]

Máte nejaký dezinfekčný prostriedok?	Have you some disinfectants?	[hæv ju sam ˈdisinˈfektənts]
Tu je váš liek, užívajte ho podľa lekárskeho predpisu.	Here is your medicine, take it according to doctor's prescription.	[hiər iz jɔ: ˈmedsin ˈteik it əˈkɔ:diŋ tə ˈdɔktəz prisˈkripšən]
Máte nejakú masť na popáleniny?	Have you any ointment for a burn?	[hæv ju əni ˈointmənt fɔ:r ə ˈbə:n]
Máte niečo proti reume?	Have you some embrocation against rheumatic paints?	[hæv ju sam ˌembrəˈkeišn əgeinst ˈru:mətik ˈpeinz]

Darčekové predmety. Souvenirs. Gifts. [suvəniaz, gifts]

Chcel by som si kúpiť niečo na pamiatku.	I'd like to buy a souvenir.	[aid laik tu ˈbai ə suˈvəniə]
Vyberte si, čo sa vám páči.	Choose what you like.	[ču:z wot ju ˈlaik]
Chcem sa pozrieť, čo máte.	I'd like to see what you have.	[aid laik tu ˈsi: ˈwot ju ˈhæv]
Môžete mi povedať, kde dostať slovenské výšivky?	Can you tell me where Slovak embroidery can be bought?	[kæn ju ˈtel mi: ˈweə ˈsləuvæk emˈbroidri kən bi: bo:t]

Slovak	English	Phonetic
Videli ste už nejaké ukážky slovenského ľudového umenia?	Have you seen any examples of Slovak folk art?	[hæv ju si:n eni ikˈzɑːmplz ev ˈsləuvæk ˈfəukɑːt]
Sú tieto pamiatkové kazety iba jednofarebné?	Are these souvenir boxes (caskets) in one colour only?	[ɑː ˈðiːz suvəniːə boksiz (kɑːskits) in ˈwan kalə ˈounli]
Máme aj vyrezávané a vypaľované spomienkové predmety.	We have also souvenirs with carved and burnt in patterns.	[wiː hæv olsəu ˈsuvəniːəz wið ˈkɑːvd end ˈbəːnt in ˈpætənz]
Odporúčam vám tento obal na knihy so znakom mesta Bratislavy.	I can recommend you this book-cover with the coat-of-arms of Bratislava.	[ˈai kæn riˈkomend ju ðis ˈbuk kavə wið ˈkəut ev aːmz ev ˈbratislava]
Prosím si nejaký spomienkový predmet z kože.	Some souvenir made of leather, please.	[sam suvəniːə meid ev ˈlẹðə pliːz]
Mohli by ste mi ukázať nejaké vyrezávané figúrky?	Could you show me some wood-carved figurines?	[kud ju ʃəu miː sam ˈwudkaːvd ˈfigjuriːnz]
Čo stojí táto súprava z brúseného skla?	How much is this cut glass set?	[hau ˈmač iz ðis ˈkatglaːs set]
Chcela by som kúpiť malú vázu z keramiky.	I'd like to buy a small ceramic vase.	[aid ˈlaik tu ˈbaːi ə sməːl siˈræmik ˈvaːz]

Cestovná kancelária.	Travel Agency.	[ˈtrævl ˈeidʒnsi]
Ako sa najrýchlejšie dostanem do X.?	Which is the best way of getting to X.?	[wič iz ðə best wei əv ˈgetiŋ tu ˈeks]
Lietadlom, pane?	By air, sir?	[bai ˈeə sə:]
Aké je najrýchlejšie vlakové spojenie?	Which is the best route by rail?	[wič iz ðə best rəut bai ˈreil]
Nemusím čakať v N . . .?	Have I to wait at N.?	[hæv ai tu ˈweit æt ˈen]
Nie, máte tam prípoj.	No, there's a connection immediately.	[nəu ðeəz ə kəlnekšn iˈmi:diətli]
Pražský expres ešte premáva.	The Prague Express is still running.	[ðə ˈpra:g ikspres iz ˈstil raniŋ]
Môžete ísť diaľkovým autobusom až do . . .;	You may take a couch as far as . . .	[ju mei teik ə ˈkəuč æz fa:r æz]
Môžete ísť po Dunaji loďou až do . . .	You can go down the Danube as far as . . .	[ju kæn ˈgəu daun ðə ˈdænju:b æz ˈfa:r æz]
Má ten vlak spací (jedálny) vozeň?	Is there a sleeping (dining) car on that train?	[iz ðeər ə ˈsli:piŋ (ˈdainiŋ) ka:r on ðæt ˈtrein]
Rezervujte mi dve miesta v Tatranskom exprese.	I'd like to book (reserve) two seats on the Tatra Express.	[aid laik tu ˈbuk (riˈzə:v) ˈtu: si:ts on ðə ta:trə ikspres]
Batožinu prezerajú v . . .	Hand luggage is examined at . . .	[ˈhænd lagidž iz igˈzæmind æt]

Spolubatožinu preze-rajú v . . .	Registered luggage is examined at . . .	[re'džistəd lagidž iz igzæmind æt]
Pasová kontrola.	Let me check your passport.	[let mi: ček jo: 'pa:spo:t]
Tu je môj pas.	Here is my passport.	[hiə iz mai 'pa:spo:t]

Cestovanie lietadlom.

Air Travel. [eə 'trævl]

Kde môžem kúpiť le-tenku?	Where can I get a plane ticket?	[weə kæn ai get ə 'plein tikit]
Ako sa dostanem na letisko?	How can I get to the airport?	[hau kæn ai get tu ði: 'eəpo:t]
Kedy majú odchod lietadlá do Prahy?	What time/When do planes leave for Prague?	[wot taim/wen du: 'pleinz 'li:v fo: 'pra:g]
Prosím, rezervujte mi dve letenky do Prahy na piatok.	I want to book two tickets on the plane to Prague for Friday, please.	[ai wont tə buk 'tu: 'tikits on ðə plein tu 'pra:g fo: 'fraidi pli:z]
Aké množstvo batožín si možno vziať do lietadla?	How much luggage can one take on the plane?	[hau mač 'lagidž kæn wan 'teik on ðə 'plein]
Čo sa platí za nad-mernú váhu?	What is the charge for overweight?	[wot iz ðə 'ča:dž fo: 'əuvəweit]

Kde bude najbližšia zastávka?	Where is the next stop?	[weə iz ðə 'nekst 'stop]
Ako dlho trvá náš let?	How many hours does our flight take?	[hau mæni 'auəz daz auə flait 'teik]
Obedovať budeme na letisku?	Shall we have lunch at the airport?	[šæl wi hæv lanč æt ði 'eəpo:t]
Lietadlo pristáva.	The plane is about to land.	[ðə 'plein iz əbaut tu 'lænd]
Kedy máme pristáť?	When are we due (to land)?	[wen a: wi: 'dju: (tə 'lænd)]

Banka.

Bank.

[bæŋk]

Kde si môžem vymeniť peniaze?	Where can I get my money changed?	[weə kæn ai 'get mai 'mani 'čeindžd]
Musíte ísť do banky.	You must go to the bank.	[ju mast 'gəu tu ðə 'bæŋk]
Chcel by som vymeniť doláre (libry) za koruny.	I want some dollars (pounds) changed into Czechoslovak crowns.	[ai 'wont sam 'doləz (paundz) 'čeindžd intu čekə'sləuvæk 'kraunz]
Koľko chcete?	How much do you want?	[hau mač du ju wont]
Aké druhy bankoviek si želáte?	What banknotes would you like to have?	[wot 'bæŋknəuts wud ju laik tu hæv]

Slovak	English	Phonetic
Môžete mi dať päť stokorunových bankoviek a zvyšok v drobných?	Could you let me have five notes of one hundred crowns each and the rest in small change?	[kud ju let mi hæv 'faiv nəuts əv 'wan 'handrid kraunz i:č ænd ðə 'rest in 'smo:l 'čeindž]
Potraviny.	**Foodstuffs.**	['fu:dstafs]
Kde možno kúpiť potraviny?	Where can I buy foodstuffs?	[weə kæn ai 'bai 'fu:dstafs]
Kedy otvárajú tento obchod?	When does this shop open?	[wen daz ðis 'šop əupen]
Vezmite si košík.	Take this basket.	[teik ðis 'ba:skit]
Plaťte pri pokladnici.	Pay at the cash desk.	[pei æt ðə 'kæš desk]
Dajte mi cukríky, prosím.	Some of those sweets, please.	[sam əv ðəuz swi:ts, pli:z]
Tam dostanete salámu, párky a šunku.	There are salami, frankfurters and ham.	[ðeər a: səla:mi 'fræŋkfə:təz ænd 'hæm]
Dajte mi dva rožky, prosím.	Two rolls, please.	[tu: 'rolz pli:z]
Prosím si škatuľku sardiniek.	A tin of sardines, please.	[ə 'tin əv sa:'di:nz pli:z]
Máte čerstvé ovocie?	Have you got fresh fruit?	['hæv ju got 'freš 'fru:t]

Dajte mi, prosím, kilo jabĺk (hrozna).	One kilo of apples (grapes), please.	[wan ki:lou əv æplz (greips) pli:z]
Koľko budeme platiť?	How much is it?	[hau mačʼiz it]
Kde platím?	Where am I to pay?	[weər əm ai tu ˈpei]
Kde je, prosím, najbližšia trafika?	Where is the nearest tobacconist, please?	[weər iz ðə ˈniərəst tobækɔnist pli:z]
Nemám drobné.	I have no change.	[ai hæv nou čeindž]

Colnica. / Customs house.

	Customs house.	[ˈkastəms haus]
Kde je colnica?	Where's the customs office?	[weəz ðə ˈkastəmz ofis]
Otvorte kufre, prosím.	Open your suitcases, please.	[ˈoupən jo: ˈsju:tkeisiz pli:z]
Máte niečo na vyclenie?	Anything to declare?	[ˈæniθiŋ tu diˈkleə]
Môžem si vziať tento aparát so sebou?	May I take this camera with me?	[mei ai ˈteik ðis ˈkæmərə wið mi:]
Ktoré veci možno vyviezť bez cla?	What goods are duty-free?	[wot gudz a: dju:tiˈfri:]
Aké clo budeme platiť?	What duty do I have to pay?	[ˈwot ˈdju:ti hev ai tu pei]
Mám dovozné povolenie.	I have an import license.	[ai hæv ən imˈpo:t laisəns]

Tieto veci sú pre osobnú potrebu. — These items are for personal use. — [ðiːz 'aitmz aː foː 'pəːsənl juːs]

Čas. — Time. — [taim]

Koľko je hodín? — What time is it? — [wot taim iz it]
— What is the time? — [wot iz ðə 'taim]
Je jedna hodina. — It's one o'clock. — [its wan o'klok]
Je štvrť na dve. — It's a quarter past one. — [its ə 'kwoːtə 'paːst wan]

Je pol druhej. — It's half past one. — [its 'haːf 'paːst wan]
Je tri štvrte na dve. — It's a quarter to two. — [its ə 'kwoːtə tu 'tuː]
Je o desať minút tri. — It's ten to three. — [its 'ten tu 'θriː]
Je šesť hodín a päť minút. — It's five past six. — [its 'faiv paːst 'siks]

Osem hodín ráno. — Eight a. m. — [eit ei em]
Osem hodín večer. — Eight p. m. — [eit pi: em]
Ráno. — In the morning. — [in ðə 'moːniŋ]
Na poludnie. — At noon. — [ət 'nuːn]
Popoludní. — In the afternoon. — [in ði 'aːftənuːn]
Večer. — In the evening. — [in ði 'iːvniŋ]
V noci. — At night. — [ət 'nait]
Je polnoc. — It is midnight. — [it iz 'midnait]
Vlak prichádza o11,10. — The train arrives at eleven ten. — [ðə 'trein ə'raivz ət i'levn 'ten]

Slovak	English	Phonetic
Ľutujem, moje hodinky nejdú správne.	Sorry, my watch is not right.	[sori mai 'woč iz 'not rait]
Zabudol som si natiahnuť hodinky.	I've forgotten to wind up my watch.	[aiv fəlgotn tu 'waind ap mai'woč]
Celý mesiac (deň, rok).	A whole month (day, year).	[ə həul manθ ('dei, ja:)]
O päť minút.	In five minutes.	[in 'faiv 'minits]
Budem tu o pol hodiny.	I'll be back in half an hour.	['ail bi 'bæk in 'ha:f ən 'auə]
Pán Brown príde budúci týždeň.	Mr Brown will come next week.	[mistə 'braun wil kam 'nekst 'wi:k]
Prišiel som načas.	I came in time.	[ai keim in 'taim]
Prišiel som neskoro.	I was late.	[ai woz 'leit]
Prišli sme priskoro.	We came too early.	[wi: keim 'tu: ə'li]
Koľkého je dnes?	What is the date today?	[wot iz ðə 'deit tu'dei]
Dnes je 22. októbra 19 . . .	Today is October, 22nd, (22nd October), 19 . . .	[tu'dei iz ok'təubə ðə 'twenti 'seknd (əv ok'təubə) 'nainti:n]
Názvy dní.	**Days of the Week.**	['deiz əv ðə 'wi:k]
Môžete mi požičať kalendár?	Can you lend me a calendar?	[kæn ju 'lend mi: ə 'kælində]

Aký deň je dnes?	What day is it today?	[wot dei iz it tu'dei]
Je nedeľa, deň pracovného voľna.	It's Sunday, a holiday.	[its 'sandi ə 'holidei]
Máme schôdzu v pondelok.	We have a meeting on Monday.	[wi: hæv ə 'mi:tiŋ on 'mandi]
Utorok je pozajtra.	Tuesday is the day after tomorrow.	['tju:zdi iz ðə dei a:ftə tə'morou]
Predvčerom bola streda.	The day before yesterday was Wednesday.	[ðə 'dei bifo: 'jestədi 'woz 'wenzdi]
Som zadaná na štvrtok.	I have (a date) an engagement on Thursday.	['ai hæv (ə 'deit) ən in'geidžmənt on 'θə:zdi]
Piatok je pracovný deň.	Friday is a working day.	['fraidi iz ə 'wə:kiŋ dei]
V sobotu popoludní sa nepracuje.	Saturday is a half holiday.	['sætədi iz ə 'ha:f 'holədi]
Ročné obdobia a počasie.	**Seasons and Weather.**	['si:zns ænd 'weðə]
Na jar a na jeseň často prší.	It often rains much in spring and in autumn.	[it 'ofn reinz 'mač in 'spriŋ ænd in 'o:təm]
V lete býva dusno.	It is sultry in summer.	[it iz 'saltri in 'samə]
V zime mrzne.	It freezes in winter.	[it fri:zis in 'wintə]

Slovak	English	[IPA]
Je pekne.	It's fine.	[its 'fain]
Prší (sneží).	It's raining (snowing).	[its 'reiniŋ ('snəuiŋ)]
Je zima (teplo).	It's cold (warm).	[its kəuld ('wo:m)]
Je zamračené.	It's overcast.	[its 'əuvəka:st]
Počasie sa zlepšuje (zhoršuje).	The weather is getting better (worse).	[ðə 'weðər iz getiŋ 'betə ('wə:s)]
Zajtra bude pekne.	It'll be fine tomorrow.	[itl bi: 'fain tə'morəu]
Aká je predpoveď?	What's the forecast?	[wots ðə 'fo:ka:st]
Bola búrka?	Was there a storm (thunderstorm)?	[wo:z ðeər ə 'sto:m ('θandəsto:m]
Blýska sa.	It is lightening.	[it iz laitniŋ]
Hrmí.	It is thundering.	[it iz θandəriŋ]

KOREŠPONDENCIA

Milá pani J.,	Dear Mrs. J.,	[diə misiz džei]
Vážená pani (pane),	Dear Madame (Sir),	[diə mædəm (sə:)]
Pane, páni (úradne)	Sir (Madame, Gentlemen)	[sə: (mædəm, džentlmən)]
Milá Anna, (milý Karol)	Dear Ann (Charles), Dearest Ann (Charles),	[diər æn (ča:lz)] [diərist æn (ča:lz)]

zakončenie v súkromnom liste, dobrým známym
vo formálnom liste
v obchodnom liste

with love, with much love,
Yours sincerely
Yours truly
Yours faithfully

[wið lav] [wið mač lav]
[jo:z sin'siəli]
[jo:z tru:li]
[jo:z fei'θfuli]

28 Cloncurry Road,
Bayswater, W..,
October 31-st, 19...

Pozvanie na čaj:

Milá slečna Jenkinsová,

Dear Miss Jenkins,

[diə mis 'dženkinz]

tešila by som sa, keby ste prišli ku mne na čaj budúci štvrtok o 16,30. Už sme sa dlho nevideli.

It would give me great pleasure if you would come to tea next Thursday at 4.30. It seems quite a long time since I saw you last.

[it wud giv mi: greit 'pležər if ju wud kam tu 'ti: nekst 'ðə:zdi æt 'fo: 'θə:ti it si:mz kwait ə loŋ taim sins ai so: ju: la:st]

Srdečne Vás zdraví
Ada Grattan.

Yours sincerely
Ada Grattan.

[jo:z sin'siəli]

Odpoveď (prijatie):

16 Lytton Terrace
Ealing,
3-rd November, 19...

Milá pani Grattanová, s veľkou radosťou prijímam Vaše milé pozvanie na čaj na štvrtok. Teším sa na všetky Vaše novinky. So srdečným pozdravom

Vaša
A. P. Jenkinsová.

Dear Mrs Grattan, I accept with great pleasure your kind invitation to tea on Thursday. I look forward to hearing all your news, I am, Yours sincerely

A. P. Jenkins.

[diə misiz . . .]
[ai əˈksept wið greit pleʒə jɔː kaind inviˈteiʃn tu tiː on θəːzdi ai luk fɔːwəd tu hiəriŋ ɔːl jɔː njuːz ai əm jɔːz sinˈsiəli]

Odmietnutie:

16, Lytton Terrace
Ealing,
November 3-rd, 19…

Milá pani Grattanová, veľmi ľutujem, ale nemôžem prijať Vaše milé pozvanie na štvrtok. V ten deň mám dôležitú schôdzu v škole.

Dear Mrs Grattan, I am sorry that I can't accept your kind invitation for next Thursday. On that day I have an important meeting at school.

[diə misiz . . .]
[ai æm sori ðət ai kaːnt əˈksept jɔː kaind inviˈteiʃən fɔː nekst θəːzdi on ðət dei ai hæv ən impɔːtnt miːtiŋ ət skuːl]

Srdečne Vás pozdra-
vuje
  A. P. Jenkinsová.

Sincerely yours,

    A. P. Jenkins.

sin'siəli jo:z]

Adresa súkromného
listu:

Mr John Brown
30, Ripstone Gardens,
  Highfield,
  Southampton,
England.

Adresa:

Miss Anna Novotná
Lenin's Square 15
811 01 Bratislava,
Slovakia.

Použitá literatúra

Pravidlá slovenského pravopisu, Bratislava 2000
Slovník slovenského jazyka, Bratislava 1959 – 1965
Isačenko: Slovensko-ruský prekladový slovník, Bratislava 1950
Poldauf: Anglicko-český slovník, Praha 1959
Vilikovský: Slovensko-anglický slovník, Bratislava 1950
Anglicko-ruský vreckový slovník, Moskva 1954
The Merriam-Webster Pocket Dictionary
Grobauer – Brožová – Malíř: Idiomy a rčení v angličtine
English-Russian Phrase-Book
D. Jones: An English Pronouncing Dictionary, London 1947
K. Hais: Anglicko-český kapesní slovník, Praha 1960
Lexikografický zborník, Bratislava 1953, 1961
A. S. Hornby, E. V. Gatenby, H. Wakefield: The Advanced
    Learner's Dictionary of Curent English, Oxford University
    Press, London, 1965
Pocket English Diktionary, Cassel, London 1995
Longman Dictionary of Contemporary English, Essex 1990
Chovan – Čejková: Výkladový slovník poisťovníctva, SPN, Bra-
    tislava 1992
J. Ragan: Anglicko-slovenský slovník výpočtovej techniky,
    SPN, Bratislava 1998
K Sokolová: Finish – anglicko-slovenský slovník športových vý-
    razov, SPN, Bratislava 1996
K. Hais – Hodek: Veľký anglicko-český slovník, Academia,
    Praha 1992
Webster's New Encyclopedia Dictionary, New York 1992.

PRÍLOHA

ANGLICKO – SLOVENSKÁ ČASŤ

A

abduction [æb'dakšən] únos

abetment [ə'betmənt] napomáhanie (zločinu)

A-bomb ['eibom] atómová bomba

absolute majority ['æbsəlu:t] nadpolovičná väčšina

accupuncture [æ'kju:pankčə] akupunktúra

Achilles tendon/heel [æ'kili:z tendon] achillova šľacha/päta

acne ['ækni] trudovitosť, akné

AD (Anno Domini) náš letopočet (roku Pána)

aerobics [eə'rəubiks] aerobik

AGM (annual general meeting) valné zhromaždenie

agrobusiness [æggrəbiznis] agrobiznis

AIDS (Aquired Immune Defficiency Syndrom) syndróm získanej straty imunity

air-conditioning [eəkon'dišəniŋ] klimatizácia

A level = Advanced level ['eilevl] maturita

allowance [ə'lauəns] *(šport.)* náskok

ammeter ['æmi:tə] ampérmeter

amortisation [ə'mo:taizeišən] amortizácia

analyst ['ænəlist] analytik

ancillary [æn'siləri] pomocný, vedľajší

annuity [ə'nju:iti] renta

annotate ['ænəuteit] vybaviť poznámkami

anorak ['ænəræk] vetrovka (s kapucňou)

anorexia [ænə'reksiə] ne-
chutenstvo
answering machine
['a:nsəriŋ mə'ši:n] odka-
zovač
antidepressant
[æntidi'presnt] antidepre-
sívum
appendicitis [əpendə'saitis]
zápal slepého čreva
appraisal [ə'preizl] odhad
arrow [ærəu] šípka, šíp
arteriosclerosis
[a:tiəriəuskliə'rəusis] arté-
rioskleróza
artificial intelligence
[a:ti'fišl in'telidžəns] ume-
lá inteligencia
assembler [ə'semblə]

1. montér 2. *(výp.)* prek-
ladač
assembly line [ə'sembli lain]
montážna linka
assets and liabilities [æsets
and laiə'biliti:z] aktíva
a pasíva
athletics [æθ'letiks] atletika
**ATM (automated teller
machine)** [ei ti: 'em] ban-
komat
au pair [əu' peə] opatrova-
teľka
aubergine ['æubəži:n] bak-
lažán
audio-visual [o:diəu'vižuəl]
audiovizuálny
audit ['o:dit] revízia

B

**BA, B.A. (Bachelor of
Arts)** [,bi:'ei] bakalár
umení (titul)
baby-sitter ['beibi 'sitə]
opatrovateľ/ka dieťaťa
backpack ['bækpæk] batoh,
ruksak *(amer.)*

backstroke ['bækstrəuk]
znak (plavecký štýl)
badminton ['bædmintən]
bedminton
balance of payment [bæləns
əv peimənt] platobná bi-
lancia

bank account ['bæŋk ə'kaunt] konto, účet
bar code ['ba: kəud] čiarový kód
barter ['ba:tə] výmenný obchod
baseball ['beisbo:l] bejzbal
basketball ['ba:skitbo:l] basketbal
baton ['bætən] kolík *(šport.)*
bawdy ['bo:di] vulgárny
BC = Before Christ pred naším letopočtom, pr. n. l.
be on drugs užívať drogy
beacon ['bi:kən] 1. maják 2. blikavé svetlo
bear [beə] špekulant na burze
biathlon [baiæθlən] biatlon
bill of change [biləvčeindž] zmenka
binary [bainəri] dvojkový
binary system dvojková sústava *(výp.)*
biro ['bairəu] guľôčkové pero
bit [bit] bit
bite [bait] oddelený diel
blip pripnutie, cvaknutie

blood pressure [blad 'prešə] krvný tlak
boarding card ['bo:diŋ ka:d] palubný lístok
bodybuilding ['bodibildiŋ] kulturistika
bodyguard ['bodiga:d] osobny strážca
bondholder [bondhəuldə] majiteľ dlhopisu
bone marrow [mærəu] kostná dreň
boot [bu:t] zavádzanie zo sek. pamäte do oper. pamäte *(výp.)*
bottled gas [botld gæz] propán bután
breaststroke ['breststrəuk] prsia (plavecký štýl)
bronchitis [broŋkaitis] zápal priedušiek, bronchitída
browse [brauz] prezerať letmo (internet)
BSE (bovine spongiform encephalopathy) [bəuvain spandžifo:m ensəfæləupəθi] zápal mozgu u kráv

buckwheat ['bakwi:t] pohánka

buddy ['badi] hovor. *amer.* kamarát, kamoš

budget account [badžit ə'kaunt] sporožíro

bully [buli] tyran, osoba, ktorá šikanuje

bullshit ['bulšit] *hovor.* blbosť, somarina

bust [bast] opak 'boom' ekon. bankrot, pokles

byte [bait] reťazec z 8 bitov

C

cable-car [keibl ka:] lanovka

CAD (computer aided design) [si:eidi:] automatizované projektovanie pomocou počítača

CAL (computer assisted learning) [si:eiel] výučba pomocou počítača

call cost [ko:l kost] cena hovoru

call list [ko:l list] zoznam hovorov

call time [ko:l taim] dĺžka hovoru

calling card [ko:liŋ ka:d] navštívenka

CAM (computer aided manufacture) [si:eiem] výroba pomocou počítača

camcorder [kæm'ko:də] videokamera

canoe slalom [kənu: sla:ləm] vodný slalom

canoeing [kə'nu:iŋ] kanoistika

capital assets [kæpitl æ'sets] kapitál, imanie

car park ['ka: pa:k] 1. parkovisko 2. *amer.* kryté parkovisko

carriageway ['kæridžwei] vozovka, pruh vozovky

carrycot ['kærikot] taška na nosenie dieťaťa

cartridge ['ka:tridž] 1. náboj

(nábojnica) 2. gramofónová prenoska 3. kazeta, náplň

cash and carry [kæš ənd kæri] predaj za hotové s vlastným odvozom

cash flow [kæš fləu] príliv peňazí, príjmy firmy

casual ['kæžuəl] neformálny, nenútený

casualty ['kæžuəlti] 1. (vážna) nehoda, nešťastie 2. úrazové oddelenie v nemocnici

cataract [kætərækt] šedý zákal

cathode-ray tube ['kæθəud'rei tju:b] obrazovka

CD player [si:di:'pleiə] prehrávač CD

CD (compact disc) [si:'di:] kompaktná platňa

CD ROM [sidi'rom] zariadenie počítača na čítanie CD

cell phone [sel fəun] mobilný telefón

chair-lift ['čeəlift] sedačková lanovka

check-in [ček'in] zapísanie, registrácia

check-out [ček'aut] odhlásiť sa, výstupná kontrola

chemotherapy [keməθerəpi] chemoterapia

chip [čip] čip (mikroprocesorová doštička)

chiropodist [ki'ropədist] pedikér

chiropractor [kaiərəu'præktə] chiropraktik

click [klik] kliknutie

clip [klip] záber, šot

clone [kləun] klonovanie

COD (cash on delivery) na dobierku

common labour [komən leibə] nekvalifikovaná pracovná sila

common law [lo:] zvykové právo, nepísaný zákon

common market [n ma:kit] spoločný trh

common sense [sens] zdravý rozum

computer graphics [kəmpju:tə græfiks] počítačová grafika

condom [kondəm] prezervatív

contact lens ['kontækt lenz] kontaktná šošovka

cordless ['ko:dles] bezdrôtový

cost of living [kost əv liviŋ] životné náklady

cost-benefit analysis [kost benifit ə'næləsiz] analýza nákladov a výnosov

crampon ['kræmpən] horolezecké mačky

crib death [krib deθ] náhle úmrtie u nemluvniat

crossbar ['krosba:] brvno (na bránke), tyč

cross-country running [kros'kantri 'raniŋ] cezpoľný beh

cross-country skiing [kros'kantri 'skiiŋ] beh na lyžiach

current market value [karənt ma:kit vælju:] súčasná trhová hodnota

curriculum [kə'rikjuləm] učebné osnovy; kurz prednášok

CV (curriculum vitae) [si:vi, kə'rikjuləm 'vi:tei] vlastný životopis

cycling ['saikliŋ] cyklistika

D

DAT (digital audio tape) digitálna zvuková kazeta

data [deitə] súbor informácií *(výp.)*

databank [dei'təbæŋk] databanka, banka údajov

database [deitəbeis] databáza, základné údaje

debug [di:'bag] *hovor.* vychytať chyby

decrease in production [dikri:s] pokles výroby

deep freeze [di:p'fri:z] zmraziť potraviny

denim ['denim] denim, džínsovina

depth gauge ['depθ geidž] hĺbkomer
deuce [dju:s] zhoda *(šport.)*
devil-may-care [,devl mei'-keə] ľahkovážny, bezstarostný
diarrhoea [daiə'riə] hnačka
digit [didžit] číslica
disc [disk] disk, kotúč
dish [diš] parabolický reflektor
diskette [di'sket] disketa, pružný disk
display [dis'plei] displej, obrazovka
diversification [daivə:sifi'keišn] modifikácia
divert [dai'və:t] presmerovať, odkloniť

diving ['daiviŋ] skoky do vody
downhill ['daunhil] zjazd *(šport.)*
downtime ['dauntaim] prestoj
down-to-earth [daun tu'ə:θ] praktický, vecný
downtown [daun'taun] 1. smerom do mesta 2. v centre
drug [drag] 1. droga 2. liek
dry cleaner's [drai'kli:nəz] chemická čistiareň
dryer, drier ['draiə] sušič, sušička
dyslexia [dis'leksiə] dislexia, porucha schopnosti čítať

E

earpiece ['iəpi:s] slúchadlo
easygoing [i:zi'gəuiŋ] príjemný, tolerantný
EDP (electronic data processing) elektronické spracovanie informácií

E-mail (electronic mail) [i:meil] elektronická pošta
emerge [i'mə:dž] objaviť sa vyjsť najavo
enter [entə] vykonať zadaný príkaz *(výp.)*

ES (expert system) program na vedecké využitie

esophagus [iːˈsofəgəs] *(lek.)* pažerák

F

face value [feis væl:juː] nominálna hodnota

farfetched [faːfečt] pritiahnutý za vlasy

fast food [fastˈfuːd] jedlo na rýchlu konzumáciu

fax [fæks] fax, faxovať

FBI (Federal Bureau of Investigation) *amer.* Federálny úrad pre vyšetrovanie

feedback [ˈfiːdbæk] spätná väzba

fencing [ˈfenciŋ] šerm

fibreglass laminate [ˈfaibə glaːs læmineit] sklolaminát

figure skating [ˈfigəskeitiŋ] krasokorčuľovanie

finish [ˈfiniš] cieľ

flat tax [flæt tæx] rovnaké zdanenie pre všetkých

flipper [ˈflipə] plutva

flit-gun [flitgan] striekacia pištol

floppy disk [flopiˈdisk] disketa

foot-and-mouth-disease [futən ˈmauθ disiːz] slintačka a krívačka

foreign exchange [forin iksˈčeinž] valuty, devízy

four-way [ˈfoːrwei] štvorprúdová (vozovka)

free enterprise [friː ˈentəpraiz] slobodné podnikanie

free market voľný trh

freephone [ˈfriːfəun] telefónny hovor na účet volaného

freezer [friːzər] mraznička

full cream [fulˈkriːm] plnotučný

full tilt [fulˈtilt] na plné obrátky

G

gas-tank [gæstæŋ] plynojem
gay [gei] homosexuál
General manager [dženərl mænidžə] generálny riaditeľ
giga G [gigə] miliarda, *amer.* bilión
glaucoma [glo:'kəumə] zelený zákal

go-between [gəubitwi:n] sprostredkovateľ
grey market [grei'ma:kit] čierny trh
green-eyed [gri:naid] žiarlivý
green-fingered [gri:n fiŋgəd] šikovný pri práci v záhrade
greenhouse effect [i'fekt[skleníkový efekt

H

hacker ['hækə] počítačový pirát
handball ['hændbo:l] hádzaná
harassment ['hærəsmənt] obťažovanie
hard drugs tvrdé drogy
hash [hæš] mriežka, dvojkrížik *(výp.)*
hattrick ['hætrik] hetrik *(šport.)*
hay fever [hei fi:və] senná nádcha
head office centrála
high-tech [haitek] špičková technológia

hijack [haidžæk] únos (lietadla)
HIV (human immunodeficiency virus) [hjumən imjunədefisənsi vairəs] HIV
holding company [həuldiŋ kampəni] obchodná holdingová spoločnosť
human resources [hju:mən ri 'so:siz] ľudské zdroje
hurdle [hə:dl] prekážka
HW (hardware) [ha:dweə] hardvér, vybavenie počítača

I

ice hockey ['aishoki] ľadový hokej
idle time [aidl taim] prestoj
IMF (International Monetary Fund) Medzinárodný menový fond
implement ['impləmənt] náradie, nástroj
indicator light kontrolka

insolvency [in'solvənsi] platobná neschopnosť
insurance company [in'šuərəns' kampəni] poisťovňa
integrated circuit [sə:kit] elektr. okruh, obvod
investments [in'vestmənts] investície

J

joint venture [džoint' venčə] spoločný podnik
joystick [džoistik] pákový ovládač

judo ['džu:dəu] džudo
jukebox ['džu:kboks] hrací automat na platne

K

k, K, kilo [kiləu] predpona tisíc
key pad [ki:pæd] klávesnica *(výp.)*

keyboard [ki:bo:d] klávesnica, taster
kilobyte [kiləubait] kilobyte

L

labtop ['læptop] príručný, prenosný počítač

land planning [lænd plæniŋ] územné plánovanie

landing ['lændiŋ] pristátie, dopad

lap [læp] kolo *(šport.)*

latch [læč] blokovanie

law of supply and demand zákon ponuky a dopytu

lay-by [leibɑi] parkovisko pri diaľnici

left luggage office [left 'lagidž 'ofis] úschovňa batožiny

life annuity [laif ənju(:)iti] doživotná renta

life vest ['laif vest] záchranná vesta

lifebelt ['laifbelt] plávacie koleso, záchranný pás

lift [lift] vlek

loader ['ləudə] zavádzač, ukladací program

long-term [loŋtə:m] dlhodobý

love [lav] *(šport.)* nula

lunar module [lu:nə modju:l] mesačný modul

M

macroeconomics [mækrəui:'konomiks] makroekonomika

market economy trhové hospodárstvo

marketing research prieskum trhu

marriage broker [məridž brəukə] dohadzovač

medium-term [mi:djəm 'tə:m] strednodobý

MB (megabyte) [megəbait] milión bitov

memory address counter čítač adries

MEM (memory) pamäť počítača

menu [menju:] menu v mobilnom telefóne

microeconomics [maikrəu i:'kənomiks] mikroekonomika

microprocessor [maikrəu'prəusesə] mikroprocesor

microwave oven

['maikrəweiv 'avən] mik-rovlnná rúra

mid-line ['midlain] stredová čiara

MIS (management information system) informačný systém manažmentu

mobile phone [məubail fəun] mobilný telefón

modem [məudm] modem *(výp.)*

monetary policy [manitəri polisi] menová politika

monitor [monitə] monitor

mountaineering [mauntə'niəriŋ] horolezectvo

MNC (multinational corporation) [malti næšənl] medzinárodná spoločnosť

N

NATO (the North Atlantic Treaty Organization) ['neitəu] Severoatlantická aliancia

net profit čistý zisk

nonprofit organization [non prəufit] nezisková organizácia

O

operating system systém obsluhy počítača

option [opšən] voľba

overdose ['əuvədəus] predávkovať

overseas representative zahraničný zástupca

P

packaging [pækidžiŋ] obalová technika, balenie

parking meter ['pa:kiŋ 'mi:tə] parkovacie hodiny

partnership [pa:tnəšip] podnikanie dvoch alebo viacerých osôb

part-time ['pa:t taim] skrátený úväzok

pentathlon [pen'tæθlon] päťboj

performance-related pay plat závislý od výkonu

personnal manager personálny riaditeľ

PIN (personal identityfication number) osobné identifikačné číslo

pixel [piksəl] prvok na TV obraze

PR (public relations) styk s verejnosťou

prime cost [praim kost] výrobná cena

PRT (printer) tlačiareň

privatization [praivətaizeišn] privatizácia

profit-sharing scheme [prəufit šeəriŋ ski:m] deľba zisku

protectionism [prə'tekšənizəm] reštrikcia importu konkurujúcich výrobkov

proxy [proksi] náhradník

putter ['putə] vrhač *(šport.)*

Q

quick keys [ki:s] klávesové skratky *(výp.)*

quick menu [menju] skrátená ponuka *(výp.)*

quick-and-dirty rýchle riešenie počítača

quiff [kwif] ofina

R

rate of return [reitəv ri'tə:n] návratnosť investícií

release latch [lætč] západka na uvoľnenie

relay race ['ri:lei reis] štafetový beh

retirement pension insurance [ri'taiəmənt penšən in'šurəns] dôchodkové poistenie

retry [ritrai] zopakovať *(výp.)*

returns [ritə:nz] výnos

revolving credit [rivolviŋ kredit] dlhodobý úver

rowing ['rəuiŋ] veslovanie

S

sales manager obchodný riaditeľ

sales promotion podpora predaja

scrab [skræb] štrajkokaz

scuba diving ['skju:ba daiviŋ] potápanie s prístrojmi

sets množiny

shooting ['šu:tiŋ] športová streľba

short-term [šo:ttə:m] krátkodobý

shot-put ['šot put] vrh guľou

silent the signal [sailənt ðə signəl] vypnúť (signál)

skiing ['skiiŋ] lyžovanie

smoke abatement [ə'beitmənt] zadymenie ovzdušia

SMS (short message service) odosielanie a prijímanie textových správ

snowboarding ['snəubo:diŋ] snowboarding

soccer ['sokə] *amer.* futbal

software [softweə] softvér – programové vybavenie počítača

spear gun ['spiəgan] harpúna

speed adjustment ['spi:d ə'džastmənt] nastavenie rýchlosti

speed skating ['spi:d skeitiŋ] rýchlokorčuľovanie

speech recognition rozpoznávanie reči

spreadsheet [spredši:t] pra-

covný hárok *(výp.)*, dvoj-
hárok
stand [stænd] tribúna
stipulation [stipju'leišn] vý-
hrada, výnimka (v zmlu-
ve)
stock holder akcionár

surfboard ['sə:fbo:d] plavák,
doska
surfing ['sə:fiŋ] vyhľadáva-
nie (na internete)
swimming ['swimiŋ] pláva-
nie

T

table tennis ['teibl tenis]
stolný tenis
takeover [teikəuvə] skúpe-
nie akcií, fúzia
tape loops ['lu:ps] páskové
kotúče *(výp.)*
tariff ['tærif] clo, cenník
TB TBC tuberklóza
timekeeper ['taimki:pə] ča-
somerač
total abstinence [æbstinəns]
vystríhanie sa alkoholic-
kých nápojov, úplná ab-
stinencia
touch screen [tač 'skri:n]
dotyková obrazovka
track suit ['træksju:t] trénin-
gový úbor

trade balance obchodná bi-
lancia
trade bill obchodná zmenka
trade licence živnostenský
list
trading certificate obchod-
ná koncesia
treasury bill [trežəri] zmen-
ka, dlžobný úpis
troubleshooting ['trabl-
šu:tiŋ] odstraňovanie,
urovnávanie sporov
tune the phone [tju:n ðə
fəun] naladiť telefón
turncoat ['tə:nkəut] odpad-
lík, prevracač kabátov
twister ['twistə] tornádo

U

UFO (unidentified flying objects) [an'aidəntifaid] neidentifikovateľné lietajúce objekty

underpay [andəpei] neadekvátna mzda, málo platiť

undersea podmorský

unemployment benefit podpora v nezamestnanosti

unfair competition nečestná konkurencia

unkempt [an'kempt] rozstrapatený, neupravený

unobservant [anəb'zə:vənt] nevšímavý

unplug [an'plag] vytiahnuť zo zástrčky, odpojiť

unravel [an'rævl] rozmotať, rozpárať, rozlúštiť

unsanitary [an'sænitəri] nehygienický

unsold nepredaný

unspoiled [an'spoild] nepoškodený, nepokazený, (tovar) nerozmaznaný (dieťa)

untained [an'teinid] čistý, nekontaminovaný, bezúhonný

unveil [an'veil] odhaliť (sochu, spiknutie a pod.)

update [ap'deit] aktualizovať, modernizovať

up-market výberový, prvotriedny (tovar)

upturn [ap'tə:n] rozmach, vzostup *(ekon.)*

U-turn ['ju:tə:n] obrat o 180 stupňov, obrat do protismeru (aj názorovo)

UV (ultraviolet) [altrə'violet] ultrafialový

V

VAT (value-added tax) [vælju ædid tæx] daň z pridanej hodnoty, DPH

VCR (video cassette recorder) videorekordér

VDT (video display

terminal) zobrazovacia jednotka terminálu
VDU (video display unit) obrazovkový displej
virus [vairəs] vírus (aj v počítači)

voice mail service [vois meil sə:vis] hlasová pošta
volleyball ['volibo:l] volejbal

W

warranty [worənti] záruka
water polo ['wo:tə pəuləu] vodné pólo
weightlifting ['weitliftiŋ] vzpieranie
WOM (word organized memory) (storage)) [storidž] slovami riadená pamäť
word alignment [ə'lainmənt]

ʼarovnávanie slov v texte (výp.)
WP (word processing) spracoʼ ʼe, editovanie textu
wrestling ['resliŋ] zápasenie
WWW (world wide web) začiatok internetovej adresy

X

xenofobia [zenə'fəubiə] nenávisť k cudzincom, strach zo všetkého cudzieho
xerox [əziəroks] xeroxovať, xeroxová kópia

XL (extra large) veľmi veľký
X-rated [eks'reitid] neprístupný pre mládež do 18 rokov

Y

yahoo! [ja:'hu:] hurá! (*hovor.* hovädo, hulvát)

yankback ['jæŋkbæk] vrátenie vymazanej informácie

yellowback lacný román, podradná literatúra

yellow-belly zbabelec, strachopud

yellow jacket sršeň

yes-man pritakávač

yield [ji:ld] výstup, zisk, výťažok

YMCA (Young Men's Christian Association) Kresťanské združenie mladých mužov

yoga [jəugə] joga

youth treatment centre nápravné zariadenie pre mladistvých

yum-yum [jam-jam] mňam, mňam

yupie, yuppy ['japi] mladý muž s imidžom úspešného človeka

Z

zap [zæp] energia, elán, *(výp.)* odhadnúť

zapping prepínanie TV kanálov diaľkovým ovládačom

zestful radostný, nadšený (robiť niečo)

zigzag rule skladací meter

zippi [zipi] živý, energický

zero G (gravitation) bezváhový stav

zeroize ['ziərou'aiz] vynulovať, vrátiť na nulu

zip-code *amer.* PSČ, poštové smerovacie číslo

zombie mátoha, živá mŕtvola, hlupák, niktoš

zoom [zu:m] približovanie, lupa, bzučanie

zoot [zu:t] hypermoderný

zucchini [zu'ki:ni] cukina

SLOVENSKO – ANGLICKÁ ČASŤ

A

aerobik aerobics
agrobiznis agrobusiness
achillova šľacha/päta Achilles tendon/heel
akcionár stock holder
aktíva a pasíva assets and liabilities
akupunktúra accupuncture
aktualizovať update
amortizácia amortisation
ampérmeter rammeter

analytik analyst
analýza nákladov a výnosov cost-benefit analysis
antidepresívum antidepressant
artérioskleróza arteriosclerosis
atletika athletics
atómová bomba A-bomb
audiovizuálny audio-visual

B

bakalár umení (titul) BA, B.A. Bachelor of Arts
baklažán aubergine
bankomat ATM (automated teller machine)
bankrot bust
basketbal basketball
batoh, ruksak *(amer.)* backpack
bedminton badminton
beh na lyžiach cross-country skiing

bejzbal baseball
bezdrôtový cordless, wireless
bezúhonný untained
bezváhový stav zero G
biatlon biathlon
bit bit
blikavé svetlo beacon
blokovanie latch
burzový špekulant bull
buzola compass
bzučanie zoom

C

cena hovoru call cost
centrála head office
centrum mesta downtown
cezpoľný beh cross-country running
cieľ finish
clo, cenník tariff
cvaknutie blip
cyklistika cycling
cukina zucchini

časomerač timekeeper
čistý (bezúhonný) untained
čiarový kód bar code
čierny trh grey market
čip (mikroprocesová doštička) chip
číslica digit
čistý zisk net profit
čítač adries memory address counter

D

daň z pridanej hodnoty VAT (value added tax)
databanka, banka údajov databank
databáza, základné údaje database
deľba zisku profit-sharing scheme
denim, džínsovina denim
digitálna zvuková kazeta DAT (digital audio tape)
disk, kotúč disc
disketa, pružný disk diskette
disketa floppy disk

dislexia, nemožnosť spájať písmená dyslexia
displej display
dlhodobý úver revolving credit
dlhodobý long-term
dĺžka hovoru call time
dohadzovač marriage broker
dotyková obrazovka touch screen
doživotná renta life annuity
dôchodkové poistenie retirement pension insurance

droga drug
dvojková sústava (*výp.*) binary system
dvojkový binary

dizajn pomocou počítača CAD (computer-aided design)
džudo judo

E

elektr. okruh, obvod integrated circuit
elektronická pošta e-mail (electronic mail)

elektronické spracovanie informácií EDP (electronic data processing)
energia (elán) zap

F

fax, faxovať fax

futbal (*amer.*) soccer

G

generálny riaditeľ general manager
gramofónová prenoska cartridge

guľôčkové pero biro
gratulovať congratulate

H

hádzaná handball
hardvér HW (hardware)
harpúna spear gun
hetrik hattrick

HIV HIV (human immunodeficiency virus)
hľadať (na internete) surfing

hlasová pošta voice mail service
hlupák zombie
hĺbkomer depth gauge
hnačka diarrhoea
homosexuál gay
horolezecké mačky crampon
horolezectvo mountaineering

blbosť, somarina *(hovor.)* bullshit
kamarát, kamoš buddy
vychytať chyby *(hovor.)* debug
hrací automat na platne jukebox
hulvát *(hovor.)* yahoo
hurá! yahoo!
hypermoderný zoot

CH

chemická čistiareň dry cleaner's
chemoterapia chemotherapy

chiropraktik chiropractor
chudnúť lose weight

I

informačný systém manažmentu MIS (management information system)

investície investments
infarkt heart attack

J

jedlo na rýchlu konzumáciu fast food

jašter saurian
joga yoga

K

kanoistika canoeing
kapitál, imanie capital assets
kazeta cartridge
kilobyte kilobyte
klávesnica *(výp.)* key pad
klávesnica keyboard
klávesové skratky *(výp.)* quick keys
kliknutie click
klimatizácia air-conditioning
klonovanie clone
kolík *(šport.)* baton
kolo *(šport.)* lap

kompaktná platňa CD (compact disc)
konkurencia competition
kontaktná šošovka contact lens
konto *(bank.)* account
kontrolka indicator light
kostná dreň bone marrow
krasokorčuľovanie figure skating
krátkodobý short-term
Kresťanské združenie mladých mužov YMCA
krvný tlak blood pressure
kulturistika bodybuilding

L

lacný román yellowback
lanovka cable car
latka, tyč *(šport.)* crossbar
letuška airhostess
liek drug
ľadový hokej ice hockey

ľahkovážny, bezstarostný devil-may-care
ľudské zdroje human resources
lupienok crisps
lyžovanie skiing

M

maják beacon, lighthouse
majiteľ dlhopisu bond holder
makroekonomika macroeconomics
maturita A-level exam
medzinárodná spoločnosť MMF MNC (multinational corporation)
Medzinárodný menový fond IMF (International Monetary Fund)
menová (finančná) politika monetary policy
menu v mobilnom telefóne menu
mesačný modul lunar module
mikroekonomika microeconomics

mikroprocesor microprocessor
mikrovlnná rúra microwave oven
miliarda, *amer.* **bilión** giga G
milión bitov MB (megabyte)
množiny sets
mňam-mňam yum-yum
mobilný telefón mobile phone (cell phone) (BE)
modem *(výp.)* modem
modernizovať update
modifikácia diversification
monitor monitor
montážna linka assembly line
montér assembler
mraznička freezer
mriežka, dvojkrížik *(výp.)* hash

N

náboj (nábojnica) cartridge
na dobierku COD (cash on delivery)

na plné obrátky full tilt
nadpolovičná väčšina absolute majority

náhle úmrtie u nemluvniat crib death
náhradník proxy
naladiť telefón tune the phone
náplň cartridge
napomáhanie (zločinu) abetment
nápravné zariadenie pre mladistvých youth treatment centre
náradie implement
nastavenie rýchlosti speed adjustment
návratnosť investícií rate of return
navštívenka calling card
neformálny, nenútený casual
neadekvátna mzda underpay
nečestná konkurencia unfair competition

meidentifikovateľné lietajúce objekty UFO
nehoda, (vážna) nešťastie casualty
nechutenstvo anorexia
nehygienický unsanitary
nekontaminovaný untained
nekvalifikovaná pracovná sila common labour
nepoškodený unspoiled
nepožívanie alkoholu total abstinency
nepredaný unsold
neprístupný mládeži do 18 r. X-rated/certified
neupravený unkempt
nevšímavý unobservant
nezisková organizácia non-profit organization
niktoš zombie
nominálna hodnota face value
nula (tenis) love

O

obalová technika, balenie packaging

obchodná bilancia trade balance

obchodná holdingová spoločnosť holding company
obchodná koncesia trading certificate
obchodná zmenka trade bill
obchodný riaditeľ sales manager
objaviť sa emerge
obrat (o 180 stupňov, do protismeru) U-turn
obrazovka cathode ray tube
obrazovkový displej VDU (video display unit)
obťažovanie harassment
odbachnúť *(hovor.)* zap
oddelený diel bite
odhad appraisal
odhaliť unveil

odhlásiť sa check out
odkazovač answering machine
odosielanie a prijímanie textových správ SMS (short message service)
odpadlík, prevracač kabátov turncoat
odpojiť unplug
odstraňovanie problémov troubleshooting
opatrovateľ/ka dieťaťa baby-sitter
opatrovateľka au pair
osobná stráž bodyguard
osobné identifikačné číslo PIN (personal identity number)

P

pákový ovládač joystick
palubný lístok boarding card
pamäť počítača MEM (memory)
parabolický reflektor dish
parkovacie hodiny parking meter

parkovisko car park
parkovisko pri diaľnici lay-by
páskové kotúče *(výp.)* tape loops
pažerák esophagus
päťboj pentathlon
pedikér chiropodist

personálny riaditeľ personnel manager

plat závislý od výkonu performance-related pay

platobná bilancia balance of payment

platobná neschopnosť insolvency

plávacie koleso, záchranný pás lifebelt

plavák, doska surfboard

plávanie swimming

plnotučný full cream

plutva flipper

plynojem gas-tank

počítačová grafika computer graphics

počítačový pirát hacker

podmorský undersea

podnikanie dvoch alebo viacerých osôb partnership

podpora predaja sales promotion

podpora v nezamestnanosti unemployment benefit

pohánka buckwheat

poisťovňa insurance company

pokles vo výrobe decrease in production

pomocný, vedľajší ancillary

potápanie s prístrojmi scuba diving

pracovný hárok (*výp.*) spreadsheet

praktický, vecný down-to-earth

predávkovať overdose

predpona tisíck, K kilo

prehrávač CD CD player

prekážka hurdle

prepínanie TV kanálov diaľkovým ovládačom zapping

presmerovanie divert

prestoj downtime, idle time

prezerať letmo (internet) browse

prezervatív condom

približovanie zoom

prieskum trhu marketing research

príjemný, tolerantný easy-going

príliv peňazí, príjmy firmy cash flow

príručný počítač labtop

pristátie, dopad landing
pritakávač yes-man
pritiahnutý za vlasy farfetched
privatizácia privatization
program na vedecké využitie ES (expert system)
propan butan bottled gas

prsia (plavecký štýl) breaststroke
prvok na tv obraze pixel
prvotriedny (tovar) upmarket
PSČ (pošt. smer. číslo) zip code

R

radostný zestful
registrácia, prihláška na pobyt check-in
renta annuity
reštrikcia importu konkurujúcich výrobkov protectionism
reťazec z 8 bitov byte
revízia audit
rovnaké zdanenie pre všetkých flat tax

rozpoznávanie reči speech recognition
rozmach upturn
rozmotať unravel
rozpárať unravel
rýchle riešenie počítača quick-and-dirty
roztrapatený unkempt
rýchlokorčuľovanie speed skating

S

sedačková lanovka chairlift
senná nádcha hay fever
Severoatlantická aliancia

NATO (the North Atlantic Treaty Organization)
skladací meter zigzag rule
skleníkový efekt greenhouse effect

sklolaminát fibreglass laminate

skok do výšky high jump

skoky do vody diving

skrátená ponuka *(výp.)* quick menu

skrátený úväzok part-time

skúpenie akcií takeover

slintačka a krívačka foot-and-mouth-disease

slobodné podnikanie free enterprise

slovami riadená pamäť WOM (word organized memory)

slúchadlo earpiece

smerom do mesta downtown

snowboarding snowboarding

softvér – programové vybavenie počítača software

spätná väzba feedback

spoločný podnik joint venture

spoločný trh common market

sporožíro budget account

spracovanie, editovanie textu WP (word processing)

sprostredkovateľ go-between

sršeň yellow-jacket

stolný tenis table tennis

strednodobý medium-term

stredová čiara mid-line

striekacia pištoľ flit-gun

styk s verejnosťou PR (public relations)

súbor informácií *(výp.)* data

súčasná trhová hodnota current market value

sušič, sušička dryer, drier

syndróm získanej straty imunity AIDS (aquired immune defficiency syndrom)

systém obsluhy počítača operating system

Š

šedý zákal cataract

šerm fencing

šikovný pri práci v záhrade green-fingered

šípka arrow
špekulant na burze bear
špičková technika high-tech
šport. náskok allowance
športová streľba shooting
štafetový beh relay race

štrajkokaz scrab
štvorlístok four-leaved clover
štvorprúdový (vozovka) four-way

T

taška na nosenie dieťaťa carrycot
telefónny hovor na účet volaného freephone
tlačiareň PRT (printer)
tornádo twister

tréningový úbor track suit
trhové hospodárstvo market economy
tribúna stand
trudovitosť, akné acne
tvrdé drogy hard drugs

U

učebné osnovy, kurz prednášok curriculum
ultrafialový UV (ultraviolet)
umelá inteligencia artificial intelligence
únos abduction, hijack
úrazové oddelenie v nemocnici casualty

úschovňa batožiny left luggage office
úspešný mladý človek yupie
utrieť wipe
útržok slip
územné plánovanie land planning
užívať drogy be on drugs

V

valné zhromaždenie AGM (annual general meeting)

valuty, devízy foreign exchange

veľkoobchodný predaj za hotovosť s vlastným odvozom cash and carry

veslovanie rowing

vetrovka (s kapucňou) anorak

videokamera camcorder

videorekordér VCR

vírus (aj v počítači) virus

vlastný životopis curriculum vitae

vlek lift

vodné pólo water polo

vodný slalom canoe slalom

voľba option *(econ.)*

volejbal volleyball

voľný trh free market

vozovka, pruh vozovky carriageway

vrh guľou shot-put

vrátenie vymazanej informácie yanback

vrhač putter

vulgárny bawdy

vybaviť poznámkami annotate

výberový tovar up-market

výhrada, výnimka (v zmluve) stipulation

vykonať zadaný príkaz *(výp.)* enter

výmenný obchod barter

výnos returns

vynulovať zeroize

vypnúť (signál) silent the signal

výpočtový prekladač assembler

výroba pomocou počítača CAM (computer-aided manufacturing)

výrobná cena prime cost

výstup yield

výstupná kontrola checkout

vytiahnuť zástrčku unplug

výučba pomocou počítača CAL (computer-assisted learning)

výživný alimentary
vznášadlo hovercraft

vzostup upturn
vzpieranie weightlifting

X

xenofóbia xenofobia

xeroxovať xerox

Z

záber, šot clip
zadymenie ovzdušia smoke abatement
zahraničný zástupca overseas representative
záchranná vesta life vest
zákon ponuky a dopytu law of supply and demand
západka na uvoľnenie release latch
zápal mozgu u kráv BSE (bovine spongiform encephalopathy)
zápal priedušiek, bronchitída bronchitis
zápal slepého čreva appendicitis
zápasenie wrestling

zapísať sa, prihlásiť sa check in
zariadenie počítača na čítanie CD CD-ROM
zarovnávanie slov v texte *(výp.)* word alignment
záruka warranty
zavádzač, ukladací program loader
zavádzanie / z pamäte sek. do oper. pamäte *(výp.)* boot
zbabelec yellow-belly
zdravý rozum common sense
zelený zákal glaucoma
zhoda *(šport.)* deuce
zisk yield
zjazd *(šport.)* downhill

zmenka, dlžobný úpis treasury bill
zmenka bill of change
zmraziť potraviny deep freeze
znak (plavecký štýl) backstroke

zobrazovacia jednotka terminálu VDT (video display terminal)
zopakovať *(výp.)* retry
zoznam hovorov call list
zvykové právo, nepísaný zákon common law

Ž

žiarlivý green-eyed
živnostenský list trade licence

živý (energický) zippy
životné náklady cost of living

Grafobal GROUP, a. s. – komplexný servis v polygrafii

Tlač na rôzne druhy papiera – od 40 g/m² LWC
do 400 g/m² vlnitú lepenku

Výroba tlačovín v rôznych technických špecifikáciách –
forma, technické spracovanie, výsek, lom a väzba

Využitie moderných technológií na výrobu exkluzívnych
polygrafických výrobkov – parciálne lakovanie,
ľubovoľné výsekové formy, potlač exkluzívnych papierov,
reliéfna razba, využitie doplnkových farieb

Garancia vysokej kvality, krátkych dodacích termínov
a nízkych cien

Výroba ľubovoľného nákladu

Výber vhodnej technológie v závislosti od papiera,
materiálu, nákladu formátu a farebnosti – hĺbkotlač,
rotačkový ofset, hárkový ofset

Využitie vlastných kreatívnych štúdií a DTP pracovísk
na výrobu

JANA SMEJKALOVÁ – DAGMAR SMRČINOVÁ
KATARÍNA HERRMANNOVÁ – KAREL HAIS

ANGLICKO-SLOVENSKÝ
A
SLOVENSKO-ANGLICKÝ
VRECKOVÝ SLOVNÍK

Zodpovedná redaktorka Mgr. Soňa Stušková
Technická redaktorka Eva Onderčinová
Obálku navrhol Peter Galvánek

Vyšlo vo vydavateľstve Slovenské pedagogické
nakladateľstvo - Mladé letá, s.r.o.
Sasinkova 5, 815 19 Bratislava

Vytlačili Žilinské tlačiarne, a. s., Žilina

ISBN 80-10-00146-5